Arno Schmidt

DAS ESSAYISTISCHE WERK ZUR ANGELSÄCHSISCHEN LITERATUR IN 3 BÄNDEN

SÄMTLICHE NACHTPROGRAMME UND AUFSÄTZE

BAND I

EINE EDITION DER
ARNO SCHMIDT STIFTUNG
IM HAFFMANS VERLAG

ARNO SCHMIDT

Lady Mary Worthley
MONTAGUE

Laurence
STERNE

James Fenimore
COOPER

Edward George
BULWER

Joseph
SMITH

Edgar Allan
POE

EDITORISCHE NOTIZ

Diese Lese-Ausgabe bietet gewissermaßen Arno Schmidts private Geschichte der englischen, irischen und amerikanischen Literatur; sie bringt sämtliche Nachtprogramme und Aufsätze in chronologischer Folge nach den Lebensdaten der traktierten Autoren. Aufgrund der besonderen Bedeutung, die Jules Verne für Arno Schmidt besaß, wurden die beiden Arbeiten über den französischen Autor als Anhang im zweiten Band mit aufgenommen. Da die Arbeiten über und um James Joyce die gewichtigsten und umfangreichsten sind, wurde ihnen ein eigener Band gewidmet. Die Texte erscheinen – soweit bereits in Buchform vorliegend – als vollständiger, vereinheitlichter Neusatz nach den Ausgaben letzter Hand, beziehungsweise nach der ‹Bargfelder Ausgabe›; alle Erstveröffentlichungen folgen Druckvorlagen aus dem Archiv der Arno Schmidt Stiftung. Eindeutige Druck- und Tippfehler wurden korrigiert. Nachweise der Erstveröffentlichungen am Schluß des Bandes.

KORREKTOREN WAREN
ERNST BOMMER, RUDI SCHWEIKERT UND TILO ECKARDT

UMSCHLAG, GESTALTUNG UND PRODUKTION:
URS JAKOB, CLAUDIA KOCHER, HAFFMANS VERLAG AG, ZÜRICH
SATZ: CLAUSEN & BOSSE, LECK
HERSTELLUNG: EBNER ULM
ISBN 3 251 80075 2

Inhalt

LADY MARY WORTLEY MONTAGU

10. Mai 1689, Thoresby/Nottingham – 21. August 1762, Twickenham

DIE REISENDEN DAMEN

Sie sind nichts weniger, als eine Erfindung unserer Neuzeit; (und wer das nicht glaubt, beschaffe sich ‹Meusch : Schauplatz der gelehrten Damen› vom Jahre 1706 – es stehen schnurrige und nachdenkliche Fakten und Anekdoten genug darin.)

Etwa die von Frau Olympia Fulvia Morata, die im Dreißigjährigen Kriege von einem begegnenden Trupp Soldaten attrapiert, und ausgeplündert wurde; und die anschließende Etappe ihrer gelehrten Reise, von Schweinfurt bis Hammelburg, barfuß und im bloßen Hemde fortsetzen durfte.

Sybille Merian ist männiglich bekannt. Oder die berühmte Madame de Staël, mit August Wilhelm Schlegel im Gefolge (und nicht nur ihm; das wechselte) – aber gerade bei ihr zeigte sich ein Nachteil der allzu pomphaft vorher, womöglich öffentlich, angekündigten Besichtigungstourneen : Jeder, den die ‹auf Geist› reisende, vollschlanke Reporterin, interviewte, rüstete sich zu ihrem Empfang, und hatte, sozusagen, wenn er ihr dann endlich gegenübertrat, längst sein ästhetisches oder intellektuelles ‹Großes Abendkleid› an.

Dabei haben gerade reisende Damen, manche bedeutende Vorteile, die Männern grundsätzlich entgehen : nur Ruth Hassoldt=Davis, als Frau, konnte 1950 die Badeplätze der Lobi=Jungfrauen an der Elfenbeinküste ungehindert besuchen; und dabei viel schnurrige, primitiv=kulthafte Sexualriten zur Kenntnis nehmen. Nur reisende Damen haben allenfalls Zugang zu Nonnenklöstern; oder, ganz allgemein gesprochen, zu ‹Sororities›, Frauenbünden aller Art.

Eine der schönsten Geschichten in dieser Hinsicht, ist die der Mary Lady Montague. Sie war 1690 in Nottinghamshire geboren; zeigte besondere geistige Anlagen, und wurde daher versuchsweise zu allem Unterricht, den ihr Bruder in Wissenschaften, sowie alten und neuen Sprachen erhielt, mit zugelassen. So erwarb sie sich eine wirkliche gelehrte Bildung – mit 20 Jahren wurden ihre Übersetzungen aus dem Griechischen gedruckt ! – und heiratete 1712 den englischen Gesandten zu Istambul : sogleich begann sie mit der Abfassung berühmt gewordener ‹Briefe›; das heißt eigentlich von vornherein für den Druck bestimmter Reiseberichte und Essays in Briefform, die nicht nur durch ihren – damals äußerst ‹exotisch› spannenden Inhalt wirkten; sondern auch tatsächlich so munter und elegant geschrieben waren, daß sie in 11 Sprachen übersetzt, und überall in Europa gelesen wurden.

Nun ist es ja bekanntlich so, daß selbst dem gewandtesten Plauderer, dem geschicktesten Journalisten zuweilen der Stoff ausgeht; zumal, wenn er die Eitelkeit besitzt, immer Neues, Unerhörteres, noch nie Gesehenes, als Erster schildern zu wollen. Und da bot gerade die damalige Türkei ein Thema, geheimnisvoll und pikant wie keines : die Harems des Sultans !

Gelehrt und neugierig, ja fürwitzig von Natur, wie es dem geborenen Reisenden wohl ansteht, erkannte Lady Montague die Aufgabe; und wendete sich an einen der vornehmsten Eunuchen und Haremswächter, um ihn zu bestechen; und von ihm die Erlaubnis zu erkaufen, für ein Stündchen, den Notizblock im Händchen, das Serail durchstöbern zu dürfen. – Vergebens; der Dicke war unerbittlich; er wußte wohl nur zu gut, was ihm blühen konnte.

Zähneknirschend und mit dem fashionablen Füßchen aufstampfend, legte Mylady fürs erste ihren Plan ad acta; und versuchte sich an harmloseren Stoffen – vor allem, da ihr Gatte ihr aufs energischste dergleichen Experimente im ‹Schatten des Großherrn› untersagte.

Wenig später mußte Lord Montague eine Dienstreise nach Kreta antreten; worauf Mylady – durch sein Verbot noch halsstarriger geworden – zum andernmale den Eunuchen aufsuchte, und ihm das Doppelte des ersten Betrages bot : ? : merkwürdigerweise willigte er jetzt sofort ein.

Er nahm die Lady bei der Hand, und geleitete sie in die prächtigsten, tausendundeinnächtig geschmückten, labyrinthisch verworrenen Gemächer, von Zimmer zu Zimmer – bis sie endlich in eines traten, wo, im Kreise der lieblichsten Odalisken, wer auf dem Diwan lümmelte ? Seine Majestät, Sultan Achmet, der Dritte dieses Namens.

Wohlgefällig musterte er die hochschlanke, hellblonde und blauäugige Tochter Albions; und warf ihr, ohne die kostbar inkrustierte Wasserpfeife von den Lippen zu lassen, sein Schnupftuch zu – das Zeichen, daß sie Wohlgefallen vor seinen Augen gefunden habe, und bestimmt sei, zur Belohnung die Nacht bei ihm verbringen zu dürfen.

So schmeichelhaft einer Dame auch dergleichen Anerkennung als solche sein mag; so kam sie doch etwas überraschend. Schon erschien der Kislar=Aga (der Chef der schwarzen Verschnittenen), kündete ihr die Ehre offiziell an; die Odalisken sprangen auf, beneideten und beglückwünschten die neue Schwester, und führten sie ins Bad, wo wohlgeübte Friseusen und Kosmetikerinnen die Lady nach allen Regeln der Kunst wuschen, frisierten, parfümierten und färbten – nämlich die Nägel der

Finger und Zehen, Fingerspitzen, Handflächen, Fußsohlen, und andere Körperteile, mit dem orangeroten Henna.

Kaum hatte sie diese Stationen passiert, als sie auch schon in ein besonderes Zimmer geführt wurde; ein Bote brachte das in solchen Fällen übliche kostbare Geschenk – tja; und dann erschien eben Seine Majestät...

* * *

Als Lord Montague zurückkehrte, sah er auf der Stelle, was vorgefallen war; denn Hennafarbe hält wochenlang, und er kannte die Bedeutung solcher Bemalungen. Der häusliche Friede war dahin. In England ließ er sich von seiner Gattin scheiden, und ihren Sohn Eduard öffentlich für einen Bankert des Sultans erklären.

* * *

Damit könnte die Geschichte eigentlich aus sein. Aber dieser Sohn, Eduard Worthley Montague (1714–76), ist so interessant, daß sein Biogramm – und sei es als Beitrag zum Studium der Rassenmischung – als Kommentar fast unerläßlich erscheint.

Er war in seiner Jugend der Liebling der Mutter, die ihm allen Willen ließ. Dreimal entlief er von der Westminsterschule, und wurde dreimal zurückgebracht : das erste Mal fand man ihn bei einem Schornsteinfeger, wo er auch schon wacker Essen gekehrt hatte. Das zweite Mal als Ausschreier an einer Fischkarre, wo er, beide Hände voll Schollen, mit heller Stimme die Ware feilbot. Das dritte Mal trug ihn ein Schiff als Küchenjungen bis Spanien, wo er sich unverzüglich als Maultiertreiber verdingte.

Nachdem der englische Konsul ihn ausfindig gemacht, und der Mutter zurückgeschickt hatte, gab man ihm einen Hauslehrer, mit dem er weite Reisen unternahm, bis nach Westindien. Einige Jahre lang nahm er dann seinen Sitz im Oberhaus ein, wo man ihn als Redner schätzte. Auch in den gelehrten londoner Zirkeln seiner Zeit verkehrte er gern. Aber immer wieder trieb ihn eine unbezähmbare Unruhe fort, und er durchstreifte die Welt bis an seinen Tod.

»Ich bin«, schreibt er in einem seiner Briefe, »mit dem deutschen Adel umgegangen, und habe auf seinen Landsitzen mein Lehrgeld in der edlen Reitkunst gegeben. Ich bin in der Schweiz und in Holland ein Akkermann gewesen, und habe die bescheidenen Tätigkeiten eines Postillions oder Pflügers nicht verschmäht. In Paris habe ich mich in das läppische Gewand eines Stutzers gehüllt. Ich bin in Rom ein Abbe gewesen;

und habe zu Hamburg, mit der lutherischen Predigerkrause, Dreifachkinn, und derartiger Kanzelsalbung, das Wort Gottes ausgespendet, daß sämtliche Geistliche neidisch wurden.«

Besonders besuchte er immer wieder den Vorderen Orient; nahm in der Türkei den Islam an, und befolgte künftig auf allen seinen weiteren Reisen die mohammedanischen Gebräuche gewissenhaft und ohne Spott. Auch kleidete er sich, und aß und trank, auf orientalische Weise; trug einen langen Bart, ließ sich jederzeit beim Ausgehen – auch am Tage! – 2 brennende Fackeln vor, und durch einen kleinen Mohren, der sein Diener und Adoptivkind war, den Mantel nachtragen. Sein Lager war die Erde, seine Nahrung meist Reis, sein Getränk Wasser; an Genüssen kannte er nur Kaffee und Tabak. Auch unterhielt er neben seiner gesetzmäßigen Gattin noch einen Harem. Seine Bekannten gaben dem Sonderling das Zeugnis, daß er ein glänzender Gesellschafter war, der auf die anziehendste Weise in sich vereinigte: heitere Laune, französische Lebhaftigkeit, und – türkische Gravität.

[Februar 1959]

LAURENCE STERNE

24. November 1713, Clonmel/Irland – 18. März 1768 London

ALAS, POOR YORICK

I

– und dabei haben sie ihn Alle so geliebt, die Besten der Nationen! HERDER wußte Keinen, nach Dem er sich eher hätte nennen mögen; WIELAND veranstaltete vor Begeisterung, in den Fußnoten zum ‹Weisen Danischmend›, ein kleines Privatfeuerwerk, genau im Futatorischen Stil; LESSING's Predigt ist unvergessen, wie Corporal Trim dem abgerissenen französischen Invaliden zwar mehrfach 1 Penny schenkte, allerdings jedesmal, wenn auch immer leiser, dazu sagte: ‹French Dog!›; GOETHE (im ‹Meister›), JEAN PAUL, NIETZSCHE, HIPPEL – aber ich will schließlich nicht ein Schriftstellerlexikon liefern; (dessen ‹Andere Seite›, eine Liste Derer, die ihn *nicht* mochten & mögen, ebenfalls recht interessant wäre: nämlich das ‹Warum?›).

Auch heute noch, nachdem er sich 200 Jahre in der Lesewelt befindet, gilt von

LAWRENCE STERNE
‹The Life & Opinions of Tristram Shandy, Gent.›

das Urteil, daß es zu den 10 größten Büchern gehöre, die bisher in englischer Sprache geschrieben worden sind. Und ehe es auch nur in die nächst-tiefere Dekade rückt, dürften vermutlich noch einmal 100 Jahre vergehen; ein Ergebnis, zu dessen Erreichung schon einiges in einem Buche (*und* im Schädel seines Verfassers) zusammenkommen muß.

Zum Beispiel eine Fülle von mehreren Tausend feinster-neuster Kleinbeobachtungen, die vor ihm noch nicht bemerkt & festgehalten wurden; (aus dem Alltagsleben übrigens, *nur* aus dem Alltagsleben: das ist so 1 der untrüglichen Kennzeichen des wahrhaft großen Schreibers). Oder die ständige Übermittlung des Eindrucks, daß wir in Meeren zu plätschern haben – weniger von ‹Unbegreiflichkeiten›, wie SCHOPENHAUER wollte: das ist eine solche Binsenbemerkung, die vom ‹Schatten an der Höhlenwand›, daß kein Verständiger sich bei dem Tatbestand überhaupt noch aufhält, (höchstens als unruhiger Jüngling ein bißchen, oder als feiger Alter) – wohl aber von absurdester Komik! Weiterhin gehört es zum dauerhaft-großen Buch, daß, durch all das Buchstabengetümmel und die beste Oberflächen-Nichthandlung hindurch, leis' die eine mächtig-schwere Drüsen-Melodey ertöne, die nun einmal einen erklecklichen Sektor unseres Daseins ausmacht: wenn schon die tumb-unbewußte Volks-Sprechweise sich mit S-Anspielungen – ‹S› stehe künftig für ‹sexuell› in all seinen Biegungen – überhitzt ausdrückt : ‹Mehr-Busen, Berg-Rücken; die Straße macht 1 Knie›; wenn schon HERDER (in den ideenreichen ‹Ideen›; und TIECK ergänzte's in der ‹Vogelscheuche›) lächelnd darauf verwies, wie der Blumen-Strauß am Ausschnitt der keuschesten Jungfrau, nichts weiter sei, denn ein Fäustchen schönfarbiger duftender Genitalien, (die die Pflanzen nun einmal stolz her zeigen & hin recken); ja, dann wäre der Schriftsteller, der diesen Ober-, oder wenn man so will, Unter-Tönen nicht Rechnung trüge, ja doch wohl ein ebenso Weltfremder wie Unzulänglicher ? – En somme : LAWRENCE STERNE hat uns so große Stücke seiner Persönlichkeit geopfert, indem er sie mühsam zu Papier brachte, daß wir ihm ewig dankbar sein sollten, lasses & lads; denn dergleichen erfordert 3 mal soviel Fleiß, 10 mal so viel Tapferkeit und 100 mal so viel Kunst, als selbst ein gutwilliger Leser sich vorstellt.

Von diesem seinem ‹Tristram Shandy› nun ist soeben eine neue deutsche Ausgabe erschienen (WINKLER-Verlag, München) :

‹Das Leben und die Meinungen des Tristram Shandy›

ein schön-flexibler Band von nahe 700 Seiten; auf jenem herrlichen, gelbgrün getönten Dünndruckpapier, das so unendlich wohltätig an die Augen ist, zumal abends, beim Lampenschein. (Schade, daß unsereins, als ‹junger Autor›, das bei den eigenen Büchern nicht mehr erlebt; aber dazu muß man wohl eben mindestens 50 Jahre tot sein.)

Die beiden Nachworte – ein längeres-allgemeines von J. KLEINSTÜCK, und das des Übersetzers-Bearbeiters S. SCHMITZ – garantieren uns Lesern nun ja allerhand; ich zitiere daraus : »Die in unserer Ausgabe enthaltene Eindeutschung versucht, das englische Original in Bezug auf Wortwahl, Sprachebene, Syntax und stilistische Einzelheiten so getreu wie möglich wiederzugeben, und ist darüber hinaus bestrebt, auch die äußere Gestalt dieses skurrilen Romans zu reproduzieren.« Der Übertragung selbst ist die alte BODE'sche zugrunde gelegt; aber »hier war die Achtung vor dem Originalwerk größer als die vor einer noch so meisterhaften Übersetzung, die sich aus einer anderen geistigen Haltung oft größere Freiheiten erlaubt«. Wahrhaft Goldene Worte (obschon nicht mehr gänzlich neu); immerhin hätten wir also was ganz-ganz Köstliches zu erwarten !

Das schon erwähnte ‹allgemeine Nachwort› ist übrigens bei näherem Zusehen nicht halb so vielversprechend. Wenn ich da von der ‹Empfindsamen Reise› lesen muß, wie STERNE in ihr zeige, »daß er shandyisieren konnte, ohne die Gefühle einer zartsinnigen Leserschaft zu verletzen«; dann möchte ich den betreffenden Herrn lediglich einmal darauf hinweisen, wie es im Englischen längst sprüchwörtlich geworden ist, dies ‹jedwedes Ende einer Sentimentalen Reise›. Endet doch das schmal-bedeutende Büchlein – übrigens in jeder Beziehung nichts als ein Teilstück im System des ‹Tristram Shandy› – mit folgenden Worten : ‹So that, when I stretched out my hand, I caught hold of the fille de chambre's –› –

: nämlich *CUNT!*, mein Herr; (vgl. Partridge). Die Liebe Unschuld hat also nicht einmal *das* eingesehen, daß dem ganzen Stück, in stilleren Stunden, auch das ‹Lesemodell› einer hochsexualisierten Welt zugrundegelegt werden muß : ob ‹Witwe Wadman›, ob navarrische ‹Spitzbärte›, ob ‹Nasen›-Symbolik : überall wird, vor-Freud-igst, die witzige Wonne der Bi-Nomik eines erzgeschickten Double-Dealers sicht- & hör-bar !

So weit gelangt, wurde an diesem Scheide-Wege, mein Herz dem Winkler-Band zum ersten fremd. –

2

Seite 591; 29. Kapitel. »‹Putz Er meinen Degen mit einer Bürste und ein wenig Kreide !›. ‹Es soll geschehen wie Euer Gnaden befehlen›, versetzte Trim.« – dieses wäre, (im Sinne meiner langatmig vorausgeschickten Definitionen, wie ein guter armer Autor sich in dieser setebossigsten aller Welten zu verhalten habe), nicht übermäßig witzig. Was steht im englischen Original ? »‹T'will be only in Your Honor's way›, replied Trim« : *‹Er wird Euer Gnaden nur im Wege sein›*. Und das ist ja nun nicht unschnurrig; denn Trim ist selbstredend ein ‹verbesserter Sancho Pansa›, (wer könnte Jenen auch, nachdem er erst einmal erfunden war, *nicht* verbessern ?), und weiß, er, ein nüchterner Prakti-Kuß, wo die Empfindsame Reise Onkel Toby's unweigerlich zu enden bestimmt ist – : also auf solche Platitüden muß man bei einer verbessertsten aller deutschen Ausgaben sich gefaßt halten ? ! –

Was die »äußere Gestalt dieses skurrilen Romans«, die nach Kräften reproduzierte, betrifft, schlage der teilnehmende Leser die Winkler-Seite 653 auf; wo Trim, nach dem Diktat des pomadig Verliebten, auf den obersten-linksten Rand eines großen-leeren-weißen Bogens widerwillig das Wörtlein ‹Humanität› hinquätscht : *wie schön, wie all-einleuchtend,* ist das in meiner englischen Ausgabe gemacht, wo nun wirklich eine – technisch ganz leicht einzurichtende – Leerseite die, recht begründeten, Widerstände des wissenden Trim, dämonstriert ! Ich möchte zusätzlich betonen, wie jeglichem Engländer, er mag wollen oder nicht, vor der bloßen Aussprache des ‹Juhmännitie› etwas wie ‹man› im Ohre mitzuklingen anhebt. Hier sieht das so aus : »*Menschlichkeit* ––––– wie hier«. Also a) fehlt die optisch so überzeugende, reservierte Reserve-Seite für Trim's 1-Wort-Kritik; b) gehört das närrische »wie hier« selbstverständlich an das Ende des voraufgehenden Satzteiles, und müßte ungefähr mit ‹etwa so› wiedergegeben werden; c) wäre doch die ‹Humanität› zu belassen, denn auch im deutschen wird ja das ‹Juhu : 1 Mann !› erfolgreich akustisch angespielt. Merk's : STERNE's Welt ist im tiefsten Grunde ein pornografisches Lachkabinett ! –

‹Anmerkungen› wäre ein weiteres, sehr berechtigtes Stichwort; ein 200 Jahre altes Buch *kann* von einem heutigen Leser einfach nicht mehr in all seinen, z. T. zeitgebundenen Anspielungen & Speziellst-Witzen sofort begriffen werden – man stelle sich, übertragen, einmal vor : Wer im Jahre 2160 wohl noch ‹vom Blatt› wissen werde, was ‹Nitribitt› war (ein Sprengstoff ?), oder der zierlich surrende ‹Braun› frühmorgens. Gewiß, auf der allerletzten Seite erscheint schon mal 1 Fußnötchen, wie ‹cock› auch ‹membrum virile› bedeuten könne; und das sei ab 1730 belegbar : also das ist nun wiederum so armselig, daß selbst ich es, ohne mich deswegen vom literarischen Kontorschemel erheben zu brauchen, dahin berichtigen kann : wie wär's, wenn schon SHAKESPEARE, 1599, auch so ein Meister der Mehrfach-Sinne, es ausgerufen hätte, hah ! : ‹Pistol's cock is up !› ? (Ganz zu schweigen von FIELD's ‹Amends for Ladies›, 1618; in Wahrheit dürfte die neidische Metafer so alt sein, wie die Geflügelzucht der Menschheit überhaupt).

Wie man so was machte – dem willigen Leser durch Anmerkungen zu Hülfe zu kommen; und den Sinn eines so kompliziert gebauten Stükkes wenigstens annähernd anzudeuten – will ich an dem Beispiel von S. 102 darlegen; wo um Onkel Toby's Grundstück größtenteils die Hecke von ‹rough holly› steht; (WINKLER hat dafür natürlich »üppigen Holunder«; für die ‹thick set flowering shrubs› vorn, »dichtes Gebüsch«, was richtiger ‹gedrungene Blütensträucher› wären; und die Fläche beträgt auch nicht »einen halben Morgen«, sondern, wie man sich jetzt schon denken wird, einen ‹half acre› : ein Kleingärtner oder Bauplatz-Süchtiger wird den Unterschied zwischen 1200 und 2000 Quadratmetern schon empfinden). Aber zurück zu ‹holly› : was das ist, weiß jedes Schulkind; was es jedoch nicht wissen dürfte, ist etwa folgendes :

1. durch das ‹rough› wird die *stechende* Varietät Ilex angedeutet, die man in England gern ‹he-holly› nennt, und die, vereint mit dem weih-nachtlichen mistletoe, ein beliebtes Orakel abgibt, à la ob in dem kommenden Jahre der stachlichte Mann die Oberhand haben

werde ? Und es handelt sich ja bei all den Sternschanzen & Horn-Werken um ein betont-männliches Wehr-Etablissement.

2. Aus dem holly-Holze wurden damals mit Vorliebe Ladestöcke für Gewehre geschnitten; ein Umstand, der dem Blick der beiden geübten Veteranen mit nichten entgangen sein, sie vielmehr in ihrer Wahl der Lokalität befestigt haben dürfte.
3. Dergestalt umringt von holly, wird jeder Brite auch des anderen trockenen Sprüchworts gedenken, daß ‹die Schwätzer & Fantasten nur fantasierten, wenn der holly grünt› – was der freilich das ganze Jahr hindurch tut. / (Außerdem könnten noch 2 Bedeutungen hier zuständig sein.) –

3

Um der Vermutung zu begegnen, ich hätte lange nach Unzulänglichkeiten suchen müssen, nur ganz schnell ein Bäckerdutzend serviert. / Der »Kitzelfrosch« von S. 232, englisch ‹tickletoby›, hätte ebenphalls ein ‹membrum virile› vertragen. / Das »Hottentottisch« der S. 243 ist im Original ein ‹Cherokesisch›; ‹es trinkt daraus der Cherokese›, sehr wohl : die Willkür der Ersetzung ist durch nichts zu verteidigen. / Die »rotseidenen Beinkleider« (251) sind ein Paar ‹Kniehosen aus carmoisinfarbener Seide›. / Der »liebe Fremde« (277) ist in Wahrheit ‹courteous› also ‹artig› gleich ‹höflich›. / »In einem Monat« (251) heißt ursprünglich ‹that day month›; also zwar 1 Monat später, aber ‹auf den Tag genau›. Die Schildwache examiniert Jenen, auf der gleichen Seite, nicht »am Schlagbaum«, wohl aber – wie man auch aus Cruikshank's klugen Illustrationen hätte entnehmen können – am ‹Stadttor›; und der Abend ist nicht bloß »kühl« sondern ‹cool, refreshing›, ergo zusätzlich auch noch ‹erfrischend›. Daß der Fremde, er par excellence ‹big conk big cock›; »nach Frankfurt reise« wird insofern mißlich sein, als das ja ein Ziel festlegt; es steht auch nur ein ‹was going unto› da, ein ‹auf dem Wege in Richtung Frankfurt›. Und endlich das ‹it grieves me› der Schildwache, das ‹es tut mir leid›, ist mit »es ist doch dumm« ausgesprochen dumm übersetzt. – Das Alles & noch mehr auf 1 einzigen Seite : man sieht vielleicht, daß es sich bei meinen Ausstellungen gar nicht um ein paar Beckmessereien handelt ! / 233 gibt Sterne als Grundfärbung des ganzen Buches ‹motley› an; hie »bunt«, weit richtiger aber ‹scheckig›, (beziehungsweise, falls man zum Satzrhythmus 1 Silbe mehr benötigte, ‹gesprenkelt›). / 268 ‹the little objection›, was die Protestanten erheben, ist nicht nur das kümmerliche Winkler'sche »wenig«, sondern ‹der kleine Einwurf›. / Besonders in den größeren Einlagen, wie etwa der wundersamen Novelle des HAFEN SLAWKENBERGIUS, ist alles schlecht. S. 257 erkundigt sich die erotisch-wohlaffektionierte Trompetersgattin schlicht »Wohin ?« – ach nich'doch; der nasen-königliche Fremdling hat doch eben grade S-Fragestellungen herausgefordert, ‹into *what* place ?› – ‹an welchen Fleck ?›. Ebenso erkundigt sich begierig die Frau Bürgermeisterin ‹To do *what* ?› : gerade hier, wo schlechthin Alles erotisch superfötiert ist, ergibt WINKLER's abgesägtes »Wozu ?« viel zu wenig; : ‹Um *was* zu tun ? !› muß es lauten. S. 276 geht wiederum zumindest 1 der mehreren Sinne verloren, wenn Julia ihren Brief angeblich schließt : »er ((der Kelch des Todes)) wird noch bitterer dadurch, daß ich un–«. Im Original steht das schalkische ‹by dying un–› gleich ‹weh, ich sterbe unge–› . . . : ? : jaja, genau ! – Die Fassung des ‹Gedichtes› auf der gleichen Seite ist schier unglaubwürdig platt & mißverstanden :

englisch:	WINKLER:
Harsh & untuneful are the notes of love, unless my Julia strikes the key. Her hand alone can touch the part, whose dulcet movement charmes the heart, and governs all the man with sympathetic sway.	Hart klingt & rauh die Liebesweise, wenn Julia nicht den Ton anschlägt. Nur ihr allein das Lied gelingt, das süß in alle Sinne dringt, des Mannes fühlend Herz bewegt.

Das Silbenmaß stimmt nicht; die Übersetzung hat 1 Zeile weniger als das Original, (wenn's 1 *mehr* hätte, könnte man das allenfalls begreifen); und wo, frage ich, ist der S-Sinn des ‹touch the part›, dessen dulzflötige Bewegung den ganzen Mann sympathetisch regiert ? / (Eine ähnliche sittige Verkennung findet S. 618 ff. statt, wo beim Handhaben von Würsten die jüdische Fleischerswitwe ‹held the snout› : ‹ihm das Schnäuzchen hin hielt›.)

Ein ‹groat› ist kein »Heller« (621); dafür gibt es das, den Klang fast genau nachahmende, ‹Groschen› (sogar ‹Bremer Groten› hatte man einst). / Trim's berühmte, stets als Wett-Einsatz benützte, ‹Montero-Mütze› mit »Reitmütze« zu übersetzen, ist abgeschmackt, und beseitigt einen linguistisch-farbigen Begriff. – Mit Zahl & Maß hat der Band, wie schon bei ‹acre› erwähnt, manches Pech : S. 271 sind's nicht »1500« sondern ‹15 000› Chaisen. S. 107 kann die Zeitangabe ebenfalls nicht »2 Minuten 13 Sekunden und 3 Quinten« lauten – ‹Tertien› gab es; kommt aber hier nicht in Betracht – sondern ganz einfach ‹2 m 13 3/5 sec.› / 583, »‹Und dann drückte er sie an seine Lippen, Trim›, sagte mein Onkel Toby.«; das sich noch anschließende ‹and madest a speech› ist einfach ausgelassen. Dafür erscheinen an anderen Stellen unverlangte Zugaben; wie S. 106, wo, frei nach ARISTOTELES, zitiert wird, wie ein Mensch, der an Vergangenes denkt, ‹lookeeth down upon the ground›; was, wie uns einzureden versucht wird, heißen soll »wenn er an etwas denkt, was vorbei ist, wieder auf die Erde blickt« – abgesehen von der holprigen Wiedergabe steht von ‹wieder› kein Wort im Original. / 277, »während der Hausknecht sein Maultier anschirrte« – tcha, das tut's leider *‹wieder›* nicht ganz; denn jener ‹ostler› ist ‹getting ready his mule›, (wie er denn notorisch ‹quick in saddling mules› war; wozu man im PARTRIDGE als Notabene das ‹saddle-cunt› nachsehen möge); also wäre wohl ein ambi-witziges ‹fertigmachen› wesentlich indizierter, als das salzlose »anschirren«. / Muß ich noch erwähnen, wie STERNE's gedankenreiche Interpunktion dezimiert worden ist : die ‹Gedankenstriche› eines Autors von solchem Rang *sind* nämlich welche ! Sind stenografierende Mitteilungen des Verfassers, die parenthetisch Gedanken locken, Namen verschlüsseln, heilsam-ergiebige Stutzungen im Leser hervorrufen, und ihn darauf stoßen sollen, wo ihm etwas zu gefallen hat. In dem hier besprochenen Band freilich wird das so viel besser gewußt, daß sogar Anführungsstriche zugegeben werden, wo das Original nichts davon weiß. Dabei sind die Fehler des Meisters wichtiger-wertvoller-gedankenschwerer, als die Korrekturen des Lehrlings; (selbst wo Dieser einmal ‹Recht› haben sollte !).

Vor allem aber ist, pausenlos, eines total verfumfeit : der Ton des Ganzen. Dieser herrliche, moussierend-anstößige Nicht-Jedermannston, der gar nicht daran denkt, volkstümlichen Pseudodoxien, und klängen sie noch so respektabel, zu schmeicheln, und die Wahrheit bis zur Unkenntlichkeit zu zerschminken; (ein bißchen ja; dadurch wird all das Getue ja nur grotesker, die habituelle Verlogenheit des Bürgers noch arabesker). Wie nett & spöttlich ist nicht das 'neck-Döntjen von der Äbtissin von Andouillets geraten, der das, darob zur Begleiterin erkorene Novizen-Nönnchen, den Jungfrauenfinger werweißwohin steckte : wie fantastisch-sinnlos der Dialog dieser Beiden – wenn man nicht eben die geheime S-Süchtigkeit der Armen beständig heraushört – und auch das ist hier betrüblich verfehlt. ‹O my virginity virginity ! cried the abbess. – inity inity ! said the novice, sobbing› : dieses ‹virginity› mit »Keuschheit« wiederzugeben, bringt sprachlich *nichts* ein. Es muß heißen, entweder

a) ‹Jungfernschaft› – und Jung-Margareta, ebenso lüstern wie rein, kann das dann nachschluchzen : ‹-schaft ! Schaft !›. / Oder aber

b) man beläßt das latinisierende ‹Virginität› – na dann stöhnt se halt ‹–ini tät ! Ini tät !› –
Aber »–euschheit euschheit !« ? ? –

4

Genug (und schon zu viel) von einem wahrhaft peinlich heruntergenormten DIN A 4-Produkt randvoller Lacünen & Verkennungen. Die strammen & witzigen Gestalten des Originals treten in einer solchen Ausmergelung vor uns hin; so unsinnig zahlreich sind die reinen Fehler & Mißverständnisse; so schreiend die Disharmonie zwischen Ausstattung und Inhalt, (meinethalben zwischen Absicht und Erreichtem), daß sogar die, auch nicht überwältigende, alte Reclam'sche Übersetzung noch vorzuziehen ist. Kurzum: *das Ganze taugt nichts !*

Wer, als Deutscher, wissen will, was der ‹Tristram Shandy› des großen Lawrence Sterne ist, muß immer noch die englische Ausgabe zur Hand nehmen : soweit sind wir vorgebliches ‹Volk der Mitte› nach nun 200 Jahren immerhin schon geraten, daß man es aussprechen kann, wie schön es wäre, wenn der ‹Tristram Shandy› endlich einmal ins Deutsche übersetzt würde ! –

– : sorry. –

JAMES FENIMORE COOPER

15. September 1789, Burlington/New Jersey – 14. September 1851, Cooperstown

SIEBZEHN SIND ZUVIEL!

(James Fenimore Cooper)

Stimmen:

Erster Sprecher
Zweiter Sprecher
James Fenimore Cooper
Kapitän Lawrence
Susan Augusta, Coopers Frau
Susan Augusta, Coopers Tochter
Bischof de Lancey
Major Heyward
Petelasharoo
Fürstin Galizin
Lafayette
Sir Walter Scott
David d'Angers
Morse
Dr. Francis
Ein Diener
Stimmen von Ausrufern, Zeitungsjungen,
Volksgeschrei etc.

1. Sprecher: Am 15. September 1789 wurde den Vereinigten Staaten der erste Schriftsteller geboren, dessen Bücher weltweite Wirkung hatten:

JAMES : FENIMORE : COOPER!
(kleine Pause)

Das Leben aller ganz großen Menschen kondensiert sich im Laufe der Jahre in einen einzigen wetterleuchtend eindringlichen Begriff: in ‹Zeppelin› sind Name und Gegenstand schon eins; Darwin ist ‹der mit dem Affen›; und Cooper wird mehr und mehr identisch mit jener unsterblichen, von ihm geschaffenen Gestalt, dem *(betont:) ‹Lederstrumpf›*.

2. Sprecher: Jedesmal, wenn er drüben am Ufer des Sees ein neues

Blockhaus sah, schnitt er eine Kerbe in die Douglasfichte und sprach einen Fluch dazu. Als es 17 waren, ertrug es sein Herz nicht länger : er schulterte Killdeer, pfiff seinem gleichermaßen zähen Hundegreis, und trabte angewidert weiter, dem leeren Westen zu : der ‹Lederstrumpf›.

1. Sprecher: Um Leben und Dichtung Coopers

(bedauernd :) – leider fast vergessen –

wieder in das Bewußtsein unserer Gebildeten zurückzuführen, gibt Ihnen unsere Hörfolge jetzt dieses Biogramm.

(Gong)

Erste Szene

2. Sprecher (halblaut, eindringlich:)

Frühjahr 1810.

An Bord der Fregatte der Kriegsmarine der USA »Wasp«, Kapitän James Lawrence; das große Segelschiff kreuzt auf einer Patrouillenfahrt vor Kap Montauk.

Nacht.

(Geräusche von straffem Wind und vorbeischlingerndem Wasser.

Eine leise Stimme summt aus dem »Yankee-Doodle« aber mit verändertem Takt und eingelegten Rouladen; setzt aus, als die ferne Schiffsglocke anschlägt :

3 Glasen : Hundewache !

seufzt einmal lustig, und beginnt wieder : »The eastern States are full of men / the western full of woods, Sir !«

(Schritte nähern sich.)

Das Summen hört sofort auf. Als die Schritte ganz nahe sind, meldet die gleiche, jugendlich helle Stimme :)

Cooper: Steuerbordwache : Wachthabender Midshipman Cooper : keine besonderen Vorkommnisse; an Bord alles wohl !

Kapitän Lawrence (knurrt irgend etwas Zufriedenes auf »u«. dann:)

Schöne stille Nacht heut, was ? *(besorgter :)* Aber immer aufpassen, Cooper : Sie wissen, wir können jeden Tag Krieg mit England haben – die Herren Vettern wollen sich scheinbar unbedingt *noch einmal* die Zähne an uns ausbeißen. *(Er lacht gutmütig ermahnend durch die Nase :)* und da wollen wir Burlington doch keine Schande machen, was ?

(Pause)

Das heißt, *Sie* sind ja ein Abtrünniger, Cooper; *Sie* schwärmen ja bloß noch von Ihrem Süßwasserteich, da hinten im wilden Westen : wie heißt er immer – ?

Cooper (auf den Scherz eingehend:) Lake Otsego, Herr Kapitän; oben, an den Quellflüssen des Susquehanna.

Lawrence (wiederholend:) Susquehanna ? – : eigentlich hübsch, diese alten indianischen Namen.

Cooper (inbrünstig:) Und der See erst, Herr Kapitän ! Ganz einsam; ringsum nichts als Wald, mit Ahornen, Buchen, Douglasfichten : zweihundert Fuß hoch !

Lawrence: Zweihundert Fuß ? : Würde schöne Masten abgeben.

Cooper (betroffen:) Ach – daran hatte ich eigentlich – im Augenblick – *nicht* gedacht.

Lawrence (auflachend:) Sehen Sie, Cooper : das wäre doch das Erste, woran ein *ganz* fanatischer Seemann dächte. Land braucht es doch gar nicht zu geben ! : Mal ne kleine Insel, um frisches Wasser einzunehmen; oder eine markante Klippe, um die Länge festzustellen, und die Uhren zu korrigieren – aber sonst ! Das verursacht doch nur Brandungen und Untiefen ! Ich möchte mit unserer hübschen »Wasp« hier nicht vor Ihrem *(neckend betont :) Cooperstown* kreuzen !

Cooper (verteidigend:) Aber das ist doch gar nicht nach *mir* genannt, Herr Kapitän : nach meinem Vater, der es gegründet hat, und Friedensrichter dort war.

Lawrence (unbarmherzig neckend:) Ach was ! : Noch Midshipman, und schon eine ganze Stadt nach ihm genannt : was soll erst werden, wenn Sie mal Kapitän sind ? ! *(Ironisch :)* Wie viel Einwohner hat die Metropole von Otsego County überhaupt ?

Cooper (pikiert:) Einhundertzwanzig; mindestens. Und Talleyrand war sogar als Emigrant bei uns zu Besuch.

Lawrence (bedenklich:) Na ausgerechnet *Der ? ? – (wieder stichelnd :)* Und skalpiert werden kann man sicher auch noch mühelos bei Ihnen, was ? Laufen noch *viel* Wilde da rum ?

Cooper (gutmütig auf den Scherz eingehend:) Oh, Indian John sieht noch kriegerisch genug aus für sein Alter. Und obwohl er jetzt Besen und Körbe verkauft, setzt er sich sonntags in der Kirche immer in die vorderste Reihe : er ist nämlich Häuptling, und überhaupt der letzte seines Stammes : Mohikaner hießen sie; ein Zweig der Delawarer. Sie müßten ihn mal erzählen hören, Herr Kapitän : von den alten Kriegen, 1756, gegen die Franzosen und Indianer der Canadas; Quebec, Fort William Henry, Ticonderoga –

Lawrence (ablehnend:) klingt alles verdammt festländisch, Cooper; und Ihr Interesse daran ist ja ganz gut und schön, aber... *(abschließend :)* Na, das wird sich hoffentlich mit den zunehmenden Dienstjahren geben.

Cooper (stockend:) Ich fürchte – Herr Kapitän – so viele Dienstjahre werden das gar nicht mehr. *(Tapfer :)* Ich will nämlich – nächstes Jahr heiraten.

(Stille.)

Lawrence (wesentlich dienstlicher:) Und natürlich dann – abgehen ? – *(wieder wärmer; überredender :)* Das wäre aber schadeschade, Cooper ! Sie stehen nun dicht vor der Beförderung; und sind wirklich – *(er überwindet sich zu dem widerstrebenden Lob :)* ein vorzüglicher Seemann geworden. Wie lange sind Sie jetzt dabei ?

Cooper: Viereinhalb Jahre. Herr Kapitän.

Lawrence: Ts ts. : Viereinhalb Dienstjahre. Und die wollen Sie einfach wegwerfen ?

Cooper (entschuldigend; selbst bedauernd:) Ja, meine Braut besteht leider darauf. Und –

Lawrence (ihn ärgerlich unterbrechend:) Jaja, die Bräute ! Für den richtigen Seemann sollte es einzig und allein die Windsbraut geben – *(ruhiger :)* wie heißt die junge Dame denn ? Vielleicht könnte *ich* mal mit den Eltern reden ?

Cooper: Susan Augusta de Lancey, Herr Kapitän.

Lawrence (pfeift einmal langgezogen:) Von den bekannten de Lanceys ? Aus Westchester ? Die den General in der Familie haben ? Und den Bischof ? – Alles Landratten, Cooper – Sie entschuldigen den Ausdruck !, – Und *viereinhalb* schöne Dienstjahre ! –

Cooper (schüchtern:) Vielleicht kann ich sie doch noch einmal brauchen, Herr Kapitän : ich liebe das Meer doch wirklich.... *(er bricht verlegen ab).*

Lawrence (ärgerlich:) Gebrauchenkönnengebrauchenkönnen ! : Wozu wohl, möchte ich wissen ? ! – *(stöhnt ungehalten :)* Ach ! – *(schnauzt wütend :)* Passen Sie wenigstens *jetzt* noch auf !

(murmelt, sich entfernend :) Also nichts als Ärger...

Cooper (ruft gehorsam dazwischen:) 'woll, Herr Kapitän !

(Stille.)

(er beginnt wieder zu summen.)

(Wieder schlägt die Schiffsglocke an : aber diesmal wird ihr Geläut voller, kirchenglockenhaft.)

(Musik mischt sich ein; man erkennt Griegs »Hochzeitsmarsch auf Troldhaugen«.)

2. Sprecher (halblaut, eindringlich:) Zehn Jahre später : Frühjahr 1820. Ein Zimmer in »Haus Angevine« am Long Island Sund. Spätabend. Cooper und seine Frau Susan Augusta, geborene de Lancey, allein im Zimmer. Die Kinder – 4 Töchter sind es in den 9 Jahren schon geworden – müssen wohl bereits zu Bett gebracht worden sein; denn die beiden geben sich den seit Jahren üblichen Abendunterhaltungen hin.......

Frau Susan Augusta (sagt eifrig und hell:) Schach und – *(kleine Pause; dann triumphierend :)* – Matt ! !

Cooper (nachdenklich zwischen den Zähnen murmelnd:) Tatsächlich. – Hätte ich vorhin doch den Turm einschlagen sollen – *(unzufrieden :)* ts : also so was ! – – Schade !

(Pause.)

(man hört Frau Susan rascheln und aufstehn.)

Cooper: Wohin gehst Du ?

Frau Susan Augusta: Nur nach den Kindern sehen : ich bin sofort wieder da !

(sich entfernende Frauenschritte. Eine Tür klappt.)

(Stille.)

(Man hört Cooper ein Lied summen; es kann diesmal etwa »My old Kentucky Home« sein. Er raschelt mit einer Zeitung. Dann geht die Tür wieder.)

Cooper (fragend:) Na, was machen die Herrschaften ?

Susan Augusta (meldet fröhlich:) Charlotte und Fanny schlafen; Susan sitzt und liest, und wird von Caroline mit Kopfkissen bombardiert – ich glaube, wir müssen Susan allmählich ein eigenes Zimmer geben : sie ist doch schon sehr aufgeweckt, und liest und lernt ständig für sich : ?

Cooper: Ach, das hat doch noch Zeit, meinst Du nicht ? Und die Bü cher nimm ihr lieber weg; allzuviel ist ungesund : sie ist immerhin erst sieben : aber natürlich, wenn Du denkst... ?

Susan Augusta: Ach ja, Du; und ehe ichs vergesse : wenn wir nächste Woche schlachten, mußt Du an die Jay's schreiben, und sie einladen. Und das Offizierscorps unserer Miliz auch *(neckend :)* Du bist nun mal ihr ‹Oberst› – *(zärtlich :)* und siehst *noch* so stattlich aus, mit Dreispitz und Säbel ! – *(lebhafter :)* Ja, und meine Geschwister müssen wir einladen : wenn die hören, daß wir die Schweine die letzten 4 Wochen vorschriftsmäßig mit Pfirsichen gefüttert haben : kommen die Leckermäuler alle !

Cooper (wohlig stöhnend:) Schreiben ? Och, Susy : könntest *Du* das nicht für mich erledigen ? ! Du weißt doch, daß ich so ungern am Schreibtisch sitze ! Bäume pflanzen : ja : das macht Spaß !

Susan Augusta (leise lachend:) Also schön. Aber einen Gruß mußt Du drunter kritzeln ! Sonst sind sie beleidigt. Zur Post bringen kann sie der »Governor« – *(sich unterbrechend :)* wir sollten ihn aber endlich freilassen, James : unsere Bekannten haben doch kaum noch Negersklaven !

Cooper: Wie oft haben wirs ihm denn nicht angeboten, Susy ? ! Aber Du weißt ja, was er immer sagt *(lustig das Niggerenglisch nachwischelnd :)* ‹Bin bei Massa Jamie gebor'n; und altes Nigger-Joe geht nich von Farm›. Er ist doch nun schon über 70, und ohnehin der Letzte. Juristisch *ist* er frei, und verbringt eben seinen Lebensabend bei uns. – *(wieder einlenkend :)* Also ist das mit den Briefen erledigt ?

Susan Augusta: Ja, und nun lies weiter vor. Oder willst Du lieber Flöte spielen ?

Cooper (stöhnend:) Muß denn das sein, liebste Susy ? Du weißt ja : ich lese gutwillig und gern jeden Abend; aber diesen öden englischen Gesellschaftsroman – : könnten wir nicht mit was andrem anfangen ?

Susan Augusta (sanft aber unerbittlich:) Oh bitte nicht, James. Schon um der Ordnung willen; Du weißt, wir müssen den Kindern ein Vorbild sein : und dazu gehört eben auch, daß wir geduldig sind – oder werden. Sie dürfen sich später nie einmal auf unser Beispiel berufen können, wenn sie eine notwendige aber lästige Aufgabe liegen lassen möchten. – Bitte !

Cooper (resigniert:) Na ja. – Natürlich hast Du in gewissem Sinne recht. *(er beeilt sich, hinzuzusetzen :)* Ich meine : es ist gar keine Frage, daß Du Recht hast. Ja.

(er atmet einmal tönend durch)

(man hört Buchseiten umschlagen; er beginnt vorzulesen : zuerst mit natürlicher Stimme, die aber bald immer karikierender wird, und von entrüsteten Zwischenbemerkungen unterbrochen)

Cooper (lesend:) ‹Wie verführerisch strahlten die Augen von Lady Jane, als sie diese Worte leichthin sprach ! Sie ergriff mit graziösen spitzen Fingern den Pfauenfächer, der auf dem Tischchen neben ihr lag, und hielt ihn kokett vor die volle linke Schulter, während der Mund sich spitzbübisch vorwölbte. Wer hätte diesem berückenden Anblick widerstehen können ?› *(ungehalten :)* also ich hätte es mühelos gekonnt ! *(weiter lesend :)* ‹Die Augen des jungen Pfarrers begannen zu beben.› *(entrüstet :)* Was heißt hier ‹bebende Augen› ? ! Hat er gezwinkert oder gerollt damit ? *(er bläst durch die Nase, und fährt ironisch fort :)* ‹Nichts wagte die erwartungsvolle Stille des erlesen ausgestatteten Raumes zu unterbrechen; selbst die Uhr schien leiser zu schwingen›. *(wild :)* Die Uhr ? : doch bestenfalls der Perpendikel ! Und gibt es etwas Nichtssagenderes als ‹erlesen ausgestattet› ? Man sieht doch keinerlei *Bild* dabei ! –

(er wirft das Buch auf den Tisch und läuft ungeduldig auf und ab)

‹Schwingende Uhr ! !› : Da könnte ich ja etwas Vernünftigeres schreiben !

Susan Augusta (zuerst strafend:) Aber James !

(Pause. – dann amüsierter :) Du ? Wo Du schon zu schreibfaul für einen Brief bist ? ! – *(wieder ernster :)* Aber komm doch, Liebster, und lies weiter.

(Pause; neckend :) Oder – bitte ! : Wenn Du das *vorziehst*, darfst Du auch *selbst* einen Roman schreiben und mir vorlesen. Ich verpflichte mich dann feierlich, in Zukunft nur noch *Deine* Bücher hören zu wollen ! *(sie lacht gutmütig auf; mit geheucheltem Ernst :)* Wovon sollte Dein Buch denn handeln ?

Cooper (immer noch unwirsch; aber froh, der langweiligen Vorlesung zumindest für heute entkommen zu sein:) Ach, weißt Du, Susy, wenn ich so Romane las, habe ich mir immer gedacht : warum beschreiben die Leute nicht einmal ganz natürlich und wahrheitsgetreu ein einfaches Leben ? Warum muß es immer Lady Jane sein, und ein vornehmer Salon ? Warum kann es nicht einmal unser Niggerjoe sein; oder daheim in Cooperstown der alte Indian John. Und wie die Fischer und Jäger da am See leben. Soll denn das *gar nicht* der Fixierung wert sein : wie da im Frühjahr die Millionenschwärme der Wildtauben ziehen, so daß wir sie mit Böllern herunterschießen müssen, und mit Stöcken herunterschlagen. Die Zuckerkochereien in den Wäldern. Das Fischespeeren im Otsego : die Holzfäller, die Schlittenfahrten, das vielsprachige Völkergemisch.... ?

Susan Augusta: Aber das *kennt* doch Jeder, James ! Das ist doch – gar kein *Roman !*

Cooper: Bei uns vielleicht, ja : und da auch längst nicht Jeder. Aber denke einmal an Europa : die Leute drüben haben ja keine *Ahnung* von Amerika. Oder die Nachwelt : unser Land verändert sich derart rapide, daß – – ja man könnte es direkt so formulieren : es wäre fast eine historische – nein : eine schriftstellerische ! – Pflicht, diese Szenen, und sei es noch so kunstlos, festzuhalten !

Susan Augusta: Ja, dann versuch es doch, James ! *(Bestimmt :)* Ich lasse Dir nach *der* Prahlerei ohnedies keine Ruhe mehr, bis... *(sie bricht betroffen ab, und lauscht dem Murmeln des Gatten)*

Cooper (abwesend:) Man müßte... gleich zu Anfang.. die Szenerie mit einem Blick vor Augen führen : Reisende müßten den Mount Vision herunter kommen, wo man mit einem Schlage das ganze Seepanorama übersieht..... Und zu verschiedenen Jahreszeiten müßte das Buch spielen; damit man den ganzen Kreislauf des Wetters und der Beleuchtungen erfährt..... *(Stimme immer leiser werdend :)* Man müßte....

(Stimmen von Zeitungsjungen und Ausrufern blenden sich ein :)

1. Stimme: Neuer Roman von James Fenimore Cooper!

2. Stimme: Neuer Roman unseres großen nationalen Schriftstellers!

3. Stimme: ‹Die Pioneers; oder die Ansiedler an den Quellwassern des Susquehanna›. Verkauf: 4000 Stück schon am ersten Tage.

4. Stimme: Neuer Roman von Cooper: ‹Der Spion; eine Erzählung aus dem amerikanischen Freiheitskampf›.

5. Stimme: Neuer Roman von Cooper: ‹Der Letzte der Mohikaner›:

6. Stimme (leiser werdend:) Neuer Roman von James Fenimore Cooper....

1. Sprecher: So begann, fast durch Zufall, mit dreißig Jahren eine literarische Laufbahn ohnegleichen. Cooper wurde der erste amerikanische Schriftsteller mit globaler Wirkung. In zwanzig Sprachen waren seine Bücher übersetzt; man sah sie in London, Berlin und Paris; sie kursierten in der Türkei, Ispahan und Jerusalem nicht minder als in Spanien und Mexiko. Und der ungeheure Beifall war nicht etwa nur auf das Publikum der Leihbibliotheken beschränkt!

2. Sprecher: »Was Landschaftsschilderung anbelangt, hat Cooper das letzte suggestive Wort gesprochen«: meinte *Balzac*.

1. Sprecher: Hauff: fragt im Vorwort zu seinem ‹Lichtenstein› neidisch »ob denn die Ufer des Susquehanna grüner seien, als die des Neckar?«

2. Sprecher: Poe! Scott! Stevenson!: mögen weitere begeisterte Kronzeugen abgeben: es war ja zu aufregend, daß dort noch, mitten im 19. Jahrhundert, lebensgefährliche Kämpfe mit unfaßbar fremdartigen Ureinwohnern stattfanden....

(Pause.)

(Gong)

Dritte Szene

2. Sprecher (halblaut, eindringlich:)

Mai 1826.

Ein freier Platz am Rande der aufblühenden Großstadt Washington, mit einigen Indianerzelten:

Petelasharoo, »das lange Messer«, der große Häuptling der Pawnees, ist mit den auserlesensten seiner Krieger gekommen, den ‹Großen Weißen Vater›, den Präsidenten John Quincy Adams, zu besuchen.

Helles Vormittagslicht.

Vor den Zelten ein kleines aber feierlich=formelles Beratungsfeuer; ein Halbkreis würdevoll=stummer Häuptlinge. Ihnen gegenüber ihr Führer und Dolmetscher, Major Heyward von der Armee; zu seiner Linken Cooper aufmerksam lauschend oder fleißig notierend; zu seiner Rechten Bischof de Lancey, in der Hand die Bibel.

Bischof (doziert eifrig und tönend:) . . . ich wiederhole also noch einmal : ‹Liebe Deinen Nächsten wie Dich selbst›. Und : ‹schlägt Dich Einer auf die rechte Wange, so reiß sie aus, und . . . › oh, Verzeihung, nein ! – ä – : ‹So biete ihm auch die linke dar !› *(er räuspert sich. Dann zu Major Heyward :)* Meinen Sie, Sir, daß ich die wichtigsten Lehrsätze nun klar genug dargelegt habe ?

Heyward: Klar genug schon, Hochwürden; aber diese Leute haben ihre Gegengründe . . .

Bischof (pikiert:) Gegengründe ? Gegen Gottes Wort ? Da bin ich aber doch gespannt . . .

Heyward (ihn leise unterbrechend:) Ruhig ! – Ä – das heißt : bitte, Hochwürden : Petelasharoo will sprechen !

Petelasharoo (sehr langsam und würdig; nicht direkt gebrochen sprechend, aber doch mit stark fremdartigem Akzent:) Dies also ist das ‹Gute Buch› der Blaßgesichter ?

Bischof (eifrig:) Ja gewiß, gewiß.

Petelasharoo: Warum sandte der Große Geist es nicht auch seinen Kindern, den Roten Männern ?

Bischof (zunächst etwas verblüfft:) Ja, – warum ? *(Plötzlich erleuchtet :)* Ach so, ja : natürlich ! : Die Indianer können doch nicht lesen ! Wie ?

Petelasharoo (unerschütterlich:) Gut ! –

Und nach den Worten dieses Buches leben meine weißen Brüder ?

Bischof (überzeugt:) Selbstverständlich; ich sagte schon . . .

Heyward (ihn unterbrechend:) Pst. Nicht doch.

Petelasharoo: Das Buch lehrt Euch, denen Gutes zu tun, die Euch angreifen : Wenn Euer Bruder Euch bittet, ihm Eure Flinte zu schenken, gebt Ihr ihm das Pulverhorn obendrein : also spricht das Gesetz der Blaßgesichter ?

(Hugh=Gemurmel der anderen Häuptlinge.)

Bischof (berichtigend:) Aber nicht doch, nicht doch ! In der ganzen Bibel steht kein Wort von Gewehren; und der Gebrauch von Pulver und Blei ist eine Beleidigung gegen Gott.

Petelasharoo: Warum gebrauchen es meine Weißen Brüder dann ? Wenn ihr Buch sie anweist, dem Bittenden doppelt zu geben : warum *nehmen* sie dann doppelt vom Roten Manne, der sie um *nichts* bat ?

Bischof (hastig beiseite zu Heyward:) Was kann man rasch *darauf* antworten, bester Major? Ich muß gestehen, ich bin jetzt, in der Eile, um eine Erwiderung etwas – ä=verlegen...

Heyward: Ja, wenn *Sie's auch* nicht wissen, Hochwürden! Ich hab oft darüber nachgedacht, wenn wir so im Westen in den Zelten lagen – oh, halt: er richtet sich auf: jetzt werden Sie ein Stück indianischer Beredsamkeit zu hören bekommen!

Petelasharoo: Meine weißen Brüder mögen ihre Ohren öffnen; es wird von den Greisen in den Dörfern erzählt, und was sie sagen ist Wahrheit! –

Ihr seht überall um Euch das Land sich in Hügel und Täler ausdehnen, die einst Bäume erzeugten, ohne die Axt zu fürchten. Schlanke Bäume und schattige Wälder. Flüsse und fischreiche Seen. Das Moosetier und der Biber reichlich, wie der Sand in den Bächen. All dies Land und Wasser gab der Große Geist den Leuten von roter Farbe, denn er liebte sie, weil sie die Wahrheit sprachen, treu waren gegen ihre Freunde; ihre Feinde haßten, und ihnen den Skalp zu nehmen wußten.

Tausende von Wintern waren gekommen und gegangen, und Niemand als rote Männer sah man das Wild jagen oder den Kriegspfad betreten.

Da plötzlich erzürnte der Große Geist; er verbarg sein Antlitz vor seinen Kindern, weil sie Kampf und Streit hatten unter sich selbst. Große Kanus kamen von der aufgehenden Sonne her, und brachten ein hungriges verworfenes Volk ins Land. Erst sprachen die blassen Fremdlinge sanft und kläglich wie Weiber; sie baten um Raum für wenige Wigwams, und sagten, wenn die Krieger ihnen Land geben wollten zum Anbau, wollten sie ihren Gott anflehen, daß er gnädig herabblicke auf die Roten Männer. Als sie hungrig waren, winselten sie in den Gebüschen, gleich dem verirrten Kinde; aber als sie zahlreich geworden waren, vergaßen sie ihre Reden und machten sich zu Lügnern.

Bischof (indigniert:) Aber mein Lieber: ist *das* die Geschichte unserer glorreichen Kolonisation?

Petelasharoo (scharf:) Mußt Du es zweimal hören?! – Sie sprachen gleich kranken Weibern, bis sie stark geworden: dann übertrafen sie an Bosheit noch die Teufel, die Dakotas – berauschten die Roten Krieger mit ihrem brennenden Wasser; und erschlugen sie mit feuersprühenden Werkzeugen.

Bischof (ihn unterbrechend:) Aber das Land ist den Indianern doch regulär abgekauft worden!

Heyward (mahnend:) Nana, Herr Bischof: regulär?! *Das* hätten Sie nicht sagen sollen!: 10 Flaschen Rum, 5 schlechte Flinten, und 20 Wolldecken für 15.000 Morgen? – Mmm.....

Petelasharoo (verächtlich:) Eher findet man Feuer im Schnee, als Wahrheit in einem Blaßgesicht! –

(zu Heyward :) Der große Krieger, der uns hierher geleitete, möge mir sagen, was mein stummer weißer Bruder *dort* treibt.

Heyward: Er hält die Worte Petelasharoos fest; für die Ohren anderer weißer Männer – nicht wahr, Mister Cooper?

Cooper (auffahrend:) Wie? Ach so : ja. *(Mit Bescheidenheit zu dem Häuptling gewandt :)* Will der große Häuptling mir erlauben, auch weiterhin an seinem Lagerfeuer zu sitzen, daß ich die Stimme des Roten Mannes höre?

Petelasharoo: Mein Bruder ist willkommen : er schweigt und lauscht, wenn Häuptlinge reden; er führt nicht tausend Zungen in seinem Munde wie in einer offenen Tasche : – er ist willkommen! –

(Petelasharoo entfernt sich langsamen Schrittes. – Pause.)

Heyward (soldatisch rauh:) Da geht er hin. Gottseidank : bis Mittag hab ich jetzt wahrscheinlich dienstfrei. *(Zum Bischof :)* Nun, Hochwürden; so nachdenklich?

Bischof: Was wollte der Kerl mit seinen anzüglichen ‹Tausend Zungen?› Es heißt doch ausdrücklich im Choral : Oh daß ich tausend Zungen hätte?! Eh, Mister Cooper?

Cooper (ruhig:) Ich will erst einmal meine Notizen ordnen : die Einzelheiten sind ja *zu* interessant : das *muß* einfach festgehalten werden! Schon aus Gründen der Gerechtigkeit. – *(beschwörend zu Heyward :)* Liebster Major : Sie *müssen* mir mehr von diesen berittenen Stämmen im Westen erzählen. Und die Prärien ausführlicher beschreiben : ich bin fest entschlossen, meinen nächsten Roman dahin zu verlegen.

Bischof (mahnend:) Aber, lieber Schwager! Bitte den heidnischen verwilderten Ansichten nicht vergessen, Gottes Wort gegenüber zu stellen!

Cooper (nachdenklich:) Natürlich nicht, bester de Lancey : aber eben *beides, beides.* – Es ist doch kul*tur*geschichtlich wichtig.

Bischof (beruhigt:) Ach so; gewiß; rein kulturgeschichtlich; natürlich; natürlich. – *(Schalkhaft :)* Der unvermeidliche ‹Lederstrumpf› kommt doch auch wieder darin vor?

Cooper (gefällig mitlachend:) Ja. Zum letzten Male allerdings nun..... *(Stimmen leiser werdend)*

(Gong)

1. Sprecher: Am tiefsten ergriffen wurde von den Legenden der Wälder ein junger, feister Hauslehrer in Wien; still, und so menschenscheu, daß er zwar die glänzendsten *schriftlichen* Prüfungsarbeiten einreichte, aber nie zu einem mündlichen Examen erschien; dem ähnlich Chlorophyll in den Adern floß, und den die gewaltige Gestalt des »Lederstrumpf« so faszinierte, daß er seine Abbreviatur des mächtigen Archetyps den »Hochwald« nannte :

(betont :)

ADALBERT STIFTER.

2. *Sprecher:* Dem man bis in die kleinsten Einzelheiten der Fabel hinein fast sklavische Abhängigkeit von dem verehrten Vorbilde nachzuweisen vermag. –

(Pause.)

1. *Sprecher:* Mit steigendem Wohlstand, nicht zuletzt erzielt durch die Riesenauflagen seiner best=seller, kann Cooper sich endlich einen Lieblingsgedanken erfüllen : mit Familie und Dienerschaft unternimmt er eine sechsjährige sorgfältige Studienreise nach Europa.

(Gong)

Vierte Szene

2. *Sprecher (halblaut, eindringlich:)* März 1827.

Salon im Palais der Fürstin Galizin in Paris. Große Gesellschaft. Unter den Gästen befinden sich Humboldt, Sabine, Lafayette (jetzt ausgesprochen ‹aux cheveux blancs›), Marschall Kellermann, Cuvier, Arago, der Bildhauer David d'Angers; später Sir Walter Scott.

(Gelächter klingt auf, Gläserklappern; Stimmengewirr, aber mondän gedämpft, als Begleitung. Aus großer Ferne auch ein paar Takte Walzermusik.)

Cooper (frank und energisch:) Aber Herr von Humboldt : Sie irren sich ! Was Sie sagen, trifft meinethalben auf *Süd*amerika zu : aber Sie unterschätzen unsere Vereinigten Staaten durchaus ! Denken Sie nicht, ich sei nun einmal amerikanischer Konsul, und als solcher zum Lobe meines Vaterlandes verpflichtet : es ist meine wohlerwogene und statistisch gut fundierte Meinung, daß wir in einhundert Jahren so viel Einwohner haben werden, wie die drei größten europäischen Staaten zusammengenommen ! Vergessen Sie doch nie, daß wir ein Hinterland haben, so groß wie *ganz* Europa;

und daß sich diese geographische Überlegenheit eines Tages einfach auswirken *muß* – ähnlich nebenbei wie bei dem Russischen Reich.

Die Fürstin Galizin (mit scharfem Slawen=»R«:) Ganz Rrecht ! Das pflegte mein Schwiegerr=Vaterr, der Marrschall Suworrow, auch immärr zu saggen. – Das geht – oh ! – lang=sam – aber : Wer kann wider Gott & Nowgorod ? !

Cooper: Ich bin überzeugt, Durchlaucht, daß es bei uns *windschnell* gehen wird, manchmal wird selbst *mir* bei dem Tempo der Yankees ein wenig Angst – Sie wissen, es sind da feine Unterschiede : Yankees, das sind die Einwohner der Neu=England=Staaten. Ich aber stamme aus der ursprünglich holländisch besiedelten Provinz New=York. Im Süden ist es *wieder* anders, wo die Franzosen und Spanier kolonisierten. – General Lafayette hier wird jedes meiner Worte bestätigen.

Lafayette (mit seiner Altersstimme:) Ja, Washington war ein großer Mann – ich werde schwerlich noch einmal Seinesgleichen sehen. – Ja=ä – Ihren Enthusiasmus für Amerika in allen Ehren, Mister Cooper : ein *großes* Land, ein *zukunftsreiches* Land – ja ! – : aber kennen Sie auch Europa ? Ich meine, *was* haben Sie während Ihres Aufenthaltes hier vor ?

Cooper: Ich beabsichtige, mich mehrere Jahre in Frankreich aufzuhalten. Dann ein bis zwei Jahre Italien. Ein Jahr etwa in der Schweiz – ich bin, wie Sie wissen, Naturschwärmer ! – Dann noch kurze Abstecher nach Belgien; Deutschland; Holland. Zum Abschluß ein halbes Jahr in England. Ich werde nicht versäumen, mich überall mit Sprache, Sitte, Denkweise vertraut zu machen; die Landschaft zu studieren; vor allem Bauten, Kunstwerke, historische Traditionen.

Lafayette (langsam:) Ein gutes Programm, Mister Cooper. Und danach ?

Cooper: Danach ? – Erachte ich es für meine schriftstellerische Pflicht, die beiden Erdteile über einander aufzuklären. Europa *muß* erfahren, was die Vereinigten Staaten sind...

Lafayette (schaltet mahnend, berichtigend ein:) ... sein *werden* ...

Cooper (unerschüttert, ganz Vertreter der Zukunft:) Gut ! Was sie sein *werden*, also. – Und umgekehrt : mein Vaterland soll erfahren, was Europa – ich könnte jetzt konsequent=boshaft sagen : *war !* – will es aber nicht tun, sondern sachlich darstellen : *was es ist.*

Lafayette (vorsichtig:) Ja, mein lieber Cooper : wenn sich nun aber im Verlauf dieser Untersuchungen Ihr liebenswürdiger Patriotismus – ä= sagen wir=ä – dämpfen sollte ?

Cooper: Dann werde ich ehrlich genug sein, unsere Fehler nicht nur zu sehen, sondern auch bei Namen zu nennen, und auf ihre Abstellung zu dringen. Ich bin zwar durchaus einer jener ehrerbietigen Menschen, die nur mit größter Anstrengung ihrem Vaterlande gegenüber objektiv werden können – aber ich würde mir ehrlich die Freiheit des Urteils erschreiben !

(Das Stimmengewirr wird lauter; ein Name beginnt sich ins Verständliche zu entwirren ‹Scott›, ‹Sir Walter Scott›, ‹Studien für die Napoleon Biographie›, Schritte.)

Fürstin Galizin (vorstellend:) Darf ich unterbrechen ? – Und Sie, meine Herren, unserem allbewunderrten Dichterrfürrsten, Sir Walter Scott, vorrstellen ? – *(Füßescharren)* – Dies hier, Sir, ist ein Brruderr in Apoll : James Fenimore Cooperr, der Verrfasser der berrühmten amerikanischen Rromane.

Scott: Oh, das ist mir das Interessanteste – *(Gelächter klingt auf)* – Sie entschuldigen, Durchlaucht ! – Ich freue mich, Sie kennen zu lernen, Sir : ich habe alle Ihre Bücher gelesen, und würde gern mit Ihnen ein höchst wichtiges dichterisches Problem besprechen, das mir an Ihnen erst völlig klar geworden ist. – Dürfen wir drei Minuten fachsimpeln, Durchlaucht ?

Fürstin Galizin (gutlaunig:) Gerrn, meine Herren; und wirr Uneingeweihten verrbleiben in selbstgewählter Unwissenheit : abärr nicht längerr als drrei Minuten; dann drringen wirr wieder ein : will doch jederr von uns sagen können, auch err habe mit dem grroßen Walter Scott gesprrochen. – Und noch eine Bitte : Herr d'Angers darrf doch bei Ihnen bleiben ? Err brrennt darauf, Ihre Porrträtbüsten anzuferrtigen; err wird nurr schweigen und zeichnen : wie Herr d'Angers ?

David d'Angers (unhöflich versunken:) Jaja, sicher; ich hab gar keine Zeit zum....

(alles lacht auf.)

(Viele sich entfernende Schritte, Musik und Geräusche erklingen noch ferner und gedämpfter.)

Scott (langsam:) Ich bin ja der ältere Kollege, Mister Cooper; und zwanzig Jahre länger im Beruf. – Lassen Sie mich dies vorausschicken : Ihre Bücher sind *gut;* man sieht als Leser das, was Sie als Autor gesehen haben. Kulturgeschichtlich unschätzbar. Die Indianer müssen Ihnen dankbar sein, wie mir meine halbwilden Hochländer. Sprachlich ausreichend; Wahrscheinlich verhindert Sie *das* an hoher dichterischer Formung, daß Sie so viel Material darzubieten haben ?

Cooper: Ähnlich wie *Sie*, Sir, den Engländern ihre eigene Geschichte lebendig machten und schenkten, will *ich* es mit der – zeitlich freilich viel begrenzteren – meines Vaterlandes tun. Ich verlege – zur weisen Erholung und Schonung der Fantasie – die Handlung abwechselnd auf die See, und in die Wälder – aber warum sage ich Ihnen das, Sir ? Sie kennen unseren Beruf und seine Technik ja weit besser. – Darf ich noch sagen, daß ich Sie ehrlich bewundere, Sir – und .....

Scott (abwehrend:) Ach, lassen wir das, wenn wir unter uns sind, Cooper. – Was ich mit Ihnen besprechen wollte, ist das : Warum geben Sie eigentlich Ihren Büchern, bei dieser prachtvollen Landschaft, bei diesen eindrucksvollen Gestalten der Hinterwäldler und Indianer : war*um* geben Sie uns jedesmal so eine – Sie entschuldigen schon das Wort – erbärmlich=dürftige Handlung ? ! Nehmen Sie Ihre »Pioneers« zur Hand (meiner Ansicht nach noch *immer* Ihr bestes Werk :) was *geschieht* darin ? : Doch gar nichts ! Dieser Ansatz zu einer winzig=theatralischen Handlung mit dem in der Höhle versteckten Alten : das *ist* doch nichts ! Was für ein schneidender Mißklang zwischen den prachtvollen Einzelheiten, und der provinziellen Fabel ! Sie glauben ja nicht, wie wir – meine Freunde und ich – nach jedem neuen Cooper greifen : und wie wir ihn jedesmal enttäuscht wieder hinlegen : es fehlt Ihnen eine große, konsequent=ereignisreiche Handlung. Denn es ist keine *»Handlung«*, wenn Sie Ihre Helden stereotyp immer wieder durch Wälder gejagt werden und entkommen lassen ! : Ist Ihnen das nie ein Problem geworden ?

Cooper (äußerst betroffen:) Ja aber...

Scott: Hören Sie auf *mich*, Mister Cooper : auch ich habe Ihren Fehler – denn Sie werden mir ja zugeben müssen, daß es einer ist, wie ? – mehrfach begangen. Zumal eben jetzt weiß ich nicht, wie mein angefangenes Buch weitergehen soll : das liegt aber daran, daß ich rasch viel Geld verdienen muß – Sie werden von meinem Unglück mit den Ballantynes gehört haben. – Sobald ich wieder Zeit habe, stelle ich mir auch sorgfältigst eine bedeutende Handlung zusammen; denn die *Handlung,* wissen Sie... *(die Stimme wird leiser und vermurmelt im wieder einblendenden lauteren Gesumme der Gesellschaft.)*

(Gong)

1. *Sprecher (zitierend:)* »Das ist in den nunmehr dem Publikum vorliegenden Bänden mein Ziel gewesen : eine richtige gegenseitige Schätzung der Völker anzubahnen, und, durch verläßliche Daten, beiden Seiten die hierfür notwendigen Diskussionsunterlagen zu geben. Ich schmeichelte weder nationalen Vorurteilen; noch schonte ich schreiende Fehler und Mißbräuche. Sollte man mich eines Mangels an Patriotismus bezichtigen, so stelle ich die Frage : Wer dient seinem Vaterlande besser : der, der den Mut hat, die Wahrheit zu sagen; oder der, der die augenfälligsten Gebrechen mit patriotischer Lüge übertüncht ? !«

(Gong)

2. Sprecher (halblaut, eindringlich:) Sommer 1837.

Ein Zimmer in Coopers Landsitz, Otsego Hall, in Cooperstown, mit weiter Aussicht auf den See und das Dorf.

Dämmerung.

Cooper; seine Frau; seine Lieblingstochter Susan; im Gespräch mit seinem Freunde, dem Maler und Telegraphenfachmann Morse – ganz recht, dem Erfinder des Morsealphabets. –

Cooper (heftig einen Satz beendend:) .... ich vielleicht sagen sollen, wie sie verlangten, daß der Broadway die längste *und* kürzeste, die breiteste *und* schmalste Straße der Welt zugleich sei ? !

Morse (beruhigend:) Aber davon *redet* doch Niemand, James. Ich sage Dir nur, daß Du die Yankees zu scharf angefaßt hast. Was hilft all Dein eingestreutes Lob unseres Landes und seiner Möglichkeiten, wenn Du gleichzeitig seinen lebenden Einwohnern zur lächerlichsten Unsterblichkeit verhilfst !

Cooper: Wenn ich Dir aber mein Wort gebe, Sam : daß nichts, aber auch *gar nichts*, selbst von den kleinsten Zügen in den »Monikins« oder der »Heimfahrt« von mir *erfunden* ist ? ! Wenn ich Dir versichere, *daß* ich Zeuge des Wettbewerbs war, wer die Mondscheinsonate am schnellsten spielen könnte ! Wenn ich hören mußte, wie man bezweifelte, ob es in Europa Bauten gäbe, die auch nur *annähernd* dem Kapitol in Washington an die Seite zu stellen wären ! *Habe ich* denn Unrecht, wenn ich unsere Klatschsucht, unser wegelagerisches Zeitungswesen, anprangere, unsere unwürdigen Präsidentschaftswahlen, wo die Kandidaten sich die schmutzigsten Vergehen vorwerfen, oder Ziegen mit sich herumführen, wie die Clowns, um Stimmung für sich zu machen ?

Morse (warnend:) Natürlich hast Du Recht, James – aber sonst auch *nichts !* Es hat nichts genützt : denn man ist hier – wie nebenbei wohl allerorten ! – überzeugt, daß man soeben den Gipfel der Kultur erreicht habe.

Du hast Dir jedenfalls durch die Heftigkeit Deines Tones, mag es noch so gut gemeint gewesen sein, Dein Publikum völlig vergrämt. Denke an die zahllosen Beleidigungsprozesse, die Du führen mußt; und die Dir als Schlimmstes Deine Ruhe und Schaffenskraft rauben....

Cooper (heftig:) Ich kümmere mich *überhaupt* nicht darum !

Frau Susan Augusta (schaltet sich ein:) Doch, James; es nagt an Dir; Tag und Nacht.

Cooper (schwer atmend:) Und sollte es das nicht ? ! – Ich habe unsere nationalen Mängel und Schwächen bloßgestellt : bloßstellen *müssen !* Weil sie in unserer buntscheckigen traditionslosen Gesellschaft so tief eingefressen sind, daß es sich durchaus nicht um »zeitbedingte Kleinigkeiten« handelt, wie Du es zu nennen beliebst, Sam : ich wette mit Dir, daß auch 1950 noch unsere Nachfahren genau so unsinnig in ihren Fahrzeugen daherrasen; genau so unempfindlich in künstlerischen Dingen; genau so dem Spucken und Schnitzeln ergeben sein werden, wie heute, wo ich es ihnen vorrücke !

Susan, die Jüngere, *(ruft scharf dazwischen:)* Du hast Recht, Papa ! Du hast in *Allem* Recht ! Wie ist es nur möglich, daß man den Menschen einfach nicht die Augen öffnen *kann ? !*

Morse (fragt höflich:) Meinen Sie, gnädiges Fräulein, daß ein Einzelner gegen eine ganze Nation – seine Nation – Recht haben *kann ?*

Susan, die Jüngere, *(verächtlich:)* FFF ! Setzen Sie doch einmal ein ganzes Volk hin, Mister Morse : die sollten in Gemeinschaftsarbeit Shakespeares Werke schaffen : da würden Sie sehen, was ein *Einzelner* kann, und was dagegen ‹Die Nation› vermag ! Und es handelt sich ja auch gar nicht um ‹einen Einzelnen› : Sie sagten doch selbst vorhin, daß Papa durchaus im Recht wäre ! . . . .

(Draußen auf dem Rasenvorplatz vor dem Hause entsteht Gebrüll, wie von Fußballspielern : ‹Toaaa !› Und Pfiffe. Cooper zieht entrüstet die Klingel; die Tür geht; ein Diener kommt.)

Cooper: Tom : sagen Sie den Bengeln unten zum letzten Male : ich *verbiete* ihnen, daß sie auf meinem Rasen ihr neu erfundenes ‹Baseball› spielen, oder wie das Dings heißt. Wir haben genügend *öffentliche* Plätze im Ort dazu.

(Abgehende Schritte des Dieners.)

(Cooper zu Morse :) Siehst Du, das ist auch so ein Zug des ‹Freien und Großen Volkes› : mein schönes Parkstück am Seeufer benützen sie ständig für ihre Picknicks – das ginge ja noch an ! – aber : sie hacken mir dabei im betrunkenen Übermut die schönsten *Stämme* ab, die noch mein *Vater* pflanzte; versengen mir den Rasen – und wenn ich sie zur Mäßigung ermahne, entgegnen sie mir nur frech : es dürfte eigentlich gar keinen privaten Grundbesitz mehr geben : das sei alles ‹aristokratisch›, und ‹gegen die Verfassung›. – Ich habe jetzt in die Zeitung setzen lassen, daß ich jeden zur gerichtlichen Bestrafung melden werde, der mein Besitzrecht so gröblich verletzt.

(Draußen verstummt das Geschrei der Ballspieler plötzlich.)

Morse (verteidigend:) Siehst Du, James : sie hören doch *auf,* wenn Dus ihnen sagen läßt.

(Die Tür öffnet sich, Schritte des zurückkommenden Dieners.)

Morse (zum Diener:) Ist ja schnell gegangen; die Jungen waren also vernünftig, wie ?

Diener (listig verlegen:) Ganz einfach war es ja nicht, Sir. Aber ich habe ihnen eingeredet : der Bürgermeister, unten im Ort, hätte zwar das Ballspiel auf den öffentlichen Plätzen verboten. Mister Cooper aber sähe es gern, wenn seine Ländereien durch die Gegenwart und die Fröhlichkeit eines Großen und Freien Volkes ausgezeichnet würden. Daraufhin rief der Anführer – der Abner Doubleday, der große Schlacks – ‹Was ? Wir sollen dem verdammten Aristokraten seine Landschaft beleben ? Da soll er sich andere Leute suchen !› Und daraufhin zogen sie protestierend und geschlossen ab. –

Cooper (bricht in ein hysterisches Gelächter aus:) Na, Sam ? Das sind Deine ‹vernünftigen Jungen›, eh ? !

Morse (betroffen:) Ich hatte gedacht....

Frau Susan Augusta: Was ist denn das für ein roter Schein dort im Fenster ? Nein, *rechts* da – *nicht* überm See.. ?

Cooper (aufstehend und den Stuhl beiseite schiebend:) Das ist ein Feuer im Ort ! – Sogar ganz nahe – ! Ich will doch gleich löschen... *(er hält erleichtert inne :)* ach *nicht* doch : sie haben drüben, auf dem Platz ein Lagerfeuer angezündet.

Morse (zum Fenster gehend:) Ne Versammlung, was ? Tatsächlich, ein Redner klettert auf den Baumstumpf : – Mach doch mal das Fenster auf... *(Geräusch eines sich öffnenden Fensters.)*

Redner: Männer von Cooperstown !

(Bravogeschrei; besonders von kleinen Jungen.)

In öffentlicher und feierlicher Versammlung aller stimmfähigen Bürger ist beschlossen worden :

Erstens : *(Bravobravo !)* daß die sehr ehrenwerte Einwohnerschaft die Eigentumsrechte eines gewissen James F. Cooper auf seine angeblich am See gelegenen Grundstücke *nicht anerkennt !*

(Bravobravo !)

Zweitens : daß wir seine Drohungen, sowie sein ganzes Verfahren in dieser Angelegenheit zutiefst *verachten !* Und jede Person, die sich danach richten wird, öffentlich als feige und niedrig gesinnt brandmarken werden.

(Bravobravo !)

Drittens : daß das Betragen des genannten Cooper, sowohl in lokaler wie in nationaler Hinsicht, dem größten Teil seiner Mitbürger zum Ekel geworden ist !

(Bravooo ! bravooo !)

Weshalb wir : einstimmig beschließen *(bravoo !)* daß alle von jenem mehrfach besagten Cooper geschriebenen Bücher : aus der Franklin=Bibliothek der Stadt Cooperstown sogleich zu entfernen sind !

(Tobendes frenetisches Beifallsgeheul schließt die Szene.)

(Gong)

Ausruferstimmen: Neuer Roman von Cooper !

(Sogleich fragt eine scharfe Stimme dagegen :) Wann wird dieser *Schmierfink*, dieses *Reptil*, dieses *Insekt*, endlich zu kritzeln aufhören ?

Ausrufer: Neuer Roman von Cooper !

Stimme dagegen: Bereits wieder erhebt der schwarzgallige *Vaterlandsverräter*, der *Lügner*, der *Superesel*, sein langweiliges Geplärr ?

Ausrufer (verhallend:) Neuer Roman von James. . . .

(Gong)

Sechste Szene

2. Sprecher (halblaut, eindringlich:) September 1851.

14 Tage vor Coopers Tode.

Das gleiche Zimmer in Cooperstown.

Abenddämmerung.

Cooper in Kissen in einem Lehnstuhl.

Dr. Francis (im Flüsterton zu Frau Susan Augusta:) Also *kein Körnchen* Salz ! Ganz milde Speisen; und vor allem wenig : wenn möglich *nichts* zu trinken. – Ich fürchte, wir können die Wassersucht kaum noch aufhalten. *(Mit künstlicher Munterkeit :)* Natürlich : wo Leben ist, da ist auch noch Hoffnung ! *(Wieder leiser :)* Aber machen Sie sich auf alles gefaßt, gnädige Frau –

(Er zehenspitzt hinaus.)

(Pause.)

Cooper (mit schwacher Stimme:) Susy.

Frau Susan Augusta (begütigend:) Ja, James ?

Cooper: Kann ich etwas zu trinken bekommen ?

Frau Susan Augusta (bittend:) Ach, lieber nicht, James; es ist nicht gut für Dich.

Cooper: Nicht gut ? Aber der Durst ist *auch* nicht gut.

(Er seufzt :) Ist das Manuskript. . .

Frau Susan Augusta (beschwichtigend:) Es liegt ja neben Dir. Du kannst jederzeit wieder anfangen.

Cooper (beruhigt:) Das ist gut. Sobald mir besser sein wird, diktiere ich weiter. – *(Traurig :)* Obwohl es wenig Zweck haben wird. Es ist ja kein Widerhall mehr.

Frau Susan Augusta (widerspricht:) Aber James ! Wir haben Deine Sachen doch immer noch recht gut verkaufen können !

Cooper: Vielleicht; ja. Aber habe ich noch *eine* ermutigende Stimme gehört ? Keine Zeitung bespricht meine Bücher mehr. Kein aufmunternder Leserbrief kommt *(er lacht kränklich auf :)* Drohbriefe, die ja ! Und Pakete mit Knütteln darin ! – Weißt Du Susy : ich muß immer an den Abend vor 30 Jahren denken, als ich versprach, Dir ein *»Besseres Buch«* zu schreiben : das war der Augenblick, wo mein – unser – Schicksal umschlug ! Wäre ich doch nur ein stiller, einfacher Landwirt geblieben; ruhig an Deiner Seite; die Kinder wären aufgewachsen; meine Nerven wären noch gut; meine Gesundheit unerschüttert – ich bin ja schließlich erst 62 : *und* ein Wrack; zuschanden geschrieben : und für was ? ! Für ein Volk, das sich meiner schämt; das mich verlästert; mich eine ‹Schande der Nation› nennt.

Frau Susan Augusta (besänftigend:) Es war aber doch auch schön, James ! Du hast nur alles Gute vergessen : denk doch daran, daß die Besten der Nation Deine Freunde waren – und sind. In Europa hat man sich zu Dir gedrängt : weißt Du noch, wie Sir Walter Scott in Paris mit Dir sprach ?

Cooper (angeregter als zuvor:) Oh ja, Susy, durchaus noch. Du; und ich weiß jetzt auch, was ich ihm damals hätte antworten müssen, als er mich wegen unzureichender »Handlung« tadelte. Sir, hätte ich sagen müssen, es gibt zwei Arten von Schriftstellern : die einen ergreifen den Leser durch die mächtige, wohlzusammenhängende, bedeutende Handlung. Bei den anderen aber ergibt sich die »Fabel« aus den Zuständen und Denkweisen ! Etwa wie beim ‹Robinson Crusoe› : da geschieht auch nichts ! Nur Züge der äußersten Einsamkeit werden versammelt; und eben der *eine Mensch* darin – und doch ergreift uns das Bild des einsamen Mannes im Sand aufs tiefste, und prägt sich auf ewig ein ! Und genau so ist es in meinen »Pioneers«, die Scott damals beanstandete : die Umwelt des neuen Settlements im Urwald; und die Denkweise jener Zeit : ich *brauche* gar keine Handlung. Die ‹Wahrheit› *kennt* doch gar keine Handlung, wie ? !

Frau Susan Augusta (begütigend:) Natürlich nicht, James, Du hast vollkommen recht.

Cooper (mißtrauisch:) Wirklich ? Aber warum hat man dann nicht mit Beifall mein schönstes, größtes Buch, die Littlepage=Trilogie, begrüßt ?

Nicht *eine* Rezension habe ich über ‹Satanstoe› oder den ‹Landmesser› gelesen; viel weniger eine verständnisvolle.

(Er wälzt sich unwillig und schmerzhaft hin und her.)

Ach, es war doch Alles umsonst ! Und Dich habe ich mit in das ganze Unheil hineingezogen…

Frau Susan Augusta (liebevoll empört:) James ! Hörst Du sofort auf ? ! Ich war die glücklichste und berühmteste Frau meines Landes ! *Deine* Frau, Du ! *(Ihre Stimme wird unsicher)*

Cooper (mißtrauisch:) Wirklich, Du ? – Na, laß gut sein, Susy. Ich bin ja schon wieder *(er spricht das folgende Wort hohnvoll aus :)* ‹zuversichtlich› ! – Ach ! – Laß uns lieber eine Partie Schach spielen. Du mußt allerdings für mich ziehen; ich kann die Hände noch nicht wieder recht bewegen. *(Pause.)* Wie dick diese Hände sind, nicht ? Verquollen : na, geschieht ihnen recht : warum haben sie so viel Unsinn geschrieben. *(Mit plötzlichem Entschluß :)* Höre Susy : *(nachdrücklich langsam :) Ich verbiete : daß jemals eine Biographie von mir geschrieben wird ! Alle meine restlichen Manuskripte, meine Tagebücher, meine Briefsammlungen : sind zu vernichten !* Es war ein Fehler, daß ich geschrieben habe : ich will wieder untertauchen in Vergessenheit : der Name ‹Cooper› soll verschwinden : kein Mensch soll mehr etwas von mir wissen. Streut Waldsamen auf die Stelle – ich war ein Mißgriff. *(Als Susan entrüstet auf will; beruhigend :)* Jaja, ich bin ja schon ruhig : paß lieber auf jetzt :

ich ziehe : B2 – B4…. *(die Stimmen werden leiser.)*

(Gong)

1. Sprecher: Am 14. September 1851, einen Tag vor seinem 62. Geburtstag, starb zu Cooperstown :

James Fenimore Cooper.

Der Welt als Erbe hinterlassend : 34 Romane, davon 10 gut; 8 Bände Reiseberichte; 5 Bände historische Arbeiten.

Dazu *eine ganz große* Gestalt der Weltliteratur : den »Lederstrumpf«; dem Kenner durchaus gleichrangig mit Ahasver, Gulliver, Robinson, Parzival – – Lederstrumpf, den Mann der Wälder, der in der Luft der Siedlungen, bei den »umbrella people«, nicht atmen kann. Ein Gemüt, so einfach gefügt, daß es schon fast wieder an Tiefsinn grenzt; redlich, männlich; verdüstert; wie sein Schöpfer selbst.

(Kleine Pause.)

2. Sprecher: Aber nie werden wir einen auch nur annähernd befriedigenden Einblick gewinnen in das Leben des großen Mannes : getreu dem letzten Gebot des sterbenden Vaters vernichtete seine Lieblingstochter, Susan Augusta, die Verwalterin des Nachlasses, alle wichtigen Aufzeichnungen. Die Tagebücher *nahm sie mit sich ins Grab. : – Nie wird eine Biographie James Fenimore Coopers mehr möglich sein.*

(Gong)

COOPER, DER LEDERSTRUMPF UND EUROPA

Am 14. September 1851, einen Tag vor seinem 62. Geburtstage, starb in der Kreisstadt, die noch heute seinen Namen trägt, James Fenimore Cooper, der erste amerikanische Schriftsteller mit globaler Wirkung.

Jedesmal, wenn er drüben am Ufer des Otsego Lake ein neues Blockhaus sah, schnitt er eine Kerbe in die Douglasfichte und sprach einen Fluch dazu; als es 17 waren, ertrug es sein Herz nicht länger; er schulterte Killdeer, pfiff seinem gleichermaßen zähen Hundegreis und trabte angewidert weiter, nach dem leeren Westen : der »Lederstrumpf«.

In 20 Sprachen waren seine Bücher übersetzt; sie kursierten in der Türkei wie in Ispahan, in Jerusalem und Ägypten sah man sie nicht minder als in Mexiko und Indien. »Was Landschaftsschilderung anbelangt, hat er das bisher suggestivste Wort gesprochen«, meinte Balzac; Stifter, dem ähnlich Chlorophyll in den Adern floß, machte eine Abbreviatur des »Wildtöter« und nannte sie »Der Hochwald«; Poe, Scott, Hauff, Stevenson mögen weitere Kronzeugen abgeben; die Hyperbel vom »Letzten der Mohikaner« ist heute noch gängige Wortmünze.

Mitten im neu entstehenden Walddorf wuchs Cooper auf – immer wieder erscheinen in seinen Büchern die inselhaften Einzelhöfe und Erst-Settlements – ein rauher und handfester Junge; noch im Alter schrak mancher vor seiner Frankheit zurück : »Er schien unzart und brutal, wo er doch nur männlich interessiert war«, schreibt einmal ein Freund über ihn.

Nach kurzem Studium in Yale trat er Ende 1806 als Midshipman in die amerikanische Kriegsmarine ein; quittierte jedoch nach fünf Jahren auf Drängen seiner jungen Frau hin den Dienst und zog sich unlängst danach auf ein kleines ererbtes Landgut zurück – nach eben jenem Cooperstown, das ohne ihn heute bestenfalls die Baseball-Ruhmeshalle besäße, einen unserer modernen Schandflecke, wo die Unterhosen und Jockeikappen »berühmter« Raufer und Luftspringer dem ehrfürchtigen Knaben zur Nacheiferung vorgezeigt werden. (Wobei für den Kenner die eigentliche Ironie darin liegt, daß eben schon Cooper, den man echt yankeehaft-unbeschwert 100 Yards nebenan »auch« fetiert, sich bereits damals, 1835, in »Home as found«, in schärfster Form über die beballten Halbstarken ausließ.)

Als Dreißigjähriger schmiß er einmal wütend den preßgläsernen englischen »Gesellschaftsroman«, den er, wie immer abends, seiner Frau vorgelesen hatte, an die Wand, und schrie : »Da könnte ich ja was Besseres fabrizieren !« Sie, Susan Augusta, geborene de Lancey, nahm ihn beim Wort und quängelte zart weiblich so lange, bis er tatsächlich etwas Buchähnliches herausbrachte : so begann eine dreißigjährige arbeitsame literarische Laufbahn.

Bis zu seinem Tode hat Cooper 34 Romane veröffentlicht; außerdem solide historisch-biographische Arbeiten; und umfangreiche Reisebücher, die Früchte eines sechsjährigen Europaaufenthaltes, in denen er unsern Kontinent und die damals noch blutjungen Vereinigten Staaten übereinander aufzuklären versuchte.

In seinem fünfbändigen »Lederstrumpf« hat er der Weltliteratur einen ihrer ganz großen Archetypen geschenkt – dem Kenner durchaus gleichrangig mit Ahasver, Gulliver, Robinson, Parzival –, den Mann der Wälder, der in der Luft der Siedlungen, bei den »Umbrella-people«, nicht atmen kann (und meinen Sie ja nicht, ein »Camping-Platz« wäre was für ihn gewesen !); ein Gemüt, so einfach gefügt, daß es schon wieder an Tiefsinn grenzt; redlich, männlich, verdüstert, wie sein Schöpfer selbst.

Cooper »of the wood and wave« war auch der eigentliche Initiator des »Seeromans«; und die besten davon, wie die »Water-Witch« oder »Der Pilot« vertrügen durchaus ein Reprint, zu schweigen vom »Ned Myers«, der hohen zeitgeschichtlichen und autobiographischen Wert besitzt, ein unerläßliches Gegenstück zu unserem »Nettelbeck«.

Seine absolut bedeutendsten Leistungen jedoch hat er in der vielbändigen Romanserie gegeben (von der »Lederstrumpf« nur ein Teil ist), und mit der er, ganz bewußt vaterländischer Historiker, die Entwicklung der Vereinigten Staaten, ihr fast von Jahrzehnt zu Jahrzehnt folgend, begleitet hat. Niemand war zur kulturgeschichtlichen Schilderung bis in die feinsten Interieurs hinein so berufen wie er, den wie keinen zweiten eigenes Erleben und lebendige Familientradition mit allen »Privataltertümern« des Staates New York verband. Die Trilogie der sogenannten »Littlepage Manuscripts«, die eindringlichsten Tagebuchaufzeichnungen dreier Generationen über die »Landnahme« im Westen, sind, noch über den »Leatherstocking« hinaus, das Dichteste und Gewichtigste, auch Humorvollste, was er je erfunden hat (vor allem die beiden ersten Teile, »Satanstoe« und »Chainbearer« – was natürlich nichts mit werwölfischem Kettengerassel zu tun hat, sondern schlicht mit »Der Landmesser« zu übersetzen ist).

Unter den einbändigen Romanen nimmt wohl den ersten Rang »Die

Beweinte von Wish-ton-Wish« ein (1829); für den Allesspürer Poe war Cooper immer nur der Autor des »Conanchet« (wie der Hauptheld jenes bedeutenden Buches heißt). Den eigentlichen tragischen Stoff – und er konnte im Schnittpunkt zweier Kulturen nicht wohl anders sein – ergab die Familienchronik eines befreundeten Geistlichen; den Rahmen die frühe Geschichte der »Pilgrimfathers«; auch die Gestalt William Goffes, des »Königmörders«, ist mit bancroftscher Treue gezeichnet, obwohl mit der gebührenden Anteilnahme des glühenden Republikaners. Die düstere Abgemessenheit, die tätige Wortkargheit, die eisengrauen Sitten und religiösen Überspanntheiten der Puritaner sind, außer vielleicht in Walter Scotts »Old Mortality«, wohl nie wieder mit gleicher Eindringlichkeit dargestellt worden.

Noch wären zu nennen »Der Spion« oder »Wyandotte«, oder, dem Literaturhistoriker zum belehrenden Vergleich mit unserer »Insel Felsenburg« empfohlen, »Marks Riff«. Unvergängliche zeitsatirische Züge fixieren die Romane »Homeward Bound« mit der Fortsetzung »Home as Found«, oder die utopischen, grandios-witzigen »Monikins«, Bücher, die Entrüstungsstürme gegen ihn entfesselten und ihn zum bestgehaßten Mann der USA machten. Dabei hat er die Yankees lediglich objektiv geschildert, so daß fast alle Züge auch heute noch zutreffen; er hatte eben in seinen sechs wohlangewandten Europajahren den Unterschied eingesehen zwischen etwa Beethoven und Leuten, mit denen man Wettbewerbe veranstalten kann, wer die Mondscheinsonate am schnellsten spielt.

Für den Kenner interessant zu verfolgen war auch seine Arbeitstechnik; wie er klug und ökonomisch, ganz methodischer Arbeiter, den Schauplatz regelmäßig abwechselnd aufs Meer und in die Wälder verlegte, zu weiser Schonung und Erholung der Phantasie. Alle seine Romane sind nach sorgfältigen historischen Vorarbeiten entstanden, von deren Umfang uns seine Tochter in einem Falle berichtet hat: »Im ‹Lionel Lincoln› benutzte er selbstverständlich nicht nur die erreichbaren gedruckten Quellen, sondern sah mehrere tausend Blatt amtlicher und privater Urkunden durch; ja, er machte sich Auszüge aus den Kalendern und Wetterberichten jener Tage, um auch den kleinsten Umstand wirklichkeitsgetreu wiedergeben zu können«! Noch heute gestehen die Fachhistoriker, daß sich dadurch in jenem Buch die lebendigsten und zugleich verläßlichsten Schilderungen der Gefechte von Concord Bridge, Lexington und Bunkers Hill finden, und wie die herrlichen alten Revolutionsnamen alle heißen.

In den Jahren 1820–1850 ausgesprochene Bestseller auch in Deutschland, sind seine Romane heute so gut wie unbekannt im Publikum. Das ist um so bedauerlicher, als die damaligen plump und eilfertig zusammengeschmierten Übersetzungen wohl das Haarsträubendste sind, was unser Land der Mitte in dieser Hinsicht hervorgebracht hat (z. B. »Union Jack« wird zu einem Kleidungsstück : »Unions-Jacke«, »dicker Mist auf dem Flusse« : also natürlich »Nebel« usw. in infinitum). Hier wäre für einen gewissenhaften, der Literatur verschworenen Verleger noch etwas zu tun – aber das ist Schwärmerei, mußte ja Cooper am Ende eines langen, unter Buchhändlern verbrachten Lebens so resümieren : »Ich fürchte, alle Verleger sind Gauner !«

AMERIKA, DU HAST ES BESSER ...

I

Unangemerkt von der Kritik vollzieht sich zur Zeit vor unsern Augen ein in der Literaturgeschichte relativ rarer Vorgang : ein Mann, der vor 130 Jahren bestseller schrieb – die freilich, das ist in diesem Zusammenhang wichtig, auch von Kennern gelobt wurden, von GOETHE, STIFTER, BALZAC usw. – der dann zum Jugend= ja zum Kinderschriftsteller reduziert wurde, der erfährt bei uns soeben eine Art bescheidener Renaissance. Taschenbücher erscheinen von JAMES FENIMORE COOPER's Romanen bei Rowohlt, Fischer, Goldmann; Goverts hat einen schönen Leinenband vorgelegt; und nun hat sich auch Heyne in München an eines der gänzlich unbekannten, obschon bedeutendsten seiner Stücke gewagt, die umfangreiche ‹Littlepage=Trilogie› :

RAVENSNEST

Anscheinend hat man sich wieder darauf besonnen, daß COOPER einer der raren Leute gewesen ist, die Unsummen kultur= & zeitgeschichtlicher Details in leidlich lesbarer Form serviert haben, (im Gegensatz etwa zu dem in dieser Beziehung völlig substanzlosen KARL MAY), und daß man sich durch die Lektüre seiner Gesammelten Werke eine Einsicht in die immer merkwürdige Entstehung der USA – neben Sibirien die andere der 2 Hoffnungen der Weißen Rasse – erwerben könnte, die kein anderer Schriftsteller auf Erden uns ermöglicht. Hinzu tritt noch, daß er einer der wenigen Mutigen in der Weltliteratur war, die, wenn es sein mußte, auch ihrem Vaterlande in derbster Art die Wahrheit sagten, und sich Einschüchterungsversuchen durch Drohungen oder Prozesse so wenig beugten, daß es heute noch für jeden ehrlichen Kerl eine Lust zu verfolgen ist. Und endlich kann man an ihm noch jene, neuerdings wieder so wichtig werdende Mentalität studieren, (bzw. bei sich selbst bestärken), nämlich die des rüstigen, intelligenten Zukunftspioniers, der sich auf hübsche=kalte planetengroße Wildnisse angesetzt sehen und dort den ‹Isolierten Staat› zu bilden haben wird.

SATANSTOE / CHAINBEARER / REDSKINS, die 3 Romane der Serie – also ‹Satanstoe, Der Feldmesser, Die Roten›, (Heyne hat leider ‹Satanszehe, Der Kettenträger, Die Rothäute›) – sind zwischen Juni 1845 und Juli 46 entstanden, (vom ‹Chainbearer› wissen wir's sogar ganz genau : der letzte Federstrich daran wurde am Nachmittag des 11. Oktober 45 getan) und haben besonderes Interesse für uns. Einmal handelt es sich um das kulturgeschichtlich fülligste Werk COOPER's. / Der 1. Bd. spielt 1758–59, als New York noch ein Städtchen von 14.000 (!) Einwohnern war, und reiht die nettesten Miniatüren aneinander : die erste Theateraufführung; die ‹pinkster=frolics›, die Saturnalien der Negersklaven, (samt einem uns gänzlich ungewohnten Aspekt der Sklaverei in den Nordstaaten); das rip=van=winklige Albany, das Zentrum der holländischen Bevölkerung, mit den handfesten Narrenspossen der jungen Mijnheers, (bei welcher Gelegenheit dem ahnungslosen Europäer vielleicht klar wird, daß es drüben diverse ‹Mainlinien› gibt & geben sollte; auch bei uns wäre ja eine Querteilung der BRD das falscheste nicht); dann der große Eisgang auf dem Hudson; die Wanderung in die Waldungen des damaligen County Charlotte (heute Washington – das kenn'wa dito, dies Umtaufen alle Nasenlang); und endlich den Feldzug gegen die Franzosen Canadas, die Parallelaktion zu unserm ‹Siebenjährigen›, mit dem exakt geschilderten Angriff auf das Wald= & See=Fort Ticonderoga. / Der 2. Bd. profitiert von dem Vorzug der ‹3 Einheiten›, und liefert hauptsächlich eine Schilderung vom Berufe des ‹Squatters›, unter dem sich Europäer meist etwas ganz falsch=romantisches vorstellen. Es handelte sich bei ihnen nämlich schlicht um bäuerliche Diebsfamilien : 20–30 Köpfe stark pflegten sie sich damals (1785) ein, nicht allzugroßes, Stück von den Grenzansiedlungen zu entfernen; an einem Flüßchen eine primitive Sägemühle aufzustellen, den umgebenden Wald abzuholzen, ihn in Balken & Bretter zu verwandeln, fortzuflößen & zu verscheuern. Ums Blockhaus herum wurden flüchtig Äcker angelegt, sich 2–3 Jahre zu ernähren; dann zog man weiter, um den nächsten Fleck auszupowern. Die Leute wußten übrigens ganz genau, daß Grund, Boden & Baumbestand einem Andern gehörten, und machten sich, falls der erscheinen und begreiflichen Einspruch erheben sollte, kein allzugroßes Gewissen daraus, ihn umzubringen. – Zweimal hat COOPER solche Moses=Typen geschildert, und Beide sind ihm recht gut gelungen; sowohl der Ismael Busch der bekannten ‹Prärie›, als auch dieser unbekannte ‹Tausendacres› hier. Speziell er ist eine schöne Studie im sogenannten, zuweilen im Landfunk gerühmten, ‹bäuerlichen Rechtsempfinden› geworden : was das sei, kann man, ähnlich wie aus KELLER's ‹Romeo & Julia auf dem Dorfe›, unvergleichlich aus dieser Littlepage=Trilogie entnehmen. – Auch hier bemerkenswerte Einzelheiten; ich erwähne nur die grandiose Schilderung des Millionenschwarms von Wildtauben in ihrem ‹Roost›, (eine der Passagen, von denen STIFTER profitiert hat; obwohl man bei ihm leider stets den naturfreundlichen

Bieder=Meyer mitserviert bekommt, der, einen Melkerschemel vor den Hintern geschnallt, skizzierend durch die schöne Gegend wetzt – nee nee, es wär' schon was dran an 'ner Mainlinie). Der 3. Bd., die ‹Roten› ist, wie LOUNSBURY, wieder einmal ebenso smart wie falsch, dazu anmerkt, »quite extraordinary for a work of fiction«. Das Buch schildert die Tagesereignisse von 1846, wo es entstanden ist, und mit ihm erst ließ COOPER die Katze aus dem Sack.

Denn es ergibt sich das erstaunliche, daß es sich bei der ganzen Trilogie tatsächlich um eine ad hoc verfaßte Anklageschrift von 2.000 Seiten Umfang handelt, gerichtet gegen die Regierung des Staates New York; gegen den Provinzialismus seiner Landsleute; und endlich gegen die ‹Anti=Renters›. Im Jahre 1837 nämlich war, ausgehend von den Pächtern der Güter Stephen van Rensselaer's, eine sehr merkwürdige Agitationswelle über das Land gelaufen, halb Hitler=Slogan à la ‹Brechung der Zinsknechtschaft›, halb präkommunistische Doktrin : diese Farmer hatten über 50 Jahre lang für fantastisch niedrige Pachtsummen das Land bebaut; waren dabei wohlhabend geworden; und kamen plötzlich auf den Gedanken, sie hätten sich nunmehr ein Anrecht auf den Besitz der Grundstücke erworben. Zugegeben, die Rensselaer's besaßen ein Latifundium so groß wie das ehemalige Herzogtum Braunschweig; aber die Beschwerden der neu=englischen Landwirte waren in diesem Falle reinster Übermut, hatten sie doch längst ihr Schäflein ins Trockene gebracht; falls sie ‹Land› wollten, war Amerika wirklich noch groß & leer genug; und ihre ‹Methoden› sich als ‹Indianer› zu verkleiden und die Grundbesitzer zu teeren & federn, wenn nicht gar ihnen das Haus über dem Kopf anzuzünden oder sie abzuschießen, richten sich ja wohl selbst. Die damalige Regierung in Albany beging aus reinen Gründen des Stimmenfangs für die nächsten Wahlen auch *die* Schweinerei noch, und zwang die Grundeigentümer durch die entsprechend dehnbaren ‹Gesetze› zum Ausverkauf ihrer Güter. Hier nun war der Punkt erreicht, wo COOPER aufflammte – und es hat schon eine wahrhaft tragische Ironie ergeben, daß der Sprecher des ‹Nullten Standes› (des ‹Lederstrumpf› nämlich) auf einmel in größtem Stil die Partei der ‹Hausbesitzer› ergriff; (denn die Angabe meiner ‹Britannica›, daß er die Anti=Renter=Doktrin gepredigt hätte, ist ein unangenehmes Versehen). Er erklärte öffentlich : noch ein paar Schritt weiter auf dieser Bahn, und er würde nach Europa auswandern (nach Florenz übrigens); und griff überdem zu seiner eigentlichen Waffe, der Feder. Bd. 1, Satanstoe, soll nämlich weiter nichts dartun, als die Kosten & Mühen an Geld & Blut, die auch die geschmähten Großgrundbesitzer einmal zu investieren gehabt hatten, damals, als sie ihre Besitztümer erwarben – sie waren eben früher dagewesen, als die Pächter. / Der 2. Bd., der vom ehrlichen (holländischen !) Feldmesser, sollte in einer nächsten Steigerung demonstrieren, wie die Landeigentümer von skrupellosen Yankee=Squattern ausgeraubt, ja, notfalls körperlich vergewaltigt wurden. / Im 3. Bd., den ‹Roten› (und man sieht vielleicht allmählich ein, daß der uns überflüssig eingepaukte ‹kommunistische› Nebensinn durch diese Übersetzung des Wortes ‹Redskin› am besten mit=erfaßt würde) griff COOPER endlich mit seiner prächtigen Wucht direkt in die Tagespolitik ein, indem er die Rollkommandos der nachgemachten ‹Injins›, samt den nur auf ‹Publicity & Stimmen› bedachten Politikern seiner Tage gebührend an den Pranger stellte – gerade dieses Erscheinungen, uns Deutschen des Neuen Bundes bis zum Kotzen geläufig. Insofern ist auch dieser Band ewig aktuell und mit einer Art von ingrimmigem Behagen zu goutieren; ob schon COOPER's Stilmittel nicht die besten sind : wäre das unvergleichliche Material nicht, seine Schreibe wirkte oft allzu platt. Allerdings muß man gerade hier ein Ohr für die erwähnte aparte Dissonanz mitbringen, die aus dem putzigen seelischen Knick resultierte; jenen entzückend falschen Ton, der einen ‹Tausendacres› stirnrunzelnd tadelt, und dabei gleichzeitig die einprägsamste Gestalt der ganzen Trilogie schafft; der mit der Wucht eines Blockadebrechers gegen die innere Verwaltung seines Vaterlandes angrollt, und dennoch synchron=unbewußt das hinreißende Bild eines knospenden Riesenstaates entwirft – oh, der Verlag Heyne hat schon recht, wenn er von einer ‹Kostbarkeit der Weltliteratur› spricht !

2

»Die Übersetzung hält sich getreu an das amerikanische Original und hat nur Weitschweifigkeiten belangloser Art oder politische und didaktisch=tendenziöse Auslassungen gekürzt, die den Fluß der Erzählung hemmten, unserer heutigen Zeit aber nichts mehr besagen würden«. (Vorwort) – hier zuckte ich das erste Mal; denn abgesehen davon, daß ich den Text eines einst berühmten älteren Kollegen prinzipiell nicht zu kürzen pflege, und abgesehen auch davon, daß COOPER's Technik & Stärke eben genau in jener Häufung des Mikrodetails besteht, die den Leser langsam und ganz unauffällig überwältigt, abgesehen hiervon also ist mir bei allem ‹bearbeiten› die Gefahr des subjektiven Ermessens (präziser der fehlgreifenden Willkür) viel zu groß. Ich meine immer, man kann nicht Alles wissen; und was dem Einen entbehrlich oder gar überflüssig deucht, könnte dem Nächsten entzückende Anregung werden. / Eine Nachrechnung ergibt, daß der paperback *nur noch die Hälfte* des Originals umfaßt !

Oder, um es einprägsamer zu machen : *eintausend Seiten fehlen*; bzw. noch deutlicher : 3 ausgewachsene normale Romane von je 300 Seiten. Frage : müßte das nicht ein ziemlich wahnschaffenes ‹Kleinod› sein, dem man dergestalt mitspielen könnte ? Allein von diesem ersten Tatbestand aus entpuppt sich der zitierte selbstgerechte Satz des Übersetzers – Rudolf Beissel ist übrigens sein Name – als eine filologische Unverfrorenheit vom ersten Wasser. Und die Folgen sind denn auch nicht ausgeblieben; ist das Original ein höchst nachdenkliches Buch, so ist in dieser zusammengestutzten Ausgabe hier der Ton so hui & hastig geworden, so atemlos, überstürzt, eilfertig & holterdiepolter, daß man gar kein besonderer Klügelmeister zu sein braucht, um es allein deswegen kopfschüttelnd weit von sich zu schieben. (Beispiele bringe ich absichtlich nicht; der zahlenmäßig belegbare Textunterschleif ist so unsinnig, daß ich den Raum lieber für anderes verwende).

Denn wer einmal damit begonnen hat, Bücher in solchem Umfange zu ‹straffen›, der tut unweigerlich auch den nächst=unbefangenen Schritt, der da heißt, den arm=unwissenden Alten zu verbessern, zu berichtigen – ebenfalls so ein Unterfangen, zu dem ich mich noch nicht reif fühle, (und 1 der Klippen, an der man ja vielleicht als Deutscher von 1964 beim Übersetzen eines amerikanischen Buches von 1845 durchaus scheitern könnte, wie ?). Das vorliegende Ergebnis läßt sich denn auch häufig so zusammenfassen : der Dolmetscher ist der schwerer verständliche von Beiden.

S. 33 (im Folgenden ist immer das Heyne'sche Ravensnest gemeint) : »der geistliche Patron von Albany in seiner Kutsche mit 4 Pferden«; englisch : ‹the Patroon of A. is on his way to N. Y. in his coach and four› (und wie nett, daß man damals weit lief, um so was nur zu sehen !). Jene ältlichen ‹Patroons› waren so wenig ‹geistlich› wie nur Herr Beissel oder ich, vielmehr handelte es sich, wie COOPER selbst ausführlich beschreibt (z. B. Vorwort ‹Water=Witch›), um die holländischen Großgrundbesitzerfamilien, und speziell die größten davon, die van Rensselaer's, wurden so genannt. Man findet das übrigens mit 1 Griff in jedem großen WEBSTER; (aber so geht's eben, wenn man mehr wissen will, als der Meister). / S. 347 sehr nett, wie der alte Tausendacres erwägt, dem Feldmesser auf Ehrenwort Bewegungsfreiheit zu gewähren ?; dann aber lieber doch Abstand davon nimmt : »Vater... meinte schließlich, Du hättest in letzter Zeit zuviel außerhalb der Ansiedlungen gelebt«. Nun wird jeder Leser hier sofort stutzen; hätte er doch, und mit vollem Recht, erwartet, daß ein Mann der weiten wirren Wälder, wie der Squatter, höchstens den Menschen *innerhalb* der Ansiedlungen mißtraute – und so ist es natürlich auch; im englischen steht es breit da : ‹had'nt it been, that you'd been living *out in the settlements* so much of late years›. Schon ist wieder einer lütten Feinheit der Genickfang gegeben. / S. 205 : »Muss ((ein Häuptling)), der sich mit vieler Mühe benommen hatte«; englisch ‹with great dignity›, also mit wohlpassender Würde. / S. 334 bringt das derbe verliebte Squatterstöchterchen dem beim Vater eingesperrten hübschen Grundbesitzerssohn »eine Schüssel mit Butterklößen«. Und man muß sich einmal richtig hineinversetzt haben, in das holzfällerhaft=improvisierte eines solchen hastig zusammengelaufenen Haufens von Hütten fleißiger Diebe; hinzugerechnet die fahrige Situation der Überraschelten; und endlich noch die fliegenden Finger der Kleinen, die ‹*Ihm*› schnell was Liebes anrühren möchte (aber Mutti darf nichts davon erfahren !) – was bringt Lowiny in Wirklichkeit an ? : ‹I've brought you … a bowl of hasty=pudding›. Und schon stimmt es wieder Alles : dieses rasch etwas Maismehl in Wasser (höchstens Milch) einrühren; allenfalls kam (nach Auskunft meines anderen WEBSTER von 1854) noch ein Spitzchen Melasse dazu; das Ergebnis wurde wohl auch ‹Indian=pudding› genannt, (was sehr fein auf den mitgefangenen Roten anspielt); und wie unbewußt=treffend ist nicht das, haarscharf in die Situation eingepaßte ‹hasty› dieses Puddings. (Wir kennen ja auch Oetker's ‹Galetta›, einen ähnlichen ‹Schnellpudding›. Für noch nähere Auskünfte vgl. man Joel Barlow's komisches Epos ‹The Hasty Pudding›, 1796). Überall in dieser Bearbeitung stößt man auf eine wahrhaft Anti=Renter=mäßige Unbefangenheit in Textfragen von Mein & Dein ! / Der ausgelieferte deutsche Leser, meist ein viel zu gutgläubiger Reisender durch die Buchnisse dieser Welt, kann natürlich lange puhlen & klauben und wird es dennoch nie erfahren (man kann schließlich keinem zumuten, sich den fremdsprachigen Originaltext neben ein deutsches Buch zu legen), daß der »Cuyper« von S. 97 identisch ist mit dem »Cucler« von 244; und Beide wiederum in Wirklichkeit (d. h. bei COOPER) ‹Cuyler› hießen. Woher soll er, der Leser, ahnen, daß der traurig=würdige Häuptling an jenem Tage nicht mehr ‹lächelte›, wo doch Beissel sein flämisches »lachte« setzt (561) ? Woher wissen, daß das kursive Hervorheben des »unsern Raritätenkasten« auf S. 510 ein reiner Irrtum ist ? / Es erübrigt sich, auf wirkliche Finessen einzugehen. Nur 1 Beispiel : wie viel Mühe gibt COOPER sich nicht, die verschiedenen Sprechweisen – das Genäsel der Yankees, das biedere holländisch=englisch des Feldmessers, das lustige Gemuschel der Nigger – wiederzugeben : ‹I don't tink, Masser Corny, you consider pretty much, sah. What good it do a nigger to captivate an Injin, if he let hin go ag'in, and don't lick him little ? Only little, Masser Corny. Ebbery'ting so handy, too, sah – rope all ready, back bare, and feeling up like, after such a time in taking 'e varmint, sah !›. Wie aber gibt das der Übersetzer wieder ? Ä=chämm – : »Ich glaube nicht, Masser Corny, daß Sie die Lage ganz richtig beurteilen. Was nützt es einem Neger, wenn er einen Indianer gefangen nimmt, ihn ohne einen kleinen Denkzettel wieder laufen zu lassen ? Bedenken Sie auch, Masser Corny, alles war so bei der Hand : der Strick, der bloße Rücken, und mein Blut war noch erhitzt vom Kampf«. Mit *noch* steiferer Oberlippe könnte kein Kalmäuser dozieren !

3

Theoretisch wichtig wird an diesem COOPER'schen Riesenroman, wie man hier so deutlich gleich 2 technische Feinheiten erklären kann, die uns Heutigen leider weitgehend abhanden gekommen sind : die Kunst der Motti, und die der Fußnoten. Denn nicht nur die genialen Meerkatzen vom Schlage der LUKIAN, VOLTAIRE, WIELAND, JOYCE (‹toujours perdrix›) verstanden ihre Tricks & Gags; sondern auch andere Schulen vermochten dergleichen, (ich bekenne mich schuldig : ‹Gelehrtenrepublik› und ‹Sitara›). Durch gut gewählte Motti nämlich – ein Meister hieß hier WALTER SCOTT – kann man den Leser unaufdringlich ‹stimmen› für das, was folgen wird. Kann ihm ‹trübe Ahnungen› suggerieren; ihn lachen machen (ergo Heiterkeit injizieren); ihm bloß den Inhalt des nächsten Kapitels andeuten (diesen aber auch kommentieren, ad absurdum führen & lächerlich machen); ja, es wären Zustände der Gesellschaft denkbar, wo der Verfasser seine eigentliche Meinung in solch ein ‹Motto› zu verstecken hätte. Ich meine, wenn ich ‹be not afraid, the isle is full of voices› vor etwas setze, dann tippe ich ja damit den ganzen Erinnerungskomplex des ‹Sturm› im Leser an, und drehe ihm so, sanft & kaum gemerkt, das Gesicht in die von mir gewünschte Richtung des Wunderbaren. Und mit wie sicherer Hand macht nicht auch COOPER von solchem technischen Mittel Gebrauch, wenn er etwa vor das ‹Verhör›, welches Tausendacres mit seinen Gefangenen anstellt, nur setzt :

KAPITEL XXII

‹Als Adam grub und Eva spann,
: wo war denn da der Edelmann ? !›

Das ergibt nicht nur das glänzend=bauernkriegerische Leitmotiv für's Kommende; sondern verrät gleichzeitig wieder einmal den alten Leatherstocking=Trotz des Mannes, der einst – wie mißgünstige Rezensenten ihm hämisch vorwarfen – ‹2 Bände schreiben mußte, um sich selbst zu beweisen, daß er so gut wie ein Lord sei.›

Ein weiteres sind COOPER's ‹Fußnoten›, getarnt als ‹Anmerkungen des Herausgebers›; denn er hat, aus Gründen, die Fiktion bevorzugt, daß ein ‹editor› über Familienakten geraten sei. Und da wird ja nun jedweder Selbst=Schreibende es wissen, wie im Laufe einer so umfangreichen Arbeit, und auch kurze Zeit danach noch, Materialien anfallen bzw. nachsickern, die mit dem Faden der Hauptfabel und auch deren Verästelungen leider nicht mehr zu vereinigen sind; obschon sie einwandfrei, nach Genesis & Trend, noch mit zum Buche gehörten; – zumal wenn man imgrunde zu einem zeitgenössischen Problem Stellung nimmt, ermangelt die Mitwelt ja nicht, Einen während der Niederschrift mit immer noch mehr Anekdoten zu versorgen, vollerblühten Tatsachen, die eigentlich unbedingt noch mit hinein müßten. Und man verkenne auch *den* Kunstgriff nicht : den Leser, der sich vielleicht sonst zu sehr einbilden möchte, er läse ja nur generationenfern Vergangenes, immer wieder mit der Nase auf das et tua fabula narratur zu stucken. (Deutsche Beispiele für diese Notabenekünste liefert etwa WIELAND's ‹Weiser Danischmend›; und auch die J. v. MÜLLER's zu seiner ‹Schweizergeschichte› sind ein rechter Lekkerbissen, allerdings nur für Gourmands.)

Aus den 100 Fußnoten COOPER's 1 Exempel nur. In ‹SATANSTOE› heißt es, anläßlich des Angriffs auf ‹Ty› im Text : ‹das ...ste Regiment war in Kolonne aufgestellt, unmittelbar hinter den Hochländern, welche bei dieser Gelegenheit angeführt wurden von Oberst Gordon Graham› usw., wozu der ‹Herausgeber› die Anmerkung macht : ‹Die Annalen von Holmes besagen, Sir John Murray habe an diesem Tage das 42. Regiment befehligt. Ich denke, da Mr. Littlepage dabei war, und dem fraglichen Corps so nahe stand, konnte er sich nicht wohl irren. Mrs. Grant von Laggan, welche damals in Albany verweilte, und deren Vater die Schlacht mitmachte, stimmt mit Mr. L. darin überein, daß Gordon Graham das 42. Regiment anführte›. Es hatte sich nämlich mit Bekannten eine Diskussion über diese Frage ergeben; COOPER recherchierte noch einmal – er weiß an solchen intimen Details oft mehr & richtigeres, als selbst der Herodot der amerikanischen Geschichtsschreibung, BANCROFT, (der ihm das auch selbstlos & öffentlich bescheinigt hat) – und versteckte dann das Ergebnis in eine nette Fußnote à la ‹ich denke, da Mr. Littlepage dabei war...› : es paßt alles so ältlich=trefflich ! Man erhält fast immer den Eindruck eines guten, erfahrenen Lesers, der zuweilen das Buch sinken läßt, und Anekdoten beisteuert, Zu= & Abneigungen Ausdruck gibt, sich erinnert, Zeitgenossen tadelt, allgemein : Beziehungen zur Lese=Gegenwart knüpft.

Was nun ist, in der hier besprochenen Heyne=Ausgabe aus diesen Künsten der Motti & Anmerkungen geworden ? – Während COOPER seine Kapitel lediglich mit Zahlen & Motti versah, hat Beissel ihm das gestrichen, und sie dafür mit Überschriften versehen (S. 639ff. hat man sie alle beisammen) – – *mit Überschriften ! !* : »Ein Schuß fällt. / Die Rache des Huronen. / Kampf und Liebe. / Der Tod in den Wäldern. / Gefangen... Flucht... Wieder gefangen. / Der Tag des Todes«. – man weiß doch gleich wo & wie, wie ? – Also dergleichen herzschneidende Rohheit kann Einen natürlich nicht nur wurmen, sondern schon lindwurmen. Um es ganz grell darzutun, ist der Unterschied ungefähr der, wie wenn man die Gattin eines tödlich Verunglückten ‹schonend vorbereiten› sollte; und da findet sich denn bei COOPER eine stille Römische Zahl, und das BYRON'sche ‹Sie schaut mit leerem Blick in manch Gesicht›; während Beissel gleichsam die Stubentür aufreißt, und hineinbölkt : ‹Wohnt hier die Witwe Wallace ? !›

Bei den von mir gerühmten Fußnoten liegt der Fall freilich noch um 1 Etage tiefer=komplizierter; denn der Käufer des Heyne'schen paperback wird mir womöglich erstaunt die vielen Anmerkungen am Fuße der Seiten herzeigen wollen : ? – worauf die Antwort zu lauten hat : nicht 1 davon stammt von COOPER, wohl aber alle von Beissel. Und sie sind denn auch danach. Wohl gebe ich gern zu, daß ein so altes Buch *außer* den kunstvollen Zugaben COOPER's auch noch ‹AdÜ = Anmerkungen des Übersetzers› haben sollte – allzugroß ist ja das zeitliche Gefälle geworden. Aber muß das nun gleich wieder so aussehen, daß uns S. 324 aufzuschwatzen versucht wird, ‹1 Joe› sei »1 Münze von 4 Pences« ? Mal ganz abgesehen von dem Plural ‹pences›, sei richtiggestellt, daß der oftmals erscheinende ‹João› so wenig 4 Pence waren, daß es vielmehr schon 8 Dollar sind, (und durch Wiederholen wird dergleichen nicht richtiger). / Wie Woolworth=mäßig billig diese Anmerkungen ausgefallen sind, mögen die läppischen Informationen der Ss. 110, 152 usw. belegen, wo uns die Länge des englischen Zolls mehrfach mitgeteilt wird – wie wenn nicht 20 Millionen Zollstöcke, und einige Hunderttausende ‹Kleiner Knaurs› bei uns in Umlauf wären ! / Dafür fehlt natürlich auf den Ss. 58, 66, usw. die Erklärung, wer diese Bühnengestalt des ‹Scrub› gewesen sei ? Der interessierte Leser möge unter FARQUHAR nachsehen. / Überhaupt diese Wiederholungen, in einem Fall, wo man mit dem kostbaren Papier händeringend=sparsam hätte umgehen müssen ! Wie oft (Ss. 137, 144, 205) erfahren wir nicht vom ‹Fort William Henry› – und in keinem Fall ist der organischste aller Hinweise erfolgt, nämlich der auf COOPER's ‹Letzten Mohikaner›, wo eben dies Ereignis ausführlich geschildert wird. (Woher mag Beissel wohl die überexakten Truppenstärken seiner Note S. 144 haben ? Der belagerte Oberst Munro verfügte nämlich nicht über 500, sondern über 2.200 Mann; und Montcalm nicht über 1.600 Indianer + 55 (sic !) Kanadier, sondern diese Letzteren bestanden aus 6.000 Franzosen. Welch mooskrause, kleine, und dabei betrüblich basislose Gelehrsamkeit). / Ähnlich wird S. 549 der Häuptling Tamenund erwähnt; aber mit nichten die Querverbindung zum Gesamtœuvre hergestellt. Wo sind die mehrfach erforderlich werdenden Hinweise auf die frühe ‹Water=Witch›; oder die Briefe, aus denen die Anspielung auf die »unwürdigen Geistlichen« (S. 552 u. ö.) erst richtig klar würde ?

Fern sei es von mir, ein Buch zerhunzen zu wollen – dazu weiß ich selbst, aus bisher 20=bändiger Erfahrung, viel zu gut, was es heißen will, ‹ein Buch übersetzen› – aber hier ist nun wirklich so schwer gesündigt, der Text eines beträchtlichen Schriftstellers so unbefangen als frei knetbare Masse behandelt, die ‹Erläuterungen› so sehr im Stil von KARL=May=Jahrbüchern, daß Schweigen nicht mehr zu verantworten wäre.

4

An diesem Punkt angelangt, wird eine letzte Betrachtung fällig : wie sehr uns Lesern eine Zeitschrift mangelt, die unsre ureigensten Interessen verträte !

Sicher, wir haben da ein paar Surrogate, die uns auf kopiose Art mit fast=sämtlichen Neuerscheinungen vertraut zu machen vorgeben; aber wenn man näher hinschaut, handelt es sich doch wohl eher um Yes=Männer=Blättchen, größtenteils von den Verlegern finanziert (durch Inserate; durch eigene inspirierte Artikel); und da gewinnt man natürlich, ähnlich wie aus den berüchtigten ‹Klappentexten› der Bücher=selbst, den Eindruck, daß wir, was ‹Dichtung› anbelangt, eigentlich doch schlechthin in der besten der Republiken lebten. Dabei handelt es sich zu 80 % um servile Lobhudeleien, um elzevirig geblähte Backen & gespreizt=krampfiges Getue. ‹Hausfrauen› haben bereits ihre Verbände & Gazetten, in denen sie gewarnt werden vor der & der Margarine=Sorte, zu dem & dem übertriebenen Preise verkauft; und der ‹Landwirtschaftsfunk› all=unserer Sender ist natürlich ganz was Herrliches : wie es da tatsächlich Kerls gibt, die sich nicht entblöden, es zu bedauern, wenn die Preise endlich mal fallen ! Wo aber ist der Leser=Schutzverband, mit der eigenen unbestochenen Zeitschrift, die uns derb & redlich & mit Beweisen davor warnte : dem ‹Tristram Shandy› des Winkler=Verlages nicht zu trauen, denn er tauge nichts; die Fischer'schen ‹Entwurzelten› des JAMES JONES kopfschüttelnd abzulehnen, weil 400 Seiten gekürzt worden seien; den Goverts'schen DE QUINCEY nicht zu erwerben, da im ‹Opium=eater› 60 % des Originals fehlen – oder eben auch dieses Heyne'sche ‹Ravensnest› mit Mißtrauen & =fallen zu betrachten, weil es sich, verglichen mit dem Original, um eine Pfuscherei handelt. Zumindest solange ich noch die Tasten schlagen kann, soll es nicht unwidersprochen bleiben, wie die Herren Verleger es sich herausnehmen, mit uns, den Verbrauchern, ihr Schindluder zu treiben. Nichts liegt mir daran, irgendwelche (meist noch schlecht bezahlte) Kollegen über die Klinge springen zu lassen; aber das muß nach Kräften verhindert werden, daß sich Dummheit & Frechheit, ob in der Politik ob in der Kultur, als unangreifbar konstituieren. Und da wird es denn hohe Zeit, der Nation immer wieder ganz klar darzulegen, daß wir Deutschen, auch was Bücher angeht, gar kein ‹Salz der Erde› mehr sind; auch dieser Zweig unserer Produktion ist ausgesprochen verlottert, und was die Editionen der 2. Hälfte des Jahrhunderts betrifft, so werden sich die Enkel noch einmal die Nasen vor uns zuhalten – das mag bitter klingen, ist aber die binsigste Wahrheit. (Wenn die Verleger gut beraten wären, würden sie jetzt einen etwaigen Protest dahingehend beschränken, daß es nun aber auch allmählich, als die zweite unerläßliche Voraussetzung zu ernsthaften Leistungen, *Schriftstellerschulen* geben müßte; damit die Leutchen ihre ‹hastypuddings› auch etwas sorgfältiger bereiten lernten – wozu ich nur in die Hände klappe : ‹Bravo ! Sehr gut; sehr richtig !›.)

Das vorgelegte digest von COOPER's großer ‹Littlepage=Trilogie› ist ein bißchen zu begrüßen; weil es, seit 100 Jahren zum ersten Mal wieder, einen ungefähren Begriff davon gibt, worum es sich dabei handelt; die Namen & der ungefähre Textfluß sind, wenn auch nur plump schematisiert, so doch annähernd erhalten. Andererseits ist es ausgesprochen zu bedauern, dies Gespreize mit der ‹Kostbarkeit der Weltliteratur›; da im Endergebnis fast unfehlbar darauf hinauslaufend, daß für die nächsten 20 Jahre kein deutscher Verlag es noch für nötig halten wird, nun eine wirklich gute, vollständige Ausgabe dieser, eigentlich unentbehrlichen amerikanischen Geschichte zu unternehmen – insofern ist dieser paperback widerlich & schädlich zugleich.

NACHWORT
ZU COOPERS »CONANCHET«

I. Das Biogramm

Wenige Tage vor seinem Tode, als er – mit von Wassersucht so verschwollenen Beinen, daß er selbst nicht mehr hinzusehen wagte : er hatte, nach dem grausam-sachlichen Volksausdruck ‹schon die Reisestiefel an› – neben seinem ältesten Kinde, Susanne-Auguste, auf dem Sofa lehnte, äußerte er zu ihr, dem Liebling, hin : wie es sein Wunsch wäre, daß die Familie die Veröffentlichung einer autorisierten Biographie nicht zulassen möge.

Bereits damals erhoben sich innerhalb des Familienkreises Meinungsverschiedenheiten bezüglich der Ausdehnung, zumal der zeitlichen, solchen Verbots; vor allem der Sohn Paul war der Ansicht, daß lediglich die Verbitterung ob all der endlosen journalistischen & gerichtlichen Fehden der letzten Jahrzehnte den Vater zu dergleichen emotioneller und zweifellos nur für eine bestimmte Frist gedachten Verordnung vermocht hätte. Susanne-Auguste jedoch, als Verwalterin des Nachlasses, (und die Familie beugte sich nicht ungern ihrem fachfraulichen Urteil : hatte doch auch sie ‹geschrieben›, Rural Hours, ‹willst Du nicht das Lämmlein hüten›. Sie heiratete, wie billig, nie; und muß eine unerträglich diktatorische ‹Alte Dame› gewesen sein.), die also, dem Vater fanatisch ergeben – und das wiederum 1 schöner Zug; denn nichts hält einen ‹umstrittenen› Autor ja dergestalt aufrecht, als wenn er daheim Verehrung & kritiklose Anerkennung findet – war anderer Ansicht. Die ‹handelte›, und zwar mit der ererbten unseligen Energie : sie vernichtete den größten Teil der in Familienbesitz befindlichen Materialien; die interessantesten der Tagebücher ließ sie sogar mit sich begraben; (und auch hier fanden sich ‹Erben›, die ihr den nichtswürdigen Willen taten : Wer schützt die Autoren vor sich selbst & ihren Erben ? !).

Das Ergebnis dieser nunja ‹Tätigkeit› Susanne-Augustens ist schlicht dies : nie mehr wird es möglich sein, eine wirklich befriedigende Biografie James Fenimore Coopers zu schreiben !

Das Einzige, was bei so unseliger Forschungslage blieb, war, die weit zerstreuten – ergo Susannchen nicht erreichbaren, und deswegen erhalten gebliebenen – Briefe zu sammeln; und sie dann, so ausgiebig-sorgfältig wie nur möglich, zu kommentieren und mit Fußnoten zu versehen. Das ist denn auch gemacht worden. 1922 hat ein Enkel, ebenfalls James Fenimore Cooper geheißen, bei der Yale-Presse eine zweibändige CORRESPONDENCE vorgelegt; ziemlich unzulänglich, und doch auch wieder kastriert, da der Herausgeber, eigenem freimütigem Eingeständnis nach, einfach das wegließ, was »von zu intimer Natur« sei – diese, aller filologischen Elemente bare, Geisteshaltung scheint ein Erbübel bei Coopers Nachkommen geworden zu sein. Das zweite Mal hat J. F. Beard 1960 die LETTERS & JOURNALS herausgegeben; und hier ist wenigstens der wissenschaftliche Apparat voll befriedigend. Diese sechs Bände werden vermutlich auf lange Zeit hinaus das ‹letzte Wort› bezüglich Coopers Leben darstellen, und eine Übersetzung ins Deutsche wäre dringend zu empfehlen. Jegliche andere, sich so nennende ‹Biografie› wird nie Besseres bieten können; was sie etwa an Seitenzahl mehr haben sollte, muß in Diskussion der Bücher, in ‹Werkanalysen› bestehen, wo freilich auch noch das Meiste zu leisten ist. – An solchen ‹Biografien› seien erwähnt die älteste von Lounsbury (1882), die stellenweise recht witzig geschrieben ist, jedoch unheilbar an Materialmangel und nationaler Empfindlichkeit laboriert; die von Spiller (1931), wo Cooper zum ersten Mal & in großem Stil als Sozialkritiker Gerechtigkeit wurde; die neueste von Grossman (1949) ist durch die Beard'sche Veröffentlichung überholt. – Ich gebe im Folgenden eine ganz knappe Daten-Herzählung :

15. 9. 1789 James Fenimore Cooper zu Burlington, im Staate New-Jersey, geboren; ein 11. von 12 Kindern. (Eltern William Cooper, 1754–1809; und Elizabeth Fenimore.) Gleich im folgenden Jahr Umzug der Familie nach Cooperstown.

1800 ‹Höhere Schule› in Albany, wo C. im Hause des Rektors Ellison wohnt.

1802 ‹Universität› Yale; 1805 von dort relegiert.

1806, Herbst. Als Vorbereitung auf die Laufbahn eines USA-Seeoffiziers Schiffsjunge an Bord der ‹*Sterling*› (Kapitän Johnston). / Reisen : London; Gibraltar; Cartagena; Aguilas; Almeira; London (10 Wochen); Philadelphia.

1. 1. 1808 Ernennung zum ‹Midshipman› (= Seekadett) in der Kriegsmarine, in der er dann rund 3 Jahre, bis zum 6. 5. 1811, dient; meist im Küstenwachdienst, und auf dem Lake Ontario im Binnenland (vgl. ‹PFADFINDER›).

1. 1. 1811 Heiratet Susan Augusta de Lancey (1792–1852); Wohnung

zuerst im County Westchester (vgl. ‹Spion›). – *Kinder :* 1811 Elisabeth († 1813), 1813 Susan Augusta († 1894), 1818 Caroline (verehelichte Phinney), 1819 Charlotte, 1820 Maria Frances, 1821 Fenimore († 1823), 1824 Paul (später Rechtsanwalt in Albany; der einzige, der diese Linie der Coopers fortpflanzte).

1813–1817 Aufenthalt in Cooperstown.

1817–1826 Aufenthalt in Westchester, Long Island, New York City.

1826–1833 Große Europareise (vgl. nächster Absatz).

1833, Sommer. Nach kurzem Zwischenaufenthalt in New York endgültig Übersiedlung nach Cooperstown. Das Landleben dort fast nur noch durch kurze Geschäftsreisen in die großen Städte zu Verlegern und Buchdruckern unterbrochen.

1848, Juni. Größere Studienreise nach dem Mittelwesten, bis zum Lake Michigan (vgl. ‹Oak Openings›).

14. 9. 1851 13 Uhr 30 (an einem Sonntag; 1 Tag vor seinem 62. Geburtstage) gestorben zu Cooperstown.

Eine ausführlichere biografische Szenenfolge findet man in dem Kapitel *‹Siebzehn sind zuviel !› meiner* ‹Dya na Sore›.

II. Der Europaaufenthalt

Uns Europäern sind begreiflicherweise die Reisen & Ausflüge Coopers, während seines immerhin 7jährigen Aufenthalts in der Alten Welt (als nomineller ‹Konsul der Vereinigten Staaten für Lyon›), von Interesse; zumal er ja auch den Schauplatz mehrerer seiner Romane zu uns verlegt hat : Precaution; Bravo; Heidenmauer, Headsman; Wing & Wing. Und selbst wo die genannten Stücke ziemlich derbe Fehlschläge sind, wird seine ausführlichen, rund 2000 Seiten umfassenden Reiseberichte der Freund ältlicher Literatur dieser Art immer mit Anteilnahme lesen; findet man doch immer wieder gar nicht salzlose Anmerkungen à la »am meisten Gefühl für Musik haben unsere amerikanischen Neger & die Deutschen«; Weimar »which will make you laugh«; »nicht während ihrer ‹Großen Zeiten›, sondern während ihres von den Geschichtsschreibern sogenannten ‹Verfalls› sind die Völker am glücklichsten«. So manches nette Interieur gelingt ihm; ich hebe nur ein paar, speziell den Deutschen interessierende, aus : die Schilderung einer romantischen Übernachtung auf der Insel Nonnenwerth im Rhein; die neugebaute ‹alte Ritterburg› Rheinstein des ebenso impotenten wie geisteskranken Preußenkönigs Friedrich Wilhelm IV.; oder die sehr hübsche Anekdote, wie ihn in Dresden ein Student nach dem Wohnhaus Ludwig Tiecks fragt, dem Cooper zufälligerweise gegenüber wohnt, und es zeigen kann – und wie jener junge Mann dann, abgezogenster Mütze, wohl eine geschlagene Stunde lang ehrerbietig nahe-fern davor stehen bleibt. Und neidisch fügt Cooper hinzu : »Hierin ist Deutschland das Land der empfänglichen Gemüter; dagegen können schwerlich Klötze unempfindlicher sein, oder weniger wahre Hochachtung für Wissenschaften, Künste, innere Ausbildung überhaupt, haben als unser großer Haufe in den USA !«. (Seinen Roman ‹Die Heidenmauer, oder die Benediktiner› hat er sogar nach Deutschland selbst, in die Nähe von Bad Dürkheim, verlegt; er ist jedoch schier unerträglich platt geraten.)

Hier nun die nähere Übersicht über seinen Europaaufenthalt :

1826, 1.6. bis 4.7. Überfahrt von New York nach Europa; Landung in Cowes (auf der Insel Wight); dann via Southampton, London, Le Havre, Rouen nach

1826, Juli bis 1828, Februar Paris (Ausflüge in die benachbarten Provinzen).

1828, Februar bis Juni England (Rückkehr über Holland und Belgien). Dann erneut 6 Wochen Paris.

1828 Abreise nach der Schweiz und Aufenthalt in Bern bis Anfang Oktober (vgl. ‹The Headsman = Der Scharfrichter von Bern oder das Winzerfest›); Ausflüge von dort in alle Kantone (ausgenommen Basel & Tessin).

1828, Oktober Alpenübergang (Simplon); dann via Lago Maggiore, Mailand und Bologna nach

1828, November bis 1829, Juni Florenz. (März 1829 Geschäftsreise via Genua, Lucca, Nizza, Monaco nach Marseille; zurück zur See nach Livorno).

1829, Juli bis Oktober Seereise nach Neapel; Wohnung in Sorrent (Ausflüge nach Capri, Ischia, Vesuv, Pompeji).

1829, November bis 1830, März in Rom.

1830, April. Abreise nach Deutschland über Spoleto, Loretto, Ancona, San Marino, Bologna, Ferrara, Padua, Venedig (hier kurzer Aufenthalt); dann weiter via Vicenza, Verona, Bozen, Brixen, Innsbruck, nach

1830, April bis August Deutschland, und zwar über München nach Dresden; dort längerer Aufenthalt (abgekürzt durch die Nachricht von der ‹Julirevolution›). Cooper sogleich über Leipzig, Weimar, Frankfurt, nach

1830, August bis 1833, September Paris. (Während dieser Jahre 2 größere Ausflüge; a) 1831, September : Rouen, Dieppe, Abbeville, Arras, Brüssel, Lüttich, Aachen, Köln, Koblenz, Mainz, Frankfurt, Darmstadt, Heidelberg, Mannheim, Dürkheim, Kaiserslautern, Trier, Luxemburg, Longwy, Paris. – b) 1832, Juli und August : rheinaufwärts in die Schweiz und zurück nach Paris.)

1833, September Überfahrt nach England und einige Wochen in London. Dann

1833, 28.9. bis 5.11. Überfahrt nach New York.

III. Arbeitsweise

Wer einmal den ersten Roman begangen, und ihn gedruckt gesehen hat, macht sich unweigerlich auch an den zweiten – wozu, im Vorbeigehen, angemerkt sei, daß gerade Cooper aufs Herrlichste dazu dienen kann, ein mit der unerschütterlichen Borniertheit des Feinsinns immer neu wiederholtes Gemeinplätzchen zu widerlegen : daß nämlich jeder Schriftsteller imgrunde nur 1 Buch, das erste, schaffe; alle künftigen seien eigentlich nichts als Wiederholungen, Erweiterungen, Parafrasen dieses einen-ersten. Da möchte ich nun Jedem, der das behauptet, Precaution in die Hände geben; ihn nach der Lektüre fragen, ob dies Stück etwa gar vom Verfasser des Lederstrumpf stammen könne ? – und mich dann an dem Hohngelächter recht demütig weiden.

Aber auch sonst hat Coopers Ruf fast immer auf Mißverständnissen beruht. Europa – natürlich auch der jeglichem Irrtum majestätisch aufgeschlossene alternde Goethe – pries ihn in den 1820er Jahren; weil er, nach uralt-herodoteischem Rezept, den ‹Außenrändern› der Welt, wo man Gedankenspiele ansiedeln konnte, einen literarisch ziemlich unvernutzten hinzufügte. Hatte man sich bisher schon recht ergetzt an Müllers halbwilden Schweizern, Steffens' ‹Norwegern›, Scotts Bergschotten, so kamen jetzt noch die schweigsam-brutalen Herren Indianer dazu ! (Und bald danach Tolstoijs ‹Kosaken›; man wird all diese Fabelküstenliteratur doch als Ganzes zu sehen haben.) Die meisten der damaligen Europäer jedenfalls verdankten die kargen Kenntnisse, die sie überhaupt von den Vereinigten Staaten hatten, James Fenimore Cooper.

Sein eigenes Amerika war solange unbändig stolz auf ihn, als er dessen künftige Größe pries, und etwa den Europäern in den Notions vorrechnete, daß in 50 Jährchen die USA mehr Einwohner haben würden als jedes einzelne Reich der Alten Welt; und zwar würden das, 1875 oder 80 dann, 50 Millionen Menschen sein, davon 43 Weiße und 7 Neger. (Und wenn man das auch 1827 belächelt hat, so stellte doch Lounsbury 1882 verblüfft fest, daß es schier unangenehm genau stimme! Es war lediglich eine umsichtige Extrapolation aufgrund vorhandener statistischer Unterlagen.)

Daß Cooper sich selbst für einen Genius ästimieren mußte, war angesichts seiner Erfolge unvermeidlich (oft schon am 1. Tage des Erscheinens 5000 Exemplare verkauft!), und Bekannte und Freunde wissen auch viel über seine streitsüchtige Anmaßung zu klagen. Aber wenn man sich vergegenwärtigt, daß Goethe Lobähnliches mümmelte; ein Balzac vom LEDERSTRUMPF urteilte »Schön, großartig; man ist wie erschlagen vor Spannung; Sie müssen es lesen! ... Es ist dem Selbst-Schreibenden nicht mehr & nicht weniger als die Schule für Landschaftsschilderung«; daß der größere Scott, ihm die Hand schüttelnd, ihn für Seinesgleichen erklärte; daß Immermann ihm entgegenrief: »Sei mir wacker gegrüßt, rechtschaffener Cooper!«; daß Hauff, Poe, Stevenson uswusw. ihn zu rühmen wußten – tcha; dann hätte Cooper wohl mehr (oder weniger) als ein Mensch sein müssen, wenn er nicht Einiges auf sich gehalten hätte. (Und wie hätte ihn erst Stolz geschwellt, hätte er geahnt, daß er auch in der großen Musterkarte unseres Jahrhunderts figurieren würde: Seite 439 Zeile 12 in FINNEGANS WAKE erscheint böttchern der ‹Cooper funnymore› – selbstverständlich völlig gezwungen & unpassend.) Der Einzige seiner jüngeren Zeitgenossen, der Cooper absichtlich studierte, nachahmend die Hand übte, und es dann freilich zuweilen besser machen konnte, war Adalbert Stifter; der allerdings die Voraussetzung einer echten Geistesverwandtschaft mitbrachte.

Wir Heutigen, nach nun weit über hundert Jahren, in denen mehr in der Kunst der Prosa geschehen ist als in sämtlichen vorangegangenen Jahrtausenden zusammengenommen, werden die Rühmung Coopers – und er verdient eine – sehr präzisieren müssen.

Ein ‹Dichter› – obwohl ich das Wort nicht schätze – war Cooper nie. Sein Wortschatz ist zu gering (5000 werden's rund sein); seine metaforische Kraft unbedeutend; die Struktur seiner Fabeln ein ‹Leisten›; die meisten seiner ‹Helden› bleiben Albinos. Mit anderen Worten: seine Bedeutung liegt nicht in der Verarbeitung, sondern in einem Teil seiner Materialien. Genauer: in der Landschaft, im kulturgeschichtlichen Detail, zumal dort, wo es gesellschaftskritisch ausgerichtet ist, und endlich in seinen ‹einfachen Leuten›.

Was die Sichtbarmachung einer Landschaft anbelangt, so gibt es da 2 Techniken, sie dem Leser zu suggerieren; (und man vergesse jetzt einmal Lessings – eines Mannes, bei dessen Namen ich sonst grundsätzlich ehrerbietig nicke – *Laokoon* : wer von sich selbst bekannte, daß er nicht wisse, was Träume seien; und von Bäumen urteilte : »Die gehören nun eben zu meinem Leben nicht.«, der hätte vorsichtshalber nicht über Landschaftsschilderung dozieren sollen); nämlich einmal das Verfahren der ‹Expressionisten›, die mit 1 Satz schärfste Wortkonzentrate injizieren und so im Leser das betreffende-gewünschte Bild heraufrufen – hat ja doch Jeder schon in seinem Leben lange Waldborten erblickt, meilengroße Wiesen und den Weißennebelwunderbar mit dem Silberfältchen eines Mondes darin. Und andererseits gibt es jenes hinterhältig-umzingelnde, langsam-vergiftende Verfahren, das ich nach seinem ersten guten Vertreter die ‹Methode Brockes› nennen will, und der, außer Cooper, zum Beispiel noch Leute wie Schefer und Stifter huldigten. Der ‹äußerliche› Unterschied ist der, daß die Ersteren 2 Zeilen benötigen, die Letzteren 20 Seiten. Das ‹Ergebnis› – nämlich daß die gewünschte Szenerie ungefähr erblickt werde – dürfte etwa das gleiche sein (was freilich die ‹Dauerwirkung› angeht, wage ich keine Entscheidung; vermutlich ist auch das wieder ‹konstitutionell verschieden›). Cooper hat jedenfalls in dieser Beziehung seine Sache oft gut gemacht.

Er besaß einen starken Schuß ‹Puritanertum› (was übrigens mit nichten an irgendeinen ‹Glauben› gebunden, vielmehr eine der großen Geisteshaltungen der Menschheit ist, und z. B. heutzutage weit verbreitet in der Sowjetunion herangezüchtet und praktiziert zu werden scheint), was, auf die Schriftstellerei übertragen, nicht mehr & nicht minder bedeutet, als »1 Tagewerk noch vor'm Frühstück« : Cooper war fleißig ! Unterstützt von einer robusten Körperlichkeit und einem weislich gewählten ‹ländlichen Aufenthalt›; was Beides ihm, im Verein mit der klugen Schonung & Erholung der Fantasie durch abwechselnde Verlegung des Schauplatzes nach ‹wood & wave›, die gröblichsten literarischen ‹Soll-Erfüllungen› ermöglichte. Hinzu trat eine Sorgfalt in der Verarbeitung, von der Cooper anscheinend sehr bald erkannt hat, daß sie seine eigentliche Force ausmache : vor die scheinbare ‹Wissensleere› seiner Bücher ist nicht selten ein Maximum an Forschung geschaltet – ich gebe 1 Beispiel :

Sein Roman ‹Lionel Lincoln, oder die Belagerung von Boston› ist die Schilderung vom Ausbruch des amerikanischen Unabhängigkeitskrieges im Jahre 1776 – der ‹Held› aus buntem Glanz-, die ‹Heldin› weißlich-durchsichtig aus Butterbrotpapier; die niederen Figuren dagegen zum Teil ausgezeichnet, sei es der Narr Job Pray, sei's Captain Polwarth (ich werde nie die fantastische Szene vergessen, wie der sein Holzbein spaltet, um das ärmlich-rettende Feuer damit zu entfachen !) – zur Vorbereitung auf dieses Buch also las Cooper zunächst alle einschlägigen historischen Werke, machte sich dann an die amtlichen Urkunden und wühlte monatelang in den Archiven von Washington und Boston – daß er das Letztere mehrfach besuchte, um sich durch Autopsie den letzten überhaupt erreichbaren Grad von Genauigkeit zu verschaffen, versteht sich dem redlichen Selbst-Schreibenden, der gelernt hat, daß Landschaftsschilderung etwa der Porträtmalerei entspricht. Er exzerpierte Kalender, Almanache, astronomische Ephemeriden von 1776 (damit der Mond am richtigen Horizontpunkt, zur genauen Zeit und in der korrekten Fasengestalt auftrete : Cooper passiert das nie, daß der im Nordwesten aufgehe, wie bei Scott's, oder ‹scheint›, wenn in Wahrheit Neumond war, wie bei Schmidt !); ja, er ging soweit, daß er sich Aufzeichnungen über das Wetter jener für ihn immerhin auch schon 50 Jahre zurückliegenden Zeit verschaffte. Das Ergebnis ist unter anderem, daß er uns Schilderungen jener drei ersten Gefechte von Concord Bridge, Lexington und Bunkers Hill in diesem total verschollenen LIONEL LINCOLN geliefert hat, die schlechthin prachtvoll sind ! (Bancroft, immer noch *die* Autorität, hat ihm bescheinigt, daß seine Beschreibung der Schlacht von Bunkers Hill die einwandfrei beste sei, die je vorgelegt wurde.)

Die Materialfülle gewisser Cooper-Bände wirkt, bei speziell einmal hierauf gerichteter Aufmerksamkeit, erstaunlich und ist noch ganz unausgeschöpft geblieben. Von diesem Gesichtspunkt aus sind die PIONEERS, der NED MYERS, die beiden EFFINGHAM-Bände und vor allem eben die LITTLEPAGE-Trilogie überhaupt erst noch in Deutschland zu lesen : unser ‹Amerika-Bild› ist derart oberflächlich und lückenhaft, unsere Nicht-Informiertheit so emotionell und unrealistisch – einerseits an Karl May, andererseits an der Gegnerschaft zweier Weltkriege orientiert (und anschließend gibt's unerbittlich noch Corned-Beef !) –, daß es dem Einsichtigen immer notwendiger erscheint, Fernkurse einzurichten, die bei Cooper (für den Wilden Westen), beziehungsweise bei Karamsin (für den noch wilderen Osten) zu beginnen hätten.

Aber damit die Rühmung nicht überhand nehme, sei betont, daß eine ganz bestimmte Art der Geistesverengung bei Cooper im Alter erschreckend zunahm : seine hochkirchliche Orthodoxie treibt – wie bei allen stark Gläubigen anscheinend unvermeidlich – zuweilen die kakteenmäßig-kuriosesten Blüten. Es wäre eine ganze Studie für sich, zu verfolgen, wie da die 1 (seine) ‹Episkopalische› Richtung immer mehr Recht bei ihm bekam, ob Wortlaut der Liturgie, ob Form der Kirchenstühle – wahrlich, in den Sekten ist *noch* geringere Weisheit vorhanden als in den sogenannten Großen Religionen !

»In der Nähe dieses Ortes (= Cooperstown) wohnte früher ein Mann, der als Verfasser einer Reihe von Erzählungen bekannt ist, in welchen er die Absicht hatte, die Geschichte, die Sitten & Gebräuche, und die Gegenden seines Vaterlandes zu schildern. Da die Neugierde, etwas über Amerika zu lesen, zu ihrer Herausgabe auch in Europa geführt hat, so sind Ihnen vielleicht diese Werke zu Gesicht gekommen ? – Eines derselben, die Pioneers, *soll einige artige & getreue Skizzen von verschiedenen Gewohnheiten, und selbst Porträts von einigen der frühen Ansiedler dieses Ortes enthalten.«*

(Notions of a travelling Bachelor; 14. Brief.)

Die Frage nach dem ‹was bleibt›, ist im Falle Cooper relativ leicht zu beantworten – 1 Vierteljahr Lesefleiß, und durchschnittliche Beschaffenheit in secunda Petri vorausgesetzt. Abgesehen von den seltenen, gründlichtreuen Lesern (die es jedoch immer, selbst bei den scheinbar entlegensten & abstrusesten Autoren gibt; und die, meist von der imponierenden Einfalt des Leatherstocking zuerst gefesselt – »einem Gemüt, so einfach gefügt, daß es schon wieder an Tiefsinn grenzt« – und dem ‹Landleben› auch selbst heimlich recht zugetan, dann Band für Band das ganze Oeuvre sich vornehmen, und immerfort Neues, ihnen Zusagendes, entdecken), abgesehen von dem ein- und andern sympathisch-unheimlichen Kauz solcher Art also, dürfte eine Untersuchung auf Les- oder gar Genießbarkeit sich ungefähr so anlassen :

Was die Konstruktion, das formale Gerüst, anbelangt, so ist Cooper, wie schon erwähnt, nachweislich nie der Gedanke gekommen, daß es sich auch bei Prosagebilden um Kunstwerke handeln könne. Er hat fast durchgängig Romane im ‹älteren Stil› geliefert, ganz ‹dritte-Person-Singular-Imperfekt-Indikativ-Aktiv› : »‹Tretet nur immer näher, Herr›, sagte der biedere Kundschafter.« Ganz wenige Male benützt er die ‹Ich›-Form, z. B. Monikins; und wenn es dann auch zwangsweise ein bißchen munterer hergeht, viel bringt das bei Cooper nicht. Für seine Reise-Bücher hat er sich sogar bis zur ‹Briefform› verstiegen; jedoch ohne sich im geringsten der fundamentalen Bedingung bewußt zu sein : daß dann nämlich mindestens 2 Partner, 2 Handlungsreihen, 2 Landschaften da sein sollten ! Er muß sich eingebildet haben, es stünde gänzlich in seinem Belieben und hinge gar nicht vom Themenkreis ab, ob er einen Roman nun als Klartext, Dialog oder Briefwechsel anlegen wolle – ein Irrtum, der noch heute so betrüblich häufig ist, und den er mit so bekannten Leuten wie Scott oder Goethe teilt, daß man ihn dem armen Cooper nicht extra ankreiden sollte. Was die sprachliche Umkleidung dieses Nicht-Gerüstes, also das Wort-Kleinmaterial, angeht, sei Edgar Poe zitiert, der eine 15 Buchseiten lange Rezension von WYANDOTTE geliefert hat, und Cooper darin eine erstaunliche »awkwardness« – gleich »hausmacherne Unbeholfenheit« – bescheinigte. Hierzu wäre allerdings anzumerken, daß Poe gerade in dieser Hinsicht äußerst anspruchsvoll und seiner Zeit um rund 70 Jahre voraus war; und daß er weiterhin Stifter nicht gekannt hat, also den Mann, der sich beträchtlich an Cooper geschult und dessen ‹langweiligen› Stil in seine frappant ähnlichen Romane übernommen, ja, ihn noch entscheidend gesteigert und dadurch literarisch diskutabel gemacht hat – es kann sich dabei nämlich durchaus, ich komme noch darauf zurück, um ein ausgesprochenes Kunstmittel handeln; nur darf man es, wie Beide, sowohl Stifter als Cooper, leider um 50% zu oft getan haben, nicht immerfort und für jegliches Thema verwenden. Im Falle Cooper beginnt die erstaunliche Tatsache sich abzuzeichnen, daß jede Übersetzung, sie kann nicht anders, besser werden muß als das Original!

Hinsichtlich des Gestaltenkreises – und bei 34 dicklichen Bänden finden sich immerhin schätzungsweise Eintausend zusammen – ergibt sich ein nächstes Dilemma: seine ‹Helden› (meist ‹Majore von der Armee›), haben die Plastik etwa eines Spielkartenkönigs! Der Heyward der MOHICANS der Middleton der PRAIRIE; der Griffith des PILOTEN – es ist immer Derselbe: ein (fragwürdiges) Abstraktum in (verschwommen) buntem Tuch. Seine ‹Heldinnen› sind, abgesehen vom Namen, ebenfalls unangenehm identisch; gleich die Emily Moseley der PRECAUTION liefert komplett alle Züge, die man nachher beliebig bei Eve Effingham oder der Mary Wallace des (ansonsten schönen) SATANSTOE wiederfindet. Dieses ‹weibliche Ideal› Coopers – und erneut wird die bestürzende Kongruenz mit Stifter sichtbar! – ist, wie schon Lounsbury witzelte, kunstlos aber intelligent; heiter, aber von frommer Heiterkeit; ihr Anzug von eleganter Einfachheit; ihre Schönheit wird nur noch von der Bescheidenheit ihrer Miene übertroffen, nie hat 1 unwürdiger Gedanke die Reinheit ihrer jungfräulichen Stirn getrübt. Sie hat jegliche Ausbildung erfahren, die ihrem Geschlecht und Alter ziemt; d. h. sie spricht u. a. 6 Sprachen, und zwar perfekt (obschon dergleichen, und dann zum gerechten Staunen aller Anwesenden, nur durch Zufall ans Tageslicht kommt); ihre ganze Zeit ist unveränderlich Arbeiten gewidmet, die sie für die Pflichten dieses Lebens und die Belohnungen des künftigen tauglich machen; selten öffnet sie ein Buch, es sei denn um der Information willen, und nie las sie eines, das indezente Gedanken auch nur andeutungsweise erwähnte. Männern gegenüber zeigte ihr Antlitz – das Stifter'sche Äquivalent heißt ‹Haupt› – unveränderlich ein höflich-abwesendes distanzierendes Lächeln; nie erlaubte sie einem Herrn, mit ihr spazieren zu gehen, neben ihr zu reiten, oder gar allein mit ihr in einem Zimmer zu sein – ein Resultat, das, nehmt nur Alles in Allem, unschwer zu erreichen gewesen sein dürfte.

Mit 1 Schlage wird es anders – richtiger, handfester, überzeugend-menschlicher – wenn man sich Coopers ‹einfachen Leuten› zuwendet; angefangen bei ihr, der absolut größten seiner Gestalten, dem LEDERSTRUMPF, er, gleichwertig anderen Archetypen wie ‹Faust, Parcival, Ewiger Jude›. Wo er kein ‹Ideal› zeichnen wollte, sondern sich (vermutlich nachsichtig lächelnd) damit begnügt hat, seine weiten wirren Wälder, seine Wasserflächen und Prärien zu ‹staffieren›, kann man sogleich aufatmen. Da überzeugen auf Anhieb die derben irischen Wirtinnen und Erdarbeiter; die versoffen-würdigen Häuptlinge; ein glänzendstes Kapitel für sich sind seine ‹Neger-Sklaven› – nichts gegen ONKEL TOMS HÜTTE; aber man nehme auch Coopers Abbildung zur Kenntnis (es wird wohl der Unterschied zwischen Nord- und Süd-Staaten sein). Zuweilen gelingen ihm unverächtliche ‹Schurken›, fast immer ‹Neu-Engländer› (erst an Cooper wird dem unbedarften Europäer der eigentliche Sinn des Titels ‹Yankee› klar !) : ehrsam-gerissene Kapitäne, oder geschäftstüchtige Gleisner, samt ihren knochigen Töchtern. Da wird es denn maßlos interessant, die Wandlung in der Schilderung des ‹Squatters› zu verfolgen; vom Moses-Typ des Ismael Busch (PRAIRIE) bis zum ‹Tausendmorgen› des CHAINBEARER. – Die ‹Lustigen Personen› allerdings – Cooper muß sich da ein ‹Schema› zurecht gemacht haben, wonach kein Band u. a. ohne Hanswurst sein dürfe – sind von geradezu transzendentaler Albernheit; schweigen wir ganz von den ‹vertauschten› und auf Seite 500 ‹wiedergefundenen› Kindern, dieser wahren Geißel der Literatur des 19. Jahrhunderts.

Glänzend sind ihm zuweilen Landschaften geraten und ‹Naturfänomene› allgemein; gerade jeder Stifter-Fan, und ihre Zahl nimmt ja immer noch zu, wird das zu goutieren wissen. In einem der in dieser Beziehung für mich impressivsten Stücke, der PRÄRIE, wird von Anfang bis Ende das Gefühl eines ‹Grauen Neutrums› derart eindrucksvoll über dem Leser als stellvertretender Himmel ausgespannt, tritt eine solche Kombination der Verlorenheits-Gefühle von Froschperspektive plus Vogelschau ein – daß man gleich dort sein möchte ! (Und das ist eine weit weniger perverse Reaktion für einen End-Zwanzigjahrhunderter, als man meint : unsere modernen Wohnwüsten haben zuweilen die gleiche, erhaben-grauliche Trockenheit.) Die fantastische Schilderung des Super-Millionenschwarms von Tauben (im 14. Kapitel des CHAINBEARER) übertrifft die vergleichbare in den PIONEERS um ein beträchtliches; und die Fahrt des Riesen-Segelschiffes durch die Untiefen dämmrig fauchender Riff-Warre (PILOT) endet eben doch auch in einer Gesamtempfindung von Windesheulen und Rahengeknarre, die, wer sie einmal ‹erlebt› hat, nicht mehr missen möchte. (Wie sehr man von ‹Cooper & die Folgen› sprechen könnte, belege eben Stifters HOCHWALD, der ja, im Einzelnen wie im Ganzen, nichts als eine kindlich-merkwürdige Abbreviatur des DEERSLAYER ist, geliefert von Einem, dem gleichermaßen Chlorophyll in den Adern floß.)

V. DIE LITTLEPAGE-TRILOGIE

Bei der Ventilierung der nunmehr unvermeidlich erreichten Frage (der ich mich übrigens gern stelle) : ‹Was von Cooper denn nun noch lesbar bleibe ?›, wird es notwendig, einzelne Titel zu zitieren.

Was auf keinen Fall ‹stimmt›, sind sowohl seine preßgläsernen ‹upper ten›, als auch seine unerträglich platten moralischen Gemeinplätzchen (vornehmer ausgedrückt : das ‹didaktische Element› fällt Einem unschwer auf die Nerven). Was immer ‹stimmen› wird, und sei es auch nur für den bestimmten, dafür empfänglichen Personenkreis, ist seine Grundhaltung : düstere männliche Redlichkeit; der Trotz des Donnerers Thor gegen Alles, was faul im ‹Freien Westen› ist; sowie die, nur bei ihm zu findende, Riesensumme an kulturgeschichtlichem Mikro-Detail. – Und schon ist eigentlich der Maßstab gegeben.

Also einmal die LEDERSTRUMPF-Serie (‹DEERSLAYER / MOHICANS / PATHFINDER / PIONEERS / PRAIRIE›), von der, meinem Empfinden nach, die bedeutendsten die Bände 1, 4 und 5 sind; ein gar nicht unbedeutender Einwand gegen sie ist : daß er eben aufgrund dieser Pentade zum ‹Jugendschriftsteller› degradiert werden konnte ! Ich kann mich nicht entbrechen – (man verfällt unwillkürlich sofort in die gleiche närrisch-gravitätische Geheimrätseligkeit) – die rührende Erinnerung des ersten GOEDEKE herzusetzen : ‹Der Lootse, die Prärie – das war uns Schülern eine neue Welt und wie uns auch unsern Zeitgenossen. Es sind mehr als 50 Jahre verflossen, seit wir uns auf der Klosterschule nach Anleitung des ‹Lootsen› mit bunten Papierflaggen von einem Flügel des alten Gebäudes nach dem andern telegraphisch verständigten; als wir den ‹Spion› bewunderten, und uns an ihm zu Helden träumten... : wer liest sie noch ? und wer liest diese Rückerinnerung ?›. – Antwort : Wir : Beides. –

Nach solcher verdrossenen Verbeugung vor Allbekanntem sei jedoch sogleich betont, daß ich die bereits mehrfach erwähnte LITTLEPAGE-Serie für mindestens ebenso gut (ja, ehrlich gesagt, für noch besser) halte;

und zwar die sämtlichen 3 Bände des großen Familienromans : SATANSTOE (was so bleiben müßte); den CHAINBEARER (der nichts mit werwölfischem Kettengerassel zu tun hat, wohl aber schlicht mit DER FELDMESSER wiederzugeben wäre); und endlich jener abstoßend-instruktive dritte Band – jenes hübsche Gemisch von Bejahung & Verneinung des eigenen Vaterlandes; jene herrliche Neutralisierung des Positiven durch Negatives; jene Summe von steif-blühender Orthodoxie und sorgenfaltig-präkommunistischem Zweifel – dessen Titel THE REDSKINS erst heute korrekt zu übersetzen wäre : DIE ROTEN !

Das Thema, auf 1 Formel gebracht, ist die ‹Landnahme› durch die Großgrundbesitzer, unter schweren Opfern an Menschenleben und Finanzen; dann eine erste Gefährdung des ‹Eigentums› durch die ‹Squatter›-Bewegung und geschäftstüchtige, ohrwurmhafte ‹Yankees›; und endlich, im 3. Bande, wird ausführlich geschildert die – mir immer äußerst nachdenklich gewesene – Erscheinung der ‹Anti-Renters› im Staate New York in den Jahren 1839–1847 (vgl. Cheyney, ‹THE ANTI-RENT AGITATION›, Philadelphia 1887). Wer hier gegen Wen recht hatte, wird auf anderer, ‹höherer› Ebene entschieden werden; Coopers Herz jedenfalls gehörte den ‹Kapitalisten› – ein allermerkwürdigstes Oszillieren zwischen dem ‹Sprecher des nullten Standes› (nämlich dem LEDERSTRUMPF) und der Mentalität des ‹Hausbesitzers› !

Die Fülle der hier ausgebreiteten, apartesten Einzelheiten auch nur stichworthaft aufzuführen, ist nicht möglich : New York als Kleinstadt um 1750; die ‹Pfingst-Burlesken› der Nigger (ein saturnalienhaftes Volksfest einprägsamster Art); die erste ‹Tierschau›; das erste ‹Theater› in der noch ganz englischen Stadt. Der große Eisgang auf dem Hudson River; das schier rein holländische Albany (Cooper hat die ‹Mijnheers› sehr geschätzt und prächtige Typen geschildert, z. B. auch in der WATER-WITCH) mit seinen ‹stoops› und den winterlichen Schlittenfahrten der Erwachsenen. Endlich der Feldzug gegen ‹Ti› – gleich Ticonderoga. Dann das Riesengut der ‹Van Rensselaers› (denn sie sind gemeint); die satirische Beschreibung einer ‹Volksabstimmung› (mit ihrer Wahl-Arithmetik, wie wir sie noch täglich erleben; wie man da, à la ‹Hexeneinmaleins›, aus einer Minderheit eine Mehrheit macht; auch die ‹Bearbeitung der Wähler› ist unverächtlich). Das raffinierte Tauziehen um die einträglichen ‹mill-seats›; der ‹pidgeonroost›; die ruchlos-fleißigen ‹squatters›; und endlich eben die Demokraten-Kommunisten – all dies auf 2000 Seiten mit ältlich sorgfältigem Fleiß beschrieben, von einem zweitklassig puritanischen Auguren, der die Puritaner haßte : ich kann mir nicht helfen; ich muß es, in Abständen, immer wieder zur Hand nehmen ! Eine Übersetzung dieser

Littlepage-Trilogie wäre überfällig, gleichviel ob links, ob rechts des ‹Eisernen› unternommen; freilich handelte es sich dabei um ‹ein Objekt› (aber wozu gibt es schließlich ‹Persia-Dünndruck-Papier› ?). –

Weitere Titel, die eine Erneuerung vertragen würden, sind etwa der Ned Myers, die Selbstbiografie eines Seemanns, eines früheren Schiffsjungen-Kameraden Coopers, der 30 Jahre später wieder auftauchte, und von dem berühmt gewordenen Kumpel Unterstützung aller Art erhielt. Auch hier finden sich immer-gültige Schilderungen von ‹Kriegsgefangenschaften› und schlechtem Wetter, die nicht veralten können, solange es Soldaten & Schlechtes Wetter gibt (ergo noch recht lange Zeit). / Marks Reef, or the crater ist als Utopie von Interesse. Cooper läßt hier, *Robinson* plus *Insel Felsenburg*-mäßig, einen idealischen Staat gründen; und im ersten Teil sind ‹Der Einzige & sein Eigentum›, im zweiten die Korruption durch Rechtsanwälte, Sektierer & Journalisten mürrisch genug abgemalt. / Die ‹Water-Witch› gibt ein nettes Genre-Bildchen des New York von 1710; obwohl hier, wie in der Hälfte aller Cooper-Bände, insofern Entscheidendes verloren geht, als schmetternde Kommandos à la »Braßt mir die Rahen ins Viereck !« heutzutage einfach verpuffen : ‹Was will der Mann ? ?›. / Wyandotte (freilich einmal mehr die Geschichte eines einsamen Grenzergehöftes) kann vielleicht noch Manchen ergötzen (für Jeden, der sich intensiv mit Poe befassen will, ist es ein ‹must›). / Tcha, und nun kommt eben noch ein Band, der allerdings 1 Sonderkapitelchen erfordert.

VI. Die Monikins

‹Es ist mein Lieblingsbuch; und ich stelle mir vor, daß man es späterhin einmal besser begreifen werde›.

(Cooper an Bentley, 20. 3. 36)

Und es handelt sich um ein im Oeuvre gänzlich isoliert stehendes Werk; denn wenn auch das uns zunächst nötigste, bedeutendst-unbekannte Stück immer die Littlepages bleiben werden – : das schnurrigste, mit dem er sich einst die Freiheit des eigenen Urteils erschrieb, sind die Monikins ! (Und auch sie in einem solchen Maße vergessen, daß Lounsbury, der schon erwähnte erste Biograf Coopers, 1883 das – wie billig übertriebene – Diktum wagen konnte : von der ganzen Generation seit des Verfassers Tode sei er garantiert der Einzige, der das Buch durchgelesen habe.)

Anfang 1835 nämlich hatte ein barnumgleich-erfindungsreicher Journalist Reynolds der Regierung der USA ein ‹Memoire› vorgelegt, in dem er die Entsendung einer großen Expedition in die Antarktis proponierte, weil sich dort, seiner Meinung nach, ‹Wärmeoasen› vorfinden müßten. Daß er damit zufällig Recht hatte, war wahrlich nicht sein Verdienst (obschon Poe sich entrüstet, daß man Reynolds auf jene Expedition nicht mitgenommen habe). Besagtes Memoire wurde, wie üblich, weidlich in der Presse besprochen, und die Fabelküsten-Schlagzeilen mögen manche Fantasie angeregt haben. Ganz sicher wissen wir das von 2 Leuten:

Im Januar-Heft 1838 des ‹Southern Literary Messenger› erschien das 1. Kapitel eines Romans, unvergeßlich solange Menschen leben & englisch können werden: ‹The Narrative of Arthur Gordon Pym of Nantucket› von Edgar Allan Poe (dem dann im Juli die Buchausgabe folgte). Aber wenn dies auch das Stück mit der unbestreitbar größten ‹Schwarzen Strahlung› ist – am 9.7.1835, also gute 2 Jahre zuvor, war bereits bei Carey, Lea & Blanchard in Philadelphia ein anderes Buch erschienen, eben unsere Monikins hier, denen praktisch die gleiche Fabel zugrunde liegt. Beide, Cooper wie Poe, haben Reynolds Memoire als Zeughaus, zumindest als Anregung, für ihre Kulissen und Staffagen ausgewertet; sei's die Reise nach dem Süderpol, mit Wärmeoasen um Inselgruppen als Lebensraum utopischer Geschöpfe; sei es der Kannibalismus der Seefahrer – ich persönlich nehme sehr stark an, daß Poe seinen Gordon Pym sogar in ausdrücklicher Konkurrenz zu den Monikins verfaßte, um, künstlerisch schier peinlich überlegen, einmal zu demonstrieren, ‹wie man so was macht›.

Und der Unterschied ist denn freilich impressiv genug ausgefallen – aber das ist nicht Coopers Schuld & Fehler; denn es ist eben der bewußt hergestellte Unterschied zwischen einer absichtlich & meisterhaft ‹in earthquake & eclipse› getauchten Hochdichtung, und einer sehr munteren, helläugigen (obwohl abstrus verschlüsselten) politischen und gesellschaftskritischen Satire, voll manchmal Swiftscher Einzelzüge und Töne. Das Stück ist dem Nur-Deutschen schwer erreichbar, weil zwar in sämtlichen englischen Gesamtausgaben mit-enthalten; übersetzt jedoch lediglich in der Sauerländer'schen Ausgabe (siehe Abschnitt ‹*Bibliografie*›), wo es die Bändchen 82–87 füllt, und ausgerechnet derart barbarisch verdeutscht ist, daß ich den Namen des Übersetzers doch festnageln möchte: er hieß Carl Friedrich Meurer (des alten Meurer Sohn und Vater mehrerer junger Meurer, über die Alle, wer es ganz genau wissen möchte, in ältlichen Encyclopaedien nach Herzenslust nachschlagen kann).

Diese MONIKINS bezeichnen bei Cooper das Ende seines ersten schöpferischen Jahrdutzends und leiten die nächste Periode intensivster Kritik an seinen Ju-Eß-Äi ein – fürwahr, es ist rührend zu lesen, wie er, nur 1 kurzes Lustrum zuvor noch, in den NOTIONS sein Vaterland den unwissenden Europäern rühmend präsentiert hatte; und nun die Ernüchterung nachzuempfinden, die ihn, nach einem siebenjährig-wohlangewandten Aufenthalt in der Alten Welt, mit ihrer imponierenden Summe von Bibliotheken, Gemälden, Bauten, Traditionen, bereits kurz nach der Heimkehr in das schon damals überflüssig selbstbewußte ‹God's own Country› übermannte. In warmherzigstem, patriotischem Lehreifer nahm Cooper die Tollmannsaufgabe in Angriff, diese bekanntlich heute noch merkwürdig ungewordne Nation zu ‹bilden›, zu ‹belehren›, zu ‹erziehen› – die Auswirkungen finden sich im nächsten Abschnitt umrissen; hier gehe es lediglich um die MONIKINS selbst.

Die Einleitung – die Jugendgeschichte des Helden John Goldencalf Baronet Householder – hat mein Vor-Leser Lounsbury (denn ich bin ja, seiner eigenen Theorie nach, erst der zweite seit ihm) unnötig cavalièrement abgetan : ich habe eine Anzahl ausgezeichneter, zum Teil freilich bitterböser Witze darin gefunden. (Etwa vom Tod des Geizhalses, der sich in seinen letzten Minuten von der Hochgebauten Stadt der Offenbarung vorlesen läßt : »Gold, Jack : Alles aus Gold ! ! !«)

Den Hauptteil bildet die Bekanntschaft mit dem neu-englischen Kapitän Noah Poke, der Loskauf der denkenden Affen, eben der MONIKINS, und die Reise nach deren Heimatinsel ins Südmeer. Nach abenteuerlicher Durchbrechung des Eisgürtels landet man zunächst an den Küsten von ‹Leaphigh›, wo, als konzentriertes Sinnbild europäischer Sitten & Mentalitäten, ein Gemisch England plus Frankreich durchgehechelt wird. Von da schaukelt man, nicht ohne sich zuvor mit einer guten Fracht ‹europäischer Ansichten›, dem aussichtsreichsten Handelsartikel, eingedeckt zu haben, nach ‹Leaplow› hinüber, der grotesken Transformation eines, nicht minder von Affenmenschen bewohnten, Nordamerika, die das Gehirn nicht im Kopf, sondern (was dem Besten passieren kann) im Schweif tragen. Ihre Hauptstadt, eigentlich nur eine Unsumme zusammengelaufener Häuser, heißt ‹Biwak› (= New York); und das erste, was von jedem Ankömmling verlangt wird, ist der Schwur, daß er die Hauptverkehrsader, ‹Broadway› genannt, für sowohl die breiteste als die schmalste, die längste wie auch die kürzeste Straße der Welt überhaupt halten wolle. Die Politik, einschließlich Wahlen, wird gebührend verulkt. Jeder, der eine Brille trägt, muß ‹reifer Gelehrter› genannt werden (was denn wieder zwanglos in unsere Zeit hinüberleitet, wo ja auch jeder von Allah mit

Ochsenknochen ausgerüstete Schläger, der gleichzeitig das Alfabet über ‹f› hinaus aufsagen kann, sogleich als ‹Sportstudent› geführt wird). Kurzum, dieser zweite Teil wimmelt ebenfalls von überraschenden und recht amüsanten Einfällen & Anspielungen, die – wenn schon uns-heut zum Teil ziemlich unverständlich : es fehlt eben eine gute Ausgabe mit Fußnoten – damals derart ‹gesessen› haben müssen, daß es kein Wunder nimmt, wenn Cooper wenige Jahre später zum bestgehaßten Mann der Nation geworden war – der bedeutendste Ehrentitel, den ein Schriftsteller sich überhaupt erwerben kann (‹Verdienstkreuze› sind weit gefahr-, auch müheloser zu bekommen).

VII. Der Kritiker seines Vaterlandes

Die zweite Hälfte von Coopers Schaffenszeit zeigt eine gleichzeitig so eigentümliche und doch auch wieder typische Seite des Schriftstellerdaseins & seiner ‹Möglichkeiten› überhaupt, daß näher darauf eingegangen werden muß; und sei es nur, um das, wenn je dann in diesem Fall besonders unverdient-ungerechte Odium des ‹Jugendbuchschreibers› für immer von ihm zu nehmen.

Wenn man sich seine Bücher dergestalt sortierte, daß *links die vor, rechts die nach* 1835 zu stehen kämen, und dann aus jeder Abteilung für sich je 1 Bild der USA herausdestillierte, dann würde man links einen hoffnungsvollen, athletisch aufblühenden jungen Riesenstaat erblicken, bevölkert von anmutig-hülflosen Frauen und ebenso bienenfleißigen wie kühnunternehmenden Männern, ‹Pioneers, oh Pioneers !› – und rechts ein krakenhaft widerliches Gebilde, nasgeführt von korrupten Politikern, spinnenbeinigen Rechtsverdrehern und gleisnerischen Neu-England-Lehrern, ständig schnitzelnde & spuckende, nur auf Gewinn bedachte ‹Hands› mitsamt ihrem knochigen Frauenvolk (»rechtwinklig an Leib & Seele«), und das allerschlimmste ist noch der kulturelle Tiefstand und die an ihm Hauptschuldigen, die Journalisten. Kein Mensch würde auf die Idee kommen, daß es sich um denselben Verfasser, beziehungsweise um den gleichen Staat, im gleichen Jahrzehnt gesehen, handeln könnte !

Die nähere Betrachtung einer solchen, gar nicht so seltenen Entwicklung, vom jugendlich-begeisterten Lobredner des eigenen Vaterlandes fort, und hin zu dessen schärfstem gesellschaftskritischem Anprangerer, ist gerade an dem wahren Modellfall Cooper einmalig klar, und deshalb ewig lehrreich, zu demonstrieren.

Cooper – obwohl echtester ‹Grenzer› und, was Kultur anbelangt, zunächst auch wacker ‹backwoods›-mäßig nichtgebildet – besaß doch im höchsten Maße jenen ehrwürdigsten Geist, der bis an sein Lebensende nach Erkenntnissen dürstet und auch als Mann noch das ‹Lernen› nicht verschmäht : man hat es mehrfach geschildert, wie er bei erster Bekanntschaft, wenn ihn etwas interessierte, buchstäblich zudringlich werden und den Betreffenden erbarmungslos nach Informationen ‹auspumpen› konnte. Nun kam der sorgsam benützte siebenjährige Europa-Kursus, wo er nicht nur Französisch und Italienisch lernte, – aber wirklich ‹fließend› ! – (sogar ein paar Brocken Deutsch; wenn er, schon im hohen Alter, von seiner Frau im Schach geschlagen wurde und ihre Freude merkt, schreibt er, obwohl er selbst auch gern gewonnen hätte, hinter die Tagebuchnotiz noch ein »Besser so.«), sondern auch das Auge an Architektur & Bildenden Künsten heilsam stärkte. Als er, ein 45jähriger reifer Mann, wieder amerikanischen Boden betrat, sah Alles merkwürdig anders aus, im Vergleich mit den Erinnerungen seiner unbedarften Jugend. Die ‹Bucht von New York› war ganz nett, sicher; aber mit der von Neapel nicht entfernt zu vergleichen. Washington inklusive ‹Weißes Haus› ? : er hatte inzwischen die Peterskirche gesehen, samt Rom, Florenz und Mailand, auch Notre Dame und den Dresdner Zwinger nicht minder. Bücher, Malerei, Musik ? : brav, und gar nicht genug zu ermutigen; aber natürlich erst ein schwacher Anfang. Und Cooper entschloß sich zu dem allerehrwürdigsten Unterfangen, seinem Vaterlande Anleitung zur künftigen Hohen Kultur zu erteilen, ihm, mit eingemischter sanfter Kritik, von Europa & wahrer Kunst zu berichten, und die USA zum fleißigen Nachstreben aufzufordern – ein rührendes Schauspiel, edel & dumm. Aber er hielt eben sich, den mit Abstand populärsten aller amerikanischen Schriftsteller (den größten nicht; das war, mit dito Abstand, Edgar Poe), für den von der Vorsehung speziell hierzu berufenen Mann.

Leider war er so ziemlich der ungeeignetste !

Zu jenem, immer undankbaren, Geschäft nämlich, das die allerfeinste Hand erfordert hätte – endlos nachsichtige Geduld; einen liebenswürdigen augenzwinkernden Humor; homöopathische Dosierung bei Reformvorschlägen; unermüdliche Lust an Managertätigkeit einer- sowie ‹Publicity›-Hascherei andererseits – brachte er weniger als nichts mit. Er sammelte vielmehr, und seine Nation ermangelte nicht, ihn damit zu versorgen, unangenehme Materialien für Ein- oder auch Zweitausend Druckseiten; nannte dann jeglichen Mißstand mit dem gebührenden derben – zuweilen auch grellen – Namen; firmierte das Ganze als amerikanisches Sittenbild – und scheint sich dann tatsächlich bis an sein Lebensende gewundert zu haben, daß die Nation nicht an ihre Brust schlug, sondern an seine ! (Worauf er fürchtete, sich nicht deutlich genug ausgedrückt zu haben, und die Dosis entsprechend verstärkte... Die Folgen kann man sich ausmalen).

Hinzu trat, daß er in dem ersten Buch, das den Sturm auslöste, den beiden EFFINGHAM-Bänden (die MONIKINS hatte Keiner verstanden, beziehungsweise nur immer über ‹den Andern› gelacht), als einen der verächtlichsten Schufte den amerikanischen Reporter & Journalisten Steadfast Dodge (allein der Name ist ja ein Programm) angebracht, und in dieser seiner ‹Idee des Zeitungsschreibers› so ziemlich alle widerlichen Eigenschaften des Menschengeschlechtes zusammengefaßt hatte : was Wunder, daß die gesamte ‹Presse› ob des genialen Porträts förmlich aufschäumte ? ! Ihr ‹Ton› war ohnedies, wir wissen es aus Mark Twains Satire vom ZEITUNGSWESEN IN TENNESSEE, damals etwas heftig; und über Nacht war aus dem gefeierten Autor, dem Stolz der Nation, ein »Esel, Schurke, Speichellecker, Ignorant, Supertölpel, schnarchender Hund, usw.« geworden. Nun fehlte Cooper in ganz besonderem Maße die für einen Künstler segensreichste aller Schicksalsgaben : die Kraft, nie eine Rezension zu lesen, sei sie so ‹positiv› oder so schlecht wie sie wolle. Er konnte sich einfach nicht damit begnügen, daß seine Bücher dem Verleger buchstäblich aus den Händen gerissen wurden, daß er, von ergebenen Familienangehörigen geliebt & umsorgt, in dem herrlich gelegenen einsamen Flecken am Lake Otsego (damals 1, heute 3 Tausend Einwohner) sich quasi eines permanenten Badeaufenthaltes erfreute; ohne Schulden, und in anregender Korrespondenz mit guten Freunden – nein, er mußte selbst die kleinste Notiz, die über ihn oder seine Bücher erschien, lesen; ja, schlimmer noch : er mußte reagieren !

Anstatt daß er sich jedoch damit begnügt hätte, grinsend darauf hinzuweisen : wie herrlich ihm die Herren Journalisten gerade durch solches ‹Überschlagen› die Korrektheit seines Porträts bescheinigt hätten, tat er noch etwas anderes : er ‹ging vor Gericht›; und verblieb dort für den Rest seines Lebens – einmal soll er 52 Prozesse zu gleicher Zeit geführt haben ! Er gewann sie alle, und zwar grundsätzlich allein, ohne Anwälte (die er auch nicht mochte); Freunde wie Feinde behaupteten von ihm, er sei nach & nach der unvergleichlich beste Kenner der Kalumnie- und Presse-Gesetze im Lande geworden. Seine Persönlichkeit (»Ein Mann wie eine Festung !« schrieb Washington Irving) muß in ihrer energischen Redlichkeit, ihrer männlichen Aufrichtigkeit, frank & frei & mit grotesk-überwältigendem Material unschlagbar versehen, auf Richter wie Geschworene hinreißend gewirkt haben. Man wird zunächst einmal um die unersetzlichen 10 Tausende von nie wiederkehrenden Stunden klagen müssen, die er dergestalt darauf verwendet hat, dem ‹screaming eagle› den Star zu stechen; aber es ist wiederum auch sehr möglich, daß Cooper, mit seinem ausgesprochenen Überschuß an Kampflust, solche oder ähnliche ‹Spannung› immerfort gebraucht hat; denn seine Produktion hat eigentlich weder an Umfang noch an Qualität in jenen Jahren nachgelassen.

Und wie rasend sich in ihrer komischen Wut auch seine einheimische Presse gebärdete, wie empfindlich sie ihn auch um die persönliche Achtung seiner Mitbürger zu bringen verstand – hatte er doch in HOME AS FOUND auch Cooperstown angeschmitzt; und daß man vor seinem Hause aus seinen Büchern einen Scheiterhaufen errichtet, und sie, während er finster zusah, verbrannt hat, dürfte, obschon den Herren Amerikanern begreiflicherweise heute peinlich, mehr als ein Gerücht sein ! – 1 schlechterdings nicht wettzumachenden Vorteil besaß James Fenimore Cooper doch ! Seine Bücher waren schon damals in 34 Sprachen verbreitet; der Reisende fand sie in Ispahan genau so wie in Mexiko, in Wladiwostok wie in Berlin : das Amerika-Bild, das er prägte, würde für die nächsten 50 Jahre in der Welt gelten ! Jeglicher Ausländer würde sich kühl sagen : hier ist ein hochberühmter Mann, von den Amerikanern selbst übers Bohnenlied gepriesen (nämlich ‹früher›); von erprüfter, zum Teil fast zu trocken-materialreicher Redlichkeit; aufs innigste vertraut mit allen Zuständen seines Geburtslandes – naja also, wenn *Der* es nicht wissen soll . . . ? ! (Und der Veitstanz der USA-Journalisten, ob von Natur nun mehr Steadfast oder mehr Dodge, tarantellte um so wütender, als gleichzeitig ein weiterer, noch besserer & berühmterer Angelsachse dem Geschmähten festen Schrittes zur Seite trat : Charles Dickens malte in seinen AMERICAN NOTES und dem Roman vom MARTIN CHUZZLEWIT die Yankees nicht um 1 Haar anders ! Und wer heutzutage Linklaters JUAN IN AMERICA sich vornimmt, wird unschwer erkennen, daß in jenem ebenso vergessenen wie bewunderungswürdigen 1-Mann-Kampf gegen eine ganze Nation das *Recht* einwandfrei auf Coopers Seite war; und daß, wie befremdend seine ‹Heftigkeit›, seine ‹Taktlosigkeit› Manchem auch scheinen mag, er doch, wir wissen es heute, ganz erstaunlich objektiv geblieben ist. (Daß bei seinen ‹blasenziehenden› Formulierungen sämtlichen damaligen Kultur-Verwaltern allmählich zumute wurde, wie wenn sie Trichinen hätten, läßt sich begreifen, ist aber nicht Coopers Schuld.)

Selbst heute noch, nachdem mehr als 100 Jahre ins Land gegangen sind, kann schlicht die Feststellung getroffen werden, daß die Leistungen der USA in Kunst & Wissenschaft immer erst nur einen Bruchteil der diesbezüglichen europäischen Summe betragen. Wieviel mehr an Berechtigung muß man also Cooper in einer Zeit zubilligen, wo Amerika keinen Maler hatte; und keinen Musiker, 1 Dichter vom höchsten Rang; keinen Wissenschaftler; enfin, nehmt nur Alles in Allem, nichts als das 1, freilich unschätzbare, Wörtlein ‹*Künftig !*›.

Und Cooper versammelte noch ein Mal Alles um sich, was ihm an Fleiß plus Kunst zu Gebote stand : trug 3 Jahre lang Exzerpte zusammen (und griff auf ältere zurück); ging wiederum, ein letztes Mal, durch die Dörfer und dahlte mit den Alten : was die etwa noch von ihren Großvätern, so um 1750, wußten; durchlief, den gespitzten Bleistift in der Hand, die Familiendokumente der ‹Patroons› (die Land besessen hatten, groß wie 4 deutsche Westentaschenfürstentümer zusammen). Alles steht es in dem großen Buch der LITTLEPAGE-Saga : wie die verdienstlosesten Stücke Menschenvieh die Füße auf den Tisch seines Hauses zu legen wagten; ‹Freiheit in Frechheit›; wie der ‹Rechtsanwalt & Notar› sich die Nase mit den Fingern frisch auf den Zimmerteppich schnäuzte; wie die gebildete ‹Höhere Yankee-Tochter› vor einer Allegorie der Tugend ausrief ‹Guck mal, die La Vertue !›; oder der Pächter keine Pacht mehr zahlen will, weil er doch ‹Arbeit investiert› habe – nichts war ihm zu klein, und nichts war ihm zu groß !

Er hat jedenfalls den Guten Kampf durchgekämpft bis an sein Ende. Den alten immer-neuen Kampf Derer, die es zu gut mit ihrem Vaterlande meinen, um dessen augenfälligste Gebrechen mit patriotischen Lügen zu übertünchen. Und er hat auch dieselbe Erfahrung machen müssen wie sie Alle : der Dummheit einer ganzen Nation ist en bloc nicht beizukommen; nicht mit Heine'schem Witz; und nicht mit Cooper'scher Wucht. Die Summe der Kultur, also das, was in letzter Instanz der bleibendste Besitz der Menschheit sein dürfte, wird anscheinend am wirksamsten dadurch vermehrt, daß der Einzelne sich nach Kräften ausbildet.

VIII. CONANCHET
ODER DIE BEWEINTE VON WISH-TON-WISH

Dem – meiner Ansicht nach mehr als überfälligen – Versuch, das Interesse an Cooper neu zu beleben, stellen sich sogleich 3 Hindernisse entgegen.

Die zum Überdruß viertelsbekannte und zur Kindsliteratur herabgewürdigte LEDERSTRUMPF-Serie vollständig (und endlich einmal in guter Übersetzung) zu bringen, wäre vermutlich schon deshalb zum Scheitern verurteilt, weil eben Jedermann sie zu kennen wähnt. Mit der LITTLEPAGE-Trilogie, die Cooper am sichersten wieder laden- und bücherregalfähig machen würde, zu beginnen, wird durch die Größe des ‹Objektes› erschwert – bekäme man doch für 10 solcher Wortwelten schon wieder

1 alten Panzer mehr ! Ergo bleibt in praxi nur der eine zähe Weg : sich unter Coopers *einbändigen* Romanen 1, vielleicht heute noch wirksamen (‹Wirk-Samen›) zu erkiesen – tcha, und dann eben ‹Vogue la galère !›.

Als vielleicht frappantestes Meteor hätten sich hier die MONIKINS angeboten; aber leider sind sie so abstrus & anspruchsvoll zugleich, daß sie wohl immer nur das Studium ganz weniger Fachleute bleiben werden (und die lesen's dann ohnehin im englischen Original). In die engere Wahl kam auch die WATER-WITCH (und nicht, weil sie ausgerechnet in Dresden geschrieben wurde); sie jedoch ist – ein schwerstes Handicap für Coopers sämtliche ‹See-Romane› – ziemlich blockiert durch die Häufung der heute völlig unverständlich & unüberzeugend gewordenen Segler-Ausdrücke : ein volles Drittel des, zum Teil recht amüsanten, Buches bleibt deshalb ein bloßer Silbenfall, auch für den bestwilligen Leser. Die Entscheidung mußte also zugunsten der BEWEINTEN VON WISH-TON-WISH, des CONANCHET, fallen.

Die Möglichkeit einer Annäherung an das Werk Coopers wird sich für Deutsche am organischsten immer über den annähernd gleich-gerichteten Adalbert Stifter ergeben – eine Reihenfolge, bei der jedoch die Verführung nahe liegt, das Primat Coopers zu übersehen : der LEDERSTRUMPF ist wesentlich älter als der HOCHWALD (und diversemale besser; was freilich auch am Umfang liegt). Speziell dieser CONANCHET hier zeigt von Anfang an die gleiche ‹Oberplan›-Beleuchtung; bei den endlosen Forsten wird Einem genauso ‹Böhmerwald›-mäßig im Gemüt; die Entwicklung geschieht ebenso pflanzenhaft-langsam wie in des Österreichers umfangreichen Romanen, und gleichermaßen unauffällig-zähe fließt auch die Sprache. Beide, Cooper wie Stifter, eliminieren grundsätzlich unangenehme biologische Fakten, peinliche Menschlichkeiten, weltanschauliche Differenzen – eine vereinfachende Art, die Welt abzubilden, wodurch Bücher zwar entscheidend ‹verkäuflicher› werden, die Verfasser sich jedoch von der Möglichkeit allerhöchste, all-umfassende Kunstleistungen hervorzubringen, selbst ausschließen. Aber auch hier ist der Wahrheit die Ehre zu geben : Cooper überragt Stifter um Haupteslänge ! Einen Monumentalmenschen wie den LEATHERSTOCKING wird man bei dem Bieder-Meier vergeblich suchen; und auch in den dienenden Figuren ‹zweiter Ordnung› ist Coopers ‹Fülle› handgreiflich größer : kein überzeugenderes Bild als der greise, saufende Indianerhäuptling in den PIONEERS ! Die fatalere (freilich ‹klügere›) Knieweichheit Stifters zeigt sich jedoch vor allem in seinem absoluten Mangel an Kritik gegenüber dem ‹Vaterlande›, Österreich, das gerade damals besonders gemütlich-verfault war, und in dem die himmelschreiendsten Mißbräuche, ja Verbrechen der Regierung, nach einem Sprecher förmlich brüllten! : Wie anders, wie all-ehrenhaft, steht in dieser Beziehung die Reckengestalt Coopers da : *We can but bow!*

Was sich natürlich sogleich im Buche auswirkt : im Stifter'schen NACHSOMMER ärgert (beziehungsweise belustigt) die Naivität (beziehungsweise Unverfrorenheit), mit der vorausgesetzt wird, daß Allewelt k. & k. & katholisch sei – bei Cooper stoßen *zwei* Völker, Rassen, Weltanschauungen, gleichberechtigt aufeinander : die Szenen S. 373–393 und 526–539, (Deutsche Ausgabe des Goverts-Verlages, 1962 in meiner Übersetzung), wo die beiden ‹Beweinten›, Whittal Ring = *Nipset* und Ruth Heathcote = *Narrah Mattah*, ihre ehemaligen Angehörigen buchstäblich ‹sprachlos› machen durch die in ihnen vorgegangene Wandlung, gehören zum Eindrucksvollsten aller Literatur! Besagen sie doch nicht mehr & nicht minder : als daß Beide, Puritaner wie Indianer, ‹recht haben› könnten. Verkünden sie doch in selten überzeugender Darstellung – weil in 1 glänzend gewählten Schnittpunkt zweier Kulturen angesiedelt – jenen, für das Individuum, das ihn einmal gedacht hat, folgenreichsten aller Gedanken, ‹Daß man die Wahrheit vielleicht in jenem Augenblick verloren haben könnte, wo man sich in ihrem Besitze wähnt›! Ja, noch mehr lehrt Cooper imgrunde : daß man, mit praktisch der *gleichen* Mentalität, der gleichen charakterlichen Ausrüstung von Energie & Stoizismus, auch zu einer völlig entgegengesetzten, aber deshalb nicht minder berechtigten Ansicht der Welt gelangen könne.

Vor Besprechung der Einzelelemente sei kurz die Genesis des CONANCHET skizziert. – Entstanden ist er während Coopers Europaaufenthalt; die erste Spur davon findet sich in einem Brief vom 20. 10. 1827 aus St. Ouen in Frankreich. Die Niederschrift selbst erfolgte zunächst Ende 1828 in der Schweiz; wurde in Florenz fortgeführt; und – nachdem sich ein Versuch, das Buch in Marseille herzustellen, als zu kostspielig erwiesen hatte – endlich in Italien gedruckt. Noch ist der amüsante Brief des amerikanischen Bildhauers Horatio Greenough erhalten, in dem er am 15. 3. 1830 Cooper berichtet, welche Schwierigkeiten der italienisch-katholische Zensor nun wieder mache : »Ich hab' dem Kerl, um der lieben Beschleunigung willen, das ganze Stück auf Italienisch vor-improvisieren müssen; ansonsten wäre nicht abzusehen gewesen, wann & ob er jemals damit zu Ende käme. In dem Satz ‹the finger of Providence pointed to a place, where the *most* devoted of his worshippers might erect their altars› strich er sogleich das Wörtlein ‹most›, weil darin ein der Katholischen Lehre abträglicher Sinn verborgen sei.« – Das Vorwort der Erstausgabe ist vom 6. November 1829 datiert. –

Im Einzelnen bleiben 3 Elemente des Werkes näher zu besprechen : die Indianer; die Puritaner; und von Diesen wiederum speziell der ‹Königsmörder›, William Goffe.

IX. Die Indianer

Heute bezeichnet selbstverständlich ein granitener Portikus die Stelle, wo 1620, am 11. Dezember alten (bzw. dem 21. ‹Neuen›) Stils die ‹Pilgrim Fathers› der *Mayflower* sich endgültig anzusiedeln entschlossen – es war der Geburtstag der auch jetzt noch so genannten ‹Neu-England-Staaten› Maine, New Hampshire, Vermont, Massachusetts, Rhode Island, Connecticut. Und wenn man sich umwendet, steht man dem Standbild eines schlanken Mannes mit auffällig scharfen Zügen gegenüber : würdevoll kommt er, obschon nur kärglich bekleidet, auf den Beschauer zugeschritten, in der ausgestreckten Rechten die Friedenspfeife; es ist *Massasoit*, der Sachem der Wampanoags, der erste einheimische Häuptling, der die Weißen sich besehen kam. Jener eine Märztag genügte, sich zu verständigen, und ein Schutz- und Trutz-Bündnis von wenigen und einfachsten Paragrafen abzuschließen, denn beide Parteien waren des Frieden & eines Alliierten dringend bedürftig – ein erster diplomatischer Akt auf amerikanischem Boden, der sich über 50 Jahre hinaus bewähren sollte.

Massasoit, mit einer nicht mehr sehr zahlreichen, vor allem durch Seuchen dezimierten Anhängerschar, wurde von Nachbarstämmen bedrängt, zumal den mächtigen Narragansetts unter ihren kriegerischen Anführern Canonicus und Miantonimoh; an den Ufern des Connecticut-River streiften die Mohikaner, ihrerseits mit den Pequods in beständigen Scharmützeln begriffen; mühsam erwehrten sich die Nipmacks der Unterwerfung durch die Mohawks. Die Puritaner – vollkommen unbekannt mit Sprachen, Sitten, kulturellen & politischen Verhältnissen – hatten inmitten all dieser super-kleinstaatlichen Verworrenheiten kein leichtes Steuern; abgesehen vom Tauschhandel à la Pelze gegen Feuerwasser, und sehr vorsichtigen Geschenken einzelner Musketen (mit möglichst wenig Pulver & Blei) an leidlich verläßliche Häuptlinge, blieb ihnen in letzter Instanz nur das divide et impera, das Ausspielen der einzelnen Stämme gegeneinander.

Das geschah mit der bekannten frommen Perfidie, die sich zur Einlullung des eigenen Gewissens stets das 1 kasuistische Hintertürchen offen weiß : selbst die krasseste Schweinerei ist gerechtfertigt, wenn sie ‹zur höheren Ehre Gottes› begangen wurde – nicht umsonst hatte bereits der weise Massasoit in jenen ersten Vertrag die Klausel aufzunehmen vorgeschlagen, daß die Blaßgesichter nie versuchen sollten, Mitglieder seines Stammes von altem Brauch & Glauben abwendig zu machen; ein Punkt, auf den die fanatischen Puritaner natürlich nie eingegangen sind. Ähnlich den Römern in Germanien saßen sie zu Gericht, auch in Fällen von denen sie nichts oder doch nicht viel begriffen : wenn ein Häuptling, guter-alter Sitte gemäß, einem Verräter des Stammes feierlich den Schädel spaltete, redeten die Engländer von Willkür & Anmaßung und verurteilten ihn womöglich als ‹Mörder› zum Tode – was allenfalls noch als, freilich nicht gerade beneidenswerte, Arroganz & Vernageltheit hätte hingehen mögen. Nun aber begingen sie die zusätzliche Gemeinheit : die Vollstrekkung des Urteils einem anderen feindlichen Indianerstamm zu übertragen; wodurch automatisch Blutrache in Gang gesetzt, Feindschaften verewigt, und ganze kleine Völkerschaften aufgerieben wurden. (Und von einem nusagnwaschonn ‹höchsten› Gesichtspunkt aus findet man wiederum kaum das Herz zu einem ganz überzeugten Protest : auf der einen Seite hübsche kühle Wildnisse; groß wie Europa, und Europäern klimatisch zuträglichst; ergo ein unvergleichlicher Mutterboden für dereinstige eindrucksvollste Kulturen. Auf der anderen Seite eine lächerlich karge Bevölkerung; meinethalben in charakterlicher & geistiger Beziehung treffliches Menschenmaterial, das aber, stur-schweifend und zigeunerhaft-arbeitsunwillig, selbstverschuldet brach lag. Wer könnte und wollte da heute, wo Nordamerika einwandfrei zur 1 der 2 noch übrigen ‹Hoffnungen der Weißen Rasse› gediehen ist, ganz unerbittlich den Stab brechen über jene ehrwürdigen Schufte ?).

Jedenfalls ‹gelang› es ihnen im Lauf der Jahrzehnte, einige Stämme gänzlich zu beseitigen; andere so zu schwächen, daß sie sich, nur um noch ein bißchen zu überleben, an die Engländer anschmiegen mußten (der geläufigste Name sind hier die ‹Letzten der Mohikaner›, eine – Dank unserem Cooper – immer noch gängige Wortmünze); die noch intakten Völkerschaften wurden ‹beobachtet› und in zäher dipsomatischer Arbeit unterminiert. Einmal war, nach bereits erwähntem System, auch der Sachem der Narragansetts, Miantonimoh, in die Hände der englischen Gerichte geraten, zum Tode verurteilt, und die Hinrichtung eben raffinierterweise dem derzeitigen ‹Uncas› (kein Eigenname, sondern Titel) der verbündeten Mohikaner übertragen worden. Sie erfolgte im Jahre 1643 – in verbissener Wut duldete das Volk der Narragansetts die weiße Schmach, und erzog derweilen den Sohn des ihrer Meinung nach schlankweg ‹Ermordeten›, der den Namen Conanchet trug, zur Rache.

50 Jahre vergingen so. Die Siedlungen der Blaßgesichter, ob planmäßige Städtegründungen oder Einzelhöfe, schoben sich unwiderstehlich

nach allen Richtungen hin vor; dennoch kann, nach den verläßlichsten Schätzungen, die Gesamtbevölkerung von Neu-England im Jahre 1675 schwerlich mehr als 55000 betragen haben; an Eingeborenen gab es im gleichen Raum vielleicht noch 30000. Oder eben, präziser : *nicht* mehr im gleichen Raum : denn die weißen Siedler, klug, ja schlau, ja gerissen, hatten die alten Herren des Landes längst in öde Örter und langhalsige Halbinseln gedrängt, wo sie leicht zu überwachen waren und bei der dissoluten Wirtschaftsführung der Stämme ihre Zahl garantiert nicht zunahm. Dort also saßen die Rothäute, mürrisch, voll einer unbestimmten, richtungslosen Unzufriedenheit, oft hungernd & fröstelnd; und nicht einmal in Ruhe und mit Anstand aussterben ließ man sie, sondern gleichermaßen wie von Schnaken waren sie mit ‹Missionaren› geplagt. Trotzdem hielten die Narragansetts, eingeklemmt zwischen die Kolonien von Connecticut und Plymouth, fest an ihren alten Feld- und Wald- und Wetter-Kulten; desgleichen die Wampanoags. Unabweislich-berechtigt überkam die Geister das Gefühl, von den listigen Weißen zum langsamen Völkertode verurteilt zu sein; Gewitterstimmung lagerte sich über dem ganzen Lande – es fehlte eigentlich nur noch der Anführer.

Und auch den Herren Weißen wurde jetzt allmählich – wo das Kräfteverhältnis immerhin noch 60 : 40 stand, das der Bewaffnung freilich 80 : 20 – ausgesprochen ‹mulmig› im Gemüt. Als die Mondfinsternis vom 7. 7. 1675 gegen Mitternacht ihren höchsten und fürchterlichsten Grad erreicht hatte, vermeinten viele Siedler, etwas wie das Abbild indianischer Skalpschnitzel auf der verschwollenen Scheibe wahrzunehmen; anstatt der gewohnten winterlichen ‹Nebensonnen› zeigte es sich diesmal wie die Figur eines gespannten indianischen Bogens im Himmel; in der oberen Luft hörte man es wie Mustangherden galoppieren; Kugeln gleich pfiff der Wind neuerdings, und die Wölfe schienen auch lauter als früher zu heulen – und wie die Objektivierungen eines schlechten Gewissens eben alle hießen. Und die übelberatenen Gouverneure begingen auch die letzte, den Konflikt auslösende Dummheit noch, und stellten aufgrund der Denunziation eines verkommenen Indianers den bedeutendsten der umwohnenden Häuptlinge vor ihr Gericht, den Sohn des Mannes Massasoit, der sie dereinst so klug & freundlich bewillkommnet hatte : Metacom, den großen Sachem der Wampanoags, den die Weißen, halb wütend, halb ehrerbietig, ‹König Philipp von Pokanoket› nannten. Wohl mußte er ‹mangels Beweisen› noch einmal freigesprochen werden; aber – und soviel hatten die Puritaner wahrscheinlich inzwischen von roter Mentalität gelernt und damit gerechnet – der betreffende Denunziant wurde prompt von seinem eigenen Stamme gerichtet ! Sofort griffen die

Weißen wieder ein, arretierten die ‹Mörder› und verurteilten & hingen sie : rasch wurden, als ‹Gegenmaßnahme›, 9 Engländer totgeschlagen !

Dergestalt begann im Sommer 1675 der einzige Krieg der Indianer gegen die Weißen, bei dem die Letzteren sich in ernstlicher Gefahr befunden haben. ‹Schlachten› im europäischen Sinne fanden nicht statt; die Auseinandersetzung beschränkte sich auf Überfälle von Ortschaften, Hinterhalte, Einzelkämpfe. Brookfield, Deerfield, Springfield, Northfield wurden verbrannt und die Bewohner größtenteils hingeschlachtet. Als die kalte Jahreszeit nahte, faßten die weißen Siedler den Entschluß zu einer parallelen Groß-Aktion. In unwirtbaren Wildnissen, gedeckt durch Sümpfe & Dickichte, lag das Winterdorf der Narragansetts, wo, man wußte es, sich zur Zeit auch ‹König Philipp› aufhielt. Am 18. Dezember 1675 brach ein Trupp von 1000 Siedlern unter Führung von Josiah Winslow auf; nach einer im Freien verbrachten eisigen Nacht wateten sie durch hüfthohen Schnee, von Tagesanbruch an bis in den Nachmittag, und erreichten endlich den ‹Rundling› aus Hütten, den unerwarteterweise Palisaden und eine Art halb-europäischen Block-Forts schützten. Dennoch konnte die immer leicht-gezimmerte Anlage erstürmt, die Vorräte verbrannt werden, wobei denn auch, menschlich bedauerlich aber eben doch wohl der Wille des Herrn, alte Männer, Frauen & Babies zu Hunderten in den Flammen umkamen. Die Krieger flohen in alle Winde, wo sie, die typischen Nicht-Ackerbauer, vor Nahrungsmangel, Schwäche und den Unbilden der Witterung rasch verkamen.

Im April des nächsten Jahres 1676 fiel ihr Häuptling selbst, Conanchet, in die Hände der Engländer und wurde entsprechend ‹gerichtet›; während der unerschütterliche Metacom den Krieg weiter führte und Flecken um Flecken in Asche legte : Lancaster & Medfield & Weymouth & Groton & Marlborough. Aber auch seine Krieger, nur der relativ kurzfristigen Stammesfehden gewöhnt, verzweifelten allmählich an einem solchen, jahrelang ohne absehbares Ende sich hinziehenden erbarmungslosen Kampf. Einige Stämme wanderten geschlossen aus nach dem fernen Canada; andere sagten sich los von ihrem ‹König Philipp›; vergeblich versuchte er, als letztes Auskunftsmittel, den beträchtlichen noch vollkommen intakten Stamm der Mohawks in den Konflikt mit hineinzuverwickeln. Von Haus zu Haus wurde er, schon fast alleinstehend, gehetzt; einmal, am 3. August, entkam er nur mit größter Gefahr, aber sein Weib & Kind fielen dabei in die Hände der Weißen : sie, die von »Dodgefather, Dodgeson & Coo« (Joyce) Auserwählten, die Bekenner der Liebeslehre, verkauften den kaum erst stammelnden Enkel ihres einstigen Wohltäters als Sklaven nach den Bermudas ! Nun begannen auch die treuesten Anhänger Metacoms zu verzagen; wenige Tage nach jenem für ihn so unseligen Datum wurde er von einem seiner eigenen Leute hinterhältig erschossen. So brach ‹King Philip's War› in sich zusammen.

Wohl war im größeren Teile Connecticuts während der ganzen Prüfungszeit kein Tropfen Blutes geflossen; und auch die verbündeten Mohikaner waren den Weißen unverbrüchlich treu geblieben – »Die Korbmacher der Yengihs« hießen sie seitdem, verächtlich, im Indianermund –, dennoch waren die Verluste enorm ! Es gab keine Familie in Neu-England, die nicht den Tod mindestens 1 Mitgliedes zu beklagen gehabt hätte. –

Allgemein sei, und mit Nachdruck, darauf hingewiesen, daß unsere Vorstellung von ‹Indianern› auf dem 1 Manne Cooper beruht. Was *vor* ihm in diesem Genre da war – Prevot d'Exiles oder Chateaubriand –, zehrte bereits aufs unverfrorenste von dem Vorrecht jener Gattung, weder den Schauplatz ihrer aufgeregten Träumereien zu kennen, noch das geringste von ihren Gestalten zu verstehen. Und was *nach* Cooper kam, hat sich erst recht lachhaft gebärdet : die unbekannteren Ruppius oder Wörishöffer sind, weil eng an ihn angelehnt, immer noch leidlich diskutabel; aber Karl Mays Riesenerfolg erklärt sich hauptsächlich daraus, daß er – abgesehen vom Besitz ihrerzeit leidlicher Landkarten und Sprachführern, die ihm ermöglichten, in 10 verschiedenen Zungen ‹Halloh !› zu sagen – genau jenes Ragout aus Grausamkeit, Sentimentalität und verschwommener Frömmigkeit, gepfeffert mit dem bekannten chauvinistischen Schindludertreiben mit dem Wörtlein ‹deutsch› serviert hat, das dem Lesepöbel immer gemundet hat und munden wird (daß er im anderthalbfachen Schwabenalter endlich vernünftig wurde und dann noch 2 bedeutende Bücher geliefert hat, sei der Gerechtigkeit halber auch hier erwähnt).

Freilich hat selbst Cooper die ‹Roten Gentlemen› zuweilen schwer idealisiert – meist absichtlich dann, um sie mit den verruchten ‹Yankees› seiner Abneigung erfolgreich konfrontieren zu können – aber er hat natürlich unvergleichlich viel mehr von ihnen gewußt als alle seine Vorgänger & Nachtreter zusammengenommen. Wie oft hat er nicht, wenn wieder eine ihrer Deputationen zum ‹Großen Weißen Vater› nach Washington kam, bei ihnen im Zelt gesessen, Notizen gesammelt, und sie manchmal noch eine Stadt weiter begleitet : er, und *nur* er, kannte Land & Leute genau; nur er setzt die Stämme an die richtigen Plätze; nur er weiß vom rudimentär gewordenen ‹Mutterrecht›; nur bei ihm sehen jene Herrschaften – sei es der Chingachgook der PIONEERS, sei's der WYANDOTTE des gleichnamigen Bandes – so aus, wie sie vermutlich in Wirklichkeit meist waren, d. h. wie eben alle ‹Eingeborenen›, ob Germanen, Frühslawen, Nigger undsoweiter, ziemlich ungewaschen, fuchsmäßig abergläubisch, blut- und skalpdürstig & schmierig-kultisch; und ab & zu ein richtiger Mann, fleißig & intelligent, und düster & redlich. Und er weiß eben auch, aus den zu seiner Zeit noch ungedruckten Berichten pennsylvanischer Archive, vom Feldzug Bouquets im Oktober 1764 zu den Shawnees, die versprochen hatten, 101 weiße Gefangene aus ihren Dörfern wieder zurückzugeben – ein Versprechen, das besagter Bouquet etwas beschleunigen sollte; begleitet von ängstlichen Eltern, die ihre Kinder, von Brüdern, die ihre Schwestern, von Söhnen, die ihre Väter suchten, ging der Marsch zum Zusammenfluß des ‹White Woman› und des ‹Tuscarora›, bis ins Herz des Indianischen Gebiets. Hier wurde ein festes Lager aufgeschlagen, das das Aussehen eines kleinen englischen Städtchens hatte; und hier versprach der Stammesredner ‹Roter Falke› erneut (obschon recht mürrisch und mit wenig Grazie), aus den oberen & unteren Dörfern die Gefangenen zusammenzuholen. Sie wurden gebracht – tcha; und die kuriosesten Szenen begannen sich umgehend abzuspielen : Mütter erkannten ihre vor Jahren verlorenen & *Beweinten* Kleinen, die jedoch Mühe hatten, noch ein Halbdutzend Worte Englisch zu stammeln, sich auch beträchtlich an ihre indianischen Pflegemütter klammerten, die, nicht minder Tränen in den Augen, ihrerseits die Weißen Frauen beschworen, doch ja gut zu den Kindern zu sein ! Tagtäglich kamen sie noch ins Lager und brachten Maiskuchen und Pelzwerk; und als die Engländer sich wieder in Richtung Pittsburg in Marsch setzten, folgten sie ihnen, um für sie zu jagen und ihnen reichlich Vorräte zu beschaffen. Nicht wenige der Kinder schienen ihre wilden Freunde hochbedenklich zu lieben, mehr als die eigenen Eltern; und Tränenbäche flossen beim Abschied. Diverse der Gefangenen wollten überhaupt nicht mehr kommen und mußten gefesselt (sic !) ins Lager ihrer eigenen Angehörigen transportiert werden. Ein junger Mingo-Krieger wollte sich schlechterdings von seiner jungen Frau, einem strammen Mädchen aus Virginia, nicht trennen; und, umgekehrt : mehrere weiße Frauen hingen schluchzend am Hals ihrer dunkelhäutigen Liebhaber; die Meisten von ihnen – wer ergründet 1 Frauenherz ? – fanden während des Rücktransports Mittel & Wege zum Entkommen und kehrten in den Wigwam des von ihnen erwählten Kriegers zurück ! Genau, wie es im vorliegenden Buche steht : aus ‹Ruth Heathcote› wird ‹Narrah Mattah›, der ‹Tanzende Schnee›. –

Als die Jahrhunderte vergingen und die Leidenschaften schwiegen, als der Sinn für Geschichte erwachte, und mit ihm die Einsicht, daß Mischungen zweier guter Rassen gar so verwerflich vielleicht nicht seien : da wurde sich so mancher US-Amerikaner, mit bescheidenem Stolze, der Tatsache bewußt, daß auch in seinen Adern das Blut der angestammten Herren des Erdteils fließe – man vergleiche die Widmung, die Cooper eben diesem CONANCHET vorangestellt hat. Und nur den nazihaft-Verrannten kann es Wunder nehmen, daß sich längst schon ein Verein gebildet hat, dessen Hunderte von Mitgliedern sich einer Abstammung rühmen von ‹Pocahontas›, der Indianer-Prinzessin, und ihrem gesetzten Vater Pow-Hattan.

X. DIE PURITANER

Die Erkenntnis hat Grenzen, der Irrtum keine – und was dazwischen liegt, ist nicht viel besser als jedes Mittelding. (Ein Satz, mit dem man, ich gebe das gern zu, eigentlich keine Untersuchung beginnen sollte, und den sich höchstens Auguren hinter der Hohlhand, dieser ‹stilisierten Klammer›, zuflüstern dürfen : aber die Menschen, zumal die von ‹puritanischer Geisteshaltung›, denken eben genau umgekehrt !) Und fern sei es von mir, zu untersuchen, was einem deutschen Normalgehirn so einkommt, wenn es das Wort ‹Puritaner› vernimmt – vermutlich wäre es eine Aufgabe für einen Paul Klee, das zu zeichnen : ein asketisches-grafisches Element; und oben drauf eine Hut-Rune, wie der von Guy Fawkes. Dem Kenner eine Mentalität, mit der man Wände einrennen kann (und mit der diverse eingerannt worden sind); das übrige ist bedauerlicherweise vergessen worden, was insofern gefährlich werden kann, als ein zwar kleiner aber nicht der schlechteste Teil der Menschheit sich an diesem Schiboleth erkennt.

Für den ‹denkenden Deutschen›, und ich ästimire ihre Zahl immerhin auf 1 Million, wäre der beste Wegweiser in diese zumal ‹im Osten› gar nicht unverbreitete Geisteshaltung unveränderlich Carlyles große CROMWELL-Biografie : ein Erz-Puritaner lobt den Anderen ! (Niemand kann besser wissen als ich, daß man im Leben höchstens 5000 Bände richtig zu lesen vermag; aber das-hier sollte 1 davon sein.) Hier sehen wir Alles : den rasenden Fleiß (gar nicht pfeifend, à la ‹Johann der muntre Seifensieder›), gepaart mit zungenausreißerischer Unduldsamkeit; die matterhornmäßige Unerschütterlichkeit auf der einen Seite und abgeschmackte Taufnamen wie »Obadjah-bind-their-kings-in-chains-and-their-nobles-with-links-of-iron« andererseits; hie eine Furchtlosigkeit, die Könige wie Rübchen köpft, da Cotton Mathers ‹Hexenjagden› (im vorliegenden Buch angespielt, und Uns durch Miller sattsam geläufig); hier eine Ausdauer, die der Weißen Rasse ganze, erdteilgroße Länder errang & erhielt, und dort eine schlechthin unbegreiflich verrammelte Borniertheit; hier ein Freiheitsbegriff, der Päpste, Bischöfe & Pfarrer entthronte und sich selbst dafür auf die Kanzel stellte, und gegenüber die abscheulichste hitler-mäßige Diktatur ! Man muß bei Carlyle, und auch das keine schlechte Übung dem Leser, stets einen klaren Kopf behalten und sich nie ‹überfahren› lassen.

Wer einen leichteren Weg gehen und sich durch Romane ‹spielend belehren› lassen will, darf zu Sir Walter Scott greifen : aus ‹Old Mortality / Woodstock / Peveril of the Peak / Montrose› (so viel Namen, so viel ‹unbekannte Größen›, fürchte ich ?), ließe sich ebenfalls annähernd der Begriff gewinnen von der rüden Schweigsamkeit (wohl richtiger ‹Nicht-Schwatzhaftigkeit›) jener Herren. Oder man nehme eben auch diesen Conanchet.

Denn an Coopers Walddorf ist ausgezeichnet demonstrierbar, wie der erfolgreiche ‹Pionier› beschaffen sein muß (und ich meine jetzt nicht die gleichlautende ‹Waffengattung›) : Wem, und sei es in noch so großen zeitlichen Abständen, Skrupel kommen ob seiner ‹Berufung›, seiner ‹Berechtigung›, seiner ‹Tauglichkeit› überhaupt, Der sollte nicht kolonisieren. Kein unfeines Sinnbild hierfür ist der alte Markus Heathcote : unterrichtet in dem, ‹was ihn angeht›, existiert alles andere für ihn nur als Teufelswerk; eine beneidenswerte Überzeugung, wie aus Erz; eine plebejische Kraft, die Alles überwindet; und meilenweit entfernt davon, auch nur zu ahnen, daß er dem Andersdenkenden nichts als Grobheiten sage ! In diesen unseren Zeiten der wöchentlich wechselnden Schlagwort-Passate, der Saison-Ausverkäufe und politischen Haarspaltereien kann man, als toleranter Heide, solchen Typen, so ganz aus einem Guß, einfach nicht böse sein, sondern muß fast schon seine Freude an ihnen haben.

Zumal Cooper eben die Herrschaften gewissermaßen durch sich selbst widerlegt : der Herrschaftsanspruch der Puritaner zerspellt an dem größeren Recht der Rothäute; ihre erkünstelte Wortkargheit hält nicht Stich im Vergleich mit der natürlichen Würde Jener; ihre Ausdauer & Schmerzunempfindlichkeit treffen hier, zum ersten und einzigen Male, auf mehr als gleichwertige Eigenschaften – das konnte schon ein feines Feuerwerk ergeben ! Und Cooper machte, gar nicht unsicherer Hand, den ersten guten literarischen Gebrauch davon : 2 indianischen Prachtexemplaren, Conanchet & Metacom, und 2 ambivalenten Exemplaren, Whittal = Nipset & Ruth = Tanzender Schnee, stellt er 2 ausgesprochen ‹Feste-Burg-mäßige› Weiße gegenüber : den alten Markus. Und eben William Goffe.

XI. Der ‹Königsmörder›

Als König Karl II. im Mai 1660 aus dem Exil nach Engelland zurückkehrte, wurde er von dem, des streng puritanischen Regimentes müden Volk mit Begeisterung empfangen; zumal da er bereits am 4. April, in der ‹Deklaration von Breda›, eine allgemeine Amnestie vor sich her gesandt hatte : Alles sollte vergeben & vergessen sein, »ausgenommen solche Personen, die das Parlament ausdrücklich davon ausschließen sollte«.

Und der Fall lag von vornherein unangenehm klar; mit der bekannten ‹unnachsichtigen Rache› zu verfolgen waren die – wie der flink geprägte Name lautete – »regicides«, die ‹Königsmörder›; das heißt die 84 Richter des am 30. 1. 1649 enthaupteten ersten Karl. Das gefügige Parlament stufte sie, gemäß der Schärfe der zuerkannten Strafe, in 6 Klassen ein :

1. Die 4 Verhaßtesten, obschon lange tot, wurden wegen ‹Hochverrates› verurteilt; folglich zerrte man ihre Leichen, unter ihnen Oliver Cromwell selbst, aus den Gräbern, schleifte sie nach Tyburn, hing sie dort an den Galgen; nahm sie am Abend herunter & enthauptete sie; und die ‹Cavaliers› jauchzten im Takt.

2. Von 20 anderen, gleichfalls bereits Verstorbenen, wurden wenigstens die Güter eingezogen.

3. 30 noch lebenden Königsmördern wurde ‹auf ewig› – ein Wort, mit dem ‹Obrigkeiten› aller Art immer sehr flink bei der Hand sind – Begnadigung versagt.

4. Weiteren 19 desgleichen; jedoch mit der Einschränkung, daß ihre Hinrichtung erst auf speziellen Parlamentsbeschluß erfolgen solle.

5. 6 weitere sollten ebenfalls einer Strafe verfallen sein; aber nicht der des Todes.

6. Die restlichen 4 oder 5 wurden für unfähig zur Bekleidung von öffentlichen Ämtern erklärt; 2 davon schließlich sogar gänzlich begnadigt.

Damit war die Angelegenheit ‹juristisch erledigt›.

Praktisch allerdings noch nicht gänzlich – wie M. Noble in seinem ‹Lives of the English Regicides› (obwohl 1798 erschienen, immer noch eine gute Gesamtübersicht) zu berichten weiß, dachten die eisenseitig-rundköpfigen ‹General-Majors› Cromwells nicht daran, sich lämmleingleich dekapitieren zu lassen. 19 oder 20 entkamen ins Ausland; hinter Jedwedem her sogleich ‹sein› halbes Dutzend Mann vom ‹Geheimdienst›. 3 entdeckte man, zu verschiedenen Zeiten, in Holland; entführte sie nach London, und tat ihnen, was sie ihrerzeit Charles verordnet hatten; 1 ermordete man in Lausanne; der letzte Überlebende von ihnen dürfte Edmund Ludlow gewesen sein, der 1692, in Vevey am Genfer See, starb.

Und 3 waren eben auch nach Neu-England entkommen; wo die Nachfahren der Pilgrim Fathers (die Mehrheit ja alles heimliche Cromwellianer !) das lustig-erneuerte Königtum mit recht kritischen Blicken betrachteten. Am glücklichsten war John Dixwell (man vergleiche Ezra Stiles, ‹HISTORY OF THREE OF THE JUDGES OF CHARLES I.›) : unter fremdem Namen lebte, heiratete und starb er 1689, unerkannt, inmitten der Einwohner New Havens, im Alter von 81 Jahren.

Das Schicksal der beiden Anderen dagegen blieb dramatisch & wechselvoll, wie ihr ganzes Leben es gewesen war, ja wurde hochromantisch. Edward Whalley und William Goffe, zwei der bewährtesten und engsten Anhänger Cromwells (und sogar entfernt mit ihm verwandt)[1], landeten am 27. Juli 1660 in Boston, wo der Gouverneur Endicott sie voller Verbindlichkeit empfing. Nahezu 1 Jahr lang weilten sie unbehelligt in Massachusetts; hielten ‹meetings› ab, ja predigten nach Puritanerweis' unter allgemeinem Beifall. Als endlich aus dem Mutterlande die vorauszusehenden Steckbriefe & Haftbefehle gegen sie eintrafen, flohen sie tiefer ins Landesinnere, nach New Haven, wo es als Verbrechen gegen Gott galt, dem Wandrer kein Obdach zu gewähren, oder den Verfolgten auszuliefern. Aber der Geheimdienst war einmal auf ihrer Spur, und ließ ihnen keine Ruhe mehr; Prämien wurden auf ihre Köpfe gesetzt, und nicht nur Weiße, sondern auch Indianer durch Geld & Versprechungen angeschürt, sie zu hetzen und einzubringen. Eine Zeitlang noch konnten sie bei Nacht & Nebel von Haus zu Haus fliehen. Einmal versteckten sie sich wochenlang in einer Mühle. Dann wieder in unzugänglichem Felsgeklipp am Meeresstrande. Monatelang sollen sie im Landesinnern, tief in den Wäldern, in Höhlen gehaust haben (obwohl Bancroft daran zu zweifeln scheint). Endlich entkamen sie irgendwie westwärts, in Richtung des Connecticut; und jede Nachricht von ihnen verstummt.

Zunächst.

1 Henry Cromwell
(7 Kinder; unter ihnen) :

Robert — *Oliver Cr.*

Frances; heiratet Richard Whalley
(Sohn) : *Edward Whalley*
(Tochter) :
Frances; heiratet *William Goffe*

Denn als 1675 der Krieg ‹König Philipps› losbrach, und der Flecken Hadley mitten während eines September-Gottesdienstes überrascht wurde, erschien unter den schon Verzweifelnden urplötzlich ein Mann in schier verschollener Tracht, im Gürtel die Reiterpistolen, in der Hand den schweren Pallasch von Dunbar und Worcester : mit den lodernden Augen des erprobten Fanatikers, mit dem taktischen Scharfblick des nicht zum ersten Mal kommandierenden Soldaten, sprach er den Männern Mut zu : sammelte sie um sich; und schlug die sich eine leichte Beute erwartenden Roten zurück. Die Geretteten sanken aufs Knie; sprachen Dank in ihre dunklen, breitkrempigen Hüte; erhoben sich, wollten sich zu ihrem Retter wenden – und fanden sich allein. –

Viermal ist, meines geringen Wissens, diese schöne Geschichte bisher literarisch behandelt worden. Das erstemal in einem obskuren Bändchen, Boston 1793, als ein mir Unbekannter, der sich ‹Philagatos› nannte, sein ‹POEM COMMEMORATIVE OF GOFFE, WHALLEY & DIXWELL; with abstract of their history›, veröffentlichte – ein rein lokales Kuriosum, das die Lektüre nicht mehr lohnt. Das zweite Mal wird die Sache schon ernsthafter : Walter Scott erwähnt den Vorfall im 14. Kapitel eines seiner unbekannteren Romane, dem ‹PEVERIL OF THE PEAK›; wo er, auf 6 Seiten, erzählt, wie ‹Richard› Whalley das Dörfchen rettete – das ‹Richard› ist typisch Scott'sche Flüchtigkeit; wichtiger aber, daß er, wie fast immer, ‹die Bahn brach›; denn der PEVERIL erschien im Januar 1823. Der Dritte ist Cooper mit seinem Roman CONANCHET, 1829, auf den ich gleich näher eingehe. Der Vierte endlich war der literarisch ziemlich platte James Kirke Paulding, der 1831 in ‹THE DUTCHMAN'S FIRESIDE› das gleiche Ereignis anekdotenhaft und in unerträglich verlegen-leichtfertigem Ton erzählt : und es war schon eine massive Unverschämtheit, nur 2 Jahre nach Coopers CONANCHET diesen bereits derart zu plündern ! –[1]

Was das historische Ereignis selbst anbelangt, so steht mit völliger Gewißheit fest, daß Hadley in der beschriebenen Weise gerettet worden ist; nur liegt der Fall insofern schwierig, als es theoretisch einer von Beiden gewesen sein könnte, entweder Whalley oder Goffe. Schon die gleichzeitigen Chronisten lassen die Möglichkeit offen; und hier ist nicht der Ort, die diversen für & wider zu diskutieren. Wohl aber läßt sich ermitteln, wen Cooper sich unter seinem geheimnisvollen ‹Submissus› vorgestellt hat; nämlich in bewußtem Gegensatz zu Scott, William Goffe.

1 Vgl. auch den Artikel ‹Goffe› im OXFORD COMPANION TO AMERICAN LITERATURE.

Und Recht haben dürfte – es ist eben der Unterschied zwischen dem genial-flüchtigen Scott und dem enger veranlagten aber weit sorgfältigeren Cooper – der Letztere.

Denn Whalley, etwa dieselbe Generation wie Cromwell, dürfte für das hier erforderliche athletische Auftreten bereits zu alt gewesen sein (und Bancroft entscheidet sich auch ohne zu schwanken gegen ihn); während Whalleys Schwiegersohn genau das passende Alter besessen haben dürfte. Daß Cooper (40 Jahre *vor* Bancroft übrigens !) auch einwandfrei nur an Goffe gedacht hat, ergibt sich aus dem bisher unbeachtet gebliebenen Zuge, daß jener Unbekannte den Widder gar so fachmännisch zerlegte – ein Umstand, auf den mehrfach-nachdrücklich zurückgekommen wird, und zwar derart oft, daß es so lang fast plump wirkt, bis man endlich Coopers Absicht eingesehen hat – und da ist eben nun Whalley Tuchmacher und -händler von Beruf gewesen; Goffe dagegen hatte in einer Pöklerei gelernt : ergo... ! – Ich übersetze zum Abschluß (mit kleinen Änderungen) den einschlägigen Artikel der ENCYCLOPAEDIA BRITANNICA :

Goffe (oder *Gough ?*), *William*; trat vor allem zwischen 1642 und 60 auf. / Englischer Parlamentarier; Sohn des Stephen G., des puritanischen Rektors von Stanmer in Essex. Erscheint zuerst als Lehrling in einer Londoner Groß-Pöklerei. / Dann Parlamentarier, schloß er sich bei Ausbruch des Bürgerkrieges der Armee an, und wurde nach der Reorganisation des Heeres Captain in Oberst Harleys Regiment. 1642 verbüßte er, als Mitunterzeichner einer Petition, die Kontrolle über die Milizen dem Parlament zu übertragen, eine Gefängnisstrafe. / Durch seine Heirat mit Frances, der Tochter des Generals Edward Whalley, wurde er liiert mit der Familie Cromwells, und einer von dessen getreuesten Anhängern. Er war ein Mitglied der Deputation, die am 6. 7. 47 die bekannte Anklage gegen 11 Abgeordnete einbrachte; und nicht minder aktiv zeigte er sich, König Karl I. vor Gericht zu fordern und dessen Todesurteil zu unterzeichnen. / 1649 wurde er von der Universität Oxford zum ‹Magister of Arts honoris causa› ernannt. Er zeichnete sich bei Dunbar aus, wo er 1 Regiment kommandierte; sowie bei Worcester; nahm tatkräftigen Anteil an der Auflösung von Barebones Parlament, 1653; und an der Unterdrückung von Penruddocks Aufstand im Juli des nächsten Jahres. Oktober 55 endlich wurde er zu einem der 10 (später 12) ‹General-Majore›, und zwar für Berkshire, Sussex und Hampshire, ernannt. / Er unterstützte den Antrag, Cromwell – der ihn sehr schätzte ! – den Königstitel zu geben. Er wurde Mitglied des neu zusammentretenden ‹House of Lords›, und erhielt Lamberts Posten als Oberbefehlshaber der Infanterie; ja, Manche stimmten sogar für ihn, als den gegebenenfalls besten Nachfolger Cromwells. Als Mitglied des ‹Komitees der Neun› war er Zeuge der Ernennung Richard Cromwells zum künftigen ‹Protektor›, und unterstützte Jenen während seiner kurzen Amtszeit – sein Sturz verurteilte auch Goffe zur Einflußlosigkeit. Im November 1659 nahm er Teil an der, von vornherein zum Scheitern verurteilten, Gesandtschaft des Heeres an Monk nach Schottland. / Nach der Restauration entkam er, zusammen mit seinem Schwiegervater Whalley, nach Massachusetts, und verbrachte den Rest seines Lebens dort im amerikanischen Exil, fern von Weib & Kind. Sein Tod dürfte gegen 1679 erfolgt sein. / Goffes politische Ziele scheinen kaum weiter gegangen zu sein, als ‹Karl zu beseitigen, und Cromwell einzusetzen›; obwohl er ohne Zweifel ein Mann von tiefem religiösem Empfinden war, der unverbrüchlich dem Gefühl der Pflicht folgte – beziehungsweise dem, was sich ihm als solche darstellte. –

XII. Bibliografie

Die offizielle ‹Bibliography› erschien 1934 von Spiller und Blackburn; die der deutschen Übersetzungen speziell 1914 von Barba. ‹Gesamtausgaben›, sei es in englischer sei es in deutscher Sprache, sind zur Zeit nicht im Buchhandel, sondern nur noch antiquarisch aufzutreiben. (Eine ‹textkritische› Edition steht noch gänzlich aus.) / Ich nenne im Folgenden sämtliche, einigermaßen bedeutenden, Arbeiten Coopers; und zwar zunächst das Jahr der – sehr rar gewordenen ! – Erstausgabe; dann den englischen Titel, sowie einen deutschen (die Verwirrung ist hier sehr groß); gegebenenfalls eine kurze Anmerkung :

1820 Precaution / Vorsicht
21 The Spy / Der Spion; eine Geschichte aus dem Niemandsland
23 The Pioneers / Die Grenzer; oder die Quellen des Susquehannah (= Bd. 4 der ‹Lederstrumpf-Serie›)
24 The Pilot / Der Pilot; ein Seeroman
25 Lionel Lincoln / L. L.; oder die Blockade von Boston
26 The last of the Mohicans / Die Letzten der Mohikaner; ein Bericht aus dem Jahre 1757 (= ‹Lederstrumpf›, Bd. 2)
27 The Prairie / Die Prärie (= ‹Lederstrumpf›, Bd. 5)
28 The Red Rover / Der rote Freibeuter
28 Notions of the Americans, picked up by a travelling bachelor / Meinungen & Ansichten eines reisenden Hagestolzen in Hinsicht auf Amerika
29 The Wept of Wish-Ton-Wish / Conanchet; oder die Beweinte von W-T-W (auch erschienen unter den Titeln ‹The Borderers› und ‹The Heathcotes›)
1830 The Water-Witch / Die Nixe
31 The Bravo / Der Bravo; eine Erzählung aus Venedig
32 The Heidenmauer / Die H.; oder die Benediktiner
33 The Headsman / Der Scharfrichter von Bern; oder das Winzerfest
34 Letter to his Countrymen / Ein offener Brief an meine Landsleute

35 The Monikins / Die M.
36 Sketches of Switzerland / Skizzen aus der Schweiz
37 Gleanings in Europe / Europäische Impressionen (6 Bände; von denen je 2 Frankreich, England, Italien behandeln)
38 The American Democrat / Der amerikanische Demokrat
38 The Chronicles of Cooperstown / Die Chronik von C. (Empfehlenswert die 2. Auflage von 1862, wo sich wichtige Zusätze finden)
38 Homeward Bound / Die Heimreise
38 Besprechung der Scott-Biografie von Lockhart (in ‹Knickerbocker-Magazine›, Bd. 12, Ss. 349–66)
38 Home as found / Heute bei uns daheim (= Bd. 2 der ‹Heimreise›)
39 The History of the Navy of the USA / Geschichte der Kriegsmarine der USA. (Weitere Aufl. 1840, 47, und vor allem 53 mit Forts.; eine gekürzte einbändige kam 41 heraus)
1840 The Pathfinder / Der Pfadfinder; oder das Binnenmeer (= Bd. 3 des ‹Lederstrumpf›)
40 Mercedes of Castile / M. von Kastilien; oder der Weg nach Kathay (ein Columbus-Roman)
41 The Deerslayer / Der Wildtöter; oder der erste Kriegspfad (= Bd. 1 des ‹Lederstrumpf›)
42 The Two Admirals / Zwei Admirale
42 The Wing-and-Wing / Das ‹Irrlicht›; oder der Freibeuter im Mittelmeer
43 Autobiography of a Pocket-Handkerchief / Selbstbiografie eines Taschentuches; oder die Französische Gouvernante (Nur in ‹Grahams Magazine› von Januar bis April 43 erschienen; nie in Buchform, und in keiner der Ausgaben mit enthalten)
43 Wyandotte : W.; oder der Hügel-Hof
43 Ned Myers / N. M.; Selbstbiografie eines einfachen Matrosen (Nicht in alle Ausgaben aufgenommen !)
44 Afloat and Ashore / Zu Land und See; oder die Abenteuer des Miles Wallingford
44 Afloat and Ashore, Bd. 2
45 Satanstoe / S.; oder die Aufzeichnungen der Familie Littlepage (Bd. 1)
45 The Chainbearer / Der Feldmesser (= Littlepage-Trilogie, Bd. 2)
46 The Redskins / Die ‹Roten› (= Littlepage-Trilogie, Bd. 3)
46 Lives of Distinguished American Naval Officers / Biogramme amerikanischer See-Offiziere (Seit 1842 bereits in einzelnen Abschnitten begonnen. Inhalt der Reihe nach : Bainbridge; Somers; Shaw; Shubrick; Preble; Jones; Woolsey; Perry; Dale. – Eine weitere, in einer Zeitschrift erschienene Studie über Barry wurde in das Buch nicht mit aufgenommen)
47 The Crater / ‹Marks Riff›; oder der Vulkan im Pazifik
48 Jack Tier / J. T.; oder die Riffe, Klippen & Inseln der Floridaküste (Bereits von November 46 bis März 48 in Fortsetzungen in ‹Grahams Magazine› erschienen. Auch unter den Titeln ‹Captain Spike› oder ‹Rose Budd› bekannt)
48 The Oak-Openings / Galeriewälder aus Eichen; oder der Bienenjäger
49 The Sea-Lions / Die Seelöwen; oder die Überwinterung in der Antarktis
1850 The Ways of the Hour / So hat man's heutzutage
50 Upside Down / Die Verkehrte Welt; oder Philosophie im Petticoat (Komö-

die, und als solche die einzige Bühnenarbeit Coopers. Erlebte vom 18.–21.6.1850 4 Aufführungen, und wurde dann vom Spielplan abgesetzt. Nie gedruckt; das Manuskript ist verschwunden)

Posthum erschienen noch :

1853 Old Ironsides / Geschichte der USA-Fregatte ‹Constitution› (in ‹Putnams Magazine›, Bd. 1; Ss. 473–87 und 593–607)

1869 The Eclipse / Die Sonnenfinsternis (Beschreibung der für New York totalen Finsternis vom 16.6.1806; in ‹Putnams Magazine›, Neue Folge, Bd. 4; Ss. 352–59)

1922 Correspondence of James Fenimore Cooper / Briefwechsel (besonders die 2. Auflage, 1960, 6 Bde., mit wertvollstem Anmerkungsmaterial von J. F. Beard, ist dem Cooper-Interessenten – trotz des hohen Preises von rund 300 Mark – unentbehrlich)

Das Cooper-Museum in Cooperstown

birgt schätzbarstes, zum Teil sogar unersetzliches, Material; vor allem die Originalmanuskripte von so wichtigen Stücken wie Satanstoe und Prairie usw; die ‹Handexemplare› mit Coopers Korrekturen und Marginalien; weiterhin Porträt-Büsten, Bilder, Erstdrucke und alte Karten.

Ein nächster Überblick ergibt sich aus der Anordnung des Oeuvre nach Schauplätzen, beziehungsweise Themenkreisen; ich schlage deren 5 vor, nämlich :

1. *Nordamerika (historische und Indianer-Romane) :*
   Spy / Pioneers / Lionel Lincoln / Mohicans / Prairie / Conanchet / Home as Found / Pathfinder / Deerslayer / Wyandotte / Satanstoe / Chainbearer / Redskins / Ways of the Hour / Upside Down
2. *See-Romane :*
   Pilot / Red Rover / Water-Witch / Homeward Bound / Mercedes / Two Admirals / Wing & Wing / Ned Myers / Afloat & Ashore / Jack Tier / Mark's Reef / Sea Lions
3. *Europäische, oder Gesellschafts-Romane :*
   Precaution / Bravo / Heidenmauer / Headsman / Pocket-Handkerchief / Monikins
4. *Reisebücher :*
   Notions / Gleanings in Europe
5. *Historische Arbeiten :*
   Chronicle of Cooperstown / History of the Navy / Lives of US-Officers / Letter to his Countrymen / American Democrat

Da anfänglich ein ‹ausgesprochenes›, wenn nicht gar das Hauptziel Coopers gewesen ist, die Geschichte, Kulturhistorie & Geografie seiner vaterländischen USA in einer Reihe umfangreicher Romane ausführlich abzuhandeln, wird eine Zusammenstellung nach den behandelten Zeiträumen erforderlich – sie wird etwa so auszusehen haben (die mit * versehenen Titel üben, zum Teil schärfste, Kritik an amerikanischen ‹Zuständen›) :

1. Mercedes	1492
2. Conanchet	1665–75
3. Water-Witch	1711
4. Deerslayer	1742
5. Satanstoe*	1755–58
6. Mohicans	1757

7.	Pathfinder	1762
8.	Wyandotte	1765–77
9.	Lionel Lincoln	1776
10.	Spy	1780
11.	Chainbearer*	1785
12.	Pioneers	1793
13.	Ned Myers	1793–1843
14.	Afloat & Ashore	1797–1804
15.	Prairie	1805
16.	Oak Openings*	1813
17.	Notions	1825
18.	Monikins*	1835
19.	Homeward Bound*	1835
20.	Home as found*	1835–37
21.	Redskins*	1845
22.	Ways of the Hour*	1850

Was die, uns besonders angehenden ‹Übertragungen ins Deutsche› anbelangt, so ist vor allem die fünfbändige ‹Lederstrumpf›-Serie nicht nur unzählige Male übersetzt – soeben erschienen wieder einmal mehr die ‹PIONEERS› als Rowohlt-Taschenbuch – sondern leider auch meist sogleich ad usum delphini ‹bearbeitet›, d. h. zusammengestrichen worden. Von den in unserer Sprache einst vorgelegen habenden *Bandreihen* sind eigentlich nur 3 diskutabel; es sind dies :

A. Die älteste ‹Parallel-Ausgabe› des Verlags Sauerländer, Frankfurt; ab 1826 von Mehreren übersetzt, unter der Direktion des nicht uninteressanten Chr. Aug. Fischer (vgl. meine ‹*Tina*›). (Ab 1830 erschienen auch Kupferstich-Serien dazu; und hier sei angemerkt, daß – trotz Slevogts hübschen Initialen zu der Cassirer'schen Edition – der beste, wahrhaft ‹klassische› Illustrator Coopers immer noch der alte Felix Darley bleibt.) Es handelt sich um eine Unzahl von Duodez-Bändchen (Umfang zwischen 5 und 7 Bogen); 1850 waren es bereits 258 Stück; mit ganz wenigen Ausnahmen grausigste übersetzerische Fabrikware, bei der man auf wahrhaft extragalaktische Schnitzer gefaßt sein muß – Einer polstert sich gegen Schläge mit einer ‹Unions-Jacke› (im Original natürlich »Union Jack«); über Flüssen liegt, wenn es morgnet, ‹dicker Mist›; usw. usw.; – mir ist zuweilen schon der Einfall gekommen, ob es sich nicht um einen solidarischen Racheakt, wegen unzulänglicher Bezahlung, handeln könnte ? (Manche Witze sind ansonsten schlechterdings unerklärbar). / Dennoch ist die Ausgabe Demjenigen, der Englisch nicht oder doch nur mit Mühe lesen kann, unentbehrlich, weil z. B. nur sie auch die, biografisch so wichtigen, Reisebücher, Geschichte der Kriegsmarine, usw. bringt. (Wer freilich mit Zitaten aus ihr irgend etwas zu belegen gedenkt, muß sich zuvor im Original überzeugen, ob die Übersetzung der betreffenden Stelle vertretbar ist.)

B. Hoffmann, Stuttgart 1853–54, in 30 Bänden. / Übersetzung qualitativ erheblich besser als A. / Leider fehlen außer allen Nebenarbeiten bereits 3 Romane : ‹PRECAUTION; MONIKINS; WAYS OF THE HOUR›.

C. Um 1860, nachdem die o. a. Serie nicht mehr im Handel erhältlich war, brachte der Berliner Verlag R. Genrich eine Neu-Übersetzung heraus, die unleugbar einen weiteren Fortschritt darstellt; (obwohl sie bereits ganz leicht überarbeitet ist; man muß mit rund 3 bis 5 % Kürzungen rechnen). Auch hier ist zwar noch keine Seite frei von Fehlern & Mißverständnissen; immerhin ist sie brauchbar; und jeder künftige Übersetzer Coopers wird sie einzusehen haben, weil Einem gewisse ältliche Wendungen heutzutage einfach nicht mehr beifallen, (selbstverständlich habe auch ich sie benützt).

DAS AMERIKA DER PIONIERE

Bahnt sich eine Cooper=Renaissance an?

Da entnehme ich dem Regal als erstes einen Band aus jener Zeit, als der greise Kanzler noch Bismarck hieß : Der hat 292 Normalseiten, auf dem Deckel ein buntes Bild mit einem Indianer, einem Jäger und einem Hirsch; und darüber steht schlicht

LEDERSTRUMPF

– sonst nichts (auf dem Buchrücken sogar »Oskar Höcker, Lederstrumpf« !), und zehn Prozent der Papierfläche sind noch für Illustrationen draufgegangen : so weit war sie schon einmal eingeschrumpft, die *Leatherstocking*=Saga mit ihren dreitausend Seiten !

Nun kann man natürlich einen sehr erhabenen Standpunkt einnehmen und dekretieren : das sei eben das Kennzeichen aller Großen, daß ihr Oeuvre sich im Laufe der Jahrhunderte immer mehr reduziere, ja, schließlich beim Ein=Wort=Begriff lande. Da würde dann eben *Darwin* »der mit dem Affen«; und *Zeppelin* sei nun einmal das, was silberfischchenmäßig, über fernen Staubwäldern, Reklame fliegt für *Trumpf* oder *Dujardin*. In Wahrheit ist dergleichen Verfahren weder vergeßlich noch undankbar; sondern der Kenner weiß es schon : Es wird fast immer Unbequem=Unangenehmes erst »erniedrigt«, dann ganz »verdrängt«. (Bei »Gullivers Reisen« zum Beispiel ist die Schrumpfung auch weit vorgeschritten; da entsetzt sich vielleicht mancher, der, verwöhnt vom Kinderbilderbuch, später einmal, aus Versehen, das Original in die Hand bekommt !)

Bei den US=Amerikanern nun wurde *James Fenimore Cooper* dergestalt absichtlich aus dem Bewußtsein der Nation entfernt, deren Porträt er allzugut »getroffen« hatte. Unangenehmste Wahrheiten aus der Frühzeit von »Gottes eigenem Land« finden sich bei ihm fixiert : die ewig schnitzelnden und spuckenden Yankee=Schlackse; die Wettbewerbe, wer die Mondscheinsonate am schnellsten spielen könne; die größenwahnsinnige Einbildung, daß im Raum zwischen Connecticut und New Frisco nicht nur Cornedbeef (was speziell ich gar nicht unterschätze), sondern auch »die Kunst allgemein« gediehe wie sonst nie und nirgends auf der Welt. Cooper nämlich, geschult durch einen siebenjährigen, sorgfältigst genützten Europa=Aufenthalt, hatte seine Landsleute unmißverständlich dahingehend bedeutet : daß die nordamerikanische Kultursumme seiner

Zeit noch ein erbärmlich kleines Lichtstümpfchen wäre, verglichen mit der der Alten Welt. Und bei den Deutschen speziell ist Cooper über Karl May vergessen worden, der (abgesehen von zwei bedeutenden Spätwerken) einfach ein megalomanischer Schwadroneur ist und »keine Ahnung« hatte, weder von amerikanischer Landschaft noch Kultur= oder sonstiger Geschichte.

Dabei gäbe es ja doch schier nichts Wichtigeres für uns, als im Bilde zu sein über die paar großen herrschenden Völker unseres Kügelchens. Und wenn man es selbstverständlich keiner breiteren Leserschicht zumuten kann, die zehn Bände Bancroft durchzuarbeiten (und von da aus dann langsam weiterzugehen), so wird uns eine Kenntnisnahme von Entstehung und Wachstum der USA dadurch leicht gemacht, daß es James Fenimore Cooper gibt : Er war und hat uns unvergleichlich unterrichtet ! Nicht nur über seine 1789–1851; von seinen 34 Romanen – und er hat überdem noch eine ganze Anzahl historischer und Reisewerke verfaßt – ist die Hälfte mit der ausdrücklichen Absicht geschrieben, Landschaft und Geschichte, Völker, Sitten, Trachten, Geräte seines Vaterlandes für die Nachkommen zu fixieren, Gutes und Größtes und Peinliches und Albernes : alles. Es gibt schlechterdings keinen besseren und müheloseren Zugang zum Verständnis der Mentalität der USA, auch ihren Ereig= und Erleidnissen, als das Gesamtwerk Coopers.

Auch heute noch. Und da ist es eben nicht nur ein gutes, sondern sogar ein »bestes« Zeichen, daß in diesem unserem laufenden Jahre 1962 gleich vier Cooper=Bände auf einmal neu erscheinen.

Daß sie sich sofort wieder in zwei Gruppen einteilen lassen, ist einerseits erfreulich, andererseits bedauerlich. Erfreulich deshalb, weil mit der Herausgabe von Taschenbüchern, wie Rowohlt oder Goldmann sie betreiben, die Möglichkeit einer Breitenwirkung eingeleitet wird; der leider für die meisten unserer großen Verleger typische Geist des »geringsten Wagnisses« drückt sich – nun kommt das »bedauerlich« – allerdings dadurch aus, daß den beiden Genannten nichts anderes einfiel, als die Lederstrumpf=Serie noch einmal abzudrucken, und auch die noch nach hundert Jahren ältlichen Übersetzungen, die modernen Ansprüchen nicht ganz genügen (dafür aber freilich »frei«, also billig sind). Und da hat Rowohlt sich für das kulturhistorisch reichste Stück jener Pentalogie, die »Ansiedler«, entschieden; und Goldmann für die poetischere »Prärie« und den »Wildtöter« (»Der letzte Mohikaner« ist in dieser Reihe schon vor einiger Zeit erschienen) – nu ja'chen, alles schön und gut; aber es ist eben das »kleinere Kunststück«.

Den anderen Weg ist der Verlag Goverts gegangen, der eines der unbekannten einbändigen Stücke in schlechthin vorbildlicher Ausstattung – ebenso solide wie nicht=grell – neu übertragen vorlegt –

James F. Cooper: »Conanchet oder Die Beweinte von Wish=Ton=Wish«, 683 Ss., Ganzleinen; 26 DM.

Das breit und pflanzenhaft-langsam entwickelte Thema – man bezweifelt an manchen Stellen, ob man sich nicht bei Stifter befindet (bis man erfährt, daß, umgekehrt, dessen zarte Schwerfälligkeit mächtig von Cooper beeinflußt war) – ist ebenso nachdenklich wie simpel=aktuell : das Einzelgehöft in der Wildnis (bis zum »Nachbarn« können's gut und gern 150 km sein). Hügelhänge um ein bachdurchflossenes Thal (mit »th«). Ein paar mühsam=halbgerodete Morgen Acker. Und ansonsten eben Bäume : Bäume, einzeln, in meilengroßen Wiesen; Bäume, Trupps von Pinseln (»sie standen am Grunde des Luftozeans und schwankten vermutlich«); Bäume, weit drüben, wie aus Rauch gepustet; und dann, als Rundumabschluß, der große Wald. Bäume ! Und, mitten drin, eben ein paar Puritaner.

Nun bedeutet »Puritaner« ja nichts weniger als nur die »seinerzeit recht einflußreichen« Cromwellianer (obwohl die hier gemeint sind); sondern »Puritanismus« ist eine der Geisteshaltungen des Menschen überhaupt und wird heutzutage in recht großem Stil »im Osten« praktiziert, ist also mitnichten an »Religion« gebunden. »Ein Tagewerk noch vorm Frühstück !« – damit kann man's weit bringen, ja weiter, als unsere 40=Stunden=Wöchner sich's vorm leichengrünen Fernsehschirm träumen lassen. (Orden für vorbildliche Arbeitsleistungen zu erteilen, halte ich für bedeutender, für ehrenvoller sowieso, als Punktpunktpunkt.) Wenn wir demnächst zu den Sternen fliegen, wird die Situation wieder genau die gleiche sein wie in diesem »Conanchet« : eine Handvoll Zähester; nur auf sich selbst und ihr bißchen Radar gestellt : ein paar dünndruckpapierige doppelspaltige Bücher; und dann eben gußeisern fleißig sein, umringwallt von Anti=Biotica.

Die Helden des vorliegenden Buches arbeiten denn körperlich auch redlich genug. Gelegenheit zu geistiger Gymnastik liefern einzig religiöse Lehrspitzfindigkeiten; wie denn in jenen frühen Tagen »Die Kirche« stellvertretend für alles zu stehen hatte : Gesellschaftlicher Mittelpunkt an Sonn= und Feiertagen mußte sie sein; Nachrichtenzentrale; Katheder, ja, in bescheidenem Maße sogar Theater (und bei nicht ganz reinlichen, aber nützlichen Manipulationen, zumal »Andersdenkenden« gegenüber, mußte sie auch noch gute Gewissen liefern). Auch politisch Verfolgte hat es seit Olims Zeiten immer gegeben; hier heißt der Betreffende William Goffe, einer jener Richter, die 1649 König Carl von Engelland dekapitieren ließen; ein Meister im spannend Auftauchen und geheimnisvoll Wiederverschwinden. Für die peripherische immerwährende Unruhe sorgen ausgiebig die eigentlichen Nicht=mehr=ganz=Herren des Landes, die Indianer; vom Überfall auf den Waldhof an, den gegen Ende des ersten Buches herzschneidend ausführlich abgeschilderten, bei dem zwei Kinder – ein sehr blondes Mädchen, ein ziemlich beschränkter Knabe – in die Hände der Roten fallen; bis zum großen Aufstand Metacoms, den die Weißen, halb spöttisch, halb ehrerbietig, »König Philipp von Pokanoket« nannten (und der 1675 die Neuenglandstaaten gefährlich dicht an den Rand des Ruins brachte !), wo die beiden Beweinten, für verloren Gehaltenen, plötzlich bei den indianischen Scharen wieder auftauchen : das Mädchen allerdings nicht mehr »Ruth Heathcote«, sondern sich, als junge Häuptlingsfrau, stolz »Narrah=Mattah« nennend, das ist: *Der tanzende Schnee.* Und unvergeßlich wird das kuriose Streitgespräch – sowohl der Höhe= beziehungsweise Schwerpunkt des ganzen Buches –, das der nunmehr gleichfalls indianisch geschulte halbwitzige »Nipset«, alias Whittal Ring, mit seiner Schwester und der früheren »Herrschaft« führt : diese Seiten 380 bis 393 sollte man als »Bonbon«, zum Appetitmachen, vorweg kosten !

Wird die eingeleitete, bescheidene Cooper=Renaissance noch weitergehen ? Von diesem Gesichtspunkt aus scheint der beschrittene Weg wohl eben doch der rechte zu sein; nämlich erst wieder einmal die fünf Bände des »Lederstrumpf« ungekürzt und billig in Großauflage als Taschenbücher zu servieren, ergo leicht erreichbar zu machen. Eigentlich hätte ja die, seit 100 Jahren nicht mehr im Buchhandel zu habende, »*Littlepage*«=Trilogie – »Satanstoe« / »Der Feldmesser« / »Die Roten« – als erstes, dringlichstes wieder zugänglich gemacht werden sollen; aber die ist eben gänzlich unbekannt, und ihre drei Bände wirken auch noch nicht genügend durchübersetzt.

Die kniffliche der diesbezüglichen Fragen werfen allerdings die auf den Seiten 642 bis 646 kurz geschilderten »Monikins« auf : ein ebenso skurril=anspruchsvolles wie heute schwerverständlich gewordenes Stück. Die einzige deutsche Übersetzung (Sauerländer, 1835) ist, ich hab's versucht, platterdings ungenießbar; und auch das englische Original soll nach dem Ausdruck des Cooper=Biographen Lounsbury »*a sealed book*« sein; »*since Cooper's death I am the only person who has read this work through*«. Dennoch bekommt man, selbst bei nur flüchtiger Beschäftigung mit dem Buch, den Eindruck von irgend etwas irgendwie Bedeutendem – worin es besteht, läßt sich zur Zeit, mangels Information, noch nicht angeben; aber es wäre theoretisch möglich, daß, bei entsprechend guter und kluger Übersetzung, hier ein neues, ungekannt gebliebenes Mitglied jenes isolierten literarischen »Kugelsternhaufens« sichtbar würde, der die »Staatsromane«, die Utopien, in sich begreift.

Sehr schön wäre es auch, wenn die Herren Verleger sich untereinander einigen könnten : Du bringst ein paar von den hübschen Slevogtschen Initialen auf dem Umschlag; ich dafür die klassischen, »echten« Illustrationen des Felix Darley (1822 bis 1888; der übrigens auch ein mächtiges Ölbild zum »Conanchet« geliefert hat, »Die von Indianern überfallenen Puritaner«). Lassen wir uns überraschen.

100 SIND ZU VIEL!

I

Lesen habe ich nicht in der Schule gelernt, sondern am Robinson und an COOPER's »Lederstrumpf«.

(GERHART HAUPTMANN)

Und da soll MARK TWAIN's ‹COOPERS literarisches Sündenregister› noch so wunderkerzig kitzeln und funkeln : es steht höchstens Aussage gegen Aussage. Ja, imgrunde nicht einmal das; denn der große Witzbold & Artist hat erst, unter sorgfältigen Verrenkungen, den Standpunkt eingenommen, von dem aus das Oeuvre am schiefsten wirken muß; und schildert uns dann, den Kopf zwischen den Beinen & 1 Auge zugekniffen, wie schief es sei – meist hat er Unrecht, doch nie scheint es so. Eben schickt sich in Groß=Amerika die Forschung an, in von J. BEARD vorbildlich kommentierten Urkundenbänden ihr zunächst letztes Wort über ein, seinerzeit voreilig aus der Beobachtung entlassenes, bedeutendes Objekt zu sagen; und synchron hierzu ist in Klein=Deutschland eine zage COOPER=Renaissance im Gange.

Die hat – bei der Mentalität unsrer Großen Verleger nicht weiter überraschend – originellerweise mit dem ‹Leatherstocking› begonnen; und man kann sich zur Zeit aus den Taschenbüchern der Offizinen Rowohlt=Goldmann=Fischer eine komplette Ausgabe der Pentalogie zusammenstoppeln. (Immerhin diene dem Leser zur Nachricht, daß es sich dabei um rechte Imperfektheiten handelt; wovon sogleich ein Näheres.) Den schwierigeren Weg wagte Goverts mit einem ebenso schön=biegsamen wie teuren ‹Conanchet› (: ‹Wish=ton=Wish›; obwohl ich kein gut Wort für mich Kommentator einlege, wirkt der Worthintergrund des Untertitels doch ungemein käuzchenmäßig, find' ich). Heyne traute sich gar an die ‹Littlepage›=Trilogie; leider ist sein Paperback eine Enttäuschung, da um 50 % gekürzt, und der Rest hoffnungslos ‹bearbeitet›. Für den, der mehr wissen will, bleiben nur die ältlichen Gesamt=Reihen, wie die Kenner sie sich schweigend durch die Jahrzehnte weiterreichen.

Uns Deutschen täte zur Orientierung in der Welt dringend eine bessere Kenntnis der Entstehung von UDSSR und USA not. Nun war zwar unsre Fähigkeit, die Russen nicht zu verstehen, schon immer hoch entwickelt; aber unsre Nachbarn in Abend, die Yankees, leidlich zu begreifen, müßte durchaus möglich sein : gibt es doch James Fenimore Cooper ! Denn der Wert seiner Bücher liegt eben im unvergleichlichen Material, nicht in dessen Verarbeitung; wenn er schon kein moderner Wortlüstling genannt werden kann, so wird man doch solche Summen historischen & kulturgeschichtlichen Details über das Mittelalter der USA schwerlich sonstwo beisammen antreffen.

2

In der Nähe dieses Ortes ((Cooperstown)) wohnte früher ein Mann, der als Verfasser einer Reihe von Romanen bekannt ist, in denen er die Absicht hatte, Geschichte, Sitten, Gebräuche und Gegenden seines Vaterlandes getreu zu schildern.

(Cooper, ‹*Notions*›, *14. Brief*)

Daß man im 5=bändigen, über 20 Jahre hindurch entstandenen ‹Lederstrumpf› hat ‹Brüche› rügen wollen, ist läppisch & boshaft; dergleichen weist schließlich Alles auf, was nicht das Diarrhöeproduktlein 1 Stunde ist, und der korrekte Ausdruck wäre ‹Craquelée›. Freilich ist es für Angehörige der Lumbeck=Kultur nicht einfach, einen Vertreter des nullten Standes, wie diesen ‹Natty Bumppo› ganz unausgepfiffen passieren zu lassen, scheint es doch selbst mir, der ich urkundlich belegbar besten Willens bin, wie wenn alle diese ‹Archetypen› – Faust, Ahasver, Parzival, Nachsommer=Heinrich – hauptsächlich ein großes gemeinsames Band umschlösse, nämlich a general disinclination to work of any kind. Das däucht mir unrealistisch.

Ansonsten fühle ich – dito entwichen in Absolituden, wo sich andauernd=ähnlich Graue Neutra und die Gaspantomimen von Tiefdruckausläufern zusammenläppern – dem Falkenauge wirklich=täglich nach; (riefen doch auch mir die Kinder in Ahlden einst hinterher : »De schrieft Allns op !«). Ich begreife mindestens ebenso gut wie Stifter (der Cooper im ‹Hochwald› begeistert plagiiert hat) schlechthin Alles : die ‹Grands Arbres› seiner Wälder; das ‹Siebzehn sind zu viel !› (nämlich Nachbarn); vor allem aber die endlosen Haide=Weiten eben dieser just neugebackenen

‹Prärie› – ah, Flachland & Nachschlagewerke; da kriegt man doch noch Luft ! Meinem Urteil nach hat Fischer das beste Fünftel der Serie erkiest; als junger Mensch hätte ich vielleicht den ‹Wildtöter› vorgezogen. Schlimm, wie immer, sind die Nebenfiguren ! Je nach Leselaune machen sie entweder den Eindruck wahrhaft transzendentaler Albernheit (‹Dr. Battius› !); in wohlwollenderer Stimmung den von SHAKESPEARE=Clowns im Ardennerforst. Die beiden Haupt=Helden – Typen, mit denen COOPER zeit seines Lebens nicht fertig geworden ist – sind einmal jener ‹Waldgänger›; und dann aber gleich Ismael Busch, der prä=kommunistische ‹Squatter›.

Das eindrucksvollste ist mir stets der (stilisierte) Rundumhorizont gewesen : eine planetengroße Ebene, mit Gräsern & wohlraschelnden Kräutern bestanden; und ein Summen geht um, vom Hufschlag schattenhafter Rohrfedergestalten SLEVOGT'scher Indianer, an ihrer Spitze jener ‹Petelasharoo› = Hartherz, dem COOPER einst bis Washington hinterher reiste, um ihn noch exakter zu porträtieren, (auch sein Kismet war es anscheinend, Alles aufschreiben zu müssen). Fast immer ist relativ ‹schlechtes Wetter› : sehr sympathisch; ich bin nicht für riante Gegenden, (und mein Lieblingsstück im ‹Struwwelpeter› war stets die Geschichte vom ‹Fliegenden Robert› – die Literatur wirkt doch beträchtlich auf unser Leben ein). Ein weiterer, dem Gourmand unverächtlicher Reiz besteht darin, die Wirkungen eines bei uns wie billig gänzlich ungekannten Buches zu verfolgen; nämlich der Reise von LEWIS & CLARKE quer durch Nordamerika zur Mündung des Columbia – mag man die Achseln noch so spöttlich zucken; es bleibt dennoch ein Buch wie HOMER ! Ihm verdankt ein Großteil der ‹Prärie›=Staffage ebenso ihr Dasein, wie die im ‹Julius Rodman› POE's; und nichts kann int'ressanter sein, als diese 3 Stücke und ihr Zusammengepaschtes miteinander zu konfrontieren. Das Original also ein permanentes Gemisch aus Windespfeifen & Grasgewischel; das, wer es einmal vernommen hat, nicht mehr missen möchte.

3

sô wê dir, tiuschiu zunge !
(WALTHER v. d. Vogelweide)

COOPER's Stil ist bereits zu seiner Zeit als so nahe der unteren Grenze des noch Passablen empfunden worden, daß er fast platt gescholten wurde – er *muß* es werden, in dem Augenblick, wo der Übersetzer versagt ! Das

Original umfaßt 1 Million Buchstaben; ergo hat, infolge der ‹Einsilbigkeit› des Englischen, der bekannte ‹Schmidt'sche Vergrößerungsfaktor› (Achtung : Honorarberechnung !) zur Anwendung zu kommen, der bei bester literarischer Juwelierarbeit immer noch 1,10 beträgt. Es gibt kein sichereres Mittel, um Übersetzungen aus dem Englischen grob zu testen : wenn er darunter liegt, hat man gekürzt; ist er höher, verwässert. Da im vorliegenden Fall 1,1 Millionen Anschläge herauskommen, wird man die erste Garantie haben, daß nichts gestrichen sei; kein i=Pünktchen, kein u=Hütchen; bong. Wie aber steht es mit der Übersetzung selbst ?

Da wird, gleich in der 2. Zeile der 1. Seite die kaptiose Frage gestellt, ob es »politisch *weit*sichtig sei, die *weiten* Striche« Louisianas zu erwerben : müssen wir es zweimal hören ? Also da weiß ich sofort, was ich weiß. (Zumal da geschrieben stehet : ‹concerning the policy of adding the vast regions›.) / S. 27 wird eine Steppenkulisse mit abendlichem Bodennebel aufgebaut; über ihr ‹the pale, quivering & deceptive light from a new moon›; laut Fischer »das bleiche trügerische Licht des eben aufgegangenen Mondes«. Nun ist ‹Der Mond› notorisch meine Domäne, und ich gedenke keinen Bönhasen damit Schindluder treiben zu lassen; also betone ich, daß sich im Original – einmal abgesehen davon, daß Cooper 3, Fischer nur 2 Adjektive hat – eine sinkende, jung-bleiche *Mondsichel im Westen* ergeht; während in der Übersetzung im *Osten ein Vollmond* pausbackt ! Gesichert durch Seiten wie 39, ‹the moon had fallen›, wofür Fischer nur »verschwunden« setzt : neenee; das ‹gesunken› ist damit unterschlagen ! Wie in Vorahnung solcher Verdrehung erkundigt sich Busch denn auch entrüstet : ‹or is there no virtue in moonlight ?› – angeblich (S. 66) »oder man könnte nichts bei Mondlicht sehen.«; was in Wirklichkeit ja heißt : ‹oder ist auf den Mond kein Verlaß mehr ?›. Ich habe nichts gegen Lügen; aber ich hasse Unakkuratesse ! / ‹Masses of herbage› sind nicht »Unkrautbüsche« (41). / ‹Waste› durch »Wüste« (58) wiederzugeben ist flusig; da Deutschen prompt Saharamäßiges einkommen dürfte, während hier ‹Einöde›, allenfalls ‹Wüstenei› gemeint ist.

Die Gesamtzahl dieser faulen ‹Näherungen› wird meiner Schätzung nach rund 3000 betragen; wodurch das Ganze den lehmigen Klang einer, von einem professionellen Taschenbücherrevisor, nach einer defekten Vorlage ‹in die Maschine angesagten› Parafrase bekommen hat. Cooper muß als undiskutabler Stümper wirken : *was er nicht ist !* Alle seine, doch recht präzisen Bilder, erscheinen hier unscharf, wie mit dünner Kalkmilch übertüncht; die Situationen sind alle irgendwie ‹erhalten›, sicher, aber eben nur trübe, wie durch ein Glasauge gesehen. Kurzum, um mit klaren Worten profund zu werden : man hat uns wieder einmal hereingelegt. Eine »wohlerwogene Auswahl«, die »ungekürzte, sorgfältig herausgegebene, bedeutende Texte vereinigt«..... dem Verleger wurde anscheinend selbst etwas unheimlich, da er dies schrieb (worauf er es sogleich in Steinschrift setzen ließ).

100 EXEMPLA CLASSICA ? Kaum; allenfalls 99.

EDWARD GEORGE BULWER

25. Mai 1803, London – 18. Januar 1873, Torquay

BULWER

oder

die Meßbarmachung einer unbekannten Größe.

I

‹Der junge Mann hatte, eh' sie dorthin fuhren, Sir BULWER=LYTTON*'s prächtige Geschichte gelesen, welche schlicht* die *Geschichte Pompejis geworden ist; und sie bestaunten die wundervolle Erfindsamkeit, mit der der englische Schriftsteller die Örtlichkeit auf eine Weise illustriert hat, wie wenn nunmehr=umgekehrt die Häuser nur als Bebilderung zu seinem Text entstanden wären.›*

(THACKERAY, ‹Die Newcomes›).

Womit *das* Buch genannt wäre, das, über nun schon 140 Jahre hinweg, auch heut noch ‹im Handel erhältlich› ist; und das seine Wirkung nie eingebüßt hat, von den ‹last days of pompery› in ‹Finnegans Wake›, bis zum ‹astromentalen Fremdenführer› WERFEL's (‹Stern der Ungeborenen›), der aussieht wie ‹der Isispriester Arbaces› – : *Alle* haben sie ihn, BULWER, gekannt; ob RAABE ob KARL MAY; ob GRILLPARZER ob FREUD ob SHAW. WAGNER nahm seinen ‹Rienzi› von ihm. DICKENS verschmähte die Beratung seines ‹großen Bruder=Artisten› (weil um 10 Jahre älteren und um 40 Zentimeter längeren) durchaus nicht. Und GUTZKOW setzte vor eines seiner Bücher, um es besser verkäuflich zu machen, kalt ‹von BULWER›. –

1803–73; (also rund ‹Zeitgenosse STIFTERS›). Geboren in London; als Abkömmling wohlhabender und gebildeter Leute – (ernstliche ‹NOT !› hat er nie erfahren) – wobei die erbliche Belastung durch das ‹gebildet› alpdruckhaft=weit ging : sein Großvater konnte *Schauspiele auf Hebräisch* schreiben ! (: ‹Sein Haus schwebt mir noch vor, wie ein verworrener Eindruck aus endlosen Buchnissen – ‹Bücher› geistern vor mir, in jeglichem Zimmer, das ich betrat – selbst Korridore & Treppenabsätze waren damit tapeziert›). Mit noch nicht 4 Jahren konnte BULWER lesen und schreiben. ETON=College besuchte er, der brutalen Tyrannei der Ober= gegen die Unter=Klassen wegen, absichtlich nicht; Cambridge eine zeitlang; (später wurd' er freilich, unter anderem, auch Custode der Uni Glasgow). Seine linguistische Ausstattung, (bei einem Schriftsteller das Wichtigste), war überaus solid : Griechisch, (‹Athens Aufstieg und Niedergang›); Latein, (Er übertrug Horaz ins Englische); Französisch; Italiänisch; und, vor allem Uns int'ressierend, Deutsch : Er hat, in 2 Bänden, Schiller's ‹Gedichte› übersetzt; er schrieb ‹Pilger am Rheine›; und sein Roman ‹Maltravers› ist schlicht gewidmet :

Dem grossen deutschen Volke
einer Nation von Denkern und Kritikern
einem andersredenden aber tief=vertrauten Publikum
gründlich im Urteil, aufrichtig im Tadel, großzügig im Anerkennen –

: nu, was könn' Wir mehr verlang'n ? !

Überdem war er, menschenalterlich lang, Parlamentarier, (seine ‹UnterhausReden› füllen 2 Bände); ja, sogar einmal ‹KolonialMinister› der Queen Victoria – was bei einem ‹Kabinett› von damals höchstens 4=5 Ministern immerhin Einiges bedeutet. Unvermeidlich bei solcher Herkunft, solcher Karriere, ward Er erst ‹Sir›; dann ‹Baronet›; am Ende der erste ‹Lord Lytton›. – Irgendwie ‹zum Ausgleich› geriet dafür sein ‹Familienleben› unerquicklich : die FrühEhe mit einer Irin, Rosina Wheeler, wurde nach 10 Jahren – um 7 zu=spät ! – geschieden; die Kinder – da es sich bei Ihr, einwandfrei, um eine schwere Hysterika mit Verfolgungssucht handelte – Ihm zugesprochen; (die Tochter starb 20=jährig; der Sohn brachte es bis zum ‹VizeKönig von Indien›; und, unterm Pseudonym ‹Owen Meredith›, zum Autor dritten Ranges). Nicht untypisch vielleicht, daß Chaim Mordechai, (gemäß heut wie damals gültiger kommunistischer Theorie + Lust am Schaffen & Schüren bourgeoiser Schwulitäten), sich des wüthenden Weibes gleisnerisch annahm, gegen den ‹literarischen Häuptling›, den ‹tapferen Ritter vom DintenFaß› – : alles Formulierungen, die einem völlig=undichterischen, dazu um 15 Jahre jüngeren HalbOrientalen, einfach nicht=zustanden ! / Für Uns=Heute genüge, daß Bulwer sein Grab in Westminster Abbey fand – ich habe selber, 1938, ehrerbietig davor gestanden. –

2

‹Als Romanschriftsteller betrachtet, wird er von keinem Autor, weder unter Lebenden noch unter Toten übertroffen : wo wäre Jemand, der es Alles – Phantasie, Leidenschaft, Humor, Energie, Originalität, Erfindungsfülle, diese Kenntnis des Herzens, dieses Auge des Künstlers, und endlich noch Bildung & gelehrtes Wissen – dergestalt in 1 Person vereinigte, wie EDWARD LYTTON=BULWER ?›

(EDGAR POE, ‹Marginalia› Nr. 26)

Des Gewinns an Übersicht halber, sei das vielbändige Oeuvre in 4 Klassen eingeteilt. Vom noch=geläufigen her also einmal die *‹Historischen Romane›* : ‹Rienzi›, (der eine der großen PestBeschreibungen enthält); den ‹Harold› (‹66 and all that›); das schönste=reifste Stück in dem Genre ist ‹Der Letzte der Barone›, das auch in unsern Bücherläden parat sein sollte.

Gruppe Zwei : *Krimi's und spiritistische Thriller.* – ‹Eugen Aram›, ein gelehrter Mörder. Die GiftMischereien der ‹Lucretia›. Unterschlagne Testamente spielen ihre gebührende Rolle, etwa in ‹Nacht und Morgen›. Das erneuerungsfähigste Stück wäre hier der ‹Paul Clifford›, eine umfassende und plastische BerufsStudie des ‹Highway=man›, des ‹berittenen StraßenRäubers›; (die witzig philosophierende GaunerFigur des ‹Tomlinson› war viele Dezennien lang sprichwörtlich in England). Wie wenig akadämisch – (um gleich einen Einwand zu parieren) – BULWER's Wort-Darstellung der Verbrecher=, Ganoven=, Prostituierten=Welten war, entnehme man daraus, daß der Lexicograph des englischen Slang & Cant, Partridge, ihn nicht selten als frühen Beleg für so manche Kinderei der Nacht anzuführen hat ! / Die okkulten Stücke werden – abgesehen von der 1, immer wieder in Grusel=Anthologien aufgenommenen Erzählung, ‹The House and the Brain› – enttäuschen : ‹Zanoni›; ‹Godolphin›, ‹Eine seltsame Geschichte›, sind allzu rosenkreuzerisch tingiert; (obschon es, dies sei nicht verschwiegen, ihm zuweilen durchaus ernst war mit solcher Sibyllinik ! – ‹occasionally a bit weird›, wie DICKENS in Briefen von ihm schrieb).

Die vierte Gruppe muß den schnöden RumpelkammerTitel *‹Sonstiges›* bekommen. Vieler= und Bunterlei : ein Epos vom ‹König Arthus›, (an dem ihm gelegen haben muß; denn er hat 2 Fassungen davon veröffentlicht). Die ‹Gedichte› sind farblos. Die 6 Schauspiele dito; daß die ‹Lady of Lyons› damals öfter aufgeführt worden ist, widerlegt mich nicht. Seine Schriften zur TagesPolitik sind (heute !) mit dem Wörtlein ‹ephemer› gekennzeichnet. Das bei weitem int'ressanteste dieser ‹isolierten› Stücke – (und bei welchem die Gröblichkeit meiner ‹4 Klassen› so recht handgreiflich wird) – ist die Utopie. ‹The Coming Race›; der Bericht über eine unterirdische ‹Menschheit›, mit voll ausgebildetem (präziser : schon wieder leicht=gemäßigtem) Matriarchat, (und ergo sinkendem KulturPegel; so gereizt die Herren Damen das auch hören mögen); mit vielen hübschen Einfällen, die von anschließenden ZukunftsRomanciers nicht unbenützt gelassen worden sind.

Das Geständnis, daß ich die, (anonym erschienene) Erstausgabe davon besitze, leite zu der Anmerkung über, daß sämtliche Werke BULWER's in der unschätzbaren ‹TAUCHNITZ Edition›, der auch dem Deutschen AntiquariatsBesucher noch leidlich erreichbaren, erschienen sind – obwohl es mit einigen der Bände eine (aber nur dem Fachmann wichtige) besondere Bewandtnis hat. / Von fast allen aufgeführten Titeln hat es Übertragungen ins Deutsche gegeben; und zwar in der damals beliebten Form der ‹Parallel=Übersetzungen›. Sobald ein englischer (oder französischer) Autor mit dem ersten HalbDutzend seiner Bücher ‹Erfolg gehabt› hatte – dh sowohl ‹gut›, als auch vielversprechend ‹fleißig› war – fanden sich stets ein paar gutenbergisch=schnellfingriger DiebsHauptleute, die ab nun Alles von dem Betreffenden ‹brachten›, (natürlich ohne Honorar für den Verfasser !); die Reihe wurde von vornherein als ‹Gesammelte Werke in kl. 8°› angelegt; und die BlutSauger ließen von ihrem Opfer bis zu dessen Tode nicht ab. Aber einmal abgesehen von der (leider auch heut wieder totschicken, trichinengemeinen Piraterie, die sich an jeden Erfolg anhängt), hatte das Verfahren : fremdsprachige Romane, warm vom BackOfen weg, (wenn möglich gleich aus einem ZeitungsVorabDruck !) zu vereinnahmen, mehrere, für den Leser mißliche Facetten. Da immer Konkurrenz vorhanden war – (Räuber, die einander ‹Räuber !› schalten) – mußte von dem, wenig beneidenswerten, Übersetzer ‹größte Schnelligkeit bei geringstem Honorar› verlangt werden. Nimmt man hinzu, daß um 1850 die Kenntnis ‹lebender Sprachen› unvorstellbar im Argen lag; auch lexikalische Hülfsmittel nur unzureichend vorhanden waren, kann man sich die Ergebnisse a priori ausmalen ! Im besten Fall ein ehrsam=hölzernes GesellenGestückel; meistens mühsam zu studierende Näherungen; zuweilen Gebilde, wie von Wahnsinnigen im kalten Fiebertraume geheckt, (man hat Beispiele); enfin : alle, nach heutigen besatzungs=Zonigen Ansprüchen beurteilt, dem Leser unbrauchbar !

3

‹Es wird sich – (ich mache Ihnen diese Mitteilung lieber noch vor GesamtAblieferung meines Manuskripts) – ein Buch von rund 14=Hundert NormalSeiten ergeben : jegliches ehrliche AbBild unsrer modernen Welt, erfordert eine solche große & von Figuren gedrängt=volle LeineWand.›

*(*Bulwer ad Verleger Blackwood & Sons)

Eingebettet in Namen & Leistungen, angefangen von Scott – über Warren; Thackeray; die Brontë's; Dickens; Reade; – bis (zeitlich) hinauf zu Collins und Trollope; umlebt vom England der enorm suggestiven, witwenhäubig=verhaltenssetzenden Königin Victoria, konnte Bulwer, da er als verständiger Mensch auch älter wurde und Pathos abstreifte – (an dem seine früheren zeitgenössischen Stücke arg laborieren : ‹Falkland›; ‹Maltravers›; streckenweis auch der sonst zu empfehlende ‹Pelham›) – sich der (überwiegend sogar wohl ‹inneren›) Aufforderung, ein=zwei GroßAbbilder seiner Erdentage zu versuchen, nicht entziehen. Wobei zu den ‹Abbildern› sämtlicher Victorianer erinnert sei, daß sie Alle nicht im entferntesten Real= oder gar Naturalisten waren – nicht unrichtig übrigens, wenn man sich besinnt, wieviel % unseres Treibens in ‹Phantastik› bestehen : Träume; Gedankenspiele; Lektüre; Theater Film Fernseh'n; Religionen; (schweigen wir ganz von ‹Nachrichten›) : immer eine Fantumb City an der anderen : ‹Wir leben in einem kolossalen Roman !›, hat es der früh=unvollendete Novalis nicht unverständig formuliert. Die Ergebnisse für Bulwer, (unter welchem Namen man in deutschen; ‹Lytton› wo man in ausländischen ConversationsLexica nachzusehen hat), bestanden in 3 umfangreichen Büchern : ‹My Novel›; dem ‹Kenelm Chillingly› (das letzte seiner Bücher überhaupt); und dem hier eigentlich gemeinten ‹Was wird er damit machen ?›. –

Es ist – um *einen* der möglichen OrientierungsFäden zu liefern – die Geschichte dreier Paare. Des schmucken OffiziersAnwärtels Lionel & der kleinen muntren SchauspielersEnkelin Sophie. / Des alternd=reichen LatifundienBesitzers und ExParlamentariers Guy Darrell & der um 25 Jahre jüngeren Caroline Lyndsay; (die ihm erst ihre Kinderneigung schenkte; dann allerdings einen gleichaltrigen Marquis heiratete; zur Buch=Zeit ist sie wieder Witwe). / Das apartest gebosselte der LiebesPaare jedoch, (und ziemlich einzigunartig in der WeltLiteratur), sind die energisch=unschöne, im Verlauf der Geschichte immer eisengrauer geratende Arabella

Crane & der athletisch=hübsche, so sorg= wie gewissenlose, in allen galgenvogligen NiemandsGeländen heimische Jasper Losely; der sie lediglich zum Anpumpen benützt; ansonsten aber nicht bloß ‹verschmäht›, sondern förmlich haßt, ob ihrer unerbittlichen Schutzengelei, mit der sie ihn an Kittchen und Rabenstein vorbeisteuert. Das ist eine der mehreren fantastischen Szenen des Buches, wie Arabella den NornenKopf über ihren, vom Schlag gelähmten Jasper bückt : ENDLICH MEIN ! Und Ihm, dem schon rücklings Liegenden in TodtenFährmanns Kahn, wied'rum nur graut vor so viel unaufhaltsamer Vereinnahmung ! (‹Ob die (nordische) Mythologie hier unnützlich bemüht werde ?› : darüber wird noch zu reden sein. Bei der, handlungsmotorisch so wichtigen, Gestalt des alten einäugigen Waife; des tiersprachekundigen WeltStörzers und zutiefst Verwandelbaren; der sich durchaus aufrichten und dröhnen kann – vermag man sich verblaßter Odins=Echos, (dem Verfasser eines altsächsischen ‹Harold› übergeläufig), nicht ganz zu erwehren – erfolgt doch die Einbuße der Götter über viele Staffeln hinab, bis zu OFFENBACH'schem Meckern & Hüpfen.)

‹Reichtum an gut individualisierten Gestalten› : das ist das Kennzeichen dieses Buches; (wie denn BULWER überhaupt der delikateste Psychologe unter den Victorianern war; seine ‹Caxtoniana› bergen EssaySchätze, ‹Über die Schüchternheit›; oder ‹Motive Power›, der Keim, nebenbei bemerkt, zu unserem Buch hier). / Was ist nicht Lionel's Mutter für eine, fürchterlich=typische, ‹Lustige Witwe› plus ‹Mutter Gans› ! / Der Schuhflicker Merle, auch Astrolog & Kristallgucker, ein braver Wunderling. / Der KleinstadtBürgermeister Hartopp; eine Studie in bester kluger Einfalt, (und bestimmt schwierig zu erfinden & durchzuhalten gewesen). / Der TheaterDirektor Rugge; wie er leibt, und zitiert; und endlich (x,4) aus dem Buch entlassen wird. / Der Maler Frank Vance : mit dem fein=motivierten leichten Sparsamkeits=Komplex des sehr ärmlich Aufgewachsenen. / Cutts, der DiebsChef – klein, und kalt, und gar nicht übertrieben, (und deswegen überzeugender als die Bramar-Bässe im TV). / Der junge Reverend Morley, ein arrivierter Stotterer; ziemlich unausstehlich in seiner geistlichen Besserwisserei; (aber Die sind so). / Mit seinem Onkel, Oberst Alban Morley, kann man als Leser weit eher auskommen; (obwohl dem Kenner seine Funktion im BuchGefüge – nämlich ‹Verbindungsmann› zu sein; vorwiegend ‹Träger von aufhellenden Nachrichten aus vergangnen Tagen› – sehr bald auffällt). / Die Skizzen aus dem Adelsleben, sämtlich zentriert um ‹Das Haus Vipont›, scheinen arge Satire – aber sind sie es ? Fast alle diesbezüglichen Darstellungen, auch in der deutschen Literatur, laborieren ja daran : daß ihre Verfasser aus dem Bürgertum stammten; und vom Adel immer nur die dümmste seiner mehreren läppischen Seiten, nämlich die ochsige Anmaßung im Umgang mit der ‹Krapüle› zu sehen, wenn nicht gar zu spüren bekamen. Wenn also DICKENS, das geniale ProletarierKind, in, sagen wir, ‹Bleakhouse›, den ‹Baronet› samt seinem Zirkel in diesem Sinne karikiert, dann ist das nicht weiter überraschend : (sehr hübsch, wie jene Victoria nicht wagte, ihm, DICKENS, den ‹Sir›=Titel anzubieten !). Daß jedoch BULWER's – Der es alles selber war : ‹Sir› und ‹Baronet› und ‹Lord› ! – PorträtSerie hier genauso ausfällt, überrascht eigentlich bei einem, der notorisch stolz darauf verwies, wie schon ein normannisch=hakennasiger ‹Bulvar› bei Hastings mitgeritten sei. / Aber zum Schluß noch einmal zu erfreulicheren Gestaltungen : der gelehrte Pudel ‹Sir Isaak›. / Poole, der junge kaufmännische Angestellte, den die Rolle des blasierten Lebemanns lockt; der als ‹labiler Charakter› zu kleineren Gaunereien Herz & Hand beut – bei größeren jedoch heilsam zurück=zuckt; (und, wie billig, im Philisterium endet). / Eine gut=bizarre Figur ist Darrell's Sekretär, Dick Fairthorn, der bis zur Bissigkeit getreue Diener eines schwierigen Herrn; ein bescheidentliches Schlemmerlein, und großer Virtuos auf der Flöte, deren Getön, FREUD= und leid=motivisch, (‹so I piped, He wept to hear›), die weite windige Landschaft um Fawley immer wieder fein durchklingt. / ‹Fülle› – nicht nur der 14 HauptFiguren; sondern auch der weitern 40 Figurinen – ist vorhanden. (‹Wird sich wohl auch gehören, bei 1130 Seiten.›, mag ein knurriger Einwurf lauten ? : Pardon; es sind, imgrund', noch weit mehr; nämlich, da jede Seite 40 Zeilen mißt, runde 1.400.). Und auch die Zueinandergehörigkeit aller irgendwie Auftretenden – die Verfäd'lung des einen Geschicks mit dem anderen Kismet – ist kunstvoll geleistet.

Summe: ein noch gar nicht ‹veralteter› GroßAutor – (dem unverdiente Reduktion auf 1 Buch, ‹Pompeji›, widerfuhr) – wird hier, in der vielleicht bedeutendsten seiner anderen Facetten, zur Begutachtung, zur Einstufung innerhalb der gutgeschlossenen Gruppe der Victorianer, dem Leser vorgelegt . . . –

: ‹Was wird er damit machen ?› . . .

WAS WIRD ER DAMIT MACHEN?

Nachrichten aus dem Leben eines Lords.

Sprecher,
(Alle müssen notfalls ein paar Zeilen
Englisch zitieren können):

A.: Berichterstatter; 55; ruhig & gedämpft, wie nach einer langen, nun abgeschlossenen Arbeit, (aber ja nicht ‹schleppend›).

B.: Sein Wochenend=Nachbar; Typ : rüstiger Fabrikant (Exporteur nach England); ebenfalls längst im consularischen Alter, jedoch fest entschlossen, noch weitere 30 Jahre zu exportieren; in seiner Art ‹gebildet›.

C.: Dessen ‹junge Frau› (dh etwa 30=jährig); resolut weltzusammenhaltend, (etwas gleichberechtigt=vorlaut); in Abständen jedoch echt um Bildung und Geschmack bemüht.

Stühle scharren. Geräusche von sich Setzenden. Eine Zigarre wird angezündet; eine Flasche poppt. / Dann

C. (behaglich ächzend): – endlich=Hhh ! – Sie ahn'n gar nich, was es heißt, so richtig lange Beine machen und die Rückwand des Lebens annicken zu können. – *(Zu B.): Mußt* Du unbedingt rauchen ?

B. (ruhig): Ich muß.

C.: Der Arzt hat es verboten ! – : ? –

B. (wie zuvor): Aber es schmeckt. Und das Ale auch : ergo Gluck. – Wie wunderbar, daß Wir das Grundstück hier haben. – *(Zu A.):* Nach so einer Verhandlungswoche, mit 2 solchen ManchesterTypen, iss sonne zerstreute Stille ja wie'n JungBrunn'n. – *(bedenklich):* Der Mond sackt aber beträchtlich ab, wie ? – *(wieder sachlich):* Ihr Tipp war übrigens ausgezeichnet, : ‹diese zwei dicken englischen Romane vorher durchzulesen› – zwar ne TermitenArbeit; aber ich war davon derart großbritannisch geworden, spürte so=leidlich, wie's in den Köpfen der beiden Buben schaltete, daß ich mir schmeichle, sie doch ganz anständig=ä... *(er verstummt zufrieden).*

C.: Und was Sie guter unschuldiger Landmann indes getrieben haben, ersieht man *auch* mit unbewaffnetem Auge : an der Leine flattert ein rundes Hemdlein; Schlüpferchen so windsig wie meine Hand : Dame Kobold spukt & feet also noch immer ? ... – *(da A. nur zu nicken scheint):* – macht Ihnen der Innere Gendarm tatsächlich keinerlei Vorwürfe ? Tz; so ein Geschöpfchen von 100 Monaten gerät doch außer Rand & Band; bekommt ganz falsche Vorstellungen.... –

A. (höflich): Wo=von ? –

(Der Südwind trägt BauernMusik, und grobes Jauchzen herüber).

A. (erläuternd): Hochzeit im Dorf. – *(Zu C.):* Nur weil die Maid sich neulich – und übrigens betont ‹Ihnen=gegenüber›; mit gebogner Lippe & 'ner terribel feinen Stimme – als sich restlos hier gefallend erklärte, bezichtigen Sie mich als professionellen FremdinnenVerführer ? : mein Alibi sei der Stoß Bücher, auf dem Tisch da.

C. (kunstvoll murrend): Jajâ : immer hübsch gemäßigt=FAUSTig hintern Ohren : nich der erste Greis, den ich unvernünftig fände...

(da B., massiv=mahnend, einwirft): Zwick dich ma' in de Zunge, Sweatheart.

C. (nur leicht verlegen): Mein; ich denk' eben zuerst an die Kleine ! Der Herr Groß=Wolkenwandler wird sich schon zu salvieren wissen : aber das Kind ? Ich hab mich jedenfalls schon mehrfach – *(zu B.):* etwa wenn ich für dich Scheusal grillte daß es toaste'te ! – auf der Frage ertappt : ‹Was wird er damit machen ?›. – *(schmeichelnd ablenkend):* Wie heißt denn der vielförmige Herr dort wieder ? Stimmt das, was ich neulich in der Zeitung gelesen hab' ? : daß Sie Hemmungen empfänden über einen 50=bändigen Autor zu arbeiten, wenn Sie nur 49 davon kennten ? Was das für ein (mir fremdes !) Vergnügen sein mag, so diese endlosen ‹Gesammelten Werke› zu durchmustern ?

B. (spricht paffend): Das waren auch wieder mindestens *drei* Fragen; (davon 2 überflüssig). – Darf ich raten ? – : 1850. Und ein Nicht=Deutscher. – *(da C. ein protestierend=erstauntes ‹Wie das ? !› einwirft / B. erklärend):* Weil das Format heute völlig handelsunüblich ist; auch die schwarzen HalbleinenRöckchen viel zu ältlich=solide. Weil unser verehrter Wirt ein Tendre für jene Jahrzehnte hat. Und endlich, weil es in einem Wahljahr nichts weniger als unbegreiflich wäre, wenn Einem die engere sprachliche Heimat so ganz=leicht fatal würde. – : war er mal ‹berühmt› ?

A.: Er liegt immerhin in Westminster Abbey begraben... *(da C. ein sinniges ‹Poet's Corner› einschaltet : ?)*... zumindest gleich um die Ecke; 15 Meter weiter, in der Kapelle des Heiligen Edmund. – Sie kennen BULWER doch auch noch; zumindest das 1 Buch für Jugendliche, auf das die 100 Jahre=seitdem ihn reduziert haben ?

B.: ‹Die Letzten Tage von Pompeji› ? – : hab's vor Jahren mal, als sie noch klein waren, den Nichten meines Bruders geschenkt. – *(grübelnd):* Warten Sie ma'... wie ist mir denn ? – *(Er pafft; und zitiert, leicht selbstironisch=parodierend):* ‹Wie die Winde in ewigem Zug / durchbrausen des Äthers Meer, / magst Du messen den Raum in unendlichem Flug – / : keine Kette bindet dich mehr. / : Freue dich ! Über des Styxes Schoß / schweift deine Barke jetzt, fessellos...›

C. (künstlich schaudernd): BR ! Ein'n an so ei' 'm Abend mit Styx & Coronach zu behölligen ! – Wenn ich schlecht sein wollte – (ich bin schließlich attackiert worden, wie ? Oder nicht ?) – könnt' ich ja meine Bekanntschaft mit dem Buch einfach ableugnen; tue dies jedoch nicht; bekenne mich vielmehr frei dázu : daß ich, als Jungfräulein, auch mal 14 Tage für den Helden geschwärmt habe. Und zwar gár nicht für jenen glatten=feisten Jung=Roué Glaukus; wohl aber für diesen Dings, diesen negativen Sarastro, den düstern ‹Herrn vom Flammenden Gürtel›... (?).

A. (bestätigend, zitiert den zuständigen Eideshelfer): ... ‹ertönte die heisere OratorenStimme des ‹Fremdenführers› dieses astromentalen Zeitalters, der plötzlich Alle hoch überragte, und genau so aussah, wie eine unvergessene Lese=Bekanntschaft meiner Knabenzeit : ich meine den ägyptischen IsisPriester ARBACES aus BULWER's ‹Pompeji›...› – : gesteht FRANZ WERFEL, im ‹Stern der Ungeborenen›, 1945 – : gar nicht lange her.

C. (angeregt in die Hand klatschend): Eine Bestätigung, die ich mir gefallen lassen kann ! – ä=Ist Ihnen etwa der *eng*lische Text dieser Styx=Hymne eben, zufällig=erreichbar ?

B. (hinein murmelnd): ... ‹zufällig› iss ausgezeichnet...

A. (gefällig): ‹As the winds in their ceaseless chase, / when they rush o'er their airy sea, / thou mayst speed through the realm of space – / : no fetter is forged for thee. / : Rejoice ! o'er the sluggard tide / of the styx thy bark can glide...›

B. (erstaunt): Sie; !; das war aber dann glänzend=übersetzt, eh ?

A.: Jå; PFIZER hat sich schon Mühe gegeben – so weit seine (nicht ganz zulängliche) sprachliche Ausrüstung, und seine landlubber=Mentalität eben reichten. – Es ist merkwürdig=schwer, heute in Deutschland, einen leidlich=kompletten BULWER zusammenzukratzen, ob englische ob deutsche EinzelStücke ... *(sehnsüchtig):* – ach; Wer sämtliche TAUCHNITZ=Bände besäße ! – die allererste Nummer der Riesenreihe war übrigens Bulwer's ‹Pelham›.

B. (unterlippig=mitempfindend): Tja. Ähnlich hab' ich, als rund=Fünfzehnjähriger, Monate über einem GesamtVerzeichnis der RECLAM=Bibliothek verträumt ... : hochbeinige Zeit damals ! ...

A. (nach einer winzig=sympathischen Pause – (müßte das doch ein mieser Kerl sein, der dergleichen AntiquariatsKatalog=Haftendes nicht=mitgoutierte !)): Ah=jà ! : VICTORIEN SARDOU, ‹Theodora› ! Oder ALMEIDA=GARRETT, ‹Der Mönch von Santarem›... *((bitte correct=portugiesisch aussprechen : ‹ßanta=räng› !)):* – Immerhin war BULWER, von Anfang an, in Deutschland sô=beliebt, daß, gleichzeitig=schlagartig, *drei* sogenannte ‹ParallelÜbersetzungen› erscheinen konnten. Die eine bei Mayer in Aachen. Die andre bey Schumann=Zwickau. Die dritte, (eben=zitierte), bei Metzler in Stuttgart.

B. (behaglich): Hat das nicht HAUFF damals so bissig beschrieben ?; die ‹ÜbersetzungsFabrik von Scheerau› ? – muß ja grus'lig gewesen sein.

A.: Vor allem weil die Kenntnis der Neueren Sprachen früher unvorstellbar im Argen lag; selbst diese – immerhin ‹besseren› – Leute des MÖRIKE=UHLAND=Kreises kriegen es ohne weiteres fertig, hinzuschreiben : ‹die Fürstin setzte sich auf das Hinterteil› : ‹the princess seated herself by the helm› – das macht ‹Elfe Gumal›. Die (relativ) korrekt=lesbarste Übertragung lieferte BÄRMANN aus Hamburg; ein Name, dem man, vor 1850 häufig begegnet.

C. (listig): Der Herr sind Lokal=Patriot.

B. (energisch): Unsinn. Einer von der Wasserkante ist mir für's Englische sogleich hanseatisch=zuständiger.

A. (belustigt): Darf ich erwähnen, daß WAGNER seinen ‹Rienzi› immerhin nach der BÄRMANN'schen Übersetzung gestaltet hat ?

C. (anzüglich): ...nach sorgfältiger Vergleichung mit den beiden anderen Übersetzungen, wie auch mit dem Original : jetzt brauchen Sie mir nur *das* noch aufzubinden ! – Deuten Sie uns lieber etwas über BULWER's Leben an.

A.: 1803 bis 73. Der Vater General; die Mutter, Tochter eines sô=gelehrten AltPhilologen, daß er ein Schauspiel in Hebräisch schreiben konnte...

C. (teilnahmsvoll): Ohgott, die àrme Frau ! – *(künstlich erregt):* Hat unsereins denn wírklich nur die Wahl auf Erden, zwischen ‹Beau BRUMMELL› einerseits, (der ja wohl auch in jene Zeit fällt, wenn ich meinem Fernseher traue) – und seuchen überstudierten Bärenhäutern auf der anderen, bei denen kein Flirt mehr zieht & kein Décolleté ? !

B. (geruhsam; aber mit matrimonialer Offenheit): Heutzutage, wo einem die Weiber überall durch & zwischen die Beine laufen, und in alles hineinreden, kann die Sympathie nur dem Letzteren gehören : abstrus; aber immerhin arbeitsam. – *(murmelnd):* Farbige Zeitläufte übrigens : in England Queen Victoria, und TENNYSON. In Frankreich regieren OFFENBACH und

Napoleon. In Preußen Bismarck, oxenstiernig wie's den deutschen Kanzler ziert. – Hoh ! : fällt mir nicht ‹Nena Sahib› ein ? Und schauderliche Wendungen à la ‹vor die Kanone binden› ?

A.: Und ausgerechnet in *den* Jahren mußte Bulwer KolonialMinister sein.

C. (int'ressiert): Ach ! – *(Zu B. hin):* Fred só=was müßtest Du werden. – *(schwärmerisch):* ‹ViceKönig von Indien› – : oh einen Spiegel her ! ...

B. (behaglich): Sicher : sowas fehlt dir noch. – *(murmelnd; nach einem neuerlichen Ausbruch der Musik):* Tz; bei dér Hitze tanzen ! Mann tropft so schon wie'n Stalaktit. – *(wieder zu C.):* Iss dir bekannt, daß *eben das* der RuinierPosten des Weltreiches war ? : die Unseligen mußten repräsentieren, aus Leibeskräften; und konnten halt *doch* nicht mit den Maharadschas mit; (daheim erschien'n se dann praktisch barfuß & mit ausgefransten Hosen). – *Nein* also. – Aber der Mann wird mir imponierender, Sie : nicht bloß Poetlein – (Ich=weiß ich=weiß, der Ausdruck wird mir gleich sattsam berichtigt werden) – sondern gleichzeitig GroßPolitiker ? – *(Zu C.):* denn dergleichen wurde man ja nicht ‹auf Anhieb›, Du; dem hatten lebenslängliche parlamentarische & sonstige Dienst= & Bewährungszeiten vorauszugehen. – : hab ich recht ?

A. (bestätigend): Ja; 26 Jahre UnterhausMitglied : ‹His eloquence gave him the ear of the House of Commons, and he often spoke with influence and authority› – es sind 2 Bände ‹Reden› erschienen. – Dann, ab 1866, als ‹Lord Lytton› im Oberhaus... (?) –

C. (tuend, als ob nicht länger zu schweigen vermögend): ‹Lord & Lady› – Sie haben Recht : der Mann leuchtet ei' 'm immer mehr ein. Wofür ist die be=Lordung denn erfolgt ?

A.: Infolge chronischer MittelohrEntzündung : zunehmende Taubheit machte ihn für's muntere, erregt durcheinander=debattierende Unterhaus, allmählich unbrauchbar. – Zum ‹Baronet› war er bereits anläßlich Victoria's Thronbesteigung gemacht worden : alte Familie; alter Familiensitz; wohlhabend genug ‹to uphold the dignity›...

B.: Entschuldigen Sie – (seh ich ja, wie Sie ins Literarische einmünden möchten) – aber : ein Schlößchen & Liegende Gründe ? –

A.: Also das will mir gar nicht zu Sinn, daß wir erst... nu=schön. – Wenn Sie, von London aus, auf der A 600, runde 50 km nach Norden steuern...

B. (mit der Hand ums Wort wakkelnd): Moment ! – (bin die Strecke mehrfach gefahren; auch worden) – : da sind wir=ä – : in Hertfordshire ja ? Só=gesunde Gegend, daß das Sprüchwort verlangen konnte : ‹Zwei Jahre Miete im voraus : für die bloße Luft !› – Da also liegt=ä... ?

A. (ergänzend): ‹Knebworth›; ganz recht. – *(zu C. hin):* der Besitz jenes fließend Hebräisch Schreibenden : normannischer Donjon=Grundritz – *(vertraulich):* in seinem Roman über 1066, dem ‹Harold, the last of the Saxon Kings› – (er hatte es, merkwürdig fixiert, immer mit solchem ‹last of› : ‹The last Days of Pompeji›; ‹The Last of the Barons›; ‹Rienzi, the last of tribunes›) – dort also erscheint bereits ein hakennasig=kühner ‹Bulvar›. Eine Tudor=Superstructur; ein noch=modernerer Überbau erfolgte 1900. – D's wär eigentlich Alles Wichtige aus seiner äußeren Laufbahn : Lord Rector der Universität Glasgow war er noch. Während seiner Ministerschaft rückte Australien beträchtlich ins Blickfeld. Das, 1859 erlöschende, Monopol der Hudson=Bay=Company hat er nicht mehr verlängert…

B. (ablehnend): Erzählen Se das GRZIMEK.

A.: Er war 1 der wenigen näheren Bekannten, (ich wage nicht zu sagen ‹Freund›), des Premiers, Lord BEACONSFIELD; des ‹Judenjungen am Steuer› CARLYLE'S.

B. (angeregt): Achjá; das war auch so ein Kapitel, wie jener Jude D'Israeli alle Diplomaten nasenringführte, sogar Freund BISMARCK, und sei's nur 1878, beim ‹Berliner Congreß›; ein Datum, von welchem ab Deutschlands Niedergang zu datieren wäre… (?) –

(denn C. stellt den fragend=gespreizten rechten Handfächer vor's Schlüsselbein : ? –).

B. (erstaunt): Nu die Verfeindung mit Rußland doch ! – *(sinnend):* BISMARCK hat auch selber irgendwo gestanden, daß der einzige zu fürchtende Politiker D'ISRAELI sei; weil 'n Europäer eben immer nur parziell nach= bzw. vor=vollziehen könne, wie's im Gehirn von Halb=Orientalen schalte.

A. (ergeben): Seine innigsten Vertrauten haben es bekannt, wie immer wieder Momente kamen, wo sich, unabweisbar, das Gefühl aufdrängte : man sitze einem grassen Ausländer gegenüber. – Aber darf ich nu ma endlich mit der handwerklichen Ausrüstung uns'res Zwei=Namen=Mannes…

C. (einfallend): Achjá : wie nett, wenn ‹Der Mann› *auch*=ma sein'n Namen abgeben muß ! Deswegen findet man ihn in keinem englischen Lexicon unter BULWER; sondern nur unter LYTTON, gelt ?

A.: In französischen auch; ja. – Von Kindheit an ist der kleine Edward – übrigens der jüngste von 3 Brüdern; von denen 1 auch noch Lord wurde, und ebenfalls Bücher geschrieben hat, allerdings nur politische & militärische – Edward also ist zum BuchMenschen prädestiniert; seine erste Erinnerung=überhaupt ist ‹Opas Haus› : ‹es schwebt mir noch vor, wie ein verworrener Eindruck von endlosen Buchnissen – Bücher geistern vor mir, in jeglichem Zimmer, das ich betrat – ich glaube, selbst die Korridore und TreppenAbsätze waren damit tapeziert.› Und auch die Folge bleibt nicht aus : ‹Ich muß lesen gekonnt haben, und zwar fließend, in einem ganz ungewöhnlich zarten Alter; kann ich mich doch keiner Epoche meines Lebens entsinnen, wo es mir nicht geläufig=selbstverständlich gewesen wäre. Wo immer mir ein englisch geschriebenes Buch aufstieß, gleichviel wie trocken es war, oder meine Fassungskraft übersteigend – : dennoch starrte ich hinein wie gebannt; und brütete darüber; und las mehr davon, und staunte›; diese Neigung zu ausdauerndster und vielseitigster Lektüre blieb ihm sein ganzes Leben. Auch dás schicksalhaft : der erste Band, der in ihm ganze Reigen von KinderTräumungen weckt, ist eine umfangreiche ‹Englische Geschichte›; und historische Studien sind denn auch eines seiner Steckenpferde geblieben.

B. (die Asche abstreichend): Aber doch nur im Sinne des Staffierung=für=seine=Romane=Zusammentragens; oder war es mehr ?

A. (zweifelnd): An ‹rein=historischem› hat er einen starken Band über ‹Athen› geliefert, ‹its rise and fall› – mit dem es mir nb vergleichbar ähnlich gegangen ist, wie dem kleinen BULWER : bei ‹Karstadt› in Hamburg standen in den Zwanziger Jahren zuweilen mächtige, hochumbordete Tische voll ramponierter Bücher; Preis stets nur einige Groschen : und da seh ich's heute noch vor mir, wie ich meine Mutter bitte, mir das Geld für den 8° Band zu spendieren. – Was seine geschichtsschreiberische Profundität angeht, vielleicht das Urteil DUMBACHER's : daß, von allen historischen Romanciers, BULWER das Problem gelöst habe, ‹mit ebensoviel Erudition wie schöpferischer Fantasie, dem Leser den größtmöglichen Betrag an Spannung und dramatischen Effekten zu liefern, und zwar mit den geringstmöglichen Unkosten an Abweichungen von der historischen Wahrheit›.

B. (billigend): Was immerhin, so wie diese Welt gebaut ist, merkwürdig viel wäre. – Also in der Jugend denn ja wohl die vornehm=unerläßliche Eton=Cambridge Runde ? …

A.: Eton nicht; Cambridge ja. – Bemerkenswert seine sprachliche Ausrüstung : Französisch, Italienisch, Deutsch; Latein und Griechisch; als ‹B. A.› geht er ab.

C.: Erhebt sich immer noch die Frage : ‹Was wird er damit machen› ?

B. (brummig): Hast doch gehört : Diplomatie. – *(anerkennend):* aber ‹Deutsch› sogar ? Gut ? Wär' selten bei Engländern.

C.: Wirklich ? Ich erinnre mich, daß die Studienrätin uns ma' aus ner ‹Wallenstein›=Übersetzung vorgelesen hat – *(theatralisch schwärmerisch):*

‹The cloud doth gather, the greenwood roar, the damsel paces along the shore.› – : ?

A.: Das wird dann COLERIDGE gewesen sein. Auch DE QUINCEY konnte sich einbilden, KANT in der Ursprache zu verstehen. Und BULWER hat SCHILLER's ‹Gedichte›, in 2 Bänden, übersetzt. HORAZ desgleichen, mit Anmerkungen. So ausgebreitet war seine Belesenheit – ich hab's in ein paar Fällen nachgeprüft – daß sich der Satz verantworten läßt : BULWER kann, in seinen Sprachen, schlechthin *Alles* gekannt haben ! 1 lustig=bezeichnender Zug für die ihn bedrängende ExcerptenFülle : jegliches seiner Kapitel hat mindestens 1 Motto; meistens sind's 2; manchmal sogar 3 übereinander. Diese Motti sind übrigens eine Fundgrube für POE geworden; der sie – er=selbst ein erheblich Nicht=Belesener – 50=60=fach ausgeplündert hat.

C. (murrend): Nichts gegen POE, bitte; sonst wird die Unterzeichnete rebellisch. Parieren Sie mir LESSING : ‹Das Genie darf 1.000 Dinge nicht wissen, die jeder Schulknabe weiß› ! Lieber 2 Dünndruckbände Poesie, als 50 Wälzer frecher Fruchtbarkeit, zopfig verziert mit halb=passenden Lesefrüchtchen.

A. (gelassen): Speziell *die*ses Feld ist zú weit=&=breit, um's jetzt zu beackern – genüge es, wenn ich gestehe : in Zeiten eines großen KulturUmschlagens, (Vergleiche : ‹Mittelalter : Renaissance›; oder, weiter=zurück, ‹Römisches Reich : VölkerWanderungs= + VerChristungs=Katastrophe›); eingeklemmt zwischen aufs queerste sich kreuzende Cordilleren mehrerer, sich just gewaltig verkörpernder Denkweisen – : däucht *mir* ‹Polyhistor› der ehrwürdigste SchriftstellerTitel; so recht auf der Grinzscheide zwischen isotopensortierenden FachHerrlein, und den, dumpf alles ernährenden=kleidenden VerbraucherHeeren : ‹Mitschreiben & nicht Verzweifeln› !

B. (brummt): Bravo ! – *Ich* habe, während des Vergleichs von meinem Leben mit meiner Lektüre, unverändert den Eindruck gehabt : die Herren Autoren hätten aber auch schon nochgarnichts ‹erledigt› : nicht ‹Kaufhaus›, und nicht ‹Eisenbahn›, und ich schweige noch ganz von ‹Fabriken› und anderen Großhaus=Welten – hier versagte ‹Der Westen› bisher genau=so, wie jene Regionen, ‹wo der Märker Eisen reckt›.

C. (allerliebst concentriert): Ihr meint=ä – *(mit der Handfuchtel B. abwehrend):* Nee, laß mich ma' selber … – : inMitten zweier wahrer WeltenInseln von Realien : einer langsam auseinanderstäubenden ‹alten›; und einer, eben mächtig zusammenströmenden ‹Neuen›, wäre die optimale Position des Schriftstellers – (Ich verhedder' mich schon !) – die des gewaltig mitnotierenden Polyhistors ? Er (und er allein) hätte solche ‹GehirnErweiterung› anzustreben & auf sich zu nehmen : weil nur seine, fleißig=kunstvollen, Tausendseiter, den Zusammenhang beider Welten aufrecht erhalten : abbilden, repräsentieren, beiden Seiten den Übergang ermöglichen ? – *(erschöpft):* Uff. Jetz will ich aber auch'n Bier : für soviel Tiefsinn ! –

B. (ihr einschenkend, (man hört's am GlasKlang), spricht lobend): War durchaus korrekt : die Gefahr des mentalen Zerreißens ist fürchterlich groß ! Und das ‹Los› des Künstler=Polyhistors eigentlich wénig=beneidenswert : aus sämtlichen schmalen SpezialSektoren her, in schon halben Fremdsprachen, ‹flach› gescholten ? – repräsentiert *er* den einzig noch vorhand'nen ‹Zusammenhang›; sein Werk die Polyglotte des Großen Übergangs... wenn man das so denkt ? – : sogleich würden verwickeltster Bau & ungeheuerlicher Umfang unausweichlich... *(die Musik pumpert leis' hinein : ‹Wer kann das bezahlen ? Wer hat das bestellt ?› – / B., zum Feierabend entschlossener):* Nee, ZurückMarschMarsch ! – : rund'n Se erstma BULWER's vita ab.

A. (vorsichtig): Die letzten 2=Drittel seines Lebens, tendierte er zum... ja; eine 1=Wort=Definition wäre Verlegenheit... : ‹Occultismus› ?; ‹Spiritismus› ?; jedenfalls ebbes=Seltsames; eine faulig=verwaschene Vermittlungshaltung zwischen fein=gröblichen PARACELS'ismen & dem Yankeehaft=handfesten GeisterPoch der Geschwister Fox. Er hat das Rückenkribblnde ganz brav getroffen : sein ‹Ödes Haus›, wo sich vor dem durchSchreitenden, im Staub der Stuben, im DielenStaube, lauter accompagnierende MädchenFüße abprägen...

C. (wach=erregt): ßTòpp ! – Ein schönes flumen ingenii et verborum; aber jetzt hab'ich Sie, wo ich wollte – *(triumfierend):* ‹BULWER & die Frauen› ! –

A.: Er hing, lebenslang=innig, an seiner Mutttter. / Weiterhin wissen wir – (bei einem Kinde von derartiger Präcocität, und gedankenspielerfüllter Isoliertheit nicht verwunderlich) von intensiven Jugend=Lieben : schon als 7=Jähriger machte er Gedichte auf ein, um 2 Jahre älteres, Mädchen...

C. (fachfraulich, mit Bestimmtheit): Hoffnungslos ! : ‹2 Jahre ?›; sind in dem Alter wie später 20. – Aber lassen Sie ma' die platonischeren Romanzen weg; WER wurde schließlich ‹Lady LYTTON› ?

A.: Dàs wurde die Betreffende eben *nicht* ! Ja, kaum ‹Frau Baronin›. –. Es ist ein peinliche, obschon gar nicht so untypische Geschichte. Er hatte, 1827, ROSINA WHEELER kennen gelernt; und sie, im Sturmschritt, geheiratet – : tròtz des Einspruchs seiner Mutti; die keine Katholikin plus Irin zur SchwiegerTochter wollte.

B. (übellaunig): Mehr als verständlich. Bin 3=mal auf der Grünen

Insel gewesen, und weiß was ich weiß : ‹Polnische Wirtschaft› wirkt wie ängstliche Pedanterie dá=gegen; hab's selbst mit meinen beiden Augen gesehen : SYNGE hatte Recht !

C. (tadelnd): Das kanns'Du nich so allgemein sagen. Ich schätze dies Arbeiten mit ‹VolksCharakteren› nicht.

B. (sofort): Das kànn ich sag'n ! : es giebt den ‹Österreicher› genauso, wie den ‹Japaner des Westens› sprich Preußen.

C. (den Ihren überhörend, zu A.): Da muß er sie aber *sehr* lieb gehabt haben, wenn er ihretwegen mit seiner Mutter brach : ?

A.: Ohja; es wird schon rührend jung=&=närrisch zugegangen sein. – *(Er zitiert, halb=*$\frac{\textit{gerührt}}{\textit{ironisch}}$*):* ‹Mein angebetetes Pudelchen ! Vielen, vielen Dank, für Deinen lieben Brief ! Ich bin ja sô=glücklich !; ich wakkle mit dem Schwanze, und lege die Ohren zurück : ich werde Dich morgen sehen ? ? ! ! . . . › – (?) –

da B.: Nà=nà=nà; gleich mit dem Schweif wedeln ? – : könnte man das ma' Englisch hören ? . . . .

A. (gefällig): ‹Me is so happy !; me is wagging my tail & putting me ears down : me is to meet OO to=morrow ! – Oh You Love of loves !; me is ready to leap out of my skin for joy ! – : A=Dieu ! : Twenty million Kisses !›

B. (halb=neidisch): Wie er mit den Milljôn'n rumschmeißt ! – *(kopfschüttelnd):* periculoser GemüthsZustand für ne Eheschließung. – Zumal wo ja'n klarer Fall von Bigamie vorliegt . . . *(auf eine, anscheinend erstaunte FrageGeste C.'s hin):* – : *wie*viel Tisch=&=Bettlinge hatte er doch gleich mit der Muse fabriziert ? . . . 40 ?

C. (gleichgiltig=abphällig): Ochso. – *(nach einer KleinPause, bedenklicher):* achSóóó ! ? – : das Problem der ‹AutorenGattin› ? Deren Kerl, nur am SchreibeTisch rustic, unermüdlich h$\overset{o}{e}$ckt, und mit einer (un)Art LG oder TV=Liebchen adulterirt ? – *(sofort Partei ergreifend, erschüttert):* Oh des àrmen Dinges ! Zumal so eines feurijen=zweckmäßigen=irrLendischen Mädchens ! – : ? –

B. (warnend): Könnten die Herren Damen nich allemale'ich ma von der Tatsache *zweier*=Geschlechter ausgehen ? – ‹Lady Chatterley› muß sich da schon entScheiden, was sie will : ? : 'nen dörrben=boarstigen HegeReuter ? – oder=aber die (unverdiente) Unsterblichkeit – ? – *(rascher):* Laß mich jetzt ma red'n. – Die Antwort ‹*Beides !*›, wäre ebmso billig wie gefährlich. Vor allem bei Berufen, an den Enden des SpeckTrumms MANN gelegen . . . *(murmelnd):* komisch; man kommt direct zu was wie ‹GrundsatzErklärungen› . . . *(wieder=laut, C.=hin):* Höre ! – : – ‹Der Mann› hat die Außenwelt ziemlich=vorbildlich beherrschbar gemacht; ja, sie mit einer Aurora, meinswegen ‹boarealis›, von KunstWerken gekrönt. – : ‹Die Frau› schickt sich anscheinend, langperiodisch, (und imMoment grad wieder=ma') an, sich nicht nur ins fertige=warme Nest zu setzen, ?; sondern – es muß wohl davon=untrennbar sein – die Erbauer zu verleumunden... *(er versdummt. Aus Mangel=an=Daten)*

C. (UnfunDAMENtirt=würdig): Klââ ! – : Ihr hälft dem Manne ! ...

A. (verMittelnd): ...Dem Werk des Mannes... – ‹Der Mann› ist schließlich nur TrägerSubstanz). – *(Niedergeschlagen):* Dem die jeweilige ‹Frau› vielleicht etwas entgegenkommen sollte ? (Oder muß es so sein, daß LiebesUnglücke eine der Vorbedingungen des meisten Fantastisch=Geschaffenen sind ?). – Bei BULWERS war es jedenfalls só, daß ‹Sie› sich wegen Vernachlässigung beklagte; ja, mehr noch, ‹Ihn› täglich hänselte & verspottete. Ihm miese Kritiken zitierte; und ihn endlich auch offen, ohne gleisnerische Vorschiebung fremder Namen, selber giftig & hohl höhnen durfte...

B. (sympathisierend): Das Unklügste, was die feurige Gans tun konnte. – : Waren eigentlich Kinder da ? – Zwei ?

C. (spontan die ‹andere Partei› ergreifend): Ich will gleich wissen : Wer bekam sie ?; bei der (nun doch wohl unvermeidlichen) Scheidung ?

A.: Ich beabsichtige keine unfaire WiderFrage; aber : Wem hätten *Sie* sie zuerkannt ? – Bei einer Mutter, die mit ihnen die Wahlreden ihres Mannes zu besuchen, und ihn, mitten im Wort, anzupöbeln pflegte : ! ? Einmal trieb sie es so=weit, daß sie polizeilich abgeführt, und für ein paar Wochen ins Sanatorium gesteckt werden mußte. Oder wie sie – sie hatte von ihm sprechen gelernt; und benützte es nun, um ihm zu fluchen – 1839 einen Roman ‹Cheveley, oder der Ehren=Mann› veröffentlichte, in dem BULWER als ‹Lord de Clifford› so grob & einseitig lächerlich gemacht wurde, daß die Verfasserin mit Recht der allgemeinen Mißachtung anheimfiel. – *(Einem Protest C.'s vorbeugend):* Sie können's glauben; ich kenn' das Dings; es ist ins Deutsche übersetzt worden : viel giftig Erbrochenes... (?) – ich bitt'Sie, was soll so was, wenn sie von ihrer Schwiegermutter Gesicht schreibt : ‹stellen Sie sich einfach einen GallApfel vor, in den eine ungeschickte Hand einen PapageienSchnabel gesteckt hat›. ! Des Wahren ist wenig, und das noch falsch ausgedrückt; ‹ne tot mençunge, ne tot veir : ne tot fable, ne tot saveir›. ‹Es besteht kaum ein Zweifel›, resümiert ARTHUR WAUGH, (einer der ganz wenigen BULWER=Kenner), ‹daß ihr ungezähmtes Naturell etwelches ‹erlittene Unrecht› ungebührlich übertrieben hat›. – So, und nun Ihre Frage nach dem KinderPärchen : von der Tochter weiß ich nichts anmerkenswertes. Der Sohn ward nun *wirk*lich der erste ‹ViceKönig von Indien›; und, unter dem Pseudonym ‹Owen Meredith› ein Schriftsteller, immerhin der Mittelsorte. – ‹Rosinas Rache› aber dauerte, (und daran erkennen Sie vielleicht das neurotisch=herostratische des WeibsGefäßes), mehr als menschenalterlich=lang ! Sie schriebelte, gemäß dem Lesbierinnen=Prinzip von der ‹Unvollendeten Rache› Büchlein after Büchlein – das Thema mögen Sie den Titeln entnehmen : ‹The School for Husbands›. ‹Behind the Scenes›. ‹The World and his Wife›...

B.: Was demnach mit ‹Der Weltling› zu übersetzen wäre. – War sie wirklich etwas=ä ‹schräg› ? Ich hab ma' den bedeutenden Satz gelesen : ‹das einzige Verbrechen, das Homos begehen könnten, sei Heiraten› : ?

A.: Ja. Und ihre Leib=Freundinnen setzten – über die Tode beider Hauptleidtragenden hinaus – das lucrative Spiel mit dem Feuer, um sich selbst zu beleuchten, munter fort : so verhinderte Rosina's Erbin das Erscheinen einer auf 6 Bände angelegten Biografie Bulwer's; dh sie ließ, raffinierterweise, die ersten beiden Teile, die die Jahre bis 1832 deckten, erscheinen – und erwirkte dann, wo's int'ressant wurde, eine der beliebten ‹einstweiligen Verfügungen›. Während sie=ihrerseits die Liebesbriefe Bulwer's edierte & kommentierte – bis der Sohn nun endlich eingreifen, und weitere einseitig=hämische Pamphlete verhindern mußte.

B (in Gedanken): ‹Jane Welsh contra Carlyle›. Oder wie Dürer von seinem Weibe, jener ‹Agnes›, langsam zu Tode gepiesackt wurde...

C. (unterbricht mit Temperament): – und wo bleiben in Eurer Darstellung die Frauen, die armen Vernachlässigten ? Die, verschmachtend, auf ihrem Bettlein Händ' & Füß' wringen ? – während ihr Libidoof, das Ungethüm, vor der Staffelei rumtanzt; und sich, Ixion in Heaven, seinen Blonden Traum immer conplätter pinselt ? ! – : PFF ! : *das* müßte schon ne àrg=dumme Witwe sein, die ihren Cujon *nicht* überlebte !

B. (bremsend): Lento=lento. Nich Ursache und Wirkung vertauschen. So erfreulich die Ergebnisse solch matrimonieller Persecutoria auch für den Verbraucher (sprich : Beschauer=Hörer=Leser) ausfallen mögen; so lastend können sie für den fleißigen Künstler sein; ... *(da C. zu sprudeln beginnen will... / B. mit stirnrunzelnderem Nachdruck):* Nu hat sich etwa ‹Die Frau› je über ‹mangelnden Einfluß› zu beklagen gehabt ? Ob ‹Methode Lysistrata›, ob die diversen ‹Madames Pumpodors› : immer ein(e) monNärrchin an der Andern ! 'n fleißiger Mensch, mit 14= oder 16=Stunden Tag hat doch weder Lust noch Kraft mehr, zu sündigen : denk ma an Sternheim's ‹Hose›, und Dessen Wedekind=Parodie.

C. (mit allerliebster Würde): Dürft ich mal erwähnen, : daß ich, um der lieben Gerechtigkeit willen, immer das *doppelte*=Wort Euch=Zweien gegenüber haben müßte ? – Ich will jetzt wissen : hat Bulwer sich die restlichen – (schön; einverstanden : für ihn *auch* nicht einfachen !) – 35 Jahre : Tänzerinnen gehalten ?, so Ehen zum linken Händchen ? Oder ‹Kinäden›, wie das Schlingelzeug heißt ? – Oder gar, – *(drohend):* das Schlimmste, hütet Euch ! : ‹Gedanken=Liebchen› ?

B. (behaglich knurrend): wie's uns an $\frac{\text{sieht}}{\text{droht}}$, nich ? Dabei hat's die Amanten und Perlon...

C. (heftig): – und seit 3 Tagen keine Putzfrau mehr ! Darfst morgen mit=abtrocknen ! –

A. (erst ergötzt; dann ernsthafter): Es erfolgte das, ich möchte meinen, Unvermeidliche. – Einmal, daß Bulwer abgedrängt wurde von ‹Der Frau›; und die – ja : doch wohl leidlich=normale – Wendung des (alternden) Mannes vornahm, zum ‹MädchenKind›; (welches bei ihm übrigens, grundsätzlich & dutzendfach=belegbar, ‹braunes Haar› hatte, zu ‹dunkelblauen Augen›... : ?

(denn C., aufflammend): Dá ! ! – oh !; jetzt ! ... : zer*reiß*en müssen hätte man ihm seine verruchten Erfindungen !

B. (leicht warnend): Immer noch humaner=normaler, find'ich, als wenn er sich ‹geschwänzte KindsBräute›, (sprich Homosexel) zugelegt hätte; und was Tänzerinnen anlangt, hat da schon Emerson entschieden : ‹alle Ballettmädchen sind Halbidiotinnen› ! – *(nüchtern):* ‹Zerreißen› ? – : sag ma', reizende Vandalin; gesetzt den Fall, ihr siegtet mal wieder, ihr, von der Großen Mutti – hm̀ ! – : möcht'es da nicht sein können, ihr würdet Eurer & Eurer Göttinnen nich so ganz recht froh sein ? So auf die Dauer ? – *(tief einatmend, und zu A.):* Wie meinen Sie ? : What would they do with it ? –

A. (überaus ernsthaft): Er hat auch die Vrilya kommen sehen... ‹von ihnen sprechen ist Verlegenheit›...

C. (ganz amazonig=überlegen): – und dazu *das* Gesicht !; wie'n literarischer Astrolog, der 'ner Jungfrau allerlei Fatalitäten zunickt. Frisch her mit den ‹Lichtstrahlen aus Seinen Werken› : Penthesileen sind lustige Leute ! So ein Staat von feschen BogenSchützinnen ? ...

A. (in Gedanken): Im Jahre 1870 erschien, anonym, in ‹Blackwoods Magazine›, ein Roman ‹The Coming Race›. Kurzinhalt : ein Amerikaner – (und das Buch ist zur andern Hälfte eine böse Satire auf die United States !) – versteigt sich, durch ein Bergwerk, ins Innere der Erde; und trifft dort eine geheimnisvolle Völkerschaft an. – Literarische Vorbilder, bzw =gänger waren, nachweislich, Ludwig Holberg; Casanova; der letzte anregende Auslöser, Jules Verne's soeben erschienener bestseller der ‹Voyage au Centre de la Terre› : ... (?)

B.: Ganz klein'n Moment bitte : hab ich recht gehört ? : Casanova ?

A.: Ja; aber Dessen ‹Ikosameron›; (nicht ganz so langweilig wie seine Memoiren). – So relativ unbeachtet blieb BULWER's Buch auf dem Kontinent, in der aufgeregten Epoche 70=71, daß es von andern Literaten nun wied'rum für sie selbst entdeckt, und variiert werden konnte : LASSWITZ' ‹Auf 2 Planeten› zehrt davon; WERFEL's ‹Stern der Ungeborenen›; WELLS' ‹Zeitmaschine› ...

C. (einwerfend): – und stammte also von Freund BULWER, nu bong. Aber raus jetzt mit seinem ‹Frauenbild› im Alter – *(drohend):* – damit ich notfalls meine FlintenFräulein mobil machen kann ... : ! ? –

A. (gedankenvoll): Dies ‹the coming race› wäre gar nicht so leicht zu übersetzen. Es ist nämlich nicht nur ‹Eine Menschheit der Zukunft› darin; sondern auch die Warnung des ‹Die da bald kommen !› : die Vrilya verfügen über eine Art psychischer Atomkraft, mit der sie uns Überirdische vernichten werden. Und schließlich müßte in einen guten=zugkräftigen Titel noch ‹das vordringende (andere) Geschlecht› eingebaut werden : die Frauen sind dort nämlich nicht nur klüger & geistig=reger als die Männer; sondern auch gleich einen guten Kopf größer, breitschultriger, stärker.

B. (brummig): Also 'n Matriarchat ? Mit SklavenMännchen ?

A.: Das nicht; die Männer sind durchaus würdige Vegetarier; mit Beamtenstellen, hohen Verwaltungsposten betraut – aber die Aktivität, die praktische Führung im Staate, ist an die Kinder entglitten; und hier wiederum, entscheidend, an die Mädchen. *Sie* umwerben auch die schämigen Jünglinge, die sich zu sträuben & zieren haben; aber die ‹Gy› – so heißen die strammen RiesenBackfische – erobern unerbittlich an ihnen herum; und sie wissen ihr Verfahren auch theoretisch zu rechtfertigen – *(Er zitiert):* ‹Sie argumentieren also : daß von Natur die Frau ein weit mehr zur Gemeinsamkeit tendierendes Wesen sei; daß ihre Gedankengänge, ihr Verhalten, ihre ganze Einstellung=ergo viel stärker sozial-bestimmt; und überdies der Mann zur Eroberung einer Frau völlig untalentiert sei ...› *(leises accompagnierendes DaumennagelKlatschen von C. her / A. wartet höflich, und fährt dann fort):* – ‹und daß daher, bei Gründung einer Familie, die Frau der active Tail zu sein habe. Sei der Mann doch eine scheue, und zum Zweifel veranlagte Creatur; ein unverbesserlicher Eigenbrödler, der ja auch notorisch oft dem egoistischen Wunsche nach Einsamkeit nachgebe; enfin von Natur aus zu dén Geschöpfen gehöre, die überrumpelt, und dann in sicherem fraulichen Gewahrsam gehalten sein sollten.›

C. (angeregt): Aber das'ss doch eine untad'lige Deduction !

B. (warnend): Zu=früh gefrohlockt, möcht ich meinen : daß BULWER *Freude* an solcher Entwicklung empfinde, ist mir unwahrscheinlich.

A.: Diese Jungen Mädchen – (ein scurriler Knoten wird dadurch geschürzt, daß sich solch eine 3=Zentner=Athletin in den Helden vergafft) – können sogar noch elegant & kraftvoll *fliegen* – wenn sie geheiratet haben, entfallen dann allerdings Flügel samt LuftQuadrillen...

B. (meckernd): Hä=hä. Also genau seine frühere=alte Einstellung : *vor* der Ehe sind die KindsBräute *Engel* ! ... *(zögernder, nachdenklicher):* – diese=ä ‹starke Beteiligung der Kinder› an Politik, Technik, Explorationen aller Art – : das'ss ja auch so ein Problem, das erheblich auf uns zu kommt, wie ?

A.: Bei den Vrilya werden zu ‹gefährdeten Posten› gern pubertierende Jugendliche ausersehen; einmal, da sie in jenem schönen Stadium ahnungsreicher, katastrofenfühliger seien, als die verausgabten Erwachsenen. Und zweitens, weil sie im ‹Bekämpfen› jeglicher Art, furcht= & rücksichtsloser vorgingen; wobei sich die Gy's wieder noch besonders durch Energie & Grausamkeit hervortäten. – *Einer* der trüberen Aspekte jener Neuen Gesellschaft, ist der : daß keine rechten Kunstwerke mehr entstehen wollen...

C. (hochfahrend=ungehalten): Masculügnerische Verleumdungen !

B. (bedenklich): Ich möcht's für tief=gedacht & typisch halten : ihr Frauen seht schon dàs nicht gerne, wenn ein normaler Mann so richtig in seiner Arbeit auf=&=draufgeht – und nun gar der Schöpferische ?; der immer nur halb=anwesende Künstler... ? ?

C. (herausfordernd): Dàs allerdings ! Wenn wir den Schuft beim Pygmalionisieren, mit Braunhaarich=Blauäugendem erwischten ? : *dann* Atrophie & Leistenbruch über den Unhold ! – *(betroffen=halblaut):* Sagen Sie – : die Kleine kann uns doch nich hören ?

A.: Wenn sie nicht horcht, ‹Nein›.

B. (gemächlich): Was hättest Dú in dem Alter, in solcher Situation, getan ?

C. (reuig unruhig): Verdammt ! 'Ch hatt's tatsächlich ganz=vergessen...

A.: Und wir haben die geregelte Zeitenfolge der Betrachtung beinah' umgekehrt. – Sein eigentlicher Start in die Literatur hinein, war 1828 mit ‹Pelham› erfolgt; (etwelches Vorangehendes war ebenso schmalbändig wie unselbständig).

B.: War doch immerhin erst 25. ‹Früher Ruhm› ? ...

A.: Gott, er war schließlich auch früh=*reif*, (soweit das schon künstlerische Erträge liefern kann). – ‹Pelham› jedenfalls ist ein, streckenweise unverschämt=cleveres Product : Dandytum als Programm, als bewußte Veranstaltung : 1 Viertel HEINE'sche ‹Harzreise›; plus 1 Viertel prä=WILDE. 1 Viertel JEAN PAUL...

B. (ganz kurz unterbrechend): – welcher JEAN PAUL ? –

A.: Nu etwa – : der von ‹Fata und Werke vor und in Nürnberg›.

C. (spitzig): Sie müßten doch zumindest noch 1 ausgefallenes ‹Viertel› in der Tasche haben : ? –

A.: Gern, verehrte Gy. – Also : plus 1 Viertel ‹Beau Brummell›. Und Sie dürfen sogar noch a dash of BYRON an den leckren Eintopf tun, und 1 Prislein Rosenkreuzerei... *(abwehrend):* 1=lytton Augenblick noch, bitte. – Erwähnt muß sein, daß BULWER Individualist extremster Sorte war. Er verweigerte sich, zum Beispiel, dem Schülerleben in den sogenannten vornehmen englischen Internaten, wo es ja bekanntlich teils sackgrob, teils hahnebüchen=arrogant zugeht, und alle möglichen bedenklichen Unsitten florieren. Schon als 15=Jähriger wußte er, sein Tagebuch hat es festgehalten, daß er ‹thin=skinned and sensitive› sei, und einen unbesiegbaren Hang zu ‹liberty and independence› spüre; ‹melancholy is an essential part of my being›; aber er gesteht auch ‹arrogance, and pride of personal dignity› zu. In seiner Jugend jedenfalls *haßte* BULWER förmlich das Zusammenleben=müssen mit Anderen....

B. & C. (sprechen synchron hinein): – ein $\frac{\text{gutes}}{\text{böses}}$ Zeichen...

A. (erheitert weiter): Er verkehrte, schon damals, mit Gleichaltrigen núr, wenn er ihnen überlegen sein konnte. Allein sein äußeres Auftreten – *(leiser schneller):* und hier beginnt ein, sehr weittragender, Unterschied zu einer anderen Art von Künstlern, die möglichst unauffällig leben – *(wieder lauter):* BULWER war, nach Beatle=Weis', bestrebt, um jeglichen Preis aufzufallen; : ‹the amazing oddities of his garb and speech produced an effect, that was almost maddening !›, schreibt GOSSE...

C. (electrisiert): Wie sah so'n ‹Junger Intellectueller› um 1825 aus ?

B. (energisch=unmutig): Nu wie seit Alkibiades' Zeiten vermutlich Alle : theatralisch & falsch ! Lindgrüne SammetKnieHös'chen; im linken Ohr 'n goldnen Heerdring; ne PfauenFeder im...

C. (hüstelt mahnend): Hch=hch...

B.: – und überhaupt abscheulich. – Aber sagen Sie: gehört es sich nicht, daß jeder Poet mit ‹Gedichten› anfange ?

A.: Ich deutete bereits an, wie das nicht überwältigend ausgefallen sei bei BULWER, die ‹Weeds and wild Flowers›. Auch 6 Schauspiele sind – ich muß es leider aussprechen – plattes Zeug : beim ‹Sea Captain› kann man, 10 Zeilen guter Sätze ausgenommen, nur den Kopf schütteln. Selbst die leidlichsten, die ‹Lady of Lyons›, oder ‹Money›... (?)

C. (einfallend): Da sollen Sie aber doch ma' seh'n, wozu die einfältigste POE=Leserin gut ist. – Ich zitiere : ‹Hundert gegenteiligen Kritiken ins Gesicht, muß *ich* die ‹Lady von Lyon› als einen der erfolgreichsten dramatischen Versuche der Neuzeit betrachten. Beliebt, und das mit vollem Recht, wird es nicht aufhören beliebt zu sein, solange es Menschen giebt, die ein Herz haben... Pauline ist eine Gestalt, die selbst einem SHAKESPEARE nicht zur Unehre gereicht hätte. Sie ruft tiefe Bewegung hervor; und ihr vorzuwerfen, daß sie doch schwach, geldgierig, und in jeder Hinsicht unedel wäre, bespricht Dummheit. Sie *ist* all=das; gut; und was weiter ? Wir haben schließlich nicht mit Clarissa Harlowe zu tun. BULWER hat eben *eine Frau* porträtiert.› – : undsoweiter ! – : ?

A. (achselzuckend): Wenn Sie die Zeit darauf wenden wollen, können Sie bei mir die Bekanntschaft von Fräulein Pauline Deschapelles màchen – aber, ich sag's Ihnen voraus, : Sie bereu'n Ihren Fürwitz; und werden, außerdem, ein erstes Mal irre an Freund POE's Urteilskraft. – BULWER hat sogar, angeregt durch den Anblick der Entstehung und des teilweisen Erfolges, von SIMROCK's ‹Amelungenlied› – (*auch* so ein Stück, das wir demnächst mal würdigen könnten) – ein umfangreiches, 2=bändiges Epos vom ‹King Arthur› vorgelegt; (wir haben zwei, stark voneinander abweichende Fassungen). Hier nur so viel, daß der Eindruck wieder ungemein vierspältig ausfällt – immerhin der so ziemlich letzte Versuch, die alte Epik für England wieder zu gewinnen.

B. (kaltblütig abwehrend): Das Epos bleibt mit Recht ununterstützt : weil es, in seiner bisherigen Gestalt, keine Unterstützung verdient. – Aber Sie haben erneut ‹Deutschland› 'reingebracht : war er wirklich ma' nennenswert hier ?

A.: Mehrfach; etwa das Jahr 44 verbrachte er den größten Teil bei uns : die ‹Pilgrims of the Rhine› spielen ja auch, wo der Titel angibt. Wichtiger noch aber war der große ItalienAufenthalt 1833=34...

C. (anzüglich): ‹Wichtiger› ? – : das bedeutet beim Künstler doch sicher nur ‹folgenreich fürs Werk› ? gelt ? – *(mit bühnenreifer Bitterkeit):* – die Frau ist ja daheim, bei KochHerd und DoppelWiege, bestens versorgt : ‹Dienen lerne beizeiten das Weib› – : und ihr wundert Euch womöglich noch, wenn das Mittagessen nach E 605 schmeckt ! –

A.: Was speziell dergleichen BORGIA=Praktiken anbelangt, kann ich Ihnen ‹LUCRETIA oder die Kinder der Nacht› dann vielleicht leihen, wo von solchen ‹SuccessionsPülverchen› kräftig – (für *mei*nen Geschmack etwas zú=intensiv) – Gebrauch gemacht wird. Übrigens war Frau Rosina *mit*, in allem Mediterranesken. Und weiterhin, zum Überlegen, : sprächen Wir, wäre keinerley oeuvre vorhanden, heut denn über*haupt* noch von ‹LORD LYTTON› ? – *(unbehaglich):* – Wir gehen zu unsystematisch vor...

C. (liebevoll=spöttlich): – und das iss ja das aus=dem=Concept=Bringendste für einen Mann, m̀ ? –

A. (leicht nervös): Ganz recht, schönste Opponentin : weil man, in solchen BuchstabenBinnenseen, dann nämlich die Orientierung verlieren kann – no fear for me, wie Sie bereits, richtig, verfügt haben; aber es wäre mir leid um *Sie*. – *(etwas leiser):* Vielleicht sollte man's doch, so ‹zum merken›, in diese 5 Gruppen unterteilen ? : –

a) Historische Romane;

b) Krimis;

c) Occultes;

d) die, wahrhaft=großen, Victorianischen Romane;

e) rumpelkammern=mäßig eingemixt : ‹Sonstiges›... ?

C. (sogleich; absichtlich=schwatzhaft): Mir=bitte, (falls es die verdross'ne Zunge erlauben will), ‹Krimmis & Spiritismus› !

B. (brüsk): ‹Historisches›, & kein Wort weiter ! : daß mann was zwisch'n'n Zähn'n hat.

A. (unvergnügt): ‹Euch macht Ihrs leicht – : *mir* macht Ihrs schwer !›. – Knüpf ich also an die, letzt=beanstandete, ItalienReise an : die Ergebnisse waren, einmal, jenes noch heute lebensfähige ‹Pompeji› – ein halb=Dutzendmal verOpert übrigens; (wie noch mehrere=andere seiner effektvollen Stücke)...

C. (lüstern): Sie *dàs* muß fesch sein ! : ‹Vulkanausbruch mit Orkester !› Möcht'ich, wundershalber, mal hören...

(wie=bestellt grölzt durch die NachtLuft – (der Mond sucht g'rade, dicht unterm Jupiter vorbei=zu=kommen) – ein schrötiger BauernTusch : ‹HADERIPUMP=PUMP ! =PUMMPP ! ! !›. Und Toben & Gerufe.)

A. (nicht=erfreut): Voi=là. Ein Spötter hat neulich, nach oben=hin, die Erneuerung der Nobilitierung; nach unten, die Wieder=Einführung der Rikscha, befürwortet. – : Bleiben wir beim Unsrigen : ‹Pompeji› also das, durch BULWER doch=wohl ‹erledigte› Gemälde; im Sinne eines pittoresken, gar nicht unpoetischen, Panoramas; (dem man JENSEN's ‹Gradiva› getrost aufsetzen sollte). – Darf ich noch erwähnen, : daß wir=Deutschen an einem, nachdenklich=bedauerlichen, *Mangel* an literarischen Identifizierungen mit der Antike laboriren ?

C. (schmeißt=ein): – ‹Quo Vadis› ? ! –

B. (männlich=besonnen): Es hieß ‹deutschen›.

A.: Ja. (Sonst könnt' man gar noch mit BARTHÉLEMY's ‹Anacharsis› ankommen.) Bei uns wird WIELAND der Einzige sein.

C. (anzüglich): Eine unnütze zeitraubende Frage – (der Mond scheint mir grade so ins Bierglas) – : steht der in den Noctes BULWERianae richtig am Himmel ?

A.: Das ist leider etwas, worauf man sich eigentlich nur in ‹Tagebüchern› verlassen kann. Also auch hier : Nein. 1 Tag vor Pompeji's Verschüttung (= 24. 8. 79) führt BULWER am Abend vor ‹the rays of the moon, which had just arisen› – in Wahrheit herrschte ein ‹HalbMond, zunehmend›; was besagt, daß er gegen 23 Uhr praktisch *unter*ging. Genug hiervon. / Beträchtliche Teile von ‹Zanoni› und ‹Godolphin› spielen in Italien. / Die andere große SüdFrucht war ‹Rienzi›; eine Studie in DiktatorenMentalität, die unbedingt vorrätig zu sein hätte – gebricht es uns doch an einer guten ‹Reihe›, die jene, den Powel fascinierenden Tyrannen, solide vorführte – das *mir* Nachdenklichste war immer : wie jeder Stand, jegliche Gesellschaftsschicht die Buben liefern könne...

B. (bedächtig): Hm. Ja; 'ss richtig : hie Johann von Leyden, dort Sulla. Und damit auch der Gelehrtenstand nicht übermütig werde, und sich brüste ‹bey ihm käm so was nich vor›, hat's halt COLA RIENZI gegeben.

A.: Hervorgehoben sei, daß das Buch eine der großen PestBeschreibungen enthält, voll=würdig, in einer Reihe zu erscheinen mit THUKYDIDES=LUCREZ=BOCCACIO=DEFOE=MANZONI.

*C. (ironisch): Fei*ne Empfehlung ! : daß n armes Mädchen sich womöglich dran ‹verliest› ?

B. (ebenso): 'n anständiges Mädchen *kriegt* keine ‹Miss›=Geburt. Außerdem hat die moderne ‹Gy› Nerven, daß kein Feuergefecht sie tangiert, und kein OperationsThriller ihr schadet.

A.: Für die Zeitgenossen war die, wirklich eindrucksvolle, (und gar nicht reißerische), Schilderung besonders aktuell & nachvollziehbar, weil 1830–34 die große CholeraWelle über Europa=Amerika hingezogen war; von ‹Kriegen› abgesehen, die bisher=letzte WeltSeuche für den Weißen Mann; und von so mörderischer Bösartigkeit, daß selbst Gebildete von wahrhaft mittelalterlicher Consternation befallen wurden – sie finden die Spuren des Elends aber auch in allem Schrifttum jener Zeit.

C.: Genug geSchüdderumpelt. (Jaja : POE hat's auch immer mit der ‹plague› !). – Bitte lieber weiter.

A.: Stichwort ‹historischer Roman› – : sein ‹Harold› ist nicht=übel; und sei es nur, um, durch pedantisches Vorlesen, der Geliebten das Datum (& die Whereabouts) der Schlacht von Hastings, auf gut=taillefe-risch einzurammeln : ‹Devant li Dus alout cantant / de Karlemaine à de Rollant, / ed Olever e des Vassalls / ki morurent en Ronchevals.›

B. (murrend): Schröckliche Spràch. – *(abwehrend):* Lassen=Se gut sein; hab kapiert; zumal ich's kannte : ‹Er sang so herrlich, das klang über Hastingsfeld; / von Roland sang er und manchem frommen Held›. – *(zu C.):* Nu UHLAND.

A.: Darf ich sagen, daß gerade im Falle ‹Harold›, es BULWER's Roman gelungen ist, die bis dahin geltende Wertung der Historiker umzuwerten; ja, der seinigen endgültig zum Siege zu verhelfen; alle englischen Geschichtsschreiber seitdem, haben sein Harold=Bild, das gänzlich neu war, akzeptiert. – Sein schönstes & reifstes Buch in dem Genre, ist jedoch die LexiconProbe...

C. (unterbricht erschüttert): MeinGOtt was'n *Titel !* – d's ja schlimmer als ‹Der Opernball von Heuberger› – ?

A.: Es heißt ja auch gar nicht so; vielmehr ‹The Last of the Barons› – womit der Königsmacher, der Earl WARWICK gemeint, und ‹die Zeit› folglich rund 1470 ist.

B. (abwehrend): Zu lange her. – Man sollte in den Schulen nur die Geschichte der letzten 200 Jahre abhandeln; alles da=vor gehört unter ‹PrivatBelustigung›.

A.: In diesem Fall wäre vielleicht der Vergleich, (stofflich mein'ich), mit SHAKESPEARE's ‹Richard iii.› eine Rechtfertigung ?; der bei BULWER verblüffend anders wirkt – ich hätt' auch ‹richtiger› verantworten können. – Gleich von Beginn an rollt, lebhaft & anschaulich – wie BULWER denn ein großer Meister der ‹Ouvertüren› war, immer spannend & funkelnd ! – das Volksfest ab : dissours und boudours, tymbesters und tregetours...

B. (murmelnd): ‹land of Cockaigne›, ja ? ...

A.: Gut erkannt, und überzeugend in Gestalten und Handlung umgesetzt : wie, just damals, das wirtschaftliche (und damit das soziale) Schwergewicht sich entscheidend zu verlagern begann : *von* Hof & Adel – *auf* die nächst unteren Stände, das ist Kaufleute und Handwerker. BauernUnruhen unter ‹Robin von Redesdale›. Die Soldateska, samt den mitziehenden MänadenHaufen. Und, isoliert zwischen ihnen allen, der ältliche prä=Techniker und NaturPhilosoph Adam Warner mit seinen 2 Kindern : dem DampfmaschinenModell; und der Tochter Sibylle, die ihre süß=traurige Romanze mit William Lord Hastings spielt – es ist ein glänzendes & überaus einprägsames Zeitbild geworden.

C. (die bereits vorher anzüglich gehüstelt hat): Wenn Unsereins ma' ne Vermutung fliegen lassen dürfte ? – *(süßlich & parodierend):* es werde sich bei dem WeibsBild um ein kindjunges Geschöpflein handeln, schön braun & blau ? Ihr ‹Hoher Herr› dagegen ältlich & brav abgenützt ? – (: Fui Teufel !; dacht ich's doch.) – Aber jetzt versteh' ich schon : ‹LexiconProbe› insofern, als der nichtsnutzig=gelehrte Verfasser möglichst viel bank'rotte Worte für possenhafte Geräte hineingestopft haben wird : ?. Womit der Fall für mich abgetan wäre : bin nur ein arm unwissend Kind; und denk nich d'ran, nun auch noch groß nachzuschlagen, falls ich in meiner nicht vorhandenen Hausfrauen=Freizeit jemals noch for fun lesen können sòllte !

B.: Du, wenn De ma irgendwo hören solltest, daß n Modell zu ner Allegorie der Undankbarkeit gebraucht wird : meld' Dich doch gleich. Meiner Treu : hört seit 'ner Stunde Nachrichten von Büchern, die es eigentlich gar nich gibt; lümmelt Löcher in de Liege : und bezeichnet sich als armes verwahrlostes LastTier. – *(zu A., bedenklicher):* Der ‹Wildhagen› genügte nicht ? – Könnten Sie noch'n Beispiel geben ? *(murmelnd):* würd mich doch intressieren...

A.: ‹We hounds slew the hare, quoth the *messan*›. Oder ‹to play the Devil in the *bullimong*›, wenn das Maidlein sich ‹some *losel's* hot embrace› überläßt. – ? – : m̀=m̀; hier muß der alte=unvergleichliche MURET=SANDERS ran.

C.: Jetzt mal n paar Krimis zur Auswahl : für ne seelisch allein=stehende Frau : ? –

A.: Das ergibt aber seine künstlerisch zweitschwächste Abteilung. – ‹Eugen Aram› ist eine ‹cause célèbre›; halb ‹Magister Tinius›, halb GORKI's ‹Alter› : ein gelehrter Mörder, der seine Tat durch viele fleißige Jahre still für sich abbüßt; und erst, als er auch einmal glücklich sein & sich verlieben will, die Vergangenheit wieder aufgerührt sehen muß, und am Galgen endet.

B. (rauchend, pomadig): Ich hab ma'n Gedicht von THOMAS HOOD sen. gelesen. – Historische Figur ?

A. (bestätigend): ARAM war der Erste, der die Verwandtschaft des Keltischen mit dem Indogermanischen Sprachstamm nachwies, und diesen selbst definierte. / ‹Lucretia› hatt'ich bereits erwähnt : ihr Co=Giftmischer, der Maler Varney, ist Ihnen vielleicht aus OSCAR WILDE's ‹Pen, Pencil & Poison› bekannt. / Das amüsanteste Stück dieser Art – eventuell einer Erneuerung fähig; da, als Sittenbild, weit über den kümmerlichen bloßen Krimi hinausgehend – ist der ‹Paul Clifford›; die Historie eines ‹highwayman›...

B.: – Beruf : ‹berittner StraßenRäuber›...

A.: Das Stück ist plastisch, humorvoll, stets unterhaltend bis ins Beiwerk hinein : der philosophierende Gauner=College, Augustus Tomlinson, war eine Zeitlang sprichwörtlich geworden. – *(Zu C.):* Freilich würden Sie wieder eine kleine sprachliche Barriere zu beanstanden haben : die Herren Rinaldini verständigen sich gegebenenfalls im ‹cant›, Rotwelsch, der Sprache der ‹Unterwelt›. – / Was die von Ihnen beliebten Gruselgeschichten betrifft, würden die größeren Romane Sie wahrscheinlich ungemein enttäuschen, da eine ziemlich verschwommene, unergiebig=mystische Tendenz vorwiegt; wie ‹Zanoni› oder ‹A Strange Story›, wo majestätische Ewig=leben=Wollende Unverständliches mit hohem Nachdruck verkünden; oder im ‹Godolphin›, wo die Astrologie an den Tanz muß. – Nein; was *Sie* vermutlich meinen, wären seine kürzeren Stücke, wohlversehen mit Spukhäusern : ‹The House and the Brain›...

C. (entzückt tuend): Wo es brav umgeht ? – : oh wie mich's ‹haunted›, wie mich's haunted !

A.: Gelt, es wird Einem so recht behaglich dabei. – So hat ihn auch CHARLES DICKENS abgeschildert, als er im Sommer 61, mit Tochter und Schwägerin wieder einmal eine Woche lang in Knebworth zu Gast weilte : ‹Mein großer Bruder=Artist war körperlich & geistig in bester Verfassung – fast mobiler, als ich ihn all die letzten Jahre angetroffen habe. Ab & an selbstredend ein bißchen ‹weird›, was ‹Magie und spirits› anbelangt; jedoch stets fair & frank & frei, wenn man ihm opponierte. Er war erfreulich gesprächig, drollig und voller Anekdoten; schaute jung & munter drein; lachte aufs herzlichste; und verfolgte mit regem Eifer einige Rasen-Spiele, die wir veranstalteten. – Was den ‹job› betrifft...› – *(halblaut):* also die, Beiden gemeinsamen, Literarischen Projekte – *(im Zitat fortfahrend):* ‹äußerte er sich voller Teilnahme, machte Anregungen, und versprach Material, wobei er, ganz en passant, die subtilsten und feinsten Bemerkungen machte – aber unter dem tut er's ja eigentlich nie. Ich hab mich jedenfalls, (wie wir Alle) unendlich amüsiert, und auch profitiert.›

B. (lebhafter): Moment – (jetzt kann man ja anknüpfen) – so=so – d's natürlich ne erstaunlich anerkennende Äußerung, seitens eines Mannes wie DICKENS ! – *(überlegend):* Wissen Sie etwa, was er mit ‹profitieren› gemeint hat ?

C. (spöttisch liebevoll): Was 'ne Frage ! – (Wenn *ich* sie nur gestellt hätte : wùpp, hieß'ich wieder Das Rabenkind.)

A.: Sie dürfen nie vergessen, daß BULWER der um 10 Jahre Ältere war; ein renommierter ‹junger Autor› und ‹Asmodeus aller Orten› – als DICKENS, ein verzweifeltes Kind, noch Schuhwichse in Dosen füllte. – Sie sind immer gut ausgekommen miteinander : DICKENS brachte in seinen Zeitschriften gern Beiträge von BULWER; (jene ‹Seltsame Geschichte› erschien in ‹All the Year Round›). Im angefragten Fall ging es um einen von DICKENS' besten Romanen, die ‹Great Expectations›. Hatte BULWER schon vorher, indirect, einen gewissen Einfluß da ausgeübt – der Todes-Tausch in DICKENS' ‹Zwei Städte› ? : ‹Zanoni›. / Der StraßenfegerJunge ‹Jo› in DICKENS' ‹Bleakhouse› ? : ist der ‹Beck› der ‹Lucretia›. / Die Idee vom rasch reich werdenden Schafzüchter in Australien ? : dürfte aus den ‹Caxtons› stammen – damals, in der geschilderten Woche 1861, vermochte BULWER seinen, (zugegeben : größeren !) Freund dahin, daß Der das Finale jener ‹Großen Erwartungen› umbog : in guten Ausgaben finden Sie nämlich *zwei* Möglichkeiten des Ausganges…

C. (Ungehaltenheit halb fingierend, halb fühlend): Ist denn so was möglich ? Also wenn ich etwas hassen könnte, dann wären das derlei Text-Foppereien ! Daß die Realität, um uns rum, wakkelt ? : schlimm genug. Aber daß nun auch noch die Herren TraumBildner sich da zu variieren=vexieren herausnehmen dürfen ! Neulich hab ich doch tatsächlich ein Theaterstück mit 2 Schlüssen gesehen : ‹such Dir einen aus› ! Das find'ich hahnebüchen : diese ElfenbeinthurmSitzer sollen gefälligst nich ihre Faulheit an uns auslassen.

B. (sinnend): Du meinst : die undurchschaubar=consequente Realität werde dadurch, muthwilligerweise, nòch=unsicherer gemacht ? Wahr ist's : ein jedes Buch, das nicht von vornherein auf einen Plan verzichtet, kann eigentlich nur 1 Schluß haben. Oder tritt etwa, zuweilen, das ein, daß die Realität vor dem sie Beschreibenden=Verarbeitenden zu flüchten anfängt ? – *(erstaunt):* Wetter, das war tiefsinnig ! Tz, man weiß wohl, was man sagen will; aber nich was man sagt. – Nee, diese Zusammenstellung BULWER=DICKENS…

A.: Nach SCOTT's Tode, 1832, wurden die Zwei als durchaus repräsentativ für ‹die zeitgenössische englische Literatur› empfunden; zumindest im Auslande. IMMERMANN schreibt, daß Deutschland ‹so große Talente und Sittenschilderer wie BULWER und BOZ› im Moment nicht habe. Ein Ausspruch, den GUTZKOW noch nachdrücklicher dadurch bekräftigte, daß er sich nicht entblödete, auf das Titelblatt seines Buches ‹Zeitgenossen› zu setzen : ‹von BULWER›.

B. (tadelnd): Um es verkäuflicher zu machen ? – : keine gute kaufmännische Sitte; (und ‹actionable› obendrein !).

C.: Zweierlei hätte ich : schätzen wir=heut nicht THACKERAY, ‹Vanity Fair›, höher ? – Womit sofort dàs zusammenhinge : inwieweit ist es berechtigt, daß ne andre Nation, eine ganz=andre Einschätzung eines Schriftstellers habe, als sein Vaterland ?

A.: Abgesehen davon, daß THACKERAY nicht unterlassen hat, BULWER seine Huldigung insofern darzubringen, als er ihn in seinem smarten ParodienBande ‹Mr. Punch's Prize Novelists› mit vorführte – über seine Schachtelsätze hat schon POE, bei aller Verehrung für den Autor des ‹Maltravers›, den Kopf geschüttelt – aber Sie haben bereits wieder vergessen : daß BULWER eben 10 Jahre älter war; und folglich 10 Jahre fleißiger Produktion *mehr* in die Waagschale zu werfen hatte.

B. (fortführend): – und dann, für alle Genannten, gleichmäßig mittelmiese deutsche Übertragungen angesetzt... hm. Wie urteilen die Engländer denn selbst ?

A.: Davon gleich. – Die Dame hat die kniffliche Frage aufgeworfen, : ob das Bild, das eine Nation von sich hege, nicht *noch*=falscher sein könne, als das was ihre Nachbarn von ihr haben.

C. (verblüfft): D's ja überhaupt nich wahr !

B. (begütigend): Imgrunde dòch ungefähr : der ‹Berechtigung des Ausländers›, entspräche dann eine ‹Unberechtigung des Inländers›. Und da hab'ich gerade vor ein paar Tagen bei Turgenjeff gelesen : ‹Die Urteile von Ausländern sind wertvoll : sie sind nicht patriotisch beeinflußt›. – Denk an die Nazi=Zeit ! Chauvinistisch von innen gesehen ? : ein strahlendes Herren-Volk; führend in Kultur & überhaupt allem ! – Von außen betrachtet ? : eine Horde Irrsinniger FolterKnechte; auf einem förmlichen Wettrennen in finsterste Barbarei begriffen ! – Und was die allgemeine=menschliche (ich will's schonend ausdrücken) ‹subjektive Unsicherheit im Ästhetischen› angeht ?, erinner'Dich an die dürre picklije Range beim Zille, vor ihrer Spiegelscherbe : ‹Ick kann Ma nich helfen, ick find Ma schön !›

A. (resigniert): Und zumal in den Künsten geschieht es gern, daß ein ganzes Volk Unrecht hat gegen 1=Einzelnen : das alte klassische Mißverhältnis von Profet zu Vaterland. Daß irgendeine ‹Gegenwart› ihren Spiegel nicht mag, wäre nicht weiter erstaunlich; aber daß sie ihn glatt nicht als solchen *erkennt*, das ist leider nicht bloß ‹theoretisch denkbar›, sondern kommt jedes zweite Mal vor. Und die Folge hiervon wied'rum, daß 100 Jahre nach einem Buch, plötzlich die erstaunt=erfreutesten Ausrufe laut werden können : ‹aber das $\frac{\text{ist}}{\text{war}}$ ja eines der reichsten komplettesten Zeitbilder !›

B. (einstimmend): D'ss richtig : von Leuten, die hinter den modernen KalbsFällen hertoffeln, gibt's genug. Ich hab's, aufrichtig gestanden, auch früher schon immer als die halbe Aufgabe eines Schriftstellers (im alten=guten Sinne der Lessing; Wieland) betrachtet : alles, von unsrer vorschnellen Entwicklung Überrannte, nòch einmal hervorzuuntersuchen, und, gegebenenfalls, mahnend zu empfehlen – ich werd nie vergessen, wie sich, Ostern, 'n englischer Geschäftsfreund über die Collins=Renaissance in Deutschland verwundert hat. – Aber *stellen* S'sich doch jetz ma' der Frage : was hält man, in *Eng*land, von Bulwer ?

A. (schnell): Wenig ! – Und zwar ist die Unsicherheit in der Begründung der ‹ablehnenden Haltung› zuweilen schon scurril. Daß Bulwer, um 1850, der bestgekaufte Autor war, wird, meist ästhetisch=schaudernd, zugestanden; freilich sogleich entwertet durch Wendungen wie : ‹seine Gabe, den PublikumsGeschmack vorweg zu aichen, war schon nicht mehr geheuer !›. Herablassendere formulieren's wohl : ‹he dazzled his contemporaries…› : ?

C. *(flink):* Hübsch übersetzen, plies ! –

A. *(folgsam):* ‹blenden=betäuben; wirblig machen durch Feuerwerkereien›. – Seit einem Jahrhundert zitieren ihn die divergentesten Leute ! FREUD zB den ‹Richelieu› : ‹beneath the rule of men entirely great / the pen=is mightier than the sword !›. RAABE kannt'ihn genau. KARL MAY hatte die ‹Pilger des Rheins› ebenso wie ‹Nacht und Morgen›. Unter den 6 Büchern, die JOYCE's Vater besaß (und immer wieder las), befand sich der ‹Pelham›; und STANISLAUS JOYCE gesteht, daß er mit dem Bruder ‹My Novel› gelesen habe…

C. *(breitet die Hände):* – ? –

A.: Ich bin damit bei der letzten=bedeutendsten Serie angelangt : BULWER's umfangreiche Zeitbilder. Er hatte ‹The Caxtons›, eine Familiengeschichte, geschrieben; ja, mehr noch, darin ein Zweit=Ich abgespaltet – (dh wenn Sie wollen, ein *Dreißigst*=Ich : jeder Autor hat mehr Incarnationen hinter sich als Wischnu !) – einen ‹Pisistratus Caxton›, dem er allerlei vita=Spänchen aufbürdete; und da dies Buch, (leider etwas zu sichtbar Shandy=isierend) ausgezeichnet ‹ging›, umgab er sich & das Publikum noch etwas länger mit den gewohnten Gestalten, und ließ den Helden, sich finanziell zu sanieren, ein Buch schreiben – eben ‹Mein Roman›; ein Titel, der in seiner tutigen Naivität überaus nett wirkt…

B. *(einfallend):* – und dabei psychologisch *toll !* : der Leser wird doch, *‹seinen Roman›* in der Hand, glatt in den KlubSessel suggeriert ! – *(bewundernd):* Sie, das ist wáhrlich ‹nicht geheuer› !

A.: Amüsant natürlich wieder die Schwaben; die das GroßGebilde von 1800 Seiten als ‹Meine *Novelle*› vorlegten. – *(nüchtern):* Immerhin nimmt solch Rahmenbeiwerk kaum 50=60 Seiten in Beschlag. – Der eigentliche Held von ‹My Novel› ist ‹Doctor Riccabocca›; der in allen englischen Romanen jener Zeit, zumindest statist'isierende geheimnisvoll=italiänische Emigrant… (?)

C.: Wieso ? – *(sich erinnernd):* Das heißt : in der ‹Frau in Weiß› ist's ja auch ‹Conte Fosco›.

B. *(überlegen):* Na was hab' ich vorhin vom Nutzen der ‹Geschichte der Letzten 200 Jahre› gesagt ? London *war* der Zufluchtsort aller möglichen politischsten Flüchtlinge : ob KOSSUTH und MARX; ob Fürst METTERNICH…

A. *(höflich vollendend):* – oder eben MAZZINI. – *(Zu C.):* Zündet der Name ein Lichtlein an ?; oder bläst er das letzte Fünkchen aus ? – *(ermunternd):* ‹risorgimento› ? …

C. (fraulich selbstbewußt): hFfff – : gànz=aus ! – *(behaglich):* also ?; die Herr'n SchwatzMänner ? : Wer war's ? –

B. (wohlklingend murmelnd): Magenta & Solferino : Villafranca & Rotes Kreuz. – Nur weiter.

A. (verbindlich): ‹Obbedisco›. – Der romantische ‹Marchese› war eine stehende Figur im großbritannischen Leben & Schreiben jener Tage, ob DICKENS' ‹Little Dorrit›, ob WARREN's ‹10.000 a Year› – vom echten KernEngländer natürlich verachtet; und speziell Herr MAZZINI, der Böse Bube der permanenten Kleinsten Emeuten, ein só jahrzehntelang=unangenehmer Geselle, daß das abschließende Urteil, nicht nur GUTZKOW's, über den Schwä$\frac{\text{rm}}{\text{tz}}$er doch wohl zu Recht gelautet hat : ‹er behinderte CAVOUR mehr, als daß er ihn gefördert hätte.› – Immerhin wär'es 1 Dissertation würdig, die zahlreichen Anregungen aufzuspüren, die aus ‹My Novel› (1853) in jene von Ihnen erwähnte, neuerdings wieder geläufig gewordene ‹Frau in Weiß› (1859) übergegangen sind...

B. (abschätzig): ‹Dissertationen› ? – : Junge=Leute=Arbeiten; zu 9.999 pro Myriade unreifes Zeug ! Auch so'ne Sorte Inflation; nur gut zum zusätzlichen Beweis, daß die Welt eine äußerst schiefe Richtung angenommen habe.

A.: Zumindest die ersten 1000 Seiten, nehmen es mit jedem der bei uns bekannten & genehmigten großen=soliden FamilienGemälde d'outre mer auf – was *psychologische Feinheiten* angeht ? : ist BULWER, streckenweise, imstande, sie=alle zu übertreffen !

C. (Schauder künstelnd): Aber *1800 Seiten Victorianisches*, Sie ? Wo, (meinem bißlein Kenntnis nach), untadelig toilettierte Herren, vor Leben simulierenden TugendPüppchen ins Knie sinken ? – Néé ! : 't would take a bigger girl than me.

auch B. (beifällig brummend): Tja; die Strafe der vornehmen Leute besteht darin, daß sie mit vornehmen Leuten verkehren müssen. – Hm; sollt'mich doch *auch* Wunder nehmen, wenn Se 'n Verleger ufftrieben, der dafür sein Geld verBULWER't...

A. (kummergewohnt, nur leicht=ungehalten): ‹There is no man so friendless, but what he can find a friend, sincere enough, to tell him disagreeable truths.› – übrigens ein Zitat aus dém Stück, das ich nun *wir*klich für den Start zu einer BULWER=Renaissance recommendiren würde : ‹What will he do with it ?›. – Sicher haben Sie ein gewisses=flüchtiges OberflächenRecht, den Victorianischen Romanfigurinen LebensFülle und Grundsätze abzusprechen, und ihnen allenfalls erstarrte Launen als Surrogat zu vindiciren. Sicher wirkt's uns lächerlich, wenn die Gànz=Armen nur noch 1 bis 2 Dienstmädchen halten können : daran erkennt man sie;

(und das DienstPersonal=selbst zerfällt in nur 2 Spielarten : die schlammpicht=Trotzigen; und die unglaubhaft=Ergebenen; und wenn DICKENS manchmal beide Sorten in 1 zusammen=boxt – (zB die ‹Tattycoram› in ‹Klein Dorrit›) – dann wirkt das nur wenig überzeugender.) – Sehen Sie, wenn ich noch mehr Scharlatan wäre als ich bin, könnt'ich jetzt pathetisch fortfahren : wie anders dagegen BULWER's ‹Maltravers› ! – *(zitierend):* ‹Wenn SHELLEY in einer seiner Vorreden sich rühmt, mit den Alpen & Gletschern & der Himmel weiß mit was=nòch ! vertraut zu sein, – so kann der kritische Künstler nicht umhin zu wünschen, daß er lieber mit Fleet=Street oder dem ‹Strand› bekannt gewesen wäre.›

B. (betroffen): Hò ! – *(erklärend zu C.):* wozu Du wissen müßtest, daß das damals der ‹Reeperbahn› entsprach; oder dem ‹Strich› der armen Mädchen SUE's, ums ‹Palais Royal›... (?) –

denn C. (erschreckt=energisch): RUHE ! – *(sehr leise zu A.):* 'ss nich eben das Licht=oben angegang'n ?; in Ihrem Arbeitsraum ? –

A. (ebenso): Sie fürchtet sich wohl etwas – das allein=Schlafen in dieser Welt $\frac{\text{will}}{\text{muß?}}$ gelernt sein... (?) – : sie liegt im VorderRaum; neben 'm Schreibtisch, (manchmal auch 'drauf) – geht vielleicht auf's Töpfchen...

C. (bedeutsam): Soso. – Nur : ‹was wird er damit machen ?› –

A. (harmlos): Es ist – (Sie scheinen das, grundsätzlich, als zureichende Unterlage für einen ernsten Vorwurf zu betrachten; es gibt aber weite Kreise, wo dergleichen als Vor*zug* gewertet wird !) – auch wieder ein 1.200=Seiten=Band; (und gebührend unausschöpfbar; wie alle ernsthafteren Bücher von 1 Million Buchstaben & drüber). Ein Umfang, der infolge der Art seines Erscheinens nicht so schreckhaft=sichtbar wurde : es kam nämlich, ab 1857, in Fortsetzungen heraus; in der wohl einflußreichsten aller englischen Zeitschriften, dem ‹Blackwood Magazine›...

C. (gleich, erstaunt=erfreut): Das, wogegen mein POE eine so beißende Parodie geschrieben hat ?

A. (geschmeidig): ‹Saure Trauben› beißen immer etwas auf der Zunge : es gibt Briefe von ihm, wo er sich, Verlegern gegenüber, eines ‹soeben mit Blackwood geschlossenen, sehr günstigen Vertrages› rühmt ! – Neinein : es muß schon ein anregendstes LiteraturHeft gewesen sein; umsònst hat sich das nicht, über 100 Jahre von 1817 an, so gehalten. Und *was* dort alles erstveröffentlicht worden ist ! : DE QUINCEY's ‹Opium=Eater›; WARREN's ‹Passages from the Diary of a Late Physician›; GEORGE ELIOT's früh'ste Stücke; TROLLOPE; – kein Wunder, $\frac{\text{wie}}{\text{daß}}$ die BRONTË's jegliches der Schwarzen Hefte verschlangen, und sich davon auf's herrlichste anregen ließen... – *(zaghaft zu C.):* – könnten Sie uns vielleicht mal, – : bitte ! –, so recht kindlich=atemlos, aus CHARLOTTE's ‹History of the Year 29› vorlesen...

C. (nimmt MRS GASKELL *zur Hand –):* – : ‹While I write this, I am in the Kitchen of the Parsonage, Haworth... ANNE is kneeling on a chair, looking at some cakes... EMILY is in the parlour, brushing the carpet. Papa & Branwell are gone to Keighley... Mister Driver lends us BLACKWOOD'S MAGAZINE, the most able Periodical there is – : the Editor is Mr. CHRISTOPHER NORTH, an old man, 74 years of age, (the 1. of April is his birthday)... and JAMES HOGG, a man of most extraordinary genius, a Scottish Shepherd...› – *(reicht, kommentarlos, das* EVERYMAN*=Bändchen zurück).*

A.: BULWER hat méhrfach Romane dort vorab=drucken lassen : von den ‹Caxtons› an... (?) – : ganz=recht : das großbritannische GUTENBERG=Äquivalent; (man ist auch im Buch entsprechend=stolz auf den Ahn-Herrn !); via=via; bis hinauf zur ‹Coming Race›; (ja, sogar die posthumen ‹Parisians› traten noch=dort an den Tag. – Sie werden jetzt, zur Schlafenszeit, – (und ich möcht' vielleicht doch bitten, meine Bescheidung zu würdigen : ?) – kein ausführliches Referat darüber, mit schönen Leseproben, appetitabregenden, erwarten; ich will nur andeuten : die 100=saitige Ouvertüre, mit ihrer Kulisse eines englischen DorfJahrmarktes... (?) – *(dh kleine=horchende Pause. In welche hinein die dickbesagte Musik ländlert & barngrölzt, ‹Der Fidele Bauer›; (bzw, noch=verrückter, ‹Dichter & Bauer›)):* – die gehören zum reichst=gegliederten, lustigst=Bewegten, was nicht nur BULWER, sondern all=seine ZeitGenossen=überhaupt geliefert haben; – : *und* stellen, gleichzeitig, eine ‹Exposition› dar, so säuberlich=&=erschöpfend ins Innerste des Großen Buches hineinführend, wie – ja, ich sprech's einfach ma' aus ! – wie ich es eigentlich nur noch von der ‹Minna von Barnhelm› her kenne !

C. (lebhaft=abgelenkt): – : ‹eine Exposition von 100 Seiten› – : a'so bei so=was könnt'ich *un*sinnig werden ! – : hätte ein ehrlicher Kerl nicht, auf só=viel Papier, 2 conscentrierte KurzRomane geliefert ? !

B. (zustimmend): Tcha; literarische Verdauungskraft in allen Ehren; aber : ist unsre Zeit für solch zähen PendelGang... *(sich unterbrechend, bzw berichtigend):* – halt !; ich werd'unfair. Ich kenn das Buch ja gar nicht; und Sie haben ihm ausdrücklich nette Munterkeit bescheinigt. Sag'ich sô : 1200 Seiten ? : das verlangt 25 Lesetage à 50; und selbst wenn Einer 100 schaffte, wären's immer noch 12 ! *Wer ?* (außer Profis) hat noch die Muße, so viel auf Lektüre zu wenden ? ...

A. (ruhig): Das ‹Tempo› unsrer Zeit geb'ich Ihnen nicht nur zú; sondern weiß sogar, daß das gar nicht anders sein *kann* : die Reaktions-Geschwindigkeit uns'rer Apparate erzieht uns zu TrickReflexen – *(kümmerlich lächelnd):* Sie spüren zweifellos die, datenbewirkte, Depression :

Menschen über 20.000 Tage, wie ich, sind ‹technisch unmöglich›. – *(wieder gefaßt):* Aber ebenso werden Sie nicht abstreiten, wie man – und zwar doch schon ziemlich ‹verzweifelt› – auf der Suche nach psychischen ‹GegenGewichten› ist. Wie nun, wenn ich der Meinung wäre, daß g'rade so umfangreiche MetaWelten, wie diese ältlichen=guten 1=o'r=2=Tausendseiter, in denen man sich wochenlang geruhig aufzuhalten hat – : es *war* ja alles einmal relativ=korrekte, destillierte Wirklichkeit ! – daß dies die wahren wohlthätigsten Sedative ergäbe ? *Wie groß* das Bedürfnis nach dem längeren Zusammenleben mit ein=&=demselben Gestaltenkreis *ist*, haben zu unsrer Zeit ‹Nesthäkchen› oder KARL MAY bewiesen – heute tun's die Fernseh=Serien; (daß das zum überwiegenden Teil ‹knall›Affekte sein müssen, wäre eine typische Instinktlosigkeit der für die (un)geistige Hygiene Verantwortlichen...

B. *(augurig einfallend):* ... es sei denn ? : man wäre behördlicherseits schon *so* gefährlich=weise, daß man, bei *der* ‹Abstammung des Menschen›, die NotWendigkeit prophylaktischer KriegsSurrogate erkannt & staatlich genehmigt hätte : die FußballfeldSchlacht erspart den GrenzZwischenfall; ‹Olympische Spiele› einen Sommerfeldzug.

C. *(betroffen):* Der ‹Western› sollte nur dazu da sein, den Jäger=&=Schläger Instinkt, den neanderthalijen, abzureagieren ? – ‹Mein schönster Mord› ? –

B. *(sachlich):* – erspart die Ehescheidung. – Aber ad TV=Serien nochmal – : *ich* möchte eher meinen, daß es sich dabei um die optischen Äquivalente Ihrer propagierten Tausendseiter für das unterste Drittel der Verbraucher handele. – *(unzufriedener):* Sie, in Ihrem tusculuminösen Retrograd, scheinen sich beneidenswert unklar darüber, daß Ihre Empfehlungen stets schon einen, gar nicht kleinen, Grad von Kulturfähig= & Willigkeit voraussetzen; einen, in seiner Sphäre fast zu unellenbogig gewordnen, leicht rückwärts gewandten Mittelstand=ä... *(er verstummt zweifelnd)*...

C. *(mock=Turteltaubig):* Männe, bis'Dú das noch ? : Du sprichst ja wie Konfutius' Neffe ! – *(zu A.):* Bitt'Euch : ganz kurz den Extract des ‹Büchleins›.

A.: Und dabei haben wir die TragiKomödie der *Höheren* Teutschen Poeterey noch gar nich ma' gestreift. – *(sich zusammennehmend):* ‹Was wird er damit machen›. – Es ist, wenn Sie so wollen, die Geschichte dreier Pärchen. Des hübschen=jungen Lionel & der kleinen vif'en Schauspielers-Enkelin Sophie. / Des alternden=reichen GroßParlamentariers & Schloß=Park=Besitzers Guy Darrell & der, um 30 Jahre jüngeren Caroline; die ihm erst ihre Kinder=Neigung schenkte; dann allerdings einen gleichaltrigen Marquis heiratete...

C. (hämisch): Unbegreifliche Verirrung ! – Nach Haar & Augen brauch'ich wohl nich erst groß zu raten ? . . .

A. (ruhig): Natürlich ist in diesen ‹Guy Darrell› viel Autobiographisches eingegangen. Und die große, kapitellange Rede des fast=alten Mannes, an die immer noch mädchenjunge Witwe, wirkt – (zumal bei Bekanntschaft eben mit BULWER's Leben) – in ihrer, ich möchte sagen ‹natürlichen Melodramatik›, doch bedeutend. Man spürt . . . (?)

C. (patzig): ‹man› mit *2 n* höchstens.

B. (verwundert): Was bist'nn Du so krötig heute ?

C. (giftig): Weil ich mich auf die demnächstige anKündigung gefaßt halten muß : Unsereins wär' nich mehr jung & kindisch genug für Euresgleichen ! – *(gekonnt theatralisch):* – und was *hat* man für eine auspeitschenswerte Liebe zu dem Menschen getragen ! . . .

(während B. behaglich=bewundernd kichert)

A. (geduldig): Das kuriosest ausgeschnitzte der Liebespaare jedoch – buchstäblich ‹einzigartig dastehend› in der Weltliteratur, soweit ich sie überblicke – sind die energisch=unschöne, im Verlauf der BuchZeit immer hagerer=eisengrauer geratende Arabella Crane; und der athletisch hübsche, so sorg= wie gewissenlose, in allen galgenvogligen Zwischenreichen und Niemandslanden heimische, Jasper Losely. – Love is quicker than Vril.

B. (aufmerksam): Moment. – : ‹Sie› verfolgt ‹Ihn› mit ihrer Liebe ? Eine Art reziproker ‹Manon Lescaut› ? Ließ sich's so sagen ?

A.: Durchaus. – Der Zusammenhang zwischen allen 3 Paarungen wird grade durch jenen Typ des (heut so beliebten) HalbVerbrechers hergestellt : hat er doch sowohl Darrell's Tochter entführt, und ist also dessen eidamiger Alpdruck; als auch – wie der Leser zumindest bis ganz ans Ende des Buches vermutet – der Vater von Lionel's Sophy.

C. (unversöhnt tuend): Kriegt sich wenigstens keins der Pärchen ?

A. (bedeutsam nickend): Sie ‹kriegen› sich alle Drei – *aber wie !* – Das ist eine der fantastischsten Scenen aller Literatur, als die Arabella=Zicke den grau=geword'nen Kopf über ihren, vom Schlag gelähmten Jasper=Bullen, bücken kann : endlich ! : *ENDLICH MEIN ! ! !* Und ihm, dem schon rücklings=Liegenden in Charons Kahn, wieder noch graut : vor der unerbittlichen Retterin ! –

B. (nach einem langen Zug aus der ‹Henry Clay›): Landet man da nicht bei einem prä=STRINDBERG ? Prä=BECKETT ?

A. (eifrig mit dem Kopf wehrend): Gar=nicht ! – STRINDBERG's neurotisches Gespreche ist ja nicht ‹Kraft›; wohl aber das ausgesprochene Gegenteil. Und BECKETT ? : macht es sich künstlerisch leicht, durch sein Arbeiten mit 2 StabPuppen in einer bis zur Armseligkeit reduzierten WeltÖde. – Neinein : die Kraft, (ja ‹*Über* unsre Kraft› !) findet sich *hier*; ebenso wie die Fülle der Erscheinungen : was ist nicht Lionel's Mutter für eine ausgewachsene Gans !; oder Mister Waife, einer der klassischen ‹Alten Komödianten› !; der philosophische Schuster Merle; der KleinstadtBürgermeister Hartropp . . . (?) –

(Geräusche: leichte Tritte. Eine Thür geht. Ein Kind erscheint auf der Schwelle, ganz ‹Nachthemdchen› & sternthalermäßig. Es sieht sich ernsthaft um : ‹?› – und schlüpft endlich, langsam, auf A.'s Schoß. (Der, relativ=sogleich, seine dünne Sommerjacke um Es legt : –.))

C. *(mit unechter Freundlichkeit):* Nanû; – : wo kommst Dû denn her ? – *(überredend):* Has'D nich schlafen können, HemdenMetzel : wir hab'm Dich gestört, gelt ? . . . – *(besonders falschen Tons):* Nein, was Du für hübsche braune *Haare* hast !; & *so* tief=blaue Aug'n . . . Tz ! . . .

. . . DENN ‹WALLFLOWER› HEISST ‹GOLDLACK›.

Sprecher:
wie im ersten Dialog über Bulwer (1969)

A.: Berichterstatter (57); ruhig & gedämpft; wie nach einer langen, nun abgeschlossenen Arbeit, (aber ja nicht ‹schleppend›).

B.: Sein Wochenend=Nachbar; Typ ‹rüstiger Fabrikant› (Exporteur nach England); ebenfalls längst im consularischen Alter, jedoch fest entschlossen, noch weitere 30 Jahre zu exportieren; in seiner Art ‹gebildet›.

C.: Dessen ‹junge Frau›, (dh etwa 30=jährig); resolut weltzusammenhaltend, (etwas gleichberechtigt=vorlaut); in Abständen jedoch echt um Bildung und Geschmack bemüht.

(Schritte auf Stein und Beton : 3 Näherkommende. – Dann

C. (spricht): Also *ich* würde sagen : Wir wagen's, und setzen Uns hier=draußen hin. *So* eine schöne milde OktoberDämmerung ! . . . : tz sogar einzelne HeckenrosenBlüten sind noch dran. Sonst schlägt man um die Stunde schon den Mantel um die Nase, und gähnt die FlederMäuse an. – *(schwärmerisch):*

‹. . . . . kann solch Wesen
uns überziehn wie eine SommerWolke,
daß wir nicht einmal staunen ?› –

– : nu ? : keinerlei Beifall ? *(aufmunternd):* Shakespeare ! –

B. (paffend): – und drüben hält der Fleischer, der 's Kälbchen abholt – dies zur Steuer Deiner unzeitgen Hilarität. – *(zu A.):* Aber für mich doch, bitte, ein Gläschen mit was drin. – *(Erläuternd zu C.):* Vorsichtshalber; wider den bösen Nebel.

C. (die sich ostentativ mit einer Handvoll NotizZettelchen gefächelt hat): ‹Give my roan horse a drench, says he› ! – *(sich erinnernd):* das heißt, ich darf mich ja eigentlich gar nich aufregen : wo ich mir als meinen Liebling in ‹Was wird er damit machen ?› den ‹Jasper› erkiest hab. – *(zu A.):* Denn es haben sich Fragen erhoben – *Fragen*, sag' ich ! – daß Ihnen die Haut grausen soll.

A. (macht int'ressierte Augen): ?

C. (triumphierend fortfahrend): Hat Bulwer denn auch so ständig aus der Runden Flasche getrunken, wie Dér=da ? *(mit der SchulterSpitze zu B. hinzeigend):* Hören Sie : ‹Das Gedränge im ParlamentsHaus war groß, und Wir mußten lange im Vorsaal warten. Auf einmal entfernte sich mein Begleiter; –; kam aber bald darauf, kleinlaut, wieder zurück. Später zeigte sich, daß er sich zu dem ThürHüter begeben, und einen Vorzug für uns, unter der Angabe beansprucht hatte : es befinde sich ein deutscher Literator da, der ein Bekannter des Herrn Bulwer sei. Ich wußte von dem allen nichts; und war wie aus den Wolken gefallen, als bald darauf der TürHüter mit einem elegant=gekleideten und wunderhübschen langen jungen Manne zu uns trat, und mir sagte : Hier ist Herr Bulwer. Und zu Letzterem : Hier ist der deutsche Gentleman, Ihr Freund. – Bulwer ersparte mir Verlegenheit, indem er seinen Arm um meine Schulter schlang; mit mir im VorSaal auf und nieder ging, und mir sagte : heut sei der Saal zu überfüllt, um mich einzuführen; aber morgen – (will sagen ‹niemals›) – möcht' ich wiederkommen, undsoweiter. Er verließ Uns wie taumelnd, und machte auf mich ganz den Eindruck eines Betrunkenen.› –

A. (gespannt): Sagen Sie – : Wer ist das ?

C. (siegesbewußt): Gelt ?; wir sind auch nich müßig gewesen; (Moment; die magische Aventüre geht noch weiter). – m=‹Bald aber erfuhr ich, daß Er eben eine Rede gehalten; und was ich für Trunkenheit nahm, war die Nachwirkung der aufgeregten LebensGeister.› *(in resigniertem Ton weiter zitierend):* ‹Ich unterließ umsomehr ihm meinen Namen zu sagen, als Er ihn ja doch nicht gekannt hätte : wenn ein Deutscher nicht Schiller oder Goethe heißt, geht er unbekannt durch die ganze Welt.›

A. (aufmerksam, dann amüsiert): Dies letzte Genörgel gibt natürlich die allgemeine Richtung an : Grillparzer, ja ?. – Sein Irrtum war umso verzeihlicher, als es damals, im Unterhause, in alkoholischer Beziehung hoch hergegangen sein muß; berichtet doch ein ZeitGenoß : ‹Es war oft ein sonderbares Schauspiel, den halbberauschten Pitt – ‹2 bottles of port were to him like so many dishes of tea› – zu hören, wie er mit Gewandtheit die Angriffe beantwortete, die sein beinah' betrunkener Gegner Fox ihm gemacht hatte. Und nach ihm sofort Sheridan; der nie ins Parlament ging, ohne einige Flaschen geistiger Getränke zu sich zu nehmen.›

C. (entrüstet): Also daß 'ss ja nich an 10 Himmel zu malen ! – *(murmelnd):* Feiner Verein...

B.: Aber da siehst Du's mal...

C. (ihn sogleich unterbrechend; herausfordernd): Was ? : *was* seh' ich ?

B.: ä=... nichts. *(Lieber rasch zu A.):* Nee; also bei Bulwer war das ja einwandfrei ‹LampenFieber plus Konzentration› – : ‹Wenn Sir Edward sich zu einer Rede entschlossen hat, wird er rastlos, unansprechbar; er durchwandert das ganze Haus, die VorHalle entlang, die Hände tief in den Taschen, das Auge zu Boden gerichtet.› – *(angeregt):* Hübsch das volle blasse Gesicht über'n Wäldern dort – : iss der Mond, ja ?

C. (durch die Nase kichernd; dann behaglich): ‹LandschaftsSchwärmerei› ist nicht Pop nicht schick; erst vorgestern hat 'n berühmter Rezensent es wieder bewiesen : ‹Die Zeit der Natur sei um : sie habe unsre Geduld nunmehr endgültig erschöpft; uns lange genug Grün und Blau geärgert.› – : ? –

B. (ruhig): Ein geräumiges Axiom, Monsignora. – ‹Rezensenten› ? : das sind doch Alles arme defekte Wesen : krampfhaft modern; aus Angst, irgendeine revolutionärrische MikroTendenz zu verpassen, rühmen sie am liebsten *das* neu'ste WeltmittelPünktchen, an dem sie möglichst viele ihrer pseudocleveren, vorwegfabrizierten Notizen anbringen können. (Worauf dann der arme durchschnittliche ‹Junge Autor› gern den Zwang verspürt, als HalbWahnsinniger zu posieren; bloß damit man ihn ja nicht ‹altmodisch› oder gar ‹normal› schelte.) Butler hat ‹Den Kritiker› mal ‹the perfect fool› genannt – ewig junge Formulierung. – *(zu C.):* na, sprich's doch 'n paarmal laut vor Dich hin : *‹Was bleibt, stiften die Rezensenten !›* : wird der GrößenWahn der einen, die DummGläubigkeit der anderen Seite, nun grass genug ?

C. (etwas piquirt): Ich find's ganz natürlich, daß Die Gegenwart eine gesunde, schier instinktive Abneigung davor an den Tag legt, sich groß mit Werken zu befassen, die dereinst der Nachwelt angehören sollen. – *(leicht boshaft):* Was macht übrijens Ihre Kleine, die vor 2 Jahren hier, im ‹House of Cobwebs›, zu Besuch war ? Wen hätte *Die* sich wohl zu ihrem LeibLiebling erkoren, aus ‹Was wird er damit machen ?› – *(anzüglich):* – so als ‹Stimme der Jugend› ?

A. (unbefangen): Zweifellos das Hündlein, ‹Sir Isaac› – was, nebenbei, die ‹Stimme der Kindheit› wäre. Wogegen *Sie* ja, imgrunde, das biologisch=aufgeregteste JahrDutzend, so zwischen 16 und 28, meinen; eine Gruppe, die ihre ZaddelTracht schnurrigerweise nicht als fatale ‹Uniformierung› von ‹Sturm & Drang allgemein› erkennt; und ihr zum Dogma erstarrtes ‹Immer das Gegenteil tun !› nicht als auch nur eine, und zwar besonders närrisch=hohlförmige Art der Nachahmung.

B. (bestätigend nickend): Ja. Ich empfänd'es als schlicht ‹natürlich›, wenn ein Autor sich freute, daß der überwiegende Teil seiner Leser getreulich mit ihm altert. *Ich* halte das krampfige Bemühen der meisten Künstler um ‹Ewige Jugend›; und ‹mit der Zeit Schritt halten›; und ‹Kontakt mit Jungen Menschen› wahren : für kompliziert=abscheulich ! Ich bin, absolut !, für Einrichtung & Aufrechterhaltung, der – doch völlig organischen – Distanz zwischen den Generationen : *‹unaufgeregte Apartheed !›* : dàs ist's, was Uns, auch in dieser Beziehung, not thut.

A. (zusätzlich=nachdenklich): Es war, zu unsrer Väter Zeiten, mal Mode : beim ‹DienstAlter› eines Beamten, die ‹KriegsJahre› doppelt zu zählen – : man sollte, mit dreifach=mehr Berechtigung, dem Schriftsteller seine ‹SchreibeJahre› so anrechnen ! – *(englische Beispiele zitierend):* TROLLOPE berichtet von THACKERAY : ‹Obwohl Er erst 48 war, machte Er einen greisenhaften Eindruck; besonders in der Art, wie Er das Leben beurteilte – als läge es vollständig hinter Ihm. Er war ganz grau...› – Und TENNYSON's, auch schon relativ früh geäußertes : ‹I am defective behind : I have no passion.›; ist nur der Ausdruck dafür, daß ein ‹DoppelLeben›, wie man's vom Künstler, ziemlich=gedankenlos, zu fordern scheint, die KörperMaschinerie nicht g'rade schont.

B.: Bei ‹THACKERAY› fällt mir ein : daß Der unsern Bulwer nicht nur parodiert; sondern, zuweilen, auch gelobt hat. In den ‹Newcomes› las ich's : ‹Der junge Mann hatte, eh' sie dorthin fuhren, Sir Bulwer=Lytton's prächtige Geschichte gelesen, welche schlicht *die* Geschichte POMPEJI's geworden ist –... – und sie bestaunten die wundervolle Erfindsamkeit, mit der der englische Schriftsteller die Örtlichkeit auf eine Weise illustriert hat, wie wenn nunmehr die Häuser, umgekehrt, nur als Bebilderung zu seinem Text & dessen EinzelStories entstanden seien.› – *(Er horcht in die, massenhaft zunehmende, Dusternis):* Wie's da wieder schlagert ! – : bricht diese alalische Wortlosigkeit des ‹Daddaddà›, nicht den kulturellen Stab über die hüsijen Lukumonen ?

C. (trotzig): Ich weiß wohl, Meine Worte werden hier nur gering angeschlagen – aber dürft' ich mal die fortschrittlichen Jungen Leute selber zitieren ? – : ‹Wir haben kein Bedürfnis, Uns die sogenannte Kultur der wohlhabenden Stände anzueignen ! Es drängt uns auch nicht, in ihre Kreise einzudringen : Wir sind Uns recht, wie Wir sind; und wollen gerne unter Uns bleiben. Gebt Uns die Möglichkeit, ein menschenwürdiges Dasein zu führen – : Eure ‹Verfeinerung› könnt ihr für euch behalten !› – *(lauernd):* Wie munden solche Sätze, meine schläfengrauen Herrn, : ‹daß DIE KUNST sich überlebt habe !› – ?

A.: Die Kunst hat schon mehr solcher anspruchsvollen Torheiten überlebt; an denen das für mich Bedenkliche allenfalls wäre, daß *Sie* dergleichen, und mit einem gewissen bösen Behagen, wiederholen mögen, als wär's eine Ihrer LieblingsWahrheiten.

B. *(geruhsam):* Was meinen Sie, wieviel solches Schlangenzüngelnden Ich täglich serviert bekomme ? : schlimmer als de selije Hydra ! (Ich hätt' mir wohl auch allmählich das EichenLaub zum Husband-Orden verdient.) – Aber wieder zur Sache : ‹Leben› ist ganz schön & gut; macht aber nich den dritten Teil so viel Arbeit, als ‹Kunst zu schaffen›. Und nichts gegen ‹harten Realismus› (oder ‹Naturalismus› wie die literarische Richtung mal hieß); aber darf ich darauf hinweisen, : wieviel Prozent unsres Daseins, unabänderlich, in ‹Phantastik› bestehen ? ! – *(halblaut):* allein schon biologisch bedingt : ‹Die Welt als Vorstellung›...

C. *(wie für sich):* Oh rocks ! (and rolls.)

A. *(vermittelnd):* Letzte Tiefsinne ma' beiseite. Aber, NOVALIS, : ‹Wir leben in einem kolossalen Roman› : ‹*Träume*›, die ganze Nacht. ‹Gedankenspiele›, kürzere wie längere, bei Tag. ‹Lektüre›; ‹Theater plus Film›; ‹Religionen›; ‹Zeitungen=Illustrierte› : ‹DAS FERNSEHEN !› : immer eine Fan=tumb City an der anderen ! – Um wieder zum ‹Buch› – und nicht nur zu dem der Victorianischen Zeit, zurückzulenken, WALTER BESANT : ‹Die große Mehrzahl der Menschheit entnimmt ihre ganze Kenntnis vom Leben, von Philosophie und Kunst, ja sogar von Wissenschaft und Religion ? – : *ausschließlich dem Roman !*›.

B. *(bestätigend):* Und unsre TV=‹Krimi=Serien›, in drei mal dreißig Folgen, sind ja nichts anderes, als vor 100 und mehr Jahren die endlosen FortsetzungsRomane der Dickens, Warren, Bulwer im ‹BLACKWOOD›=Magazin...

denn A. (einfallend, bedeutend): ...mit dem *1* Unterschied : *damals* regierte DAS WORT. *Heute*, verhängnisvoll, DAS BILD ! – Aber Sie wollten sagen=A... ?

B. *(nickend):* Wie damals eben doch – und gleich an die 60 Jahre lang – erst die decorativ ‹vollkommene Ehe›; später dann das rührende WitwenHäubchen der VICTORIA REGINA, eine enorm=bestimmende, geschmack= & verhaltens=setzende Wirkung ausgeübt haben dürfte. – *(etwas leiser):* Wer *ganz*=nüchtern reden wollte, könnte meinen ‹vom Verdienen, von der Verkäuflichkeit her› – *(wieder lauter):* aber bleiben Wir mal bei einzelnen Sektoren jenes Biotop – m=etwa das ‹Verhältnis der Geschlechter› zueinander...

C. *(l$\frac{\ddot{u}}{i}$stig):* – und da hör'ich, endlich, 1 meiner armen 5 Minuten schlagen – *(sententiös):* denn ansonsten ? – : ‹Wenn die EheFrau mal 'n eigenen Gedanken hat, (oder gar ‹äußert› !), meinen die Männer sogleich : Nun sei kein Platz mehr in der Welt für Beide=nebeneinander !› – *(sich* *zurücklehnend; herausfordernd):* Tchâ=a. – Diese (eklije) Stille – dieser (abscheuliche!) Frieden hier... –: vor lauter Frieden könnt' ich manchmal mit JederMann Händel anfangen! –

A. (mißmutig): ách! Haben Sie das kümmerliche MachWerk von Bulwer's Gattin Rosina – den Schlüsselroman ‹CHEVELEY› – also dóch gelesen? – *(halblaut):* – tz, und ich hatt' Sie extra gebeten: ‹Sparen S''ich die Zeit.› –

B. (stoisch): Weswegen es denn ja sofort ‹antiquarisch gesucht› werden mußte; besteht doch ‹Die Frauenfrage› anscheinend dárin, daß der begründetste Rat des Mannes ‹IHR› ‹Bevormundung› heißt; seine Ordnung und Sparsamkeit ‹geistlose Stabilität eines Greises› – *(zu A.):* – hat mir natür'ch ausgiebig Mitteilungen daraus zukommen lassn: wie Rosina, ‹aus der Sicht der...› (ja nu nich *‹Frau›*; sondern eben) – ‹*Ehe*Frau!› BULWER schilderte – *(halb hen=pecked, halb ‹ätzend›):* – och, lies doch ma' selber vor! –: ?

C. (muffig): ‹Die Natur schien ihm eine Art LumpenSack von Geist gegeben zu haben; zusammengeflickt aus den seltsamsten und übelpassendsten Stücken & Flicken, die man sich nur denken kann; benebst einer groben Art Anmaßung, wodurch die erwähnte Verwirrung & Unordnung nur beständig vermehrt wurde. Seine Gelehrsamkeit – (wie sie eben war: ‹as far as it went›) – konnte man mit der Pfennig=Encyclopädie vergleichen, wo auch Alles, oberst zu unterst, durcheinander gedruckt erscheint...›

B. (geringschätzig): Voilà das ‹objektive Bild› vom Verfasser des ‹Pompeji› und ‹Rienzi›; des ‹Harold› und ‹Last of the Barons›... –: *und* Unsres ‹WAS WIRD ER DAMIT MACHEN?› – *(zu A.):* Sie wiesen Uns damals doch sein Porträt?: ein ausgesprochen ‹feiner Kopf›! –: ?

A.: Sie meinen das von Paul Falconer POOLE? – (Eins von Dessen schönsten Bildern war übrigens: ‹Escape of Glaucus and Ione with the blind Girl Nydia from Pompeji›)...

C. (schnieft; dann verstockt): ‹...ein Mann, der gegen 7 Fuß hoch empor strebte. Er machte Einem den Eindruck, als habe er nie, selbst im Schlafe nicht, sich des Verbrechens einer ‹bequemen Haltung›, schuldig gemacht – der ordinäre Ausdruck, ‹als hätte er einen Stock verschluckt›, ward durch seine Erscheinung vollendet illustriert. Er hatte straffes, steiffes und hartnäckiges (*sehr*=hartnäckiges!) braunes Haar; sehr kleine hellgraue Augen; eine solche AdlerNase, daß, hätte man sie auf Papier anstatt in einem menschlichen Antlitz gesehen, man sie für eine Karikatur angesprochen hätte! Seine OberLippe war gerade, und von jener maßlossteiffen Länge, welche man als das SelbstZeugnis eines Antlitzes von dem eigensinnigen Charakter seines Besitzers ansehen darf!› –

B. (unterbrechend): Gieb, bitte, ma'... –: Ich möchte doch, als Gegen=

DosenStück, gleich die SelbstSchilderung des eitlen Weibes danebensetzen… *(man vernimmt ihn blättern):* m=mm – : hier ! – *(süßlich):* ‹Lady de Cliffords Schönheit war von ganz andrer Art : klassisch; und die Umrisse mehr die einer Juno. Ihre Züge waren klein, doch vollkommen; piquant; mit einer Nase, die Ich nicht anders zu schildern weiß, als indem ich sie ‹epigrammatisch› nenne – sie hätte unmöglich einer langweiligen Person angehören können ! … Sie hatte etwas Königliches an sich – ‹blendend› war das Wort, womit Jeder sich versucht fühlte, Ihre Erscheinung zu bezeichnen. Sie verband alle weibliche Zartheit, alles Bezaubernde eines bloß=hübschen Weibes, mit aller Würde & allem Glanz einer vollendeten Schönheit … Ihre Augen tief=schön=dunkelblau; und die langen schwarzen Wimpern, die sie beschatteten, gaben Ihrer Wange eine MURILLO=artige Sanftheit; Ihre GesichtsFarbe wie die RosenWolken an einem italischen Himmel ! … Mund & Zähne hätten die Fantasie eines Malers, die Schilderung eines Dichters beschämt : Ihr Lächeln war strahlend ! … wenige Frauen konnten sich Ihrer gediegenen, fast universellen, Bildung rühmen…› – *(Er klappt das Sedezlein tönind zú – : ! –):* – und nu dieser, vulgär=stümpernde Bettel in die eine – : BULWER's WERK in die andere WagSchale ! – *(achselzuckend):* Naja; wie sagt Lady Selina Vipont, im Buch, sehr richtig zu ihrer Tochter ? : ‹Gescheite Männer wählen, das kann man beinah als allgemeine Regel aufstellen, die sonderbarsten Weiber.› – *(zu A.):* Ist Ihnen bekannt, daß sogar CHAIM MORDOCHAI sich in seiner beliebten journalistischen Art zum Fall Bulwer contra Rosina geäußert hat ?

A. (neugierig): Nein. Aber wenn Sie's sagen, weiß ich natürlich auch sogleich *wie* : froh der ‹bürgerlichen VerfallsErscheinung›; ‹Fäulnis des Kapitalismus›; ‹Rechte der unterdrückten Frau› … ? – *(zu C.):* nu ganz im Stil des heutigen ‹Ostblocks›; wo FlintenMänner & =Weiber, die für die von der Theorie geforderten ständigen kleinen Unruhen sorgen, ja Mord & Totschlag inscenieren, ‹aufrechte Patrioten› und ‹FreiheitsKämpfer› heißen – vorausgesetzt, sie gehören irgendeiner ‹KP› an. Wenn dagegen bei ihnen selbst die Länder, immer periodisch reih'rum, rebellieren ? : dann sind die gleichen Typen ‹erkaufte Verräter› und ‹entmenschte Söldlinge› – also *die* RevoluzzerSchnauzen kenn' ich.

B. (bestätigend): ‹Rosina› ist für MARX natürlich die ‹sensible Frau›, der bitter Unrecht, ja Vergewaltigung widerfährt. Bulwer dagegen der ‹literarische Häuptling›, der ‹tapfere Ritter des Tintenfasses› – kurzum die typischen Frechheiten eines jüngeren Orientalen, der einen, um 15 Jahre älteren, hochberühmten Mann ankläfft.

A. (ruhig): Zumal wo MARX von Literatur nichts verstand – einer seiner (mehreren) Defekte; der sich ja denn auch getreulich in dem bekannten Zustand der Literaturen drüben abbildet : ‹schreibende Arbeiter› . . . ?

C. (querpfeifig): Na und ? : warum sollen Die nich *auch* schreiben ?

B. (gemütlich): Weil es schädlich – deutlicher : weil es die unverschämte Diffamierung des SchriftstellerBerufes ist ! – anzunehmen, ‹Bücher schreiben› sei etwas, was man durchaus auch *neben* seiner eigentlichen TagesArbeit her, leisten könne . . . ? – *(zu C.):* verdreh Mir nich erst die Worte im Munde ! Selbstverständlich gibt es Talente in allen Ständen & Berufen : die gilt es zu erkennen; sie *nicht* ‹auszubilden›, wohl aber sie, vermittelst von Stipendien, sich selbst, in fanatischem Fleiß, ausbilden und ‹die Hand üben› zu lassen – dann wird, wenn Alles gut geht, am Ende ein *Schriftsteller* dastehen : nicht aber ein ‹schreibender Arbeiter›, d. h. 'ne Karikatur.

A.: Eine RückEntwicklung, an der MARX mit seinen hämisch=albernen Formulierungen von ‹literarischen Häuptlingen› erheblich mitschuldig ist. Das wäre einer der, ansonsten nicht übermäßig zahlreichen, ‹zureichenden Gründe›, ‹im Westen› auszuharren : weil hier ‹Der Artist› noch möglich ist . . .

C. (spitzig): ‹Artists seldom make good husbands, yet always need devoted wives !›. – Mir hat es als Mägdlein schon geschienen, als ob das SchriftstellerHandwerk, das viel Tifteln und heimliches Trachten erfordert – zumal in den langen Nächten, wo der knospende DichterKnappe wachen muß, und nichts hört, als das Geklapper seiner Maschine und das Geschrei des Kauzes überm Dach . . . ?

B. (frappiert & lachend): Nu sag ma', : was iss Dir denn ?

C. (wie zuvor): 'Ch wollte lediglich sagen : wie Ich in meinem Leben noch keinen BuchstabenMüller gefunden, der aufrichtigen Herzens gewesen wäre. Allen hängt das Gehirn voll von SpinneWeben, und Grillen, und tückischen Schwänken – nein nein; ich war & bleibe ganz auf Seiten Rosinen's, und der Gleichberechtigung der Frau.

A. (nachrechnend): TENNYSON war dagegen. / DICKENS' ‹Frauengestalten› ? – ich kann mich eigentlich keiner Vollblut=Emanzipierten entsinnen; (höchstens 1 schwacher Ansatz in ‹Klein Dorrit› ?). DICKENS hat sich ja auch scheiden lassen. COLLINS langfristig mit Mätressen gewechselt. THACKERAY's Frau wurde, nach 4 EheJahren geisteskrank . . .

C. (spöttisch): Feine Bilanz.

B. (verweisend): Naja; Dú tust natürlich, wie wenn hier lauter ‹RegisterArien› zuständig wären. – Nee; seitdem ich jenen ‹Cheveley› kenne, weiß ich erst diesen speziellen Albdruck des armen Bulwer recht zu würdigen. So wie mir auch die enorme Zahl seiner Werke begreiflicher wurde, : als die bekannte ‹Flucht an den Schreibtisch› – (beziehungsweise vor die Staffelei, wie bei DÜRER's) – nach der Melodie ‹Sorgenbrecher sind die Längeren GedankenSpiele›.

C. (geringschätzig): Wie ich bereits konstatierte : Flucht aus der Wirklichkeit !

B. (berichtigend): Da ‹Bücher› ein sehr=vorhandener, wirksamer Teil der Realität sind, an & in denen sich Vieltausend Leser erkennen, kann dieser Vorwurf wohl zurückgewiesen werden. – Nein, was *mich* doch sehr intressiert hat, war das Verhältnis all dieser Victorianer zur ‹Kirche› : Die waren ja nichts weniger als biedermeierlich ‹fromm› ! Ich habe weit mehr den Eindruck eines ‹Standortverlustes im Religiösen› bekommen; einer Unsicherheit in GlaubensSachen, die mir mindestens ebenso eindrucksvoll ist, wie das straffe=trainierte ‹NEIN !› à la VOLTAIRE. KronZeuge CHARLES DICKENS; Der ja, wenn man's genau ins Auge faßt, (etwa wied'rum ‹Little Dorrit›), soviel Religion wie 'ne Katze hat. Bei unserm Bulwer erblick' ich da 2 gleichzeitige Einstellungen : für ihn=persönlich ist die ChristenLehre völlig ausgehöhlt durch Spiri= (oder wenn man so will) Okkultismus...

C. (zitiert ihm hinein): ‹Religion ist gut für Weiber und Kinder, sprach Lord de Clifford mit wieherndem Gelächter› : ‹Cheveley›. – : Was würde Dein ‹zweitens› sein sollen ?

B. (achselzuckend): Nu, Er, als Lord Lytton & GroßPolitiker, hat selbstredend gewußt, daß ein ruhiger=guter Agnostizismus, beim StimmVieh zum bloßen Argument für Sittenlosigkeit & Frechheit zu entarten pflegt – siehe LESSING's ‹Freigeist› – ergo förderte Bulwer durchaus die HochKirche.

A.: Darf ich erwähnen, daß es sich bei diesem Faible für ‹Spukereien›, anscheinend um ein funda=mentales Bedürfnis – *(unverkennbar um C. zu necken):* aller Primaten handeln werde ? ...

C. (ruft denn auch prompt ein): Heilijer Stymphorax !

A. (schmundselnd fortfahrend): ... als Ausdruck der (imgrunde auch überall bekannten) Tatsache : daß ‹MonoTheismus› etwas gänzlich Unnatürlich=Unanschauliches sei; ‹Niedere Mythologie› hingegen, bei der Mehrzahl der Wesen, sein müsse. Eine These, welche durch die Antike, samt Vord= & Hinterstem Orient, genauso belegt wird, wie durch die ‹HeiligenVerehrung› der Katholiken; die Tendenz zu SektenBildung und eben ‹Spiritismus› der AngelSachsen ... ? – *(da C. anscheinend eine FrageHand gehoben hat : ?):* – die (ältern) Deutschen scheinen den gleichen Komplex via ‹Märchen› erledigt zu haben : die sinnige Vorliebe, ob

GRIMM's, ob der Romantiker, dünkt mich Fingerzeig's genug. – m=Vielleicht versöhnen Sie sich eher damit, wenn ich's so wende – ? – : zumindest *1* der (FREUD'schen) GroßInstanzen der Persönlichkeit, nämlich das Unbewußte, scheint da=durch beschwichtigt, zufriedengestellt zu werden. – Sachlich formuliert : jegliche der 3 (oder 4) FREUD'schen SubPersönlichkeiten hat, ebenso wie ihre eignen Ansprüche und ihre eigne Sprache, so auch ihre eigentümliche Religion : die diktatorischen ‹Monotheismen› z. B. sind lediglich die ‹Religion des Über=Ich›; nicht weniger, aber auch nicht mehr; und ergo nur jeden 3. (oder 4.) Sonntag in der gemeinsamen Kirche ‹dran›. – : Was schauen Sie so ?

da C. (sich, lais' tönend, das linke Schlüsselbein gekrazzt hat. – Beruhigend): O weiter nichts. Mir war nur, als wär' ich zu Kostnitz, ums Jahr des HErrn 14=15; und vernähme etliche WaidmannsStimmen : ‹Packan ! HUS=HUS'serl ! Faß ihn !›

B. (dagegen, einverstanden): Gefällt mir séhr gut : weil's die theoretische Rechtfertigung dafür liefert, daß man in allen solchen ‹Fragen› getrost 3 bis 4 ‹feste Standpunkte› haben könne=dürfe=solle. Ich empfinde mich immer mehr, als in einem Alter angelangt, wo all diese evangelisch=beliebten Singulare à la ‹Suchen nach *der* Wahrheit, ... *dem* Sinn des Lebens›, mir schlicht wie ein Stadium der Unreife vorkommen. – *(Etwas leiser, überlegender; aber immer gut=verständlich):* Ahà : ‹Künstler›, die sich ja weitgehend vom Unbewußten anregen lassen, ziehen also, Welt=anschaulich konsequent, den ‹giardino› vor; das Ranken=Blühen=Wuchern im Souterrain – wobei natürlich, da der ganz=ächte Künstler ungern denkt, possierliche Mischformen an der TagesOrdnung sein werden... DÄUBLER's ‹Nordlicht›; SCHAEFFER's ‹Parzival›... : ?

denn C. (hat, mit dem ganzen Körper, ‹Stille› geboten : ! –): Was'ss'nn dàs ? – : wie Knarren von FuhrWerken in der Luft ?

A. (nickend): Kraniche zieh'n. Tun sie nicht selten in Vollmond-Nächten : ‹chinesische SeidenBilder›=Stimmung, wenn man sie quer über die Scheibe kreuzen sieht – wofür, in Bulwer's Roman hier, ja der alternde der ‹Helden›, der Guy Darrell, allmählich Sinn bekommen hat : ‹I often think, that we do not sufficiently cultivate the friendship of Night.› – *(er fährt deutsch im Zitat fort):* ‹Seitdem ich hier lebe, hab' ich's erfahren, daß die Nacht eine weit umgänglichere Kumpanin ist, als ich früher annahm ... ich geh' jetzt oft noch einmal ins Freie, wenn meine Gäste schon, seit Stunden, in ihren Betten liegen. Ich akzeptiere, völlig unparteiisch, alle 24 Stunden des Tages : es gibt, ich hab's erfahren, Gedankengänge, die im vollen HundstagsGlast sommerschlafend verbleiben, und erst durch den Anblick des SternenRades regsam werden – und ohne diese Gedankengänge verharrt die Geistigkeit eines Menschen eben im Inkompletten.›

B. (bremsend): Schön; sei's drum – (ich bin wohl auch ‹für't Jrüne› – (säß ich sonst hier ?)) – aber die Einstellung der Herren Victorianer zur ‹technischen Revolution› jener ersten Dampfmaschinen-Jahrzehnte, war mir doch das Merkwürdigere : wie lange das so dauerte, ehe, sagen wir, ‹Die Eisenbahn›, als alltägliches Gerät genehmigt wurde; oder gar als Lokalität akzeptiert, wo durchaus auch Poesie stattfinden könne ! Die Schriftsteller dritten und vierten Ranges haben da, meiner Kenntnis nach, viel schneller reagiert, als die eigentlichen GroßMeister der Profession. – *(Er feixt durch die Nase):* Kurios gezeichnet auch die harten ‹Utilitarier›, die kalt=gemeinnützigen MaschinenHerren; die noch den (heute gar nicht mehr so volkstümlichen) Grundsatz verfochten, (allerdings auch für sich selbst praktizierten) : ‹to work; and back to bed again.›

A. (prüfend): Hatten Sie also absolut den Eindruck : Sie läsen da ‹Geschichte› ?

C. (impulsiv): Eig'ntlich gár=nicht ! Wir fahren ja auch heut noch brav mit der PuffBahn; und, umgekehrt : wie haben sich, hier im HaideSand, nicht in den letzten Jahren Reiter und Kutschen vermehrt ! : das ist doch ein Von=uns=aus auf jene Zeit Wieder=zu=gehen ! Also ein ‹historisches Gefühl› hatt' ich dabei nicht – das Einzige, wo ich etwas ‹überlegt› habe, (und quasi halb=erwachte), war bei diesem FahnenjunkerTyplein, dem ‹Lionel›; der immerfort, um der lieben Promotion und Ehre halber, ja aus Verzweiflung, ‹ins Feld›, ‹zum Einsatz› möchte – um welche spezielle Wahlstatt hat sich das d'nn damals gehandelt ?; (da das Buch am 22. 1. 1858 beendet war).

B.: Nu der Krim=Krieg natürlich : TOLSTOJ's ‹Sewastopol›. SCHEFFEL trank, anläßlich der Erstürmung des Malakoff am 16. August '55, so gleich ein Doppeltes. : ‹Half a league ! : onward !› –

A.: ‹C'est magnifique; mais c'est ne pas la guerre.› – m=Ich bin mir nicht sicher; manche MikroHinweise scheinen eher auf den Aufstand des Nena Sahib zu zielen. – Aber dürft'ich – (bevor Wir endgültig tief ins Einzelne des Buches eingehen) – noch ein paar Allgemeinheiten an=tipp'm. – *1* Kennzeichen der Victorianer ist das WiederAuftauchen der Verbrecher=Ganoven=Prostituierten Welten in der Literatur – sie sind ja die eigentlichen Erfinder des ‹Thrillers›, des ‹Krimi›; (den deutschen zweiten=Aufguß=Victorianer, STIFTER, erkennt man, wie auch in anderer Hinsicht noch, daran, : daß er, aufs Hohlförmigste, sowohl Alles, wie auch speziell dieses verschweigt, daß ‹the nakedness of woman is the work of God› (BLAKE)) ... : Hab' ich mich verwickelt ? –

da selbst B. (um eine dazwischenRednerPause bittet): COLLINS' (neuerdings Jedem geläufige) ‹Frau in Weiß›. Der spätere DICKENS, ah ja; (‹Bleakhouse› usw.). Das (zeitliche) Primat hat hier SUE; mit seinen, unheimlich=folgenreichen, ‹Pariser Mysterien›, ja ?

C. (behaglich): Nu komm'm Wir ja tatsächlich noch – ('Ch hatt' die Hoffnung schon fast aufgegeb'm) – Unserm ‹WAS WIRD ER DAMIT MACHEN ?›, diesem Kistchen ‹âmes damnées›, näher : mein Jasperchen iss ja auch nur 'n Lump . . . ?

denn B. (und es ist dies eine seiner schätzbaren Eigenschaften, dies ‹Festhalten des Fadens›): – ‹WiederAuftauchen› ? – : wann=wo gab's die GaunerWelten schon einmal ?

A.: Im ‹picaresken› Roman – worin, (der Name sagt es bereits), die ‹Romanen› excellierten. Man hat nämlich, anschein'nd, bei dém ThemenKreis, ‹die Wahl› : soll man die betreffende Population – Gauner Schelme Diebe Hehler Mörder; Grisetten Loretten Huren PuffMütterchen GiftMischerinnen – soll man die zwar halb=realistisch aufgeputzt, aber doch eben romantisch=sentimental behandeln ? : das war (von SUE & seiner ‹Schallerin› angefangen) das Verfahren der Victorianer, (und ist es oft noch heute). – Oder aber : soll man die armen ‹Leichten Mädchen & Schweren Jungen› ohne jegliche Antheilnahme schildern ?; eiskalt & situationswitzig, à la ‹Gil Blas› ?, (und so ist es heut noch oft) . . . : ?

B. (einwerfend): Ihren ‹asides› entnehme ich, daß Sie noch=andere Methoden für wünschbarer hielten ? Ich wohl auch; aber : Wo sind die Materialien da=für ! ? (Der Verlust – (deutlicher : Das Verbrennen durch die NAZI's !) – der HIRSCHFELD'schen Sammlungen wird ewig=unersetzlich sein !). – *(gelassener):* Ich hab', im Verlauf meiner Bulwer=Lektüre, doch so viel nettes Detail angetroffen, daß ich Ihn zu dem guten Dutzend Leute mit=hinzugefügt habe, die ich – ja ‹sammle› wäre mir schon zu=aufgeregt ausgedrückt . . . ä=die ich eben ‹festhalte›, wenn sie mir, in Antiquariaten, begegnen. – So schien Er mir, um nur Eines auszusprechen, der Einzige seiner Zeit, der etwas von der Inneren & Äußeren Verwaltung seines Landes verstand. Etwas, was DICKENS nur satyrisierte, ohne es zu kennen. Für THACKERAY existierte derlei überhaupt nicht . . . – Dabei : wie=wichtig, *wie Alltags=bestimmend !*, sind, im bürgerlichen Leben, nicht ‹KreisGrenzen›; ‹zuständige› Finanzämter & AmtsGerichte; lokale ‹Abgeordnete› & deren Possen ! – Den, überflüssig=vielen, Definitionen des ‹Schicksals› . . . (?) : nu etwa NAPOLEON : ‹Die Politik !› – setz' ich mal meine entgegen – : für den, (und nícht=nur achsodurchschnittlichen) BürgersMann, ist die ‹Innere Verwaltung› das Schicksal ! – Und da war mir beim Bulwer, ob ‹Caxtons›, ob ‹My Novel›, die ArbeitsWeise eines damaligen ‹Abgeordneten› nicht unintressant : *wie*, und *‹für=was›*, Der seinen Sekretär ganz hübsch einsetzt . . . ?

C.: Mir erschien's stereotyp, dies ‹kein Buch ohne UnterhausMitglied› – : wenn's nur=dàs wäre, was Bulwer von dem damaligen LiteratenGros unterscheidet . . .

B. (seine Gattin betrachtend): Warum soll ein Mann *nicht* von dem schreiben, was er versteht ? – Mir ist jüngsthin der ‹Daniel Deronda›, von GEORGE ELIOT, in die Hände geraten – (Ich hab' erst mitten=drin gemerkt, daß ich's schon einmal, in meiner Jugend, ohne Nutzen gelesen hatte) – aber : wie ist Die nicht daran gescheitert, das, Ihr innerlich ganz=fremde, Judentum darzustellen ! ? – Die meisten Dichter beachten dergleichen auch instinktiv; sowohl was ihnen widrige Inhalte, als auch fremde Formen betrifft . . . (?) : nu, wie etwa STORM nie ein Drama geschrieben hat, noch eine oberbayrische DorfGeschichte – oder DICKENS nie ein Gedicht oder einen ‹historischen› Roman.

C.: Na, 's iss ja auch n Unterschied, ob man in Slums zum Dasein erwacht; oder aber in einem pompösen, traditionsgesättigten ‹Knebworth›, wo rund'rum ‹Ahnen› von den Wänden nicken : da haben die Ideen des Betreffenden wohl immer 'n paar merkwürdige Streifen drinne. – Was heißt'nn eigentlich dieser schnurrige Name, ‹Knebworth› ?

A.: Angelsächsisch ‹Chenep=Worde› : ‹Village on the Hill› – der hintere Teil zweifellos unserm norddeutschen ‹Wurt› entsprechend. – Darf ich erwähnen, daß – so wunderlich es klingen mag – *mein* ‹Verhältnis zur Geschichte›, (ja zur ‹Paläontologie›), entscheidend gestört worden ist : durch die Inflation.

B. (lacht erst geschwind=mäckernd auf. Dann, sogleich wieder besonnen): Tatsächlich : Wer für ne ‹GoldFeder› mal 14.000 Mark bezahlt hat, für Den ist ‹Die Erde› höchstens 1 Schulheft alt ! Heute haben Wir ja åuch schon wieder eine ähnliche Verwilderung des Zahlensinnes : ‹Hammurabi iss Den'n wie ein Volkswagen, und TausendjahrFeiern nich ganz n Monats-Einkommen›. – *(leiser):* Na, nich ärgern; schad' um den schönen Abend.

A.: Für jeden permanent=Schöpferischen stellt sich, sehr bald, in seiner Laufbahn, das Problem des ‹Zwischen zwei Werken›; der ‹Schöpferischen Pause› : Was wird er dámit machen ?

C.: Vielleicht wenn der gesunde FrauenVerstand antworten dürfte ? – : nu eben *nich*=schöpfen ! Mit der Gattin frisch ins Mediterrane; (‹Reisen› kann man ‹absetzen›); dort tüchtig den Kopf in ihren Schoß; und überhaupt : schlafen, spazieren, – *(bedeutsam):* reiten . . .

B. (nickend): So; nu bis'De auch=*die* Bemerkung glücklich wieder los geworden. Aber, vom ‹Geld› mal ganz abgesehen . . .

A. (wirft kopfschüttelnd ein): Könn'n Se nich. Verleger & BuchHändler : *Die* freilich trinken ihren Wein (bzw. löffeln ihre HummerSuppe) aus Unsern Schädeln. – Für den Schöpferischen dürfte ‹sich erholen› wohl immer identisch sein mit ‹mal andere GehirnPartien belasten›. Ganz in diesem Sinne hat auch Bulwer, in den ‹Winke zur Diätetik des Geistes› geschrieben : ‹Wenn ich empfehle, als Remedium gegen Übermüdung und Erschöpfung, körperliche und geistige kombiniert, weniger das Ausruhen, und nach Kräften ‹Gedankenlosigkeit› anzustreben, (die dem Denkenden ohnehin kaum möglich sein wird); sondern, weit besser, einen radikalen Wechsel der GedankenRichtung, (etwas, das jedem Denkenden durchaus möglich ist) : dann wende ich mich damit gar nicht etwa nur an die ‹Kinder des Genius› – *Die* haben sowieso ihr sunderlich Wesen ! – wohl aber schlicht an alle normal=nüchternen Sterblichen.› – *(in der Ferne schrillt ein Telefon. Er reagiert aber nicht d'rauf.)*

B. (int'ressiert): Genau was ìch immer verfechte. – *(erstaunter):* Achsó. Jetzt versteh ich erst den, gewiß von Ihnen gemeinten, Zusammenhang : bei Bulwer ließe sich ein solches Alternieren von ‹*bloßen* Romanen›, mit beträchtlich historisch tingierten nachweisen – wo er denn ja, zur Recreation, einem weitgehend vorgezeichneten ChronikenFaden folgen konnte.

C.: Moment; in der kleinen Mono iss ne chronologische Tabelle... 1828 ‹Pelham› ? : folgt ‹Devereux› ?

A. (bestätigend): Fast *zu* historisch geflickt...

C. (fortfahrend in der Gegenüberstellung): ‹Paul Clifford› ? : ‹Eugen Aram› – war ja wohl auch eine, aktenmäßige, cause célèbre ? / ‹Godolphin› ? : ‹Pompeji›. / ‹Zanoni› ? : ‹Letzter Baron›. / ‹Lucretia› ? : ‹Harold› ... *(Sie klappt das Büchlein zu):* Hm. Scheint zu stimmen.

B.: Und der ihm gemachte Vorwurf der ‹schrecklichen Vielseitigkeit›, wäre, aus dieser für Manchen womöglich ‹Neuen Sicht›, einmal mehr zu parieren. – Aber diese ‹Caxtoniana› (aus denen Sie just zitierten) : Sie, das iss'n feines Buch ! Ich hab's auf Empfehlung von ma Dame hin vorgenommen – Die's natürlich mit nichten von Anfang an gelesen hatte...

C. (schnell einwerfend): Bin keine Vonanfanganerin : ‹Blättern› bringt mir, bei ganz=Unbekanntem, mehr.

B. (fortfahrend): Der kleine Essay ‹Über die Schüchternheit› ist so fein, daß ihn nur ein eminent Schüchterner schreiben konnte ! – *(er zitiert):* ‹Die Vorsehung, – wie immer lieb=bedacht für alle ihre Geschöpfe – hat auch dem Scheuen 2 Fähigkeiten zur SelbstVerteidigung mitgegeben. Die erste ist das Sich=Verstellen. Ebenso wie ‹frank & frei› das ausgesprochne

Positiv zur Hohlform des ‹schüchtern› darstellt; so korrespondiert mit konstitutioneller Schüchternheit auch eine habituelle Heimlichthuerei : der arme Teufel *will* gar nicht absichtlich täuschen und trügen; aber er *kann* nicht anders. Und so kommt es, daß er, dann & wann & immer wieder, Diejenigen, die sich einbilden, ihn am besten zu kennen, durch Dinge und Handlungen verblüfft, welche, rein oberflächlich, wie die schwärzeste Perfidie wirken. Er bekommt es etwa durchaus fertig, ‹Kränkungen› sich jahrelang aufsummieren zu lassen, ohne auch nur durch 1 Wörtlein einen Hinweis darauf zu liefern, daß er sie als solche empfinde : só=lange, bis er es endlich nicht mehr ertragen kann. Dann auf einmal, setzt er sich ab; schließt sich in irgendein uneinnehmbares Fort ein; und bedient sich von dort aus seiner Feder; wo denn, mit also bewaffneter Hand, und aus sicherer Entfernung, seine Schüchternheit in frappanteste Wildheit umschlägt. Erst letzthin wieder hab' ich es erlebt, wie einer meiner Bekannten, charakterisiert durch Schüchternheit, seine gesamte Familie in verstörteste Bestürzung dadurch versetzt hat, daß er schlicht verschwand. Niemand wußte wo=hin; und von da aus seinen Anwalt, mit einem Antrag auf EheScheidung an seine ahnungslose Gattin entsandte, die ihn volle zehn Jahre hindurch geschunden und gepiesackt hatte, ohne daß er sich in all dieser Zeit auch nur mit 1 Sylbe beklagt gehabt hätte ! – Eine weitere Sauvegarde des schüchternen Mannes, besteht in der Ansteckung mit Schüchternheit, die er auf Andere überträgt…› : ?

C. (behaglich drohend): Jajajá : ich hab seitdem eine HeidenAngst vor ‹schüchternen Leuten›… *(da erneut das Telefon klingelt):* Nu géh'n Se doch ma' ran; schon damit endlich Ruhe wird. – *(hinterhältig=suggestiv):* Stell'n Se sich 'ne Leserin vor, die nach einem Autophon lefzt. – Oder vielleicht iss es ja gar ‹Knebworth 3131› ! –

(Man vernimmt Stuhlrükken. Thürklappen; (aber halblaut nur : mit der eignen Tür geht man verständig um). / Und hier also, auf TextMitte, die bestellte

Pause…

(in umgekehrter Reihenfolge : Haustür auf=&=zu. Stuhlrükken.)

B. (sogleich, in diskreter Lebhaftigkeit, fortfahrend): Da ich diese ‹Schutzrede für die Scheuen› las, wurden mir die Anwürfe der wuthysterischen Rosina – von wegen ‹kindische Korrektheit›, und ‹eine Steifheit, als hätt' er, selbst im Schlafe noch, ein SchürEisen verschluckt !› – *noch* dubioser.

C. (die, stirnrunzelnd, nachgesehen hat. Murmelnd): 'wiß & wahrhaftig ! – *(das Zitat wiederholend):* ‹eine Gattin, die ihn volle zehn Jahre lang geschunden & gepiesackt hatte› – : 1827 geheiratet ? : 1837 endgültiges Getrenntleben von seiner Frau – di''ss natürlich nich unheiter !

A. (eingreifend): Diese ‹Caxtoniana› werden noch einmal als überwichtig erkannt werden; insofern, als sie ‹parallel›, ‹nebenher› zur Niederschrift der 3 großen ‹Caxton›=Romane entstanden sind; und nicht nur Erweiterungen von – bzw. Kommentare zu – deren EinzelEpisoden darstellen; sondern es läßt sich, gerade für Unsern vorliegenden Fall, das Allerreizvollste verfolgen : *der 130=Seiter der ‹Motive Power›, ist der Keim von ‹WAS WIRD ER DAMIT MACHEN ?› ! –*

B. (nachdenklich wiederholend): ‹Keime von Buchen› ? VorStudie, HandÜbung, KurzFormung ? : oder aber, nachklingende, Reduktion ? Ganz deutlich gefragt : sind die EntstehungsDaten der einzelnen Essays gesichert=bekannt ? Und kann's der blôß=Leser – der sich ja zwar für das fertige GedankenWohnhaus intressiert, kaum aber für den Grund=Auf=Seiten=Riß, oder gar ‹statische Berechnungen› – auch etwas hier goutieren ?

A. (nickend): Durchaus. – Man trifft in dieser ‹Motive Power› – (deren EntstehungsDatum *nicht* bekannt ist : die Bulwer=Forschung befindet sich in einem Zustand, für den ‹im Argen liegen› ein Kompliment darstellte ! (Aber das Stück *muß*, aus, dem Fachmann unabweisbaren, ‹inneren Gründen›, *vor* Unserm Buch entstanden sein)) – man trifft also, in beiden, den, ob einer unglücklichen FrühLiebe zurückgezogen lebenden, ironisch Begabten (= DARRELL) genauso darin an, wie den FahnenJungen, nach ‹action : Where Fame's proud temple shines afar !› gierenden OffiziersAnwärtel (= LIONEL HAUGHTON). Der Name ‹Desmarets› erscheint in beiden Stücken; die ‹Twickenham Villa› für die Witwen; die Warnung an Junge Leute vor ‹Schulden›, (‹Damon, der sich für Pythias verbürgt›); der ‹seat in Ireland› ebenso wie das Spielen mit ‹astrology›. Das Wörtlein ‹Wombat› fällt nicht minder, als das ‹angling›; das Sehnen nach einem ‹helpmate› weiblichen Geschlechts; der ‹taste for the positive sciences› der Helden; der ‹rash feat in swimming›. Und wie sich im Finale des ‹WAS WIRD ER› der Ausdruck ‹motive› häuft : das wär' was für einen gedächtnisstark=einfühlsamen Seminaristen.

B. (etwas befremdet): ‹Einfühlsamkeit›, die mich erfreut ? : doch wohl hauptsächlich ein dictionärrisch Gedächtnis; das, beide Stücke, vom WortMaterial und den Realien her, vereinnahmen & parat halten kann. : ?

A.: Sicher müßt' er beide ein halbdutzendmal lesen; damit ihm all die DreiWortGemeinsamkeiten auffielen : das ‹Libro d'Oro›, wie die ‹tour in the east›. Daß jedmal der Held ‹immensely rich› ist, und ‹close upon his 60. year›. Die Landschaft, durch die der Besucher sich annähert, ist die gleiche; die ‹2 Häuser› sind ebenso da, wie der ‹alte FamilienBesitz mit dem Kleinen See›; die SekretärsFigur; die HORAZ=Zitate; der junge Maler; die große Bibliothek; die auffällige ‹Dialogisierung›....

C. *(impulsiv einfallend):* Ganz recht; das ist mir, immer neu, aufgefallen : dieses Übergehen aus dem normalen berichtenden RomanText, in ein DruckBild, wie man's sonst nur aus der Lektüre von Bühnenstücken her kennt – ist dergleichen ‹erlaubt› ?

B.: Sowas hat's doch längst vorher schon gegeben – ich erinn're mich allerdings nur an WIELAND's ‹Peregrinus Proteus›; oder HOFFMANN's ‹Leiden eines TheaterDirektors› – apropos HOFFMANN : in den ‹MuffenStücken› von Dessen ‹Serapionsbrüdern›, kommt auch mal so'n ‹Alter Komödiant› vor.

A. *(etwas nervös; (einen verwickelten Faden nun auch noch ‹verlieren›, ist ja weniger schön)):* Oh halt bitte ! : ‹Mögliche *An*regungen› ist ein ebenso weites & unbeackertes Feld wie ‹Mögliche *Aus*wirkungen› – da ließen sich ganz andre Sächelchen auftischen – *(Er zitiert):* ‹DIE HUNDELEKTION› : ‹Seht mir den Graubart dort, vor dem sein Hündchen / mühsam erlernter Künste Probe macht. / Dem Greis zur Seite steht ein lockig Kindchen, / das ängstlich lauscht und halb verstohlen lacht...›

C. *(frappiert):* Aber das 'ss doch ‹Waife› mit ‹Sir Isaak› !, wie er leibt & lebt & Sophie daneben ! –

A.: Und ist selbst wied'rum nur die ‹KOPIE EINES LAIEN›, nach einem AusstellungsGemälde von Carl Schulz.

B.: Ich möchte mich lieber nach einem andern Endlein ‹vergleichender Anatomie› erkundigen : ob dies ‹Opa plus Enkelin›=Motiv, in jenen Großbrittannischen Jahren nicht auf DICKENS' ‹Old Curiosity Shop› zurückgeführt werden müßte ? jene unsterbliche ‹kleine Nell›; die den brüchig=abwesenden Alten – Der doch auch ein verdammt ‹unterschwelliger› Spieler ist ! – durchs weite Land lotst ?

A.: Und Die, ihrerseits, wieder anzuschließen sein wird an ‹den Alten Harfner und Mignon›, die bei den ThespisKärrnern eiertanzt. Und Wérvon diesen Großen Drei'n es nun am unrealistischsten getroffen haben möchte...

B. *(skeptisch):* Ach wissen Se – : mein ehemaliger Glaube an ‹Realismus, Naturalismus› hat, so in meinem letzten Jahrzehnt, doch eine beträchtliche Schwächung erfahren : gerade *die* Leute müssen soviel übertreiben, auslassen; müssen so viel angeborne Neigung zur Unwissenheit idealisieren; soviel faule Schof'ligkeit vermummen ... *(er bewegt, ableh-*

nend, den Kopf): m̀=m̀ : eines schönen bedeckten Tages wird man's schon einsehen, daß diese ganze ‹harte› Art – ob BRECHT im Osten, ob BECKETT im Westen – in der Kunst nur kahle & verarmte Grafik liefert.

A.: Man kann es so ausdrücken. – Aber darf ich mich jetzt der, (meinem Gefühl nach viel wichtigeren !), Bemerkung entledigen : daß der ‹dialogisierte Roman› ganz offiziell ‹seine Zeit› gehabt hat, wo er viel galt ? Nämlich um 1800; in Deutschland; als man sich darauf besann, wie GOETHE's ‹Götz› eigentlich nichts andres wäre – was übrigens schon LESSING, in seiner oft angeführten Marginalie, vom ‹Sand, den man in Därme füllt; und uns als Stricke verkaufen will› angeschmitzt hat. Ernst mit der, äußerst intressanten !, Form machten allerdings nur Autoren vom 3., ja meist 4. Range : SCHLENKERT und SPIESS; VULPIUS und CRAMER : *Der* vor allem ! . . . ?

denn C. (erschöpft tuend): Oh mei ! : Namen, die es außerhalb des braven Herrn GOEDEKE seit 100 Jahren nicht mehr giebt.

A. (ernstlich): Die werden Alle noch einmal wiederentdeckt, und in ihren charakteristischsten Stücken nachgedruckt werden, verlassen Sie sich drauf. Eben *weil* die so wichtige Form, die eine Dehydrierung & verGegenwart'igung des immer noch herrschenden Romans Älteren Stiles erlaubt, damals nur von Drittrangigen hastig benützt – niemals aber von Guten Meistern nach ihren sämtlichen Möglichkeiten durchprobiert worden ist . . .

denn C. & B. (anzüglich im Chörchen): Nanú=u ? ! –

A. (leicht verlegen): (Ja; ich hab' mich verschnappt) : ich bekenne mich schuldig einer umfangreichen ‹NovellenKomödie›, einer ‹Schule der Atheisten› . . . – Aber explorieren Wir jetzt lieber Bulwer weiter : in seinen ‹CAXTON›=Stücken tritt diese ‹Dialogisierung› zutage; wogegen die (auch alte) lustige Technik der schalkhaften KapitelÜberschriften – ebenso treffende, wie den Leser narrende InhaltsVerschlüsselungen – sich in ‹My Novel› und den ‹Caxtons› *nicht* finden; das hat er nur hier gemacht.

C.: Ja; da steh'n feine Sachen drin. Aber ist das nun nur eine Abart der ‹Motti›, wie SCOTT sie so grundsätzlich eingeführt hat ? Liefert der Verfasser Uns damit etwa sein ‹Gerüst› des Buches, wie er es sich vor Beginn entwarf ? Entstehen diese ZeilenKrönchen ‹vor=›, oder aber ‹hinterher› ?

B. (protestierend): So gern ich Deine liebe Stimme höre – aber könnt's'De dies ‹immer 3 Fragen auf einmal› nich einschränken ? Wie nun, wenn ich Dir antwortete : ‹Nein. Nein. Danach.› ? – Ich geb auf die eine, die ich noch weiß, nach meinen schwachen Kräften Antwort : in dém Trick waren bereits FIELDING und SMOLLETT Meister; im Deutschen WIELAND, zB im ‹Danischmend›.

A.: In der uns vorliegenden Form entstehen sie zweifellos ‹unmittelbar hinterher›; (nachträglichen Verbesserungen unpräjudizierlich). Es ist, unter anderm, auch die ‹befreiende› Art eines gewissen ‹ironischen AbstandNehmens› des fleißigen Autors, der, legitim=ermüdet, sein Tages-Pensum schließt : ‹ich bin des trocknen Tons nun satt.› – Wie nett aber auch, daß alle 12 Bücher des Romans verschieden=lang sind; und eine verschiedne Anzahl von Kapiteln haben.

B. (überzeugt): Séhr richtig ! : so ‹Hohe Epen›, vom Schlage DANTE, die sich womöglich noch was druff=einbilden, daß se 12 Bücher haben : jegliches zu 12 Gesängen; und davon wiedrum jeder zu 12 × 12 × 12 Zeilen ? : also dérgleichen ist, in meinen Augen, keine ‹Architektonik› mehr; man bloß noch ein hilfloses WahnsinnsSchema, ordnungszwanghaft über eine WeltRealität gezogen, die speziell sowas am wenigsten kennt. Aber soll das Geschmecksache bleiben. – *(lauernd):* ä=wieviel Kapitel hat doch ‹Buch VI› gleich=ä . . . ?

A. (schmunzelnd): Sagen Wir so : der VorAbdruck, im Blackwood=Magazin, hatte *10*; jedoch gleich die erste, von ihm selbst besorgte Buch-Ausgabe *9*. Das 1. wurde – da nur eine ‹Erklärung an die Abonnenten› des FortsetzungsRomans – im Buch dann, wo es den Leser nur unnötig ‹weckt›; den Fluß der Erzählung unterbricht; die Form sprengt; : mit Recht weggelassen.

B. (nickend): Von der ‹Einheit des Buches› her, einverstanden. Dennoch war mir Vieles auf den 5 Seiten aufschlußreich. – *(Er liest daraus vor):* ‹Wenn man die Länge betrachtet, zu der sich dieses Werk bereits ausgesponnen hat, wie auch den Raum, den es in den Spalten dieses Magazins einnehmen muß, so wird es eine BilligkeitsRücksicht dem Leser gegen über, einen etwaigen Verdacht zu berichtigen, wie wenn der Verfasser womöglich selber nicht überblicke, ‹Was er damit machen werde›. So erfahre denn, geneigter Leser, daß das gesamte Werk, unabhängig von der Zahl der Monde, während deren es vor Deinen Augen dahingeglitten, schon seit längerer Zeit, und vollständig, vom Pult des Autors in die Hände der Herausgeber gewandert war – mit einziger Ausnahme dès Kapitels, das jetzt, respektvoll, an Dich gerichtet wird. / . . . / Möge diese Nachricht für den Rest der noch gemeinsam zurückzulegenden Reise, jenes stillschweigende Vertrauen zwischen Autor&Leser herstellen, das für ein gegenseitiges Zufriedensein so wichtig ist. / Der Leser habe die Gefälligkeit, jeden Abschnitt als den Bestandteil eines vollendeten Ganzen zu betrachten . . . und hier mag der Ort sein, eine irrige Idee zu bereinigen, :

weil dieses Werk in monatlichen Lieferungen herauskommt, scheint so mancher Kritiker anzunehmen, es werde nun auch von Monat zu Monat geschrieben – eine solche Annahme widerstreitet allen künstlerischen Prinzipien ! Da im menschlichen Leben, wie wir anzunehmen haben, nichts dem Zufall überlassen ist, wird dieser, nicht minder streng, aus der Kunst verbannt werden müssen, die ja das menschliche Leben ab=conterfayt : die Kunst gestattet keine Kapitel aufs Geratewohl; keine Ungewißheit in Betreff der Folgen, die sich, auch aus beiläufigerem ZwischenDetail ergeben . . . Deshalb kànn ein Werk dieser Art nicht currente calamo, von Monat zu Monat geschrieben werden. Der ganze Plan muß klar vor dem Auge stehen, ehe die erste Seite noch in Druck geht . . . . / Möge der Leser also, aufgrund dieser=meiner Versicherung, alle Furcht verbannen, als ob jede EinzelNummer etwa von zufälligen Umständen abhänge – zB von ungeduldiger Hast; wechselnder Stimmung; launischer Gesundheit; oder den Forderungen anstrengender beruflicher Betätigung, (von welcher der Autor, zugestandenermaßen, einen beträchtlichen Teil der Jahre in Anspruch genommen war). Vielmehr wird ein Werk – für so trivial auch immer das vorliegende gehalten werden mag – nicht im Lärm hauptstädtischen Lebens, oder während andere Beschäftigungen Aufmerksamkeit absorbieren, verfaßt; wohl aber in der stillen, konzentrationsfreundlichen Muße ländlicher Schatten; und in denjenigen Abschnitten des Jahres, den andere Leute íhrer Art der Erholung und ihres Vergnügens weihen. / Man beanstande nicht, daß dieses Abbild unsrer modernen Welt, eine große und vollgedrängte Leinwand erfordert : das muß so sein, wenn etwa, in kommenden Jahren, die Kinder Derjenigen, die der Verfasser jetzt anredet, es noch mit Vergnügen lesen können sollen. – Nun scheint, unter allen Menschen, der Autor Derjenige, den Alter und Veralten am schnellsten überfallen. Wie rasch bist Du, oh Leser, nicht, zu urteln : ‹Er ist nicht mehr, was er war ! Die Kraft erlahmt – die Erfindung läßt nach – die Gesichter wirken abgetragen – seine Zeit ist vorbei !› Wogegen der höfliche Autor niemals annimmt, daß das Alter auch über den Leser kommen könnte . . .› – *(B., wieder normal):* Gar nich unfein Alles. Zumal, wo ja, schon zu Seiner Zeit, fast alle diese FeuilletonRomane doch notorisch von einem Tag zum andern, anekdotisch verwildert, aufs Papier gestümpert wurden : selbst SUE ! Die einzige vergleichbar=ehrenwerte Ausnahme wäre wohl GUTZKOW gewesen.

C.: Ich muß ja dòch einmal sämtliche Schlechtigkeiten auf Mich nehmen – frag' Ich ergo, als Advokatessa Diaboli : ‹Be*haupt*et ist es. Wie aber be*weist* sich, aus dem Innern des Romans selbst, solch Bulwer'sche Beteuerung ? – *(fromm=boshaft):* – oder ‹spürt› das wieder mal nur der Fachmann ? . . .

B. (zu A.): Darf ìch die Antwort=ä... ? – (*zu C.):* Ich bin zwar auch nur ein armer WarenHersteller; aber dàs sagt mir mein common sense : das selbst dem Einfältigsten beachtbare Kriterium ist : daß, nach dem ersten Drittel, keine neu=folgenreichen Personen mehr erscheinen dürfen. – *(Er fuchtelt mit der Hand den C.'schen Einwand weg : !):* Wenn in Buch iv=5 die ‹Alte› der TheaterTruppe mit ihrem ‹Kartenlegen›, einzeilig, auftritt – ? – : dann siehst Du Die, in x=4, (das aber heißt : ‹700 Seiten später› !), als letzte=dienende Begleiterin Rugge's, wied'rum ihre, imgrunde rührend=powren, Künste anbieten : ? –

C. (doch betroffen): Ach já. Und mein Jasperchen vieht sie an : ‹Haut ab !; Ihr macht mir übel. Eure Karten stinken; – : Ihr auch !› – *(doch beklommener):* ach jetz' verstéh'=ich glaub'=ich ... *(Sie unterhält ihre Stirn mit den FingerS$\frac{\text{ü}}{\text{pi}}$tzen):* wäre also *doch* ein Produkt, wie Musil's ‹Mann ohne Eigenschaften› – wo man ja, bekanntlich, alle Kapitel durcheinander=drukken kann, ohne daß das Erzeugnis an Quallität gewönne oder verlöre, ein UnDing ? –. *(da A. und B., bezeichnend, schweigen):* Er – (Bulwer) – hat aber doch selber gewisse ‹Verbesserungen› angebracht.

A.: Jå; aber da handelt sich's – (teil'n Wir se am besten in Gruppen) – zunächst um geringfügige NamensVeränderungen; die aber nur nebenste NebenPersönchen betreffen. Zum Exempel hieß ein, 2 mal, punktförmig, erwähnter Abgeordneter ‹Sir *Jasper* Stollhead› – nach englischem Brauch also auch nur ‹Sir Jasper› – und da hat Bulwer ihn eben, um jeglicher Verwechslungsbildung im Leser zuvorzukommen, in der endgültigen Buch-Redaktion zu ‹Sir *Gregory* Stollhead› umgetauft. Oder eine andere, doch wohl auch einzusehende und zu genehmigende Veränderung : in Australien, für das er, als KolonialMinister, ein verzeihliches faible hatte...

B. (bestätigend): In den ‹Caxtons›, und auch ‹A Strange Story›, wird der Held jedesmal da=hin geführt. Und der ‹Waife› unsres Buches hat ja ebenfalls seine Jahre in Paramatta 'runtergerissen.

A. (fortfahrend): Er hat dort in die Nomenclatur eingegriffen; insofern, als er, von einer riesig=ungegliederten LandMasse, von den ersten Vereinnahmern behelfsmäßig=schnell als ‹Neu=Süd=Wales› bezeichnet : der leichteren ‹Inneren Verwaltung› halber, ein Stück abtrennte, und es – galant, wie die Minister einer Königin grundsätzlich zu sein haben – ‹Queensland› taufte.

C. (zweifelnd): Wár das so entsetzlich=groß ? – auf der Karte sieht das immer recht bescheiden aus ... ?

B. (wichtig nickend): Sag' : ‹7 mal so groß wie de BRD›; dann wird's ungefähr stimmen. – Aber d's'ss richtig : der alte Gannef, der Disraeli, machte seine Hohe Herrin ja åuch zur ‹Empress›; (nachdem Deutschland sich ’71 einen ‹Kaiser› zugelegt hatte, durfte England ja nich dahinten bleiben) – Dér also hat’s einem ParteiGenossen (Russell), der ihn nach dem Rezept fragte, ‹wie mann denn so am besten mit Victoria auskäme ?›, verraten : ‹Ganz einfach : SCHMEICHELEI ! Nichts als Schmeichelei; und zwar dick, wie mit der MaurerKelle aufgetragen !› – Aber was ist in der Beziehung im Roman geändert ?

A.: Weniger ‹geändert›. Im BLACKWOOD=Vorabdruck stand noch die Ortschaft ‹Philips Town› – vier Jahre später konnte, *mußte* er, wenn er bis auf den heutigen Tag verständlich bleiben wollte, dafür ‹Melbourne› setzen.

C. (unbehaglich): Ich weiß doch nicht ... – : *Ich* bin garnich für dies hektische Umgetaufe : meine Freundin ist in *Chemnitz* geboren; *nicht* in Karl=Marx=Stadt !

B.: Da verwechselst Du die, aus rein politischer Speichelleckerei vorgenommenen NamensÄnderungen – das iss natürlich ebenso blöd wie verwerflich, wenn eine Straße ihren ehrlichen=alten Namen genommen kriegt, und zur ‹Stalin=Allee› wird. Und 5 Jahre d’rauf, wenn Der aus’m Tempel fliegt, wird’s wieder geändert; (und brav geschluckt) – mit echten, organisch gewachs’nen, einer bedeutenden geographischen Situation (die sich ja *nicht* ändert) endgültig angepaßten Bezeichnungen. Der ‹erste Name› ist eben oft mit nichten ‹historisch=heilig› – denk an den Witz von jenem Reisenden in, nennen Wir’s ‹Nebraska›; der, von der Landkarte her, ‹Smithville› suchte, und endlich, in der Einöde, einen Begegnenden danach fragte : ?. Antwort : ‹Smithville ? : oh, he moved›. Und nu komm’ Dú, salero de mi alma; und verlang’, daß solcher Settler-Größenwahn gehätschelt & verewigt werde !

C.: Nu schön; soll’s passieren dürfen. – Aber nochma’ ‹Namen› : man muß sich natürlich dazu erziehen, die 1 der 3 Heldinnen, die schöne ‹Lady Montfort›, nicht deutsch Künnecke=mäßig vier=silbig als ‹Karo*li*ne› zu denken; sondern als ‹*Kärr*olein› : 3 Silben; mit betonter Antepenultima ... – (*nach kleiner Pause*)*: nå ? : keinerlei BeifallsStürme ?*

B. (pomadig): Wir sind noch zu platt. – (*zu A.*)*:* Hat er eigentlich stilistig viel geändert ?; (Ich sprech’s absichtlich so; weil dergleichen ja ganz leicht zum Alpdruck ‹textkritischer Ausgaben› werden kann).

A.: Von welchem bändereichen Schriftsteller gibt’s die schon ? – Aber : ja; Bulwer *hat* zuweilen 1=Wort=Änderungen vorgenommen – eigentlich jedesmal echte ‹Verbesserungen› ... ?

denn B. (rasch einwerfend): Ich empfind’s immer als mißlich : werden doch uns, den unbefangen ‹for fun› Lesenden, dadurch *Dínge* vorgemacht ... – (*?; zu C.):* Nu wie klein kommt man sich vor – (& wie groß

Se. Excellenz !) – wenn man's liest : ‹und an dem Ufer steh ich lange Tage, das Land der Griechen mit der Seele suchend› – dabei heißt's in der ersten, der Prosafassung hübsch stümperlich & steif : ‹Mein Verlangen steht hinüber nach dem schönen Lande der Griechen, und immer möcht ich übers Meer hinüber› – *(wieder zu A):* – und was hat nun Bulwer in dem Genre geleistet ?

A. (abwehrend): Nicht entfernt vergleichbares. – Etwa : wenn ein erprobter vornehmer Kutscher an=fährt; dann steht in der ZeitungsFassung wohl ‹he cracked his whip›…

B.: ‹er knallte (klatschte ?) mit der Peitsche›…

A.: Im Buche dann wird stehen ‹clanked› : er ‹schnalzte› –

C. (verdächtig intressiert): Ah, das'ss klug ! : ein erfahrener dezenter RosseLenker, hat seine Tiere selbstredend völlig in der Gewalt, und nimmt Rücksicht auf ‹die Herrschaft› : dá genügt denn 1 kurz=könnerhaftes ‹Schnalzen› mit der Peitsche; und die Pferde ziehen an : Vierelang !

B.: Sieh mich dabei nich so an, Du ! Ich denk nich entfernt an 'n ‹Phaeton› & 4 gleichfarbige ApfelSchimmel !

C. (betörend flüsternd à la Sophie): 2 ganz=kleine Norwegerchen : ‹THREE POUNDS !›…

B. (unwirsch): Versteh kein Wort. – *(zu A.):* Und der alte deutsche Übersetzer, der FINK, war lediglich auf den Vorabdruck angewiesen. – Najjà : ich möchte wahrlich Niemandes Aschenkrug unnötig rütteln; aber selbst die paar Seiten, die ich, deutsch gegen englisch, verglichen habe, nötigen mich eigentlich zu dem Urteil : ‹mere hackwork; carelessly executed by incompetent hands›.

C. (mitleidig): Du drückst's aber auch gleich wieder só=hart aus ! : zur SchnellOrientierung iss es doch leidlich brauchbar. – *(zu A.):* Ich weiß wohl noch, wie Sie früher mal gesagt haben : ‹Übersetzen sei das nächste am Betteln›.

B. (unerbittlich): Nichts da ! – Wer Darrell's ‹gamekeeper›, also WildHüter, mit ‹Wildschütz›, *dem genauen Gegenteil*, übersetzen mag ? / Einer der ‹spring=chickens› – also ‹März=Küken›, 'n ZüchterBegriff – mit ‹Auf, auf, Ihr Hühnlein› wiedergibt ? / Wer ein ‹peach against pals›, ein ‹Kumpel verpfeifen›, einfach wegläßt, weil er's nich versteht… : ? ! – *(zu A.):* Was war der FINK für'n Vogel ?

A.: ‹Doktor Gottlob Fink› – (welcher Disziplin Doktor, weiß ich nicht) – ich kenne seinen Namen nur noch aus ‹hinten angebundenen› ältlichen BuchhändlerAnzeigen : danach hat er auch SMOLLETT übersetzt. Aus dem Französischen einen DUMAS von 1856; '39 schon den ‹Gil Blas›, (den Widmer nach ihm ‹erneuert› hat). – Was hier aufzurollen *wäre* – und worauf Wir heut Abend nicht auch noch eingehen können – ist das Problem der ‹LeihBibliotheken›; eine Frage, damals, vor 120=50=90 Jahren, von, heute gar nicht mehr voll nachzufühlender, Wichtigkeit !

B. *(verständnisvoll):* In einer Zeit ohne, für heutige Begriffe, nennenswerte Verkehrsmittel. Ebenso ohne Rundfunk & Fernsehen, wie ohne Illustrierte & Taschenbücher. – *(zu C.):* Erinner' mich doch, daß ich Dir, im Winter, mal HAUFF, ‹Die Bücher & die LeseWelt› kredenze; wo sowohl die Situation als auch die Atmosphäre prächtig getroffen sind. Und für *die* zumal – zur wohlfeilen VorratsBildung; als auch zur, durchaus schon geforderten aktuellen LaufendHaltung – *mußten* all diese damaligen, wenig=würdigen, ‹ParallelÜbersetzungen› an den Tanz.

C. *(mitleidig):* Najà : nu übersetz Dú mal einen FortsetzungsRoman laufend mit, von Woche zu Woche – : den Du also noch gar nich überblickst ! Hinzugetreten sein wird : daß es sich meist um gelernte AltPhilologen gehandelt haben dürfte; die sich, à la HÖLTY, bloß ‹was dazu=verdienen› wollten : ausgerüstet mit unzulänglichen englisch=deutschen WörterBüchern ! Bestimmt auch schlecht=bezahlt –

A. *(bremsend):* Was *Sie* anführen, sind Er*klär*ungen – keine Ent*schul*digungen ! – des Faktums, daß man zuweilen den Eindruck gewinnt, die Arbeiten von Wahnsinnigen zu lesen !; (zB bei COOPER's ‹Monikins›; oder der allerwunderlichsten Übertragung von SCOTT's ‹Castle Dangerous› durch ‹Doktor Friedrich Kottenkamp› !). Und daß die Übersetzer um 1850 nennenswert méhr=gehungert hätten, als die von 1970 ? : würde auch erst noch zu beweisen sein. – Aber natürlich sind Flüchtigkeiten & Fehler, unter den dargestellten Umständen, begreiflich.

C. *(unbehaglich):* Ach, ich geb's ja zu : diese alte Erst=, und gleichzeitig Einzigst=Übersetzung, wimmelt von Tausend grotesken Mißverständnissen ! – ‹We have a most worthy Mayor, assisted by his foreman Mr. Williams› heißt es, in unserm Fall, vom Bürgermeister Hartopp zu Gatesboro'...

B. *(sogleich):* – und der FINK macht ihn zu einem *‹Major› !* Wo er denn, freilich, ergänzen muß : ‹im Verein mit seinem *Adjutanten*, Mister Williams›; und schleppt das dann, noch zehnmal mehr schlecht=angepaßt, weiter durch den Text ! : so=was zerstört doch das ‹Bild=im=Leser› völlig ! / Oder : der geliebte Name DARRELL fällt im Gespräch – und Lady Montfort zuckt, selig=unselig, in sich zusammen : ‹ ! › –; Oh ! : ‹You have hurt Yourself with that paper=cutter ? ! › – gleich, victorianisch=theatralisch : ‹Sie haben sich mit dem BriefÖffner verletzt ? !› – dagegen FINK : ‹Ihr habt Euch mit dem berühmten Advokaten überworfen ?›. / Waife studiert, für seinen WanderWeg, die Karte des LandKreises, ‹at the stationer's over the way› = ‹beim PapierHändler, über der Straße›. – FINK ? : ‹wegen der Stationen auf dem Wege› ! ... –

A. (jajá !): Das eigentliche, unsagbar=Verrückte, ist in diesem 1 Falle natürlich : daß das *auch*=stimmt ! – (nur eben 1 logische Stufe=weiter; und auf, einem FINK unerlaubter, Etym-Basis !). – Aber, bitte, weiter : es intressiert mich sehr, was Ihnen da Alles aufgefallen ist. ... ? –

B. (seine Notizen einsehend): – M=mm, – : der SchuhFlicker & Astrolog' MERLE bittet Waife, Sir Isaak an sich zu rufen; weil der Ihm bedenklich=nah um die ‹calves›, die ‹Waden› streicht – : hat doch der FINK tatsächlich : ‹er macht meine *Kälber* scheu & ängstlich› !; (wie wenn Der mit ner Herde an=käme !). – Aber die längliche Reihe der bloßen=nackten Falschheiten, soll noch gar nich ma' das Schlimmste sein – / all dies ‹brodequins to match› = ‹dazu passend› – FINK hat ‹zum Zubinden› ! / oder ‹a large bay=window›, (gleich ‹Erker=Fenster›), muß zum ‹braunen› werden; (da es stockfinstre Nacht in der betreffenden Szene ist, besonders gedankenlos !). Ich bin empfindlich gegen dies freche Drüberweghuschen, das gar nich erst im Wörterbuch nachsieht ! : ‹her husband *stirred* the fire› ? : ‹*stierte* ins Feuer› : iss doch so ähnlich nich ? / Oder ‹holly=bush› ? – : na wird wohl *Holl*under sein. / Ein PrachtRoß, schön wie ‹conjured out of the Elgin Marbles› : ‹aus den Elgin'schen Marmor*Ställen*› ! / Der muntre Maler FRANK VANCE trifft sich im Hyde Park mit LIONEL : ‹I run the gauntlet of Frost's, Seare's, Prymme's...› beschwert er sich, über das ‹Spießrutenlaufen› quer durch die haute volée – : ‹Ich laufe durch die Panzerhandschuhe› hat Fink. / Eine Katze huscht nachts über die Straße, ‹flitting fine through yon area=bars› ? – : ‹durch die Schranken des freien Platzes› ! Dabei ist das doch wirklich hübsch gesagt, dies ‹flitzt elegant durchs KellerGitter drüben›. / Die Schnellkraft & Energie sind einem Menschen zunächst genau so wenig anzusehen, als ‹the fluid which fells, can be seen in the jars and the wires› ? : Fink's ‹als das elektrische Fluidum in den Drähten› ist gänzlich unzureichend ! Es heißt : ‹das Fluidum, das Einen umhaut, in den Drähten und Leydener Flaschen›. / Was er nicht versteht, läßt der Mann einfach aus, oder ersetzt die Wendung durch reine Fantasie : seit 1831 war & ist er sprichwörtlich in England, der prachtvolle Vergleich Sydney Smith', von den kindischen Versuchen im House of Lords, die ‹Reform Bill› umzubiegen, wenn nicht gar zu stoppen : der Versuch von ‹Dame Partington› gegen das AtlantikHochwasser mit Schrubber & WischLappen anzugehen – Fink, dem Zeitgenossen & Übersetzer aus dem Englischen, hätte doch nichts geläufiger sein müssen !; aber er schreibt ‹um schiefe Gesichter zu finden› – absolut sinnlos ! / Der putzige Sekretär FAIRTHORN gefällt sich restlos in seinen ‹Fawley *South-*

downs› – Fink ? : bei den *‹Schätzen›* von Fawley. / Und das ließ' sich stùn=dèn=làng fortsetzen ! – *(kopfschüttelnd):* also bei sowas verlier'ich alle vornehme Zurückhaltung.

C. (anzüglich): Ach Du : zeig doch mal !; (die kenn' ich noch garnich bei Dir). – *(bekümmert):* Mich hat, weit mehr, das beständige ‹Vergreifen im Ton› betrübt. / (Daß Einer den damaligen BierKleinhandel nich kennt; und den WirtsJungen für ‹Pots, oho !›, ein ‹Kaufet Bier !› rufen läßt – was, Du hast es mir ausführlich erklärt, ‹Leere Krüge zurück !›, oder so ähnlich heißen muß – kann ich noch nich als KapitalVerbrechen ansehen.) / Aber wenn man 1124 Seiten lang, den (etwas überreifen, aber) immer distinguierten GUY DARRELL übersetzend nachgeschildert hat; und dann ‹the weightiest character› mit dem *‹gewiegtesten›* übersetzen mag – : *das* wird auch mir zu dick ! / Der die schöne, vornehm=traurige Lady MONTFORT anstatt ‹difficulties› *‹Schwulitäten›* haben läßt. Oder wenn's – (wie man's gar nicht anders erwartet hat) – von ihr heißt : ‹she was not of a curious turn of mind› – dann Einer klobig hinschmieren mag : ‹sie war kein neugieriges Weib› ! – *Der* iss freilich (und wohl nicht nur für Mich) ‹seelisch tot›. / Aber ‹our time runs short› – nach Fink : ‹Unsre Zeit geht nahe zusammen› – *(zu A.):* Wissen Sie nich auch noch ein paar deftig=tiefgründige Ausstellungen zu machen ?

A. (bedächtig): Aus den Landschafts= und StimmungsSchilderungen – nicht nur in & um Fawley Park; sondern auch der GängeViertel – ist Manches herauszuholen. Nachdenklich auch, wie=viel zusammenkommen muß, um gewisse Eindrücke unvereitelbar, und für den Leser überzeugend, wiederzugeben…

C.: Was meinen Sie jetzt=damit ? In meinem Kopf ist nichts aufzutreiben. –

A.: Zum Beispiel die Impression von DARRELL's, seit 10 Jahren still liegendem, GroßNeubau : eben *weil* Wir die modernen TrümmerGrundstücke so kennen, wirkt Bulwer's Schilderung heut wunderlich ergreifend : herumliegende BauMaterialien, verwirrend für Füße; die mit Brettern vernagelten FensterHöhlen; Wind blues in Treppenlosigkeiten; und *dázu* die ‹wallflower on the sill of a giant oriel› : der GoldlackStrauch, der vom Sims des riesigen ErkerFensters herunter nickt…

B. (nickend): Denn ‹wallflower› heißt ‹Goldlack› : wunderbar ! – *(abfällig):* Aber Wer soll das nachfühlen können, wenn er bisher lesen mußte : ‹eine Mauerblume auf der Schwelle einer riesigen Vorstube› ? / Was für lustige Finessen hat Bulwer nicht in die KomödiantenSprache des TheaterDirektors RUGGE bewußt eingearbeitet – und Fink hat, aus unreinem Mangel an EnglischLektüre !, überhaupt nicht gemerkt, daß Der, zum Drittel, in, aufs Netteste ‹mißbrauchten› Zitaten redet. / Die Selbst-Ironisierung Bulwer's, (des notorischen Okkultisten), in der Figur des schusterkugligen Astrologen MERLE. / Die – ja, Höhe=‹*Punkte*› erfaßte's gar nicht : *HochLänder* sind's ! – Bücher 1, und 10. Also die, wirklich meisterhafte, ‹Ouvertüre im Stile FLOTOWS› : ‹Martha, oder der Markt zu Richmond›. Und JASPER's letzte Aristeia ‹in der Unterwelt›; von der aus es ja gar kein ‹Hinabsteigen› ist : man bloß ein ‹Umwenden› in die eisernen Kammern seiner Proserpina, der ARABELLA CRANE.

C. (sachlich): Schön' Dank, daß Ihr mir den JASPER lobt. Denn wenn ich mir die 3 HauptPaare hier so ansehe : ? – ‹LIONEL & SOPHIE› : die ist nur als KleinMädchen intressant; als ‹aufblühende Jungfrau› geziert & fad'. – ‹DARRELL & seine KÄRROLEIN› ? : um dergleichen zu goutieren, muß man wohl ein Herr sein; (& ein ‹besserer=älterer› noch dazu : not in my line !).

B. (bremsend): Also *ich* würde meinen : alle 14 HauptCharaktere seien, zur Hälfte sehr ordentlich; zur andern Hälfte ausgezeichnet durchgehalten. Und auch die 20=30 NebenFiguren gehören einfach dazu. – Dabei : wieviel Finessen werd' ich noch übersehen haben ! Erst aufgrund einer Erkundigung meiner Frau ging mir, zum Beispiel, folgendes Lichtchen auf : DARRELL's Vater wird als ‹großer Antiquar› geschildet – *(zu A.):* Wir würden's heut wohl am besten mit Lokal= oder KulturHistoriker wiedergeben ?, ajà. Und was schrieb Der ? – Nu, genau *die* Themen, die Bulwer=selber behandelt hat ! :

: ‹Popular Ballads on the Wars of the Roses› ? : sprich ‹The Last of the Barons› !

: ‹Darrelliana› ? : ‹CAXTONIANA› !

: ‹Inquiry into the Origin of Legends connected with Dragons› ? : Rosina=Studien ! … ?

da C. (anscheinend zu etwas Schwer=sichtbar Nahen=Wolligem): Geh da wèg, Du ! (: fang lieber Mäuse. (oder mach Dich auf BrautSchau.)). – *(süßlich zu B.):* Go on; go on : Nur weiter ! – (wofür Fink prinzipiell einsetzt : ‹Fahret fort›) – Wir sprechen Uns ja vielleicht noch. (Unbesorgt : der alte Ammon lebt noch !). –

B. (stoisch): Was mir, während des mehrwöchigen Umgangs mit dem großen Buch, noch aufgefallen ist – ? – : einmal die, horrenden !, Bulwer'schen SchlingSätze ! … ?

A. (bejahend): Hm. Das ist nicht etwa nur ein ‹Defekt im deutschen Leser› – dárüber hat schon ein Zeitgenosse & erheblicher Selber=Autor, sich so geäußert : ‹In general BULWER is atrociously involute – this is his main defect. He wraps one sentence in another ad infinitum; very much in the fashion of those ‹nests of boxes› sold in our wooden=ware shops; or like the islands within lakes, within islands within lakes, within islands within lakes, of which we read so much in the ‹Periplus› of Hanno› – wenn also ein EDGAR POE, eingestandenermaßen, Schwierigkeiten mit Bulwer's syntaktischen BalanceAkten hatte, dann wird man dem Übersetzer verzeihen müssen, wenn er, des Gewinns an Übersicht halber, zuweilen 1 von des Verfassers Sätzen in 2 oder 3 auflöste. – Was war Ihr ‹Zweitens› ?

B.: Ein Persönlichstes. – *Mich* frappierte – (eigentlich zum ersten Male, in diesem Ausmaß !) – die Verarmung unserer ‹Anreden im persönlichen Verkehr›. Wir=heute, haben Uns reduziert auf das vertrauliche ‹DU›; das, formelle, ‹SIE›. – Zur Bulwer=Zeit gab es, außerdem, das (allerdings verdammt herbe) ‹ER›... ?

(auf C.'s FrageHand hin): – ? –

B. (exemplifizierend): Nu, wenn etwa der, millijonenschwere, Verleger; zum armen Autor, ‹out of elbows›, hin, anläßlich der Einreichung eines neuen Manuscriptes, äußerte : ‹Er wird ein schönes Geschmier haben, Schulze ?›. – Und, weiterhin, das etwas mildere ‹IHR›. Meist ‹von oben nach unten› angewendet; aber auch, (und dann ehrerbietig gemeint, von'n Kindern zu'n Eltern, (von'n Gesellen zu''m Meister)) : ‹Herr Vater, Frau Mutter, daß GOtt *Euch* behüt' –›... : ?

C. (bedenkenvoll): Ei ! – : das müßte freilich mit feiner Hand nachgemacht werden. (Ich hab ma' – (weiß nicht ‹wo›) – gelesen, daß Einer GOtt prinzipiell mit SIE anreden würde : ‹ich duz mich nich mit Jedem !›). – Hm. Es wird von Fall zu Fall entschieden werden müssen. – Frage : könnte – (ich betone, freiwillig, *‹könnte›* !) – hier nicht FINK, eventuell, einige Fingerzeige liefern ? –

A. (zögernd): Ich will's nur gestehen – : der Verlag hat mir soeben mitgeteilt : daß in den nächsten Wochen eine neue Übersetzung von ‹WAS WIRD ER DAMIT MACHEN ?› erscheinen werde... *(abwehrend : ‹bitte nicht=gratulieren !›) :* Jetzt=endlich wird Bulwer uns=Deutschen überhaupt erst meßbar werden. ‹Einstufbar› nach Stellung & RangOrdnung, inmitten der anderen Victorianer : eines DICKENS THACKERAY COLLINS TROLLOPE READE WARREN... *(Er schweigt).*

B. (murmelnd): Tch'. Hm. – 'n gar nich unbedeut'nder AugnBlick...

C. (fraulich=altklug): Schon=schon. – Bloß : der Leser ? – : ‹WAS WIRD ER DAMIT MACHEN ?›....

((SchlußGong : – bonggggg ! –))

JOSEPH SMITH

23. Dezember 1805, Sharon / Vermont – 27. Juni 1844, Carthage / Illinois

DAS BUCH MORMON

Ich könnte mich selber nicht mehr achten, wenn ich von einem Buche hörte, daß von ihm einhunderttausend Stück in der Welt sind, und ich kennte dieses Buch nicht.

Lichtenberg

Die Mormonen haben Recht!

Schopenhauer

1

Wenn auch vielleicht vor sonst nichts, vor dem einen bin ich sicher: anfällig für Heilige Bücher genannt zu werden.

Aber man verstehe mich recht. Ich weiß sie alle sehr wohl zu würdigen – die feurigen Bässe des Koran; das in-alls-geduldige Weisheitsgewäsche Gautamas; das große Kompendium jüdischer Kulturgeschichte, das man das Alte Testament nennt – aber ich weigere mich standhaft, mit irgendeinem derselben das Wort ‹Wahrheit› in Verbindung zu bringen: Wer sich einbildet, im Besitz der Wahrheit zu sein, der hat sie in eben dem Augenblick verloren. Wahrheit ist nichts für uns. Nichts mißlicher, als irgendeine 5%-Klausel des Geistes, und nichts lächerlicher, als wenn ein Profet den andern ‹Schwärmer› schilt; keine ‹Kirche›, sondern grundsätzlich Kirch*en*; keine ‹Heilige Schrift›; wohl aber zahlreiche Heilige Schrift*en*. Also ein – wenn man will, resignierter; meiner Erfahrung nach jedoch recht wohltuender – Agnostizismus als Grundlage; dabei jedoch unermüdlich Jagd auf die eigenen Irrtümer und Wissenslücken machen; und ansonsten eben fleißig arbeiten.

Was in meinem speziellen Fall heißt, Literatur herstellen, oder über sie berichten.

2

Unter allen Heiligen Büchern ist bisher unfraglich am schlechtesten weggekommen das Buch Mormon (im folgenden abgekürzt BM). Während andere gleichzeitige Sekten, etwa die ‹Babi› oder ‹Bahai›, leidlich ernst genommen wurden, hat man den Mormonen die gleiche Gerechtigkeit fast immer versagt; ob der alte ‹Rohnert›, ob das neueste Fischer-Lexikon, immer, seit nun vollen 130 Jahren, sind wir schlecht informiert worden. Die Berichterstattung in solchem Fall Theologen zu überlassen und auf Objektivität zu rechnen, ist unrealistisch; und man kann auch nachschlagen, wo man will – keiner der Verfasser kann sich der Mühe unterzogen haben, das BM selbst auch nur eingesehen, geschweige denn sorgsam gelesen zu haben; was z. B. ich zweimal (1 Mal in Deutsch; 1 Mal in Englisch) tat – für den Rest meines Lebens freilich werde ich schwerlich Zeit finden, es noch einmal zur Hand zu nehmen.

Die meist prompt verwendeten Ausdrücke erhabenen Abscheus gehen völlig am Kern der Sache vorbei. Wohl ist die Sprache des BM der der BIBEL nachgebildet, aber nicht mit ruchlos-bauchrednerischer Fertigkeit; und die Haarspaltekunst eines mit Vorliebe im Unüberprüfbaren, wenn nicht gar Absurden, lustwandelnden Verstandes ist auch nicht nennenswert größer als anderswo. Wohl kann man das Ganze als eine Haggada zu AT und NT betrachten; und das lokalpatriotische Bestreben, die USA an die christliche Tradition eng anzuschließen, ist unverkennbar. Dennoch wird die gern geübte Herleitung von Spaulding's LOST MANUSCRIPT bestenfalls zum Teil richtig sein; in Wirklichkeit dürfte es sich bei der Abfassung um, wie auch die ‹im allgemeinen gut unterrichtete› ENCYCLOPAEDIA BRITANNICA es nennt, ‹automatic writing› gehandelt haben. Mit anderen Worten : Joseph Smith, auf den das BM zurückgeht, ist (wofür vielleicht auch die sogenannte ‹Deseret-Schrift› sprechen könnte ?) vermutlich ein ‹Schreibmedium› gewesen, wie es die Parapsychologie sattsam kennt.

Aber das alles sind ja letztlich Bedenken 3. und 4. Ranges – nehmen wir-hier getrost einmal das BM ernst; eine Gedankenwelt für sich, für die das betrübliche Lichtenbergische Motto in erstaunlichem Maße gilt. Man wird nicht schlechter durch seine Lektüre, unbesorgt; und wer nach dem bis jetzt letzten Kriege den Mormonen-Chor singen hörte, wird gern das Urteil von Karl May's Frau unterschreiben : »Man glaubt, überirdischen Gesängen zu lauschen.« –

: »Es liegt im fernen Westen / ein Land so lieb und wert,
wohin manch müder Pilger / sein Angesicht gekehrt.

Auf seinen höchsten Gipfeln / strahlt weiß der ew'ge Schnee;
und lieblich in den Thälern / schläft ruhig auch der See.

Dort haben neue Hütten / sich Lieb' und Treu' erbaut,
und gute-werte Freunde / hab' ich mir dort erschaut...

Wohl will ich gern gedenken / an Freund' und Jugendland;
doch ist's mein Volk im Westen, / wo ich die Heimat fand.«

Das war einst die Nummer 107 im Gesangbuch der ‹Kirche Jesu Christi der Heiligen der Letzten Tage / Körperschaft des öffentlichen Rechts / Berlin-Dahlem, Am Hirschsprung 60›, wie die irgendwie kurios anmutende Anschrift zur Zeit lautet – aber was wäre bei Uns schon nicht kurios? –

3

Entscheidend für den zetetischen Leser ist ja letzten Endes nur die ‹poetische Brauchbarkeit› einer Lektüre; mit anderen Worten das, was sie für ‹Gedankenspiele›, Interpolationen, Anregungen, hergibt, beziehungsweise wie weit sie Dichter und Schriftsteller anregt.

Bei uns herrscht da, wie billig, unbestritten die BIBEL – »Ruths betrübtes Herz, als heimwehkrank / und tränenvoll sie stand im fremden Korn« (Wordsworth); die vielen KAIN'e, von Byron nicht-angefangen; Klopstock ADAM's TOD; Bodmers NOACHIDE. Daß der KORAN in dieser Beziehung vielerlei fähig ist, braucht man nicht durch Einkehr bei Hafis'sens oder ‹Omar dem Zeltmacher› festzustellen; ein näheres schönes Beispiel ist May's AM JENSEITS, (obwohl gerade die Mormonen bei ihm übel wegkommen; er hat da mehrere, diabolisch-schöne Schurken – jenun; auch May's Kismet war es, meist schlecht informiert zu sein.) Für die buddhistische Welt mag stellvertretend Gjellerup's PILGER KAMANITA genannt sein; (*ganz* Raffinierte lesen ‹vorher› Indische Liebeslyrik nach). Es bleibt zu untersuchen, ob nicht auch das BM anregend zu wirken vermöchte.

Und ich meine, ich betone es, jetzt also nicht die *äußere* Geschichte des Mormonentums; obschon sich da sehr vieles Interessante anbieten möchte – der große Trek unter Brigham Young nach Utah; das ‹Seemöven-Wunder›; Schauergeschichten von ‹Daniten› mit 1 Schuß ‹Feme›, Joaquin Miller, ‹The Danites in the Sierra›, (Schauspiel, 1877); Karl Löffler-Tornow, ‹DER GEISTERSEHER; ODER DIE MORMONENBRAUT›; Thomas Dunn English (vgl. POE), ‹The Mormons›, (Schauspiel, 1858); Johann Brandl, ‹Die Mormonen›, (Oper 1879); Oppermann, in seinen ‹100 Jahren› (1870), hat wohlwollend über die Erscheinung referiert,

(Hauptstelle Bd. VIII, Ss. 231–270); eine frühe & ob ihrer kecken Bejahung jener ‹Zustände› merkwürdige, auch ausführliche Schilderung, findet sich in dem umfangreichen Halb-Roman ‹Californien und das Goldfieber› (1863), von einem ‹Dr. Zimmermann› (= W. F. Vollmer); der einen seiner Helden, den deutschen Arzt Franke, mit 3 schönen Schwestern gleichzeitig & mit bestem bürgerlichen Erfolg verheiratet; muß ich erst noch das leckere Stichwort ‹Polygamie› nennen ? (Was übrigens so ziemlich das einzige ist, was ein deutsches Normal-Gehirn vom Mormonentum wissen wird. Es sei betont, daß im BM selbst *kein Wort* davon steht; es sich auch nur um ein kurzes Interregnum gehandelt hat, das übrigens sehr-sehr nachdenklicher Aspekte fähig ist : das vorangestellte Wort Schopenhauers bezieht sich eben hierauf. Und das Argument, von dem Pastor Zimmer so entrüstet erzählt hat, daß es eine Utah-Deutsche ihm kühl entgegenhielt : »Pluralismus ? Das ist doch etwas schönes. Ich hätte nichts darwider, wenn mein Mann Mormone würde, und noch 1 oder 2 junge Weiber nähme; *da hätte ich es auch etwas leichter bei der Hausarbeit.*«, macht Einen, in seinem naiv-deftigen Realismus, ja unwillkürlich grienen.) Ich beabsichtige also, mich im folgenden rein referierend zu verhalten, und mich auf das BM zu beschränken.

4

Zu dem Zweck sei es erst einmal äußerlich vorgestellt :

Das Buch Mormon;

bei der o. a. Anschrift als Taschenbuch zu haben; 2,– die deutsche, 3,– die englische Ausgabe, Vorkasse erforderlich; ich zitiere nach einem englischen Paperback, Utah, 1950; und zwei deutschen Leinenbänden, Basel 1946, und Berlin 1950.

Die erste englische Edition erschien 1830 in 5000 Exemplaren, (und soll heute ein Rarissimum geworden sein); ihren damaligen Preis setzte Smith, einer ausdrücklichen göttlichen Anweisung folgend, auf 1 Dollar 25 fest. 1879 erschien das BM zum erstenmal in Kapitel und Verse eingeteilt, (was bei der Bibel bekanntlich auch erst im 16. Jahrhundert erfolgt ist), und wofür Orson Pratt, einer der großen Dogmatiker des Mormonismus, wie etwa noch Sidney Rigdon, verantwortlich zeichnet. Ab 1920 dann lag BM in handlicher Zweispalten-Ausgabe vor, mit Geschichtszahlen, Inhaltsverzeichnis, Aussprache der Eigennamen versehen, wie denn der beigegebene Apparat recht ordentlich ist. Der doppelspaltige Index z. B. umfaßt 45 Seiten; und da man es allgemein als ‹gutes

Register› anzusehen hat, wenn in einem Buch auf 20 Seiten Text je 1 solche Seite Register kommt, so ist das-hier sogar ein ‹bestes›. Als Fußnoten erscheint eine Unmenge von Parallelstellen; die, wie immer etwas gewaltsamen ‹references› fehlen nicht, à la ‹Sind ungetaufte Kinder verdammt ? Lies Moroni 8.›, aber das ist ja allgemein Sitte, steht doch auch in meiner KING JAMES BIBLE vorn drin : ‹Geschäft geht schlecht ? Lies Psalm 37.› Ein Studium für sich bilden die zahlreichen Verweise auf Bibelstellen; die ‹Verzahnung› ist so gut, wie ein theologisches Gemüt nur immer verlangen kann; daß z. B. Smith am 22. 9. 1827 die ‹Platten Nephis› im Bühel Cumorah auffand, ist präformiert bei Jesaja 29,4; usw. usw.

Die erste Übersetzung ins Deutsche – es liegen Übertragungen in über 1 Dutzend Sprachen vor – von Taylor & Dykes, 1852, ist mir leider nicht zugänglich gewesen; sie wurde später von Schönfeld neu bearbeitet. Die zur Zeit in Umlauf befindliche stammt von Jean Wunderlich, 1924; sie ist dann, im Jahre 1950, nochmals revidiert worden.

Was dem erfahrenen Übersetzer hier auf den ersten Blick auffällt, ist, daß die deutsche Ausgabe fast genau ebensoviel Buchstaben zählt, wie das englische Original : das gibt es nicht ! Infolge der berufenen ‹Einsilbigkeit› des Englischen ist bei jeder Übertragung grundsätzlich ein Vergrößerungsfaktor anzusetzen, der bei bester Arbeit 1,10 oder ganz dicht darunter betragen *muß* – es gibt kein sichereres Kriterium, ob gekürzt worden ist, bzw. ob der Übersetzer den Text verwässert hat, als solch überschlägiges Buchstabenzählen. Wenn also bei der deutschen Übersetzung des BM dieser Faktor nur 1,00 beträgt, dann ist eben irgend ‹gekürzt› worden – bei näherer Prüfung ergibt sich, daß die im englischen Text einige tausend Mal biblisch-wiederkehrende Formel ‹and it came to pass› in der deutschen Ausgabe durch ‹( )› ersetzt wurde, sie ist dadurch erfreulich lesbarer geworden; dem Filologen sind die zahllosen Stellen redlich genug angezeichnet; und die Sache mit dem Vergrößerungsfaktor stimmt auch wieder : wir-anderen Übersetzer brauchen uns nicht zu schämen !

5

Ein erstes Unverächtliches, das den Anregung Suchenden sogleich die Augen angenehm aufsperren läßt, ist das *Namen-Gerolle* : ‹Lehi und Morianton; Amaleki und Helaman; Zoramiten und Rameumptom; Curelom und Cummom›; nicht umsonst schrieb schon Schlagintweit : »Man staunt über die Unzahl wohlklingender Namen !«. Jaja; aber dergleichen

‹Staunen› ist nur ein anderer Ausdruck für die, eigentlich beschämende Tatsache, daß 1 Million Menschen in Wortwelten lebt, von denen wir nichts wissen ! Derart miserabel sind wir informiert, daß es, so lächerlich es klingt, eine ausgesprochene ‹Tat› darstellt, wenn ich eine knappe Synopsis folgen lasse. Über den Inhalt des BM und seiner 15 Bücher, mit insgesamt 239 Kapiteln und 6604 Versen:

1. I. NEPHI: (22 Kap./618 Verse. – 600–575 v. Christi). – 1–16 Lehi, sein Weib Sariah und seine 4 Söhne, Laman, Lemuel, Sam und Nephi, verlassen Jerusalem, und reisen in die arabische Wüste. Lehi's Söhne kehren noch einmal zurück und holen die Heiligen Messingplatten. Weiterreise; der HErr schenkt ihnen die Liahona, den Wegweiser. / 17 und 18 Irreantum oder die Großen Gewässer. Überfahrt durch den Indischen Ozean nach der amerikanischen Westküste. / 19–22 Nephi's Profezeiungen (vgl. Jesaja 48 und 49).
2. II. NEPHI. – (33/779. – 575–545 v. Chr.) – 1–4 Lehi's Lehren und Tod / 5 Nephi Führer des Volkes; seine Brüder empören sich, und werden mit dunkler Hautfarbe gestraft = ‹Lamaniten›-Indianer. / 6–24 Jakob, Nephi's Bruder, predigt und mahnt (vgl. Jesaja 50, 51 und 2–14) / 25–33 Nephi's Weissagungen.
3. JAKOB. – (7/203. – 544–421 v. Chr.). – 1 Tod Nephi's / 2–6 Klagen und Mahnungen Jakobs. / 7 Innere Ereignisse. Sherem. Beginn der Lamanitenkriege.
4. ENOS. – (1/27. – ca. 421 v. Chr.) – Kurzchronik. Vers 20 Charakter der Indianer.
5. JAROM. – (1/15. – 420–361 v. Chr.) – Blüte des Nephiten-Reiches.
6. OMNI. – (1/30. – 323–130 v. Chr.). – Vers 14–19 Entdeckung des Landes Zarahemla.
7. WORTE MORMONS. – (1/18. – ca. 385 n. Chr.). – spätere, redaktionelle Notiz.
8. MOSIAH. – (29/785. – 130–91 v. Chr.). – 1–6 Regierung König Benjamins. / 7 und 8 Entdeckungsfahrten; 8,8 erster Hinweis auf die Jarediten. / 9–22 Bericht Zeniffs über die Geschichte seines Volkes. / 23–29 Geschicke Alma's und Mosiah's; Tod der Letzteren.
9. ALMA. – (63/1975. – 91–53 v. Chr.). – Bericht Alma's d. J., des Hohepriesters und Hauptrichters über das Volk Nephi. / 1–7 predigt erfolgreich. / 8–16 Kämpfe mit der gottlosen Stadt Ammonihah / 17–26 Abenteuer der Söhne Mosiah's; Kämpfe mit

den Lamaniten / 27–35 Lamanitenkriege / 36–42 Gebote Alma's an seine Söhne Helaman, Shiblon und Corianton / 43 und 44 Moronis Kampf mit den Lamaniten / 45–62 Helaman's Bericht über das nephitische Volk, seine Spaltungen und Kriege. / 63 Emigration zahlreicher Nephiten nach dem nördlicheren Nordamerika.

10. HELAMAN. – (16/497. – 52–2 v. Chr.). – 1 und 2 Streit um den Richterstuhl. Erstes Auftreten der Gadiantonräuber. / 3 Ausbreitung nach N, bis an die großen Seen / 4–6 Lamanitenkämpfe / 7–16 Profezeiungen Nephi's, des Sohnes Helamans. In 14 sagt Samuel, ein Lamanite, das Kommen Christi voraus.

11. III. NEPHI. – (30 / 785. – 1 v. Chr.–35 n. Chr.). – 1–7 Nephi's Regierung; Zeichen der Geburt des Heilandes. Innere Zwistigkeiten der Nephiten. / 8–28 Naturereignisse verkünden die Kreuzigung Christi : dessen Erscheinung bei den Nephiten : Wiederholung der Bergpredigt; Einsetzung des Abendmahls; Ernennung von 12 Jüngern, usw. / 29 und 30 Mahnungen des Plattenredaktors Mormon.

12. IV. NEPHI. – (1/49. – 35–321 n. Chr.). – Kurzchronik: 200-jähriges Gedeihen der Kirche Christi; danach jedoch Spaltung und Entartung.

13. MORMON. – (9/227. – 322–421 n. Chr.). – 1–5 Innere Unruhen; sowie Kämpfe gegen Lamaniten und Gadiantonräuber / 6 Endkampf am Hügel Cumorah; Sieg der Lamaniten / 7–9 Moroni endigt den Bericht seines Vaters Mormon.

14. ETHER. – (15/433. – ca. 2280–600 v. Chr. ?). – / 1–6 Bericht über die 1. Einwanderung aus Palästina nach den USA / 7–15 Entwicklung des Reiches; Kämpfe; auch hier letzte Schlacht bei Cumorah. – Ethers Schlußwort.

15. MORONI. – (10/163. – 400–421 n. Chr.). – 1 Moroni's, des letzten Nephiten, verlassener Zustand / 2–9 Lehren und Ermahnungen an die kommenden, noch Ungeborenen / 10 Abschiedsworte Moroni's; er versiegelt den Bericht. –

Zweierlei wäre zu ergänzen. Einmal, daß – es wird keinen Kenner Heiliger Schriften Wunder nehmen – auch hier Bücher verloren gegangen sind, z. B. die mehrfach zitierten Profeten Zenos und Zenock. Und endlich, daß man sich eine unangenehm-breite Hintertür durch die These offen gelassen hat, es seien noch nicht alle Platten ‹entsiegelt› – das mag geübten Kritikern akzeptabel sein; meinem geringen Gefühl nach freilich beginnt bei dergleichen filologischer ‹Moorboden›.

Heut & hier sei nur auf zweieinhalb Themenkreise rasch hingewiesen. Zunächst das I. Buch NEPHI; und die Besiedelung Amerikas in drei Wellen von Palästina her.

Um das Jahr 597 v. Chr., da Zedekia König in Juda war, lebte ein frommer Jude, namens Lehi, mit seiner Groß-Familie in Jerusalem. Ihm wurde ob der ‹politischen Lage›, bekräftigt durch einige unangenehme Gesichte, mit Recht allmählig mulmig – man vergebe mir meine Ausdrucksweise; aber beim Stichwort ‹Emigration› wird man immer allzufatal an ‹unsere› Zeit erinnert. Lehi zog also vorsichtshalber ‹davon›; etwa am Roten Meer hinab, südostwärts – ‹Gesichte vom Baum, vom Fluß, und von der Eisenstange› – der eigentliche Held ist sein jüngster Sohn Nephi, der die Beschriftung der geheimnisvollen ‹Platten› eifrig fortsetzt. Eine der netten Episoden ist die ‹Liahona-Sage›, (ein Stichwort, das befremdlicherweise im Register fehlt; man muß unter ‹Kompaß› nachschlagen).

I. NEPHI, 16,9ff. : »Und es geschah, daß die Stimme des Herrn in der Nacht zu meinem Vater sprach, und ihm befahl, seine Reise in die Wildnis am nächsten Tage fortzusetzen. / Und als mein Vater des Morgens aufstand und vor die Tür des Zeltes ging, sah er zu seiner großen Verwunderung auf der Erde eine seltsam gefertigte Kugel aus feinem Messing. In der Kugel waren zwei Spindeln; und die eine zeigte uns den Weg, den wir in der Wildnis einschlagen sollten. / Und wir brachten alle Dinge zusammen, die wir in die Wildnis mitnehmen sollten, und alle übrige Speise, die der Herr uns gegeben hatte; und wir sammelten Samen jeglicher Art, um ihn mit uns in die Wildnis zu nehmen. / Und wir nahmen unsere Zelte, und brachen über den Fluß Laman in die Wildnis auf. / ..... / Und wir hielten uns dort viele Jahre auf; ja, wir blieben 8 Jahre lang in der Wildnis. / ..... und wir sahen das Meer, welches wir ‹Irreantum› nannten; das ist verdolmetscht, ‹Viele Gewässer›.«

Dort also baut Nephi Fahrzeuge; gerät mit ihnen in die, tja, ‹Wir vom oberschichtlichen Bewußtsein› würden sagen ‹Westwindtrift der Südhalbkugel›; und landet endlich, 589 v. Chr., im ‹Lande der Verheißung›, das ungefähr dem heutigen Peru entsprechen wird, (es kann aber auch Chile sein; die mormonische Geografie scheint, und nicht nur, was dieses spezielle Contra-Kontiki anbetrifft, noch sehr im Argen zu liegen.)

Natürlich empören sich, es ist ja ein uraltes Märchen-Motiv, die älteren Brüder gegen den genial-Jüngsten; und nicht nur während der, an die Nerven begreiflicherweise einige Anforderungen stellenden, langen

Überfahrt (= Columbus-Parallele); sondern auch bald nach der Landung. Der HErr schlägt sie jedoch prompt ob ihrer Versündigung & Bosheit; straft sie mit ‹dunkler Hautfarbe› und überhaupt ‹Verwilderung allgemein› : und so wird im BM die Entstehung der Indianer erklärt. Und ehe man das Anthropologenhaupt noch allzuseh schüttelt, möchte ich dies zu bedenken geben, daß Herkunft & Ursprung der Indianer seit der Entdeckung Amerikas sogleich zu einem der ganz großen Rätsel der Ethnografie geworden waren. Nomaden; von braun-roter Hautfarbe, mit considerablen Hakennasen; seltsam wohlredend, ‹in Zelten›; ‹moundbuilders› nicht minder, als unangenehm-geschickte ‹Skalp-Nehmer›.

»Sebulon wird an der Anfurth des Meeres wohnen«, (alles Genesis, 49 jetzt) : waren nicht den ersten Weißen, ob Captain John Smith seine Pocahontas, ob den Pilgrim-Fathers ihr Massasoit entgegengekommen ? / »Dan wird eine Schlange werden auf dem Wege, und eine Otter auf dem Steige, und das Pferd in seine Fersen beißen, daß sein Reiter zurückfalle« : kann man das Anschleichen der Roten gegen die ihnen fremdartig-berittenen Weißen viel präziser schildern ? / »Gad wird gedrängt werden von Kriegshaufen« : wie oft hat man nicht reguläre Truppen gegen sie aufgeboten. / »Benjamin ist ein reißender Wolf; des Morgens wird er Raub fressen, und des Abends wird er Beute austeilen.« / »Naphtali ist ein schneller Hirsch, und gibt schöne Rede.« / Und nun brauchten nur noch ihre Sprache unverständlich gemacht, und sie über die Fläche der weiten Erde hin zerstreut worden sein; was bekanntlich anläßlich Etemenankis Bau geschah. / Und von den ‹10 verlorenen Stämmen Israels› ist auch mehrfach die Rede. / Und wer jetzt immer noch zweifelt – es kann fast nur noch ein Böswilliger oder ein Unsinniger sein ! – der schlage Psalm 68,22 auf : »Ja; GOtt wird den Kopf seiner Feinde zerschmettern; den Haarschädel derer, die da fortfahren in ihrer Sünde.« (Und wer, rassestolz, von ‹orientalischer Grausamkeit› murmeln möchte, möge bedenken, daß auch das westgotische Fuero Juzgo von der Strafe des ‹capillos et cutem detrahere› weiß.)

Auch ist die Theorie alt; und das BM nur eine letzte, nicht unbedeutende Zusammenfassung. Man kann davon schon im Simplicissimus lesen, oder in Lessing's Rezensionen; der Erfinder war ein sicherer Montezinius, und die erste Veröffentlichung darüber die Spes Israelis des Manasse Ben Israel, Amsterdam, 1650. Ich will mit solcher kleinen Gelehrsamkeit nur das Eine festhalten : die ‹Lamaniten› des BM sind nicht halb so absurd, wie Andersgläubige, die dafür wieder *ihre* Spezial-Grillen haben, uns einreden möchten. Und auch *der* Gesichtspunkt ist ja noch zu berücksichtigen, daß es sich um den ehrenhaft-pfiffigen Versuch handeln könnte, dem neuen großen Kontinent lokalpatriotisch die entsprechende Ahnenreihe zu verschaffen. (Wenn dann allerdings gleich wieder das Vorwort zum BM behauptet, die Geschichte Amerikas sei darin ‹foretold› – I. NEPHI, 13 soll hinweisen in Vers 12 auf Columbus; 16 auf die Puritaner; 17–19 auf den Revolutionskrieg von 1776–83 – so heißt das bei einem 1830, also einwandfrei ‹hinterher›, erschienenen Buch, die Backen etwas voll nehmen.) –

Im Laufe der langsamen, ausführlich abgeschilderten, weiteren Kolonisation treffen die Nachkommen Nephi's noch zweimal auf andere Palästina-Emigranten; OMNI 1 und ALMA 27 ein Volk im Lande Zarahemla; und endlich, eine letzte großartige Perspektive aufreißend, wird ein BUCH ETHER aufgefunden. Nämlich der auch aus der GENESIS bekannte Jared zog mit seinen Brüdern, so um die Zeit von Sintflut und Turmbau, nach Nordwesten, also Europa; gelangt an die Meeresküste, (unter der man sich die Bretagne oder meinethalben auch Irland vorstellen mag); und also spricht der HErr (ETHER, 2, 16ff.):

»Machet Euch an die Arbeit, und bauet Fahrzeuge nach der Weise, wie Ihr sie bisher gebaut habet ... Und sie waren klein und leicht auf dem Wasser, ja so leicht wie ein Vogel. / Und sie waren auf eine Weise gebaut, daß sie außerordentlich dicht waren, sodaß sie das Wasser hielten, wie ein Gefäß. Und der Boden und die Seiten derselben waren spitz; und der Oberteil dicht wie ein Gefäß; und sie waren so lang wie ein Baum, und die Tür war dicht wie ein Gefäß, wenn es verschlossen ist. / ... / Denn sehet, Ihr sollt wie ein Walfisch inmitten des Meeres sein.« Leuchtende Steine werden halb gefunden, halb hergestellt, zu Lampen während der Überfahrt; »und er brachte die Steine, welche bereitet waren, in die Fahrzeuge, einen in jedes Ende derselben; und sehet, sie gaben den Schiffen Licht. / Und so ließ der HErr die Steine in der Dunkelheit scheinen. / ... / Und viele Male wurden sie in den Tiefen des Meeres begraben wegen der Wellenberge, die über sie hereinbrachen; und auch wegen der großen und schrecklichen Stürme, die durch die heftigen Winde verursacht wurden. / ... / Und so wurden sie fortgetrieben; und kein Seeungeheuer konnte sie zerbrechen, und kein Walfisch konnte ihnen schaden.«

Und das ist ja doch wohl wieder ein unverächtliches Bild: hohle Einbäume (wie sie auch der Norden von WIELAND DEM SCHMIED her kennt); erhellt von leuchtenden Kristallen; rundum ‹the raging deep in darkness‹. (ETHER 3,3).

7

Die Geschichte der anschließenden Ausbreitung wird ETHER 15,20 in die wohl für alle ‹Pioneers› gültigen Worte zusammengefaßt : »Sie schliefen auf ihren Schwertern.« Endlos-verwirrende und verworrene Kreuz- & Querzüge von A bis Z; ‹Die Schlacht am Berge Riplah›; kleine & große Städte werden gegründet : »und das Volk im Lande nordwärts wohnte in Zelten und Häusern aus Zement, und sie ließen die Bäume stehen, die auf der Erde wuchsen« (HELAMAN 3,9), »und Mosiah ließ einen Turm neben dem Tempel bauen; ja, einen sehr hohen Turm, so hoch, daß man von seiner Spitze das Land Shilom … übersehen konnte.« (= Wolkenkratzer; MOSIAH 11,12). Und die Geschlechter werden im Verlauf der Jahrhunderte in der bekannten Weise sachlich & unerbittlich ‹umgelegt› : »Coriantur war der Sohn Morons. / Und Moron war der Sohn Ethems. / Und Ethem war der Sohn Ahas. / Und Aha war der Sohn Seths. / Und Seth war der Sohn Shiblons. / usw. usw.«. Und ‹Richter› werden eingesetzt; alles konsolidiert sich, Maß & Gewicht : »und sie rechneten folgendermaßen : 1 Senine Gold, 1 Seon Gold, 1 Shum Gold, und 1 Limnah Gold. / 1 Senum Silber, 1 Amnor Silber, 1 Ezrom Silber, und 1 Onti Silber. / 1 Senum Silber hatte denselben Wert wie 1 Senine Gold; und ein jedes entsprach an Wert 1 Maß Gerste.« (ALMA 11,5ff. – Dieser Alma trägt Moses-Züge; Jenem auch darin gleich, daß in seinem Buch sein eigener Tod berichtet wird. Niemand sieht ihn sterben; er verschwindet; ‹kings should disdain to die, and only disappear›.) Und schon wieder greifen die Lamaniten an, »und sie kamen im Norden des Landes Shilom mit ihren zahlreichen Scharen herauf; Männer, mit Bogen, Pfeilen, Schwertern, Krummschwertern, mit Steinen und Schleudern bewaffnet; und sie hatten ihre Köpfe kahl geschoren und hatten einen ledernen Gürtel um ihre Lenden gegürtet« (MOSIAH 10,8); aber, wie bereits geklagt, selbst scheinbar so instruktive Stellen wie ALMA 22,27–34 verdeutlichen die Geografie des BM nur wenig – hier wäre ein schönes Tätigkeitsfeld für einen geduldigen Detektiv-Filologen. Daß es Alles in ‹Gods own Country› lokalisiert sein muß, entliest man schmunzelnd vielen Versen : »Sehet, dies ist ein auserwähltes Land; und die Nation, die es besitzet, wird frei von Knechtschaft, Gefangenschaft, und von allen anderen Völkern unter dem Himmel sein« (ETHER 2,12; vgl. auch ALMA 46,17; »No kings to rule America ! – Read II. NEPHI 10,10«.)

Wie sehr der HErr seine ‹Neue Welt› als dem Heiligen Lande mindestens gleichwertig erachtet – wenn er es nicht gar bevorzugt ? – mag man aus etwa II. NEPHI 10,3 entnehmen : »Daher ist es notwendig, wie ich

Euch gesagt habe, daß Christus – denn in der vergangenen Nacht sagte der Engel zu mir, daß dies sein Name sein sollte – unter die Juden kommt, zu dem boshafteren Teile der Welt, und sie werden ihn kreuzigen«; und wie man aus der chronologischen Notiz, unten-rechts auf der Seite, ersieht, handelte es sich bei solcher ‹vergangenen Nacht› um eine »zwischen 559 und 545 v. Chr.« Woran sich zwanglos MOSIAH 3,8 ff. anschließt; wo dann schon ‹Maria› bekannt ist, und man ab 124 *vor* Christi den Namen ‹Christen› annimmt, womit ich bei dem letzten, gewiß noch Mehrere interessierenden Themenkreis angelangt wäre.

8

Schon aus der Inhaltsübersicht wird man ersehen haben, daß das III. Buch NEPHI, das die Jahre 1 vor bis 35 nach Christi umfaßt, eines der bedeutendsten sein muß. Eindrucksvoll wird geschildert, wie man in den USA an Omina, Wunderereignissen, Lufterscheinungen spürt, was sich drüben, in Palästina, abspielt : »Denn sehet, beim Untergang der Sonne trat keine Dunkelheit ein; und das Volk wunderte sich« (1,15); »und auch ein neuer Stern erschien« (1,21); »und sie wußten, daß es der Tag war, an dem der HErr geboren werden sollte« (1,19). Dann erst wieder noch gute 30 Jahre der Gedankenlosigkeit, »das geschah in den Tagen von Lachoneus ... denn er hatte den Richterstuhl seines Vaters inne und regierte über das Volk in diesem Jahre« (6,19; wohl Pilatus-Parallele. – Man hatte übrigens, wie 2,8 berichtet, mit jener Wundernacht sogleich eine neue Zeitrechnung begonnen.) Nun weiter, ab Kap. 8 :

»Und im 34. Jahr, im 1. Monat, am 4. Tage des Monats, erhob sich ein großer Sturm, desgleichen man nie zuvor im ganzen Lande erlebt hatte. / Es erhob sich auch ein großes und schreckliches Unwetter; und man hörte fürchterliches Donnern, das die ganze Erde erschütterte, als ob sie auseinanderbersten wollte. / Und man sah überaus helle Blitze... / Und die Stadt Zarahemla geriet in Brand. / Und die Stadt Moroni verschwand in den Tiefen des Meeres, und ihre Bewohner ertranken. / Und die Erde erhob sich über die Stadt Moronihah, sodaß anstelle der Stadt ein großer Berg entstand. / ..... / Aber im nördlichen Lande war die Verwüstung noch weit größer; denn sehet, die ganze Oberfläche des Landes wurde verändert; / und die Straßen wurden aufgebrochen, und die ebenen Wege zerstört, und viele ebene Plätze wurden uneben. / Und viele bedeutende Städte versanken, viele verbrannten, und viele wurden gerüttelt, bis die Gebäude zusammenfielen; ihre Bewohner wurden erschlagen, und die Orte blieben verlassen. / ..... / Einige wurden von den Wirbelwinden hinweggetragen, und Niemand weiß wohin; man weiß nur, daß sie weggetragen wurden.« (Hier sei mir die Zwischenbemerkung erlaubt – und es ist mit nichten ein schlechter Scherz ! – daß mir die gleichgerichtete Geschichte vom FLIEGENDEN ROBERT stets die mit Abstand faszinierendste im ganzen STRUWWELPETER war : ich bin im höchsten Grade anfällig für Graues & Windiges; so ‹riante Gegenden›, das ist nichts für mich.) Und nach 3 Stunden Heftigkeiten lagert sich eine Finsternis über das Land, »so daß die Einwohner, die nicht gefallen waren, den Nebel der Finsternis fühlen konnten; / und wegen der Finsternis konnte man kein Licht anzünden, weder Kerzen noch Fackeln; auch konnten sie mit ihrem überaus feinen und trockenen Holz kein Feuer machen, sodaß es überhaupt kein Licht gab.« Ich möchte betonen, daß eine Wendung wie, daß man ‹vor Finsternis kein Licht machen› könne, durchaus nicht etwa ‹Höheren Blödsinn› darstellt, sondern eine rechte Feinheit ist, wenn nicht gar der schiere Tiefsinn. Nach solchen Zeichen vernimmt man eine Stimme im ganzen Lande – Christi Stimme; nach stundenlanger Pause wiederum; und so fort, 3 Tage lang.

Nun folgen, Kap. 11–28, die drei Erscheinungen des auferstandenen Heilandes in den USA : »Und als sie verstanden, erhoben sie ihre Augen wieder gen Himmel; und sehet, sie sahen einen Mann vom Himmel herniedersteigen, der war mit einem weißen Kleide angetan; und er kam herab und stand mitten unter ihnen.« Er hält eine erste Predigt, (stark an Matth. 5–7 angelehnt); heilt Kranke; und ernennt sich auch hier 12 Jünger & Apostel : »... Nephi mit seinem Bruder ... der Timothy hieß, und seinem Sohn Jonas, und auch Mathoni und Mathonihah, dessen Bruder, und Kumen und Kumenonhi, und Joremia und Shmenon und Jonas und Zedekiah und Isaiah« (19,4). Dann verläßt er die Nephiten und fährt gen Himmel; kehrt, 19–26, wieder; und ein letzt-drittes Mal dann in 27 und 28; (hier allerdings der etwas unheimliche Zug, daß 3 der genannten Jünger, auf eigenen ausdrücklichen Wunsch, nicht den Tod schmecken; sondern bis zum Jüngsten Tage auf Erden wandern und lehren sollen.)

Hier, in NEPHI III, wo die meisten der mormonischen Grundlehren verkündet werden, ergäbe sich natürlich für die Theologen andrer Kirchen unendliche Gelegenheit zum ‹Einhaken› – wie, daß kleine Kinder der Taufe nicht bedürfen, dafür aber Tote quasi ‹nachgetauft› werden können; 24,8 die Einführung von Kirchensteuern; 18,1–14 Sakramente; Kap. 21 vom Neuen Jerusalem; oder gar ‹Jenseitsvorstellungen› – alles knifflichte Fragen, über die man sich, wie billig, bis heute noch nicht einig ist. (Aber, Cave !, das BM weiß notfalls durchaus zurückzuschlagen, falls ein Gegner allzu aggressiv werden sollte. »Und ich sah eine große und abscheuliche Kirche; und ich sah, daß der Teufel ihre Grundlage war. / Und ich sah auch Gold, Silber, Seide und Scharlach, auch feingewebte Leinwand und alle Arten kostbarer Kleidung; und ich sah viele Huren.« Ohlala! Also I. NEPHI 13,6 und 7).

9

‹Genug nun› wird männiglich sagen; ‹genug berichtet› sage auch ich.

Ein letztes, zusammenfassendes Urteil wäre vielleicht mit den Worten Luthers bezüglich anderer ‹Apokryphen› abzugeben: ‹Der Heiligen Schrift nicht gleich zu achten; doch gut & nützlich zu lesen.› Wer will, kann ein ‹schnurrig & putzig› murmeln, und wer's gar nicht lassen kann, mag von ‹höllischem Blendwerk› donnern. Und wer *sehr* begeistert sein sollte, kann sich zusätzlich noch die – einiges erläuternden, bzw. ausbauenden – DOCTRINES AND COVENANTS kommen lassen, und die PEARL OF GREAT PRICE; (aber, wie gesagt, erst Vorkasse; beide, in 1 Band gebunden, englisch 2,50, deutsch 5,25. – Und wenn er darum bittet, bekommt er noch ein paar Probenummern des STERN, der Mormonenzeitschrift, gratis zu.)

»Wer dieses liest, möge es verstehen; wer die Schriften hat, forsche darin.« (III. NEPHI, 10,14).

EDGAR ALLAN POE

19. Januar 1809, Boston – 7. Oktober 1849, Baltimore

DER FALL ASCHER

I

»The lesser the fish, my dear scholar, the greater the skill in catching it.«
(Lewis Carroll, ‹Vision of the 3 Tees›.)

An Voraussetzungen, die ich aus Gründen des Raums & meiner Arbeitszeit machen muß, nur eine : ich werde im Folgenden für gewiß annehmen, daß jeder Leser vertraut sei mit Poe's ‹The Fall of the House of Usher›, einem der Wunder westlicher Literatur.

Mit welchem ‹vertraut› sogleich im Widerspruch zu stehen scheint, daß der Verlag Walter-Olten sich mächtig anschickt, dem Publikum eine neue Poe-Übersetzung vorzulegen; folglich muß mir, einem der Hauptbeteiligten, die Beteuerung erlaubt sein, daß es sich gar nicht um ‹moutarde après le diner› handelt – im Gegenteil : was bisher serviert wurde, war Senf – und auch der Stand der Forschung sei kurz & grell angeleuchtet, indem ich die offiziösen ‹Key Writings› des Verlags Hill & Wang vorstelle; einem Paperback, auf dessen 563 S. der USA-Weisheit letzter Schluß aus 110 Jahren Poe-Filologie etwa so kondensiert ist (S. 514) : ‹eine Quelle für das House of Usher ist nicht bekannt›; ‹Vigiliae Mortuorum – das hier gemeinte Werk konnte nicht ermittelt werden›; ‹Tieck, berühmter deutscher Dichter; die von Poe zitierte Voyage into the blue distance war noch nicht zu identifizieren› usw. – dabei hätte 1 Blick in den geringsten Goedeke hingereicht, um zu erfahren, daß Tieck tatsächlich eine ‹Reise ins Blaue hinein› geschrieben hat. Auf der andern Seite ist das, was den Kommentatoren, Craig und Alterton ihre Namen, selbstverständlich erscheint, nichts weniger als dieses. Da Poe mehrmals einen ‹nubian geographer› erwähnt, plappert's (S. 517) gleich flott los : ‹jener berühmte Claudius Ptolemäus...›; dabei ist es so wenig Ptolemäus, daß es sich vielmehr schon wieder um Edrisi handelt. Besagte Summa weist nämlich nicht nur einzelne Imperfektheiten auf; sondern besteht überwiegend aus gelehrtem Wind : *die* Poe-*Forschung hat noch nicht begonnen !* Es widerstrebt mir, primitive Völkerschaften wie USA und UDSSR in ihrer noch pubertären Nacktheit bloßzustellen, – aber ab & zu können sie es getrost einmal hören : wohl gehört ‹Die Zukunft› (was immer das auch sein möge) einwandfrei ihnen; auf politischem Gebiet, in den Naturwissenschaften, schweigen wir ganz vom ‹Sport›. Aber was Geisteswissenschaften anbelangt, sind sie noch ‹hinten etwas kurz›; noch beträgt das Volumen der diesbezüglichen europäischen Leistungen ein Vielfaches von dem der beiden Genannten zusammen; hier brauchen wir noch gar nicht zu resignieren.

Allerdings wären auch bei uns gewisse grassierende Einbildungen auszureuten, zumindest stark zu beschneiden; z. B. die, daß Leser oder Professoren etwas von Literatur verstünden – ein liebenswürdiger Irrtum, der weitgehend dadurch verschleiert wird, daß beide sich derselben Zeichen (der Buchstaben) bedienen, wie der Schriftsteller-Fachmann auch : vor einem Siebenfach-Integral der Mathematik, oder der intrikaten Partitur einer Fuge kapituliert der Laie ohne weiteres, zieht ehrerbietig das Mützchen & murmelt ‹Medizin !›; Lesenundschreiben jedoch hat er, wie er meint, ja schließlich wohl auch in der Schule gelernt, oder ?

Bleiben wir gleich beim ‹oder› : dem ist nicht so. Der Leser hat keinen Begriff davon, welche Energie, Worthalden anzuhäufen; welche Fähigkeit, Akusmata & Foneme sinnreich zu vermählen (und deren legitime Sprößlinge, mehrsprachige, großzuziehen und geschmeidig trainiert zu erhalten); welche Unermüdlichkeit der Kombinatorik und auch der Analyse; welches tip-toe-Gefühl für Rhythmen & Vokalharmonien; welch umfassende Belesenheit; welcher Mut, meine Herren, welche Aufrichtigkeit, meine Damen; welch rare psychische Spaltbarkeit : gleichzeitig der Schreibende *und* das Jenem mondkalt zuschauende Gesicht am Fenster zu sein – den auch nur mittelguten Autor ausmacht ! (Und daß es noch immer keine ‹Schulen für Schriftsteller› gibt, ist eines der atavistischeren Merkmale unserer Zwischeneiszeit, das die Enkel uns schon noch einmal aufmutzen werden.) –

Bei dem anstehenden ‹Ascher› nun, geht es um einen Fall, an dem sich sämtliches Vorausgeschicktes, und noch weit mehr, schier unvergleichlich demonstrieren läßt; die Faszination von 5 Lesergenerationen ebenso, wie das buchstabierende Pfuschen & steife Schwärmen der Filologen, meist nach der Melodey : ‹Wo das Material ausgeht, fängt die tiefschürfende Bemerkung an›. Dabei ist der casus relativ einfach; wie immer, wenn ein Fachmann dem andern sorgenfaltig auf den Leib rückt; durchschaut doch er allein – er, durch so manches Jahrzehnt gewohnt, kürzere und längere Prosaformen säuberlich & fein-kompliziert zu konstruieren – sofort, was der Verfasser an Motiven unauffällig vorne hineinsteckt, um sie dann hinten effektvoll wieder hervor zu zaubern; und der Leser ist womöglich noch verblüfft, wenn man ihm, auf S. 100, still voraussagt, was auf 600 passieren werde. Denn im Anfang der Prosa ist eben der Logos – Lyriker mögen mit ‹Genie› ausreichen – und als EDGAR POE die ersten Bogen des ‹Barnaby Rudge› gesehen hatte, schrieb er jenen berühmten Brief an DICKENS, in dem er ihm den Gang der Handlung, bis ans 1000-seitige Ende, entwickelte; (müßte das ja auch ein schlechter Scheol-Meister sein, dem ein jüngerer hier im Schattenspiel etwas vormachen könnte). – Der Leser also goutiert die prachtvoll anthrazit-glänzende Hades-Haftigkeit des Ascher; der Anglist versieht ihn mit arrogant-hülflosen Marginalien à la ‹non mi ricordo›; der Fachmann dagegen nimmt etwas sehr Kurioses wahr. Ganz zu schweigen von (noch zu erwähnenden) Klein-Indizien nämlich, springt ihm 1 überaus Befremdliches in die Augen; bei einem derart meisterlichen & bewußten Berechner der knappsten Strukturen etwas, um sich 7 Tage lang darüber zu wundern!

Der Inhalt, aufs Skelett zusammengestrichen, lautet ja: Lady Madeline wird von ihrem excentrischen Bruder voreilig eingegruftet; erwacht wieder; erscheint dem krankhaft-Sensiblen, und reißt ihn mit sich in den endgültigen Schock-Tod. Angefangen von dem berühmten ersten Satz, der bereits einen grauen Stein eng an den andern legt – das ‹shades› der 5. Zeile ist ja nicht nur ‹Schatten›; es steckt auch ein orthografisch korrektes ‹Hades› darin – stimmen die Motivreihen trefflich; das einzelne Wort sitzt haargenau; eine erstrangige ‹vertu septentrionale› ist gegen uns am herrlich-schleichenden Werke. Ergo liest man bei Ascher's auch die entsprechenden fantastischen Bücher, von hohlen Erden mit bizarren Bewohnern; träumt von Chiromantie & Kabbalistik; aber während die meisten mit einer halben Zeile treffend genug charakterisiert sind, wird 1 davon ganz auffällig ausführlich, nämlich 10 bis 15 Mal so lang, vorgestellt. Unmittelbar vor dem Tode der Schwester heißt es:

»Sein allerhöchstes Entzücken jedoch fand er beim Durchlesen eines äußerst raren & merkwürdigen gothischen Quartbandes – dem Manuale einer längst vergessenen Kirche – den ‹Vigiliae Mortuorum secundum Ecclesiae Maguntinae›. / Ich mußte, ob ich wollte oder nicht, sofort an das schwärmerische Ritual dieses Werkes, sowie seinen sehr möglichen Einfluß auf den Hypochonder denken, als er mir, eines Abends, nach der abrupten Mitteilung, daß Lady Madeline nicht mehr sei, usw.«

An solchen Stellen nickt der Fachmann grundsätzlich ein bißchen resigniert; ist ihm doch eine so nachdrückliche Überbetonung das Alarmsignal, daß der Verfasser über kurz oder lang das Betreffende entscheidend zu benützen gedenkt; (meist über kurz: die Distanz in Seitenzahlen wird fast ein Maß der Qualität abgeben können; bei KARL MAY z. B. ist es so, daß der Held, wenn die allentscheidende Geheimschrift auftaucht,

20 Zeilen vorher grade ‹zufällig› den Schlüssel gefunden hat; fi donc). Nun stelle man sich das Erstaunen vor, wenn eine dergestalt sorgsam eingeleitete, und ja auch höchst sinnvolle Auflösung n i c h t benützt wird! Aus Gründen künstlerischer Architektonik & Ökonomie ist es, bei so kargem Raum, schlecht, unnötig folgenloses Neues einzuführen, ob Personen ob Staffage; zumal wo die ausgeklügeltste Schöpfer-Logik & -konsequenz nichts Passenderes erfinden könnte, als besagte ‹Vigiliae Mortuorum› nun auch celebriren, und durch sie, halb tiefes Summen halb heller Ton, die Katastrofe herbeiführen zu lassen. Statt dessen erfindet POE ein neu-mittelalterliches Gemächt, von einem toll-tollenden ‹Mad Trist› – sicher; das tut's, wie figura zeigt, bei Solchen, die nicht aufzupassen gewöhnt sind, auch.

Dem Fachmann allerdings kommt so etwas einer Mitteilung gleich; der Mitteilung: *daß hier etwas nicht stimme!*

2

> *»3 fremde Blumen wand / ich hier in meinen Strauß; / und wenn ich's nicht gestand, / Ihr röchet's nicht heraus.«*
> (RÜCKERT, ‹Weisheit des Brahmanen›).

Dabei könnte man sich doch wirklich schön-lugubre Vigilien-Szenen ausmalen, zu deren Begleitung die Scheintote weit organischer, sinnvoller ‹entfesselt› würde – meinethalben so...

> ...ich nahm mein Buch; schlug auf, wo ich stehen geblieben, und las weiter: / / Darauf hoben die Lehrlinge den Deckel vom Sarge, und der Entschlummerte lag im weißen Sterbekleide, die Hände & Füße gebunden, die Schläfe mit Lorbeer & Weinlaub umkränzt, auf der Brust ein langes goldenes Kreuz, mit Edelsteinen reich geschmückt, auf dem Herzen aber ein frischer blühender Veilchenstrauß. / Brüder Lehrlinge, hob der Großmeister an: thut, wie ich Euch befehle, und antwortet, was ich Euch frage: Was bedeutet der Kranz von Lorbeer & Weinlaub? / 1. LEHRLING: Der Mensch ist geschaffen für Ehre & Freude. / GROSSMEISTER: Höheres wartet des Menschen über den Sternen. Lorbeer & Weinlaub verwelken. Entschmücket den Todten. / Und die Lehrlinge nahmen den Kranz von den Schläfen des Entschlummerten. / GROSSMEISTER: Warum sind ihm Hände & Füße gebunden? /

4. Lehrling : Um anzudeuten, es sey Keiner hienieden frei von der Knechtschaft seiner Sinne. / Grossmeister : der Tod hat die Ketten der Sinne gebrochen. Entfesselt den Freien. / Und die Lehrlinge thaten, wie ihnen befohlen. / Grossmeister : Was soll der Veilchenstrauß auf seinem Herzen ? / 5. Lehrling : Die Bruderliebe hat ihn damit geschmückt. / Grossmeister : Wißt Ihr gewiß, daß der Bruder im Sarge todt, und zum Erdenschlafe bereit sey ? / ... / Hierauf hoben die Lehrlinge den Deckel wieder auf den Sarg, und verschlossen ihn mit 7 Nägeln... unterdessen hob der Großmeister den eisernen Hammer, und ließ ihn dreimal fallen, auf das Kreuz von Eisen... / / Da klopfte es zum drittenmale wieder draußen so stark & vernehmlich, daß ich zusammenfuhr, und vor Schreck fast kein Glied rühren konnte – es klang wie Eisen auf Eisen. Diesmal war es keine Täuschung. Ich hatte es zu deutlich gehört. Ich verlor den Atem aus der Brust. Das Haar sträubte sich mir empor. Es lief mir kalt durch alle Markröhren ! ...

Nun brauchte man nur noch die Tote erscheinen zu lassen, und die Sache wäre gemacht; stimmt's ? – Aber genug des Scherzes; ‹Lex Mihi Ars›; itzt will ich ernsthaft reden.

3

»Is this plagiarism or is it not ? – I merely ask for information.«
(Poe, ‹A questionable plagiarism›.)

Edgar Poe, gänzlich aus europäischer Tradition heraus schreibend, war notorisch gut vertraut mit der deutschen Literatur kurz nach 1800; der für ihn also zeitgenössischen. Von Fouqué kannte er ‹Thiodolf den Isländer›, heute entlegenste Lektüre; der verehrten ‹Undine› hat er mehrere Studien gewidmet, und mit seinem unvergleichlichen Spürsinn aufgrund ‹innerer Indizien› herausmeditiert, daß es sich um ein Autobiograficum handeln müsse. Daß er Tieck schätzte, ergibt sich aus unserm ‹Ascher›; ja, noch mehr; nämlich dies : daß er ein 1835 erschienenes ausländisches Buch nur 4 Jahre später bereits gelesen, es sofort richtig beurteilt & öffentlich empfohlen hat. Und wie er selbst die deutsche Trivialliteratur, die auch bei uns viel zu voreilig in die Ecke abgestellte, gekannt hat, sei nunmehr an einem weiteren Beispiel dargetan. 1812 erschien in dem Taschenbuch ‹Erholungen› die kurze Erzählung von H. Clauren,

‹Das Raubschloß›; (ich zitiere nach meinem wiener Nachdruck von 1825; die identischen englischen Wendungen in Klammern). Der Inhalt des 40-Seiters ist folgender :

Ein Berichterstatter, bei CL ebenso ich-förmlich referierend wie bei P, besucht eine Tante im Riesengebirge, die er seit »früher Jugend ... als Knabe« (in boyhood) nicht mehr erblickt hat, ein »Wiedersehen nach langen 14 Jahren« (many years had elapsed since our last meeting). Von deren 2 Töchtern ist Cäcilie vor kurzem, »in der Blüte ihrer schönen Tage« (in the maturity of youth) gestorben. Sie »hatte sich vor dem Einscharren in die Erde gefürchtet, und die Mutter gebeten, sie nicht auf dem Kirchhof begraben zu lassen, weil es möglich sey, lebendig begraben zu werden, und dann keine Rettung denkbar sey. Unter dem Raubschlosse war ein tiefer, halb verfallener Keller; diesen bat sie die Mutter zur Gruft einrichten zu lassen«; (also das Scheintod-Motiv, eine für P unwiderstehliche Vorstellung, die er ja auch mehrfach strapaziert hat; weiterhin die ‹remote and exposed situation of the burial-ground of the family›, auch bei CL »1000 Schritt entfernt«; und die ‹intention, of preserving her corpse ... in one of the numerous vaults within the main walls of the building›). Dies ehemalige »Burgverließ, worin manche Thräne der Verzweiflung mochte geweint worden seyn... aus den Zeiten des Faustrechts« (in remote feudal times, for the worst purposes of a donjonkeep – da die USA kein Gebäude aus jenen schlecht beleuchteten saecula vermögen, *muß* der ‹Ascher› in Alt-Europa spielen), zwischendurch »Polterkammer« und »feuerfestes Gewölbe« (a place as a deposit for powder or some other highly combustible substance – es wäre durchaus möglich, daß ein Engländer mit ‹Polterkammer› eben nur dieses anzufangen gewußt hat), ist jetzt also zur Gruft umgewandelt, »deren Eingang... mit einem eisernen Gittertor versehen war« (the door of massive iron; diese massige Eisentür wird gleich noch mehr ernüchtern). Der Erzähler schläft in der verfallenen (decay) Ruine, der »gotischen« (auch P hat zweimal ‹gothic›; ja sogar CL's »gothische Bogenfenster« sind als ‹pointed windows› übernommen) allerdings etwas unheimlich : »unter mir Cäcilie im Grabe... und die eiserne verriegelte Tür« (bei P liegt das Gewölbe ‹beneath that portion of the building, in which was my own sleeping-room›). »Beide Schwestern ähnelten einander, wie ich jetzt bemerkte«; (a striking similitude between the brother and sister now first arrested my attention). Zur ‹Stimmung› des Lesers benützen beide Autoren dieselben Knalleffekte, »Sturm... Blitze« (= tempest ... lightning) : »Schlafen konnt'ich nicht« (no sleep came near my couch); CL langt, um sich abzulenken, in den Bücherschrank, und gerät perfiderweise an Traktätchen mit lauter Sterbegedanken : »Ist denn die ganze Bibliothek hier der Erinnerung des Todes geweiht ? ! sagte ich zu mir selbst, und griff nach einem dritten Buche in kleinem Taschenformat« (das wird gleich noch nach seiner Bedeutung gewürdigt werden); und diesmal handelt es sich, der teilnehmende Leser wird es schon ahnen, um die »höchst merkwürdige Beschreibung« (exceedingly rare and curious) »des Ordens der Tempelherren, aus dem 13. Jahrhundert. Das erste Blatt, das ich aufschlug, enthielt das Ritual eines Traueractes« (the wild ritual of this work + Vigiliae Mortuorum); und »das alte Buch, das mich wunderbar anzog« wird natürlich ‹his chief delight›. Dreimal kostet er Proben daraus : dreimal erfolgen fern-verdächtige, sich immer steigernde Akusmata von Eisen auf Eisen; »ich hatte, meiner unbewußt, die Laterne in der Hand. Ich wollte hinaus auf den Gang. Tausend Ahnungen traten vor meine Seele.«; (a light step on an adjoining staircase... he entered, bearing a lamp... a thousand conflicting sensations); denn »beides hatte ich bestimmt gehört !«, (I did actually hear). In den Textproben (von denen ich nur die dritte teilweise zitiert habe) das Abheben und Aufsetzen des Sargdeckels; noch einmal die sorgliche Erkundigung, ob der ‹Bruder› denn auch wirklich tot sei. Dann erfolgt in beiden Novellen natürlich die Erscheinung der verstorbenen Lady; samt anschließender euhemeristischer Erklärung; bei CL half zum heulenden Forte des Eisernen Thores banalerweise sogar noch eine Ofentür, die im Wind, hoffnungslos ungeölt, auf- & zuklappte, (und »Rüstungen« = ‹armorial trophies› rasseln hier wie dort – der Parallelen ist kein Ende).

Ein paar Hinweise noch für Liebhaber feinerer Methoden; obwohl es sich dabei um gar keine auxiliären oder gar ‹unsicheren› Techniken handelt. / Daß P nicht 2 Schwestern, sondern nur eine und 1 *Bruder* hat, dürfte ebensosehr auf bloße keusche Spurverwischung zurückzuführen, als auch ihm durch das repetierte »Bruder« der Templer nahegelegt worden sein; und ‹master of the house› ist das Wort-Spiegelbild des CL'schen »Großmeisters«. / Saiteninstrumente – bei CL Harfe, bei P Guitarre – spielen mit, und Gedichte klingen auf. / Poe hat auffällig oft & hart Andere des Plagiats bezichtigt, und nicht unfeine Bemerkungen über dessen Mechanismen mitgeteilt; wie z. B. die, daß man den Nachbildner prinzipiell an der Überhöhung der Adjektive & des Details erkennen könne – wodurch uns also faßlich wird, daß bei CL jenes geheimnisvolle Buch »kleines Taschenformat« hat, während Meister P daraus ein ‹quarto gothic› machen mußte; und CL sich mit einem »höchst merkwürdig« begnügen kann, welches P zu ‹exceedingly rare and curious› aufschwellen läßt; aha.

Noch netter wird's, wenn man einmal darauf achtet, wie bei P, der ja nur zu gut wußte, daß es sich um »Templer« handele, lauter Buchstaben-Allräunchen mit ‹temp› über die Seiten zu pirouettieren beginnen : ‹temperament, attempting, tempest, temporary entombment, a tempestous night›, ja, er räumt ein, daß es sich beim Helden um eine ‹inordinate expansion above the regions of the temples› handele – was ja nun sogleich zweierlei Übersetzung erlaubt; nämlich

a (ehrsam) : eine ungewöhnliche Breitenausdehnung der Schläfenregion;

b (schalkhaft) : einen ungebührlichen Übergriff in die Bezirke der Templer; (das ‹Maguntinae› sicherlich angeregt durch ‹Termagunt› = Mohammed; man vgl. den bekannten Templer-Prozeß). /

Gleichermaßen aufschlußreich ist die 5 Mal überbetonte Spiegelung-Reduplikation im Teich, einem ‹tarn› voller ‹remodelled and inverted images› – ergo nicht nur ein ‹Getarntes voll lauter nachgemachter & gewendeter Bilder›, sondern gleichwertig dem Geständnis, daß es *zwei Ascherhäuser* gebe, (und das gespiegelte sei sogar das schönere, wird uns ausdrücklich versichert) : was der Mund des Autors verschweigt, das plaudert sein Schreibfinger aus.

Ergebnis : die Identität der Fabel & des Details ist geradezu niederknüppelnd; die für den stillen Umbildner typischen psychischen Mechanismen sind nachweisbar. (Ei verflucht, schreibt sich das schwer, daß Poe ein Dieb sey !) –

4

»Complex sigillum veri«
(‹Ein Alter›, bewußt variiert).

Und er war natürlich auch nichts weniger, als ein gemeiner Langfinger ! Denn wenn man nunmehr, nach erfolgter mikroskopischer Anatomie, wieder zurücktritt und sich die beiden Stücke betrachtet, was erblickt man unverändert ? – : auf der einen Seite einen eilfertigen & platten Pfuscher CL, (der übrigens Münter rüstig ausgeschrieben hat); auf der andern den Großmeister unserer Zunft, (der, wie jedes ‹Heavyweight›, eben auch im ‹Nehmen› groß war). Ob schon das Primat einwandfrei Clauren gehört, und es sich bei Poe nicht um ein bloßes kryptomnetisches Versehen handeln kann – vielmehr um ein sich deutlich & mehrfach wiederholendes, asymptotisches Heranschlängeln an eine Vorlage; jedesmal, wie billig, gefolgt von einem schroffen Ausbrechen, (wenn's gar zu ähnlich zu geraten drohte) – so sei doch eines ausdrücklich betont, nämlich daß hier nur ein immer, und zu Recht wiederkehrender Vorgang vorliegt. Muß man doch unterscheiden, zwischen dem nackt-brutalen Plagiat des geistig Armen; zwischen Entlehnung (‹Lehnwort›) oder auch nur zufälliger Übereinstimmung; zwischen einer Umbildung, und eben jener, es unvergleichlich besser machenden Zweitformung; gemäß deren etwa aus einer wenig erbringenden beiläufigen Notiz LUKIAN's der ‹Zauberlehrling› GOETHE's entsteht, oder aus BENEDICTE NAUBERT's ‹Thekla von Thurn› eine ganze Episode in SCHILLER's ‹Wallenstein› : was wäre ein Diamant von 186 Karat, ungeschliffen & 100 Meter tief in der Erde ? Sorgsam poliert, meisterlich gefaßt, und im Stirnband des Schah-in-Schah nennt man das gleiche Objekt dann ‹Koh-i-Nur›, den ‹Berg des Lichts›.

Denn CLAUREN hat das Thema nicht annähernd auszuthrillern verstanden. Seine Fabel hat keinen Faden, sondern besteht aus zusammengelaufenen Einfällen, während bei POE ein sauberes Fachwerk sichtbar wird; CL's gruselig sein sollendes Rankenwerk wirkt nur gemütlich-kribbelnd im Vergleich mit POE's sinistrer garrottier-Technik; und was gar die beiden Wortschätzchen anbelangt – tja, da tänzelt eben auf deutscher Seite ein rundlich-gewäschiges Ding in Barchentunterhosen rum; während im englischen eine ‹Phtah-ta-te-eta› à la Flickenschildt auf den Lieben Leser zu todtentanzt. CL hat überhaupt nicht gewußt, was für einen Stoff er in der Hand hatte; worauf er ihm sogleich, und das geschah ihm recht, zu einer Feuilleton-Schnurre entartete; während POE, unnachahmlich sicherer Hand, seine Rabenfeder von Anfang an in ‹earthquake & eclipse› stippte.

Trotzdem ist es unerläßlich-wichtig, dies Dahinterblenden, dies Inbeziehungsetzen zur Tradition, dies Anknüpfen an das Große Gewebe, an dem wir Alle arbeiten; ja, es erhöht imgrunde den Lesegenuß, in so bedeutsamen Fällen einmal die Text-Entmischung vorgenommen zu haben, eine Quellenscheidung, die in letzter Instanz POE's Verdienste nur immer strahlender herausstellen wird. (Eine weitere Serie, wenn auch leichterer Farbtüpfelchen hat IRVING's Skizze ‹Westminster Abbey› geliefert). / Ein Letztes nun – unbesorgt; ich werde mich beeilen – es gibt sicher viele Neugierige, denen längst die Erkundigung auf dem Zünglein brennt : warum ich immerfort ‹Ascher› mit ‹A› geschrieben habe ?

EDGAR ALLAN POE, einer der Kirchenväter der modernen Literatur, hat sich – es ist dies ein Gütekennzeichen – selten mit nur 1 dünn-oberschichtigen ‹Sinn› begnügt; vielmehr nach Kräften ‹Nebenbedeutungen› in ein-&-dieselbe Geschichte hineingearbeitet. ‹The Man that was used-up› ? – ein Naiver lacht, Ha-ha; während der Nicht-Taube düster die Stirn senkt, ob der Erfahrung des ‹Verbrauchten Mannes› am eigenen Leibe. / ‹Allamistakeo› nennt sich die erwachte Mumie ? = ‹all a mistake oh !›. / ‹Arthur Gordon Pym› ? – entspricht rhythmisch-exakt einem ‹Edgar Allan Poe›. / Und bei so urkundlich-belegbarem ‹double-dealing› wird er ja auch im ‹Usher› nicht mehrmals umsonst Ausdrücke wie ‹the quaint & equivocal appellation of the House of Usher› gebraucht haben, oder von einem ‹under or mystic current of its meaning› gesprochen.

Da es sich um eine absichtlich herbeigeführte Häufung von *Verfall & Tod* handelt – ‹Friede seiner Asche› heißt ein geläufiges deutsches Symbol-Wort; (‹Aschenkrug› hat auch CL) – wird ‹Usher›, das sich, hüben wie drüben, fonetisch präzis mit ‹Asche› deckt, zunächst also dieses bedeuten sollen. / Es tritt, unscheinbar-unaufgefordert, gleich noch Mehreres hinzu : ‹ash-plant› entspricht z. B. unserm ältlichen ‹Corporalstock›, und POE war nun einmal ‹Capo› bei der Artill'rie gewesen. / Die Nase des Helden ist ‹vom feinsten hebräischen Schnitt› : Wer dächte da nicht an den ‹Stamm Ascher› des AT ?; (wenn nicht gar an ‹Aschera›; weiteres siehe ‹ZETTELS TRAUM›). / Hauptsächlich jedoch werde ich auf der von mir vorgeschlagenen Schreibweise bestehen; weil sich unter der exquisit vergammelten Oberflächenhandlung eine Reihe von Selbstporträts verbirgt; ist doch das eingelegte Gedicht nichts als ‹Die Ballade vom Haupte des Dichters›; und das Äußere-Innere des Herren-Hauses wird genau parallel zum Angesicht Roderick Ascher's gestaltet : die blicklosen Fensteraugen; vom ‹fine-tangled web-work› des Haares überhangen; bis zum ‹Gängeviertel›, zum Kammern-Labyrinth des Schädels, mit den kurios geschnitzten, sich in Dämmerungen verlierenden Decken. Deswegen also, weil es sich um das vorsätzliche Mehrfach-Selbstporträt des Sängerkönigs handelt, eines der ganz großen Götter meiner Jugend, der hier bewußt in einen Schwarzen Spiegel geschaut, sich selbst die letale Diagnose gestellt, dann die Zeus-Stirn gesenkt (man sehe sich getrost einmal wieder den schönen Anderson'schen Stahlstich an), und auch ein Letztes gemurmelt haben wird, gänzlich unlästerlich gemeint, in steinerner Resignation nur : jehje *Ascher* jehje. –

: ‹ICH WERDE SEIN, DER ICH SEIN WERDE.›

Herrn
W. Carl Neumann
Leipzig
Reclamia, div. Nr.

Herr Neumann!

Auf dreierlei Art ist es, daß sich ein redlich Strebender um die leidende Menschheit verdient machen kann: entweder er wird Denker und Forscher, und zieht so schärfer die Grenzlinie zwischen Wahrem und Falschem; oder er predigt und übt Güte, lindert Schmerzen, und beschränkt damit das Böse; oder er wird Künstler und vermehrt so die Summe der Tröstungen. »Denn der Ursprung aller Poesie ist ja das Verlangen nach wilderer Schönheit, nach kristallenerer Gerechtigkeit, nach elfischeren Gebärden und Worten als unser irdenes Gestirn vermag; Poesie selbst ist ja der leidenschaftlich-hilflose Versuch, den seligen Durst zu stillen, und gelingt dies auch nur schmerzhaft unzulänglich, findet dieses Sehnen auch nur einmal karge Erfüllung – wenn es geschieht, wird rauschend solche Seligkeit frei, gegen die jed'anderer menschlicher Aufschwung schlaff und belanglos erscheint. Dann erwacht bei jedem Laut der Leier ein luftiges und nicht stets deutbares Echo, aber erregend ist's und hebt die Seele in Unbetretbarkeiten. Dann, aus jeder musischen Andeutung, spüren wir mit geweiteten Augen Bildermeere und Fabelküsten, und rätseln an bestürzend glühenden Visionen geistiger Schöne *hinter* dem Schlüsselwort!«

Musik und Bildwerk sind wortlos zugänglich, und bedürfen nicht lokaler Umprägung; aber hilflos steht der philologisch Ungelehrte dem fremdländischen Sprachkunstwerk gegenuber. Und edelster Beruf, reinster Genuß und tiefe Befriedigung muß es einem zwar mittelmäßigen, aber mit selten umfangreichen Spezialkenntnissen auf dem Gebiet der fremden und eigenen Sprache ausgerüsteten rezeptiven Talente sein, dem Größeren durch eine vollendete Übertragung seiner Werke, dem eigenen Volke durch Erschließung einer neuen Quelle zu dienen. Wo diese Kunst in ihrer Vollendung geübt wird, da ist dem redlichen Vermittler der Dank seiner Nation gewiß, und seit Jahrhunderten ehren wir Namen wie Voß und Tieck und Schlegel.

Und es gibt eine andere Reihe, und sie beginnt mit Samuel Gotthold Lange, Pastor zu Laublingen, der einmal Latein gelernt hatte, und auch ein Buch vom Horaz besaß, und viel schön geschnittene Federn und gar weißes Papier. Auch diese Sorte verdient es, unsterblich zu werden, wenn gleich auf eine andere peinlichere Art; und damit auch ihr Kontinuum nicht abreiße, will ich dem Publikum Neumann vorstellen, Neumann aus Leipzig, WC-Neumann, das Übersetzerjuwel Philipp Reclams II, den das Haussprachrohr, das »Universum« zu preisen sich so gewaltig angriff, daß ihm die Backen hätten springen mögen. Denn nachdem Jener schlecht und recht den Darwin in kunstloses Deutsch überschrieben hatte, dachte er, das nun doch einmal erlernte Englisch auch weiterhin kommerziell zu verwerten, und in einer bösen Stunde gelang es ihm, sich davon zu überzeugen, daß er – der uns bisher auf seinem Frachtkahn nur Stoff in derben Ballen zugeführt hatte – wohl auch herrisch strenge Geistergestalt einzuladen vermöchte : er setzte den Melanchlänen Poe aus Dschinnistan nach Deutschland über. Ich hob ehrfürchtig den Blick zu dem kühnen Schiffer; denn agressi sunt mare tenebrarum quid in eo esset exploraturi, und bei dem Versuch waren schon Viele gescheitert.

Edgar Allan Poe – Messieurs : wir erheben uns von den Plätzen ! – Wenn man das eine Schock wahrhaft bedeutender Schriftsteller, welches die Menschheit bis jetzt hervorgebracht hat, namentlich aufzählt, dann ist er Einer davon.

Er hat in seinem gewaltigen Essay »Heureka« – unbekannt mit den Leistungen der historischen Emanationstheorien; ohne von den Ergebnissen seines Zeitgenossen Schopenhauer zu wissen; lediglich auf Grund der damaligen spärlichen naturwissenschaftlichen Daten, und seiner wahrhaft übermenschlichen analytischen und divinatorischen Fähigkeiten – das philosophische Groß-Weltbild der kommenden Jahrhunderte skizziert. Er hat unnachahmliche literarische Kritiken geschrieben, meist zwangsläufig an Mediokres angeknüpft, aber sich im Verlaufe der jeweiligen Untersuchung zu allgemeinen Formulierungen von unvergleichlicher sprachlicher und seelischer Schönheit ausweitend (siehe Absatz 1), und die überraschendsten und schärfsten Einzelurteile wagend. Er hat Erzählungen von solch arabesker Prägnanz der Fabel und so einheitlicher Stimmung geschrieben, daß sie keinem Meisterstück der Weltliteratur weichen. Seine Kunst der Wortwahl, seine Vokalharmonie, seine Instrumentierung der Perioden, sein Satzgeflute, geregelt vom feinsten Ohr, fixiert von der beherrschtesten Hand – Kalligraphie : das ist die einzige Wehr gegen Orkus und Orkan, Tempter and tempest – Bernard Shaw nennt ihn ein »Wunder der Literatur« und »die Nachwelt wird sich weigern zu glauben, daß er zur selben Zivilisation gehört.« – Natürlich gilt auch für ihn, daß er von den 4 Bänden meiner Ingram'schen Ausgabe von 1874 die Hälfte besser nicht geschrieben hätte; aber er war – im Gegensatz zu Goethe, Fouqué usw. – blutarm, und hat überdies dem Editor die Unterscheidung zwischen Probehaltigem und taubem Tagelöhnerwerk nicht sonderlich erschwert, so daß auch der Übersetzer bei der Auswahl nicht fehlgreifen sollte.

Eine Übersetzung der Bücher dieses Trismegistos in unsere Sprache ist vielleicht das kühnste aller Wagnisse, welches die Musen einem höchstbegünstigten, an Herz und Geist ebenbürtigen, poe-tischen Liebling einhauchen, oder die rächenden Erinnyen irgend einem unglücklichen literarischen Gartenzwerg im nächtlichen Alptraum zukekkern können. Es wäre wohl nicht zu viel verlangt, wenn man von dem Unternehmenden alle Fähigkeiten forderte, die auch ein Dichter haben muß – Schöpferdrang und -kraft vielleicht ausgenommen –; daß er panische Übermacht der Phantasie mit scharfem unerbittlichem Geist vereinige; daß er nach langem ehrfürchtig sich mühendem Umgang mit Poe nichts Dunkles mehr in dessen Leben, Bildung, Belesenheit und Sprache für sich finde; daß seine Kenntnis unseres Wortschatzes so ausgedehnt wie möglich sei; und daß er willens wäre, die Arbeit vieler Jahre, vielleicht seines restlichen Lebens, daran zu setzen, wenn er dem Gegenstand auch nur einigermaßen gerecht werden wollte.

So streng war nun freilich Herr Neumann nicht gegen sich; er betrachtete 5 tintige Finger, ein Worterbuch, und platte Waschhaftigkeit als überflüssig ausreichend, um zwischen Schlaf und Wachen so ein paar hausmacherne Histörchen nachzudahlen. Er hatte außerdem noch einen rührigen Schutzgeist, der mit meiner gesamten Bibliothek auch seine Übersetzung des »Gordon Pym« verloren gehen ließ, zu der ich bereits eine beträchtliche Zahl schlimmer Anmerkungen – betreffend freche Auslassung ganzer Seiten, Mißverständnisse, unverschämte Flüchtigkeiten, ganze Fuder von Sprachlumpereien etc. – gemacht hatte; und er hatte einen bösen Genius, der mich, als ich im Spätherbst 45 als Kriegsgefangener im Munsterlager »weilte«, zum Ersatz in einem grimmig verwanzten Spinde ein Exemplar der »seltsamen Geschichten« finden ließ. Zwar fehlten vorn und hinten je einige 20 Blätter, von unheiligen (oder Kenner- ?) Händen entfernt; aber das Juwel Poe'scher Kunst, der »Untergang des Hauses Usher«, war vollständig erhalten, und dessen Übersetzung birgt ja auf seinen 25 Seiten Materials genug, um mehr als *einen* literarischen Ruf zu vernichten. –

Es ist das Kennzeichen des Stümpers, daß er dem Meister überlegen ist. Poe legt im Beginn die Worte wie graue Steine zusammen, schwer, zögernd, fügt viele Zeichen der Düsternis aneinander, in langen Gesetzen, um so schon den noch unwissenden Leser unmerklich zu stimmen : »During the whole of a dull, dark and soundless day / in the autumm of the year

/ when the clouds hung oppressively low in the heavens / I had been passing alone, on horseback / through a singularly dreary tract of country / and at length found myself / as the shades of evening drew on / within view of the melancholy House of Usher.« – Und so händigt uns Herr Neumann die bildschweren Zeilen aus : »Es war ein trüber unfreundlicher Herbsttag Punkt. Grau und schwer hingen die Wolken am Himmel und tiefes Schweigen lag in der Natur Punkt. Den ganzen Tag war ich durch eine ungewöhnlich öde Gegend geritten, und erst als der Abend zu dunkeln begann, gewahrte ich endlich den melancholischen Stammsitz der Usher Punkt.« Abgesehen von dem unerträglich geschäftigen Hopsatakt, den Carlchen durch diese Dreiteilung hineinzubringen gewußt hat, beachte man die edle Schprache und die erlesenen ergreifenden Bilder : »unfreundlich«, so sagte unsre Waschfrau auch, wenn es nieselte; wen ergriffe nicht das beliebte »Schweigen der Natur«, das aus dem »tonlos« des Originals geworden ist; und der Abend kann bei Neumann's nur »dunkeln«, es fällt einem auch unwillkürlich gleich die Lorelei ein, nicht ? Oh, er hat schon den Rat älterer Übersetzer benützt, und dem Volke fleißig »aufs Maul gesehen«; »recesses of mind« sind ihm apart »Falten des Herzens«, »acting upon this idea« heißt »die Probe aufs Exempel machen«, »air of heaven« ist eben die »gewöhnliche« Atmosphäre usw. usw. Seine Banalität ist unerschöpflich :

Poe zeichnet in einer letzten Anspannung der Sprachmöglichkeiten das Gemüt seines Freundes so : »a mind from which darkness, as if an inherent positive quality, poured forth upon all objects of the moral and physical universe in one unceasing radiation of gloom« also »eine Seele, aus welcher wirklich und wirksam gewordene Dunkelheit über alle Objekte seines geistigen und physischen Universums flutete, in einer einzigen nicht enden wollenden schwarzen Strahlung«; und wie erlebt Neumanns Sensorium diese (erst später wieder von der Physik entdeckte) »schwarze Strahlung« ? »Ihm war die Schwermut gleichsam in Fleisch und Blut übergegangen.« Gleichsam. Und »in Fleisch und Blut« ! – Sonst nichts; man sehe selbst auf S. 36 nach !

Poe versucht eins der Bilder Ushers zu schildern, der ihm »Ideen« zu malen schien (nicht »Gedanken«, Herr Neumann; Sie haben wohl an »dumme Ideen« gedacht ?); keine Lichtquelle sah man »yet a flood of intense rays rolled throughout, and bathed the whole in a ghastly and inappropriate splendour« – »das ihm ein ebenso gespenstisches wie rätselhaftes Aussehen verlieh« empfindet Neumann erschauernd nach. Und wir brechen in ein ebenso amüsiertes wie unbarmherziges Hohnlachen aus; denn sein Gewäsch ist wahrlich nicht »in einen geisterhaft widersinnigen Glanz getaucht«. »Sulphurous lustre« soll »seltsames Licht« heißen; »Übermacht« für »prostrating power« ist recht enttäuschend karg, wo man doch das genau entsprechende »gliederlösend« hätte setzen können; die »wild gossamer texture« von Ushers flutendem Haar ist viel mehr als Ihr gedankenloses »Weichheit und Zartheit« : »als wilde sommerfädige Webe« umfaßt es das Antlitz des Vergeisterten (das Wort kommt zuerst bei Wieland vor). Und wenn Poe »at length drank in the hideous import of his words«, »vernahm« Neumann »erstaunt« (!) was er sagte.

Bücher werden dort gelesen, alte Bände, wie sie seit Jahrhunderten Abseitige und Träumer und Genien entzückt haben : Holbergs unterirdische Reise des Nikolas Klim (Meine alte deutsche Ausgabe von 1753 hab ich mir in die Tasche gesteckt, als ich zum letzten Male vor meinen Büchern stand, und der Russe 5 km vor der Stadt; jetzt ist sie polnisch), Tiecks unvergängliche »Reise ins Blaue hinein« (oh, ich hatte Alles, Alles !), »and there were passages in Pomponius Mela, about the old African Satyrs and Oegipans over which Usher would sit dreaming for hours«; und schon plapperts bauernschlau : »und bei Pomponius Mela fanden sich Stellen von alten afrikanischen Berg- und Waldgeistern, über die Usher stundenlang nachgrübeln konnte«. Da hat sich nun ein Poe gemüht – nur bei Hölderlin noch hat die Aufzählung antiker Namen so langsam edel weitbogigen Pans-Klang – »und da waren Stellen im Pomponius Mela, über die alten Satyrn und Aegipane Africas, über denen Usher sitzen und träumen konnte, stundenlang. «

Aus dem »Mad Trist« des Sir Launcelot Canning liest er Usher vor, und der Ton der alten biedren Abenteuer schallt gar holzschnittartig im Gemach : »And Ethelred... (S. 195, Abs. 3)«. Neumann, den ganzen strotzenden Satz sogleich erst einmal dritteInd, und gefühllos, wie es einem Halbbiologen so wohl ansteht, behält den alten Leierton selig bei : »Und Ethelred... (S. 47, Abs. 3)« Die Hütte verwandelt sich sogleich in einen drachenbewachten Palast, und an der Wand hängt ein Schild »with this legend enwritten« oder, wie unser Übersetzer sagt »mit folgender Aufschrift« :

»Who entereth herein, a conqueror hath bin;
Who slayeth the dragon, the shield he shall win !«

Also ein naiver Zweizeiler mit Innenreim, und nicht ganz reizloser Rhythmik; sogleich verdeutscht man es uns (und wenn auch nicht die Typen, so ist doch wenigstens der Einband der Scharteke errötet) :

»Wer will den Schild des Siegers erringen,
Muß zuvor den Drachen zwingen. «

Nee, Nee, Neumann ! Also so geht es nun doch nicht ! – Ich schlage der Kürze halber vor :

»Allhier trete ein nur ein Sieger allein;
erschlägt er den Drachen, der Schild wird dann sein.«

Das ist doch ganz leidlich, nicht wahr ? – Und was ist das Ihre ? ! – – – – : Einverstanden ! !

Und so sitzen und lesen die Beiden im Sturm; denn die Nacht war zuvor schwül gewesen, und »the dark and tattered draperies, tortured into motion by the breath of a rising tempest, swayed fitfully to and fro upon the walls, and rustled uneasily about the decorations of the bed.« Und Neumann erklärt, dies seien »die dunklen zerschlissenen Vorhänge, die der von einem aufziehenden Gewitter herrührende Luftzug stoßweise hin- und herbewegte, *wobei dann auch die Verzierungen meiner Bettstatt unheimlich raschelten.«* ! Dabei sind es die Draperien, »die, vom Atem eines aufziehenden Wetters bis zur Regsamkeit gequält, sich unstet an den Wänden bewegten, und ruhelos am Zierwerk der Bettstatt raschelten.« Eine Verzierung bricht sich höchstens Herr Neumann ab, der, abgesehen davon, daß er Poe's Wortarabesken wie üblich geschunden hat, auch zeigt, daß er manchmal aus Flüchtigkeit und Faulheit gar kein Englisch mehr versteht. Denn »beyond this indication of *extensive* decay« gibt er mit »außer diesen *kleinen* Anzeichen der Verwitterung« wieder; also genau das Gegenteil von Poe's Aussage. Oder : »for something of this nature I had indeed been prepared, no less by his letter than by reminiscenses...« heißt einfach »Ich war auf etwas derartiges übrigens gefaßt gewesen, weniger (!) auf Grund seines Briefes, als in Erinnerung...«. »Having carefully shaded his lamp...«; er spricht : »nachdem er die Lampe *hingestellt* hatte...«. Die »tressels«, auf welche der Sarg Madeleines abgestellt wird, werden auch gerade »Gerüste« sein ! »Böcke« sind's, ein Wort, das Ihnen geläufiger sein sollte. »We replaced *and screwed down* the lid« heißt nicht nur »wir schoben den Sargdeckel wieder zurecht«, sondern er wurde auch noch *verschraubt* (ohne welches das nachherige »Aufsprengen« des Sarges sinnlos wäre !). Warum lassen Sie einfach zwei Zeilen wissenschaftlicher Anmerkungen über Spallanzani etc. ganz weg ? »Matt fielen die purpurnen Strahlen der untergehenden Sonne durch die vergitterten Scheiben...«; schön, sehr schön : aber woher wissen Sie das ? In meinem Exemplar steht nur : »subtle gleams of encrimsoned light made their way through the trellised panes.« »The discoloration of ages had been great ..« = »die Zeit war nicht spurlos an ihm vorübergegangen ..«; hätten Sie Ihrer Phantasie doch das Letzte abgerungen, und den »Zahn der Zeit« bemüht, dann hätte man doch *ganz* befreit darüber lachen können ! »A nose of a delicate Hebrew model, but with a breadth of nostril unusual in similar formations« ist »die gebogene, aber dank ihrer breiten Nüstern *nicht* jüdische Nase« – – man atmet direkt auf, wie ? Das hätte auch gefehlt, daß die Nase »nach edlem hebräischem Modell« geformt gewesen wäre, und die Nazis standen so dicht vor der Tür (Oder waren sie schon eingetreten ? Ich weiß nicht, wann es Ihnen gelungen ist, Reclam breit zu schlagen.). Zuweilen machen Sie aus 2 Absätzen Poes einen Neumannschen (z. B. Ihre S. 45/46) – wobei das »manschen« tiefe Bedeutung gewinnt. »He hearkened, or apparently hearkened, to the words ..« wird in der Eile des Zu-Ende-Treibens : »mit der er meinen Worten lauschte«; das »oder besser : scheinbar lauschte« bleibt kurz weg; er lauscht halt, cela suffit.

Kennen Sie einen »Grasset« ? (S. 41). Ich meine der Mann hieß Jean Baptiste Louis de *Gresset*, wie Sie, großer Neumann, mit mehrerem im größeren »Meyer« wahrscheinlich hätten finden können. Und, mein Herr vom Tiegel und der Retorte (bestenfalls kommt noch ein Werkstattmikroskop dazu) : was mag denn wohl jenes fatale Wort »porphyrogen« heißen ?

Denn Usher singt – unangenehm für den Übersetzer, zugegeben eine seiner Improvisationen zur Guitarre, und die Verse lauten »very nearly if not accurately« so (was Sie mit »ungefähr folgendermaßen« wiederzugeben belieben – vielleicht vorsichtshalber, falls was schief gehen sollte, eh ?):

The haunted Palace.
In the greenest of our valleys,
By good angels tenanted,
Once a fair and stately palace –
Radiant palace – reared its head.
In the monarch Thought's dominion –
It stood there !
Never seraph spread a pinion
Over fabric half so fair.

Banners yellow, glorious, golden,
On its roof did float and flow;
(This – all this – was in the olden
Time long ago)
And every gentle air that dallied

In that sweet day,
Along the ramparts plumed and pallid,
A winged odour went away.

Wanderers in that happy valley
Through two luminous windows saw
Spirits moving musically
To a lute's well-tuned law,
Round about a throne, where sitting
(Porphyrogene !)
In state his glory well befitting,
The ruler of the realm was seen.

And all with pearl and ruby glowing
Was the fair palace door,
Through which came flowing, flowing, flowing,
And sparkling evermore,
A troop of Echoes whose sweet duty
Was but to sing.
In voices of surpassing beauty
The wit and wisdom of their king.

But evil things, in robes of sorrow,
Assailed the monarch's high estate;
(Ah, let us mourn, for never morrow
Shall dawn upon him, desolate !)
And, round about his home, the glory
That blushed and bloomed
Is but a dim-remembered story
Of the old time entombed.

And travellers now within that valley,
Through the red-litten windows, see
Vast forms, that move fantastically
To a discordant melody;
While, like a rapid ghastly river,
Through the pale door,
A hideous throng rush out forever,
And laugh – but smile no more.

Neumanns »verzaubertes Schloß«
In der Täler grünster Welle
Guter Geister liebster Rast –
Hob sein Haupt in Himmelshelle
Einst ein strahlender Palast.
Engel schatteten mit schlanken
Schwingen nie ein stolzer Haus,
Und der König der Gedanken
war der Herr des stolzen Baus.

Und in goldenem Entfalten
Flogen Banner kühn gehißt...
Ach, es war in jener alten
Zeit, die längst erstorben ist.
Sanfte Morgenlüfte neckten
Tändelnd sich vor Tau und Tag
Und beflügelten und weckten
Duft, der um die Wälle lag.

Wandrer, der von stillen Steigen
In erhellte Fenster schaute,
Sah der Geister holden Reigen
Bei Musik und Lied der Laute,
Der in seligem Umfangen
Schwebt' im dunklen Porphyrstein;
Und des Herrschers Blicke drangen
Sieghaft durch die lichten Reihn.

Perlen und Rubinen glühten
An des Schlosses hohem Tor,
Draus wie Duft von schweren Blüten
Strömte süßer Stimmen Chor –
Stimmen, deren jubelnd Tönen
Nur ein einzig Sehnen kennt:
Schönres Echo sein dem schönen
Geist, der sich ihr Herrscher nennt.

Jedoch der dunkle Fürst der Sorgen
Hat jäh gestürzt des Herrschers Macht.
O klage Herz! Kein neuer Morgen
Je dem Verzweifelten mehr lacht.
Und um sein Reich, das ruhmeshehre,

Von Blüten einst und Glück geweiht,
Raunt düster die Erinnrungsmäre
Aus längst begrabner Zeit.

Und Wandrer, die aus jenem Tale
Durch roterglühte Fenster sehn,
Schaun Geister, seltsam düstre, fahle,
Zu wüstem Mißakkord sich drehn.
Ein wildes, scheußliches Gedränge
Entstürzt dem Tor, des lichter Glanz verdarb,
Gelles Gelächter tönt statt holder Klänge –
Und ach – das Lächelns Süße starb.

Allerdings, Herr Neumann, hier wird wohl Jedem »des Lächelns Süße« absterben, denn bei so Etwas hört nun der Spaß wirklich auf! –

Die melodische Anlage deutet auf vierfüßige Trochäen als Grundmaß, die aber (nach speziell Poe'scher Theorie; vgl. »The rational of verse«) von, mit feinstem Gefühl angeordneten, scheinbar drei- und sogar zweifüßigen – dazu noch sinnschwer verzögerten, wahrhaft »einsilbigen« – Trochäen unterbrochen werden. Bei Neumann rattert der Schüdderump voll abgemurkster Gedanken und Metaphern seelenlos weiter im immer gleichen, grobschlächtigen Pumpertakt : da zeigen Sie's dem Poe (und uns) mal, was so ein richtiger kompletter Vierfüßler ist! (In der letzten Strophe gibt er sogar noch einen zu; Goethe hat's in der »Braut von Korinth« ja auch mal gemacht). Und der Unwissenheit und Mißverständnisse ist kein Ende; (denn Neumann ist auch einer von der Sorte, die da glaubt, daß Shakespeare und Cervantes am selben Tage gestorben seien, weils ja so im Lexikon steht; und daß der Groß-Glockner seinen Namen von der Bimmel auf dem Gipfel hat) – »Porphyrogen« – – Porphyr, Porphyr : das kann doch eigentlich nur das bekannte Mineral sein, wie ? So : »Feldspat, Quarz und Glimmer...« Nun, Herr Neumann, Ihre Platitüden sind freilich nicht kaiserlich »im Purpur geboren«, wohl aber stößt die Gose überall auf. Und daß besagter Palast nur 2 Fenster hat, *ausgerechnet zwei, Herr*! : ist Ihnen das gar nicht aufgefallen ?! Aber Sie lassen das ja ganz einfach weg; n'importe, oder, wie man jetzt dort sagt, nitschewo. – –

Oh, Edgar Allan Poe, der Du aus dem schönen Anderson'schen Porträtstich auf mich herunter blickst – : ja, das ist dieser »Palast der Gedanken«; das ist das bannergleich wogende Haar um die Zeusstirn; das sind die zwei schimmernden Fenster; ja, Deine Worte meldeten überall Scharfsinn und Weisheit ihres Herrn, und wohl kündeten sie dem Ehrfürchtigen, daß Dein Haupt, ushergleich, göttlich gefährdet im unerbittlichen Raum schwanke. –

Das Neumannsche Oberstübchen zu besingen wäre allerdings ungleich vergnüglicher, halb Affenhaus, halb Kaffeeklatsch; und statt »porphyrogen« bietet sich sogleich zwanglos das ja gleichfalls byzantinisch belegbare »Kopronymos« an. –

Um Ihnen jede Flucht in's »Kritisieren und besser machen« abzuschneiden, lege ich eine eigene Übersetzung des »House of Usher« bei, die mir beileibe noch kein Genüge tut; aber im Vergleich mit Ihrem Gewäsch allerdings ein wahres ergon Hephaistu ist.

Viele Grüße an Pastor Lange :

Schmidt

Anmerkung für künftige Kritikbeflissene : ich erkläre hiermit feierlich an Eides statt, daß ich von den Fehlern und Mißverständnissen nur die groben, von den Plattheiten nur ein Zwanzigstel gerügt habe. Da N. (außer dem Gordon Pym) noch gut ein Dutzend anderer Geschichten transkribiert hat, die wahrscheinlich dem Usher nicht im Geringsten nachstehen, vielleicht ihn gar noch übertreffen mögen, ist noch reichlich Material für Invektiven vorhanden. Ich habe meine Schuldigkeit getan.

ERSTVERÖFFENTLICHUNGEN

DIE REISENDEN DAMEN:
in ‹Süddeutsche Zeitung›, 16. Mai 1959

ALAS, POOR YORICK:
in ‹konkret› Nr. 7, Juli 1963

SIEBZEHN SIND ZUVIEL!:
in ‹Die Andere Zeitung›, 13. September 1956

COOPER, DER LEDERSTRUMPF UND EUROPA:
in ‹Hamburger Anzeiger›, 11. September 1954

AMERIKA, DU HAST ES BESSER:
unter dem Titel *Übersetzen leicht gemacht. Coopers »Ravensnest«*, Hessischer Rundfunk, 1. Programm, 9. November 1964, 21 h 00–21 h 30, Erstdruck in *Der Triton mit dem Sonnenschirm*. Karlsruhe: Stahlberg 1969, S. 392–409

NACHWORT ZU COOPERS »CONANCHET«:
unter dem Titel *Nachwort* in James Fenimore Cooper: *Conanchet oder die Beweinte von Wish-Ton-Wish*. Frankfurt am Main: Goverts 1962, S. 621–683

DAS AMERIKA DER PIONIERE:
in ‹Die Zeit›, 15. Juni 1962

100 SIND ZU VIEL!:
in ‹Der Spiegel› Nr. 6, 3. Februar 1964.

BULWER:
oder die Meßbarmachung einer unbekannten Größe. Erstveröffentlichung

WAS WIRD ER DAMIT MACHEN?:
Westdeutscher Rundfunk, 3. Programm, 11. Oktober 1969, 20 h 00–21 h 30, Erstdruck in *Der Triton mit dem Sonnenschirm*. Karlsruhe: Stahlberg 1969, S. 50–99

...DENN ‹WALLFLOWER› HEISST ‹GOLDLACK›.:
Norddeutscher Rundfunk, 3. Programm, 5. Oktober 1971, 20 h 45–21 h 30 und 21 h 35–22 h 20, Erstdruck in *... denn ‹Wallflower› heißt ‹Goldlack›*. Zürich: Haffmans 1984, S. 37–66

DAS BUCH MORMON:
in *Trommler beim Zaren*. Karlsruhe: Stahlberg 1966, S. 207–227.

DER FALL ASCHER:
in ‹Deutsche Zeitung›, 22./23. Februar 1964

HERRN W. CARL NEUMANN:
unter dem Titel *Offener Brief an W. Carl Neumann* in ‹Augenblick›, 1. Jg., 4. Heft 1955, S. 54–63.

Arno Schmidt

DAS ESSAYISTISCHE WERK ZUR ANGELSÄCHSISCHEN LITERATUR IN 3 BÄNDEN

SÄMTLICHE NACHTPROGRAMME UND AUFSÄTZE

BAND II

EINE EDITION DER
ARNO SCHMIDT STIFTUNG
IM HAFFMANS VERLAG

ARNO SCHMIDT

Charles

DICKENS

Charlotte, Emily, Anne und Branwell

BRONTË

(William) Wilkie

COLLINS

Lewis

CARROLL

(Charles Lutwidge Dodgson)

Stanley

ELLIN

James

JONES

Anhang:

Jules

VERNE

EDITORISCHE NOTIZ

Diese Lese-Ausgabe bietet gewissermaßen Arno Schmidts private Geschichte der englischen, irischen und amerikanischen Literatur; sie bringt sämtliche Nachtprogramme und Aufsätze in chronologischer Folge nach den Lebensdaten der traktierten Autoren. Aufgrund der besonderen Bedeutung, die Jules Verne für Arno Schmidt besaß, wurden die beiden Arbeiten über den französischen Autor als Anhang im zweiten Band mit aufgenommen. Da die Arbeiten über und um James Joyce die gewichtigsten und umfangreichsten sind, wurde ihnen ein eigener Band gewidmet. Die Texte erscheinen – soweit bereits in Buchform vorliegend – als vollständiger, vereinheitlichter Neusatz nach den Ausgaben letzter Hand, beziehungsweise nach der ‹Bargfelder Ausgabe›; alle Erstveröffentlichungen folgen Druckvorlagen aus dem Archiv der Arno Schmidt Stiftung. Eindeutige Druck- und Tippfehler wurden korrigiert. Nachweise der Erstveröffentlichungen am Schluß des Bandes.

KORREKTOREN WAREN
ERNST BOMMER, RUDI SCHWEIKERT UND TILO ECKARDT

UMSCHLAG, GESTALTUNG UND PRODUKTION:
URS JAKOB, CLAUDIA KOCHER, HAFFMANS VERLAG AG, ZÜRICH
SATZ: CLAUSEN & BOSSE, LECK
HERSTELLUNG: EBNER ULM
ISBN 3 251 80057 2

Inhalt

CHARLES DICKENS

7. Februar 1812, Landport b. Portsea – 9. Juni 1870, Gadshill Place

TOM ALL ALONE'S

Bericht vom Nicht=Mörder.

Sprecher:

3 Männerstimmen

A.: ältlich; zuweilen hart

B.: jung; oft feurig

C.: für Zitate; sehr wandlungsfähig

Alle müssen sie jedoch – weil Spiegelungen ein und desselben Mannes – nötigenfalls nervös sein können, ungeduldig; ja : unmenschlich !

C. (arzthaft=bedächtig; ein Attest, wenn auch über 1 sehr wichtiges Ob=Subjekt, wird abgegeben):

Am 23. April 1869 wurde ich aufgefordert, die Untersuchung vorzunehmen – zur Konsultation hatte ich meinen Kollegen, Herrn Doktor Beard, hinzugezogen.

Der Patient berichtete von – selbst bei ihm ungewöhnlicher – Reizbarkeit, der sich seit einigen Stunden starkes Schwindelgefühl beizugesellen begann; gepaart mit einer Tendenz, rückwärts zu gehen, beziehungsweise sich auf der Stelle zu drehen. Aufgefordert, einen Gegenstand auf das kleine Tischchen neben sich zu legen, stieß er dieses unbeabsichtigterweise um, und ließ dabei den Gegenstand fallen. Besonderes Gefühl der Unsicherheit wurde im linken Bein verspürt; zumal die Gegend der Ferse als ausgesprochen ‹unnatürlich› empfunden; dennoch vermochte er eben dieses Bein anzuheben, und es schleppte nicht nennenswert nach. Klage wurde über Fremdheitsgefühl im linken Arm und der linken Hand geführt : sobald er diese auf eine bestimmte Stelle legen wollte, wurde sie unweigerlich verfehlt, es sei denn, der Patient dirigierte sie sorgfältig mit den Augen. Bedürfnis, aber Unfähigkeit, die Hände – besonders wieder die linke – zum Haar und zum Gesicht zu führen; diese linke war auffällig rot und geschwollen.

Patient gab an, daß gestern, als er Oxford Street hinunter ging, er eine Zeit lang nur imstande war, die *rechte* Hälfte der Firmenschilder über den Läden zu lesen. Schon seit längerer Zeit war es ihm, obwohl unhäufig, begegnet, ein Wort beim Sprechen oder Vorlesen auszulassen; beziehungsweise es dann später im Satz, oftmals in verstümmelter Form, nachzuholen.

Der solchermaßen mehr als ausreichend definierte Zustand besagt einwandfrei, daß *(kleine besorgte Pause; dann, ehrerbietig und etwas lauter):*

Herr Charles Dickens

sich am Rande eines Schlaganfalles befindet, dem gegebenenfalls linksseitige Lähmung folgen dürfte. Ursachen hierfür sind zweifellos seine maßlose Überarbeitung; die sich immer noch steigernde fahrige Hast, und der hochbedenkliche Mangel an Ruhefähigkeit. *(Halblaut; wie in eine Privatkladde notierend):* Kalkül des letalen Ausgangs : Sommer Achtzehnhundert=Siebzig......

(langsamer Gong)

B.: Wie alt war er da ?

A.: 57.

B.: ‹Jeune encore›, würde ein Franzose sagen.

A.: Ein Mann, der derartig gearbeitet hat, ist in dem Alter verbraucht. *Jeder* fleißige ernstzunehmende Schriftsteller : auch beim 52=jährigen Lessing beobachteten seine Bekannten das gleiche gelähmte Tappen; die stokkende Rede mit den krankhaften Wortverwechslungen; wie oft sind nicht in den Briefen der letzten Jahre Buchstaben ganz ausgefallen : meinen Sie, daß Tieck umsonst von dem ‹mörderischsten aller Berufe› sprach ?

B.: Wollen Sie in das uns=geläufige, gemütliche Dickens=Bild hineinkorrigieren ? Ich fürchte fast, ja – denn auf dem althergebrachten sieht man ja nicht den unheimlichen Fünfziger, der seine linke Hand sucht; sondern vor allem die gutmütigen Hintergründe voll Plumpudding & Weihnachts=Schnee, rotbackig=lustigen Esquires und kuriosen Käuzen, nichts wie Mistletoe & Holly.

Zwar habe auch ich die unerträglich ‹geistreichen› Essays Chestertons übersatt : jeder einzelne ein Paragon des graziösesten auf=der=Stelle=Tretens. Nicht minder die allzu grobfädige Biederkeit seines ‹klassischen› Biografen Forster; bei dem man sich auf jeder zweiten Seite unwiderstehlich versucht fühlt, ein Kreuz an den Rand zu machen : wo er garantiert wieder mal Unangenehmes vertuscht hat. Und gar die Porträtskizze, die die Ur=Enkelin, Monika Dickens, 1949 für ‹Life› entwarf, ist platterdings unerträglich positiv : ‹Profil von rechts gesehen›; die übliche weiße Fratze.

Und Sie gedenken also jetzt eine *schwarze* zu geben ?

A.: Gerade im angelsächsischen Sprachraum ist man unterdessen doch 1 Stück weiter als bei uns.....

B. (einschaltend; rücksichtsvolle Bosheit): Wo wäre man das nicht ?.....

A. (fortfahrend): ..... dort sieht man ihn bereits als ‹Dämmerungsherren›. – Und lassen Sie *Uns*=heute, zur Beschleunigung des doch wichtigen Klärungsvorganges, die Spiegel *noch* etwas schärfer einstellen – erscheint doch gerade in diesen Jahren erneut eine vielbändig=kostbare Dünndruckausgabe des Gesamtwerkes – : wenn man das Stethoskop auf die *richtigen* Stellen in Biografie, Briefsammlungen, Werken, aufsetzt, vernimmt man unweigerlich das Gleiche, wie bei *allen* Ganz=Großen : *Gespräch eines Engels mit einem Riesentintenfisch* ! –

Unserm deutschen Grabbe hat man immer zugute halten wollen, daß er im Gefängnis aufwuchs – : es gibt mehr solche Fälle.

1812 wird Dickens in Portsmouth geboren; und muß natürlich einen Vater haben, dessen Couplet=Gesang nach Tisch in Freundeskreisen ebenso bekannt ist, wie seine klein=zerrütteten Umstände. Zweimal hat er diesen Vater gezeichnet : als Mister Micawber im COPPERFIELD, von geradezu erhabener Leichtfertig= und Possierlichkeit; das andere Mal als Mister DORRIT, im gleichnamigen Buche : als verlogenen, selbstsüchtigen Escapisten.

B.: Die Wahrheit liegt in der Mitte ?

A.: Nein. Die Wahrheit liegt bei Dickens grundsätzlich im *Spätwerk* : der Vater war, wie manche Väter, ein ziemlich verantwortungsloser Geselle.

B. (warnend): Sie wissen, was Sie sagen, ja ? Wollen Sie nur schockieren; oder können Sie den Nachweis antreten ?

A. (spöttisch): Arme Wahrheit – immer muß sie schockieren ! – / Der Vater landet unvermeidlich=bald im Schuldgefängnis Marshalsea, und lebt dort bohème=mäßig lustig – während die Frau verwelkt; und der zehnjährige Junge, der weiter nichts erträumt, als ‹auf eine Schule zu gehen›, für 6 Schillinge pro Woche an ‹Warrens Blacking› verkauft wird. – *(Absichtlich kühl & nüchtern):* Seine Arbeit besteht im Einfüllen von Schuhwichse in Büchsen.....

C. (halb stöhnend, halb knirschend): Wir arbeiteten – um der lieben Lichtersparnis willen – im *Ladenschaufenster* in Bedford Street; und waren so firm geworden, daß die Leute stehen blieben, und kopfschüttelnd der Schnelligkeit unserer Finger zusahen :

Schuhwichse rein. Eine Scheibe Ölpapier drauf. Bindfaden rum. Das Papier säuberlich abgeschnitten. Dann der Deckel. – : Bis es so appetitlich aussah, wie die Büchsen im Schaufenster einer Kosmetikerin.

Manchmal sammelte sich eine ganze Menge Leute – – *(halblaut; er schämt sich für einen Anderen):* – einmal, spät, kam *auch mein Vater dazu,* als wir besonders viel zu tun hatten : *ich wunderte mich kindisch, wie er den Anblick ertragen konnte !* .....

Mein ganzes Wesen wurde damals derart mit Gefühlen der Demütigung und des Kummers durchtränkt, daß ich noch heut – wo ich reich bin; beliebt; hochberühmt – oft in meinen Träumen vergesse, daß ich ein Haus & Frau & Kinder habe, und wieder als schwärzlich=fettiges Kind durch jene Straßen wandere. – Ich habe keinem Menschen bisher davon 1 Wort erzählt, nicht einmal meiner Frau.

B. (bedächtig=verarbeitend): Und hierzu dann noch die Interieurs des Gefängnisses addiert : die ‹schweren Jungen›, und die ‹leichten Mädchen›. Ein Wunder eigentlich, daß er dann später nicht *nur* ‹Mord=Epik› geschrieben hat.

A. (scharf): Hat er je etwas anderes geschrieben ? *Hat* er je ein anderes Thema gehabt, als Elende, Rebellen und Verbrecher ? Lassen Sie sich doch ja nicht durch die Buntheit der Oberfläche täuschen : seine ‹Behaglichkeit› ist nicht die ‹organische› des fetten Faultiers; sondern eines der Wunschbilder des verzweifelt=Fleißigen zur Selbstbetäubung !

Natürlich : Wie essen & trinken seine Gestalten nicht ! Aber haben Sie jemals daran gedacht, daß vielleicht eben deswegen der Verfasser ein besonderer Lieblings=Vertrauter des Hungers sein könnte ?

Nur wer lange in Lumpen herumlaufen mußte, sich und Andern zum Gespött, hat später den Ehrgeiz entwickeln können, sich, zusammen mit Lord Disraeli, als den ‹best angezogenen Mann der Vereinigten Königreiche› zeichnen zu lassen.

Und nur, wer als Kind so allumfassend arm gewesen ist, hat später den Zwang zum ‹Geldverdienen› derartig empfinden und ihm nachhängen müssen. Er gehörte zu jener Klasse Menschen, die, wenn sie einmal sehr unglücklich gewesen sind, nie wieder glücklich sein können – allen Anstrengungen, Tarnversuchen und Erfolgen zum Trotz – *(sachlicher):* Es ist übrigens auch eine Frage des Gedächtnisses; das bei Schriftstellern ja, aus Berufsgründen, immer extrem gut entwickelt ist.

B.: Vielleicht auch umgekehrt : nur *weil* das Gedächtnis gut ist, können sie an dergleichen Beruf denken. –

Dickens also klein vernachlässigt kränklich. Die Eltern versagen. Als ‹Milieu› Gefängnisszenen, und die englisch=unmenschliche Kinderarbeit jener Jahrzehnte. : Wie bringt er es überhaupt fertig, zu überleben ?

A.: Vermittelst zweier Wunschbilder; zweier ‹Längerer Gedankenspiele›. – Einmal hält ihn aufrecht, die Hoffnung, vielleicht *doch* noch lernen zu können. Und dann ein quer=zweites; beim ersten Mal – wie fast immer bei Dickens – recht putzig zu lesen.....

C. (nachdenklich=merkwürdig): So glatt und eben war die alte Chaussee; und *so* frisch die Pferde; und *so* flott ging die Fahrt – daß ich mich binnen kürzester Zeit zwischen Gravesend und Rochester fand. Schon war der Strom hier entscheidend breiter geworden, und trug Schiffe seewärts, weißbesegelt oder schwarzberaucht : als ich am Wegrand eines ganz merkwürdigen winzigen Jungen gewahr wurde.

»Hallo.« sage ich zu dem ganz merkwürdigen winzigen Jungen : »Wo wohnst denn *Du* ?«

»In Chatham.« sagt er.

»Was machst'nn Du da in Chatham ?« sage ich.

»Na, in die Schule gehn.« sagt er.

Ich laß ihn aufsitzen – hoppsallá ! – und weiter geht's. Auf einmal sagt doch dieser wirklich=ganz=merkwürdige=kleine=Junge : »Jetzt kommt gleich Gadshill – : könnten wir da vielleicht oben auf dem Hügel mal anhalten, und uns das Haus=da ansehen ?«

»Bewunderst Du das Haus=da denn so ?« frag' ich.

»Oh*ja*, Sir !« sagt mir da der merkwürdige kleine Junge : »Ich war noch nicht halb so alt wie jetzt – ich bin schon 9 ! – da bin ich immer hingegangen, und hab mir das Haus angesehen. Und einmal war mein Vater mit; und als er gemerkt hat, wie ich das Haus=da bewundere, hat er zu mir gesagt : ‹Wenn Du später mal *sehr* fleißig bist; und *ganz* viel arbeitest – dann *könnte* es theoretisch sein, daß Du in eben diesem Hause wohnen dürftest.› – Obwohl das, natürlich, unmöglich ist.« sagte der ganz kleine, äußerst merkwürdige Junge; und starrte unterdessen immer aus Leibeskräften aus dem Kutschfenster zu jenem Herrenhaus auf Gadshill hinüber....

B.: Nun sagen Sie bloß noch : das sei Dickens *selbst* gewesen. Und hätte später in jenem Hause gewohnt.

A. (unbewegt): Es *war* Dickens selbst. Und jenes Haus *hat* ihm später gehört. – *(eindringlichst vorgebeugt):* Lieber Herr : als der Mann starb, hinterließ er ein Vermögen von 10 Millionen !

(Gong)

B.: Wie kam solche Wendung ?

A.: Sein Vater war durch nichts mehr und nichts weniger zu ‹retten›, als durch eine kleine Erbschaft. Sie ‹fiel an›; und war groß genug, daß er sich, samt Familie, aus der Schuldhaft lösen, und seinen Jungen – eines von 8 Kindern – ein bißchen in die Schule schicken konnte.

B.: Ein erstes ‹Stop› : »ein bißchen« sagen Sie : was für eine Bildung besaß Charles Dickens überhaupt ?

A.: Sie können ihn nicht mit Ihren gewohnten deutschen Klassikern vergleichen – etwa Lessing – die ein halbes Dutzend Sprachen erlernten, und keine davon schlecht; und die meist ausgesprochen ‹wissenschaftlich veranlagt› waren.

B. (hineinmurmelnd): Genauer : ‹geisteswissenschaftlich›. Dafür kein Verhältnis zu Naturwissenschaft und ‹Realien›.

A.: Dickens hat *nie* ein nennenswertes Verhältnis zu irgend einer Art ‹Wissenschaft› gehabt; ihm fehlte jegliches Organ dafür; hier lag *eine* seiner Begrenzungen.

B. (protestierend): Beziehungsweise *Stärken* : er war ja doch wohl *Dichter* von Beruf, oder ?

A.: Lassen wir für heut die Frage beiseite : wieviel oder wiewenig Wissen einem Schriftsteller noch wohl anstehe. Beschränken wir uns auf Dickens. / Mit 15 Jahren ging er jedenfalls, und ziemlich freiwillig, schon wieder aus der Schule, und wurde zunächst Lehrling bei einem Rechtsanwalt.

B. (verständnisvoll): Ah : daher seine glänzenden Beschreibungen von ‹Büros›, von ‹Kanzleien›, und ‹kaufmännischen Angestellten› sämtlicher Spielarten.

A.: Ja. Aber er war viel zu energisch, viel zu bildhungrig für solch enge Sfäre. Vor allem wollte er rasch ‹vorwärts kommen›, ‹Geld verdienen›. Anderthalb Jahre hielt er bei jenem Rechtsverdreher aus.....

B. (mahnend; man soll ja, theoretisch, möglichst keine Berufsgruppe geschlossen attackieren): ..... Rechts=*Verdreher* ?.....

A.: Bei Dickens erscheint fast *nur dieser* Typ. Sein profundes Mißtrauen gegen Justiz und Staat werden Sie später noch als eines seiner schön=bedeutenden Charakteristika erkennen. Vom Mai 1827 bis November 28 also, dient er dort, in Knechtsgestalt, im Dunstkreise der Justitia.....

B. (abweisend): Warum auch nicht ? : Kein 15=, 16=jähriger ist ein Genie !

A.: Gewiß nicht : *aber er kann eins werden !* – Wohl dem Vorgesetzten, der das ahnend erkennt – andernfalls steht ihm ein furchtbar=zukünftiges Porträt bevor. / Dickens also überblickt kühl und sachlich die ‹Verdienstmöglichkeiten›. Und entschließt sich, *Stenografie* zu lernen.

B. (befremdet): Was heißt hier ‹entschließt sich› ? Tut das heutzutage nicht jede simple Stenotypistin ?

A.: Jaaa; so ‹hundertzwanzich=Silben›; das schon. Aber Dickens, wie sich's geziemt, wollte *mehr*; er wollte auch in dieser Richtung das ‹Höchste› werden : *Parlaments=Stenograf !* Und da geht es ja oft – zumal wo man noch Demokratie hat; Opposition contra Koalition; und nicht nur, wie bei uns Deutschen leider allzuhäufig, a capella Chöre von Yes=Männern – : da geht es *lebhaft* zu ! Da braucht man 4= und 500 Silben, Sigel und Debattenschrift. – In späteren Jahren pflegte Dickens zu urteilen..... :

C. (ruhig): Ich setze das Erlernen der Stenografie dem von – sagen wir – 6 Sprachen gleich. Wie oft habe ich nicht, anläßlich wichtiger politischer Reden, bei denen *absolute, wörtliche* Verläßlichkeit sich von selbst versteht, und der geringste Fehler einem jungen Manne wie mir ohne weiteres, bezüglich seiner künftigen Laufbahn, das Genick gebrochen haben würde : *wie oft* habe ich dergleichen nicht im Regen, inmitten einer erregt brandenden Menschenmenge aufnehmen; und anschließend, im Halbfinstern, in einer halsbrechend dahinjagenden Postkutsche, auf der Fläche meiner Hand, in Langschrift, ins Reine schreiben müssen !

B.: Immerhin : hat er das auch genau beurteilen können ? Ich meine : das richtige Erlernen von auch nur *einer* Sprache nimmt ja schließlich ebenfalls Jahrzehnte in Anspruch.

A.: Zugegeben; das konnte er nicht beurteilen; er hat erst als Mann Französisch, und ein bißchen Italienisch gelernt. Aber mit dem Erwerb *einer* Sprache ist es mindestens vergleichbar, und zwar in *Dolmetscher*=Stärke : hier wie dort ist die gleiche, elektronengehirnhafte Reaktionsfähigkeit erforderlich – ich bin *sehr* dafür, daß gerade diesen Berufen Anerkennung wird. / Psychologisch anmerkenswert wiederum dies Kuriosum noch : Forster weiß zu berichten, daß, wenn das Tischgespräch angeregt wurde, die Argumente und Aperçus durcheinanderflogen : Thackeray, Carlyle, Maclise, Gladstone, Collins und Hogarth; und auch Dickens aufflammte, in Replik und Duplik – – : *dann fing die Hand des Mannes an, auf dem Tischtuch klein=krause Schnörkel zu ziehen, als hielte sie einen Bleistift, immer rasender, immer exakter : er stenografierte zeitlebens mit, ein dazu=Verurteilter, bis an sein Ende !*

B. (bedächtig): Sieh da. Kam es ihm also ‹zugut› : seine Fähigkeit, Gesprächsfetzen, Gestalten, Situationen, auf der Stelle, blitzschnell, für immer zu fixieren. – *Sehr* gut ! Wäre demnach, zur Schulung der Reaktionsfähigkeit, der Exaktheit, des Materialsammelns, jedem Dichter die Stenografie zu empfehlen ?

A.: Dazu müßten wir erst den Begriff des ‹Dichters› näher definieren. / Halten wir lieber fest das Bild des 20=jährigen Dickens : ein Wesen, wie aus Federstahl geschmiedet; dahinjagend in Kutschen, von allen vorbeisausenden Laternen gehenkert; sich durch wirbelnde Menschenmassen nach vorn schulternd, bis zur Rednertribüne; die Hand am sausenden Webstuhl der Zeit. – Da ist es ja nur noch eine Frage von kurzen Jahren, daß er anfangen wird, das was er sieht oder gesehen hat, was ihn umgibt oder umgeben hat, *(bedeutsam): uns vorzustenografieren.*

(Gong)

B.: Achso; das Entscheidende demnach : er kommt also *nicht* auf ‹gelehrte› Weise zum Schriftstellerberuf ? Er studiert *nicht* lange und sorgfältig große Vorbilder; denkt *nicht* nach über Konstruktion, Sprache, Vokalharmonie ?

A.: Nein; zunächst gar nicht. – Auf seinen zahllosen, fast täglichen Fahrten, bei Tag & Nacht, durch Stadt & Land, sieht er alle möglichen Szenen, zuweilen in extremen Beleuchtungen, und berichtet sie schlecht & recht : so entstehen die LONDONER SKIZZEN des Einundzwanzigjährigen.

B.: Demnach ganz à la ‹Ich singe, wie der Vogel singt› ? Wie das Volk sich den ‹echten Dichter› gern vorstellt ?

A.: Jawohl; genau so. – *Leider* hat Dickens ganze lange Jahre hindurch so geschrieben – und das Ergebnis war ja denn auch danach.

B. (protestierend): Wieso ? : Ergötzt sich an PICKWICK nicht heut noch eine Welt ?

A.: Wollen wir ihn bitte erst noch ganz schnell – *zu* schnell ! – verheiraten : mit der ältesten Tochter eines Journalisten=Kollegen, Catherine Hogarth, die ihn im Lauf der Jahre mit 10 Kindern ‹beschenkte›; und redlich das ihrige dazu beigetragen hat, ihm Farben für das reduziert=verlogene Weltbild seiner ersten Periode zu liefern.

B.: Das sind starke Ausdrücke für Bücher voller Gestalten, die Vielen von Uns vertrauter sind, als die Nachbarn im Wohnort selbst !

A.: Am 31. März 1836 jedenfalls kündigt die TIMES die 1. Nummer des PICKWICK an; von ‹BOZ›.....

B. (unterbrechend): Wie kam er eigentlich zu dem bekannten kuriosen Pseudonym ?

A. (ungehalten): Ach; das ist ein arg weiter Nebenweg, auf den Sie uns da führen – : Dickens hatte einen jüngsten Bruder, Augustus. Da der einem der Primrose=Söhne in Goldsmith' VIKAR VON WAKEFIELD zu gleichen begann, wurde er im Familienkreise wie der Betreffende, ‹Moses› genannt : nun sprechen Sie das einmal aus, wie wenn sie Stockschnupfen hätten.....

B. (gehorsam=quetschend): Bosses.....

A.: Und aus solchem ‹Bosses› wurde durch vereinfachende Abbreviatur in der Familiensprache ‹Boz›. – *(unwillig):* Sie müssen aber auch *Alles* ganz genau wissen !

B.: Das haben *Sie* mich schließlich gelehrt. – Aber, bitte zurück zum Pickwick, von ‹Boz›.....

A.: Den Titel=Namen lieferte ein Fuhrunternehmer in Bath – und Dickens fing eben an zu schreiben. Hatte keine Ahnung, wie es ‹weiter gehen› würde; vom ‹enden› noch ganz zu schweigen. Kein Personenverzeichnis lag fest. Nicht einmal der Charakter der in den ersten Nummern Auftretenden ist gleichmäßig durchgehalten : eine Liederlichkeit herrscht in dieser Beziehung im ganzen Buch, die ich eigentlich immer, schon als Junge bei der ersten Lektüre, als *Beleidigung* aufgefaßt habe.

B.: Könnten Sie nicht, etwas vornehmer, von ‹kompositorischen Brüchen› sprechen ?

A.: Nein ! Denn ein solches Verfahren wäre heutzutage jedem Schriftsteller, der es ehrlich meint, einfach vor sich selbst nicht mehr möglich. Dergleichen Aneinanderreihung von Anekdoten und Schnurren – die genau so gut in ganz anderer, völlig beliebiger, Reihenfolge stehen könnten ! – kann nur Leser nicht stören, die sich eben eine leere Stunde unverbindlich schmunzelnd vertreiben wollen. Hinzutritt eine oft unbegreifliche Unsorgfalt der Sprache, wie sie die Prosa leider so lange diskreditiert hat; sodaß Lyriker sich zeitweise rühmen konnten – und zum Teil noch heute rühmen – daß *nur sie* wüßten, was zwischen den 4 Ecken einer Buchseite möglich ist.

B.: Hier widerspreche ich : es gibt doch *glänzende* Episoden und Schilderungen darin, hinreißende ‹whims & oddities›.

A.: Was ich ja gar nicht geleugnet habe. Manches ist gut beobachtet; Manches wirklich lustig – obwohl gerade dabei viel Krampf unterlaufen ist, viel ‹Humor um jeden Preis›. / Was den Inhalt angeht – denn in diesen sind Sie ja geschickt ausgewichen – so ist das Schlimmste daran die berüchtigte ‹Viktorianische Welt›; die, was Verlogenheit, Prüderie und ‹cant› betrifft, ja zum Symbol *aller* Bürgerwelten geworden ist : *ihr* zu lange gedient zu haben; *sie* um 1 wichtigstes Alibi bereichert zu haben, ist die schwere Schuld des jungen und mittleren Dickens ! : Wenn ein solcher Mann sie derart liebevoll darstellte, ja verklärte & feierte : tja dann *mußte* aber doch etwas daran sein ! Dann *bestand* die Welt eben aus schwarzen Schurken – meist schon körperlich mißgebildet=‹gezeichnet›; und weißen Helden, jung schön & glühend. Oder die grauslichen Kinderbräute, die puppenhaft schmollenden; körperlich & geistig von einer *so verlogenen* Naivität und Unschuld, daß man ohne viel Mühe – von dieser Seite her –

die Verachtung begreifen kann, mit der der größere James Joyce Dickens stets behandelt hat.

B. (achselzuckend): Er hat dennoch Millionen Leser gut unterhalten : ist das nicht die Aufgabe des Schriftstellers ? Und beste Wirkungen erzielt : ist es nicht statistisch festgestellt worden, daß nach jedem Erscheinen eines seiner Romane die Bettler mehr Almosen erhielten ?

A.: Lassen Sie mal die ‹Aufgabe des Schriftstellers› beiseite – sie könnte ja vielleicht auch darin bestehen, ein *richtiges* Bild der Welt zu liefern : *Betrunkene* sind fast nie so ‹lustig› wie bei Dickens ! Kinder fast nie so rührend. Und *Frauen* ? : Also man braucht wahrlich kein ‹Wumshäter›, kein ‹Misogyn› zu sein; und sich gar nicht hypochondrisch=faunisch über Klo's und Monatsbinden aufzuregen; um die Dickens'schen Weibsgestalten als seine dubioseste Leistung zu erkennen.

B. (unwillig): Ja, was lassen Sie denn dann überhaupt noch Gutes an ihm ? Könnte es nicht auch sehr wohl sein, daß er bewußt – um sich nur erst einmal vor den Nachtmahren seiner Kinderjahre zu retten – absichtlich die Augen vor Vielem schloß ?

A.: Mag sein. – Aber der frühe und mittlere Dickens liefert dennoch das peinliche Schauspiel eines schrecklich volkstümlichen Schriftstellers, der sein Handwerk liederlich betreibt – ein ‹Meister der Fehlkonstruktion›, wenn Sie so wollen : auf diese Weise *kann* wohl einmal ein Treffer gelingen; das Meiste aber ist zu, und sei es noch so ‹rührendem›, Pfuschwerk verdammt. / Gehen wir die Stücke getrost rasch einzeln durch : das zweite war der OLIVER TWIST...

B. (angeregt): Na also ! : schildert er eben da nicht realistisch genug die Londoner Verbrecherwelt ?

A.: Achduliebezeit ! – ‹Realistische Verbrecherwelten› finden Sie nicht einmal beim – in dieser Beziehung zu Recht berühmteren – Dostojewski : selbst der nur mittelmäßig erfahrene Polizeibeamte in irgendeinem ‹Sankt Pauli› oder ‹Harlem› weiß, und erfährt täglich, Komplizierteres und Übelriechenderes bezüglich ‹Schuld & Sühne› ! / Nein : am TWIST ist das Merkenswerteste, daß er in späteren=klügeren Jahren die Gestalt des Verbrecher=Juden Fagin bereute; und sie – ‹conscience=money› – nunmehr mit einer, allerdings auch wieder unglaubwürdig=weißen konterte, dem Riah des MUTUAL FRIEND : er hatte die Gefährlichkeit jenes ersten Klischeebildes allmählich eingesehen; und wollte sich selbst von der Aufhetzung zu Pogromen freisprechen können.

B.: Wie ist's mit NICKLEBY ? – Oder nein; lieber nicht; da liegt das Verhältnis auch allzudeutlich in den Einzelepisoden. – *(überlegend):* Hmmm. – : was bezeichnen Sie denn als den ‹Glückstreffer› seiner beiden ersten Perioden, als er noch, ohne Plan, so – *(merkbar protestierend):* herrlich erfrischend drauflos schrieb ?

A.: Den hat zwar schon Edgar Poe genügend angezeigt – der die spätere Entwicklung Dickens' leider nicht mehr erlebte – : es ist der erste Teil von MASTER HUMPHREYS WANDUHR, der ANTIQUITÄTENLADEN.

B.: Halt; ehe wir weitergehen eine für den Deutschen *ganz* wichtige Frage : was ist denn die beste Übersetzung bei uns zulande ? Die, in der wir Dickens grundsätzlich lesen sollten ?

A.: Also, auf die Gefahr hin, daß wir wegen ‹Geschäftsschädigung› von irgendeinem Tollbrägen von Verleger verklagt werden – : die, *meiner* Ansicht nach, mit Abstand beste deutsche Übersetzung, ist die von Gustav Meyrink; die 1909–14 in 16 Bänden bei Langen in München erschien. Sie ist *fast* vollkommen .....

B. (einfallend): Warum doch wieder nur ‹fast› ? – Ich hatte gerade mit Vergnügen endlich wieder einmal den Namen ‹Meyrink› gehört – und dann gleich wieder dies=Ihr entsetzliches ‹fast› !

A.: Ach es sind Kleinigkeiten nur, Minutien Adiaphora Quisquilien. Etwa wenn er in BLEAKHOUSE den Londoner Straßenkehrerjungen Jo *wienerischen* Dialekt sprechen läßt : dieser Floridsdorfer Wortschatz stört doch arg bei einer Hafenstadt mit Nebel, Regen und Wind; er hätte ‹organischer› doch wohl die geografisch ähnlichst=situierte Stadt des deutschen Sprachgebiets, also Hamburg, wählen müssen – was er aber eben nicht konnte, er *war* nun mal Österreicher. Trotzdem : *Meyrink ist der Mann.* Die Ausgabe müßte unbedingt wieder erreichbar gemacht werden; ich erinnere mich noch, wie sie, so um 1930, dann über Tietz verramscht wurde – ich habe mir damals, als Junge, 2 Bände davon kaufen können.

B.: Sehr schön. Ich notier' mir's. – Aber nun zurück zum ANTIQUITÄTENLADEN .....

A.: Nach zunächst wieder recht planlos=einleitendem Umhergetaste, Anekdoten= und Geschichten=Erzählen – einmal will er sogar, probeweise, den unwiderstehlichen Sam Weller wieder einführen ? Läßt die ‹Idee› dann aber gottlob doch wieder fallen : es ist manchmal bemitleidenswert anzusehen, dies Dickens'sche Gefummle ! – nach längerem Hin= und Hergetaste also, bricht die Geschichte dann doch aufs schönste um ihn herum aus. Gerade *weil* die Verknüpfung der Fabel mit der Realität in diesem Buch *besonders gering* ist; gerade *weil* es eine Sammlung von so fantastischen und quer=gegrillten snapshots geworden ist : eben *deswegen* kann man es als Kunstwerk=für=sich würdigen.

B.: Bitte, übersetzen Sie's ins praktisch=verständliche.

A.: Die Beschreibung des Ladens selbst / der alte kindische Spieler, der wieder ‹Grünes› sehen will / der Zwerg Quilp in seiner verrotteten Werft am Flußufer / Sampson Brass und seine komisch=verruchte Schwester / Dick Swiveller und sein dürres Marquisen=Dienstmägdlein / Kit und das Pony / die Puppenspieler, die auf dem Friedhof ihre Marionetten reparieren / ‹Jarleys Wachsfigurenkabinett› / Der Mann vorm Hochofen / und die gutmütig=saufenden Schiffer des Schleppkahns – : das Ganze ist *so* luftig gewebt, obwohl aus irdenem Material, daß man nicht mehr in Versuchung gerät, es kritisch mit irgendwelcher ‹Wirklichkeit› zu vergleichen.

B. (aufmerksam): Sie wollen, wenn ich Sie recht verstehe, damit sagen : wer nicht imstande wäre, die volle Wirklichkeit zu schildern, der sollte sich, wollte er dennoch ein komplett=großes Kunstwerk erzielen, schon gleich *so* weit von der Realität entfernen, daß man gar nicht mehr auf den Einfall käme, ihn damit konfrontieren zu wollen ? Also etwa=etwa – um praktisch=unpraktische Beispiele anzuführen – : Hoffmann BRAMBILLA ? Tieck ECKBERT. May DSCHINNISTAN.

A.: Sie brauchen nicht *nur* Märchen anzuführen – die sind ja nur die *aller*letzte Konsequenz dieser Richtung, diese ORPLID oder ANGRIA & GONDAL. Nennen Sie getrost auch ‹gebundenere› solcher in sich geschlossener bedeutender Stücke, die man zu guter Stunde immer goutieren kann : Stifters HOCHWALD; Mörikes NOLTEN; Emily Brontë's WUTHERING HEIGHTS.

B.: Sie gehen aber ziemlich weit bei Ihrer Herzählung reduzierter, oder, wohl besser, ‹leicht abgelöster› Welten.

A. (ablehnend): Noch längst nicht weit genug. Die wirklich guten, im höchsten Sinne realistischen Stücke, sind ja ganz selten. / Jedenfalls ist dieser ANTIQUITÄTENLADEN des Charles Dickens ein Meisterstück ! Der anschließende BARNABY RUDGE sinkt sofort wieder dagegen ab; wenn er auch immer noch weit besser ist, als die ihn umgebenden Bände.

B.: Immerhin – das heißt, abgesehen von der Qualität seiner Romane, über die ich übrigens noch weitgehend uneinig mit Ihnen sein möchte ! – immerhin ist er damit nun doch schon ein berühmter und reicher Mann geworden. Denn der Erfolg war doch spontan und unerhört ?

A.: Ja : von der 1. Nummer des PICKWICK wurden *400* verkauft – von der 15. waren es schon *40.000* ! – Heute werden die hellgrünen Hefte jener ersten Lieferungen, 32 Seiten mit je 2 Illustrationen, wie sie monatlich erschienen, von Bibliotheken und Liebhabern mit *Gold* aufgewogen.

B.: Sie sagten eben ‹Illustrationen›..... ?

A.: Ja; *das* war *sehr* wichtig : daß Dickens gleich die kongenialen Zeichner fand ! Was Cruikshank oder Hablot K. Browne in dem winzigen Format geleistet haben, ist höchstens noch mit Chodowiecki zu verglechen. Da sieht man so recht, was ‹zeitgenössische› gute Illustrationen ausmachen; dadurch sind diese Bücher noch mehr Organismen für sich geworden : mindestens 20 % des Erfolges gebührt ihnen !

B.: Und die Einnahmen ?

A.: Sind anfänglich *nicht* dementsprechend gewesen : Dickens hatte zunächst Verträge abschließen müssen, wie man sie eben einem Unbekannten, dem literarischen Anfänger bietet; und der Verleger war Schufts genug, ihn auch späterhin, als die Goldgrube handgreiflich wurde, daraufhin festzunageln. Gottlob war der Edelganove letzten Endes doch der Dumme : als Dickens seinen Teil redlich erfüllt hatte, ging er – sehr begreiflich ! – zu einem anderen Verlag über; und jener Bube, übermütig geworden, verspekulierte sich doch letztlich auch. / Immerhin; wenn er zunächst auch noch nicht die Riesengewinnste späterer Jahre einheimste : Dickens konnte, mit Frau und rasch anwachsender Familie, reichlich und großzügig leben – und tat es auch. Weite Reisen und Auslandsaufenthalte sind das Kennzeichen der nächsten, seiner 2. Periode; von 1840 bis 50.

(Gong)

B.: Er reist also viel und gern – könnten wir das nicht in einen tüchtigen Lehrsatz bringen, ‹der auch was setzt›, und den man sich leicht merken kann; etwa : ‹Dichter reisen gern› ?

A.: Erstens nicht immer. / Und zweitens war es bei Dickens kein Zeichen von Neigung zu fröhlicher Geselligkeit; gar nichts Lustiges oder Angenehmes : hinter dem prachtvollen Porträt von Maclise – dem vielleicht *schönsten* ‹Dichterbildnis›, im volkstümlichsten Sinne – lauern Unheimlichkeiten aller Art. Sein Reisen war von schrecklicher, nervöser Unersättlichkeit ! Man kann schon verstehen, daß seine einfacher gefügte Frau allmählich jegliche Fassung verlor, wenn sie nichts sah, als ein rasendes Leben nach der Formel ‹working & walking›.....

C.: 8 oder 14 Tage lang kann ich durchaus an einem abgelegenen, ja einsamen, Ort sein, und aufs prächtigste schreiben – aber dann weiterhin Tag um Tag : das ist unmöglich ! Meine Gestalten fangen unverzüglich an zu stagnieren, wenn mich äußerlich keine *Menschenmassen* umgeben. Die augenblickliche Abwesenheit von langen, lampenerleuchteten Großstadtstraßen beeinflußt mich in ganz eigentümlicher Weise. Am Tage trage ich kein Verlangen danach; aber wenn es dann gegen Abend geht, fehlen sie mir über alle Beschreibung – *ich muß einen Ausflug nach Paris unternehmen, und nächtliche Straßen sehen !*

A.: Immer wieder haben ihn die Freunde geschildert, wie sie ihn schon von weitem in den Straßenzügen von Hampstead sahen : wie er sich selbst bei der Brust faßte, mit den Gestalten seiner Bücher debattierte, und sofort dem Klang seines=ihres Gelächters lauschte. / Wenn er abends nicht einschlafen konnte, stand er kurzerhand auf, und ging in die Nacht; kam zum Frühstück zurück; und fing dann an, zu schreiben – *(mit Nachdruck):* Aber er ging nicht etwa *langsam*, er *‹spazierte›* nicht : *rasend schnell lief der Mann 50 Kilometer weit* ! : Rastlos nach Erholung suchend.

B.: Er brachte ja aber auch die Fülle der Bilder mit heim, die er dann über seine Bücher ausgestreut hat – *(stutzend):* merkwürdig allerdings, daß ihm – wo er doch dann so viele Sonnenaufgänge gesehen haben muß – Nebel & Regen immer am besten geglückt sind.

A.: Und Finsternis. Ja; er wurde allmählich realistischer; besser. / Aber zunächst seine Reisen : die Berichte darüber sind leider ziemlich unbekannt, weil meist nicht in die Serien der ‹Gesammelten Romane› aufgenommen; und doch gaben ja gerade sie Dickens die Gelegenheit, die ‹Reporterseite› seiner Natur endlich einmal sattsam auszuleben – was den späteren Romanen dann sehr zugute gekommen ist.

B.: Wie das ?

A.: Er scheint im Laufe jenes Reise=Jahrzehnts eingesehen zu haben, daß seine frühere ‹Technik› – in Anführungsstrichen – *keine* war. Dieses blindlings=Aneinanderreihen von Miniaturen und Döntjen, und seien sie noch so nett, *zerstört* unweigerlich das Gesamtbild eines Kunstwerks; beziehungsweise verhindert überhaupt das Zustandekommen eines ‹Gesamtbildes›. Beim Reporter dagegen, der über eine Reise berichtet : *da* ist es die gegebene, organische, ‹natürliche› Art zu schreiben, diese Nicht=Form. *Dem* fällt Alles zu, von Augenblick zu Augenblick; *Der* braucht nur Auge zu sein, und mit=stenografierende Hand : bei *Dem* ist Buntheit, Verdienst, und wirkt überzeugend.

B.: Achso; Sie meinen : er sah ein, daß die Scheckigkeit seiner bisherigen Bücher einem anderen, untergeordneteren Gebiet des Schrifttums angemessen sei ? Denn ‹Reportage› ist ja Gebrauchsliteratur. – Daß man also ein schönes Gewand nicht aus tausend Flicken machen könne; und dabei noch – und zwar nach bloßem Augenmaß – von einer Manschette aus zu nähen anfangen.

A.: Ja. Man gewinnt doch unabweisbar den Eindruck, daß er damals endlich die beiden großen Gebiete, für die er begabt war, reinlich zu scheiden begonnen hat – sagen wir übrigens, richtiger : die beiden Gebiete, für die er sich *trainiert* hatte; gegen den Begriff der ‹Begabung› hat er mehrfach protestiert : *‹I would'nt have it as a gift !›*

B. (amüsiert): Sehr nett.

A.: Vom Augenblick dieser Einsicht an, leistet er sogleich Besseres. / Schon seine Beschreibungen von Italien, der Schweiz, Frankreich, sind munter genug; obwohl noch zu subjektiv gefärbt. Die brieflichen Schilderungen der Ausflüge nach Wales, Cornwall oder Schottland sind bereits darüber zu stellen.....

B. (unterbrechend): ‹Briefliche Schilderungen› ? : War er *so ‹reich›*, daß er kostbare literarische Formulierungen und Schilderungen ungenützt in Privatbriefen deponiert lassen konnte ?

A.: Oh nein; *so* reich war noch *Keiner*. – Er hat die betreffenden Briefe jeweils an Ort & Stelle niedergeschrieben – gewissermaßen nur eine andere Art, Tagebuch zu führen – und dann später, bei Abfassung und Zusammenstellung des betreffenden Buches, reichlich wieder darauf zurückgegriffen. Es ist recht interessant, die beiden Fassungen dann miteinander zu vergleichen.

B.: Sie verlangen aber auch gleich wieder viel : ‹Fassungen miteinander vergleichen› ? Welcher Leser tut das schon; beziehungsweise : wer hat Zeit dazu ?

A.: Leider tun das viel zu Wenige : neben der unvermeidlichen Lektüre von ‹Einzelbüchern›, sollte jeder Leser 2, 3 Leute haben, von denen er aber auch schlechterdings *Alles* kennt; jede Zeile, die sie schrieben; jeden Brief; jedes biografische Schnitzelchen. / Aber wir haben keine Zeit für, selbst wichtige, Exkurse : die Perle von Dickens' Leistungen in jener Sparte der ‹angewandten Literatur› sind jedenfalls seine NOTIZEN ÜBER AMERIKA.....

C.: Lieber Leser : falls Du deinen Hut aufhaben solltest, nimm ihn bitte ab, damit Dein Haar ungehindert zu Berge stehen kann !

Man kann sich einfach nicht vorstellen, was in den USA an Husten und Spucken geleistet wird; die vergangene Nacht brach alle bisherigen Rekorde : mein *Ehrenwort* darauf, daß ich heute früh meinen Pelzmantel ausbreiten, und die halbgetrockneten Aulen mit dem Taschentuch überall davon herunterwischen mußte ! Man sah mir dabei zu, und schien überrascht, daß ich so ‹gewählt› wäre. Ich hatte ihn gestern Abend auf den Stuhl neben mich gelegt, und da lag er denn unter dem Kreuzfeuer von 5 Mann. Alle spuckten freisamlich herum; ins Kaminfeuer die Anständigen; die Meisten jedoch einfach auf den Fußboden; und Einer schnäuzte sich sogar die Nase mit den Fingern : *mitten auf den Teppich !* Freilich war es ein ‹Senator›; was, wie ich mir habe sagen lassen, einem Mitglied unsres *Oberhauses* entspricht. Zur Zeit des Zubettgehens sah der Fußboden jedenfalls aus, als sei er mit Austern gepflastert.

B. (schaudernd): Brrr. – Hätten Sie nicht eine appetitlichere Schilderung auf Lager ?

A.: So viel Sie wollen. Dickens besuchte damals ja vielerlei : Gefängnisse, Armenhäuser, Schulen, das ‹Weiße Haus›. Guckte, der lieben Komplettität halber, auch einmal 3 Schritte weit in eine ‹Prärie› hinein, und beschrieb sie dann fachmännisch seinen Landsleuten – Reporter müssen nun einmal so sein. Er war allerdings fast in keinem Falle ‹überwältigt›.....

C.: Aber mit welchen Worten soll ich *Ihn* schildern; ihn, den Mississippi=selbst, den ‹Vater der Ströme› – – *(absichtlich banal):* der, Dank sei dem Himmel, keine Kinder hat, die ihm gleichen.

: Ein ungeheurer Graben, manchmal 2 oder 3 Meilen breit, voll flüssigen gelben Schlamms, der sich mit einer Geschwindigkeit von 3 Metern pro Sekunde dahinwälzt. Die Ufer niedrig; die Bäume zwerghaft; die Moräste voll von Fröschen. Die elenden Hütten weit auseinander zerstreut, ihre Bewohner hohlwängig und blaß; das Wetter entsetzlich drükkend, Moskitos in allen Winkeln und Spalten; Koth und Schlamm überall und *auf* Allem; *nichts Schönes zu sehen : das viehischste Gewässer, das je durch ein Land floß !*

A.: Auch in den USA gibt es ‹kleine Jungen›; und Dickens schildert sie uns getreulich.....

C.: Als ich wieder zu meinem Kutschsitz emporkletterte, sah ich ein neues Paket auf dem Dach liegen, das ich für eine Art Cello in seinem braunen Sack hielt. Nachdem wir jedoch einige 10 Meilen zurückgelegt hatten, entdeckte ich, daß das Instrument an dem einen Ende ein Paar dreckige Schuhe besaß, und an dem andern eine Lackledermütze. Weitere anhaltende Beobachtung ergab, daß es ein kleiner Junge in einem schnupftabakfarbenen Rocke war, die Hände tief in die Taschen gestoßen. Er lag da, das Gesicht nach oben, so daß der Regen frei darauf niederprasseln konnte, und rührte sich nicht; ausgenommen wenn eine leichte Veränderung seiner Lage seine Schuhe mit meinem Kopf in Berührung brachte; er schien zu schlafen. Endlich, als wir Harrisburg erreichten, wo wir die Pferde tränken wollten, richtete sich dieses Wesen zu einer Höhe von vollen 1 Meter 10 *auf – lange* ruhte sein Blick auf mir, mit einem Ausdruck, in dem sich Gemütlichkeit und nationales Selbstbewußtsein mit einer liebenswürdigen Herablassung zu reisenden Barbaren aus fern=unreinlichen Welträndern paarten – dann redete er mich, gähnend & gönnerhaft, mit schrillster Kinderstimme also an : »Na, stranger ? ! – So ist das Wetter bei Euch drüben, in England, nachmittags manchmal wohl auch fast, heh ?«

B.: Da werden sich die Yankees – die ja bereits damals wie heute von ihrer führenden Rolle in der Welt arg durchdrungen waren – nicht gerade gefreut haben, daß der berühmte Schriftsteller sie, ob Sklavenwirtschaft ob Copyright, so unerwartet kritisch skizzierte ?

A.: Zumal unmittelbar darauf noch zusätzlich der Roman erschien, in den er das Material *noch* voller hineinarbeitete, der MARTIN CHUZZLEWIT. Da begannen denn, für die nächsten 3 Jahre, die meisten amerikanischen Besprechungen seiner Bücher dann wörtlich : ‹Herr Dickens, der bekannte englische Schuft und Lügner, hat sich wieder einmal mehr bemüßigt gefühlt.....›; undsoweiter.

B.: Er hat sich also im Ganzen anscheinend *jahrelang* im Ausland aufgehalten ?

A.: Wenn man alles zusammenrechnet, bestimmt. 3 Sommer hintereinander verbrachte er im französischen Boulogne; Monate in Genuesischen Villen und Palazzi – die Schilderungen gerade dieser italienischen Aufenthalte, wirken vor allem deswegen ‹anders›, weil Dickens so gar keine Ahnung von Kunst und Antike hatte; und sich, sehr richtig, nun auch gar nicht krampfhaft abquälte, gelehrte Kenntnisse zu erheucheln.

B.: Das finde ich *sehr* erfrischend : von diesen ganzen Leuten sind doch eigentlich nur 2 noch lesbar : Aristofanes und Luzian.

A.: Bleiben wir vorsichtshalber bei Dickens. Halten wir fest, daß er auch auf Reisen seine menschenfresserischen Lebensgewohnheiten beibehielt : wenn ihm im Dorfgasthaus die Nachricht wurde, daß seine Post in der nächsten Kleinstadt lagere, und heute kein Fuhrwerk mehr aufzutreiben sei – dann ging er flugs los, 20 Kilometer hin, 20 Kilometer zurück; und las noch am selben Abend, was Bulwer ihm zu schreiben hatte, was Victor Hugo, oder der Ninive=Layard. / Ein *ganz* großer Anziehungspunkt war zeitlebens das Theater.....

C. (angeregt): Bei weitem die beste Leistung habe ich gestern Abend im ‹Ambigu› gesehen. – Der alte Lemaître spielte die Hauptrolle; und *nie* bisher, in *keiner Kunst*, ist mir etwas so Grausiges und Fantastisches aufgestoßen ! Es war doch wohl ein Äußerstes an schauspielerischem Können. / Als er in der Gaststube den Reisenden trifft, den er nachher ermorden wird, und das erstemal dessen wohlgespickte Börse sieht, und wie dabei der erste Gedanke an das Verbrechen ihn überkommt – an Augen und Händen sah man's vor Allem ! – war ebenso wahrheitsgetreu wie schrecklich. Der betreffende Reisende, ein netter Mensch, lädt ihn zu einem Glas Wein ein : nun hättest Du die vage Erinnerung besserer Tage sehen sollen, die ihn überkam; wie er das Glas entgegennahm, und in einer ganz merkwürdigen, wie halb betäubten Art damit umhertastete, als entsinne er sich eines Gebrauches, daß man ‹anstoße› in guter Gesellschaft ? Aber das Glas klang nicht – und auf einmal setzte er an, und stürzte den Inhalt hinunter, als müsse er einen Innenbrand löschen. / Aber das war noch gar nichts : wie wurde nicht sein verrucht=knotiger Spazierstock zum Vertrauten und Komplizen, von dem Augenblick an, als das Projekt eines Mordes ihm einkam : wie lehnte der Knüttel da nicht an der Bank zwischen ihnen ! Halb prahlte er mit ihm und seiner Macht; und halb fürchtete er sich vor ihm; und immer wieder dieser Seitenblick, den er auf ihn warf, während er sich an den Fingern vorrechnete, was er mit dem Geld alles würde anfangen können. Und dazu das Kostüm; und so ein Gesicht ! : Ich könnte ganze Seiten darüber schreiben !

B. (verdachtsvoll): Warum bringen Sie gerade wieder *dieses* Zitat ? Ich fürchte, Sie wollen andauernd ‹etwas beweisen›.

A.: Nur ein zuvor schon Gesagtes : daß Dickens' Haupt=Thema stets nur *eines* gewesen sei : *wie verhehle ich jahrelang ein Verbrechen ?* / Aber dafür ist im Augenblick nicht der Zeitpunkt. / In den erwähnten Jahren schreibt er noch 2 weitere Romane : DOMBEY & SOHN.....

B.: Das ist mir immer etwas zu rührend gewesen. Unbeschadet der üblichen glänzenden Einzelheiten.

A. (fortfahrend): ..... und den DAVID COPPERFIELD.....

B.: Den Manche ja für sein Bestes halten.

A. (abfällig): Naja. Also dazu muß man schon ziemlich urteils*un*fähig sein. Das Buch hat, zugegeben, größtes Interesse aus zweierlei Gründen : einmal weil er viel Autobiografisches eingearbeitet hat.....

B. (einfallend): Und allein *das* wäre ja schon hinreichend – *meinem* Urteil nach.

A.: Ich fürchte, Sie irren sich. – Auch bei diesen pseudo=Autobiografien braucht der Dichter – ähnlich wie beim dubiosen ‹Reiseroman› – wiederum *keinen ‹Plan›*; ein bildender Künstler würde sagen : keine ‹Anatomie›. / Die Mühe der kunstvollen Erfindung ist ihm *wieder* abgenommen; *wieder* kann er, anstatt einer Bildsäule, einen Haufen interessantester Gesteinsproben liefern : ein Mineralienkabinett kann *furchtbar* nett sein – Insekten in Bernstein; Fischabdrücke aus dem Kupferschiefer; Feuersteine äugeln gekonnt – aber mit ‹Kunstwerk› hat das ebensowenig zu tun, wie eine Briefmarkensammlung mit einer Gemäldegalerie.

B. (widerstrebend): Sie immer mit Ihrer ‹Konstruktion› ! Leider haben Sie vermutlich sogar Recht; ich weiß allmählich wohl, was Sie meinen : den Unterschied zwischen dem bloßen ‹Reiz der Oberfläche›, und einer schönen ‹Gestalt›. Bisher hat Dickens nichts als ‹interessante Oberflächen› geliefert. – Aber halt : sprachen Sie nicht von *zwei*erlei Positivem am COPPERFIELD ?

A.: Jawohl : mich hat jedesmal, und immermehr, *Folgendes* noch fasziniert – ich weiß nicht, ob es schon ausführlich, und bis in alle Verzweigungen, untersucht worden ist; Stoff für eine gute Dissertation wäre es schon.

Einer der grandiosesten literarischen Diebstähle – *und doch kein Diebstahl !* – ist die, immer neu=wiederholenswerte, Vergleichung dieses Dickens'schen COPPERFIELD und Gustav Frenssen's OTTO BABENDIEK : der hat nämlich, bis in die kleinsten Einzelheiten, das ‹Gerüst› sich angeeignet.

B. (hineinmurmelnd): Beziehungsweise das *Nicht*=Gerüst.....

A.: Da ist der kleine, mißbrauchte Junge David=Otto; und sein genial=schlechter Freund Steerforth=Hellebeck. Die resolute Tante Betsey=Lene. Die erste nichtsnutzige Klein=Frau Dora=Gesa. Die beiden Schmiede, Joe=Engel, sind ihm noch aus GREAT EXPECTATIONS dazwischen geraten. Es ist jedenfalls äußerst belehrend, zu verfolgen, wie Frenssen diesen COPPERFIELD ins Schleswig=Holsteinische übertragen hat. Und zwar *so meisterhaft* – es ist ja schließlich Frenssen's bei weitem bestes Stück ! – daß es doch wieder ein *ganz=Eigenes* geworden ist. Ein Vorgang, unvergleichlich zu verfolgen. – Und, ich will es nur aussprechen, wenn es mir auch schwerfällt – denn Frenssen hat *übel* gesündigt, als er den Nazis eines ihrer unschätzbaren Alibis lieferte ! – er hat den COPPERFIELD *übertroffen*. Der BABENDIEK ist weit voller; ‹kompletter›; hier finden wir nicht mehr die meist nur entweder weiß= oder schwarzen Typen des Charles Dickens; sondern eine wahrere Welt, voller *Grauer und Rotbunter* !

B.: Und *Sie* hatten mehrfach die Stirn, mich vor ‹Exkursen› zu warnen ? / Schön; nehme ich also Ihr Urteil über den COPPERFIELD zur Kenntnis – ohne mich ihm anzuschließen. Ich wäre ein Trottel, wenn ich das auf der Stelle, beim bloßen Anhören, täte : dergleichen will überlegt sein. – Damit wäre aber nun Dickens' zweite Periode, bis 1850, abgeschlossen ?

A.: Ja; es begann die wohl wichtigste; die dritte.

(Gong)

B.: Inwiefern die wichtigste ?

A.: Genügt es, wenn ich darauf hinweise, daß er nunmehr 40 Jahre alt war ?

A.: Nein; es genügt nicht. Es gibt sehr wohl Dichter, deren Bestes weit früher entsteht : Hofmannsthal.

B. (etwas abschätzig): Ja; Lyriker vielleicht; die ja. Bei Epikern muß man etwas mehr Geduld haben. / Äußerlichstes Anzeichen : auch bei Dickens tritt nunmehr der – weitgehend körperlich bedingte – ‹Tusculum=Komplex› auf.

B.: Von dem hab' ich, trotz Freud & Freudianern, noch nichts gehört.

A.: So führen wir ihn denn, zumal bei Künstlern, ein : wenn man ‹jung› ist; mit jeder Hand 1 Zentner heben kann; unermüdlich geistreich & gesprächeführend : da gibt es ja nichts Fruchtbareres, als durchwachte Nächte unter Brückenbogen.....

B. (komisch=abwehrend): ‹Fruchtbareres› ? Hoffentlich nur im künstlerischen Sinne : also literarisch=Gewinnbringenderes.

A. (fortfahrend): ..... aber wenn da so die fatale Kurve um die 40 herum erfolgt – wo man das ‹Nachlassen› zum erstenmal, und erschrokken genug, am eigenen Leib & Geist umfassend verspürt – da kommt nahezu jeder Schöpferische auf die, übrigens sehr richtige, ‹Idee› : *weg* aus der nervenfressenden Großstadt, und *‹aufs Land›* ! Dort, in Ruhe, Stille, anregend=ausgesuchter Landschaft, den Körper erholen und entlasten : Vater Horaz hat's ja nett genug geschildert. Oder denken Sie an Walthers rührende Freude, à la ‹ich hân mîn lehen› : *über einen, in fleißigen Ehren ergrauten, Künstlerkopf gehört schon ein, und sei es noch so kleines, Dach !*

B.: Übersetzen wir Ihren ‹Tusculum=Komplex› also in einfaches Deutsch : Dickens kauft sich 1 Haus; ja ?

A.: Korrekt & banal; aber : Jawohl. – Und nehmen Sie, zur Strafe, sogleich Ihren Shakespeare zur Hand : KÖNIG HEINRICH DER VIERTE; 1. Teil, 1. Aufzug... :

C. (ekstatisch=beutelschneiderisch): Jungens; Jungens ! : Morgen Früh, um 4 Uhr, nach Gadshill ! Es gehen Pilgrime nach Canterbury mit reichen Gaben : ich habe Masken für Euch Alle !

A.: Also eben die Stelle, wo der unsterbliche Falstaff sich mit den ‹Schelmen in Steifleinen› herumschlägt : Gadshill; 4 Kilometer nordwestlich von Strood; zwischen London und Rochester auf Gravesend zu; mitten in den weiten Kentischen Marschen.

B.: Bitt' Euch : wieviel kostete es nach heutiger bundesdeutscher Währung von 1960 ?

A.: Zunächst einmal zahlte er für den bloßen ‹Roh=Ankauf› eine Viertelmillion – bei der es aber, und jeder Tusculums=Besitzer dürfte hier schwermütig nicken, natürlich nicht blieb. Sogleich erhoben sich die bekannten Probleme : Ausbau=Umbau; Brunnenbohren; Aufstocken; nichts wie Zaun & Gewächshaus. Ein Teil des Grundstücks – natürlich ausgerechnet der landschaftlich schönste ! – lag gegenüber, *jenseits* der Landstraße; die ‹Wilderness›, die ‹Shrubbery›, mit prachtvollen alten Bäumen : nach langwierigen Verhandlungen mit den Ortsbehörden erlangte Dickens endlich die Genehmigung zum *Bau eines Tunnels, unterhalb der Landstraße hindurch !*

B. (anerkennend): Pff ! Das dürfte Einiges gekostet haben. – Nun; er *hatte* ja genügend Geld, wie Sie eingangs schon andeuteten.

A.: Sagen wir : er erschloß sich resolut eine, bis dahin bei Dichtern ungekannte, Quelle von Großeinnahmen – darauf kommen wir noch. Sein pariser Verleger, Fechter, schenkte ihm ein aus 94 Einzelteilen zusammensetzbares zweistöckiges Holzhaus – ein Schweizer würde ‹Chalet› sagen – : das wurde in eben jener ‹Wilderness› aufgestellt; und in ihm schrieb Dickens die meisten seiner Spätwerke.

B. (langsam; nachdenklich=verarbeitend): Also nunmehr im stillen, geräuschsicheren Buen Retiro.

A.: Naja – was sagen Sie zu Zügen, wie etwa diesem ? : Im Oberstock, wo sein Schreibtisch stand, ließ er sich sogleich, an den Wänden, 5 *Riesenspiegel* anbringen : um das Wirbeln und Rascheln des Laubes der umstehenden Pappeln und Espen sich ins Unendliche zu vervielfachen !

B. (betroffen): Teufel ! Der war aber schon *weit* runter mit den Nerven ! – Eine pastorale Zwischenfrage schnell : war er tierlieb ?

A.: Ja; wie jeder vernünftige Mensch. – Zuerst war es der Rabe GRIP : er hat ihm das Denkmal gesetzt im BARNABY RUDGE; aus dem, weiterhin, Poe dann seine Anregung zum RAVEN nahm. Das Folgende mag der kundige Leser=Hörer parallelisieren mit der bekannten lithografierten Anzeige ETA Hoffmanns vom Tode des KATER MURR.....

C. (niedergeschlagen): Machen Sie sich auf traurige Nachrichten gefaßt : Mein Rabe ist nicht mehr ! / Heute, 10 Minuten nach 12 Uhr, tat er seinen letzten Atemzug. Er hatte schon seit einigen Tagen gekränkelt; aber wir hegten keine sonderlichen Besorgnisse; nahmen vielmehr an, daß es sich vielleicht um Nachwirkungen der Portion Bleiweiß handeln könne, die er vergangenen Sommer verschluckt hatte. Gestern Nachmittag wurde sein Befinden so besorgniserregend, daß ich einen Eilboten an Dr. Herring, den Tierarzt, schickte; der auch prompt erschien, und ihm eine Dosis Kastoröl eingab. Unter dem Einfluß dieser Medizin erholte er sich in solchem Maß, daß er gegen 20 Uhr imstande war, Topping zu beißen. Die Nacht verlief ruhig. Heute Früh schien er sichtlich besser; erhielt eine zweite Dosis Kastoröl verpaßt; und suppte dann seinen üblichen warmen Haferschleim, der ihm sehr zu munden schien. Gegen 11 Uhr jedoch verschlechterte sich sein Befinden plötzlich derart, daß wir vorsichtshalber den Türklopfer umwickelten. Er murmelte einiges von Topping und dem Pferde; und dann noch etwas, von dem wir jetzt annehmen, daß es sich um Verfügungen über seinen Nachlaß gehandelt haben wird, der hauptsächlich in blankgeputzten Halfpennystücken bestand, die er an verschiedenen Plätzen im Garten vergraben hatte. Als unvermittelt die Uhr 12 schlug, schien er aufzufahren; beruhigte sich jedoch gleich wieder; spazierte 2 oder 3 Mal herum; wollte bellen; stolperte jedoch plötzlich; rief noch einmal »Hallo, old girl« – sein Lieblingsausdruck – und starb. Es ist ausgesprochen Halbmast bei Uns !

B. (murmelnd): Die Rolle der Krähen & Raben, der ‹rooks› in seinen Büchern : darf man so weit gehen, und direkt von ‹Symbolvögeln› reden ?

A. (ablehnend): Nie ! : mit ‹Symbolik› hatte Dickens, gottlob, nie etwas zu schaffen; dazu war er viel zu gesund. / Später hielt er dann besonders *große Hunde* : Bernhardiner, Neufundländer; und vor allem eine Familie von 4 riesigen Bullenbeißern, Vater, Mutter und 2 Söhne; mit denen er, Fremden und Landstreichern Furcht erweckend, durch die Anlagen schritt. / In jene Zeit fällt auch die Scheidung von seiner Frau.

B.: Der ‹Dichter des Familienglücks› geschieden ? ! – a) Wie lange war er verheiratet gewesen ? – b) Warum ‹ging› es nicht mehr ?

A.: Zu a) : 22 Jahre. / Zu b) : Kate Hogarth war ihm *keine* erträgliche Gefährtin gewesen. Sie war bestens=bürgerlich. Engen Geistes : so ängstlich, daß ihr, wie Luther es ausdrückt, ‹jeder Bombart als Sünde erschien›. Außerdem – und das war nun freilich *seine* ‹Schuld› – körperlich gehandicapt und matronenhaft=verunstaltet : erwartete sie doch ständig entweder 1 Kind; oder erholte sich mühsam nach der Geburt des Zehnten. Überdem *hinderte* sie ihn allmählich sogar bewußt an der Arbeit : saß & trotzte; widersprach & muckschte; nahm an nichts Teil; und ‹betete gegen ihn›.

B. (hinein=bestätigend): A TALE OF TWO CITIES.....

A.: Es ging jedenfalls nicht länger. Und Dickens – ohnehin der Mann der Blitzentschlüsse – zerhieb kurz entschlossen den Weichselzopf von Gordischem Knoten. Sie lebten künftighin getrennt : geschieden. Er zahlte ihr, bis an sein Lebensende, monatlich rund 4.000 Mark.

B.: Also *verteilen* wir ‹die Schuld› etwas : *ER* exzentrisch, und stets in, ihr unzugänglichen, Bewußtseinskammern hausend : *SIE* körperlich von ihm verbraucht, und wütend & stur gemacht. Immerhin : keine berühmte Bilanz für 22 Jahre ! / Aber er war doch noch – relativ – jung, rund 45 : hat er wieder geheiratet ? Es gibt doch nun einmal da gewisse biologische Bedürfnisse.....

A.: Nein. – Als ‹First Lady› blieb in seinem Haushalt die *Schwester* seiner Frau, Georgina Hogarth. Wie denn erwähnt werden muß, daß er schon vorher einer ganz jung, siebzehnjährig, verstorbenen *anderen* Schwester seiner Frau, Mary, Huldigungen dargebracht hatte.

B. (nachdenklich): ‹Dichter, die Schwestern lieben› : Bürger, Schiller : Hm hm. – Warum das eigentlich : kann man sie allzu reizvoll=leicht ‹verwechseln› ? : *Dieselbe* – und *doch* eine Andere ?

A.: Eine letzte überragende Rolle in seinem Leben spielte die Tänzerin Ellen Lawless Ternan.....

B. (frappiert unterbrechend): .....‹Lawless›; also ‹Gesetzlos› ? ! – Kurioser Vorname für eine Frau.

A.: Sie muß schon eines jener stählernen, herrischen Geschöpfe gewesen sein, wie sie manche Männer – denken Sie an die Titelnovelle in Stefan Zweig's AMOK – unwiderstehlich faszinieren. Als dergleichen Frau, von fast männlichen Eigenschaften, hat er sie ja in seinem allerletzten unvollendeten Buch, dem EDWIN DROOD, als ‹Helen Landless› porträtiert. / Es wird übrigens nicht ganz einfach gewesen sein, mit ihm zu leben – einer seiner Büchertitel hieß, einsichtig und düster=ergeben, ‹NOBODYS FAULT› : ‹Keiner ist Schuld› – später hat er dann ‹KLEIN DORRIT› daraus gemacht; wie denn überhaupt 2 Drittel seiner Bücher *Namen als Titel* tragen – auch ein Charakteristikum.

B. (tiefsinnig): Sagen Sie..... : War Dickens eigentlich ‹ein *frommer* Mann› ?

A.: Das können Sie bei englischen – das heißt : zum ‹cant› gezwungenen – Schriftstellern nie ganz eindeutig beantworten. Man könnte, vielleicht, mit Gewalt, Dickens eine Spielart verwaschenen Kristentums konzedieren ? – Aber ich möchte doch auch hier ausdrücklich einmal eine andere Gesinnung zur Debatte stellen, die er einen seiner autobiografischst=sympathischsten Helden, den Arthur Clennam der KLEIN DORRIT, äußern läßt..... :

C.: Clennam saß am Fenster seines Kaffeehauses in Ludgate=Hill, und zählte einer der benachbarten Glocken die Schläge nach; wobei er unwillkürlich Sätze und Refrains daraus machte – und sich nebenher fragte : wievieler kranker Leute Tod das Gebimmel wohl im Laufe des Jahres so herbeiführen möge ? / Als die volle Stunde sich näherte, wurde die Glocke immer leidenschaftlicher und ärgerlicher; als es Dreiviertel war, bimmelte sie in einem Zustande tödlich=lebhaften Ungestüms, indem sie das Volk mit rasch aufeinanderfolgenden Hieben ermahnte : ‹*Kommt*=zur=Kirche ! *Kommt*=zur=Kirche !›. / Als noch 10 Minuten fehlten, wurde sie inne, daß die Gemeinde sehr schwach versammelt sein würde; und hämmerte in niedergeschlagener Stimmung langsam : ‹Sie *wol*=len nicht *kom*=men. – Sie *wol*=len nicht *kom*=

men.› / 5 Minuten vor Voll gab sie alle Hoffnung auf, und erschütterte jedes Haus in der Nachbarschaft 300 Mal, mit einem einzigen furchtbaren Schlag pro Sekunde, als eine Art Gebell der Verzweiflung. / ..... / Dank dem Himmel ! murmelte Clennam, als die Stunde schlug, und die Glocke endlich schwieg. – Aber ihr Klang hatte in seinem Innern eine lange Reihe von Sonntagen wieder belebt; und diese Prozession wollte mit der Glocke *nicht* aufhören, sondern fuhr fort, weiterzuschreiten. ‹Gott verzeih mir die Sünde› sagte er, ‹*und Denen*, die mich erzogen : *Wie habe ich diesen Tag gehaßt !*› – / Da war der trübselige Sonntag seiner Kindheit; wo er, die Händchen vor sich hin gelegt, dasaß, und durch ein greuliches Traktätchen vor Schreck fast von Sinnen kam, welches sein Lehrgeschäft damit begann, daß es dem armen Kinde schon auf dem Titelblatt die Frage vorlegte : Warum es in die Verdammnis eingehe ? Und welches sich seinem kindlichen Gemüte außerdem dadurch empfahl, daß sich auf jeder zweiten Zeile eine Anmerkung befand, mit einem den Schluckauf erweckenden Verweis auf die Bibel; etwa :

2. Ep. Thess. c. III. v. 6 u. 7

/ Da war der schläfrige Sonntag seiner Knabenjahre; wo er dreimal des Tages, an einen Nebenmann gewissermaßen gefesselt, wie ein Deserteur durch ein Pikett von Lehrern, nach der Kapelle gebracht wurde – und er doch bereitwilligst 2 Mahlzeiten unverdaulicher Predigten für 100 Gramm schlechtesten Hammelfleisches verhandelt haben würde ! / Da war der endlos lange Sonntag seiner Jünglingsjahre; wo seine Mutter, strengen Antlitzes und unbeugsamen Herzens, den ganzen Tag hinter einer Bibel saß, die, wie ihr eigenes Wesen, in die härteste, schmuckloseste und steifste aufzutreibende Schale gebunden war; die einen einzigen Zierrath – *eine Kette !* – auf den Deckel geprägt hatte, und deren Schnitt mit zornrothen Tüpfchen bedeckt war. Wo er da saß, das Herz voll trüber Gedanken; und ohne mehr eigentliches Wissen vom Neuen Testament, als ob er unter Götzendienern aufgezogen wäre.

B.: Naja; ich würde eben sagen : der ewige Unterschied zwischen Kristen*tum*, und Kristen*heit*.

A.: Ach liebster Freund : *da*rauf beruft man sich gar zu gern ! Die beiden sind, meiner Ansicht nach, leider nur *zu* identisch. / Bezüglich Dickens wird die Lösung des Dilemmas die folgende, bei sehr vielen Künstlern und Wissenschaftlern übliche, sein : die Betreffenden erschöpfen alles, was sie an Scharfsinn, Gedächtnis, Einbildungs= auch Körper=Kraft besitzen, bei der Bearbeitung ihres Fachgebietes; dort sind sie ‹führend›, dort Geister des ersten Ranges, dort Autoritäten. ‹Nach Feierabend› jedoch sind sie derart erschöpft, ausgehöhlt, denk= und fantasie=unfähig, daß sie sich bei nahezu allen, nun noch auftauchenden, Problemen, mit vorhandenen Schema=Antworten begnügen : begnügen *müssen* : handele es sich um Politik, Schwester=Künste, Religionen, ‹Meinungen› irgendwelcher Art. Nur so ist das oft überaus befremdliche ‹Versagen› der ‹Gehirntiere› einigermaßen befriedigend zu erklären.

B.: Weichen wir dem, bereits wieder drohenden neuen ‹Exkurs› lieber aus : beschränken wir uns auf Dickens, und dessen jetzige, letzt=dritte, Periode. – Sie zeichnet sich aus : *wodurch* ?

A.: Durch die Wendung zum *Besseren* – in jeglicher Hinsicht. / Überwog früher das um 1 Spur zu leichte, märchenhafte Element, so wird er nunmehr hart & realistisch – eigentlich nur här=*tärr* & realisti=*schärr*. Hatte sich seine Sozialkritik zuvor meist nur *rührender* Töne bedient, so wurde er, je älter, desto *lauter und aggressiver* : so sehr, daß die ‹Queen› ihrem berühmtesten englischen Schriftsteller nie den ‹Sir›=Titel anzubieten gewagt hat. Mußte sie doch darauf gefaßt sein, daß Dickens ihn ostentativ ausgeschlagen hätte – woran ich übrigens zweifle.

B.: Das wäre also, vom rein Thematischen her betrachtet, eine sorgfältige ‹Vergrauung› – ganz wie Sie es sich, miesepetrig, vorhin wünschten.

A.: Jetzt grollten und dröhnten seine unangenehmen Schilderungen den Regierenden der ‹kleinen und kleinlich=denkenden Insel› immer peinlicher in die feinen Ohren; und kamen von einer ‹persona grata›, deren Leser nicht mehr nach Hunderttausenden, sondern nach hellen Millionen zählten – die sich freilich meistens leider nur an die lustigenoder weinerlichen Episoden hielten. / Künstlerisch noch wichtiger ist, daß er jetzt endlich=wirklich=ernstlich zu arbeiten begann : jetzt endlich fing er nicht mehr liederlich, von irgendeinem Zipfel her, zu schreiben an : nunmehr entwarf er sich in jedem Fall zuerst den umfassenden, peinlich genauen *Plan*. Nunmehr befestigte er Material auf zahllosen Zetteln; sammelte Notizen, Metafern, Redewendungen, Namen zur Auswahl. Wenn jetzt eine ‹Themsefahrt› zu schildern war, dann schlug er, scheinbar unbefangen, seiner Familie und den Freunden einen kleinen Ausflug vor; mietete ein Dampferchen; stand, mit den Andern winkend und picknickend an Deck – : *und fuhr dabei*, ‹in Wirklichkeit›, *genau die Strecke ab, die demnächst Pip und der Sträfling in den* GREAT EXPECTATIONS *zurücklegen mußten.*

B. (seufzend): Ohweh, hier eröffnen sich schon wieder so viele Nebenweglein und =fragen – – : ist es denn wirklich notwendig, daß ein Dichter dermaßen vorplant ? Verläßlichkeit ist etwas Schönes; aber auch etwas Ernüchterndes. Finde ich. Unter ‹Schöpfung› habe ich mir immer etwas grandios=Begeisterndes, improvisatorisch=Geniales vorgestellt : ‹Es werde Licht !›

A. (trocken): Und das betreffende Ergebnis *ist* ja auch danach. – / Nun, gemäß dem ‹Neuen Verfahren›, nach 2 Jahren sorgfältigster, ‹frischester› Planung – man spürt ganz deutlich die Freude an der neuen Art zu arbeiten; fühlt mit die sehr tröstliche und beruhigende Gewißheit : daß es so zwar langsamer geht, dafür aber gelingen *muß*; während sich früher nur Zufalltreffer einstellen konnten – *nunmehr* legt Dickens mit dem nächsten Buch sein zweites, höheres, Meisterwerk vor – *(deutlich=ehrerbietig):* BLEAKHAUS.

B. (verblüfft): Wie ? ! – Ich hätte eher auf jedes andere getippt. Die ZWEI STÄDTE; oder.....

A. (fest): Ich wiederhole : BLEAKHAUS. – Jeder Selbst=Schreibende sollte es mehrfach, in verschiedenen Stadien seiner Entwicklung, lesen, und davon lernen. Es ist, allein was das ‹Gerüst› der Fabel, die Konstruktion im Großen wie im Kleinsten, anbelangt, von mathematischer Perfektion. Der bloße ‹Leser› merkt das, bewußt, zunächst überhaupt nicht; wogegen der Fachmann auf jeder der 1.000 Seiten ein paarmal neidisch die Zähne aufeinandersetzen, und bewundernd die Luft einziehen muß. Es gibt in der ganzen Weltliteratur nur noch 3 oder 4 weitere, ähnlich umfangreiche Stücke, die derart ‹berechnet› wären, derart ‹aufgebaut›. / Vom ersten Satz an, wo Nebel und Dämmerung und die übliche unmenschliche Staats=Justiz=Maschinerie mit einander identifiziert werden, steht kein Wort, keine Episode mehr umsonst : nie sind Zufall – oder, wenn Sie so wollen, *Notwendigkeit* ! – als so eisernes Netz über Menschen und Dinge gespannt worden. Scheinbar zufällige Nebensätzlichkeiten, Ausrufe, Einsilbiges aller Art : wirken sich im Lauf der Handlung aus. Scheinbar belanglose – nicht ‹Taten›, sondern *Handgriffe* ! – führen maschinenhaft, 500 Seiten später, Verbrechen & Tod herbei, Glück oder Unglück Unbekannter, Nie=Gesehener, Nie=Bedachter. Um die 57 Hauptpersonen kreist unermüdlich der Planetoidenring der Nebengestalten, immer zunehmend an Zahl und Bedeutsamkeit. Und gleichermaßen spielen die bloßen *Dinge* mit : Bilder & Besen; Taschentücher & Schlüsselkörbchen; eiserne Lineale & abgeschnittenes Frauenhaar : *3 Säcke voll* !

B. (unbehaglich): Ein düsteres Buch also ? Ein ausgesprochen pessimistisches : edax rerum ?

A.: Ja. Noch kein Glücklicher hat je ein gutes Buch geschrieben. / Äußerlichster – nicht ‹Goldrand› sondern eher ‹Eisenreifen› – der Fabel ist ein Zivilprozeß, der seit rund 70 Jahren ‹läuft›; und an dem sich allmählich sämtliche Personen des Buches irgendwie ‹beteiligt› finden – die Meisten wissen überhaupt nicht, wie sie dazu kommen : ein prächtig=niederschlagendes Sinnbild der berüchtigten ‹Querverbindungen› des Schicksals. /

Lady Dedlock, eine der Heldinnen, hat, vor ihrer Verheiratung, 1 uneheliches Kind gehabt, und dies Faktum gute 20 Jahre lang verbergen können. Nunmehr will es durch eine grandios=sinnlose Kette von Zufälligkeiten, offenbar werden; und ihr Kampf, die Entdeckung – die sie ihre soziale und gesellschaftliche Stellung kosten würde – zu verhindern, zieht sich durch das ganze Buch. Im Hintergrunde steht allezeit, rostig und stumpf=schwarz, der Rechtsanwalt Tulkinghorn; ein Nicht=Verbrecher im Panzer des Gesetzes; eines der tiefsinnigsten Bilder des Todes, das die Literatur je geliefert hat : ‹Ich bin im Hintergrunde / Dir nahe jede Stunde, / mit zugefrornem Munde / und eisernem Gesicht.›

B. (unbehaglich): Also verschieb'ich die Lektüre lieber noch : das Leben ist *so* schon ‹bleak› genug. Übrigens eine vermaledeite Art, den Teufel so in tüchtiges Grau zu kleiden – bei der sonst=üblichen schwarz=roten Grimasse weiß man doch gleich, woran man ist.

A.: Als das Buch erschien, erhielt Dickens entrüstete Briefe, wie noch nie – selbst aus Freundeskreisen : hatte er doch Einen davon, Leigh Hunt, derart naturgetreu als ‹Harald Skimpole› porträtiert, daß er in der 2. Auflage die Ähnlichkeit möglichst zu verwischen suchen mußte; was aber sehr schwierig war; denn der Charakter, einmal eingeplant, mußte nun schon so bleiben.

B.: Ach, da muß man auch *darauf* noch achten : daß ein Roman von Dickens in der 1. Auflage anders ausgesehen haben kann, als in der späteren ? Das ist doch einfach schandbar. Für den *Leser*, meine ich vor allem : Wer hat schon Zeit & Lust, nach verschiedenen Fassungen zu buddeln ?

A.: Ja; leider muß man auch bei Dickens da Bescheid wissen. – Dem ANTIQUITÄTENLADEN fehlt neuerdings meist der kauzige Rahmen der WANDUHR. GROSSE ERWARTUNGEN hatte ursprünglich einen anderen, herberen, Schluß. Die englischen Ausgaben drucken auch bereits diese Textvarianten ans Ende des Bandes – wie die Engländer überhaupt in filologisch guten, billigen Ausgaben um Längen vor uns führen : Reihen wie EVERYMAN oder COLLINS sucht man bei uns vergebens.

B.: Nennen Sie doch auch noch die andern Titel jener späten Produktion : ich habe, wie gesagt, die ZWEI STÄDTE immer gern gelesen.

A.: Dabei ist es nicht einmal besonders gut. Abgesehen von Dickens' reinlich=knirschender Empörung, und seiner wundervoll konsequenten Teilnahme für die ‹Schreckensmänner›, hat er *viel* zu wenig Vorstudien getrieben; was zur Folge hatte, daß er die interessantesten, bildkräftigsten Einzelzüge überhaupt nicht gekannt, geschweige denn geschildert, ‹ausgemalt›, hat. Er war eben nicht befähigt, aus *gelesenen* Einzelheiten, – geduldig sammelnd erst; dann feurig zusammenschweißend – ein überzeugendes Großgemälde zu schaffen. Dickens war der Mann, der *zeitgenössisches* Elend *sehen* mußte : nur bei der direkten Impression durchs Auge ins Gehirn gab er Funken..... :

C.: Gestern Abend regnete es, und zwar eiskalt – eben Novemberwetter. Ich blieb unter dem Torweg des Arbeitshauses in Whitechapel stehen, um mich fester zuzuknöpfen – als ein merkwürdiger Anblick mich noch verweilen ließ : die Mauer entlang sah ich etwas liegen, was, dem ersten Eindruck nach, 7 Bündel alter Lumpen zu sein schienen, mitten in Regen und Windgepfeife. Stumme, nasse, lautlose Grausale; verhülltes Gesphinx, bis zum jüngsten Gericht an jene Steinwand gedrückt. Ich klingelte, und schickte dem Anstaltsleiter meine Visitenkarte hinein. Er kam auf der Stelle, aber er war schuldlos : seine sämtlichen Räume waren total überfüllt; er konnte mit dem besten Willen Niemanden mehr aufnehmen. / *Jedes Lumpenhäufchen war 1 Mädchen !* Und ich gab Jeder 1 Schilling. 1 davon, vielleicht 20 Jahre alt, war seit 36 Stunden ohne 1 Bissen Nahrung gewesen. »Sehen Sie mich an.« sagte sie, als sich ihre Hand über der Münze schloß, und sie ohne Dank davon schlürfte. Die Anderen desgleichen. Nicht 1 einziges ‹Danke› wurde gesprochen. / Inzwischen hatte sich eine kleine Menschenmenge angesammelt, wohl kaum minder ärmlich, als diese Ärmsten; aber obgleich sie mich die 7 Schillinge weggeben sahen, forderte Keiner für sich selber etwas; in ihrer trüben wilden Art erkannten sie die größere Not an; und machten mir schweigend Raum, als ich weiter gehen mußte.

B.: Jetzt ließ er seine ‹Armen› also nicht mehr grundsätzlich rührend=dekorativ weinen, oder engelhaft rein sein.....

A.: Nein. Nunmehr stehen seine Gestalten lieber finster und wortlos da; sehen Gott ins Gesicht; ziehen die Lumpen enger; und sagen nur die Anklage aller Anklagen : ‹Look at me !›. –

B. (ausweichend): Sie richten also ganz entschieden 3 getrennte Kreise Dickens'scher Produktion ein : den frühen, lustig=sentimental improvisierenden, von PICKWICK bis COPPERFIELD. Dann die ‹Reisebücher›. Und endlich die späten Werke, die realistisch=düster=sorgfältigen, von BLEAKHAUS bis EDWIN DROOD. Wobei das Meisterwerk der frühen Epoche der ANTIQUITÄTENLADEN; das der späten BLEAKHAUS sein soll. – Übrigens ist ‹spät› ja falsch; bestenfalls ‹späte=*ränn*› : BLEAKHAUS erschien ja, als Dickens eben erst 40 war.

A.: Sehr schön zusammengefaßt. – Die Folgerungen daraus ergeben sich von selbst. Wie, zum Beispiel, daß Dickens früher wesentlich schneller schrieb; späterhin weit langsamer; in den letzten 10 Jahren waren es nur noch zwei=einhalb Romane.

B.: Was aber doch wohl nur *zum Teil* der veränderten Methode zur Last zu legen ist. Er wurde ja schließlich auch älter; so daß noch andere, physische, Momente mitgespielt haben werden. Oder gar Krankheit ?

A.: Einmal das. Und auch etwas Anderes noch. – Sein Haupterwerbszweig während dieser letzten Jahre war nicht mehr das Bücherschreiben; sondern ‹Vorlesungen aus eigenen Werken›. Er *mußte*, und *wollte* es auch : *Groß=Verdienen !* – Nicht nur, daß er 10 Kinder und 3 Frauen zu versorgen hatte. Es nagte auch – und mit vollem Recht ! – an ihm : daß jeder reiche Hohlkopf notfalls auf ihn herabblicken konnte; ja, ihm möglicherweise noch huldvoll ‹Aufträge› geben, die er dann, froh des Verdienstes, anzunehmen hatte. Er beschloß, sich *absolut unabhängig* zu machen.

B. (resigniert): Also auch bei ihm der Zeitpunkt, wo er das Geldverdienen über die Kunst setzte.

A.: Tun Sie nur nicht so elegisch ! Solange die Staaten ihren Dichtern nicht eine Monatsrente von, je nach Bedeutung, 500 bis 1.000 Mark ‹auswerfen› : solange ist es eine *Unverschämtheit*, vom Dichter zu verlangen, daß er im Dachkämmerlein seinen Hungerödemen erliegen solle – während jeder, nicht nur ‹Glücksritter›, sondern Mittelständler, sich in Eigenheim & Borgward wiegt. / Ich will Ihnen den Dolch nur gleich recht ins feinsinnige Herz drücken; und eingehend schildern, wie Dickens, ein glänzender Geschäftsmann, seine ‹Tourneen› aufzog : da wurde zunächst, nach sorgfältigsten Beratungen mit Freunden, Verlegern, und überhaupt ‹Kennern des Lese=Marktes›, das gleichzeitig sentimentalste & sensationellst=aktuellste Buch ausgewählt. Dann strich Dickens es, im Lauf etwa 1 Monats, auf die Leselänge von 2 bis 4 Stunden zusammen. Dann trat er damit vor den *Spiegel*, und las sich das Digest vor : effektvoll; er hatte ja einmal eine zeitlang daran gedacht, Schauspieler zu werden; also entrieten ihm jetzt die entsprechenden, eiskalt eingeübten, Gebärden nicht, auch nicht das hinreißend=sparsame Mienenspiel.

B.: Meingott : so ging er dann auf Reisen . . . . . ?

A. (heiter): Noch lange nicht ! – Jetzt wurden erst Probevorlesungen im engsten Freundeskreis gehalten; gegebenenfalls deren Einwände berücksichtigt. Einfälle angemerkt : zum Beispiel war an der einen Stelle jedesmal 1 Mann zu mieten, der aufspringen, und schreien mußte : *Er ertrüge es nicht länger !*

B. (erschüttert): Was'n Kientopp !

A.: Dann wurde ein *ganz* gerissener Manager gemietet – Dolby war sein Name – der den ‹geschäftlichen Teil› übernahm : also die Fahrkarten besorgte; die Hotelzimmer bestellte; Lokalitäten mietete – wenn in einem Ort kein entsprechend großer Saal vorhanden war, nahm man eiskalt die

Kirche ! –; der vorausreiste, Reklame machte; Eintrittskarten verkaufte; kurz für *Alles* sorgte. So daß Dickens am Abend ‹nur› ans Lesepult zu treten, und die Tausende zu begeistern brauchte. Dieser Vertrag mit Dolby war gar nichts Einfaches : Dickens wußte, was er wert war !

B. (resigniert): Und was *war* Dickens so im Durchschnitt wert ?

A.: Während der großen Amerikanischen Tournee pro Woche 130.000 Mark – : *nur für ihn, wohlgemerkt* ! Und Dolby kam auch noch reichlich auf seine Kosten. In 2 Jahren verdiente er einmal so 3 Millionen. Er bezahlte sie, zuerst mit dem Verlust seiner Gesundheit; dann mit dem Tod – der sonst vielleicht noch 5 Jahre hätte auf sich warten lassen.

B.: Auch unter normalen Verhältnissen nicht länger ?

A.: Schwerlich. – Schon ehe er mit den Lesungen begann, tauchen in seinen Briefen – vor allem denen an den Freund, Rechtsberater und späteren Biografen Forster – die beunruhigendsten Wendungen auf..... :

C.: Ich weiß nicht – : ob ich *doch* noch zu wenig spazieren gehe ? Heute früh konnte ich kaum sehen; und mir war so schwindelig zumute, als hätte ich getrunken –

A. (halblaut einschaltend): – 36 war er ! –

C. (fortfahrend): Es ist zu spät, und auch nutzlos, mir zu sagen : ‹Geh sachter; zieh die Bremsen an›. Ich finde nur in der Arbeit noch etwas wie Erleichterung. Zum Ausruhen habe ich einfach die Fähigkeit nicht mehr.

A.: So schleppte er sich, rasend deklamierend, durch England und Irland; durch Schottland, und vor allem eben die USA. / Und, bezeichnend, *was* er so alles vorlas – *(eindringlich=hinterhältig):* der letzte und größte aller Erfolge war die *Mord=Szene* aus OLIVER TWIST ! – Vergeblich hatten ihm die Freunde abgeraten; umsonst die Ärzte gewarnt : falls auch nur *1* Frau im Zuhörerraum Angstanfälle bekommen sollte, würde unweigerlich eine *Massenhysterie* erfolgen ! Dickens war nicht nur nicht aufzuhalten im Bewußtsein seiner Fähigkeit : *er wollte es, geradezu pervers, auf dergleichen anlegen !* In Briefen scherzt er auf das Befremdlichste über seine »Mörder=Instinkte«; und daß er, wenn er so durch die Straßen gehe, das prickelnde Gefühl nicht loswerden könne, »daß die Polizei nach mir fahndet !«

B.: Das war aber doch schon ausgesprochen krankhaft.

A.: Nicht so übermäßig : ich erwähnte schon früher, daß das eigentliche Hauptthema aller seiner Bücher, ‹Das Verbrechen› gewesen sei, und wie man es erfolgreich zu verbergen vermöchte.....

C. (lustvoll=widerlich): Heute habe ich den bisher besten ‹Mord› geleistet ! Wir hatten in Clifton eine förmliche *Kettenreaktion* von Ohnmachten, und dabei hatten wir das Lokal noch nicht einmal sonderlich überheizt – ich glaube, man hat im Ganzen zwischen 20 und 30 Damen, steif & verkrampft, aus dem Saal tragen müssen : ich bekam allmählich fast Lust zum Lachen !

B. (völlig konsterniert): Das ist Charles Dickens ? ! Der die hübschen humoristischen Romane schrieb ?

A.: Er ist es : nur eben ist, wie immer, das volkstümliche Bild *grundfalsch !* / Daß übrigens genau dieses Thema eine tolle Faszination für ihn hatte, beweist objektiv .....

B. (gespannt): ‹Beweist objektiv› ? : da bin ich aber gespannt. Sie können doch höchstens psychologische Schlußfolgerungen ziehen.

A. (unerbittlich fortfahrend): ..... bewies sein *Puls* : normal hatte er 72. Wenn er aus COPPERFIELD las, stieg er, an ‹gewissen Stellen› bis auf 96. Am ersten Abend aber, als er den Mord an Nancy ‹verübte›, schnellte sein Puls auf 118 und ging nicht mehr herunter – am Ende der Tournee waren es, wenn dann Sikes' Knotenstock niedersauste, *124* !

B. (immer noch zu protestieren versuchend): Wieso weiß man denn das so genau ?

A.: Seine Gesundheit war allmählich soweit heruntergekommen, daß er ständig von Ärzten begleitet wurde, die ihn während der Zeit, wo er *nicht* las – und auch in den Pausen der Vorlesungen selbst – nicht mehr aus den Augen ließen. Ihm Beruhigungsmittel einspritzten. Hastig 1 Ei in Sherry quirlten und das Glas stumm zum Pult hinaufreichten, wenn sie ihn die Oberlippe über die Zähne hochziehen sahen..... :

C. (schwer : Kampf gegen Betäubung): Wenn ich mit der linken Hand irgend etwas anfassen will, fühle ich nichts mehr. Ich bin ständig erkältet, und manchmal noch 5 Minuten vor Beginn einer Vorlesung wie stimmlos – aber das vergeht wie durch Zauberschlag, wenn ich ans Pult selbst trete. Ich kann auch leider nur sehr wenig essen : zum Frühstück 1 Ei und 1 Tasse Tee; kein Butterbrot weiter; nichts. Dann, gegen 15 Uhr, etwas Geflügel oder ähnlich leichte Kost – ja; das ist eigentlich Alles. Ich *liege* aber auch vorsichtshalber den größten Teil des Tages; direkt Schlafen ist es natürlich nicht; das verhindert schon der blödsinnige Schmerz im linken Augapfel.

B.: Aber das war ja ein geradezu *manisches* Dasein !

A.: Vergeblich versuchte sein – doch aufs höchst=finanziellste interessierter – Manager, Dickens zu bewegen, die Vorlesung dieses Mordes einzustellen; beziehungsweise ihn vielleicht nur für die wirklich ‹ganz großen Städte› ‹aufzusparen› ? : Dickens sprang auf ! Hieb Messer und Gabel auf den Teller, daß der in 10 Stücken herumflog. Und brüllte.....

C. (brüllend): Dolby ! Sie mit Ihrer verfluchten ‹Vorsicht› bringen mich eines Tages noch um ! : *Nein ! ! ! – (mit normaler Stimme):* Unmittelbar darauf brach er in Tränen aus; fiel in sich zusammen; und entschuldigte sich bei Dolby : natürlich habe er Recht – *aber es ginge nicht anders.*

B. (mitleidig): Ein völlig aufgebrauchter Mensch : der seine Müdigkeit hinter Tyrannen=Grimassen versteckt. – Machen Sie ein mitleidiges Ende.

A.: Am 8. Juni 1870, nach Gadshill zurückgekehrt, hatte er den ganzen Tag – umschwirrt von gespiegeltem Laub – im ‹Chalet› gesessen, und am Edwin Drood geschrieben –

B. (neugierig=nachsprechend): Das Geheimnis des Edwin Drood : ist es denn inzwischen gelöst worden ? Nur die erste Hälfte des Buches ist ja fertig geworden; und eine ganze kleine Literatur um die Frage entstanden : Wie wohl die zweite Hälfte ausgesehen haben würde.

A.: Nichts weniger. All der aufgewandte geistreiche Scharfsinn hat zu nahezu *nichts* Positivem geführt; denn die ‹Thug›=Theorie ist sicherlich ebensofalsch, wie, daß ‹Datchery› die verkleidete ‹Helen Landless› sein solle – ist Ihnen übrigens bekannt, daß auch ein ‹Medium›, namens James, 1873 eine Fortsetzung geliefert hat ? : nach dem Diktat von Dickens' Geist ! – Nein=nein : solange sich nur ‹Reverends› oder bloße ‹Journalisten› mit dem Problem befassen, läßt sich keine befriedigende Lösung erwarten.

B. (leise mahnend): Warum diese Voreingenommenheit ? Oder können Sie's ‹zureichend› begründen ?

A.: Ich bin nichts weniger als ‹voreingenommen› in solchen Fällen. Aber : wo 1 Meister intrikatester, folgerichtigster, *Groß*=Konstruktion unterbrochen wurde, da kann die annähernde Lösung kein Spezialist für unverbindliche *Klein*=Formen finden. / ‹Datchery› ist natürlich Bazzard. ‹Helen› nur austauschbar gegen ihren Zwilling Neville. Drood nicht Jaspers 1. und einziger Mord. Und finden wird ihn, den kritzelnd im Gestein verborgenen Vampir, Durdles mit seinem Hammer. Aber das wäre eine Untersuchung für sich. / Kehren wir zu dem Nächst=Größeren zurück : zu Charles Dickens selbst. / Er kam, am besagten 8. Juni 1870, zum Mittagessen herüber. Ging jedoch – ganz gegen seine Gewohnheit – danach noch einmal an die Arbeit. Gegen 18 Uhr, wo grundsätzlich das Abendbrot angesetzt war, kam er endgültig zurück. Schrieb noch rasch einige Briefe; privater & geschäftlicher ‹Natur›. Lud vor allem einen Freund, Charles Kent, für morgen nach London ein. Dann setzte er sich zu Tisch.

C. (befremdet): Fräulein Georgina Hogarth sah, mit größter Beunruhigung, einen seltsamen Ausdruck auf seinem Gesicht, halb schwere Unruhe, halb dumpfen Schmerz. »Eine Stunde lang, vorhin«, ‹beruhigte› er sie mit schwerer Zunge, »hab'ich mich sehr elend gefühlt.« Dennoch wünschte er – und wenigstens hier war sein Wille : der Wille eines dennoch=Guten, Gesetz – daß man ruhig weiter essen solle. / Ab & zu entfielen ihm abgebrochene Sätze – über eine demnächst stattfindende Auktion in einem Nachbarhause; über 1 Bekannten; auch daß er morgen nach London hinüberfahren wolle. Das waren die letzten vernehmlichen Worte, die er sprach : er erhob sich dabei. Schwankte. Weit schlug sein Oberkörper aus. Nur das sofortig=geübte Zugreifen seiner Schwägerin bewahrte ihn vorm Hin=Stürzen. – Sie versuchte, ihn zum Sopha hinüber zu geleiten. Aber er war unbeweglich geworden; er, der Dämmerungs=Herr in der Dämmerung; und *zu* schwer; und sank lieber auf der Stelle in sich zusammen. »Auf=die=Erde.....« war es ihr, als hörte sie ihn noch lallen. / *(geschwinde=leiser):* Sogleich wurden telegrafisch die Ärzte berufen. Die Kinder. Die engsten Freunde. – Es waren nicht mehr viel : *sie=Alle* waren mit 50 gestorben, wie jeder anständige Mensch; Keiner 60 geworden, wie Dickens einmal, trübe sich wundernd, anmerkt : *sie=sämtlich zu tode gekünstlert.....*

A. (gelassen=bedeutend): Alle Rettungs=Versuche kamen zu spät : Dickens hatte einen Gehirnschlag gehabt. / Noch ging der arme=Atem röchelnd; 24 Stunden lang. Am Donnerstag Abend; am 9. Juni 1870, 18 Uhr 10, starb Charles Dickens, der Herr der Dämmerung. / *(sachlicher=entlassender):* Sich selbst entronnen liegt er im ‹Dichterwinkel› der Westminsterabtei. Neben ihm Händel & Sheridan. Umgeben von den Denkmalen Chaucers; Drydens; Shakespeares. Auch ich bin, den schnöden Filz in der Hand, davor hingetreten : et hic Dii sunt. –

(Gong; langsam verhallend)

CHARLOTTE BRONTË
21. April 1816, Thornton – 31. März 1855, Haworth / Yorkshire

EMILY JANE BRONTË
20. August 1818, Thornton – 19. Dezember 1848, Haworth / Yorkshire

ANNE BRONTË
17. Januar 1820, Thornton – 28. Mai 1849, Scarborough

BRANWELL BRONTË
26. Juni 1817, Thornton – 24. September 1848, Haworth / Yorkshire

ANGRIA & GONDAL

Der Traum der taubengrauen Schwestern.

Sprecher:

A.:	Berichterstatter; ältlich	Männerstimmen
B.:	Frager, jung & interessiert; aber noch zu gesund, um ganz verständnisvoll zu sein.	
C.:	Gebändigt & taubengrau; aber doch, falls erforderlich von frömmster Unbarmherzigkeit. – Stellvertretend für Charlotte und Anne.	Frauenstimmen
D.:	Laut; seltenstes Gemisch aus ätherischer Wildheit und eiserner Energie: Emily Brontë.	

D. (brüsk grollend; dann erhaben): Bin *ich* im Unrecht ?
– Weil *Ihr* steht,
und glaubend zagt und hoffend fleht ?
: *Ich selbst erfüll' mir mein Gebet !*
: Gott der Gesichte, tritt hervor,
und künd', *warum* ich Dich erkor !
(kurzer, scharfer Gong)

A.: Wie so oft in der englischen, großen, Literatur kamen sie aus *keltischem* Stamm.

B. (fragend wiederholend): ‹Wie so oft› ? – Mir fallen im Augenblick nur Ossian und Swift ein. Yeats noch.

A.: Goldsmith; Joyce; Wilde; Moore. Die Schotten dazu : Burns; Scott – *(ablehnend):* undsoweiter, das ist 1 Kapitel für sich. – / Die Mutter, Mary Branwell, war aus der ‹Sonnenecke› Großbritanniens.....

B. (fürwitzig unterbrechend): Gibt's das über'm Kanal überhaupt ?

A.: Sie werden auch noch davon abkommen, nur in Deutschland ein ‹Sonnenland› zu sehen. / Penzance in Cornwall *ist* schon berühmt ob seiner ‹linden Lüfte›; und Frost und Schnee sind ganz selten, wie es sich für einen klimatischen Kurort ziemt. Dort also wächst die Mutter auf; 1 von 5 Kindern eines Kaufmanns und Ratsherrn der kleinen Stadt. Früh verwaist, lernt sie 1812, bei einer Cousine, einen jungen ‹Reverend› kennen; den Pfarramtskandidaten : *Patrick Brunty*.

B.: Dessen Vorname ja bereits den *Iren* kundtut : also *beide* Elternteile keltisch. Darf ich übrigens gleich darauf hinweisen, daß, meines geringen Wissens, die Kelten *nicht nur* feurig=romantisch=poetisch sind; sondern gleichermaßen arbeitsscheu, eitel und versoffen. Oder hat man mich da falsch berichtet ?

A.: Es ist zwar mißlich, mit ‹Volkscharakteren› zu arbeiten; einzelne Züge treffen freilich : aber wir haben es grundsätzlich mit Individuen zu tun ! / Stellen Sie sich den kleinen Patrick Brunty – 1777 war er geboren – als barfüßigen, ziemlich zerlumpten Jungen vor; umgeben von dem üblichen irischen Kinderdutzend.....

B. (einschaltend): Richtig; das hatt'ich vorhin noch vergessen : Armut & Fruchtbarkeit.....

A.: Der Vater – übrigens Protestant : ein erster un=irischer Zug – besitzt ein paar ganz unzureichende Morgen Ackerland. Der Beruf speziell dieses Sohnes, ergibt sich ‹organisch› : *so* mächtig ist sein Knochenbau, *so* hochgewachsen schon der 14=jährige, daß Jedem unwillkürlich das Wort ‹Grobschmied› einfällt – ergo wird er zu einem in die Lehre gegeben.

B.: Vorhin war er aber doch ‹Reverend›, wie Sie sagten : Was ist da passiert ?

A.: Die ‹Begabung› des Jungen ist ebensogroß wie sein Lerneifer, *und sein Fleiß* : un=irisch, eh ? ! – Abends sitzt er beim Dorfschulmeister; bildet sich, so gut es geht : mit 17 macht er bereits den Hilfslehrer. Er muß unbeschreiblich gearbeitet haben; denn mit 21 ist er schon Hauslehrer bei den 2 Söhnen eines wohlhabenden Pfarrers, der eines der Häupter der ‹Wesleyaner› ist – Sie, der Sie zu Verallgemeinerungen neigen, würden sagen.....

B. (rüstig=unbeschämt): ‹Die Neigung des Angelsachsen zur Sektenbildung›, würde ich sagen. – *(herausfordernd):* Möchten Sie etwa behaupten, daß ich Unrecht hätte ? –

A.: Nicht, wenn Sie es unter dem größeren, bedeutenderen, Aspekt einer prachtvoll=unbezähmbaren *Neigung zur Selbständigkeit* sehen; wie sie eben die Zierde des Engländers darstellt – *(halblaut=bekümmert):* ...und dem Deutschen so notorisch fehlt. / Dieser Pfarrherr jedenfalls tut das

Seltenste : er schickt den hochbegabten 25=Jährigen auf seine Kosten zum Studium nach Cambridge – natürlich muß auch für 1 ‹Stipendium› noch gesorgt werden.

B. (nachdenklich): Mit 25; und ohne systematische vorangegangene Schulbildung *studieren ?* – Ts : das ist allerdings eine anerkennens= und hochrühmenswerte Energieleistung – das kann nicht Jeder !

A.: Wenn Sie das nur einsehen. – Ganz abgesehen von dem rein *menschlichen* Problem : als ärmlicher, halbgebildeter 25=Jähriger, mit steinreichen, 17=jährigen Lords=Söhnen auf der gleichen Schulbank sitzen ! / Jedenfalls schafft er's – aber wie ! : Eisern & rücksichtslos gegen sich, gegen Körper Geist Gesundheit; spartanisch einfach in Kleidung Wohnung Essen – *(mitleidig=leiser):* – auch früh schon gezwungen, durch die allerbilligsten, leicht erreichbaren, Stimulantien, aus Leib & Seele das Letzte für gelehrte Nachtwachen herauszuholen.

B. (betroffen bis beschämt): Oh – : Fusel ? Als Gehirnpeitsche ?. – Dann hätte ich mich allerdings vorhin=ä – *(tapfer):* – *albern* ausgedrückt.

A. (bestätigend): Wenn Patrick Brunty – der übrigens in jenen Cambridge=Jahren, mit leiser Hand, seinen *Namen* abzuwandeln begann : erst in *Bronte*, noch *ohne* irgendwelche Akzentuierung; dann in das allgeläufige ‹Brontë›, mit dem Trema über dem ‹e›...

B. (fragend): ... und zwar warum ?

A.: Der bekannte Schläger=zur=See, Lord Nelson, war 1799, nach Abukir, zum ‹Herzog von Bronte› ge=‹duket› worden...

B. (triumfierend): Also *doch* die berufene Irische Eitelkeit.

A. (berichtigend): Sagen wir, verständnisvoller, *so* – : der Arme, von künftigen Mitgliedern des ‹Oberhauses› Eingekreiste, hat sich wahrscheinlich ein kleines ‹Alibi› verschaffen wollen : ein hilfloser Versuch, seine – vermutlich furchtbare ! – Isolation zu durchbrechen. : In *meinen* Augen ausgesprochen *rührend.* – / 1806 jedenfalls ist es ausgestanden : er wird offizieller Geistlicher der englischen Hochkirche; und durchläuft in rascher Folge mehrere kleine Pfarrstellen. Sehr bald landet er in Haworth in Yorkshire; und ist dort, nach 50 endlosen Seelsorgerjahren, 1861 gestorben.

B.: Vorher wollen wir ihn aber erst einmal heiraten lassen : seine Cornwall=Keltin von vorhin, ja ?

A.: Und hat mit ihr 6 Kinder : 5 Töchter – von denen 2 im Schulmädchenalter sterben; und 1 Sohn. Auch die Frau erliegt früh einem Krebsleiden : 1821. Eine ihrer Schwestern, Elizabeth Branwell, hat dem Schwager dann, bis an ihr Ende, den Haushalt geführt. – / Stellen Sie sich also vor.....

B. (bremsend): Moment ! – : Könnten wir eventuell ganz ‹von außen› herankommen ? : Dann könnte ich mir's ja am allerschönsten bildhaft vorstellen. Könnten wir mit Yorkshire=selbst beginnen ? Ich weiß lediglich, daß es in Mittelengland liegen, und von ausgezeichneter Rauhheit sein soll; sowohl was den Dialekt seiner Bewohner, als vor allem auch das Wetter betrifft ?.....

(langsamer nachdenklicher Gong)

A. (überlegend; Zug für Zug zusammenstellend): Yorkshire 1826 ? – / Wenn man von London aus, dem endlos erleuchteten, 300 Kilometer nach Norden fährt : da wird das Land hügelig; enge gewundene Tälchen durchschneiden das gebuckelte Labyrinth; dann kommen weite moorige Hochflächen, schwarz, rauh, noch heute völlig ungezähmt. Kein frisches Laubgrün, keine farbenprächtige Blume; höchstens Haideflächen; Steine dann und wann. Und über allem die prachtvoll graue Wildheit eines rasch strömenden Himmels : die wenigen Baumkrüppel fliegen am ganzen Leibe !

B. (mit leiser Mahnung): Also, nüchterner : öde unwirtlich verlassen. – Kann man bis ‹langweilig & ungesund› gehen ?

A.: Das kommt auf die geistige und körperliche Konstitution an : Wer ‹mediterran veranlagt› ist, und ‹gesellig›, Der tut gut, ‹West=Riding› von seiner Landkarte zu streichen. / Die Bevölkerung, wie immer in solchen Landstrichen, ist ausgesprochen ärmlich. Wobei sich als unvermeidliches Correlat Habsucht mit ergibt. Die Sitten rauh : Bildung gelangt wenig in solch entlegene Hügel; auch der Dialekt bergbewohnerisch breit : besonders dem *deutschen* Leser mühevoll zu verstehen.

B.: Der Städtchen also wenige und kleine. Auf dem eigentlichen ‹Lande› annähernd die Atmosfäre der Hauptmann'schen WEBER, ja ?

A.: Genau sogar ! : SHIRLEY schildert das Elend recht faßlich; wenn auch etwas zu ‹foin›; die Ursache dafür erfahren Sie noch. / Jedenfalls nähern Sie sich, in Gedanken, bitte, durch die beschriebene Einöde nunmehr einem kleinen Flecken : *Haworth.* Die Straße steigt hügelan – der Ort ist schon aus 3 Kilometer Entfernung voll sichtbar – rechts links und im Hintergrund, die weiten ungegliederten Hänge, moorüberlaufen : wenn die ‹Haide blüht› werden sie purpurn ! – Zur Zeit soll es freilich gießen und stürmen.....

B. (gefällig kunstvoll schaudernd): Brrrr : wie die Scheiben des Abteils schraffiert sind ! – *(betroffen):* – oder, meingott, nicht einmal *das* ! : Wir schreiben ja erst 1826, wo es noch gar keine Eisenbahnen gibt ! – *(ergeben):* Nujut. Gehen wir also zu Fuß. – Oder müssen wir gar reiten ?

A.: Nein; ich will mich erbarmen : ‹Wir fahren in der Kutsch'› ! / Schon ist, wie gesagt, längere Zeit der Kirchturm in Sicht gewesen – nun verschwindet er auf einmal; die Straße windet sich um den plumpen Hügel; über das Brückchen des ‹Beck›; immer weiter hinauf, immer steiler. Schon geht es durch die ersten Häuser des Fleckens.....

B. (‹mitgehend›=einfallend): Was für Häuser : Fachwerk mit Stroh ?

A.: Nein : große Bruchsteine; Steine gibt es genug hier. / Auf dem Plateau=oben 1 kleiner freier Platz, auf 3 Seiten mit Gebäuden eingefaßt : Kirche Schule Pfarrhaus : in langen Sätzen springt die Regenschlange vom Dach. Etwas erhöht noch, über allem, der Friedhof. – Die eine offene Seite führt ins Freie; hinaus auf, erst, Äcker – die sind jetzt grauer Brei; dann fahl=schöne Weiden; dann gleich wieder Moore, wo Wasser faul zwischen Gräsern schwimmt.

B. (mißtrauisch): Pfarrhaus & Friedhof beisammen; und der letztere ‹*höher* gelegen› ? Das hör'ich arg gern; zumal in jener Zeit der Flachbrunnen mit Handpumpe : wäre da nicht gegen das *Trinkwasser* einiges Namhaftes einzuwenden gewesen ?

A.: Ja; natürlich. Die hohe Sterblichkeitsziffer im Pfarrhaus kann durchaus auch *damit* zusammengehangen haben – *gesund* ist es auf keinen Fall gewesen. / Aber haben Sie am Fenster des Pfarrhauses – die Scheiben zerflossen freilich wie Protoplasma – die 4 Gesichter gesehen ?

B. (neugierig): Nein. – Führen Sie sie vor.

A. (mitleidig): Es waren *Kinder*=Gesichter : blaß klein spitz; still mit verhangenen Augen : Charlotte 10 Jahre; Patrick Branwell 9; Emily 8; Anne 6. Sie sind allein im Zimmer.....

B. (fragend): Wo ist denn jene Mutterschwester, Tante Elizabeth, die sie erzieht ?

A. (bedauernd): Oben in ihrem Zimmer : sie hat viel Kopfschmerzen, und kann – ehrlich kränklich; überdem misanthropisch – sich den Kindern nur zu, genau festgesetzten, Erziehungsstunden widmen.

B.: Und der Herr Papa ?

A.: Das ist 1 *ganz* schwieriger Fall. – Auf der einen Seite glänzend begabt – er ist Schriftsteller, und hat 2 Bände Gedichte und Novellen veröffentlicht; späterhin auch noch Predigten – und kann auf *Einfälle* kommen ! Bizarr=genial, wie nur je irische ‹bulls› oder ‹whims› ! : Als er einmal merkt, daß seine Kinder Hemmungen haben, sich über irgendetwas frei auszusprechen, holt er ‹einfach› 1 Maske vom Boden; Jedes der Kinder bekommt sie, der Reihe nach, vorgebunden; und kann *‹folglich› : ist es doch nunmehr ‹1 Anderer› !,* ungezwungen reden.

B. (frappiert): Das ist allerdings – 1 tolle Idee ! – Aber grandios auf kindliche Mentalität abgestimmt. – *(einschränkend):* das heißt : auf die Mentalität *sehr begabter* Kinder. / Was ist denn aber Ihre ‹*andere* Seite› ?

A. (kopfwiegend): Andererseits ist Patrick Brontë ein grauslicher Autokrat & Haustyrann ! / Einmal hat seine Frau ein seidenes Kleid geschenkt bekommen – er entdeckt das; und, in rasendem Puritanismus, wie nur je eine der ‹Eisenseiten› Cromwells, *zerschneidet* er es, 1 knirschende Viertelstunde lang, in kleinste Schnipsel.

B. (mitfühlend): Arme Frau. Die morgens aufwacht; und dergleichen Dickkopf auf dem Kopfkissen neben sich finden muß.

A.: Wenn er sich geärgert hat, pflegt er treppab zu rennen, vor die Hintertür; *und seine Pistolen in die Luft zu feuern* ! – Oben die kranke Schwägerin=im=Bett, beziehungsweise die Kinder=unten, nickten dann wohl sachlich : irgendetwas hatte Väterchen anscheinend geärgert.

B.: Immerhin : ziemlich heftige Belustigungen für einen ländlichen Pfarrherrn, wie ?

A.: Bezeichnend, daß & Wem er speziell *diesen* Zug weitergab : einer der *Töchter :* dem eisengrauen weiblichen Dschinn Emily. – / Schlimmer als dergleichen akustische Abreagierungsmanöver war jedoch eine andere seiner Gewohnheiten – *(halblaut):* und ‹richtiger› wiederum; wie man's nimmt. – *(wieder normal):* Er *speiste* grundsätzlich allein; stundenlang; ganz für sich.....

B. (aufmerksam): Ich habe einmal Jemanden gekannt, der pflegte zu sagen : ‹Er äße ungefähr ebensogern in Gesellschaft, wie er in Gesellschaft das Gegenteil tue› – *(entschuldigend):* freilich mußte der Betreffende fast 7 Jahre beim Militär, bzw. in Kriegsgefangenschaft zubringen; wo 1 nicht unbeträchtlicher Fluch ja *darin* besteht : daß man nie – *aber auch schon nie !* – allein ist.

A. (verneinend): Hier lag der Fall *wieder* noch anders. / Ich deutete schon früher an, daß Patrick Brontë eine – zumal um 1800 – fänomenale Energieleistung vollbracht hatte : vom zerlumpten irischen Bauernjungen an; bis hinauf in einen geachtetsten Hoch=Beruf. Er hatte ‹es geschafft› – : – *aber er soff seitdem ! – / (sachlicher):* Und um seinen Kindern; und ‹seiner Umgebung=allgemein›; das unschöne Schauspiel zu ersparen, aß *& trank* er allein. Noch im Verfall beherrscht, und von supremer Energie : was wird der Mann in den 40 Jahren, die er noch – ‹unerforschlicher Ratschluß Gottes !› wird er geflucht haben – leben mußte : *Alle; Frau & sämtliche Kinder überleben mußte !* – seinen unzerstörbaren Knochenbau nicht verwünscht haben !

B.: Hm. – Wenn Sie's *so* sehen; dann ist da natürlich 1 gewisse Tragik..... : Hmmm. / : Jetzt fangen die 4 Kindergesichter *doch* an, mich zu beunruhigen. – *(nach 1 Ausweg suchend):* Wie steht es denn mit *Spielgefährten* ?

A. (unerbittlich fest): Keine ! Und es ist ja auch schwer vorstellbar, welcher Art solche ‹Spielgefährten› sich unter den Dorfkindern von Haworth hätten auftreiben lassen sollen ? Für diese 4, unheimlich begabten, spitzfindigen : spinnfitzigen, merkwürdigsten Kinder ! / Stellen Sie es sich doch, bitte, ganz eindringlich vor : *Diese* Landschaft. Und *diese Isolation.* Und damit gepaart *4 Intellekte rarer Sorte* ! – / *(bedeutend lauernd):* Was würden *Sie* – nicht nur zum Weiter=Leben; nein : zum nackten *Über*=Leben ! – denn hier vorschlagen ? –

B. (ratlos): Tcha. – / Oh verflucht : *so* hab'ich mir das nicht gedacht ! : *Immer* Regen ? Immer Wind; immer *ganz* allein ? – Hm. – / 1 *Vorschlag* : – : Wie wär's mit einem weißen Spitz ? Beziehungsweise einem löwengelben, ich will keinem ‹Besitzer› wehe tun. Oder daß jedes der 4 Kinder ‹sein Kätzchen› hat ?

A.: Selbstverständlich. *Das* hatte ohnehin jeder der 4. Vor allem der Groß=Genius der Familie, *Emily*; von der die überlebende Schwester schreibt : »Für *menschliche* Wesen hatte sie *nie* etwas übrig; die Summe ihrer Liebe galt, von A bis Z, : *Tieren.*« / Allerdings auch das wieder in einer amazonischen Art : als die Riesen=Bulldogge ‹Keeper› – ‹Packan› zu Deutsch – nicht gehorchen wollte; sondern immerfort, trotzig, die Familienbetten besudelte, ging Emily nach oben. *Griff* sich das Tier – obwohl notorisch *Lebensgefahr* damit verbunden war ! – *drosch* den Riesenhund windelweich. Und kam dann still, ohne 1 Wort; schneeweißen Gesichts; zurück in den Kreis der zitternden Geschwister. – / : Der Hund lag, nach Emily's Tode, monatelang winselnd, vor der Tür ihrer Schlafkammer. Und starb 1 Jahr darauf; an gebrochenem Herzen.

B. (unbehaglich): Schön. Gut. – Obwohl ich einsehe, daß *Tiere* zum Überleben noch nicht ganz genügen. – / Frage : Was also bleibt den Vieren ? !

A. (feierlich): Es bleibt die *letzte* große Rettung des, in extremer Situation befindlichen jugendlichen Genius. Es bleibt – *(mit einprägsamem Nachdruck): das ‹Längere Gedankenspiel›* !

(Gong; langsam=unentschieden)

B. (probierend): Das ‹Längere Gedankenspiel›..... Ich kann mir wohl denken, was Sie meinen. – *(Nüchterner):* Obwohl ich mich gegen die feierliche *Über*=Betonung wenden würde, die Sie anscheinend beabsichtigen : ‹Träumer› sind doch weder so selten; noch so ehrwürdig.

A.: Wobei wir gleich eine erste sprachliche Unscharfheit berichtigen können. / Der Unterschied zwischen ‹Traum› und ‹Gedankenspiel›, liegt ja *darin*, daß die *Traum*=Ereignisse in ausschlaggebendem Maß *passiv* erlitten werden : wir erfahren nur zu oft unerwünscht=empörendste Rücksichtslosigkeiten, Alpträume, Gefangenschaften. Während beim *Gedankenspiel* das Individuum wesentlich *souverän* schaltet; aktiv=auswählend und anordnend. Was man in der Alltagssprache einen ‹Träumer› schilt, ist in Wahrheit nichts, als ein süchtig=fauler ‹Gedankenspieler› : die ‹Traumspiele› der Literatur sind im Grunde *Gedankenspiele*.

B.: Zugegeben. – Aber ist mit solch sprachlicher Klärung viel erreicht ? Gewiß ist nichts häufiger, als daß Einer sich ‹etwas ausmalt›; das ist weder ein seltener noch extremer Vorgang; sondern gehört zum unveräußerlichen Bestand unserer Bewußtseinstatsachen.

A.: Sehr richtig. – Und die, der literarischen Formung fähigen ‹Gedankenspiele› sind bekannt genug. Ja : ‹zeichnerisch› sind auch kindliche ‹Gedankenspiele› sattsam bekannt; denn das Kind ist eben nun einmal ein berüchtigter ‹Gedankenspieler›. Der ausführlich=künstlerischen Wiedergabe durch *Worte* jedoch, ist die Kindliche Vorstellungswelt äußerst schwierig zugänglich : weil die werkgerechte Handhabung des erforderlichen Wortschatzes eben beim Kind nicht gegeben ist – da gibt es denn auch keine objektive Mitteilbarkeit; zumindest nicht durch Worte. Denn was im Allgemeinen so an kindlichen Gedankenspielen serviert wird, ist ja entscheidend verfälscht durch mühsam=spätere Reflexion – vielleicht sind Frauen hier zur Wiedergabe geeigneter; ich denke an manche Passagen des Niels Holgersen oder der Colette. Ich allerdings halte diese Klasse der Gedankenspieler für, im allgemeinen, literarisch *nicht* erfaßbar..... *(murmelnd):* Malkin vielleicht...

B.: Moment. : Darf ich Sie mit 1 Namen widerlegen ? : ORPLID !

A. (nickend): Das ist zwar, genau genommen, ein Produkt jünglingshafter Jahre; aber ich akzeptiere es aus bestimmtem Grunde. – *(langsam wiederholend):* ‹Du bist Orplid, mein Land, das ferne leuchtet›. : Wie würden Sie den Begriff ins Englische übersetzen ? Nicht langatmig *umschreiben*; sondern eine ganz kurze, schnelle Ein=Wort=Übersetzung. Daß ein Angelsachse sofort wüßte, was Sie speziell hiermit, mit ‹Orplid›, meinen ? –

B. (schweigt verblüfft.).....

A. (eindringlich): ANGRIA müßten Sie sagen : *Angria und Gondal* !

(Gong)

B. (neugierig): Ach*so*. – Es führen viele Wege nach Haworth : ein ‹Orplid› also ist das letzte Auskunftsmittel der 4 Kleinen Blaßgesichter am Fenster ?

A.: Prägen Sie sich die Situation nur noch einmal recht ein. / Der Tag hat schon Grauingrau *an*gefangen. Der Pechklumpen einer Morgensonne brennt 1 Augenblick zwischen den Bleigebürgen der Wolken – gleich verschwindet sie wieder. Angezogen und dennoch frierend warten die Vier im unangenehm großen, nicht zu erheizenden, Zimmer im Erdgeschoß. ‹Tabby›, die großknochige Yorkshire=Bäuerin – Magd, Köchin & Kindermädchen in einer Person – hat die Morgensuppe angerührt : mit dem unrettbar verseuchten, aller sanitären Maßnahmen spottenden, Leichenwasser.....

B. (schaudernd): Brrr – haben Sie nich'n Konn=jack im Haus ? – *(erleuchtet):* Übrigens da fällt mir ein : vielleicht hat der Vater *des*wegen Alle überlebt, eben *weil* er sämtliche Speisen so ausgiebig mit Whisky desinfizierte ? !

A.: Der Einfall ist so abwegig nicht. / Jedenfalls sitzen die Kleinen anschließend herum. *Lesen* mit ausdauerndstem Fleiß. Spielen mit ihren *Tieren*. Gaffen verloren durchs *Fenster* ? : Die schwarzen Knochen der Pflanzen triefen; hinten graut das Moor.

B.: Aber die Tante gibt ihnen doch, denk'ich, Unterricht ? War er übrigens im geringsten nützlich ?

A.: Oh ja; sie war eine gebildete Frau. – Aber lange hintereinander hält sie das Stundengeben nicht aus; überwältigt von Nerven & Kopfschmerz, zieht sie sich wieder nach oben zurück, auf ihr Zimmer.

(unvermittelt fallen, rasch=unregelmäßig, 5 möglichst laute Schüsse : die Zuhörer sollen getrost aufwachen. Zumindest auffahren.)

B. (verständnisvoll): Aaah – der Herr Papa haben sich über etwas geärgert.

A.: Die Kinder lernen indes ihre Lektionen für morgen – das geht nur allzuschnell; denn sie sind sämtlich schandbar ‹begabt›. Draußen verdämmert schon wieder der Tag. Wolken, immer schwerer erkennbar, arbeiten sich durch den Himmel.....

B.: Also lag durchaus etwas wie eine ‹Tagesordnung› fest : man lebte *nicht* genialisch ?

A.: Man lebte, wie Genien zu leben pflegen : das heißt, gemäß einer Tagesordnung von geradezu *unsinnigem Pedantismus*. – Der echte Künstler hat nämlich, von Berufswegen, in seiner Arbeit, ‹dienstlich› so viel mit dem Chaos zu tun, daß er es sich gar nicht leisten kann, auch im häuslichen Leben noch Bohème zu spielen – wie der Nicht=Künstler sich das meistens so vorstellt. ‹Künstler=Sein› ? : das heißt 50 bis 100 Prozent mehr arbeiten dürfen, als andere Berufe. – / Und also konnten sich die Bewohner des Fleckens Haworth, Fremden gegenüber anheischig machen, *fast auf die Minute genau* Auskunft darüber zu geben, was die Insassen ihres Pfarrhauses=oben jetzt gerade treiben würden : da sind die, stundenplanmäßig festgesetzten Näh=Lektionen im Schlafzimmer der Tante – demselben Zimmer, das vorher auch dem eigentlichen Schulunterricht diente. Zu feststehender Stunde, sehr zeitig übrigens, wird gegessen. Spätnachmittags, von 18 bis 20 Uhr, liest die Schwägerin dem Schwager, allein auf seinem Zimmer, vor.....

B. (resigniert): Naja. Es stand zu erwarten.

A. (fortfahrend): Punkt 20 Uhr versammelt sich die ganze Familie, inklusive der Tabby=für=Alles, im Amtszimmer des Pfarrherrn, wo eine Abendandacht gehalten wird. Um 21 Uhr liegen Vater, Tante, Tabby, Jeder in seinem Bett=oben – und nun sind die Kinder ‹frei›, im großen Halb=Saal unten : rastlos, energiegeladen, tigern sie auf & ab. Drücken die Näschen an die Fenster ? : Draußen, im Wind, fängt es zu pfeifen an, über die Schafkoben her, die undeutlich im Moor hocken : so eine Nacht ist im Anzug, wo Eule wider Eule fliegt.....

B. (irritiert): Sehr schön; beneidenswert=lyrisch – aber wollen wir, bitte, dadurch die Fakten nicht verfälschen; ich möchte Zahlen, Daten, scharfe Bilder : *wie alt* sind die Kinder, als sie nun – ich merke es wohl – ihr erstes ‹Längeres Gedankenspiel› beginnen ? – *(nach einer kleinen Pause):* Oder nein; noch ein anderes zuvor : was gab den ersten Anlaß dazu ?

C.: Wir richteten unsere Spiele ein : im Juni 1826 JUNGE LEUTE. / Ende Juli 1827 UNSERE KAMERADEN. / Dezember 27 DIE INSELBEWOHNER..... Ich will den Ursprung unserer Spiele, soweit ich es vermag, noch exakter angeben :

Papa kaufte in Leeds ein paar hölzerne Soldaten für Branwell. Als er von der Reise zurückkam, war es schon Spätabend, und wir im Bett; und so wurde es Morgen, ehe Branwell mit seiner Schachtel Soldaten an unsere Mädchen=Tür kam. Emily und ich sprangen sofort aus den Betten; ich griff mir 1 der Soldaten, und rief sogleich : »Das ist der Herzog von Wellington ! Das soll mein Herzog sein !«. Ich hatte kaum ausgesprochen, als auch Emily 1 zur Hand nahm : das solle ‹Ihrer› sein. Und schon kam auch Anne herbei, und sagte, 1 müsse ihr gehören.....

A.: Das berichtet Charlotte in der GESCHICHTE DES JAHRES.

B.: Schon wieder erheben sich diverse neu=dringende Fragen. – Als erstes das : *Wie alt* waren die Vier, als jene Soldaten, jene ‹Spielvorlagen›, anmarschiert kamen ? Übrigens : verwendeten die Brontë's ebenfalls das

Wort ‹Spiel› ? Oder übersetzen Sie's nur so, um Ihre Theorie zu untermauern ?

A.: ‹Play› ist ihr technischer Ausdruck dafür. – Und 1826, als das Große Spiel beginnt, ist Charlotte, die Älteste, 10; Patrick Branwell 9; Emily 8; Anne, die jüngste, 6.

B.: Enorm jung. – Und Alle 4 spielen dasselbe Spiel ? Es handelt sich also um eine ‹Gemeinschaftsproduktion› ?

A.: Zunächst ja. – Die Kinder beleben also jene Soldaten – die bald DIE JUNGEN LEUTE heißen; wohl auch DIE ZWÖLF – und fangen an, einander deren ‹Erlebnisse› zu erzählen; sie in der Fantasie mit= und nach=zuspielen. Zunächst müssen die Helden natürlich, um ihnen volle Handlungsfreiheit zu ermöglichen, zu ‹Neuen Ufern› transferiert werden.....

C.: Schön. Also, wie ich zuvor schon erwähnt habe, gingen wir am 1. März des Jahres 1793 von England aus unter Segel. Am 15. kam die spanische Küste in Sicht. Am 16. landeten wir kurz; kauften Vorräte an Lebensmitteln=undsoweiter ein; und stachen am 20. wiederum in See. Am 25., um die Mittagsstunde, rief Henry Clinton, der sich zufällig in der Takelage befand, zu uns herunter, daß er ‹das Auge eines Taifuns› erblicke ! Binnen Minutenfrist waren wir Alle an Deck, und starrten unverwandt und erschrocken in Richtung eines Berglandes, über dem wir deutlich den ominösen Fleck, hoch im Himmel, hängen sahen.....

B.: Also das seit Ramses geläufige, uralt=heroische Mittel, um zu Fabelküsten zu gelangen : ein Sturm, dergleichen man, seitdem die Welt in Angeln geht, noch nie erlebt hat, jagt Schiff & Mannschaft hurtig=gefällig in ihre Neue Welt. – Übrigens fiel eben schon 1 Name : wie weit sind die der andern Seefahrer bekannt ?

A.: Aber alle, ohne Ausnahme ! Sie werden schon noch sehen, wie sorgfältig, wie umfangreich, das Ganze auf= und ausgebaut ist. – Hören Sie nur... :

C. (zählt schüchtern=selbstbewußt her): Marcus O'Donell / Ferdinand Cortez / Felix de Rothesay / Eugene Cameron / Harold Fitz=George / Francis Stuart / Henry Clinton / Ronald Traquair / Ernest Fortescue / Gustavus Dunaley / Frederick Brunswick / und Arthur Wellesley.

A.: Genau das – für ‹primitive› Typen von Gedankenspielen charakteristische – ‹Höhergreifen› in den Namen; die Selbstberauschung durch wohllautendste Akusmata : ‹Brenzaida und Zamorna›. Man kann ohne weiteres die Behauptung aufstellen, daß die Gedankenspieler der unteren Klassen, solcher Selbst=Hypnose durch prunkvolle Silbenakkorde nicht zu entraten vermögen. Einen Satz den man, nebenbei bemerkt, nicht ohne weiteres umdrehen darf : es gibt sehr wohl Gedankenspiele vom höchsten

Kunstwert, Poe ‹Pym›, denen, gewissermaßen als atavistisches Schwänzchen, diese Verstiegenheit noch anhaftet.

B.: Es ist ja aber auch durchaus menschlich=begreiflich, wenn das nicht für voll genommene Schulkind, der Lehrling im Büro, der Kommis hinterm Ladentisch, die Näherin am Fließband – sämtlich hoffnungslos umgeben von Max Grete Paul, Lehmann und Müller und Schmidt, und überhaupt derbster Alltäglichkeit – wenn die daran verzweifeln, daß zwischen solcher, ihnen ‹banal› erscheinender Kulisse, ‹Höheres› möglich sei. Daß ‹Rita Hayworth› in Wirklichkeit auch nur Lieschen Müller oder so heißen könne, *glauben* sie nicht; daß ‹Giuseppe Verdi› auf gut=Deutsch ‹Josef Grün› bedeutet, *wissen* sie nicht; und außerdem ist ein ‹Marquis von Douro› eben auch heute noch mit dem Begriff ‹viel Geld› verbunden. – / Aber wie geht es den Jungen Leuten aus Haworth weiter ? : Wo landet man ?

A.: An der Westküste von Afrika scheitert behutsam das Schiff; und flugs gründet man die Neue Welt : das Königreich *Angria.*

B.: Ahî ! –

A.: Glass Town ist die Hauptstadt des ‹Heiligen Landes›; hier residieren und wirken zunächst die 12 Herren aus lackiertem Holz, an ihrer Spitze Arthur Wellesley – bis dann, später, Jeder seine eigene Provinz zugewiesen erhält : Die Fabel erweitert sich ins Maßlose ! / Schützend stehen ihren Helden zur Seite 4 Groß=Genien, unbegreiflich herrliche und mächtige Geisterwesen; und sie heißen, nicht allzu unerkennbar, Branii.....

B. (interessiert): Ach : Branwell, der Junge ?

A. (fortfahrend): Emmii; Annii; und Tallii.

B.: Emily demnach; Anne; und folglich – das wäre so leicht sonst nicht erkennbar – muß Tallii Charlotte sein : es wird also auch eine *eigene Mythologie eingerichtet* ? – *(murmelnd):* Tatsächlich immer frappanter die Ähnlichkeit mit Orplid, und dessen auch so wild musizierenden Namen, Weyla und Ulmon – : das spielten ja übrigens *auch* Mörike & Bauer zusammen.

D. (geheimnisvoll und dramatisch): Eines Abends saßen wir Alle versammelt im Großen Zelt; die Meisten von uns um das röhrende Feuer in der Mitte.....

B. (unterbrechend): Hier ist den kleinen Herrschaften aber doch wohl Yorkshire dazwischen gekommen ? : Bei den ‹Aschantis›, in Zentralafrika, pflegt man schwerlich um den heulenden Kamin herum zu sitzen.

D. (erst ein wenig unwillig, ob der profanen Störung; dann wieder voll melodramatisch): ..... Um unser Lager draußen raste der Sturm, und wir lauschten ihm in bangem Schweigen. Nicht Einer von Uns mochte reden, viel weniger lachen; und die Pokale standen unberührt=randvoll auf der runden Tafel. Mitten in solche Stille hinein, hörten wir den Schall einer Trompete, der aus der Wüste herüber zu kommen schien – im nächsten Augenblick rollte ein Donnerschlag durch den Himmel heran, daß die Erde in ihren Grundfesten zu erzittern drohte. / Schon waren wir Alle auf den Beinen, und standen erfüllt von Schreck; der sich jedoch unlängst in Verzweiflung wandelte, als ein neuer Ruf des furchtbaren Hornes erscholl. Mit *einem* Schrei – nicht des Mutes, sondern der Furcht – stürzten wir Alle aus dem Zelt; wo unser draußen ein Anblick von so gräßlicher Größe harrte, daß selbst heute noch, nach nunmehr 40 Jahren, wenn ich jener schlimmen Nacht gedenke, meine Glieder zu zittern beginnen, und mein Blut erstarrt – / : Wolkenhoch ragte ein mächtiger und schrecklicher Riese ! Seine rechte Hand hielt eine Trompete; die Linke 2 Wurfpfeile mit feurigen Spitzen .....

B. (verständnisvoll hineinmurmelnd): ..... Ah : 1 Gewittergottheit : nischt wie Thor plus Keraunos .....

D. (mächtig fortfahrend): ..... Auf einer Gewitterwolke, die vor ihm wallte, ruhte sein Schild; auf seiner Stirn stand geschrieben : *Ich ! Sturmgeist !* – Er schritt heran, über das schwarze Gewölk weg, das seine Schenkel umrollte, unachtsam des wilden Geblitzes, das ihn bezuckte. Näher trat er dem Ort, wo wir bebend standen; beschrieb 3 Feuerkreise in der Luft mit seinen Flammenwaffen – und hob dann die Faust zum Schlage : ? ! ! ! .....

B. (wohlig=angeregt): Es wird Einem so recht behaglich bei dergleichen, nicht ? : Weiß man doch genau, daß gar nichts Nennenswertes passieren *kann* – sonst wären die Helden ja sämtlich weg, und das Spiel aus. : Soll der Bube ruhig noch'n paar Flammenkreise beschreiben.

D. (erhaben): In diesem Augenblick vernahmen wir, klar und laut, eine Stimme, die sprach : »Geist ! – : Ich gebiete Dir, abzulassen.« – / Wir fuhren herum; und erblickten eine neue Gestalt, *so* gigantisch, daß selbst jener Geist nur ein Zwerg gegen sie schien. Sie warf einen freudigen Blick auf uns – und verschwand.

B.: Nemo contra Deum nisi Deus ipse. – Jetzt sagen Sie *eines* : woher *weiß* man das denn Alles so genau ? Bei Mörike ist es sattsam bekannt : im MALER NOLTEN läßt er Larkens erinnernd von dem großen Gedankenspiel der Jugend berichten – wobei sich natürlich nie ganz der Skrupel verliert : wieweit ist dieser Bericht kindlich=verläßlich ? Und wieviel davon ist, später hinzugekommene, reflektierend=berichtigende Kunstform des Erwachsenen ?

A.: Mit 11 Jahren – ich gehe nach der Ältesten, Charlotte; für die

Jüngste müssen Sie immer 5 abziehen – mit 11 also beginnt das Große Spiel; mit 13 setzen die ersten Niederschriften ein.

B.: Wieso verfielen die Kinder auf solchen Gedanken : es ist doch ganz ungewöhnlich in jenem Alter, dergleichen *schriftlich zu fixieren* – also ‹freiwillig Aufsätze zu schreiben›. Das wäre ja 1 Pracht=Exempel kindlichster Gedankenspiele, von denen Sie vorhin dekretierten, daß sie ‹literarisch nicht erfaßbar› seien. – Ist das erhaltene Material nennenswert umfangreich ?

A.: Machen Sie sich erst noch klar : daß ‹Schreiben=Schriftstellern› für diese Kinder etwas so Fernliegendes nicht ist. Sehen sie doch täglich den Namen des Vaters gedruckt vor 2 Büchern; *lesen* sie doch unermüdlich – da können sie schon zu guter Stunde auf den Einfall eigener Produktion geraten. / Außerdem *erfordern* der Riesenumfang, wie auch die daraus resultierende Kompliziertheit des Großen Spiels die Gedächtnishilfe schriftlichen Festhaltens. Und – das ist nun Ihre 2. Frage – : 1 Wunder ebenso, wie 1 Glücksfall für uns – ‹Uns›, das heißt hier ‹Leser, Schriftsteller, Literaturhistoriker, Pädagogen, Psychologen, Soziologen› ! – : *mehr als einhundert Hefte*, verschiedenen Umfangs; zusammen eine unglaubliche Masse Information, neben der unser deutsches ORPLID ins Belanglose verblaßt, liegen noch vor. Lange Zeit ehrfürchtig=verständnisvoll bewundert von der Brontë=Forschung, werden jetzt allmählich die vielen Tausende von Seiten gewürdigt; bedeckt mit so winziger, halb Schreib= halb Druckschrift, daß sie ohne stark vergrößernde Lupe einfach nicht lesbar ist.

B. (beeindruckt): Und Alles befaßt sich mit ANGRIA ? Mit seiner Geschichte; seiner geografischen und politischen Entwicklung; seinen Bewohnern ?

A.: Ganz sorgfältig wird das Reich aufgebaut. Da gibt es etwa ein *biografisches* Sammelwerk, excellent zum Nachschlagen à la ‹Who's Who ?› : LEBENSLÄUFE UND CHARAKTERISTIKEN DER BERÜHMTESTEN MÄNNER DER GEGENWART. Darin findet man, unter vielen Anderen, YOUNG SOULT, den Dichter; zu dem der bessere Teil Branwells Modell gestanden hat. Da ist SERGEANT BUD, einer der Groß=Schurken.....

B. (einfallend): Kann man dessen Steckbrief mal hören ? Schurken sind ja immer interessant.

C.: SERGEANT BUD ? – / : Dieser Mensch steht jetzt in seinem 25. Lebensjahr. Er ist groß und dünn. Sein Gesicht, obwohl eigentlich knochig, wirkt voll, und sein Profil ist sogar hübsch. Sein Auge blitzt; und Alles in Allem genommen sieht er gar nicht übel aus. / Er ist ein gewandter Rechtsanwalt, und ein mächtiger Lügner, unverschämt und von einer eisernen Stirn. Schriftlich drückt er sich zwar etwas weitschweifig aus, ist jedoch ein erzgeschickter Disputierer. An seinen kleinlichen Geiz reicht nur noch seine Verruchtheit heran. Er ist gleichzeitig ungesellig, und von widerlichstem Stolz; ein ebenso verstaubter Bücherwurm, wie großmaßstäblicher Schuft. Kurzum : er ist der echte Sohn seines Vaters ! – Jedermann kann ihn bestechen – wie ich auf meine eigenen Kosten in Erfahrung gebracht habe. Ins Gesicht hinein schmeichelt er Einem, trotz dem aalglattesten Höfling; hinter dem Rücken verleumdet er Einen, nach echter Schurkenweise. : Es ist eine ausgesprochene Schande, daß TALLII ihn derart in Schutz nimmt ! / Die Männer, die ihn seinerzeit durchprügelten, haben völlig recht gehandelt; und wenn es nach mir ginge, ließe ich ihn zunächst kielholen; dann bekäme er 70 mit der neunschwänzigen Katze aufgezählt; dann ließe ich ihn, verkehrt auf einem Kamel sitzend, durch ganz GLASS TOWN führen; und zum Schluß an einen 60 Fuß hohen Galgen hängen – wenn er dann tot wäre, könnte man ihn herunter schneiden, und die Chirurgen dürften ihn sezieren.

B. (frappiert & belustigt): Nicht schlecht. Wie keck gemacht ! – und das schrieb die 13=jährige Charlotte ?

A.: Da sind etwa PIGTAIL; und DOKTOR HUME BADRY. Ein »bedeutender politischer Schriftsteller« ist KAPITÄN BUD.....

C. (sachlich): KAPITÄN BUD, – : Dieser große Politiker steht zur Zeit im 45. Lebensjahr. Er ist hochgewachsen von Gestalt, dazu knochig und muskulös. Seine Züge wirken hart und abstoßend; das tiefliegende Auge glitzert und blickt durchbohrend. Sein Gang ist ausgesprochen ungraziös; eine seiner Schultern dazu noch etwas höher, als die andere – kurzum, seine ganze äußere Erscheinung gehört nicht gerade zu den ansprechendsten. / Dennoch bleibt er immer der fähigste politische Schriftsteller unserer Tage, und seine Arbeiten tragen so viel gedankliche Tiefe und ein derartiges Wissen zur Schau, daß ihr Nieveau selten von Anderen zu erreichen ist – zu übertreffen nie. Zuweilen schreibt er freilich ein wenig allzutrocken; und würde noch öfter so wirken, wenn nicht eben seine bedeutenden Fähigkeiten dem die Waage hielten. Ich muß gestehen, daß ich mehrfach, selbst über seinen besten Werken, eingeschlafen; und ebensooft, mit Beschämung, wieder erwacht bin. / Er ist hochgradig nervös, nörgelig und reizbar; obschon seine Lauterkeit und Rechtschaffenheit über jeglichen Zweifel erhaben sind. Man sagt von ihm übrigens, daß er Hypochonder sei; und Zeiten habe, wo er sich selbst für eine Feuerflamme hält, einen Stein, eine Auster oder auch einen Krebs. Ja, einigemale soll er sich schon als die Blüte einer Glockenheide empfunden haben, und *so* exponiert, daß er sich von jedem Windstoß in die Lüfte geführt däuchte. Während dieser Zustände sorgen seine Freunde dafür, daß die Öffentlichkeit ihn dann nicht zu Gesicht bekomme. – Was an dergleichen Unterstellungen Wahres ist, weiß ich nicht; obwohl ich glaube, daß einiger Grund dafür vorliegen mag.

B. (aufmerksam): Sehr nett. Man denke nur. – Könnten Sie eventuell noch einige weitere *Titel* von Heften nennen ? – *(bedauernd):* Für *mehr* ist im Augenblick ja leider keine Zeit.

A.: 4 Bände umfassen die ERLEBNISSE DER INSELBEWOHNER. Einmal erscheinen 6 Nummern einer Monatszeitschrift, ‹MAGAZIN DER JUNGEN LEUTE›. Fantastische Erlebnisse, Fabeln, immer ‹geformter›, mischen sich ein : DIE VIER ALTEN WASCHFRAUEN VON STRATHFIELDSAYE. DER TISCH UND DIE VASE IN DER WÜSTE. INNERES EINES BIERHAUSES, ein Gedicht. SZENE AUF DER GROSSEN BRÜCKE. ‹ETWAS IN 14 ZEILEN›.

B. (lüstern): Aber das sind ja aller=leckerste Überschriften ! Finden sich auch umfänglichere Produktionen darunter ?

A.: Durchaus : ein größeres Fantasiestück heißt DER GRÜNE ZWERG, EIN MÄRCHEN VOM PERFEKT – also eine ‹grammatische Fabel›. : DER DICHTERLING, Schauspiel in 2 Bänden. ERNTE IN SPANIEN.....

B. (entschieden): Genug zunächst – wir wollen ja möglichst nicht *auch* unversehens der vorhin angeprangerten ‹Berauschung durch Namen› unterliegen – obwohl ‹Wonnen der Aufzählung› wohl korrekter wäre. / Auf jeden Fall handelt es sich, wie ich einzusehen beginne, um ein ganz erstaunliches, in seiner Erhaltung einmaliges, Beispiel kindlicher Erfindungsgabe und Gestaltungskraft.

A.: Das meiste ist leider in Deutschland so gut wie noch ungekannt; zumal die Forschungslage überhaupt noch immer nicht voll befriedigend scheint. Besonders ausgezeichnet haben sich hier angelsächsische Filo*loginnen* : Phyllis Bentley; Fanny Ratchford; Margaret Lane. Dabei wären ja gerade hier rarste Schätze zu bergen; Sie sagten es vorhin schon, für Wen=Alles. / Mit zunehmenden Jahren nimmt nun auch in ANGRIA die literarische Fülle immer zu : Witz, Satire, Selbstkritik, treten auf.....

C. (eine halbbetrunkene Männerstimme imitierend): Eigentliche Verwandte ? : Besitze ich nicht. – Ein paar Leute, die sich so nennen, gibt es zwar; zumal in Gestalt von 3 Mädchen; aber.....

D. (eine nüchterne Männerstimme imitierend. – Einfallend): Wie heißen diese=Ihre 3 Schwestern denn ?

C.: Charlotte Wiggins; Emily Wiggins; und Anne Wiggins.

D.: Und die sind ebenso exzentrisch wie Sie ?

C.: Ach, das sind erbärmliche dumme Kreatürchen, nicht wert, daß man sie erwähnt. – Charlotte ist 18; ein vulgäres muffiges Ding; und reicht sogar *mir* kaum bis zum Ellenbogen. Emily ist 16; lang und schlaksig; mit einem Gesicht, so groß wie ein Markstück. Tja und Anne ? – : Anne ist überhaupt nichts.

D.: Wie das ? Doch kein Idiot ?

C.: Na viel fehlt nich.

D.: Hmm. – Da seid Ihr ja ein feiner Verein, Master Wiggins !

B. (konsterniert): Halthalt : wieso ist Charlotte denn jetzt auf einmal 18 ? – Ich denke, sie war *11*, als das Große Spiel begann ? – *(hoch=argwöhnisch):* Sagen Sie doch mal : verraten Sie mir doch mal – : *Wie lange* haben die Vier denn an ihrer Saga gewebt ?

A. (nach einer kleinen Pause): – Sechzehn Jahre lang.

B. (entsetzt): 16 Jahre hindurch ? Ja meingott das ist ja..... : wenn man sich die Folgen für das Leben vorstellt.....

A.: Lassen Sie mich erst noch etwas mehr Material herbeitragen – die von Ihnen angespielten ‹Folgen› werden sich dann noch deutlicher, und wie ‹von selbst› ergeben. / Zunächst, also ab 1826, wird 5 Jahre lang gemeinsam an ANGRIA gespielt. Dann geht Charlotte ab, in ein Internat; und Branwells nunmehrige Premier=Tätigkeit bei der Verwaltung des Staatenbundes befriedigt die beiden Anderen *so* wenig, daß eine politische Spaltung eintritt : Emily & Anne gründen zusammen ein eigenes neues Königreich : *Gondal*.

B.: Und damit wäre ja endlich das zweite Abrakadabra=Wort zum Vorschein gekommen.

A.: Als Charlotte dann 1834 zurückkehrt; setzt eine neue stürmische Entwicklung in ANGRIA ein : ihr Liebling und Traumheld ZAMORNA, hat in einem langen, sorgfältig beschriebenen Krieg die vereint=neidisch angreifenden Neger & Franzosen zurückgeschlagen; und will nun, auf seine Verdienste pochend, dafür König der Ostprovinzen werden. Mit Hilfe seines verruchten Schwiegervaters, des EARL VON NORTHANGERLAND, gelingt es ihm sogar, im Parlament von GLASS TOWN eine knappe Mehrheit für seine Pläne zu gewinnen. Hier nun, im Reich des Geliebten, findet für Charlotte eine typische ‹Wunscherfüllung› statt.

B.: Freud=haftester Sorte, was ? – Ich würde aber empfehlen, Sie häuften nicht allzuviele, mir doch nicht geläufige Namen. Es liegt also für *beide* Groß=Reiche, ANGRIA wie GONDAL, das Material aufs ausführlichst=herrlichste fest ?

A.: Mm=jaa. – Für ANGRIA direkt. Und auch über GONDAL *haben* die entsprechenden Chroniken vorgelegen; sie werden in den Geburtstagsschriftchen, die sich die Geschwister grundsätzlich überreichten, zitiert. Sie selbst haben sich anscheinend nicht erhalten; dafür aber hat die Brontë=Forschung, je länger desto unverkennbarer, feststellen müssen : daß Emily's ganzes Werk, am deutlichsten die GEDICHTE, dieser GONDAL=Welt entstammen...

D. (kraftvoll träumend):

Ich komme, wenn Du Dich trauernd
allein ins Gemach gelegt;
wenn des Tages tolles Getreibe –
Rufe; Lachen – schweigt; und die Scheibe
des Abends noch kühler beschlägt.

Wenn des Herzens wahre Gedanken
keine Rücksichtnahme verdorrt,
wenn Scherz & Lust herrlicher schwanken –
dann komm'ich; und aus allen Schranken
trag'ich Deine Seele fort.

Hörst du ? : Die Stunde schlägt.
: Die Wilde Zeit ist nah.
Spürst Du schon, wie Dich, schlimm & hold,
fremde Gefühlsflut überrollt;
Herold einer *noch* stärkern Macht ? –
: *Jetzt bin ich da !*

B. (mitleidig): Oh, das kann böse werden. – *(kopfschüttelnd):* 16 Jahre zehrendster Fantasien, wie im Tollkirsch=Traum ? / War denn wenigstens die beschriebene ‹Gruppenbildung›, die ‹politischen Koalitionen›, organisch ? *Paßten* die Paare, innerlich wie äußerlich, einigermaßen zusammen ?

A.: Ich glaube doch; ja. – / Einmal Charlotte & Branwell; Beide winzig klein und zierlich. Missis Gaskell, die erste Biografin, hat ihre Freundin Charlotte – zweifellos noch schonend – *so* geschildert..... :

C. (mitleidig=gedämpft): Ich habe dergleichen nie wieder, bei keinem irdischen Wesen, gesehen. / Ihre Gesichtszüge waren häßlich, grob, und sehr unregelmäßig. Der Mund gekrümmt, die Nase um Nummern zu groß. Die Gestalt klein, wie die eines Kindes. Hände und Füße die winzigsten, die ich je an einer Frau sah : wenn sie ihre Finger in meine legte, war es, als schmiege sich mir ein gewichtsloses Vögelchen in die Mitte der Handfläche. / Schon als Mädchen wirkte sie wie ein winziges altes Weibchen. So kurzsichtig war sie, daß man immer den Eindruck hatte, sie suche beständig etwas, und verdrehe deshalb so Gesicht und Hals, um es zu finden. Wenn man ihr ein Buch gab, duckte sie den Kopf derart tief darauf, daß sie fast mit der Nase aufs Papier stieß.

B.: Ah; daher auch die lupige Schrift. – Kein ‹Frauenideal›, was Sie da geschildert haben.

A.: *Körperlich* nicht, nein; in dieser Beziehung das Gegenteil. / Und ähnlich gebaut war Branwell. Beide übrigens irisch=rothaarig; obwohl Charlotte gern von ‹einer Brauntönung› sprach.

B.: Und nun die beiden andern Koalitionspartner ?

A.: Die waren Beide *hoch*gewachsen; knochig; mit endlosen Armen und Beinen. / Anne in einer stillen Art *hübsch* : mit klaren Brauen, gutem Mund, wundervoll ‹unberührtem› Gesicht. / Emily, die Enkelin der Titanen, weitgebärdig=schlaksig; die Röcke hingen an ihr herab, wie an einer Vogelscheuche : schön vor lauter Häßlichkeit, storchte sie übers Moor; kranichte durch Pfützen; reiherte ins Röhricht.

B. (verdachtsvoll): Ihre Stimme klingt so *anders*, Ihre Schilderung wird *dithyrambischer*, wenn sie dieser Emily gedenken – : Wie das ?

A. (ehrerbietig): Weil man bei ihr irgendwie mit dem Absoluten in Berührung kommt. Ungereift noch, gewiß; auch unvollkommen – sie war 30, als sie starb : aber da fängt der Schriftsteller ja erst an. / Lassen Sie uns jetzt ein paar Jahre weiter springen, bis, ganz rund, 1845.

B.: Die inzwischen anfallenden, mit Recht sogenannten ‹Zeitereignisse›, spielen überhaupt keine Rolle ? Wichtig sind allein ANGRIA & GONDAL ?

A.: Ja. – Und widmen wir uns nunmehr dem, was Sie bereits vorhin=entsetzt als ‹die Folgen› ahnten : die, bei Unbemittelten unausbleibliche, ‹Berührung mit der Außenwelt› findet statt.....

B. (verständnisvoll einfallend): Und geht natürlich – naja; ‹schief› ist ja gar kein Ausdruck ! Nach 16 Jahren Fantasterei *müssen* ja Tragödien eintreten.

A.: Man entschließt sich nicht leicht; es sind überaus *scheue* Wesen. Alle – sich versuchsweise der Schriftstellerei zu widmen; nachdem das ‹Hauslehrern› und dergleichen nur Qualen ‹einbrachte›. 1846 erscheint, im Selbstverlag – also richtiger : auf eigen=arme Kosten ! – 1 Bändchen Gedichte von CURRER, ELLIS & ACTON BELL – (die Einstufung als Namens-Transvestiten liegt nahe). *(sachlich):* Es wurden davon verkauft – : *zwei Stück*. Heute, nachdem Emily endgültig als zur englischen Hochliteratur gehörig erkannt worden ist, wiegt man das Büchlein natürlich, wie üblich, ‹mit Gold auf›.

B. (hineinmurmelnd): Schade nur – besser : wie unangenehm & beschämend ! – daß es den Toten nichts mehr nützt !

A.: Denn wenn auch Vieles davon durchschnittlich ist – zum Teil nach Kirchenlieder=Rhythmen gearbeitet; zum Teil moralische Platitüden und Denk=Unwürdigkeiten, wie sie den armen gottvergifteten Dingern bei einem solchen Heim ja unvermeidlich unterlaufen *mußten* – : der Wert des verschollenen Buches liegt in den Gedichten der Orion=spreizigen Emily...... :

D. (trotzig, prometheisch):

Rechtfert'ge *Du* mit hellem Blick –
wenn Nüchternheit, schwerfällig, dick,
auch spottet über mein Geschick –
: mit güldnem Mund tritt *Du* hervor,
und künd', *warum* ich Dich erkor !

Verstand & Ernst sitzt zu Gericht,
be=robt, mit nüchternem Gesicht –
: Du schweigst doch, mein Verteid'ger nicht ?
Nein, Feuergeist; tritt an zum Streit;
: ich warf die Wirklichkeit beiseit' !

Erklär': »Emily Brontë hat
bewußt vermieden Euren Pfad
: Ihr wißt nicht, welch Land sie betrat. –
Wohlstand und Macht mied sie bewußt;
auch Ruhm und Lockung jeder Lust.

Wohl gibt sie zu, daß manche Nacht
sie ihr Gelübd' Euch dargebracht,
und oftmals hat an Euch gedacht. –
Doch Opferduft wird oft verweht;
und ihrer wurde kalt verschmäht.

Da schwor ihr Mund : Ich opfre sehr
an Eurem Altar nimmermehr !
Mein Herz gehört dem Einen, der
stets nah mir ist, ein Wundermann,
mein Sklave, Kam'rad und Tyrann.

Mein *Sklave* : noch gebiet'ich Dir;
mein Wille schwankt : noch folgst Du mir :
ich mach' zum Gott Dich und zum Tier. –
Kam'rad bist Du : denn Tag & Nacht
entzückst Du mich, mehr als gedacht,

mit Lieblings=Schmerz. Ich lach' und wein'
und Thränen fließen freudig ein,
und düstre Sorge mischt sich drein. –
Und doch *Tyrann* auch; ob ich schon
rebelle oft, und fluch' am Thron.
(lauter & wilder):
Doch hab *ich* Unrecht; weil *Ihr* steht,
und glaubend zagt, und hoffend fleht ? :
Ich selbst erfüll' mir mein Gebet ! –
(feierlich):
: Gott der Gesichte, tritt hervor;
und künd', warum ich Dich erkor !«. –

B.: Und *davon 2 Stück* verkauft ? : Oh shame ! – Könnten Sie etwa noch 1 Beispiel geben ?

D. (ablehnend):
Reichtum ? – : Darüber lache ich !
Manns=Liebe ? – : Schwüler Tand.
Und Ruhm ? – : War auch wohl nur 1 Traum,
der mit dem Morgen schwand.

Und *falls* ich bete – wär' für mich
das Einz'ge, was ich fleh'
: ‹Laß mir mein Herz. Und füg' hinzu
Freiheit, wie ich's versteh !›

Jawohl. – Und ist auch kurz mein Tag,
dies sei sein Grundgebot :
Die Seele ohne Fesseln, frei;
und Mut bis in den Tod !

B. (bedächtig): Ich vernehme das geisterhafte Amazonen=Gerede nicht ohne Entsetzen. – Wollen wir doch die Augen offen behalten : die 4 blieben ja nicht *ewig Kinder*; obwohl Sie jenen Zweien, Charlotte und Branwell, die körperliche Unentwickeltheit bereits ausreichend bescheinigt haben – gut; sollen sie sämtlich, rein biologisch, ‹Spätentwickler› gewesen sein : aber *einmal muß* doch die Konfrontierung mit der Wirklichkeit stattgefunden haben; einmal der Einbruch der Außenwelt erfolgt sein – mir graut schon jetzt vor dem unvermeidlichen Resultat.

A. (bestätigend): Das erste Opfer war Branwell; aus dem, den vorhandenen Nachrichten zufolge, möglicherweise ein guter *Porträtmaler* hätte werden können. – Nie in eine Schule gegangen; von Vater Tante Schwestern ausgebildet=verzogen; mußte er, um des lieben Geldverdienens halber, den ‹Hauslehrer› zu machen versuchen. Er kam in der gleichen Familie Robinson unter, wie seine Schwester Anne : die ‹Frau des Hauses›, eine ältliche, aber nicht unhübsche, hitzige dicke Puppe, fand Gefallen an dem feingliedrigen zwergigen Fantasten. Tändelte & schäkerte entsprechend mit ihm. Und warf ihn beiseite, als es notwendig wurde; das heißt, als das Primat häuslicher Verhältnisse überwog. Er; ungeschützt; nur in ANGRIA heimisch, wo er Gesetze geben konnte, brach prompt zusammen; und verkam in Suff und Opium : mit 31 Jahren war er tot.

B. (unbehaglich pustend): Was erlitten die Andern ? – Ich bin auf Alles gefaßt.

A.: Auch die Schwestern versuchten immer wieder, monatelang, für's Gute Baare die ‹Gouvernanten› zu machen – und flohen immer wieder, abgestoßen von Menschen wie Dingen, hustend und totunglücklich, nach Haworth zurück; wo sie dann weiterhin, in ätherischer Beschränktheit verbrannten. / Die leeren Moore hatten ihnen Geist, Geschmack, Charakter, geformt; sie waren absolut autark – *(banal einschränkend):* bis auf das Geld. Weltfremd im besten Sinne. Menschenscheu : wenn Besucher kamen, zumal ganz Fremde, verdrehten sie sich auf den Stühlen, daß Gott erbarm'. Lieber wären sie über glühend gemachte Pflugschare geschritten, als durch ein – selbst bewunderndes – Spalier von Unbekannten.

B. (trübe): Jede Kleinigkeit der Außenwelt repräsentierte sich ihnen also störend=vergrößert ?

A.: Berüchtigt und bezeichnend war der ‹Ordnungs=Sinn› der Schwestern : sobald im Parterre=Zimmer in Haworth nur 1 Stuhl unrecht stand – konnten sie die Unterhaltung nicht fortführen ! : unauffällig mußte eine der Schutzgottheiten ANGRIAS aus ihrem Himmel herabsteigen, und das Dings lautlos=beiläufig zurechtrücken. / Ganz wichtig vor allem noch die bis ans Ende durchgehaltene ‹Geschlechtsfremdheit› der 3 Mädchen – absolut geschlechts=*los* waren sie *gar* nicht : die Träume ihrer Nächte waren *glühend*, und *durchaus* ‹von Männern›. Und wenn sie über schwärmerische Dialoge und *erdachte Küsse* meinethalben auch nicht hinausgegangen sind – : biologisch reiften sie eben doch heran; und gerade in den eisenstirnigen ‹Roundheads› von Puritanern dürfte in dieser Richtung Einiges vor sich gehen : *umsonst* liegen die nicht andauernd im clinchesten

Clinch mit ‹Satan› ! – Und jedes ‹Nachtleben› ‹greift› eben auch entsprechend ‹an›..... :

D. (finster):

Nacht ? – : bringt Erquickung nicht;
nicht Schlaf Kraft Mut.
Bereis' ich doch nur wildres Meer
und schwärz're Flut.

B.: Darf ich gerade diesen Lebensabschnitt also noch einmal kurz zusammenfassen : alle 3 Schwestern haben sich in dem, damals den Töchtern des Mittelstandes einzig möglichen Frauenberuf, der demütig=wohlanständigen ‹Gouvernante› versucht – bald als private ‹Erzieherinnen›; bald an irgendwelchen Instituten – und sind, wie zu erwarten stand, gescheitert. Nur zu begreiflich : es muß ja keine ‹Begegnung› mit der Realität gewesen sein; sondern ein ausgesprochener Zusammenprall. Jetzt, im Herbst 1845, sitzen sie also, alle Drei, ratlos wieder daheim in Haworth. Und kommt jetzt endlich der, in einem derartig ‹literarischen Haushalt› ja schlechterdings unausbleibliche Augenblick, wo man im Ernst ans Bücher=Machen heran geht ? Die Begierde nach ‹Dichterruhm› *muß* ja, und zwar vermutlich enorm früh & intensiv, aufgetaucht sein.

A.: Ja; das Geld wird immer knapper. Der Bruder ist bereits vollendeter Potator. Da fassen die Mädchen sich ein Herz; und lassen, auf eigene Kosten, 1 Gedichtbändchen drucken.....

B. (unterbrechend): ..... von dem ganze 2 Exemplare verkauft wurden; ich erinnere mich. Ein Unternehmen, durch welches der Wohlstand also nicht gerade zunahm.

A.: Gleichzeitig aber hat Jede, verabredungsgemäß, begonnen, einen *Roman* zu schreiben – und das kurioseste aller literarischen Schauspiele läßt sich in diesem einzigartigen Fall genau verfolgen : die ‹*Yorkshirisierung*› der Königreiche ANGRIA & GONDAL; die Übertragung und Transformation von Gestalten, Gesinnungen, ganzen Szenen; von der bloßen Schreibtechnik noch zu schweigen.

B. (neugierig): Fanden sich leicht & schnell Verleger für die merkwürdige Ware ?

A.: 18 Monate lang gingen die Manuskript=Pakete hin und her zwischen Haworth und immer anderen Verlagshäusern. Im Jahre 1847 endlich, erschien dann von jeder der Schwestern 1 Roman.....

B. (einfallend): Der also, im Fall Emily, WUTHERING HEIGHTS gewesen sein muß – sie hat ja nur den einen veröffentlicht; schön; den erwähnt ja auch der allerknappste Abriß der englischen Literatur. Von Charlotte war es..... ?

A.: Die – zumindest früher sehr bekannte und beliebte – JANE EYRE, die auf der Stelle ein best=seller wurde : Charlotte war eine gemachte Frau ! / Die stille, unbarmherzig fromme Anne – so recht ein ‹sanfter Unmensch› – hatte AGNES GREY vorgelegt.

B.: Was waren nun die Themen dieser 3 Bücher ? Beziehungsweise, richtiger : wie ging die von Ihnen angedeutete Übertragung der GONDAL=Welten nach West=Riding vor sich ?

A.: In für Jede ganz bezeichnender Weise. / *Emily* veränderte am wenigsten, nahezu nichts : sie wählte lediglich, als Kulisse, ihre geliebten öden Moore und Haiden; die geschwinden Wolken mit den entzündeten Rändern. Die dienenden Gestalten, 2. und 3. Ranges, sind zum Teil echte Yorkshire=Typen, bis auf den grausamen Dialekt; der, wie gesagt, einen deutschen Leser manchmal zur Verzweiflung treiben kann, vor allem der ‹Joseph›. Das eigentliche ‹Thema›, die Liebe zwischen Heathcliff & Catherine, ist reinstes GONDAL.

B.: Guter Name : ‹Heath=cliff› : es bleibt ja auch, nach der Lektüre, der Eindruck eines riesenschwarzen Steingesichtes, gleich den Klippenköpfen der Osterinsel. WUTHERING HEIGHTS *ist* schon eines der guten Rätsel der Literatur – : Sie sind ja sicherlich einverstanden ?

A.: Aber sehr ! – Obwohl ich ausdrücklich auf die *kompositorische Unzulänglichkeit* hinweisen möchte : die Konstruktion ist eine Zumutung an den Leser ! ‹Erinnerungen›, erzählt in der 1. Person Singular, wechseln mit ‹Briefen› oder ‹Tagebucheintragungen› oder der einfachen Erzählungsform – die formalen, nicht *Kühn*heiten sondern *Unmöglichkeiten* sind in einer rührend=frühgenialen Art gehäuft, daß man in *dieser* Hinsicht ständig zwischen Bewunderung und Mitleid schwankt. – Aber es ist natürlich trotz allem ein großes Buch : ‹this woman had pure imagination›, urteilt Joyce.

B. (sinnend): Was Charlottens erwähnte JANE EYRE noch heute goutierbar machen *könnte*, ist, meiner Erinnerung nach, die sehr gültige Schilderung ihrer Schulzeit; mit dem wundervollen Haß des Kindes gegen Lehrer und Tanten=Tyrannen – Szenen, die nunmehr also, nach dem, was Sie mir von kindlich=frühester schriftlicher Fixierung berichtet haben, *noch* bedrückend glaubhafter erscheinen. – Oder, später=im=Buch=dann, die keusch=verwilderte Liebe zwischen Jane und ihrem kraftvoll=unschönen Mister Rochester.....

A. (einfallend): ..... der im Grunde niemand anders ist, als der HERZOG VON ZAMORNA : direkt aus ANGRIA importiert ! Und der ‹byronische› Charakter ist ja gar nicht übel beibehalten. / Der vorhin auch bereits schon, unauffällig, genannte DOKTOR HUME BADRY erscheint späterhin in VIL-

LETTE als ‹Dr. Home› mitsamt seiner sanften Tochter. / LADY ZENOBIA ELLRINGTON ? : der ist die wahnsinnige ‹Mississ Rochester› im Herrenhaus zu Thornfield, wie aus dem Gesicht geschnitten.

B.: Tatsächlich ? – Übrigens mögen diese *Namen* schon durchaus ein Studium für sich sein : dies ‹Dornfeld› wieder jetzt. WUTHERING HEIGHTS, wo sich über *Hügeln Gewölk* zusammenbraut; übersetze man es nun als ‹Sturmhöhen› oder ‹Wetterhäuser›. Und auch AGNES *GRAU* .....

A.: Ja; auch Fräulein Anne Brontë ist, bei näherer Bekanntschaft, nicht ganz un=pikant – obwohl sie freilich immer die, literarisch schwächste der 3 Schwestern bleiben, und von den beiden Andern nur ‹mitgenommen› werden wird. Sie, Anne, griff auf ihre Gouvernanten=Erfahrungen – richtiger ‹Erleidenheiten› : es waren ja alles nur Tolstoj'sche ‹Leidenswege› – zurück; und die steinern=hochchristliche Erbarmungslosigkeit ihrer Schilderungen ist gar nicht ohne betrübliches Salz : wie sie in ihrem zweiten, veröffentlichten Stück, dem MIETER VON WILDFELL HALL, ihren leiblichen Bruder Branwell porträtiert=seziert hat – den Zerfall eines Säufers; und seine indigniert duldende Familie – das ist wahrlich *keine ganz* leichte Ware : wie da der Blick des Hausherrn verglast; die Hände immer mehr torkeln; das rötliche Haar – *sie* sagt glatt & kalt ‹rot› ! – wie das Haar also erst ausgeht : da wird ‹eine Vertiefung auf dem Scheitel unangenehm sichtbar›, die rosa Rest=Löckchen wirken immer=feucht – – : Nein, nein : sie gehörten schon zueinander, die 3 taubengrauen Schwestern.

B.: Aber das Ende ?

A. (resigniert): Dieses ‹Ende› kam nur allzu rasch. / September 1848 hatte Branwell sich endlich ‹glücklich› zu Tode gesoffen. / Und schon vorher sahen die Schwestern angstvoll, wie Emily immer hustender von ihren einsamen Wanderungen heimkehrte : bezeichnend für die unnahbare Natur der Gigantin, daß Niemand, auch die Schwestern nicht, auch nur 1 Wort von Schonung oder gar ‹Untersuchung› anzudeuten wagte. So verfiel sie, krächzend und wild, feurig=fleckigen Gesichts, mehr & mehr.

B.: Ob nicht auch *das* dazu beigetragen hat – zu solch gleichgültiger Vernachlässigung des eigenen Körpers, mein'ich – : daß ihre eigenen Gedichte, ihr grandioses WUTHERING HEIGHTS, so gänzlich *unbeachtet* blieben; und die, doch geringere, Schwester ihr mit der, weit leichter verdaulichen JANE EYRE davonlief ?

A.: Schon möglich. – Aufjeden Fall mußte die sorgende Schwester es in ihre Briefe schreiben ..... :

C.: Tag für Tag, wenn ich sah, mit welcher Fassung sie ihr Leiden ertrug, blickte ich verstohlen=stundenlang zu ihr hinüber, erfüllt von Angst, Bewunderung und Liebe : ich habe dergleichen nie wieder erlebt; wie ich denn auch niemals Ihresgleichen in meinem Leben begegnet bin. Stärker denn ein Mann, einfacher denn ein Kind, war sie eine Einundeinzigste! Das Furchtbarste war, daß sie – wenn schon rücksichtsvoll gegenüber Anderen – mit sich selbst nicht das geringste Mitleid hatte. Ihr Geist dachte nicht daran, sich dem Fleisch auch nur im mindesten zu fügen: von der schon zitternden Hand, den erkaltenden Gliedern, dem versagenden Auge, forderte sie die gleichen Dienste, wie zur Zeit ihrer Gesundheit: daneben still stehen zu müssen, und keine Silbe wagen zu dürfen – das war ein Leid, mit Worten nicht zu beschreiben!

B.: Konnte denn kein Arzt helfen?! Oder wenigstens auf Hilfe *hin*deuten? – Ein Aufenthalt in Davos hätte Uns die Unersetzliche ja doch wohl erhalten?

A.: Bei dem bloßen *Wort* ‹Arzt› fuhr die Titanide auf! – Wahrscheinlich sollte kein Stockfremder sie – und womöglich *nackt*! – sehen dürfen. – *(achselzuckend):* Vielleicht, wenn es damals schon Ärz*tinnen* gegeben hätte.....? / Jedenfalls kam nur allzurasch der Tag – der 19. Dezember 1848 war es – wo Charlotte der geliebten Schwester, der nicht mehr zu Gehen Fähigen, ein Sträußlein Heide in die Hand gab: Emily saß eisern am Fenster, und tat, als könne sie noch nähen. Als die gläsern hervortretenden Augen selbst das geliebte Reis nicht mehr erkannten, die Finger nicht mehr zuzugreifen vermochten; als der Atem rasselte, und die Dienstboten, angstvoll die Hand vor den Mund geschlagen, sich im Hausflur zusammendrängten – : da wußten die Schwestern, was heut zu erwarten stand.

B. (mitfühlend): Und Niemand – weder Anne, noch der Vater noch Charlotte – wagten einzugreifen? Zu kommandieren? – Seltsam.

A.: Gegen Mittag rutschte ihr die krampfhaft bewegte Näharbeit aus den Fingern. Der Mund stellte sich offen. Die Schwestern huschten herbei. – : »Wenn Ihr meint –« rasselte es: »– meinethalben mag der Arzt jetzt kommen.....« – : 1 Stunde später, ehe der Betreffende herbeigeholt werden konnte, war Emily Brontë tot. / Beim Begräbnis schritten in der ersten Reihe, gleich hinter dem Sarge, der mühsam=verständnislose Vater und ‹Keeper›, der Riesenhund. Dann folgten die beiden Schwestern.

B.: Und auch Anne ist doch ebenfalls, wenn ich mich recht erinnere, nicht zu Jahren gekommen?

A.: Leider; nein. Schon bei Emilys Begräbnis hatte sie der Schwester stumm das blutige Taschentuch gezeigt – innerhalb einiger weiterer Monate war Charlotte allein.

B.: Ist wenigstens *sie* leidlich alt geworden?

A. (achselzuckend): 7 Jahre später, mit 39, starb auch Charlotte Brontë. Erschütternd *und kläglich* noch, ihr einer rascher Versuch, zu ‹heiraten›; die

Liebe zu erfahren, wie man in ANGRIA liebt. – / Ausgerechnet einen häßlich=steifen, durchschnittlichsten ‹Reverend› Nicholls – ‹rechtwinklig an Leib & Seele› ! – erkor sie sich zu dem Experiment. Nachdem diverse andere ‹Große Lieben› in die Brüche gegangen waren : genauer : gescheitert an ihrer, gelinde ausgedrückt, ‹Unscheinbarkeit› : *keiner jener Geliebten,* weder Dr. Hegel in Brüssel, noch ihr Verleger George Smith, hatte jemals auch nur im Entferntesten *geahnt,* daß er geliebt würde !

B.: Und selbst *wenn* jene Herren eine Ahnung gehabt *hätten* : sie hätten wohl schwerlich, auch nur im Entferntesten, daran gedacht, das reizlose, hüfthohe Geschöpf à la maître zu minnen. / Und jene verzweifelte ‹Ehe› war also nicht – sagen wir's schon *ganz* angemessen=platt – nicht ‹glücklich› ?

A.: Ach, lieber Freund : daran gemessen, wie man *in Angria* zu lieben pflegte – wie man, schon 1 Stufe tiefer, in Charlottens *Romanen* zu lieben pflegte – : *mußte* die Enttäuschung nicht klein ausfallen ! An ihre Busenfreundin, Ellen Nussey, hat sie die kleinen, herzbrechend zu lesenden, Billetlein geschrieben . . . . .

C. (trübe=ergeben): Denke Dir, Ellen – : *ich bin verlobt !* / Ich bin sehr ruhig; sehr gefaßt; ich erwarte *nichts.* / Was mir an Glück zu schmecken vergönnt sein wird, ist von der nüchternsten Sorte. Ich weiß für gewiß, daß mein Verlobter mich liebt – und auch ich liebe ihn wohl, darauf vertraue ich. Ich schätze ihn als einen warmherzigen, gewissenhaften, hoch=sittlichen Mann. Und wenn ich, darüber hinaus, einem Bedauern Raum geben wollte, daß er nicht auch künstlerisches Talent besitzt, sowie hohe Gedanken und einen, meinem kongenialen, Geschmack – so müßte ich ja ebenso anmaßend, wie undankbar sein. / Zweifellos ist es die Vorsehung selbst, die mir dies=mein Los zuweist : folglich ist es, des bin ich gewiß, auch das Beste für mich.

B. (schaudernd): Brrrr ! Aber das ist ja ein ganz verfluchter ‹Liebesbrief› ! : *So* spricht eine junge Braut ? ! : *Das* ist die ehemalige Geliebte des ‹Herzogs von Zamorna› ? / *(indigniert):* Wie instinktlos ! – Wie hat hier Bigotterie eine, wirklich ‹schöne›, Seele beschädigt.

A.: Zum Teil unleugbar. – Berücksichtigen Sie jedoch auch Charlottens trübliche ‹Aussichten› für den Rest ihres Lebens : *Häßlichkeit in der Einsamkeit !*

B. (ungehalten): Ja aber warum mußte sie denn dann ausgerechnet einen *So=Falschen* nehmen ? ! Lieber doch Gar=Keinen ! – / Na, egal : machen Sie ein Ende.

A.: Noch teilt sie der Freundin, geheimnisvoll=entsetzt, etwas *ganz=Neues* mit . . .

C. (angstvoll): Oh, liebste Nell ! – / : Während der letzten 6 Wochen hat sich die Färbung all meiner Gedanken doch *sehr*=sehr verändert ! : Ich weiß jetzt mehr von der Wirklichkeit des Lebens, als wir einst ahnten ! ... / Oh Nell=Nell : welch feierliches & gefahrvolles & seltsames Ding ist es doch für ein weibliches Wesen – – *(scharf=flüsternd): – ah : eine Frau zu werden ! !* – –

B. (sachlich=mitleidig): Sehn=Se ? : ‹Die Folgen eines allzulangen Aufenthaltes in ANGRIA› nannte ich es vorhin.

A.: Am 29. Juni 1854 hatte Charlotte Brontë geheiratet – und war folglich, nach der immer noch herrschenden, barbarischen Sitte, ihres Namens verlustig gegangen, und eine ‹Mississ Nicholls› geworden. – Wenige Monate später, im Anfangsstadium einer ersten Schwangerschaft, erlag ihr difficiles Körpermaschinchen der ungewohnten Realität. / – *(bedeutend):* Im England der vorigen Jahrhundert=Mitte hatten die 3 Schwester=Geister, die taubengrauen, nichts zu suchen. Wohl aber herrschten sie in 2 gläsern=glühenden Groß=Reichen, deren Umfang wir heute allmählich –

(betont): – Wir : *Leser; Genießer; Pädagogen=Psychologen=Soziologen !* – ahnend, ehrerbietig, abzuschreiten beginnen :

in ANGRIA – : in GONDAL ! –

(Gong)

DREI SCHWESTERN.

Man muß schon eine sehr gute Karte von England haben, um das Dörfchen Hartshead darauf zu finden; da kommt erst ein Hügelland (mit dem »höchsten Berg« Englands, dem Whernside, darin : 728 Meter stellt man lächelnd fest); dann die flachgewölbten Haidehügel der »Wolds« mit langsamen stummen Schafheerden, und endlich die wüsten Yorkmoore, schwarz vom Torfboden, einsam, voll dürrer oder fleischfressender Pflanzen. An die auch heute noch öden Landstriche grenzt im Nordwesten, gespeist von den Bodenschätzen Kohle und Eisen, das große Industriegebiet von Leeds=Bradford; der dürftigen Landbevölkerung gesellen sich ohne Übergang die Arbeitermassen der Fabrikstädte.

Hier, in Hartshead, wirkte zu Anfang des vorigen Jahrhunderts der Landpfarrer Patrick Brontë. Von seinen Kindern waren 3 Töchter am Leben geblieben; obwohl auch sie zarter Gesundheit und ständig kränkelnd. (Dazu noch ein unbedeutender Sohn). Der Vater war ein durchaus gebildeter Mann mit festen humanistischen Kenntnissen; auch Besitzer einer für seine Verhältnisse umfänglichen Bibliothek, und hatte sich sogar selbst in »Ländlichen Gedichten« versucht. So erhielten die Kinder schon bei ihm reichliche literarische Anregung, schrieben mit zehn Jahren ihr Verslein, und bekannten sich abends im Bett gegenseitig den Lieblingswunsch : später einmal berühmte Schriftstellerinnen zu werden.

Charlotte war die Älteste (geboren 1816); dann Emily (1819); und endlich Anne (1822).

Den ersten Unterricht gab der Vater selbst; und nicht nur, weil er der dazu geeignetste Mann der Umgebung war, sondern auch der eingeschränkten häuslichen Verhältnisse halber. Später gerieten sie in die hölzernen Hände britisch=kalter Internatstyrannen, religiöser Sadisten, die sie dazu noch halb verhungern ließen; aber es mußte ausgehalten werden : waren sie doch dazu bestimmt, sich später einmal ihr Brot mit Stundengeben zu verdienen. So wurde Charlotte, deren Leben sich am genauesten verfolgen läßt, Lehrerin an derselben Anstalt, in Heckmondwike, an der sie einst Schülerin gewesen war. Versuchte es dann mit Gouvernantenstellen in Familien des niederen Landadels, wo sie tief aus dem Kelch der Hauslehrerfreuden trinken durfte. Und ging endlich mit ihrer Schwester Emily als Lehrerin der englischen Sprache an ein Mädchenpensionat nach Brüssel. Der Sommer 1845 fand die Drei, gründlich müde des undankbaren Berufes, wieder im Vaterhaus vereinigt.

Durch Zufall entdeckte Charlotte in jenen Tagen ein paar Blätter mit Versen in der Handschrift Emilys, und als sie ihr Entzücken darüber aussprach, brachte auch die jüngere Anne gleichmütig ein Bändchen beschriebenen Papieres herbei : da erwachte mit einem Schlage wieder der Traum der Jugend vom »großen Dichter« ! So unerfahren die Drei auch waren, die da begeistert die Köpfe zusammensteckten, so gesund waren doch die Überlegungen, die sie anstellten. Zuerst einmal beschlossen sie, sich Pseudonyme zuzulegen; männlichen Klanges, um der Kritik keinerlei Handhabe zu bieten, sie als »Blaustrümpfe« zu traktieren. So nannte Charlotte sich Currer Bell (C. B., die Anfangsbuchstaben, beibehaltend); Emily wählte Ellis Bell; und Anne entschloß sich als Acton Bell aufzutreten. Das (nebenbei ausgesprochen mittelmäßige !) Gedichtbändchen der Drei wurde zwar gedruckt, verschwand aber sogleich sang= und klanglos wieder; worauf man, leicht geknickt, aber durchaus nicht gebrochen, verabredete, es als nächstes mit Romanen zu versuchen : Mitte 1847 offerierten sie also den Verlegern den »Professor« (Currer); »Wetterhäuser« (Ellis), und »Agnes Grey« (Acton). Die beiden letzteren wurden rasch angenommen; während Charlotte geraten wurde, ein umfangreicheres Produkt einzureichen. Sie tat es mit der seinerzeit berühmten »Jane Eyre«. Da sich der Druck der schwesterlichen Romane verzögert hatte, erschienen alle drei praktisch zur gleichen Zeit, Ende 1847.

Der Erfolg, zumal der »Jane Eyre« war durchschlagend : alle Drei waren jetzt »gedruckt«; alle Drei waren »Dichterinnen«; die kühnsten Pläne schienen nicht zu gewagt. Da brach plötzlich bei allen die Familienkrankheit, die Schwindsucht, aus. Zuerst starb, noch nicht 30 Jahre alt, am 19. Dezember 1848, Emily; und innerhalb weniger Monate folgten ihr Anne († 28. Mai 49), sowie der oben erwähnte Bruder. Charlotte hielt sich noch einige Jahre aufrecht; heiratete sogar im Juni 1854 noch den Hilfsprediger ihres Vaters, den Reverend Arthur Bell Nicholls, starb jedoch ebenfalls am 1. April 1855 – vor hundert Jahren also – zu Haworth. –

Die unbedeutendste der drei Schwestern war Anne (Acton); ihre Gedichte sind beklemmend durchschnittlich; und ihr bereits genannter Roman eine der flachsten Leistungen englischer Familienbelletristrik, voller »cant« und Sittsamkeit; wie billig heiratet die geplagte Hauslehrerin=Heldin dann am Ende den Ortspfarrer. Auch der »Mieter von Wildfell Hall« sind mäßige Arbeit; ihr fehlte eben die Kraft, andere Flüssigkeiten als die »Milch der frommen Denkungsart« zu würdigen.

Die Älteste, Charlotte, bietet eines der Paradebeispiele der Literaturgeschichte für die Urteilsunfähigkeit der Rezensenten ! Gewiß sind ihre Bücher solide Arbeit der Thackeray=Schule, verläßliche Sterling=Währung, voll von common=sense; gewiß sind ihre Charaktere, zumal die weiblichen, scharf und nicht unoriginell profiliert; aber sie als ausgesprochene »Löwin des Tages« zu feiern, war damals in London völlig unangebracht. Auch ist nicht die beliebte »Jane Eyre«, die sogar als deutsches Bühnenstück (bearbeitet von Charlotte Birch=Pfeiffer grausigen Angedenkens) manche Träne ausgepreßt hat, ihre beste Leistung; ebenso nicht »Villette«, die französische Gouvernantengeschichte (in die sie einen großen Teil ihres ersten, zunächst abgelehnten Romans eingearbeitet hat). Sondern »Shirley«, in dem die Schilderungen des Lebens der ärmeren Landbevölkerung, sowie der Arbeiterstädte zur Zeit der Kontinentalsperre sogar kulturhistorischen Wert haben. Das nämlich zeichnete vor allem die Werke der Schwestern aus : daß sie aus der im einleitenden Abschnitt angedeuteten Spannung der wilden Landschaft schrieben; ihre Sympathien uneingeschränkt den schwer arbeitenden Klassen widmeten; und schärfste Sozialkritik an den »höheren Gesellschaftsschichten« übten.

Das Genie der Familie jedoch war die, ein halbes Jahrhundert lang vor der bändereicheren Schwester fast Übersehene, Emily ! Ihr einziges Buch »Wuthering Heights« (was wohl am präzisesten mit »Wetterhäuser« zu übertragen wäre; etwa wie wir manchmal in Lokalbezeichnungen von den »Siebenhäusern« sprechen) trägt unverkennbar alle Spuren hoher dichterischer Veranlagung. Die überhitzte wirbelnde Luft des Buches; die sommerlich erstarrten, oder schneestiebenden, Hochmoore; die eigenwilligen beiden Cathrinen, oder der Hauptheld, der Schwarztroll Heathcliff, sind von unnachahmlicher Originalität und Kraft. Gewiß hat der Erstling manchen Fehler; die Erzähltechnik ist noch unzulänglich; zuweilen tritt ein Bruch in der Fabel auf; aber unvergeßlich bleibt der Gesamteindruck : ein boshaft=mächtiges Gesicht, auf eine schwarze Klippe im Odmoor gezeichnet.

(WILLIAM) WILKIE COLLINS

8. Januar 1824, London – 23. September 1889, London

»DER TITEL ALLER TITEL!«

Betrachtungen zu
WILKIE COLLINS & seiner ‹Frau in Weiß›

Sprecher:

A.:	Berichterstatter	
B.:	Fragen & Einwände	
C.:	Frauenstimme	für
D.:	Männerstimme, tiefliegend	Zitate

D. (witzig=trocken, ‹MARK TWAIN› im Telegrammstil): Moroser alter Berg; Höhe schätzungsweise 1500. Niemand besteigt ihn; (Führer haben ihn anscheinend vergessen). Wirt des kleinen Gasthofes, (excellentes kühnes Profil!), meldet sich freiwillig. / Aufstieg begonnen bei einer Art Wolkenbruch, der uns förmlich steinigt : CD überrundet Mister Porter – (Name des Gastwirts) – schon auf dem ersten Kilometer. C Nachhut. / Regen grausam ergiebig; Nebelschleier schwarz; Beleuchtung etwas düsterer als Mitternacht. P aufgeregt; CD zuversichtlich; C (perspektivisch bereits stark verkleinert) wirkt resigniert...

B. (unterbrechend): Ganz lustig; aber : um Wen handelt sich's bei den Monogrammen?

A.: ‹CD› ist der Schreiber des Briefes, der große CHARLES DICKENS. Er hatte die Gewohnheit, anstelle von Tagebüchern, wie andre Leute sie wohl führen, lange Relationen in Stichworten an seine Freunde zu versenden; die er dann, falls er sich zu dem betreffenden ‹Reisebuch› entschloß, wieder von Jenen auslieh. Die Munterkeit seines ‹unter dem Diktat der Ereignisse› entwickelten Depeschenstils ist ebenso erfrischend, wie die Form sich, bei näherem Studium, als eine sehr=gültige Art der Schnellfixierung von, in großen Fudern andringenden Neuen Eindrükken, herausstellt, und so ungefähr das Gegenteil von ‹salopp› ist.

D. (nimmt wieder auf): ... Alle hautnaß; dafür nicht 1 Spazierstock bei den Teilnehmern vorhanden. / Gipfel gegen 1 Uhr mittags erreicht – nachtähnliche Dusternis & Todtenstille : Mister P unruhig. CD produziert Kompaß aus Jackentasche : Mister P zuversichtlich. In fernstem

Thalgewinde 1 Haus ?; CD, groß & ruhig : ‹Nordnordwest› : Mister P strahlt ! / Unverzüglich Abstieg begonnen. CD triumphierend (da Kompaßbesitzer); so lange, bis Kompaß zerbricht : Mister P (der nie zuvor einen gesehen hat) untröstlich. Bekennt sogleich, daß er seit mindestens 20 Jahren nicht mehr hier auf Carrick Fell gewesen, und den Weg nach unten nicht kennt. / Inzwischen etwas dunkler : zwei erkennen auf 1 Meter 80 Entfernung den Dritten nicht; (dies Faktum besonders gesichert, da mehrfach unfreiwillig probiert). CD & C allmählich klar darüber, daß Mister P sie ständig um den Berg herum=, jedoch mit nichten tiefer führe. Dahinzielende Erkundigung, von Mister P dadurch beantwortet, daß er sich auf ein kantiges Stück Granit niederläßt & bestätigt, ‹daß er anständig fertig sei›. CD stärkt Mister P mit Optimistischem Gelächter, der einzigen Erfrischung über welche die Gesellschaft gebietet. / Erneuter Abstiegsversuch : Mister P schlechter als beim ersten Mal. Kriegsrat : Antrag CD's auf ‹gradaus=runter !›; schwächlich unterstützt von C. Mister P lehnt ab; Begründung : Vorhandensein von ‹Schwarzen Gewölben›; einer Schlucht, unergründlich, und angeblich Schrecken des ganzen Landkreises. Also Verirrung weiter vorangetrieben. / Wasserlauf, donnernd & schäumend, erscheint. CD deutet an, daß dieser, er möge wollen oder nicht, nach *unten* fließen, und man ihm also, auf jegliches gymnastische Risiko hin, folgen müsse : ? – Mister P überlegt; widerspricht; gibt nach. / Die nächsten 2 Stunden vergehen unter Balanciren, Luft=Sprüngen, ‹Wasser=Stürzen›. – Atempause, verbunden mit Umschauen : ? : Entsetzen ! : *C ist verschwunden ! !* …

B.: Richtig; den hatten wir noch gar nicht entschlüsselt : Who's who ?

A. (darauf hinzeigend): Eben *Er*, der Verfasser der ‹Frau in Weiß› auf Ihrem Tisch=hier : WILKIE COLLINS.

B. (int'ressiert): Ach ! Dann, bitte, doch noch etwas weiter; es ist ja biografisch phiel=zu=wenich über ihn bekannt.

D. (fortsetzend): … Mister P brüllt; CD juhút : ! – : ? – : schwache Hülferufe im Hintergrund. CD kehrt um : C, ruhend im Bach=Bett, mit gruslig verrenktem Knöchel. / Fuß bandagiert, vermittelst einer Flanellweste des Unterzeichneten. Anschließend C aufgerichtet und zwecks Diagnose gegen einen Cairn gelehnt : ? : dekorativ; aber Calamität unverkennbar. / C teils unter'n Achseln gestützt; dann wied'rum über der Schulter getragen : WARDOUR wie er leibt & lebt ! …

A. (rasch=halblaut erklärend): … aus SCOTT's ‹Alterthümler› …

D. (abschließend): … endlich am Fuß des Berges – selbstredend die ‹wildeste Stelle›, wie Mister P zu beschwören sich mehrfach erbötig macht. Ersichtlich auf's verruchteste außerhalb jedweden Verkehrs gelegen : CD schickt Mister P nach einem Fuhrwerk aus; (wie erwartet vergeht Rest des Tages)...

(Gong)

A.: Die Beiden – Dickens & Collins – haben oftmals zusammen Ausflüge unternommen; und nicht nur kleinere, wie eben diese Tour nach Cumberland; man war, zum Beispiel, 1853 – und 56 dann wiederum – in Frankreich & Italien miteinander. Und wenn man nicht reiste, sah man sich regelmäßig daheim, in London. Da leitete Dickens etwa bei sich zuhaus ein Liebhabertheater, wo Beide, in von ihnen verfaßten Stükken, mit=auftraten – es muß, in Tavistock=House, *hín=reí=ßénd !* zugegangen sein. Die Zeugnisse dafür liegen zum Teil heut noch vergraben in Tagebüchern & Briefwechseln der Zeitgenossen. So notierte sich Lord Campbell über eine der Aufführungen des ‹Kleinsten Theaters der Welt›, anläßlich der Aufführung des ‹Leuchtturms›, neben all den andern ‹whims› & Schnurren der Begleitumstände...

B. (unterbrechend): ... zumbeispiel ? –

A.: Nu – es wurden natürlich ‹Programme› gedruckt : ‹wie es erfreulicherweise gelungen sei, als Dramaturg & Bühnenbildner diesmal Mister Crummles zu gewinnen› – Dickens=selbst – als Culissenmaler Herrn Stanfield Ra – das war der berühmteste britannische Maler von ‹Seestücken› jener Zeit, William Clarkson Stanfield – und der Text des ‹garantiert neu=artigen & überhaupt gänzlich originellen häuslichen Melodrams› stammte von : ? – *dreimal* dürfen Sie jetzt raten...

B. (liebevoll & etwas ungehalten): Also *da* verdient'ich ja, öffentlich in einem ‹Quiz› vorgeführt zu werden ! William Wilkie Collins *muß* es natürlich sein.

A. (nachdenklich): Versteht sich. – Und 1 der 18 ‹Parkettsitze› hatte Thackeray inne; und 1 anderen Carlyle, der sich anschließend, nachts=dann, stenografiert hat : »Das tollste diesmal der greise Leuchtturmwärter : Dickens agierte derart wild & pittoresk, daß mir sofort Poussin's ‹Bacchanal›, in der National Gallery, einfiel.« – Der erwähnte Lord & Justizminister erhob sich beim anschließenden Abendessen; schlug ans Glas, & gestand – *(abfällig=nüchtern):* – ich zitier's nur des Kontrastes halber, zu den Ministern & Kanzlern unsres ‹Denker=&=Dichter›=Naziönchens – *(fortfahrend):* – Lord Campbell also bekannte für sich, daß es, nehmt nur Alles in Allem, eben doch mehr sei, ‹Pickwick› geschrieben zu haben, als ein ‹Premier› zu sein.

B. (etwas unangenehm berührt & haßDich): Schön; zugegeben : es *ist* peinlich, daß Generalmajor ACHILLES & Bundeskanzler NESTOR immer wieder vergessen, daß von ihnen=Allen der Teufel noch etwas wüßte, wäre nicht HOMER gewesen. – Darf ich darauf verweisen, wie *ich* ein Prinzip daraus mache, die ‹Bücher des Monats› grundsätzlich zu lesen : bei den Angelsachsen=drüben *gilt* dergleichen was; da gibt's ganze Buch=Clubs, die sich sofort der betreffenden Stücke bemächtigen & sie ihren Lesern leichtzugängig machen – die Deutschen reagieren auch hier wieder beträchtlich pomadig. / – : Die Freundschaft DICKENS=COLLINS also, hat ein Lebenlang gehalten ?

A.: COLLINS' jüngerer Bruder, Charles, hat sogar 1860 eine Tochter, KATE DICKENS, geheiratet – auch er, kurioserweise, mit der gleichen Doppelbegabung wie alle COLLINS'es versehen : Malerei plus Literatur. Der *Vater* war nämlich ein, leidlich bekannter, Landschafts= & Genre=Maler gewesen. Als ihm, am 8. Januar 1824, der erste Sohn – eben unser WILKIE=hier – geboren wurde, erwies der Junge sich bald als überzart; und die Eltern nahmen ihn, auf Anraten der Ärzte hin, mit auf ihre – bei Malern anscheinend unausbleiblich – ‹Reisen nach dem Süden›. Zumal hat ein längerer Aufenthalt in Italien, auf den frühreifen sensiblen Dreizehnjährigen intensivsten Eindruck gemacht – : und in jedem seiner Bücher kommt ‹folglich› irgendetwas ‹Italienisches› vor.

B. (vereinfachend): Also von Haus aus wohlhäbig; und zu keinem ‹Beruf› genötigt.

A.: *Ganz*=so=einfach war es nicht. / Er hat es zuerst als ‹Volontär› in einer der großen londoner Tee=Firmen versucht. Aber der ‹kaufmännische Angestellte› behagte ihm auf die Dauer ebensowenig, wie die dann 5 Jahre lang betriebene Ausbildung als ‹Barrister› in Lincoln's Inn : *nominell* hat er die Approbation als Rechtsanwalt erhalten : direkt ‹praktiziert› jedoch, meines Wissens *nie*. Einzig für seinen eigentlichen ‹späteren Beruf› hat er Vieles davon brauchen können.

B.: Ach : aus *der* Richtung stammt das, ernüchternde, 1=Seiten=Vorwort der ‹Frau in Weiß› : jener Advokat, von dem er sich angeblich beraten ließ . . . : ?

A.: . . . war natürlich Er=selbst.

B.: Ein Vorwort, das übrigens in der neuen=deutschen Ausgabe *nicht* erscheint : warum wohl ?

A.: Einmal dürfte der Übersetzer, wie sich's gehört, die *erste* Auflage zugrundegelegt haben : und die hat eben *kein* Vorwort. Außerdem ist es ‹flüchtig› hingeschrieben; ganz ephemer; auf ein zeitgenössisches Publikum berechnet; und setzt die bestsellerhaft=breite Kenntnis des Romans in einer Art *voraus*, daß es nicht nur filologisch=fragwürdig & assistentenhaft=pedantisch, sondern dem Buch & seinem Erfolg *schlicht abträglich* gewesen wäre, dergleichen davor zu kleistern.

B.: Läßt sich hören. – / Aber, zurück : wie kam COLLINS zur Literatur ?

A.: Als 1847 sein Vater starb, schrieb er – wie vorher zwischen Beiden (etwas macaber !) vereinbart – dessen Biografie. War er doch nicht nur in einem Maler=Haushalt aufgewachsen; sondern *Selber=Einer : lange* hat er überlegen müssen, *welcher* der Musen er sich attachiren solle. Und daß die ‹ROYAL ACADEMY› 1849 sogar ein Bild von ihm ausstellte, wird das große Schwanken auch nicht nennenswert vermindert haben. / Jedenfalls wurde die solide=materialreiche Bio . . .

B. (hineinmurmelnd): . . . Kunststück : *der Vater* ! . . .

A. (heiter fortfahrend): . . . von der Öffentlichkeit so wohlwollend aufgenommen, daß COLLINS sich ermutigt fühlen konnte, gleich=noch eine Jugendidee zu Papier zu bringen, und den ‹Historischen Roman› : ‹ANTONINA, oder der Fall Roms›, hinterdrein zu schicken.

B. (murmelnd): Ahá : also gleich zu=Anfang ‹was Italienisches› . . .

A. (berichtigend): Es handelt sich – *außerhalb* jeglichen Zusammenhangs gelesen ! – um ein conventionell=mittelmäßiges Stück (Zeit ‹Alarich›; und überhaupt ‹Kampf um Rom›); das erst, sobald man sich ausgiebig=biografisch damit befaßt, wichtig werden wird. / Immerhin konnte COLLINS dem Gedanken näher treten : für=immer bei der Schriftstellerei zu bleiben. Zumal er eben, 1848, das unschätzbare Glück erfuhr, *ganz in die Nähe* eines CHARLES DICKENS zu geraten. Und bei einem 24=Jährigen kann der Anblick eines *só*=Vitalliebenswürdigen & gleichzeitig blendend=Arrivierten : schon ins Gewicht fallen.

B (etwas unsicher): – *wann* war DICKENS doch gleich geboren ?

A. (leicht anzüglich): Ich betracht' es nicht als Schande, das zu wissen – : 1812. / War also damals rund=40; und just im Begriff, seine beiden=großen Zeitschriften zu starten, die ‹Household Words›; und ‹All the Year Round› . . .

B. (bremsend): 'ch weiß nich. – : Mir fällt immer ‹GARTENLAUBE› dabei ein. . . . : ?

A. (kalt=bestätigend): Warum nicht ? – Es stimmt an Ihrem Vergleich *mehreres* : die Gründungszeit. Die enorme, jahrzehntelang=vorhaltende Beliebtheit. Auch das ‹Nie=wo› hatte vielfach die ähnliche Nicht=Höhe. – Aber die englische Zeitschrift wies eben doch ‹Spitzen=Maxima› auf, die dem *deutschen* Blatt abgingen. / Hierfür=jedenfalls, brauchte & suchte & *ver*=brauchte, DICKENS rastlos *‹Mitarbeiter›*; und belegte, nach kurzem ‹Maßnehmen›, WILLIAM WILKIE COLLINS sogleich mit Beschlag.

B. (etwas unwillig): Und so ein halber Zufall gab einfach den Ausschlag ?

A. (bedächtig): Sie übersehen, wie bloße Leser öfter, das wichtigste : einmal war mit solchem Angebot die langfristige finanzielle Sicherung für einen Groß=Versuch gegeben; und weiterhin, mit dem bereits unerschütterlich beliebten Blatt, ein beneidenswertes Forum für einen, relativ ‹jungen› Autor.

B.: Collins hatte, außer dem erwähnten, noch weiter nichts geschrieben ?

A.: Doch. Zwei Sammlungen von Kurzgeschichten – an 1 davon, dem ‹Picking up Evening=Shadows›, ist interessant, daß der junge Joyce dadurch zu seinem ersten, leider nicht erhaltenen Novellenband, den ‹Silhouetten› angeregt wurde – auch ein paar kleinere Romane, die für Dickens' Fachmanns=Auge eben ‹das Talent› verrieten. – Auch in späteren Jahren des Ruhmes ist Collins dem Exempel des Großen Freundes insofern noch gefolgt, als er auf endlose Vorlesungs=Tourneen nach Dollarika ging, und sich dadurch endgültig ruinierte. Heimgekehrt, hat er dann, in immer zunehmender Zurückgezogenheit, in seinem Haus in der londoner Wimpole=Street gewohnt & geschrieben.

B.: Worin bestand sein Leiden eigentlich ? Ich hab' nur irgendwo gelesen, daß er stärkster ‹Opium=Eater› gewesen sei.

A.: Seit Mitte Dreißig bereits, wurde er von rheumatischen Schmerzen gepiesackt, die so unerträgliche Ausmaße annahmen, daß er – vom väterlichen Atelier=Betrieb her ohnehin an milde Formen der Bohème gewöhnt – schließlich zum Opium griff – das es damals übrigens im freien Handel gab : 67 soll die Tagesdosis bereits so stark gewesen sein, daß er damit eine komplette Fußball=Mannschaft inclusive Schiedsrichter unter'n Tisch getrunken hätte.

B. (sorglich): Dann wird er aber als Hausgenosse nicht übermäßig angenehm gewesen sein – : war er verheiratet ?

A.: Nicht direkt. – Er hat ein geregeltes Nicht=Hagestolzendasein geführt, mit 2 Frauen gleichzeitig; mit denen er sich auch hat begraben lassen : Caroline Graves, die noch zu erwähnen sein wird; und Martha Rudd Dawson, von der er 3 Kinder hatte.

B. (heimlich angeregt): Also ausgesprochene ‹Zustände›. Ob das 1 der Gründe sein könnte, warum bei den, notorisch prüde=tuenden Engländern, etwas umfassend=Biografisches noch nicht erschienen ist ? Es sind doch erst kleinere Monografien, die beste noch Robinson, vorhanden...

A. (kopfschüttelnd): Ich hab den Eindruck, daß Sie sich die Zustände im Hause Collins – oder die, sicher ähnlichen, bei De Quincey &

Coleridge – etwas *zu* heftig & pikant, & über*haupt*=falsch vorstellen. Sie müssen von den Künstlern, die irgendwelche Anregungs= oder auch Brems=Mittel verwenden, eine, gar nicht einmal kleine, Gruppe von Solchen abzweigen, die während des – nennen wir's ‹Schöpferischen Anfalls› – eben weder ‹die Möbel graderückt› noch Weib & Kind verdrischt; sondern, (was merkwürdigerweise Manchen förmlich *kränkt*), die durchaus die Kontrolle über ihre Arbeit behalten.

B.: Sie, das *muß* einen schlichten Bürger aber auch erbittern dürfen, mitanzusehen : wie Der eben *nicht* simpel=besoffen ist; sondern während=dem die schönsten Sachen fabriziert ! Das uns zeitlich=nächste Exempel ist ja wohl Joyce gewesen. Hm. Dennoch : auf Normale muß das irgendwie befremdlich wirken.

A. (bestätigend): Oh, ein gewisses ‹Schauspiel› wird's schon gewesen sein, wenn Collins sich abends dann vom Schreibtisch erhob, und auf geschwollenen Gichtbeinen zur Treppe stapfte. Plötzlich – seine Kinder haben's berichtet – stehen blieb & die dicke gedrehte Holzsäule des Geländers bös=artig fixierte : »Drop it ! –«, versetzte er scharf : »Kein Wort mehr davon !«. Lauschte dem, was der untersetzte Mahagoni=Kerl zu proponieren anscheinend nicht unterlassen konnte : ? – dann lachte's leis & verächtlich aus dem Riesenvollbart – : »Of cor*p*se« – er sprach das englische ‹natürlich› grundsätzlich so aus; wie's dem Großverwalter von ‹mysteries› ja vielleicht auch geziemt. – Kamen aber schon neue Phantome die Stufen heruntergerempelt. Manche ließen sich ja mit kurzem Gruß oder einem 1=Wort=Bescheid zur Seite schultern. Andere aber erwiderten ausgiebig, oder flaxten ihn gar an – tja, und da dauerte es eben allabendlich eine ganze Zeit, eh' Wilkie Collins so ins Bette kam…

(Gong)

B. (resolut): Die vom Leser aus immer=entscheidende Frage : was ist denn nun *von=ihm=für=Uns* übrig ?

A.: Sie haben mit Ihrem Kriterium hinsichtlich dem Grade des Noch=Lebendigseins fast recht…

B. (einfallend): … wieso nur ‹fast› ?

A.: Insofern, als die bloße Unbekanntheit mit 1 Buch, einem Autor, wenig besagt. Das ‹Kenn ich nich›, oder gar ‹Nie gehört !› mancher Leute, ist so wenig ein Argument, daß es vielmehr ein rechter Einwand gegen Den ist, dem dergleichen entfährt. Ihre, an sich berechtigte, Frage also, hätte etwa zu lauten : Was von COLLINS könne Uns=Heutigen, gesetzt es würde zwar nicht direkt neu=entdeckt, aber gut=wiedererobert vorgelegt, denn noch schmackhaft sein ?

B.: Wenn ich recht verstehe, läuft Ihre Korrektur darauf hinaus : daß dem normalen, beruflich anderweitig ausgelasteten Leser, COLLINS' Bücher einfach nicht mehr erreichbar seien; ergo eine Urteilsbildung unmöglich – es sind ja wohl, sogar in England, niemals ‹Gesammelte Werke› erschienen ?

A.: Zumindest seit 50 Jahren nicht mehr im Handel; man muß seine, rund 30, Bücher, mit einem ganz merkwürdigen Grad von Mühwaltung zusammensuchen – dabei wären, meines Erachtens, ein Halbdutzend der Erneuerung würdig.

B.: Was das betrifft, hab' ich zufällig in einem 1935 erschienenen Buch, GERTEIS ‹Detektive›, die Empfehlung gelesen :

C.: »Wenn ein Verleger, in einer großen Reihe klassischer Romane, auch einen Vertreter des Detektiv=Romans haben möchte, dann wird er, mit großer Wahrscheinlichkeit, nach dem ‹Mondstein› von WILKIE COLLINS greifen.«

B.: Nun weiß ich zwar – zB aus der beneidenswert=soliden EVERYMAN=Reihe – daß, in England=selbst, immerfort *diese zwei* Titel lebendig sind : die ‹Woman in White› und der ‹Moonstone›; und im vergang'nen Herbst ist ‹No Name› wieder vorgelegt worden, (leider, neben dem Fischer=TB vom ‹Zauberberg› das druckfehlerreichste Buch des Jahrhunderts). Immerhin war ich, beeinflußt durch die erwähnte HEIMERAN'sche Empfehlung, erstaunt, als GOVERTS uns jüngst nun eben *nicht* den ‹Mondstein› servierte, wohl aber die ‹Frau in Weiß› : ?

A.: Das ist nicht schwer zu erklären. – Einmal abgesehen davon, daß *ich* ‹Krimis›, die *nur=dies* sind, nicht mag; dürfte auch der, von jenem – mir übrigens unbekannten – Herrn empfohlene ‹Mondstein›, als Beginn einer COLLINS=Renaissance, deshalb undiskutabel erschienen sein : weil er über=komplett ist.

B.: Was besagen will ?

A.: Zumbeispiel, daß selbst das aufgeregt=Außergewöhnliche darin ein bißlein strapaziert wird. Es enthält *zu=viel* der Gnaden : den ‹Großen Kommissar›, Sergeant CUFF; den ‹Fluch=Edelstein›; die Exoten à la ‹Inder›; bemüht den scheinbar unwiderstehlichen Arzt=Komplex & Hypnose & Liebe; auch so manchen ‹Triebsand›, in dem Personen, die der Autor nicht mehr recht zu beschäftigen weiß, unauffällig versinken können...

B. (nüchtern): Moment. All=das ist seitdem – dh seit 100 Jahren nun ! – aber doch mit mehr oder weniger, meist sogar wohl *mehr* Geschick durchexercirt worden : DOYLE CHANDLER SAYERS STANLEY=*Ellin... (er verstummt)*

A. (höflich): Nur zu wahr. Heutzutage, wo in dieser unangenehmen Richtung Vieles geschehen ist, würde Er, der Vorgänger, wirken wie ein Nachfolger. Und zwar wie ein ziemlich plumper, der mit der Technik noch nicht gut zurechtkommt; und deswegen, um zu ‹wirken›, erstmal alles hineinstopft : Wer den ‹Mondstein› als aller*erstes* Stück einer COLLINS=Erneuerung wählte, der würde dem Mann einen *schlechten Dienst* erwiesen haben. Der Verlag war, – der, wie die ‹ZEIT› es mit Recht nennt, ‹erstaunliche Erfolg› beweist's – ausgesprochen *gut beraten*, da er den ‹Mondstein› überging. Und selbst als Nummer 2, 3 – vielleicht sogar 4 – würde *ich* ihn noch zurückstellen.

B.: Sehr hübsch & geheimnisvoll : man wird ja auf Ihre ‹2, 3, 4› unwillkürlich neugierig : ?

A.: Ich stimmte vor allem für die, 1872 erschienene, ‹Poor Miss Finch› – ein psychologisch=feines Stück, das diverse FREUD'sche Theoreme aufs eleganteste illustriert : *lange vor* FREUD ! / ‹Kains Nachlaß› ? ‹Jezebels Daughter› ? / Die von Ihnen erwähnte Frau SAYERS hat dafür plädiert, daß noch ‹Armadale› und ‹No Name›, als den beiden bekannten Romanen gleichwertig, im Buchhandel gehalten werden sollten – da es sich um eine Krimi=Verfasserin handelt, hat das Urteil nur halben Wert.

B. (spitzig): Seit wann hat das Urteil von *Fachleuten* nur noch halben Wert ?

A. (stoisch): Sobald es sich eben um kein ‹Fach› handelt – was in unserm Fall ja ‹Die Literatur› hieße – sondern um ziemlich nichtswürdige Veranstaltungen zur Belustigung ungeschulter Massen : die Millionen=Beliebtheit des ‹Krimi›, ob Buch ob Fernsehen, spricht gleichzeitig das künstlerische Todesurteil über ihn.

B. (lauernd): Also dürft'es, Ihrer Ansicht nach, dergleichen über*haupt*nicht geben ?

A. (kopfschüttelnd): Natürlich *muß* es dergleichen *‹geben›* : Das Volk hat sein *Anrecht* auf Unterhaltung ! Nur wäre ihm vielleicht, ab & zu, zu bedeuten : daß es sich bei seinem Zeitvertreib *nicht um Kunst* handele, sondern um *Kindernahrung*. Ein Gesichtspunkt, unter dem Ihre Frage nach einer möglichen COLLINS=Renaissance wiederum variiert werden könnte...

B. (begierig): ... und zwar *wie* ! ?

A.: Daß man seine – eben nicht ‹toten›, sondern nur ‹schlummernden›, ergo der Dornröschenhaften Wiedererweckung fähigen – Bücher, in 2 Gruppen zu teilen hätte :

a) diejenigen, die vom nackten Krimi=Material her auch heute noch Abnehmer fänden...

B. (ergänzend=einfallend): ... und die also einem Verleger, & sei es als ‹Bildheft›, heut noch als ‹gängig› einleuchten würden.

A. (nickend fortfahrend): ... und b) solche, bei denen es sich um saecular=gültige, *literarische Bemühungen* handelt – was denn freilich sogleich ein kaufmännisch weit ‹delikateres› Objekt bedeutet : Sie machen sich vermutlich keinen Begriff davon, welch seelische Kämpfe in einem Verleger...

B. (unterbrechend): ... das Neueste was ich höre : Verleger *haben Seelen* ?

A. (schmundselnd): Im KORAN wird derlei Zweifel nur bezüglich von Frauen geäußert – was, ins Schweizerische übersetzt, dann wohl ergibt, daß Die nicht ‹wählen› dürfen – aber stellen Sie sich's trotzdem mal, intensiv, vor :

1. ein *ausländisches Buch* : das also auch noch ‹gut übersetzt› sein will ! –

2. *Über 100 Jahre alt !* – Und zwar nicht kokett=altmodisierend, sondern ganz organisch=ältlich...

B. (etwas zweifelnd): ... was bedeutete ? –

A.: Nu, daß der Held *keinen* schnellsten Wagen besitzt; & der Anti=Heros keinen Laser=Strahler. Die Räuberbräute keinen Exkurs über Psychoanalyse oder ‹Abstrakte Malerei› hersagen können. Und die Heldin, in sexueller Bedrängnis, vergebens nach auch nur *1* Unterputz=Schalter tappt; denn es gibt, unvorstellbarerweise, noch keine ‹Elektrizität›. – Und endlich

3. noch ein *‹Brocken›* von gut=tausend Normalseiten !

Was Wunders, wenn bei sothanen Umständen, jedweder Verleger ersteinmal aufschreit : *‹I say No !›* – wie selbstredend auch 1 Buch von COLLINS heißt.

B. (lebhaft): Und *dennoch* hat es geklappt ! – entschuldigen Sie den banalen Ausdruck – aber Sie haben natürlich Recht : es war ein *weiter Weg*, von der, in ältlichen Conversations=Lexica eingesargten Schönen, der ‹Femme en blanc› von 1859 – : bis zum *‹Buch des Monats für Februar 1966› ! ...*

(Gong)

A. (gedankenverloren): Tjaa; so hieß die französische Ausgabe. – *(ironisch):* Bezeichnend übrigens für Uns=&=Unsre=Zeit, daß einige Buchhandlungen – so Ínbonn & Úmbonn & Úmbonnherúm – sich zu beteuern bemüßigt fühlten : das Buch hätte sich *noch* besser verkauft, wenn dem Verlag nicht der unbegreifliche Schnitzer unterlaufen wäre, es eben *nicht* die ‹*Dame* in Weiß› zu taufen.

B. (entrüstet): Gefühllos ! – Die arme ANNE CATHERICK, die rührende Figurine, *ist* doch gar keine mondäne ‹Dame› !

A. (achselzuckend): Wem sagen Sie das ? Ich führ's doch nur als wirtschafts=wunderliches Symptom an : natürlich gehört Einiges dazu, auf solch fashionablen Schwachsinn zu verfallen. Wenn man sich diese Initial=Scene einmal richtig vorstellt...

C.: Meine Mutter & Schwester hatten so viele Letzte Worte gesprochen, und mich so oft gebeten, doch noch 5 Minuten zu bleiben, daß es nicht mehr weit von Mitternacht war, als das Dienstmädchen endgültig das Gartentor hinter mir zuschloß. Ich tat ein paar Schritte auf dem Weg, der der kürzeste nach London zurück war; hielt dann inne & zögerte : ... / Der Mond stand rund & groß an einem dunkelblauen=sternenlosen Himmel; und die rauhen Haideflächen wirkten in seinem geheimnisfollen Licht derart wild & öde, als läge die große Stadt wohl 100 Meilen weit entfernt in ihren Niederungen. Die bloße Vorstellung, eher als unbedingt notwendig wieder in die Dusternis & Treibhausluft Londons hinabsteigen zu müssen, widerte mich an – ich beschloß deshalb : erst den weißen geschlängelten Sandpfaden=hier über die einsame Haide zu folgen; mich dann London durch die am lockersten besiedelte seiner Vorstädte zu nähern, also auf der Finchley Road; und dergestalt, in der Frische & Kühle des neuen Morgens, an der Westseite von Regent Park anzukommen. / Gemächlich verfolgte ich also meinen Weg; genoß die unirdische Stille der Landschaft, und bewunderte das sanfte Gemisch von Lichtern & Schatten, wie zu beiden Seiten von mir, eins das andre auf dem unebenen Grunde aufs zierlichste ablöste : ich ‹dachte› eigentlich dabei überhaupt nicht. Dann allerdings, als ich in einen Weg eingebogen war, wo es weniger zu sehen gab, zogen die Fantasiebilder, die der mir bevorstehende Wechsel natürlicherweise erzeugte, meine Aufmerksamkeit immer ausschließlicher auf sich; und zu der Zeit, als ich am Ende dieses Weges anlangte, war ich bereits in wunderliche Gebilde vertieft : von LIMMERIDGE=Haus; von Herrn Fairlie & den beiden Damen, deren Übungen in der Kunst zu aquarelliren ich nun so bald zu beaufsichtigen haben würde. / Ich war an dem speziellen Punkt meines Spaziergangs angelangt, wo sich 4 Landstraßen treffen; und hatte bereits, automatisch=schlendernd, die nach London eingeschlagen – als, binnen dem Bruchteil 1 Sekunde, jeglicher Blutstropfen in meinem Körper gerann; unter der Berührung einer Hand, die sich mir, urplötzlich & ganz leicht, von hinten auf die

Schulter legte. / Ich fuhr sogleich herum, während sich meine Finger um den Griff des Spazierstocks krampften... : Dort, mitten auf der breiten mondhellen Landstraße – dort, wie wenn sie im selben Augenblick aus der Erde emporgewuchert, oder vom Himmel heruntergesunken wäre – stand die Gestalt 1 einzelnen Frau; von Kopf bis Fuß in weiße Gewänder gekleidet; ihr Gesicht in ernster Frage mir zugeneigt; mit einer Hand, die auf das dunkle, London überlagernde Gewölk hinzeigte : ! – während ich sie meinerseits nur anstarren konnte. / Das seltsame Frauenwesen sprach auch zuerst : ‹Ist das hier die Straße nach London ?› fragte sie. / Ich betrachtete sie aufs aufmerksamste, während sie diese merkwürdige Frage an mich richtete. Es war jetzt kurz vor 1 Uhr. Alles, was ich beim Schein des Mondes zu unterscheiden vermochte, war ein farbloses jugendliches Antlitz, mager anzuschauen, und zumal um Backenknochen & Kinn scharf geschnitten; große=ernste, schier sehnsüchtig aufmerksame Augen; ein nervöser unsicherer Mund; auffällig feines Haar von blaßgelber Farbe. Keinerlei Verwilderung oder Unverschämtheit in ihrem Auftreten : es war vollkommen ruhig & selbstbeherrscht; ein bißchen Schwermut mit 1 kleinen Schuß Argwohn. Im Klang der Stimme, wenig wie ich bis jetzt davon gehört hatte, schien etwas merkwürdig Verhaltenes & Mechanisches zu liegen; obwohl sie ganz auffällig schnell gesprochen hatte...

A.: Die Szene ist von COLLINS aufs intensivste erlebt worden : MILLAIS hat es aufbewahrt, wie man, zusammen mit den Brüdern COLLINS, das Haus von deren Mutter, in Hanover Terrace, verließ; die Sommernacht war warm & der Mond das übliche groß & klare Zeichen. Unversehens vernahm man, aus dem Garten einer Villa am Wege, 1 Schrei ! – und »herausgestürzt kam die Gestalt einer jungen & anscheinend sehr hübschen Frau, ganz in wehendes Weiß gekleidet, das im Mondschein opalte – sie flog dahin, wie wenn der Wind sie triebe. ‹Wie lieblich, & wie fraulich›, war alles, was MILLAIS sagen konnte; denn schon rief WILKIE : ‹Ich muß wissen, Wer sie ist & was hier vor sich geht !› – und war bereits hinter ihr her. / Vergeblich harrten Wir seiner Wiederkunft. Und als Wir Uns am nächsten Tage sahen, schien er abgeneigt, sich über sein Abenteuer näher auszulassen.« – *(vertraulich):* mit brav 90=prozentiger Gewißheit, ist das die 1 seiner lebenslänglichen 2 Frauen gewesen; nämlich die schon erwähnte CAROLINE GRAVES.

B. (versonnen): Ach – : Ob das, literarisch umgesetzt, 1 der ‹zureichenden Gründe› sein könnte, wieso Mann sich dem, imgrunde ja doch irgendwie ‹defekten› Frauenwesen, dennoch seltsam ‹zugetan› fühlen kann ?

C. (antwortet; an A's statt): Der Westhimmel war voll von verwildertem Gewölk, und der Wind blies kalt vom Meer herüber – ich entschloß mich, in der tiefen Türblende des Kirchleins Aufstellung zu nehmen : in jede der beiden Seitenwände war ein schießschartenähnliches Fensterchen eingeschnitten; und durch das 1 davon konnte ich Frau FAIRLIE's Grab sehen. / Gerade vor mir, der Kirchentür gegenüber, lag ein kahles Stück Friedhof, begrenzt von seinem niedrigen Mauerstreifen; dahinter, einer fahlen Barre gleich, ein öder Hügelhang, über den im starken, gleichmäßig sausenden Wind, Wolken mit Sonnenuntergangsfarben schwerfällig dahintrieben. Kein lebendes Wesen war zu sehen oder zu hören – kein Vogel strich mir vorbei, kein Hundegebell scholl vom Küsterhäuschen herüber. Wenn in dem fernen stumpfen Murren der Brandung einmal eine Pause eintrat, wurde sie sogleich von dem unerfreulichen Rascheln der Baumkrüppel am Grabe drüben ausgefüllt, und dem schwächlichen kalten Gewischel des Rinnsals in seinem steinigen Bettlein...

A.: Ganz CASPAR=DAVID=FRIEDRICH=mäßig, dieser ‹Gottesacker am Meer› – und über den, halb sauber=gewischten, Grabstein hinweg, starrt den Leser eben, schwächlich & ernst, genau das gleiche Gesicht an, wie damals auf der mondweißen Chausee, 1 Handbreit hinter Mitternacht.

B. (etwas nervös): Schön, sehr=schön. – Aber nun 1 erstes Manko des, zugegeben hübsch=vollschlanken !, Buches . Held & Prima-Donna, ‹LAURA FAIRLIE & WALTER HARTRIGHT›, besitzen doch, bestenfalls, die Plastik von Spielkarten=Dame & =König ! Bin ich da *sehr* modern=verworfen, wenn ich mir einfach nicht vorstellen kann, daß solche ‹2 Lämmlein weiß wie Schnee›, jemals, wie am Buch=Ende ja angedeutet, ‹1 Kind› miteinander zu ‹erzeugen› vermochten ? : *wie haben Die=das gemacht ?*

A.: Sie haben's absichtlich erlesen=frivol ausgedrückt. Und auch insofern geht Ihr Tadel an COLLINS vorbei, als er eine *ganze Epoche* trifft : damals *mußte* ein Autor halt, hell=angestrahlt in Bühnen=Mitte, 2 Menschen=Attrappen hinstellen, die süß=unbeholfen Händ' & Füß' umeinander legen : *als Alibi !* Das wirklich=Wichtige aber spielt sich *in*, beziehungsweise *dicht vor der Culisse* ab. Sind dort doch angeblich nur Statisten=Comparsen am Werk; zum Teil ausdrücklich als Bösewichter & =Wichtinnen deklarirt; Denen man ergo einiges – recht Vieles – : vielleicht sogar Alles ! ? – verzeihen kann; ohne sich ob der Sympathie mit, der Freude an, ihnen moralisch belastet vorkommen zu müssen.

B. (begreifend): Achsó ! – Durch das chemisch gereinigte Haupt=Paar in Vordergrunds Mitten, wird das ‹Über=Ich› des Lesers auf's respektabelste beruhigt; so daß dann im breiten Rahmen=Rankenwerk allerlei Schalkisches vor sich gehen darf : ‹da Wir ja *doch* nur träumen, kommt's darauf *auch* nicht an›.

A. (bestätigend): Ergibt sich der Satz : ‹Im Victorianischen Roman sind die Neben=Figuren immer die Haupt=Figuren›.

B.: Und Sie meinen, das sei eine Maxime, die sich die Auguren damals untereinander, mit dem unbefangensten Gewissen & in schlichter Autoren=Notwehr, auch eingestanden hätten ?

A.: Von den Besseren zumindest, ist's schriftlich belegt. – Darf ich übrigens COLLINS' Heldin doch etwas verteidigen ? Daß hier nämlich eine ergiebigste *Doppelrolle*, ob Film ob Fernsehn, vorliege : ‹LAURA FAIRLIE *und* ANNE CATHERICK›=*zusammen*, böten die Möglichkeit für ausgesprochen *feine* looking=glass=Thrix.

B. (kritisch): Dafür ließe sich aus ‹Ihm›, aus WALTER HARTRIGHT, besonders wenig machen. Und auch sein erfolgreicher Nebenbuhler, der eigentlich sackgrobe Schurke, ‹SIR PERCIVAL GLYDE›, ist doch etwas *zu* einseitig=ochsig geraten.

A.: Zumindest ist es leicht, für ihn *keine* Sympathie zu hegen. / (Dennoch sei erwähnt, wie 1 Leserin mir spontan mitteilte : der Mann verdiene, recht überlegt, doch auch ein gewisses Mitleid.) / Aber führe das immer zu weit : desto int'ressanter ist ja die, GLYDE zugeordnete *weibliche* Mitspielerin, die ältere FRAU CATHERICK. Die vielleicht von sämtlichen Frauengestalten des Buches den größten Tiefgang hat : matronenhaft=lauernd, ganz virago intacta, und von einer so klotzigen Energie der Jenseitsvongut&böse=Sorte, daß man sich unwillkürlich=tiefatmend sagt : wenn *Die* mal mit CONTE FOSCO aneinander geraten wäre : *das* müßte ein Duell ergeben haben !

B. (angeregt): Womit sie natürlich nun *den Namen* genannt haben, der *auch meiner* Ansicht nach, das Zünglein jedweder Waage unwiderstehlich nach der Plus=Seite hinüber zwingt : ISIDOR BALDASSARE OTTAVIO *Conte Fosco*; Ritter des Ordens der Eisernen Krone von Pavia, korrespondierendes Mitglied mehrerer gelehrter Gesellschaften des In= & Auslandes : eine uns allzulang vorenthaltene Gestalt der Weltliteratur. Seitdem verstehe ich gut, wie TS ELIOT das Buch derart rühmen; oder Premier GLADSTONE darob, und nicht nur 1 Mal, schier Unterhaussitzungen verpassen konnte.

A.: Ja. Die letzte *wirklich* große, literarische ENCYCLOPAEDIA BRITANNICA – also *nicht* die im Handel befindliche, zur Halb=Illustrierten ausgeartete neueste; sondern die 13. oder 14. Auflage ! – *die weiß* es noch : ...

D. (würdig; con grandezza sein eigenes Lob rezitierend): »WILLIAM WILKIE COLLINS, besaß im höchsten Grade die Gabe, das Interesse des Lesers zu fixieren. Die labyrinthisch geknickte Einfachheit seiner Fabel ist schlechthin ingeniös; und viele seiner Gestalten sind nicht nur ‹wirklich›, sondern *ungewöhnlich=wirklich.* – *(pompös; aber ja nicht karikierend):* Sein Meisterstück in dieser Beziehung ist *Conte Fosco*, aus der ‹Frau in Weiß› : immer & immer wieder nachgeahmt, hat doch keine Imitation jemals die Subtilität plus Massivität des Originales erreicht.«

B. (nachdenklich): Manche Rezensenten haben ihn, einem Ausdruck des Buches selbst folgend, einen ‹Napoleonischen Verbrecher› genannt – *mich* dünkte er fast noch mehr Cäsarisch=klug; etwa im Sinne von SHAW's Stück – *(er zitiert):* ‹Seine Ausdrucksweise klingt frivol, weil er ein Italiener ist; aber er *meint*, was er sagt.›

A.: Ohne uns jetzt darauf einzulassen, ob der Unterschied zwischen Cäsar und Napoleon noch eine Dissertation wert sei, halten Wir uns lieber an diese moderne Variante von Beiden, an CONTE FOSCO : ein großer dicker Mann von schon=60; der stärkste Törtchen= & Windbeutel=Esser; und der sich dennoch mindestens so leicht & leis' bewegt, wie eine Frau...

B. (lebhaft bestätigend): Daraus hat COLLINS ja förmlich ein System gemacht : Gegensätze zu koppeln zu dem 1 Mann, in CONTE FOSCO. Seine Neigung für Kleinst=Tiere, Canari & Weiße Mäuse : die darüber hinwegtäuscht, daß er, wie MARIAN HALCOMBE es ausdrückt, ‹eine Tigerin zu zähmen imstande wäre›. Zusätzlich möcht' es noch eine dunkle Andeutung auf ‹Kerkermilieu› liefern sollen.

A.: Ein hochgebildeter Mann, & Wissenschaften wie Künsten leidenschaftlich zugetan : wie zitiert er nicht DANTE; spielt er nicht ROSSINI, & singt dazu, mit seiner schönen hallenden Baß=Stimme, die, wenn er will, sämtliche Scheiben beifällig mit=summen macht. Und ist doch wiederum der geräuschempfindlich=Sensibelste von Allen...

C. (halblaut): Wir gingen diesen Abend später als gewöhnlich auseinander. Gegen Mitternacht wurde die sommerliche Stille draußen, durch ein leises Schwermütiges unterbrochen, das durch die Bäume schauderte. Wir Alle empfanden die plötzliche Kühle in der Luft; aber der Erste, der das verstohlene Aufkommen von Wind merkte, war der Conte. Er hielt, während er mir meine Kerze anzündete, auf einmal inne – und hob bedeutsam die Hand – : »Hören Sie – ?«, sagte Er : »Morgen werden Wir ander Wetter haben.« –

B. (trocken): Alles schöne Eigenschaften. Nur schade, daß Tier=*Liebe* unter anderem auch die Hohlform von Menschen=*Verachtung* ist; und ein so gebildeter Mann gleichzeitig ein so gewissenloser Egoist sein muß.

A. (lebhaft): Da irren Sie aber gewaltig ! Was Sie eigentlich selbst hätten daraus erkennen müssen, daß das Buch einen, aber nun *wirklichen Nur*=Egoisten, ja bereits enthält : Herrn FAIRLIE nämlich. Dessen Relation, Seite 453 bis 80, ist eines der mehreren großen Kabinettstücke : ‹Charakterstudien› dieser Art...

B. (ablehnend): ...imgrunde eine grobfädige, sogleich ‹vorbelastete› Literaturgattung : wenn ich Überschriften höre wie ‹Der Mann nach der Uhr›, oder ‹L'Avare› – nu dann liefert mir meine Fantasie doch von selbst, was kommt & kommen=kánn.

A.: Den *guten* Schriftsteller erkennt man in solchen Fällen daran, daß er einmal, wie COLLINS=hier, eben *doch* überraschende Einfälle bringt; und, sobald er argumentiert, in seiner Art ‹Recht hat›. Außerdem besteht Herr FAIRLIE, *als Einziger,* die Probe aller Proben : an ihm prallt selbst Macht & Zauber CONTE FOSCO's psychisch ab. / Wo doch, im unerwartet=prachtvollsten Gegensatz hierzu, die nun *wirkliche* jugendliche Heroine, die häßlich=feurige MARIAN HALCOMBE...

B. (wissend hineinmurmelnd): ... ajá : Die, von der SWINBURNE schwärmte; THACKERAY die ganze Nacht las; nach der FITZGERALD, (vom ‹Rubayat›), sofort seine Segelyacht umtaufte...

A. (nickend fortfahrend): Ja – daß *Die* zur, widerspenstigen, Seelenbraut des Conte wird : *die Zwei* bilden das eigentliche *‹Paar›* des Buches ! ‹WALTER & LAURA› ? : sind nur das Pär=*chén.* Und das Verhältnis ist, von *beiden* Beteiligten her, *so fein* begründet=entwickelt=dargestellt, daß man's, ohne sich etwas zu vergeben, restlos *bewundern* kann.

B. (noch ein bißchen zögernd): Ich versteh' schon – Sie meinen – : auf der einen Seite, der dicklich=alternde Mann, obschon ein imposantester ‹Korsen›=Typ; der Seine brünette Häßliche ganz souverän=offen – najá *kann* man das noch ‹liebt› nennen ?; wenn man dann wieder seine theatralisch=bombastische Glorifizierung des heimlichen Transportes der Typhuskranken vernimmt...

D. (halb opernhaft; halb ‹Liebe› mit onkelhaftem Anstrich): Um also in LAURA's Gemüt die erforderlichen logischen Operationen hervorzubringen, versteckten Wir unsre in'tressante Genesende in eins der unbenützten Schlafzimmer in Blackwater Park : in tiefer Nacht...

A. (ganz=kurz halblaut): ...eigentlich hätte man ‹in *typher* Nacht› drucken müssen – aber so=weit sind wir leider noch nicht...

D. (wieder aufnehmend): ...vollbrachten Wir – Madame Fosco; Madame Rubelle; &=ich, (Percival war nicht kalt genug, um sich auf ihn zu verlassen) – besagte Versteckung : *eine Scene* !, malerisch geheimnisvoll dramatisch, im höchsten Grade. Schon an dem betreffenden Morgen war – auf meine Anweisung hin – ihr Bettlein über einer Art leichter aber fester, hölzerner Bahre aufgeschlagen worden : Wir brauchten diese Bahre lediglich sacht an Kopf= & Fuß=Ende anzuheben : – : und konnten unsre Patientin transportiren, wohin es uns gefiel, ohne SIE oder IHR Bett im geringsten zu verstören – *(ehrbar):* keinerlei chemische Unterstützung wurde in Diesem Falle benötigt oder verwendet. Unsre intressante MARIAN lag im tiefen Schlummer der Genesung. – *(genialisch; mit dem Stimmklang eines ‹Verliebten Regisseurs›):* Wir öffneten sämtliche erforderlichen Türen im voraus, und stellten brennende Kerzen zurecht. ICH ! – aufgrund meiner großen persönlichen Stärke – übernahm das Kopfende der Bahre; meine Gattin & Madame Rubelle, das Fußende. Ich trug meinen Anteil an dieser unschätzbar=köstlichen Bürde, mit männlicher Zartheit, mit väterlicher Sorge : wo lebt der moderne REMBRANDT, der unsre mitternächtliche Prozession auf seine Leinwand gebannt hätte ! ? – Ah des Verlusts für die Künste ! Weh des pittoreskesten aller Sujets ! Der moderne REMBRANDT ist nirgends zu finden...

A. (ehrerbietig): Das ist eine Art der ‹Anbetung›, die zu verstehen Mann wohl selbst beträchtlich angealtert sein muß. – Haben Sie darauf geachtet : wie sehr der insipide HARTRIGHT, der MARIAN ja für schlankweg ‹häßlich› erklärt, hierin gegenüber CONTE FOSCO abfällt, Der auf der Stelle ‹IHRE› Meriten erkennt ?

B. (nüchterner): Eine ‹Liebe›, an welcher er letzten Endes ja auch scheitert.

A. (unwillig): Ein FOSCO scheitert nicht ! / – Verwechseln Sie doch, bitte, nicht die ursprüngliche ‹COLLINS'sche› Lösung – nämlich daß diese ‹incommensurable Persönlichkeit› unangefochten davon=fährt ! – mit der schwanzhaft=aufgeklebten, einer Verbeugung vor dem Gerechtigkeitsgefühl des Victorianischen Lesers gleichkommenden, flüchtig hinten=dran=gemachten Ermordungs=Szene.

B.: Ja=*dás* hat mich derb gestört, dies Getue mit ‹Geheimbündelei›.

A.: Das ist zwar eine bürgerlich=*ehrenvolle* Reaktion; aber es gibt, leider, auch heute *mehr* ‹Gestapos› & ‹WITIKO›=Bünde, als Sie ahnen. – Damals *war* – wie Sie in so=manch zeitgenössischem Roman; etwa GUTZKOW's ‹Zauberer von Rom›; vorfinden können – die ‹Große Zeit› der italienischen ‹Carbo= & Giardi=naria›. / Abernein. Das (in Anführungsstrichen) ‹Lustige› ist doch eben : wie MARIAN=Ihrerseits, genáusó, im Conte *den Mann* erwittert, den zu lieben es sich lohnen möchte. Und Ihr ‹Tagebuch› wird denn auch, an den hier=einschlägigen Stellen, die reinlichste prä=FREUD'sche *‹Studie in Verneinung›.* / Zu Anfang gesteht Sie 's Ihrem Schrei'=Papier noch : Sie sei fasciniert. Und ‹ER› würde, hätte Er=Sie gewählt, *auch=Sie* gebändigt haben !

B. (tiefsinnig geworden): ‹Die Negation als subjektive Möglichkeit des Geständnisses›. – Wie=wenn Sie geschrieben hätte – & Sie *hat* es ja unbewußt=hingeschrieben ! – : »Falls Ich je einen Mann lieben *sollte* : der *Conte* wäre es nicht !«

A. (ruhig): Wir ergänzen : All=so *ist* es der Conte. / Wozu ja, aus der Penthesilea=Perspektive gesehen, nichts besser sich paßt, als Marian Halcombe's beschwörende Äußerung zum rächenden Walter hin...

C. (aufgeregt): Sollten Ihnen je diese zwei Männer, auf Gnade & Un=Gnade, ausgeliefert; und Sie gezwungen sein, *1=davon* zu schonen ?...

(windsige, weiblich=schütternde Pause):

...: lassen Sie es dann *nicht den Conte* sein ! –

A. (stoisch): Wir übersetzen :

»Es grüßt; –

in Liebe –

: *Deine Marian !«* ... –

(Gong)

B. (noch tiefsinnig): Dás wäre dann freilich gar nichts leichtfertig=pikantes, wenn die athletisch=keuscheste der Frauen, unwillkürlich den alternden Groß=Agnostizisten zu lieben nicht umhin könnte – – *(er zitiert halblaut Hebbel):* »Doch ist's nicht ‹Liebe›, wie sie Mann & Weib zusammenknüpft – ein *Zauber* ist's, durch den sich ihr Geschlecht erhalten will; und der die letzte Riesin ohne Lust wie ohne Wahl zum letzten Riesen treibt.« – *(lebhafter):* Lassen Sie Uns von was Leichterem reden : meinethalben von der absonderlichen ‹Technik› unsres Langstrecken=Autors...

A. (hineinmurmelnd): ...das nennen Sie ‹was Leichteres› ?...

B. (fortfahrend): ... : ein Dutzend ‹Zeugen=Aussagen›; sektorenhaft zugespitzt, auf den einen vorliegenden ‹Fall› hin. Und eingeschaltet immer wieder ‹Trennwände› von Zimmern oder Landschaften. – : ?

A (kopfnickend): Das ist eine Strenge der Einstufung, für die ich nicht mehr jung genug bin : *ich* möchte den Culissen & Soffitten, doch einen *höheren* Wert zuerkennen. Gerade dieser, schier immer etwas haut=gout=mäßige, ‹Collins=sky›, dürfte, (bei dem notorischen Maler=Auge des Verfassers), seine erhebliche ‹Bedeutung› haben; zumindest im Sinne des, von einem guten Dramaturgen sorgfältig arrangierten Bühnenbildes...

C. (dreiviertel=laut eine Aussicht inventarisierend): Der Boden, der sich von mir aus nach vorn hin abflachte, bestand ganz aus Sand, mit wenigen & kleinen Haidebulten an einzelnen Stellen dazwischen, die die Eintönigkeit etwas belebten. Der See selbst hatte sich einstmals unverkennbar bis zu der Stelle erstreckt, wo ich jetzt stand; war aber allmählich bis auf weniger als 1 Drittel seiner ehemaligen Größe eingeschrumpft & ausgetrocknet. Rund 500 Meter von mir, an der tiefsten Stelle der Mulde, konnte ich die stillen stehenden Wasser sehen, durch Dickichte von Binsen & Röhricht und kleine Erderhöhungen in einzelne Teiche & Pfuhle unterteilt. Auf dem mir gegenüberliegenden, entfernten Ufer erhob sich gleich wieder dichtester Baumwuchs; er begrenzte den Blick, und warf seinen schwärzlichen Schatten über die flachen, trägen Wasser. Als ich zum See hinunterging, sah ich auch, daß das jenseitige Ufer naß & moorig sein müsse; es war gänzlich überwuchert mit Ried & bettelhaften Weidengestalten. Das Wasser, das auf meiner offenen Sandseite hier, wo die Sonne darauf schien, leidlich klar aussah, wirkte drüben, wo es tief im Schatten der schwammigen Ufer, der überhängend wuchernden Dikkichte und ineinanderverwachsenen Bäume lag, ausgesprochen schwarz & giftig. Frösche huben zu quaken, und Ratten in dem verschatteten Wasser ein= & auszuschlüpfen an, wie wenn sie selbst regsame Schatten seien, als ich mich der sumpfigen Seite des Sees näherte. Ich kam zu dem verrotteten Rumpf eines alten, umgedrehten Bootes, das halb außer dem Wasser lag, und auf dessen trockenes Ende, durch eine Lücke in den Baumkronen, ein Fleck kränklichen Sonnenlichtes fiel : mitten in diesem Fleck nahm eine Schlange, fantastisch geringelt & bösartig reglos, ihr Sonnenbad. Nah & fern machte Alles den nämlichen niederschlagenden Eindruck von Einsamkeit & Verfall; und die herrliche Helle des Sommerhimmels zu Häupten, schien die Öde & die Unfruchtbarkeit der Wildnis, auf die sie herabstrahlte, nur noch tiefer & härter zu machen.

B.: Sicher : das ist das Lachen=Labyrinth, betitelt ‹Der See von Blackwater›. Und es finden ja auch die gebührenden Dialoge dort statt...

(D und C lesen abwechselnd; wie angegeben)

C.: Der Morgen war wolkig & windig; und der rasche Wechsel von Schatten & Sonnenschein über dem öden See, ließ die Aussicht doppelt wild & verhext erscheinen.

D.: ‹Es gibt Leute, die das malerisch nennen›, sagte Sir Percival, und wies mit seinem halbfertigen neuen Spazierstock über den weiten Umkreis hin. ‹*Ich* sage, es ist ein *Schandfleck* auf einem anständigen Rittergut. – Ich wollt ich könnt mirs leisten ihn zu dräniren & die ganze Stelle zu bepflanzen. Mein Inspektor, der abergläubische Idiot, behauptet, er wär sich ganz sicher, daß der See irgendwie ‹verflucht› wäre, ungefähr wies Todte Meer. Was meinst *Du* Fosco ? : siehts nich gerade aus, wie der ideale Platz fürn Mord, was ?› / ‹Tz mein bester Percival,› tadelte der Conte : ‹was für ein Gedanke bei Deinem soliden englischen Verstand ? :

Das Wasser wäre doch viel zu seicht, den Körper zu verbergen; und noch dazu rings von Sand umgeben, in dem jeglicher Fußtapfe des Mörders sich abprägte. *Ich* würde sagen : Alles in Allem genommen der *ungeeignetste* Platz für einen Mord, der mir je vor Augen gekommen ist.› / : ‹Humbug !›, sagte Sir Percival, und schnitzelte wütender an seinem Stekken herum : ‹Du weißt ganz genau was ich meine : die traurige Kulisse; die einsame Lage. Wenn Du mich verstehen *willst*, ist es nich schwer – wenn du *nich* willst, werd ich mich nich groß abquälen, auseinanderzusetzen, was ich meine.› / ‹Wie sollte ich *nicht*› fragte der Conte zurück; ‹wo doch Jedermann in 2 Worten ausdrücken könnte, was Du gemeint hast. : Wenn ein *Narr* sich anschickte, einen Mord zu begehen : wäre Dein See der erste Platz, den er sich dafür aussuchen würde. Wenn ein *Weiser Mann* sich anschickte, einen Mord zu begehen : wäre Dein See so ziemlich der *letzte* Platz, den er sich dafür aussuchen würde.›

C.: Laura blickte zu dem Conte hinüber, mit einem Gesicht, in dem sich ihre Abneigung etwas zu offenkundig spiegelte. ‹Mörder lediglich als ‹Narren› zu bezeichnen,› sagte sie, ‹scheint mir, sie mit einer Nachsicht zu behandeln, auf die sie kein Anrecht haben. Und sie ‹Weise Männer› zu nennen, klingt mir wie ein glatter Widerspruch=in=sich : hab ich doch immer gehört, wie wahrhaft weise Männer stets auch wahrhaft *gute* Männer seien. Sie werden es nicht ganz leicht finden, mir ein Beispiel anzuführen, wo ein weiser Mann gleichzeitig auch ein großer Verbrecher gewesen ist.›

D.: Der Conte zuckte die mächtigen Achseln, und lächelte in der freundlichsten Weise zu Laura hinüber. ‹Nur zu wahr !› sagte er : ‹das Verbrechen des Narren, ist das Verbrechen das herauskommt; und das Verbrechen des weisen Mannes, ist das Verbrechen, das *nicht* herauskommt. Wenn ich Ihnen also ein Beispiel anzuführen vermöchte, wäre es eben nicht mehr das Beispiel eines Weisen Mannes.› / Sir Percival brach in eine Láche aus, só heftig só gewaltsam, daß wir Alle darob zusammenfuhren – (am meisten noch der Conte) – : ‹Satanisch wahr. Und glänzend formuliert !› rief er.

C.: ‹Einiges davon mag wahr sein,› sagte ich; ‹und glänzend formuliert gewesen sein, mag meinethalben alles. Aber ich sehe nicht recht ein, aus welchem Grund Conte Fosco den Sieg des Verbrechers über die Gesellschaft feiern; oder auch, warum Sie, Sir Percival, ihm darob so lautstark applaudieren sollten ?›

D.: ‹Hörst Du das Fosco ?› sagte Sir Percival. ‹Laß Dir raten, und schließ Frieden mit Deiner Zuhörerschaft. Sag ihnen ‹Tugend sei was Feines› – dergleichen mögen sie; mein Wort drauf.› / Der Conte lachte innerlich=lautlos, (und 2 der weißen Mäuse in seiner Weste, aufgeschreckt von der tektonischen Erschütterung, die unter ihnen vor sich ging, kamen in größter Hast hervorgestürmt & flüchteten krabbelnd wieder in ihren Käfig). / ‹Die Damen, mein guter Percival, sollen lieber *mir* von der Tugend erzählen›, sagte er. ‹Sie sind in diesem Fall bessere Autoritäten als ich : denn *sie wissen* was Tugend ist, und *ich*, weiß es *nicht*.› / ‹Hört Euch das an !› rief Sir Percival : ‹Ist es nich schrecklich ?› – / ‹Es ist wahr,› sagte der Conte gelassen, ‹ich bin ein Weltbürger; und im Lauf meines Lebens mit so vielen verschiedenen Sorten Tugend zusammengetroffen, daß ich, nun da ich alt bin, in Verlegenheit käme, wenn ich entscheiden sollte, welches die richtige, und welches die falsche Sorte sei...›

B. (etwas nervös): Sehr nett; aber wir können nicht das *ganze Buch* vorlesen. – Sie wollen also, daß man der ‹Frau in Weiß› das gleiche einräume, wie – um 1 Paradestück des Verfahrens zu nennen – HAUPTMANN's ‹Bahnwärter Thiel›; wo sich die Landschaft, entsprechend dem, was in ihr vorgeht, ‹färbt›.

A. (berichtigend): Korrekter wohl : nicht nur durch veränderte *Beleuchtung* können Sie einer Landschaft dies oder das antun; sondern, mindestens ebenso wirksam, wenn Sie sie in veränderter *Seelenlage* besuchen. / Und da kann denn – übrigens 40 Jahre *vor* HAUPTMANN ! – unser COLLINS'sches ‹Schwarzwasser› *auch so* dreinschauen...

C. (beklemmt): ... : Dicht über dem See lag eine weiße Nebelschicht. Die massivbraune Borte der Baumspitzen am jenseitigen Ufer=darüber, wirkte wie ein im Himmel schwebendes Zwergwäldchen. Der sandige Boden, der von unserm Sitzplatz aus zum See hin abfiel, verlor sich geheimnisvoll in den äußeren Lagen des Nebels. Die Stille war entsetzlich : kein=Blatt regte sich – kein=Vogelruf im Forst – nicht 1 Schrei eines Wasservogels aus den Lâchen des unsichtbaren Sees. Selbst die Frösche hatten heut Abend ihr Quaken eingestellt...

A. (schnell & leise): ...Nun berichtet Laura von den ‹Freuden des Ehestandes› – lange – und dann hebt die lauschende Halb=Schwester wied'rum das Haupt...

C. (etwas frierend): ...Ja; es *war* schon spät. / Die vorhin so dichte braune Kante der Baumwipfel am Himmel, war in der zunehmenden Dunkelheit undeutlich geworden, und hatte jetzt nur noch schwache Ähnlichkeit mit einer langgezogenen Rauchfahne. Der Nebel überm See=unten, hatte sich verstohlen aus=gebreitet, und war auf Uns zu gekommen. / – / ‹Marian –›, sagte sie plötzlich; und zitterte heftig – : ‹Siehst Du nichts ? Schau doch – : Da=úntn !›. Sie zeigte. Meine Augen folgten ihrer Hand. – : Und dá sah ich es *auch* – : – eine lebende Gestalt bewegte sich in der Ferne; über Wust & Haide. Und zwar queer zu unsrer

Blickrichtung vom Bootshaus aus. Dunkel zog sie da=hin. Auf weißem Nebelgrund. Blieb, weit drüben vor uns, stehen –; wartete; – und zog dann weiter, langsamen Ganges; weißen Nebelstreif hinter & über sich – langsam; : langsam – bis der Pfosten am Bootshaus=Eingang sie deckte; & Wir sie nicht weiter verfolgen konnten.

B. (resolut): Also meinethalben. – Aber mich hat vor allem, dies merkwürdige Prosa=Arrangement interessiert : es hat, beim Juristen COLLINS nunmehr begreiflich, ja etwas ‹Verhör›=mäßiges.

A. (berichtigend): Sagen Wir : eines *zeitlich=geordneten*, schriftlichen Verhörs. Aussagen=Äquivalente von 10 Gestalten...

B. (ergänzend): ... plus dem ‹Lapidar›=Styl 1 Grabsteins...

A. (fortfahrend): ... recht verschieden freilich an Länge, wie an ‹Gewicht›...

B.: ... wobei sich eine *erste* Frage erhübe : *kann* man, vermittelst nur=10 verschiedner Personen, bereits ein Vollbild unsres Globen & seiner Population liefern ?

A. (amüsiert): ‹Alle Menschen sind gleich !›, erwidern Ihnen Marxisten & Misanthropen; jeder freilich aus andern Gründen. / – : ‹Die Menschen sind, wenn überhaupt etwas, dann von Geburt an ungleich›, meint ruhig MAGNUS HIRSCHFELD. Oder schmettert, über=menschlich, NIETZSCHE.

B. (murmelnd): ... *auch* wieder Jeder mit anderen Absichten...

A.: Drücken *Wir* es also, vermittelnd, dahingehend aus : abgesehen von den, nun wirklich=raren, echten Individuen; wird es für wissenschaftliche, aber auch für künstlerische, Zwecke hinreichen : die Menschen in 20 Große Klassen einzusortieren... : ...

B. (halb irritiert, halb bittend): Dreißig ! –

A.: Sie ‹handeln› ja, wie Abraham um die Seelen der Sodomiterchen ! / Nu schön : sagnWa 30. – Wollt' ich doch nur meiner Meinung Ausdruck leihen, daß für 1 Buch – *1 begrenztes Thema also !* – 1 Dutzend Temperamente genügen werden, um das Gefühl der ‹Mannigfaltigkeit› zu bewirken; ja, zu garantieren.

B. (kritisch): Womit ich bei Einwand Numm'ro 2 wäre – : *hat* COLLINS dies=sein Dutzend, nun auch wirklich=befriedigend, differenziert ? Ich meine jetzt nich vom bloßen ‹Charakter› her; *da* haben Wir ja schon ein paar aparteste Persönlichkeiten aufzählen können – nein : die *Sprache* erschien mir öfters zu=wenig individualisiert.

A.: Das *ist* die Sprachweise eines Volkes aber doch=nun einmal ! : ‹abgeschliffen›; und zur nuschelnden Verständigung Aller=mit=Allen hergerichtet. Energisch farbig munter wird's immer erst, wenn ein Autor sich der *Unter*=Sprachen getraut : des Slang; der Fach= & Familien=Sprachen; auch der Dialektfärbungen, zumal der der Grenzprovinzen; dort, wo der gallische Pflüger den Deutschen ‹bestäubt›; oder das schlawinernde Rotwelsch. – COLLINS hat Ansätze *auch*=hierzu – denken Sie an den ‹angesagten› Bericht der Köchin PINHORN – aber immer auch dáran : wie ein Buch, das konsequent=porträtgetreu die Uns umschallende Phonem=Welt abbildete, zwar ‹wahrer›, und an künstlerischen Möglichkeiten unvergleichbar=reicher; *áber*=eben=auch ‹schwieriger›, das heißt für den Leser mühevoller, wird. Gerade die Gefahr *allzu*=subjektiver ‹Vertonung› – eine Klippe, an der die Herren Erz=Experimentalisten leidenschaftlich gern scheitern – war bei einem, zur ‹All the Year Round›=Lektüre bestimmten Stück : zu vermeiden !

*B.: Dri*ttens – : Ich hab mich dann, (am Ende; das Buch im schön= erschöpften Schoß); gefragt : *warum* COLLINS so manche der Gestalten sich *nicht* hat äußern lassen ? / SIR PERCIVAL GLYDE fiel mir ein... *(ehe A. parieren kann):* – 'ch weiß : Der iss inzwischen geschmort und überdem wird ja einiges via Frau CATHERICK=senior erledigt : bong. / Und auch *das* sah ich ein : wie ANNE CATHERICK=selbst, das arme hintersinnige Wesen, schwerlich glaubhaft zur Aussage hätte bewogen werden können – was ja, in gewissem Grade, für die überzart=labile LAURA auch=gilt – also *das* wird ein, nicht überdurchschnittlich=verhärteter Leser, ebenfalls akzeptieren.

A. (bestätigend): Ja; abgesehen von der peinlichen psychischen Grausamkeit; und daß, von diesen beiden Seiten her, eine *fördernde* Beleuchtung *nicht* hätte kommen können; wäre dergleichen auch rein=schriftstellerisch sehr=delikat & schwierig zu leisten gewesen : für ‹Gesänge der Irren›, (mit denen gewisse Lyriker=Typen so freigebig rumschmeißen !), genügt nämlich bloßes wohlklingendes Faseln mit=Nichtn !

B.: Hab' ich=mir dito gesagt. – / Aber nun : direkt zur ‹Fülle› zu *fehlen*, scheint mir eine Stellungnahme von HARTRIGHT's *Mutter*. Oder ß=tópp; hold hard; *noch* besser – da zweifellos härter=prägnanter ausfallend – seitens seiner *Schwester* ! Dies Element der verwandtschaftlichen *Sorge*, um das – oberschichtig=*unsinnige*, Unterfangen des Sohns beziehungsweise Bruders : *das* hätte sich doch, ebenso kurz wie gut, liefern lassen ?

A. (zögernd): Najá. – Abgesehen davon, daß es das ‹kleinere Kunststück› ist, zu beanstanden, was ein Autor *nicht* geschrieben hat, kann ich Ihnen das gern zugeben. / Ein mindestens=Gleiches ließe sich übrigens hinsichtlich PROFESSOR PESCA's beanstanden : der nur ganz=vorn (und dann noch einmal ganz=hinten); unangemessen Deus=ex=machina=mäßig im Buche auftaucht – in der *Mitte* hat COLLINS seiner leider gänzlich vergessen.

B. (bestätigend): Und *wie nett* hätte sich ein lustiges, italienisch=farbiges Gesprudel à la GOLDONI nich gemacht ! Welch köstliche Quelle für nationale Mißverständnisse eines konsequenten Ausländers : dem, andererseits, *gerade* gewisse=Kleinigkeiten aufgefallen sein könnten, auf die ein dickfellig=Einheimischer gar nicht mehr achtet. / Aber Wir geraten tatsächlich ins Beckmessern : im allgemeinen ist das Gefüge des Riesen=Buches doch aufs Angenehmste solid ! – An lose hängengebliebenen Pfädchen=Enden...

A. (flink einfallend): ... Sie meinen etwelche Micro=Schnappschüßchen; die ein *guter* Autor, prinzipiell ‹vorne› einbaut : *ohne* sie aber nun, mitleidslos=konsequent, Stück=für=Stück hinten wieder ‹rauszuziehen› ? –

B. (etwas schuldbewußt): Nujá – *mir* fällt, im Augenblick, eigentlich auch nur 1 wohltuend=einzige Sache da=ein : LAURA's Hündchen, das einen *so* instinktiven Abscheu vor SIR PERCIVAL an den Tag legt, daß man sich unwillkürlich doch noch mehr & Entlarvenderes von ihm erwartet : *das* wird, in den ganzen letzten Zweidritteln, auf eine, (dem Tierfreund unangenehm=gedankenlos wirkende Art), *gar* nicht mehr erwähnt.

A. (beschwichtigend): Bedankt sich das Hündlein durch mich. – Ihr Urteil, im Ganzen, also doch ‹positiv› ?

B. (lebhaft): So schwächlich drück ich's nicht aus ! – / Ich habe die Bekanntschaft *einer ganz=großen* Gestalt gemacht. Habe *feine Psychologica* nachgeschmeckt. Und die Atmosphäre des Ganzen ist eben doch *auch* gut=einheitlich. / Hinzutritt die möglichkeitenreiche *Form*; die ja imgrunde hochmodern wäre, und viel mehr benützt zu werden verdiente. / – / Frage : hat COLLINS sie eigentlich mehrfach erprobt ?

A.: Dochdóch; aber seine Sachen sind unserer Generation unzugänglich geworden – nicht etwa un=*verständlich ! : dazu* gibt es noch zu viele Eisenbahnen; die Uns, damals wie heut, ähnlich ortsbeweglich machen. / Aber die 100 Jahre alten Übersetzungen weniger=einzelner Stücke, sind unangenehm flüchtig gearbeitet, und eigentlich nur als ganz=grobe erste Näherungen zu betrachten : *Wir=Häutigen* übersetzen im allgemeinen *besser* als unsre Vorgänger, vor 100 & 200 Jahren.

B.: Dann wollen Wir nur hoffen, : daß im Verlauf der nächsten Jahre weitere Bücher von COLLINS, neuübersetzt, erscheinen können. / *Ich* jedenfalls würde es bereuen, die Bekanntschaft einer *só*=artigen Schönen *nicht* gemacht zu haben; wie dieser

‹FRAU IN WEISS› !

ENTER CONTE FOSCO

I

»Nein, Wilkie; lassen Wir's so ! Ich hege nicht den geringsten Zweifel : DIE FRAU IN WEISS *ist der Name aller Namen, ist der Titel aller Titel !«*
CHARLES DICKENS an WILLIAM WILKIE COLLINS.

Das wird schon ein Schauspiel gewesen sein, wenn er, seine Kinder haben's berichtet, sich abends dann vom Schreibtisch erhob, und auf schwerfälligen Gichtbeinen zur Treppe stapfte. Plötzlich stehen blieb, und die dicke gedrehte Holzsäule bösartig fixierte – : »Drop it !«, versetzte er scharf; »ich *denke* nicht daran.« Lauschte dem, was der untersetzte Mahogany-Kerl zu proponieren anscheinend nicht unterlassen konnte – : ? – dann lachte's leis' & verächtlich aus dem Riesen-Vollbart : »– of corpse.«; (er sprach das englische ‹natürlich›, wie's dem Großmeister des Krimi ja wohl auch ansteht, grundsätzlich so). Kamen aber schon neue Phantome die Stufen heruntergerempelt; Manche ließen sich ja zur Seite schultern; Andere aber grüßten, oder flaxten ihn gar an – tja, und da dauerte es eben allabendlich eine ganze Zeit, eh' WILKIE COLLINS so ins Bette kam. –

Am 8. Januar 1824 war er in London, als Sohn eines mittelmäßig bekannten Landschafts- & Genre-Malers geboren. Ein schwächlicher Junge, den seine Eltern deshalb 37 mit nach Italien nahmen; zumal Rom hat den tiefsten Eindruck auf ihn gemacht, (und in jedem seiner Bücher kommt ‹folglich› irgendwas ‹italienisches› vor). Nach England zurückgekehrt, gab man ihn als Volontär in eine Tee-Firma; aber der ‹kaufmännische Angestellte› behagte ihm ebensowenig, wie die anschließend 5 Jahre lang betriebene Ausbildung als ‹barrister› in Lincoln's Inn. Nominell hat er die Approbation als Rechtsanwalt erhalten; praktiziert jedoch so gut wie nie – einzig für seinen eigentlichen ‹späteren Beruf› hat er allerlei davon brauchen können.

Dieser Beruf ergab sich relativ rasch & organisch : als sein Vater 1847 starb, schrieb er, wie vereinbart, dessen Biografie – er verstand selbst etwas von Malerei; 49 ist sogar ein Bild von ihm in der Royal Academy ausgestellt worden – und die wohlwollende Aufnahme der soliden, materialreichen Arbeit ermutigte ihn, gleich noch einen Roman zu versuchen, ‹ANTONINA, oder der Fall Roms›; (‹Rom› : was hab'ich gesagt ?). Ein mittelmäßiger Erstling; (mit dem er sich wohl auch nur einige Vergangenheiten vom Halse schrieb); er hat, typischerweise, nie wieder einen ‹historischen Roman› vorgelegt : immerhin konnte er beschließen, bei der Schriftstellerei zu bleiben. 1848 hatte er das, für ihn als Mensch & Künstler entscheidende Glück, einer der besten Freunde des großen CHARLES DICKENS zu werden. Nicht nur, daß man sich häufig sah; Liebhaber-Aufführungen veranstaltete; fleißig korrespondierte; man unternahm auch gemeinsame Ausflüge & Reisen, so im Herbst 53 nach Italien & der Schweiz, (56 wiederum); ja, im Sommer 1860 heiratete COLLINS' Bruder, Charles, sogar Kate, die Tochter DICKENS'.

Noch wichtiger aber, weil uns, die Nachwelt, betreffend, war, daß DICKENS ihn sogleich als Mitarbeiter für seine beiden großen Zeitschriften mit Beschlag belegte, die ‹Household Words› und ‹All the Year Round›. Auch insofern folgte COLLINS dem Exempel des älteren Freundes, als er 73–74 auf endlose Vorlesungs-Tourneen nach Amerika ging; (und ahmte ihm getreulich selbst darin nach, daß er seine zeitlebens delikate Gesundheit endgültig ruinierte). Heimgekehrt hat er dann, in immer zunehmender Zurückgezogenheit, in seinem Haus in der londoner Wimpole Street gewohnt. Seit seinem 35. Jahr schon von rheumatischen Schmerzen gepiesackt, die allmählich unerträgliche Ausmaße annahmen; sodaß er, ohnehin vom Vaterhaus her an mildere Formen der Bohème gewöhnt, zum Opium griff – 67 war die Tagesdosis bereits so stark, daß er damit eine Dinner-Party von 12 unter den Tisch getrunken hätte; (hier ist der 1. Absatz noch einmal nachzulesen).

Die Quellen über-ihn fließen spärlich – können die, notorisch prüden, Engländer es ihm doch scheinbar heut noch nicht verzeihen, daß er ein triolistig-geregeltes Nicht-Hagestolzendasein, mit two molls gleichzeitig, geführt hat : Caroline Graves, (Die kommt gleich); und Martha Rudd Dawson, von der er 3 Kinder hatte; sich auch mit Beiden begraben ließ. – Solchergestalt ist, wie sich's ja auch ziemt, das Leben des bedeutendsten ‹mystery›-writers immer noch eine Art mystery. Gestorben ist er jedenfalls am 23. September 1889; angeblich unter beträchtlichem Wakkeln der mächtigen Stirn; : »... the atoms & the void ...« soll er dazu angemerkt haben. –

2

»What brought good WILKIE's *genius nigh perdition ? –*
*Some demon whispered : ‹*WILKIE, *have a mission !›«*

SWINBURNE

Bevor ich zum eigentlichen Thema komme – es geht das nicht rasch, wenn das Thema weit über normale Gebühr hinaus vernachlässigt worden ist – einige, doch notwendige, Exkürslein : denn WILKIE COLLINS ist ja mit nichten ‹todt› !

Von modernen Bewunderern nenne ich nur TS ELIOT, RICHARDSON, DOROTHY SAYERS, die dafür eintreten, daß außer dem ‹Mondstein› (67) & der ‹Frau in Weiß› (60), auch ‹Armadale› (68) und ‹No Name› (62) als gleichwertig aufbewahrt werden müßten. Wozu ich evtl. noch die ‹Schwarze Robe› (81) hinzusetzen möchte; vor allem aber ‹Poor Miss Finch› (72); ein nur scheinbar-zerfahrenes Stück, das in Wirklichkeit diverse FREUD'sche Theoreme über ‹Das Unbewußte› & ‹Traumatische Schocks› – ja, ‹vorwegnimmt› wäre unkorrekt; es schildert dergleichen eben.

Rund 30 Bücher hat COLLINS vorgelegt. Mit zum Teil aparten Titeln : ‹Rambles beyond Railways›, (‹To a fat Lady, seen from a train›); ‹Herz-Dame›; ‹The frozen Deep›; ‹Jezebels Daughter›; ‹Kains Nachlaß›; : ‹I say No !›. Und wenn man auch, im Sinn des oa SWINBURNE-Mottos, leicht über ihn & seinen, in späteren Jahren radikalen Feminismus spotten kann – soll er doch nach Herzenslust ‹metatropisch› gewesen sein ! – es ist doch immer in seinen Büchern 1 Schuß Sozialkritik; treffliche Psychologica; und über all-dem eben der finster-windpfeifende ‹COLLINS-sky›, ob der unvergeßliche Friedhof von Limmeridge, oder das Schwarzwasser des Blackwater Park.

Zwar ist *meine* Meinung über ‹Krimis› die, daß es sich dabei um keine sonderlich ernstzunehmende Form der Literatur handelt : ich bin altmodisch; ich bekenne gern, daß mir sowohl ‹beatles›, als auch jene Herrn, die habituell von durchgehenden Rennwagen abspringen müssen, um nur ein bißchen Aufsehen zu erregen, schlicht als ‹Krampfhennen› vorkommen. Ergo muß ein Krimi, um von mir gelobt zu werden, *mehr* sein als dieses : muß ein ‹Weltentwurf› sein; fein säuberlich durch mehrere Jahre hindurch gearbeitet; muß Gedanken enthalten, Erfindungen plus Beobachtungen, portrait-gute Gestalten & Landschaften, kurzum vielviel reiche Alltäglichkeit.

Sogar in Filologenkreisen herrscht die Mode, den Krimi auf EDGAR POE zurückzuführen – das ist ein fetter Irrtum. Vermutlich wäre hier – (ich bin kein Fachmann dieses Gebiets; würde mich auch schämen einer zu sein) eher bei SCHILLER's ‹Geisterseher› anzufangen, oder dem ‹Genius› von GROSSE. Wer mich nach unserm besten *deutschen* Krimi fragt, dem entgegne ich immer : »HOLTEI, ‹Schwarzwaldau›.« – und dann sitzen wir einander halt gegenüber, ich & die Herren vom Colt; (Prag 1855, 2 Bände übrigens : 1 Gratis-tip für Taschenbuchverleger). Der beste *englische* dünkt mich eben diese ‹Frau in Weiß› hier; und ich tat mir recht etwas darauf zugut, ein uns derart verlorengegangenes Stück mit wiederentdekken geholfen zu haben – da wird man sich den Schock ausmalen können, *die* Beschämung, diese Reduktion in mein Nichts, als ich neulich in Celle, am Kiosk, sehen mußte :

– : daß ja bereits eine deutsche Ausgabe im Handel sei !

‹ILLUSTRIERTE KLASSIKER : DIE FRAU IN WEISS›. –

Da ‹Ironie pur› für den wunderlichen Casus allzu wohlfeil wäre, will ich lieber gleich bekennen, wie ich nach Kenntnisnahme besagter Nr. 100 doch beträchtlich betroffen dagesessen habe; (ich hatte die starkfarbigen Fänomene bis dahin nur par distance, in den Händen von Halbwüchsigen, erblickt). Ganz nüchtern, auch gänzlich unpessimistisch formuliert, hat sich mir ein schon seit den zwanziger Jahren gehegter Verdacht bestätigt : Es ist erreicht !

Nämlich das früher oder später doch wieder einmal unvermeidlich werdende (also denn lieber gleich früher !) Auseinanderklappen der Kultur. Via Fernsehen, Illustrierte, Bild-Romane undsoweiter, ist der Sinn für Sprache bereits unverkennbar zurückgebildet worden : rundumunsher schrumpfen die Wortschätze ! (Das Gefühl für grelle Optica dagegen scheint im rapiden Zunehmen begriffen : sehr erfreulich für Auto-Mitfahrer meines Schlages !). Und da wäre es nur eine rechte Konsequenz, wenn man – meinethalben als ‹Übergang›; (wohin ?; weiß ich nich) – von jeglichem Buch 2 Fassungen auf den Markt brächte : einmal das Original, wie der Verfasser es gewollt hat, dh in altertümlicher Langschrift. Ist es doch statistisch belegbar, daß

auf 10 Millionen Menschen 1 guter Autor kommt;
(auf 1 Million 1 noch-leidlicher);
auf 10 Tausend Menschen 1 Guter Leser :

demnach möchte es, in der Bundesrepublik, noch rund 5000 Abnehmer geben, für – vielleicht könnten wir den Ausdruck gleich-hier münzen, auf daß man weiß, was man im Laden künftig sagen müsse : »Nein; ich möchte 1 Alt-Buch bitte.« (hört sich gar nich so übel an !). Freilich gälte es, diese (allmählich wegsterbenden) Kunden, im Lauf der nächsten 10–20 Jahre zu erreichen. Immerhin könnte ein Verleger es finanziell fast noch verantworten, ein neues Alt-Buch herzustellen; zumal falls sich die

Möglichkeit – ja, nu ma buchstäblich ! – ‹ab-zeichnen› sollte, es (selbstredend nach einer gewissen ‹Bewährung in der Öffentlichkeit› !) annähernd-parallel als ‹Bildheft› herauszubringen. Denn ob ich schon längst weiß, daß es sich beim ‹Volk der Dichter & Denker› nur um eine eitle-freche Frase handelt, so bin ich doch weit entfernt von der eiskalten Menschenverachtung jenes FREUD'ianers, bei dem ich neulich ‹Über Unterricht› wörtlich las : »Lesen Schreiben Rechnen ? : *Weg damit !«;* (und dann empfahl der Bube noch was wie ‹Analerotik›. Nun, er wird's dereinst zu verantworten haben).

Das ganze, leider noch etwas komplexe Verhältnis – man ist in den Kreisen, die über Die Meinung verfügen, anschein'd immer noch zu sentimental – findet unübertrefflichen Ausdruck im Preise : hie 1 Mark; dort, bei GOVERTS, *achtundzwanzig : ‹Euch soll eure Kull-Tour noch teuer zu stehen kommen !›.*

3

»Vergeben Sie mir, mein Bester, wenn ich heut Abend nicht, wie vereinbart, in Ihrer Loge erscheine – ich kann *nicht fort; ich* muß *erst wissen, was aus Conte Fosco wird !«*

Premier GLADSTONE an Lord RUSSELL

Denn die Wirkung der ‹Frau in Weiß›, als sie ab November 1859 erschien, ist eben doch, auch auf gute & beste Leute, ganz erstaunlich gewesen ! / THACKERAY saß die ganze Nacht auf & las. / EDWARD FITZGERALD – ‹Omar, der Zeltmacher›; ganz recht – taufte sofort seine Segeljacht ‹Marian Halcombe›. / Von der auch SWINBURNE, der immer für herrische Athletinnen geschwärmt hat, erklärte : sie sei ein grandioses Weib ! JOYCE, ‹Odysseus›, S. 216 : »Miß Dunne barg das Capel-Street Leihbibliotheksexemplar tiefer in ihrer Schublade : ‹Liebte er nun Die-da-diese Marian ?›«. / TROLLOPE und HARDY haben die Technik gerühmt; vermittelst der, aus den direkten Aussage-Protokollen von ein Dutzend Leuten, 1-&-derselbe Tatbestand, von mehreren interessierten Seiten her angeleuchtet wird. –

Gleich der Anfang – wie da, auf der einsam mondhellen Landstraße, ein Endchen hinter Mitternacht, sich plötzlich die federleichte Hand auf den Arm des Zeichenlehrers legt – ist persönlichst erlebt worden. J. G. Millais hat es, in der Bio seines Vaters, geschildert, wie man zusammen mit den Brüdern Charles & Wilkie COLLINS, das Haus von Deren Mutter, in Hanover Terrace verließ : die Sommernacht war warm; & der Mond das große klare Zeichen. Unversehns vernahm man, aus dem Garten einer Villa am Wege, 1 Schrei : ! – auf flog die Pforte : und »herausgestürzt kam die Gestalt einer jungen & anscheinend sehr hübschen Frau, ganz in fliegendes Weiß gekleidet, das im Mondschein opalte – sie flog dahin, wie wenn der Wind sie triebe. ‹Wie lieblich & wie fraulich –› war alles, was Millais sagen konnte; denn schon rief Wilkie – : ‹Ich muß wissen Wer Sie ist, & was hier vor sich geht !›; und war bereits hinter ihr her. – Vergeblich harrten die Begleiter seiner Wiederkunft; und als sie sich am nächsten Tage sahen, schien COLLINS abgeneigt, sich über sein Abenteuer auszulassen.« (Aller Wahrscheinlichkeit nach war das die oben erwähnte Caroline Graves.) –

Das Manko des großen Buches ist das *aller* Victorianischen Romane : daß nämlich die offiziellen Helden fade sind & die Plastik von etwa Spielkarten haben – sogar ‹sprechende Namen›, dieser Tod aller Poesie !, sind nicht vermieden; heißt doch der Held ‹Hartright› = Biederherz; und SIE Laura Fairlie, das ist ‹Schönchen›; na schön. Aber das ist, wie gesagt, ein verzeihlicher schriftstellerischer Trick, in einer, nach außen hin über-prüden Epoche : da muß man halt, hell angestrahlt, in Bühnenmitte ‹2 Lämmlein, weiß wie Schnee› stellen, die süß-unbeholfen Händ' & Füß' umeinander legen. / Das Wichtige aber geht grundsätzlich in der Culisse vor sich ! Sind dort doch nur ‹Nebenfiguren›; zT ausdrücklich als Bösewichter & -wichtinnen deklariert; denen man ergo einiges – recht viel sogar – (vielleicht Alles ? !) – verzeihen kann. Ergibt sich der Satz : *‹Im Victorianischen Roman sind die Nebenfiguren grundsätzlich die Hauptfiguren !›.* –

Und da tritt eben, als absolut-Erster, ER aus der Culisse, korsisch & wie gemeißelt; ER :

: Isidor Baldassare Ottavio CONTE FOSCO; Ritter des Ordens der Eisernen Krone von Pavia; correspondierendes Mitglied mehrerer gelehrter Gesellschaften des In- & Auslandes :

: eine uns allzulang vorenthaltene Gestalt der Weltliteratur ! ER, der napoleonische Verbrecher; mit dem verglichen sie alle – ob Commissaire Maigret, Sherlock Holmes undsoweiterundsoweiter – als doch recht magere Lichtlein erscheinen; bestenfalls als Nachfolger eines Vorgängers.

: »COLLINS besaß im höchsten Grade die Gabe, das Int'resse des Lesers zu fixieren. Die labyrinthisch-geknickte Einfachheit seiner Fabel ist schlechthin ingeniös; und viele seiner Gestalten sind nicht nur ‹wirklich›, sondern *ungewöhnlich-wirklich*. Sein Meisterstück in dieser Beziehung ist CONTE FOSCO, aus der ‹Frau in Weiß› : immer & immer-wieder nachgeahmt, hat doch keine Imitation jemals die Subtilität plus Massivität des Originales erreicht.« : also spricht das Buch der Bücher, die ENCYCLOPÄDIE BRITANNICA; (& man vergebe mir, einem unbelehrbaren alten Heiden, auch diese Äußerung).

Die nächst-prächtige Gestalt ist, meines geringen Erachtens, der ältliche ‹Onkel Fairlie›. Ein ‹egoistischer Kränkling› ? – Ja; schon; aber sobald er den Mund auftut, hat er nicht-Unrecht ! / Unter den ‹Frauengestalten› stehen dem Leser-Kenner mehrere zur Wahl : ‹Laura› schaltet natürlich aus; (‹keusch› darf man durchaus ma sein; aber nich so ausdauernd-insipid !). Da ist die häßlich-feurige ‹Marian› erheblich interessanter; (dh für Den, der ‹Amazonen› mag). Und selbst die ältliche Frau Catherick hat ähnlichen Tiefgang : die ist fast *noch* kälter-heißer; noch matronenhaft-lauernder : tolle lege ! –

Ich hab'es über mich gewonnen, das Bild-Heft zu würdigen – vergebe man mir, wenn ich nunmehr auch das Alt-Buch empfehle ! Wäre es so über die Maßen unrealistisch zu erwarten, daß man noch einmal, Hundert Jahre nach Ihr, der ‹Frau in Weiß›, Parfüme benennen würde ? Modische Hüte, Zahnbürstchen, Quadrillen & Walzer, oder gar Zigarren-Marken ?

: aber Büstenhalter ? Aber Kugelschreiber ? ? ! !

LEWIS CARROLL

(Charles Lutwidge Dodgson)

27. Januar 1832, Daresbury / Cheshire – 14. Januar 1898, Guildford

SYLVIE & BRUNO

Dem Vater der modernen Literatur ein Gruß!

I

Ich, ein armer Pracher in wohlaufgerüsteten Zeitläuften, bin nicht für Ausblicke in die Ewigkeit & was damit zusammenhängt : die Oberflächen der Dinge sind noch so unzureichend beobachtet, (und dies Unzureichende ist meist so stümperhaft beschrieben), daß ich es ganz schlicht ablehne, mich mit ‹Göttern› zu befassen. Wie schon der große Leopold Schefer sehr richtig angemerkt hat, dürfte das Allah-sein da droben so unverschämt viel leichter sein, als das Mensch-Tier-Pflanze-sein hier unten, daß die Sorge um das Fortkommen jener Höchsten Herrschaften uns wahrlich die wenigsten grauen Haare machen sollte. Wer sie sich als Hobby wählt : ich habe a priori nichts gegen ihn; nicke sogar gutmütig (obwohl stumm), wenn er mir mit jerusamem Stolz die ein- & andere seiner Reliquien vorweist, Sprossen von der Leiter, die Jakob im Traum sah – Hauptsache, er verhält sich ebenso höflich, wenn ich ihm meinerseits mitteile, daß ich ein gutes umfangreiches Nachschlagewerk vorziehe; (im Stillen für meschugge halten darf er mich immer). Ich bin mir übrigens auch in diesem Augenblick sicher, daß ich Unrecht habe – eine Schwächung meiner Position, die allerdings keine Stärkung derjenigen des selbstbewußten Herrn mit der Leitersprosse bedeutet; vielmehr die, meinem geringen Gefühl nach, angemessenste Einstellung-allerorten in Bezug auf solche, mir wahrlich ‹letzten Fragen›. – So; das metafysische Bedürfnis wär wieder mal befriedigt; und ich wende mich nunmehr erleichtert ernsthafteren Dingen zu : Lasset uns-uns mit Shetlandwolle schmücken; be- (oder ent-) kräuselkreppt Euch, Schöne; each man a glass in hand & Jeder so glücklich wie 1 König – sagnwa wie Charles der Erste am 29. 1. 1649. –

Die o. a. Diatribe wurde, es wird Manchem merkwürdig klingen, dadurch veranlaßt, daß ich beim Blättern in meinem neuen Abreißkalender – ich tat's nur, um mich an seine Gestalt zu gewöhnen, an die der gemästeten Ziffern, die ich nun wieder ein Jahr lang zu erdulden haben würde – unter den Ende Januar geborenen Großen Männern wieder allen möglichen Powel beisammen fand; nur Ihn, den Besten, nicht. Dafür aber selbstredend sämtliche Maximen der Mikrokefalen : ‹Preußen hat sich groß gehundert !› – ach, da weiß ich schon. (Ich bin ja selbst Deutscher; und will wohl auch für meinen Kanzler sterben; aber ‹deutsch› ist halt nicht immer ein Begriff für Qualität, wo's davorsteht – von Corned Beef weiß ich es *ganz* genau; von Literatur glaube ich's zu wissen.) / Einmal sogar : ‹Im Athemholen sind zweyerley Gnaden› Punkt. Nämlich a) ‹die Luft einziehn›, (*das* geht uns natürlich gleichsam noch ab, daß die Finanzämter uns die Luft einziehen !); b) ‹sich ihrer entladen›, (was'n Ausdruck, bloß um des Reimes willen ! Da möchte man sich doch gleich die Wäscheklammer auf die Nase setzen !). Jenes (das Einziehen) bedrängt; dieses (das ‹Entladen›) erfrischt angeblich – durchaus möglich; obwohl es, mit mindestens derselben Berechtigung, auch umgekehrt lauten könnte : daß nämlich das Einatmen erfrische, (so hab' ich's meist erfunden). Aber eben : ‹So wunderbar ist das Leben gemischt›; tja, 's iss erschtoanlich; (und am allererstaunlichsten noch der ganze, pompös gereimte, ministerielle Schwachsinn !).

Dabei : wie schön-solide, wie wertvoll-erbaulich, könnte man gerade Kalender ‹gestalten› ! In hübschem Buchformat. Auf gutem Papier. Und, falls 1 Blatt pro Tag zu teuer dünken sollte, (was aber 1 verlegerischer Irrtum wäre : es brauchte ja nur von Jahr zu Jahr der ‹Kopf› geändert zu werden), genügte schließlich auch 1 für jede Woche. / Und im JULI gehörte eines GEORGE BORROW : vorne drauf 'ne gutebunte Landkarte, ‹Llangollen & Umgebung›, Maßstab 1 : 126723 (allein das ‹Warum ?› dieses So würde dem Ein- & Anderen Sinnigen auch gleich wieder etwas zu denken geben). Hinten ein Porträtlein des ‹Romany Rye›; Biogramm; Werksverzeichnis, (alles möglichst knappe, ungeflügelte Worte). / Die um den 2. Februar herum selbstverständlich JAMES JOYCE – ach, das könnte man alles wunderbar verteilen !

Und eine der Januarwochen gebührte denn eben IHM; 1 Derjenigen, die ein ‹must› sind für jeden der Literatur Beflissenen; (präziser : der *modernen* Literatur Beflissenen; denn die hebt mit IHM an).

Wir haben, damals in der Schule, noch gelernt, die ‹Neuzeit› begänne mit der ‹Entdeckung Amerikas› – heute würde ich schnarchen : ‹Die Erfinder des Kitsches ? : Oh, wären sie nie entdeckt worden !›. / Ein anderer Lehrer, gescheiterter Theologe, behauptete, immer noch reuig, ‹mit Luther› – na also, wenn mit durchgebrannten Eremiten, die, ein Triangel im Kopf, lebenslänglich über die eigenen Hühneraugen stolpern, neuerdings wieder die Neuzeit beginnt : *dann* sollte man doch bloß rasch ‹die Bombe› komm'm ! / Und es gab noch 1 Andern, Der hielt sich für *ganz* fortschrittlich, Der setzte den Beginn der Neuzeit ins Jahr 1789. Und eine Epoche, da ein MARAT die Bürger zur *Unruhe* aufrief; da man die Tage des Jahres nach Pflanzen-Tieren-Geräten benannte; die Gesichter der Uhren, die Knochen der Maß-Stäbe dezimal teilte, schien mir immerhin schon sehr beachtlich : *das* wäre mir, an einem schönen Maibaum-Morgen, weite blühende Griesgefilde ringsome, HAMILTON'sche Quaternionen & den ADELUNG im Kopf, *heute noch* discutabel !

Nach 50 fleißig-durchlebten Jahren; und nach einigem verantwortungsvollen Zurückrechnen – hm; tja; doch : mhm – würde ich, was mein Fachgebiet, DIE LITERATUR, anbelangt, heute dekretieren : Die Neuzeit beginnt mit

DODGEFATHER, DODGESON & COO.

2

Mit anderen Worten also – Sie wollten es ja sicher soeben selbst aussprechen – :

CHARLES LUTWIDGE DODGSON. –

Geboren am 27. Januar 1832 in Daresbury, nahe der großen Trichtermündung des Mersey, wo sein Vater (ebenfalls Charles) Pastor loci war – ein Dunstkreis, der dem armen Kleinen natürlich dann zeitlebens anhing. Man umzog nach Richmond; der Junge ging in Rugby zur Schule. Studierte in Oxford; und verblieb dort, (typisch für den an ein Saugröhrchen geratenen Furchtsamen !), für den Rest seines Lebens, d. h. bis 1898. Dreierlei wurde wichtig :

a) er studierte ‹auch› Theologie. Jedoch verhinderte ein, bei öffentlichem Auftreten ihn gern befallendes, Stottern diese spezielle Laufbahn. (Denn ‹Stottern› ist 1 Anzeichen von ‹Schuldgefühl› : das Kind verheddert sich, wenn es sein Spielzeug zermanscht (& anschließend versteckt) hat). / Militär ? : wie da sämtliche Motoren, athletisch, ‹trockern› (das ist Schlesisch). / GOtt-selbst stottert im Donner. / ‹Onzel Grootvadder Lodewijk› begann zu stammeln, sobald er gewerbsmäßig Moral zu verkünden hatte. / : ? – : !.)

b) Seine Veranlagung für Mathematik überlagerte in the long run scheinbar jede andere; ergo war er von 1855–81 Ordinarius zu Oxford. / Selbstverständlich mußte er da *die* beiden Sprachen beherrschen, in denen zu seiner Zeit in Mathematik das Meiste geschah : Deutsch (wegen GAUSS, DIRICHLET, ABEL, RIEMANN, JACOBI), und Russisch (des großen NIKOLAJ IWANOWITSCH LOBATSCHEWSKI wegen. Latein verstand sich von selbst; auch BOLYAI und

EUGENIO BELTRAMI.) Das sind denn auch seine bedeutendsten Abhandlungen geworden : eine über Determinanten; und das, zwar glänzend, aber eben doch meist nur referierende, Buch vom ‹Euklid & seinen modernen Nebenbuhlern› (1879). Immer aber kam ihm, wie der leicht zugängliche ‹Tangled Tale› mit seinen skurril verkleideten Diophantischen Gleichungen belegt, ‹Die Literatur› dazwischen. Denn

c) er war eben – was schon JOYCE zähnefletschend-indirekt gewürdigt hat – *der Kirchenvater aller modernen Literatur !* –

Daß er allmählich – infolge von Verwechselungen, von denen noch zu sprechen sein wird – ein berühmter Mann wurde; auch schließlich, am 14. Januar 1898, zu Guildford starb; ist noch nicht so bemerkenswert, als vielmehr gewisse Einzelheiten seines Junggesellenlebens. / Er heiratete nämlich nie. War gleichzeitig sehr witzig & schüchtern, (was ausgezeichnet zusammen passen kann !). *Ganz kleine* Mädchen immer ausgenommen, mit denen er zahllose Freundschaften schloß – »glückliche Jagdgründe« nannte er die Badestrände von Sandown und Eastbourne, wo er sie einherwaten sah – und immer hatte er einen ganzen Vorrat von Sicherheiznadeln bei sich, um ihnen behilflich sein zu können, die Röckchen & Höschen ganzganz hoch hinauf zu stecken. (»2 oder 3 Handvoll Haar hab'ich so gern«, schrieb er an Eine davon, Sarah Sinclair, »aber natürlich muß immer der Kopf eines kleinen Mädchens darunter sein, auf dem sie wachsen«.) Daß seine Muse für ‹Alice in Wonderland› das Töchterchen seines Kollegen LIDDELL sei, war offenes Geheimnis. Aber auch das Widmungsgedicht zu ‹Sylvie & Bruno›, II. Teil, ergibt, wenn man die dritten Buchstaben jeder Zeile zusammennimmt, ‹ENID STEVENS›, (und ‹Enite› iss natür'ch 'n doller Vor-Name !).

Aber woll'n wa großzügich sein. / ‹Der Geschmack ist verschieden›, und besonders ‹auf diesem Gebiet›. Und da uns das Kismet – siehe den einleitenden § – nun einmal mit faustdicken Keimdrüsen gepodicapt hat, muß sich auch die feinsinnige Leserin damit abfinden : daß GOETHE wie LUTHER jegliches Weib mit den ernsthaftesten polygamischen Absichten betrachteten. Daß SHAKESPEARE's ‹Sonette› zum größeren Teil an den jungen Mann ‹W. H.› gerichtet sind; auch MARCEL PROUST schwul war wie WINNETOU. Und CARROLL eben nicht nur ‹abwechselnd an verschiedenen Orten lebte› (eine Wendung deutschen Gelehrtenfleißes, die ich hiermit bewußt plagiiere); sondern vor allem immerfort, diesigen Gesichts, Super-Lolitas kostümierte & pfotografierte – snapshots, schrecklich ähnlich !

: »Er griff sein vorpals Schwertchen zu,
er suchte lang das manchsam Ding;
dann, stehend unterm Tumtum-Baum,
er an-zu-denken fing.«

: nicht umsonst hat Alexander Woolcott wie beiläufig angemerkt : Der – der Carroll – solle froh sein, daß noch kein Psychiater sich mit ihm befaßt habe, dem »burbelnd Ungeheur« ! (Man spreche das bitte, nach : »Ein burbelnd Ungeheur !«. – *Noch*mal: ‹ein burrblnd...›).

Und mit *dem ‹honeyfuggler›* sollte alle moderne Literatur beginnen ? !

Tcha. Ich fürchte, es ist nicht anders. / Und, rasch, noch dem Deutschen den Zutritt zu den ‹Gesammelten Werken› angeben : 2 völlig gleichwertig-gute Gesamtausgaben sind im Handel, Riesenbände von 12 und 1300 Seiten; die der ‹Modern Library, New York›, und die der ‹Nonesuch Library, London›; Preise zwischen 13 und 18 Mark.

3

Und da sehe ich sie wieder mal vor mir, all die ach so con-temporären Gesichtel, ob feinsinnige Lesermiene ob gewerbsmäßige Kunstschwätzervisage, wie sie sich, über ihren Dünndruckband Stifter hinweg, nachsichtig-amüsiert erkundigen : »Was verstehen Sie denn unter Ihrer : ‹modernen Literatur› ? –«.

Da könnte ich nun – Nichts ist mir zu seicht ! – mit der Fabel kontern : wie da neulich dieser 1 Europäer über einem der überflüssig vielen ‹Schwarzen Erdteile› herumhubschraubte. Aus Spaß auch mal landete. Und während des anschließenden Spaziergangs auf eine Völkerschaft traf, die seit Jahrtausenden mit Ochsenkarren fuhr. Zuerst tauschte man die neuesten Witze von übermorgen Nachmittag; (wobei der Heidelbeerfarbene selbstredend unterlag, denn im Vergleich mit Dingern wie der ‹Großen Koalition› verblaßte ja jedweder Sambesi-Kalauer). Dann betrachtete der Franke mißbilligend die Karrete – Baumquerschnitte die Räder; Federung keine; 1 der milchfarbenen Stiere (mit schwarzem Bäffchen) begann sich just zu lösen – schüttelte den Kopf, und merkte an, daß das doch ‹keine Zukunft› hätte, (wie er sich ausdrückte). Der Treiber lächelte, wenn auch nicht grade ‹feinsinnig› so doch über den eigenen Widerrist hinweg; und erkundigte sich dann, nachsichtig-amüsiert : »Was versteh'n Sie'nn unter Ihren ‹modernen Fahrzeugen› ?«. Worauf der Giaur – er war noch jung & eifrig, und glaubte an die ‹Veränderbarkeit der Welt durch das Wort›, (womit es aber eine wunderliche Bewandtnis hat) – ihm einen gedrängten Abriß gab von Viertaktmotoren, Düsenantrieb, und racketeers-im-All-Gemeinen. Der einwandfrei Erdentsprossene lauschte verschlafen; grinste; flocht ein, er sei der Great-Coat-Carrier des lokalen Kanzlers, (was wohl einer Mahnung gleichkam, seine Glaubensfähigkeit bitte-nicht zu überfordern). Nickte auch 2 oder gar 3 Mal bei gewissen Einzelheiten : das würde ein unvergleichlich Gelächter heut Abend am Lagerfeuer setzen, allein Worte wie ‹Auspuff› ! Dann entließ er, ein zwar noch nicht an täglichen Tele-Visionen, dafür aber schwer an Totem & Tabu Leidender, den Elfenbeinfarbenen mit 1 derb-lustigen Peitschenschmitz um den Tropenhelm; und kehrte mit dem Schluß-Kommuniqué : »Na, da woll'n wa ma wieder, wa ? – : Hüh-Hott !« in seinen Ursprung der Specereien zurück. –

Leider hinkt natürlich auch diese-meine Fabel, wie sich's für Fabeln schickt, auf beiden Beinen. Denn der Vertreter der modernen Literatur kommt ja erstens nicht im Hubschrauber an, (manchmal besitzt er 1 Fahrrad); und weiterhin hat er leider nicht die Möglichkeit, in eine fortschrittliche, ihm sehr-beipflichtende Welt zurückzuloupen, (jawohl, es ist Beides darin : ein ‹looping› & ein ‹loup-garou›; und mit der ‹Lupe› arbeitet sowieso jeder gute Beobachter); sondern die Lage ist mehr als umgekehrt.

Ich gedenke ja auch gar nicht, in Fabeln zu antworten. Den Anhängern verlegter Gedanken & Gefühle, den Vorziehern abgestandener Wortgemüse – sie Alle müßten auf der Stelle verurteilt werden, bis an ihr Lebensende nichts als den ‹Theuerdanck›, den ‹Messias› und den ‹Nachsommer› zu lesen ! – empfehle ich, dabei zu bleiben : es ist nichts an ihnen verloren. Nein; wenn ich auf die Frage nach Kennzeichen moderner Literatur hier noch einmal antworte, dann geschieht das in der reinlichen (zugegeben, etwas unrealistischen) Hoffnung, daß der ein- oder andere junge Mensch, asketisch-gewohnt, ‹to have at his beddes head 20 bookes, clad in black or reed›, vielleicht ein bißchen darüber nachzudenken anheben könnte. Ich habe das Unglück, in einem Staate zu leben, in dessen Grundgesetz es steht, daß die Minderheit immer Unrecht habe – da bleibt mir, in so ziemlich allen Beziehungen, nur das schrille Gelächter ausmitten eines Kessels voll Eis & Schnaps; ein Geräusch wie Kiesel, gerüttelt in einem abgetragenen Menschenfell; eine Schrift mit Heidelbeertinte auf Zetteln, geschnitten aus alten Zeitungsrändern. Und eben die arm-selige Beteuerung, daß die Moderne Literatur sich von der älteren doch recht erheblich unterscheide; so sehr, daß es gar keines bewaffneten Auges bedarf, um etwa Folgendes wahrzunehmen :

a) Man schreibt *Prosa. Nur sie* wird rhythmisch der Vielfalt der Weltabläufe annähernd gerecht; zumal wenn mit einer erfreulichen Tendenz zu größerer Genauigkeit & Offenheit gekoppelt.

b) Man schreibt *langsam Prosa* : ein Romänche, binnen 1 Jahr (oder noch flinker) hingeschneuzt, *muß* unzulänglich sein. (JOYCE benötigte zum ‹Odysseus› 7; CARROLL zu ‹Sylvie & Bruno› 20 Jahre.)

c) Die Moderne Literatur hat ein fundamental anderes Verhältnis zu Worten & deren Folgen im Leser, als die Jahre vor 1900. Und schließlich

d) Was das Gerüst anbelangt, (die Struktur eines Buches sowie die Anordnung seiner Prosaelemente), so sind die Möglichkeiten konformer Abbildungen mit nichten durch die bis 1900 praktizierten Formen erschöpft. –

Und da *CHARLES LUTWIDGE DODGSON* alias *LEWIS CARROLL* sich bei wichtigen Themen selbstverständlich nur für die Prosa entschied; da er an ‹Sylvie & Bruno›, um die es hier hauptsächlich gehen soll, 20 Jahre des Überlegens & Bastelns wandte; da er als Erster, noch *vor* FREUD !, Erwägungen anstellte, über die Lagerung der Worte im Gehirn, und dem, was daraus folgt, (es ist nicht wenig !); und da er schließlich, und sei es noch so dummpf, erkannte, wie zumindest 1 sehr normaler & Jedem geläufiger innerer Vorgang noch nie die entsprechende Abbildung durch eine ganz spezielle & eben-ihm entsprechende Anordnung gefunden habe, und er sich folglich sofort an eine verantwortungsvollste Handübung von gut 600 Seiten wagte – – tja, dadurch ist er eben der ‹Anfänger› aller modernen Literatur geworden.

4

Im einzelnen

: das Primat der Prosa zu bezetern, sei den professionellen Reimern überlassen, die sich weiterhin einbilden dürfen, ‹das Höchste sey eben doch 1 lürisches Gedicht›; oder auch den vielen, so herzschneidend überflüssigen Literatur-Professoren, von Ad & CY über Ma & Mu bis Zett : *ein Mal muß* es den Herren ja gesagt werden : Wenn WIR nicht ab & zu Bücher schrieben, wären Die-da – (und den Daumen *sooo* über die Schulter tikkn lassen) – arbeitslos ! / Und daß ein Prosa-Stick, an das ein begabtester Autor 20 Jahre seines einzig-artigen Lebens wendet (oder auch 17, wie JOYCE an FW) nun *doch* noch 'n büschen bedeutender geraten könnte, als das duftigste nich-ma-Sonett der warzigsten Wortmetze, leuchtet finanziell Uninteressierten sicher auch ein; (man will ja schließlich für sein Geld was haben, GELLT ?). – Blieben also eingehender zu erläutern nur die Pünktchen c und d. –

Seit ungefähr der Jahrhundertwende, und den Arbeiten von MAURY,

ELLIS, hauptsächlich FREUD, über ‹Träume›, hat sich, wenn auch sehr zögernd & meist garnichtgern akzeptiert, doch die Erkenntnis kahmheutig ausgebreitet : daß ‹Namen› mit nichten ‹Schall & Rauch› seien, (wie nett so ein GOEHTE-Zitätchen sich auch immer anhören möge); sondern daß ‹Worte›, Buchstabenfolgen überhaupt, uns weit nachhaltiger necessitiren, als Mann (& Frau sowieso) im Allgemeinen wahrhaben möchte. / Ich erwähne nur das instruktive Beispiel aus MAURY's ‹Le Sommeil›; wo er im Traum auf der Landstraße fürbaß ging, und die Gesichterscheiben der Kilometersteine ablas. Dann in einen Kaufladen trat, wo der Inhaber zwar rüstig Kilogrammgewichte handhabte, Ihm (MAURY) allerdings mitteilte : er sei jetzt aber gar nicht in ‹gay Paree›, sondern eig'ntlich auf der Insel Gilolo; worauf der Träumer sich umwelste, und sogleich Lobelien-Blumen erschaute; zwischen denen General Lopez, (dessen Tod er abends zuvor in der Zeitung gelesen hatte) auf ihn zu kam, und ihm eine Partie Lotto proponierte – eine scheinbar sinnlose Bilderfolge. *Es sei denn,* man entschlösse sich, die Zünd-Worte so untereinanderzuschreiben :

Ki	lo	meterstein
Ki	lo	grammgewicht
Gi	lo	lo
	Lo	belien
	Lo	pez
	Lo	tto

Mit anderen, gefädelteren Worten : aus ‹irgendeinem Grunde› war bei MAURY der mit ‹Lo› etikettierte Wort-Ballen aufgegangen. Und der Traum bemühte sich nun, mit unglaublicher Schnelle & Possenhaftigkeit, etwas wie Sinn & Verstand & ‹1 Geschichte› hinein zu bringen : wie gelenkt, ja ‹kanalisiert› erschien der Traum durch diesen ‹Lo-Zwang› ! (Jeder Leser wird übrigens genügend eigene Exempel für dergleichen vorrätig haben, bzw. auftreiben können.) Es ist eine, imgrunde überaus geläufige Erscheinung; und sie besagt : daß die bloße ‹Lagerung der Worte beieinander› uns vielviel stärker beeinflußt, als unerleuchtetere Säcula sich das – ja, eben *nicht* einmal ‹träumen ließn›. Auch im Wachen werden sich dergleichen bandwurmige ‹Zusammenhänge› oft genug anbieten & durchsetzen; es handelt sich eben um einen, recht ‹natürlichen›, psychischen Mechanismus; (bitte, nicht zu verwechseln mit dem Gallimathias jüngster Frechlinge, der FW ähnlich sehn soll, aber nichts-garnichts bedeutet). (Achso, den Traum-Grund noch : ‹lolo› der Busen; ‹Lolotte› ein loses Mädchen.)

Es dauerte auch gar nicht lange, bis die Literatur sich die neue Erkenntnis praktisch zunutze machte. Im größten Stile JAMES JOYCE; der sein zweites bedeutendes Buch, ‹Finnegans Wake›, genau nach FREUD'scher Traumtheorie konstruierte, gemäß welcher die Träume 1 Nacht sich das dringendste-unerledigte Problem des Vor-Tages aufgreifen; und dieses in einer Serie von Bilderfluchten, gleichsam von vielen Seiten her, ventilieren & ‹lösen› : demnach wählte JOYCE sich seinen permanenten Hahnrey-Komplex, wodurch sogleich die Personen all der ‹Einakter› gegeben waren : seine Frau als ewig-Weibliches; Bruder Stanislaus als Summe sämtlicher Widersacher; ER-selbst als Tanz-Legendre; und ‹Köre› von kleinen Mädchen & Saufbrüdern als, in Popuhlation verwandelte Zeit. Zur Anreicherung mit Doppel- & Mehrfach-Bedeutungen, zur o. a. Beförderung & lingua-logischen Weiterschiebung der Nicht-Handlung, bediente JOYCE sich eben der beschriebenen Wort-Zusammenhänge, einer fonetischen Schreibung (die dergleichen im höchsten Maße begünstigt) – und das Ergebnis ist denn oft gar nicht un-herrlich geraten. ‹Kaleidoskopische Kollidiereskapaden›, ‹in ßünnägoug ä ßingäßong› : wie nett, auch selbstironisch, ist es nicht, wenn er, (wahrlich ingenious), dies geflissentlich als ‹inn-genius›, als ‹Schenken-Genie›, schreibt ! (Er war nun mal Alkoholiker wie so viele Künstler; und ä ‹Säufer› iss gans was anderes.) (Daß er dabei die Grenze überschritten hat – nämlich an der hier nächstliegenden Klippe zu großer subjektiver Verschlüsselung gescheitert ist – sei ohne weiteres zugegeben : der ‹Odysseus› ist das bessere Stück; für den Fachmann (eine globale Umfrage ergab, glaub'ich, neulich 29) ist FW dennoch ein ‹must›.)

Und der mächtige ortografische Wagehals – glücklich inmitten seines Mega-Fond an Worten; überzeugt davon, seit 6 Jahren das Hoot-Kutürste zu schaffen – mag, trown, das Mowl arg haben hängen lassen, als er (Mai 1927 wird es gewesen sein) von 1 seiner Bekannten mit dürren Worten darauf hingewiesen wurde : wie all-seine fonetische Schreibung, die dadurch erreichte Polyvalenz der Worte; das Variieren ein- & derselben Handlung; enfin *ALLES !* – : sich längst bei einem schmächtigen, stotternden, prüden, englischen ‹Reverend› fände. Genau einer von den Typen, die JOYCE, wäre er ihnen im Fleische begegnet, gar nicht genug hätte verachten & verpflaumen können. / JOYCE sah, entrüstet & sofort, nach. : ?. – Tcha. Und mußte, was die Originalität des Finnegakkerns anbelangt, seine schlimmsten Befürchtungen noch übertroffen sehen.

Denn lange vor ihnen Allen – ob MAURY oder FREUD ob ELLIS ob JOYCE – hatte LEWIS CARROLL, einer der noch heute, nach 2–3 Menschenaltern in Deutschland unzureichend gewürdigten Grands Écrivains d'outre Manche, es alles-alles theoretisch untersucht; & anschließend praktisch benützt. / Bei dem o. a. Beispiel des Maury'schen ‹Lo-lo-lo-lo-lo›-Traumes nämlich, hätte Männiglich – vorausgesetzt, wir *lebten* in einer leidlich-leidlichen Welt! – sofort nickend murmeln müssen : ‹Mhm; Carroll'sche Syzygien›. Das nämlich ist die, historisch & sachlich exakteste, Bezeichnung jenes äußerst interessanten & folgenreichen Tatbestandes, den Carroll z. B. an Wort-Stiegen & -Steiglein demonstrierte wie etwa

	s	wal	low	
		wal	rus	
		pe	rus	e
	har	pe	r	
c	ar	pe	nter	

usw. – Da sprach er von ‹Doublets›, ‹Lanricks›, und vor allem eben von jenen ‹Porte-Manteau-Worten›, Mehrzweck-Ausdrücken, wo, infolge einer Schreibart von der ver-Schmidt-stesten Unbehülflichkeit, mehrere Bedeutungen in 1 Wort komprimiert werden; eine Steno-Prosa, und umso herrlicher, als sie (im Gegensatz zu leider-Joyce-oft) den Leser *nicht* mutwillig überfordert, sondern ihm das Nachvollziehen erlaubt – immer einigen guten-lockeren Willen vorausgesetzt; und die Erkenntnis, daß Herr Duden (‹Konrad›; auch das noch!) zwar im Büro schätzbar sein mag; ansonsten aber höchstens soviel bedeutet, wie die vorhin schon erwähnten ‹other professors› (vgl. ‹Sylvie & Bruno›) : nämlich keinen Blaffert!

»Achjaa –« seufzt da etwa die ‹Mock-Turtle› in dem, (nun auch schon zum Kinderbuch erniedrigten) ‹Alice in Wonderland›; und berichtet dann von den Schulfächern, denen sie, am Grunde der Meer-Suppe-einst, ausgesetzt war : »Reeling and Writhing, natürlich, als Grund-Fächer;« (und schon fächert's ja flossig, als ‹reading & writing›, also ‹Lesen & Schreiben›; aber ‹it doeth suffer a sea-change, into something rich & strange› : ‹an der Reeling Rum-Wriggln›, der Sprach-Reeling; Carroll war eben der ‹erste Mann über Bord›!). Dann die ‹Grund›-Rechnungsarten ?; mais oui : »Ambition Distraction Uglification & Derision«; (ergo ehrgeizige Addition; zerstreute Sub-Traktion; weltweite Verhäßlichung; & spöttische Dii-Vision : ich kenne keine der zur Zeit kursierenden Übersetzungen; zweifle jedoch a priori daran, ob all-das leidlich befriedigend wiedergegeben worden ist.) / Ich sträube mich zuweilen noch, Deteriorationist zu sein; aber wenn ich mir uns Re-Regierung so übereck ansehe;

sampt ihrem Volk, das bereits genugsam verdummt ist, um manchmal ‹Less Bread, More Taxes !› zu schreien – : *genau die Worte, mit denen ES beginnt, ‹Sylvie & Bruno› !* – (und wenn ihm sein Wahl-Wille dann wird, ist es auch wieder nich recht) – oder die konzilianten Platitüden der diversen GOttsucher – oder die deutschen Verleger-Nebbochanten – oder gar ‹schweizer Übertragungen aus dem Englischen› ! . . . . . . –

Ein bißchen schwieriger wird es natürlich noch, (zumal für den, vom ‹Deutschen› her ungeübtn Deutschn), wenn Carroll aus ‹miserable› & ‹flimsy›, ‹fliserable› (das fasert-fusselt viel besser !) & ‹mimsy› (das ist ‹mikroskopischer› !) gestaltet. Womit wir bei der fundamentalen Ballade vom ‹Jabberwock› wären; ‹hora aderat briligi›; und ihrem (& ‹Finnigans Wake›) vielverkannten Erklärer ‹Humpty Dumpty›.

Man unterlasse, bevor man sich wochenlang ausgiebiger informiert hat, alle Einwürfe gegen das System als solches ! Es ist eine einwandfreie Bereicherung der Sprachmöglichkeiten, wenn z. B. ich, als Deutscher, (mit ‹Englisch als erster Fremdsprache›), 2 vertraulich-dikke Stammtischbrüder als ‹inn-team› bezeichne : das tippt gleichzeitig *Beides* an : das gewohnte ‹intim› & die ‹Kneipen-Allianz› ! Oder wenn ich mir, früher einmal, schalkisch, erlaubte, die gehörnte Siegfriedin Kriemhilt als ‹creamhilled› zu schreiben : *die* zieren jede ‹Miß Germany›. / Und Wer nicht glauben will, daß die Methode längst schon in größtem Maßstab gegen ihn eingesetzt werde, der möge sich mal so ganz kurz unsre Reklamen, unser Fernsehen & die damit behafteten ‹Illustrierten› ankuckn : wie er da, und seit vielenvielen Jahren, munter ‹unterschwellig› bearbeitet wird ! Ich erspare mir, ob Waschmittel ob Wahlplakat, die Beispiele. (Den einfallslosen Kaufmann erkennt man daran, daß Einem sein Fabrikat, und sei's der neueste Kugelschreiber, von der Litfaßsäule herunter, von einem Weib mit nakktn Tittn hingehalten wird (wie wenn Die gleich mit-geliefert würde !) Der besser Beratene macht's mit ‹Ramie›-butterwert – wodurch ja, man mag wollen oder nicht, sofort der Begriff des guten ‹Rahm› sich einstellt – bei einem Groß-Brittn vielleicht noch das rammelnde ‹ram› : da wird ER überhaupt nich weich !).

Carroll's nun wirklich wichtigstes (& ergo scheinbar, d. h. ‹im Anfang›, kompliziertestes) Stück, eben unser ‹Sylvie & Bruno› hier, ist überhaupt noch niemals ins Deutsche übertragen worden ! – Zeit wäre es wahrlich dazu . . .

5

Denn ich bin bei Punkt d angelangt. Und wenn JOYCE, der ur-neue Wort-Bold, seinerzeit unangenehm überrascht davon war, wie LEWIS CARROLL praktisch alle seine Trix längst probiert habe – obschon mit nicht entfernt der gleichen Vir-Tuosität, zugegeben – so blieb es mir vorbehalten, mich ähnlich derb am Hinterkopf zu kratzen, als ich mir neulich ‹Sylvie & Bruno› zum intensiven Studium vornahm; und, abgesehen von allen Fi- & Rafinessen der Oberflächenbearbeitung, erkennen mußte, wie er eben auch schon 1 meiner (in meinen ‹BERECHNUNGEN I & II› entwikkelten) Prosaformen vorweggenommen hatte. (Daß & wie ich mein Selbstbewußtsein leidlich reparieren konnte, wird noch angedeutet werden.)

Es ist wiederum erforderlich, eine allgemeine Betrachtung vorauszuschicken. – Viel Wirrnis & Feind-Seligkeit könnte vermieden werden, wenn die Erkenntnis Allgemeingut würde, daß man, bis auf weiteres, 2 große Gruppen literarischer Formen unterscheiden sollte:

1. die ‹ältere›, von HOMER (oder GILGAMESCH) an; und
2. die ‹neuere›, die mit LEWIS CARROLL, ungefähr um 1870 beginnt. –

Die ‹ältere› – ! und ich möchte sofort nachdrücklichst betont haben, daß das nicht identisch mit *ver*-altet bedeutet soll ! – hat zum strukturellen Kennzeichen, daß die von ihr entwickelten & benützten literarischen Formen zum größten Teil *gesellschaftlichen Gepflogenheiten* entsprechen, wie sie sich eben, organisch und historisch, im Lauf der Jahrtausende herausgebildet haben. Anekdote, Novelle, Roman, sind genetisch nur durch ihren Umfang unterschieden, und ahmen den ‹Erzähler im lauschenden Hörerkreis› nach. Das Gespräch, in Rede & Wider-Rede, ergab die Form des ‹Dialogs›; ideal, um 1 Frage oder einen Fragenkomplex von 2 Seiten her zu beleuchten; (wobei die ‹technische Voraussetzung› jedoch die ist: daß beide Partner den gleichen Ort, dieselbe Stunde, das gleiche Thema, miteinander teilen). Als die Zivilisation vorschritt, und man ‹die Post› erfand, wurde die hier nächstraffiniertere Technik möglich, der ‹Briefroman›; dessen Kennzeichen es ist, daß zwar auch noch 2 (oder meinethalben mehrere) Individualitäten mit- & gegeneinander spielen; daß sie aber den Ort gar nicht, die Zeit & die Erlebnisse nur noch bedingt, (meist als gemeinsame Vergangenheit) gemeinsam haben – immerhin ‹korrespondieren› noch Geistes- oder Körper-Verwandte (evtl. auch -Feinde); und das zeitliche Gefälle ist so unüberwindlich noch nicht, (obwohl der ‹lag› hier besondere Kunst erfordert). Als man mehrere Charaktere, womöglich synchron, auftreten lassen wollte, bot sich die ‹Bühne› als noch getreuere Kopie der Gesellschaft an – freilich wurde hier der ‹Sprung› beträchtlich; (und *ich* springe da ganz ungern mit : ‹Literatur› muß man in der Tasche mit sich führen können ! ‹Bühne› ?, das ist, abgesehen von dem unsinnig kostspieligen Apparat, ein Entgegenkommen den geistig Armen gegenüber; und, zumal in ‹gebundener Rede›, viel zu demagogisch für meinen Geschmag : eine Lüge, in wallendem Gewande rütt-misch gesprochen, wirkt genau (nein besser !) wie Wahrheit. Ich bin sowieso ein Gegner Schiller's; und meine Devise wäre : ‹Ich lasse mich nicht überfahren !›.) Freilich ist dieser Punkt des Theaters so ausgemacht noch nicht, daß er nicht noch 3 oder 4 Untersuchungen ertrüge.) / 1 einziges Mal, dies sei gern bescheinigt, wurde auch innerhalb der ‹älteren Gruppe› ein Schrittchen getan, diesen Circulus der gesellschaftlichen Gepflogenheiten zu verlassen : einzelne denkende Geister probierten das ‹Tagebuch›, und machten so den ersten Versuch zur Bewältigung innerer, subjektiver, Vorgänge.

Alle diese im vorstehenden aufgeführten Techniken sind auch heute noch dort am Platze, wo es sich um die optimale Erledigung bestimmter Stoff- & Themenkreise handelt : wenn ich 2 verschiedene Personen, 2 Landschaften, 2 Erlebnisreihen am zwanglosesten und uberzeugendsten miteinander in Verbindung setzen will, tja dann muß ich eben, als einwandfrei beste Form, noch-heut & für alle Zeit, den ‹Briefroman› wählen; da gibt's überhaupt kein Debattieren. Das allerdings ist eine ganz-andere Frage, steht auf einem ganz-anderen Blatt, und scheint mir genau *der* Scheideweg, vor dem sie Alle heute brabblnd & keifnd stehen bleiben – eine ‹Mehrheit der Leser›, so lachhaft groß, daß ich mir die ‹9› meiner Schreibmaschine lieber schone – und einfach nicht das bißchen Energie aufbringen, auch nur probeweise einmal zu vergessen, was sie bisher zu wissen geglaubt haben; um vielleicht eine Einsicht, die mit ihren eigenen Irrtümern in Widerstreit ist, ganz langsam, genehmigen zu können – nämlich die Frage : sind mit diesen ‹älteren Formen› nun auch schon sämtliche literarischen Möglichkeiten erschöpft worden ?; oder aber nicht ?

Und tröstlich-flottwell erschallt's zur Antwort : ‹Nu selbstverschtändlich *nich* !› –

6

Das ‹Tagebuch› nannte ich 1 Anfang. Die organische Fortsetzung hier lautet, um ein Firmenschild zu gebrauchen (das ich allerdings gar nicht schätze) : ‹Innerer Monolog›. Also, wohl weit richtiger ausgedrückt :

die möglichst exakte Wiedergabe des Gemisches aus subjektivem Gedanken-Stromgeschnelle plus Dauerberieselung durch eine Realität – das bis jetzt hochwertigste Modell heißt JOYCE, ‹Odysseus›, (‹Oh dies Zeux›; ‹odd is Zeus›). Da ich im voraufgegangenen § die ‹ältere Gruppe› als die Nachbildung gesellschaftlicher Gepflogenheiten definiert hatte, mag das am einfachsten zu merkende Hauptkennzeichen der ‹jüngeren› sein : die möglichst getreue Abbildung innerer Vorgänge unter der Einwirkung einer Außenwelt, durch die jeweils gemäßeste Anordnung der Prosaelemente; wobei das Kriterium des Gelingens die Nachvollziehbarkeit durch den geübten Leser ist. Ich betone das ‹*geübt*› ! Es wäre pueril, sich einzubilden, daß man – bisher ein Leben lang gewohnt, an den Altären STIFTERS, GOETHES, auch KAFKAS, zu frönen – sich nun rasch mal vor's englische Original des ‹Ulysses› hinsetzen, und sogleich mit hohem Genuß vom Blatt zu lesen beginnen könne : dem ist nicht so. (Obwohl das unweigerliche Ergebnis solchen Verfahrens, nämlich Verwirrtheit & Entrüstung gepaart, nicht die Mangelhaftigkeit des Buches bewiese, sondern lediglich einen Defekt im Leser – aber wer sagte sich das schon.)

Ich führe hier nur ganz rasch ein paar grobe Gruppen von – imgrunde Jedermann geläufigen – Bewußtseinsvorgängen auf. Da gibt es also das Gedankengequirle in dem, durch die Realität hingetragenen Kopf. Da ist der Vorgang des Sich-Erinnerns. Da sind die Träume; (und, CAVE !, bei *dem* Versuch zeroriginalte sich selbst ein JOYCE; sein ‹Finnegans Wake› ist an der zu subjektiven Verschlüsselung gescheitert; es wird nie einen Leserkreis haben, höchstens fachste Selbst-Schreibende werden das ein- oder andere brauchen können.) Und da ist endlich das ‹Längere Gedankenspiel› (künftig abgekürzt ‹LG›), das man wohl auch unscharf als ‹Tagtraum› o. ä. bezeichnet. Ich gehe heut & hier nur auf dies Letztere näher ein, weil LEWIS CARROLL zur Behandlung ansteht.

Das LG befindet sich auf der Mitte zwischen Traum und Kunstwerk : was der Nacht der Traum, das ist dem Tag das LG. Und es handelt sich bei ihm um einen allgeläufigen, von Jedermann hundertfach praktizierten Vorgang : ob sich die Kaufhaus-Verkäuferin als ‹berühmte Tänzerin› denkt, und daraus abends, vorm Allein-Schlafengehen, Trost & Stärkung zieht; ob der Beamte sich als seinen eigenen Vorgesetzten imaginiert, (und nun aber mal gehässigen ‹Zug› in seine ganze Behörde bringt !); ob der Bergmann über Tage sich den schönfarbigen Prospekt einer Bau-Gemeinschaft vornimmt, und monatelang im Geist um's schmucke ‹Eigenheim› herum lustwandelt, den Keller randvoller Eichhorn-Vorräte, um die breiten Schultern den Mantel mit atomsicherer Kapuze – immer ist das LG ein überhaupt nicht zu überschätzender, dabei völlig legitimer, Bewußtseinsvorgang. Und eben, infolge sowohl der Art seiner langsamen Formung & seines zäh-probierenden Ausbaues, wie auch der besonders interessanten Spannung zwischen Individuum und der es frustrierend-umgebenden Außenwelt nach, par excellence ‹literaturfähig›; (ja, zuweilen selbst schon ‹halbe Literatur›. Interessenten, die es noch genauer wissen möchten, muß ich jetzt auf meine ‹Berechnungen II› verweisen.)

Für den Schriftsteller bedeutet das also praktisch : daß eine zusätzlich-vollere, deutlichere Beschreibung seines Helden, eine bessere Beleuchtung seiner Gedanken-Gänge, dadurch möglich würde, indem man dem nicht zu trennenden Gemisch seiner Umwelten & seiner ‹Inneren Monologe›, nun auch noch seine, ja nicht minder découvrierenden LG's hinzufügte. (Zu einem *ganz* kompletten Menschenbilde fehlten dann freilich immer noch die eigentlichen Träume; aber für dergleichen, sowie für *noch* einiges mehr – es wird zu viel für heut – sind weder die notwendigen Techniken entwickelt & erprobt, und die sprachliche & orthografische Erstarrung der Leser ist auch noch zu umfassend.)

Eine solche Koppelung ist nun weder ‹künstlerisch› – oder vielmehr, schlichter formuliert : schreibtechnisch – leicht; denn die ‹Fädelung› der beiden Bereiche muß tatsächlich einerseits ganz unauffällig, und andererseits so genau wie durch ein Nadelöhr erfolgen; noch genügt es, 2 zusammengezwungene, weil just zufällig in der Schublade liegende Themen, gleichzeitig durch denselben Wolf zu drehen. Und abgesehen von dem Fleiß & der Kunst, die hier erforderlich werden, setzt eine leidlich überzeugende Arbeit der beschriebenen Art, große Opfer an Stücken der eigenen Persönlichkeit voraus – nur so gerät das Ergebnis ‹wahr› genug; ein Akt der Selbstlosigkeit, der eine nicht geringe Anstrengung des Mutes erfordert; (mit dem einzigen Zweck, die Möglichkeiten seiner Kunst zu erweitern, und sich irgendeiner, sei es noch so relativen, ‹Wahrheit› um 1 Endchen mehr anzunähern). Der Poncho unbeteiligter Anonymität, wie ihn ängstliche Verfasser, die prinzipiell jedwede Ähnlichkeit ihrer Helden & der umliegenden Ortschaften mit sich-selbst oder gar der Wirklichkeit abstreiten, zu tragen pflegen, *muß* – immer vorausgesetzt, das geschilderte Zusammenspiel von Realität und LG solle dem Leser einigermaßen logisch & glaubwürdig wirken – besagter Poncho also dürfte ziemlich löcherig werden müssen. Aber sich aus *solchen* Beweggründen ‹eine Blöße zu geben› – um dem Menschen den Menschen begreiflicher zu machen; wie es z. B. auch FREUD bedeutend auf sich nahm – ist in meinen Augen respektabler, (ehrwürdiger sowieso), als der beförderteste Gerok.

Ganz äußerlich dürfte es, um dem Leser das Erkennen der beiden Komponenten, ergo das Nachvollziehen, zu erleichtern, angezeigt sein, eine räumliche Auseinanderrückung auf der Buchseite selbst vorzunehmen; etwa so :

((Realität)) ((‹LG›))

mmmmmmmmmmmmmmmmmmmmmmmmmmmmmmmm
mmmmmmmmmmmmmmmmmmmmmmmmmmmmmmmm
mmmmmmmmmmmmmmmmmmmmmmmmm

mmmmmmmmmmmmmmmmmmmmmmmmmmmmmmmm
mmmmmmmmmmmmmmmmmmmmmmmmmmmmmmmm
mmmmmmmmmmmmmmmmmmmmmmmmmmmmmmmm
mmmm

mmmmmmmmmmmmmmmmmmmmmmmmmmmmmmmm
mmmmmmmmmmmmmmmmmmmmmmmmmmmmmmmm
usw. usw.

(wobei ich, um dem interessierten Fachmann wenigstens 1 kleine Andeutung der hier erforderlich werdenden Überlegungen zu liefern, darauf hinweisen möchte, daß z. B. die Breite des ‹gemeinsamen Mittelstreifens› gar nicht von der Willkür des Verfassers abhängt; sondern davon : wieweit die ‹Atmosfäre› in beiden Erlebnisbereichen noch als ungefähr übereinstimmend angesehen werden kann. Beispiel : ein ‹Gefangener› wird sich zur Austarierung, um nur Überleben zu können, gerne LG's der absoluten ‹Freiheit› suggerieren; wie es etwa KARL MAY im Zuchthaus zu Waldheim tat, (und so mancher Kriegsgefangene auch tun mußte); in solchem Fall ist nun der Gegensatz – obschon voll als solcher begründet – dennoch so gewaltig, daß der oberschichtige bildmäßige Zusammenhang nur noch ganz dünn sein, ja meist ausdrücklich abgelehnt werden wird. (Daß unterschwellig die grausamste Determinierung stattfindet – dies dem Leser darzutun, wird Sache des ‹gekonterten› LG sein : den ‹Gefangenenwärter› der Realität, wird man im LG schon ganz schön über die Prärie scheuchen !). Dieses nebenbei. Ich habe, wie gesagt, auf die Verhältnisse bereits vor vielen Jahren hingewiesen; und sie auch einmal an einer umfangreichen Modellarbeit (‹KAFF›) zu exemplifizieren versucht – die Nicht-Teilnahme der Leserschaft übertraf die kühnsten Erwartungen.

Nachdem ich also, erst theoretisch dann praktisch, das ‹Meinige› getan hatte, wird man vielleicht die kinnstreichende Verblüffung nachfühlen können, mit der ich, 1000 Tage danach, einsehen mußte, daß ‹unser› LEWIS CARROLL hier, 70 Jahre früher, bereits etwas Ähnliches probiert hatte; denn sein ‹Sylvie & Bruno› hätte imgrunde genau so gedruckt werden müssen! (Ich empfehle das hiermit ausdrücklich für eine, nunmehr ja doch wohl irgendwann-einmal notwendig werdende, deutsche Übersetzung; aber der – meinetwegen auch die – Arme! Denn das wäre eine Arbeit, nicht mehr für einen simpel-biedren Sprachfergen, der große Letternfuder von einem Ufer zum andern stakt; wohl aber für einen veritablen Lord-Oberadmiral der Über-Setzer.) Und meine Beschämung wurde durch die Erkenntnis, wie selbst-ich, der ich mich für einen erträglichen Prosa-Fachmann ästimiere, gegebenenfalls 70 Jahre hinter Wichtigstem herhinkte, nicht nennenswert gemildet. Beeile ich mich also wenigstens jetzt, meiner Einsicht die Ehre zu geben: was diese 1 spezielle ‹Neue Form› anbelangt, hat LEWIS CARROLL wiederum eine Art Bahn gebrochen!

Aber, ich wiederhol'es: *nur ‹eine Art›*!

(Ganz abgesehen einmal davon, daß man ‹mit Gewalt› schon so manches Stück des großen ETA HOFFMANN als potentielles Zwei-Spalten-Buch lesen kann; am deutlichsten die ‹Prinzessin Brambilla›. TIECK's ‹Gestiefelten Kater›. Ja, bereits SCHNABEL's alte ‹Insel Felsenburg›.) Aber der Haupteinwände wären zweierlei.

Einmal: *CARROLL ist so falsch!*

Denn während 1 der nebensachlicheren Merkmale der ‹neueren Gruppe› die größere Redlichkeit & Ehrlichkeit zu sein hat, ist er von einer seelischen Verlogenheit, nach der man sich schon weit in der Weltliteratur umsehen muß, um auch nur annähernd ihresgleichen zu finden – ‹mawkish› nennt's das, aus Gründen des Umsatzes sehr vorsichtige (und auch sonst ziemlich dümmliche; dem Deutschen leider so leicht zugängliche) EVERYMAN's ‹Dictionary of Literary Biography›; (das z.B. auch das geschilderte, doch schon ganz unverkennbar ‹berechnete›, Durcheinander von Realität & LG, nicht erkannt hat, und deshalb frischweg von ‹confused› spricht: also das nun nicht!). Wie es ‹Der Große Mund› unseres Jahrhunderts, ‹onangenamed› klar, hingeschrieben hat: falsch sind seine ‹Kinder-Helden› – wie erwähnt, fast ausschließlich clitse-kleine Mädchen; Alle die Nase längs & den Mund quer im Gesicht, und hinreißend-unbehaart. (Wozu ich ganz allgemein bemerken möchte, daß wohl kein vernünftiger Schriftsteller – für die unvernünftigen bin ich nich zuständig – sich Kinder oder Halbwüchsige zu ‹Helden› erkiest: das ist doch alles so unfertig, unverbindlich, letzten Endes uninteressant. Und ‹verstehen› tut man's als Erwachsener, infolge der bekannten eingetretenen Amnesie, ohnehin nicht mehr. Finde *ich* wenigstens; überlasse also die ‹Lichtlein der kleinen Veronika› Denen-die-es-angeht.)

Aber die Art, wie Herr CARROLL – zur Hälfte, als ‹Automatensicherung›, der vorhin gerügte ‹Mann im Gehrock›; zu Hälfte randvoll des lustigsten Zunders zu allerhand unartigen Gedanken – uns seine Heroinchen so serviert, ist eben nicht bloß ‹whimsical›, wie die BRITANNICA wissen will; sondern es handelt sich dabei um einen, von Horizont zu Horizont reichenden, Gänse 'm Arsch bestens geratener Ungeheuerchen ! Seine, ebenfalls vorhandenen, trefflichen Leistungen als Fotograf – wie nett-parodistisch ist nicht sein Gedicht ‹Hiawatha als Lichtbildner› – werden in allerletzter Instanz auch von hier ihren Ausgang genommen haben : all die kleinen halbgaren Odalisken zurechtsetzen, (und die Gliederchen *noch* dekorativer ordnen) zu können; ja, sie ganz ‹legal› entkleiden & wieder-neukostümieren, (und dann *nochmal* beim Wiederaus- und Wiederanziehen assistieren) zu dürfen; nichts als Berührungszwang plus Kleiderfantastik ! – wird ihm deliciöse Ersatz-Wonne gewesen sein; (‹doch das Bild mißlang von Grund auf› !). Wer will, mag von ‹barbarisch› murmeln – er hätte, beim bloßen Insaugefassen des wahnwitzigen Unterschiedes zwischen einem körperlich schon verfallenen 60-jährigen Höchstintellekt einer-, und einem total embryonischen Mädchenkind andererseits, natürlich Recht. Und wer will, mag sich den Mund lecken – er hätte, wenn er sich darauf beriefe, daß diese sogenannten ‹Kinder› in Wirklichkeit ‹ganz anders› und überhaupt ‹viel weiter› seien, als wir wahrhaben möchten, sicherlich auch nicht Unrecht. Trotzdem sei die, doch wohl nicht gänzlich un-tiefsinnige, Frage zur Debatte gestellt : ob die Kinderporträts eines genialen Infantilen nun besonders falsch ausfallen müssen; oder aber vielleicht gerade eine anrüchige, erschnupperte Richtigkeit mit sich führen könnten ? (Ich sag's gleich von ‹vorn herein› : ich weiß es nicht. Fragen Sie NABOKOV.) Als unbedingt mitheranzuziehendes Kriterium sei erwähnt, daß CARROLL selbst unverkennbar das Gefühl der ‹Sündhaftigkeit› besessen hat : sobald ihm 1 Püppchen besonders schlecker gedünkt hatte, setzte zugleich eine Art ‹frommes fading› bei ihm ein. Mit dem Ergebnis, daß der Leser nie ein Palimpsest-Gefühl los wird : deutlich ausgedruckt erblickt er ‹Christian Philosophy› & ein verwirrend-rührendes ‹sinite parvulos›; während es ihm ‹von unten her›, rittmisch an- & wieder abschwellend, ‹kommt›, wie ein leis-naher Lobgesang auf Affrodite. (Und schon, sobald CARROLL ihn auch vernahm, kniff er wieder die Ohren an.)

Außerdem, und das ist wichtiger, sind seine prosatechnischen Überlegungen noch weitgehend unzulänglich geblieben – man merkt, daß er eben nicht die Zeit gehabt hat, sich hauptberuflich mit Literatur zu befassen. Die beiden Partien sind, dem ‹Gewicht› nach, nicht gut ausbalanciert; die ‹Realität› ist hastig, etwas verlegen, und überdem sentimental abgetan; das LG deutlich-ungebührlich bevorzugt, und weit besser geraten. Die erforderlichen ‹Übergänge› aus dem einen Bereich in den anderen sind meist gröblich äußerlichster Art; ja, oft gerade noch so an der Grenze des Vertretbaren, etwa auf 1 bloßes, peinlich gezwungenes, zufälliges Stichwort hin. Mit anderen Worten : die ‹gegenseitige Befruchtung› der beiden Erlebnisebenen, und die sich hieraus für den Gedankenspieler ergebenden nicht nur Möglichkeiten sondern (für ihn) reellen ‹Beweggründe zu Verwechselungen› sind nicht befriedigend ausgewertet. / Meisterhaft dagegen scheint schon die all-emsige, superfleißige Vermörtelung beider Hemisfären, durch bewußt hergestellte Wort-Verästelungen, -Anklänge, -Einschleichlinge – ich bin überzeugt, daß ich bisher bestenfalls erst 1 Drittel davon erkannt habe : hier fehlt, als unerläßliche Vorarbeit, noch ein Jahrdreißicht sorgfältiger Kommentierung durch angelsexische Fachleute, (die aber bisher so gut wie ganz versagt haben. Schade. : der ‹Weiße Springer› wär' es werther gewesen, als die Meisten nach ihm.)

7

‹Was hätte zu geschehen ?›, dürfte die Frage sein, die sich (hoffentlich) bei einigen Lesern gebildet hat; und der ich mich auch gern stelle.

Eine Briefmarkenserie, wo man anstatt der Porträts von HEUSS, ULBRICHT, QUEEN BESS usw. endlich einmal die der beträchtlich bedeutenderen JOYCE, DÄUBLER, JAHNN, CARROLL erblickte, wird nich ganz genügen : von *dem* Wesen, das einen Dezenniums-Menschen mit 1 Lexikons-Notiz abspeisen möchte, weiß ich gar nichts. (Und die Literatur in den Händen von Literaturhistorikern zu lassen, ist schier noch mißlicher : ‹Sturheit, dein Name ist ‹Deutscher Mensch› !›).

1 kleiner Lohn wäre mir schon, wenn sich in Leserkreisen die Einsicht herumspräche, daß es, ähnlich wie in der Mathematik, so auch in der Literatur, ‹Reine› und ‹Angewandte› gäbe. Die ‹Reinen› ? : das sind die ganz-Schweren, die ‹Unverständlichen›; die, weit auf selbstge-machetеten 1-Mann-Pfaden ins Dschungel der Sprache & der ‹konformen Abbildungen› vorgedrungen, mühsam, und mit noch-schwerfälliger Hand, wie es dem Pionier geziemt, (aber ich meine nicht die gleichnamige Waffengattung), neue Kleinst-Beobachtungen fixieren; Neues neu benennen à la ‹Narfen merren›, (ohne die Vocale & Consonanten zu schonen); die über neue, nach Errichtung dann leicht nach-kletterbare, Gerüste sinnen; und sich überhaupt, falls sie ‹Glück haben›, feiertagslos zu Tode schuften dürfen; (es kann auch schlimmer für sie ausgehen). / Und außerdem gibt

es eben noch die ‹An-Gewandten› – die, nebenbei bemerkt, 99,9 % der Schriftsteller ausmachen – : das sind Die, die ‹das Geld› verdienen, und die Nobel- & sonstigen Preise für Mittelmäßigkeit bekommen. (Aber auch das ist schon wieder unrealistisch, daß ‹das Volk› eines beliebigen Landes jemals einsehen könnte, wie die edleren Kräfte grundsätzlich das wenigere Geld haben.)

‹Verleger› ? – ich kenne zwar nur 10 des Näheren; möchte sie aber doch dahingehend definieren, daß es sich bei ihnen um eine (leider einflußreiche) Unterabteilung der ‹Schlechten Leser› handele; die sich, im allertiefsten Herzen, nach jener Zeit der Großen Kolportage zurücksehnen, wie dem Herr Ceram jüngst so ergreifenden Ausdruck verliehen hat. (Daß an Sue's ‹Ewigem Juden›, May's ‹Waldröschen› und Dumas' ‹Monte Christo› ja im Grunde viel mehr ‹dran sei›, denn an, ich wage den Namen, ‹Sylvie & Bruno›, scheint nunmehr ein klarer Fall.) / Man sieht zumindest das eine : daß ich vom Primat des deutschen Geistes nicht übermäßig durchdrungen bin; und kein Demosthenes könnte mich vom Gegenteil überzeugen, (ja, selbst Willy Brandt vermöchte es nicht, wenn er sich auch ausdrücklich deshalb mit mir in Verbindung setzte : ich gehöre keiner zu bearbeitenden ‹Gruppe› an).

: ‹Warum ich dann aber überhaupt noch schreibe ?›

Tja; warum –. / Vielleicht, um mir etwas Geld zu weiteren Prosa-Experimenten zu verdienen ? Oder auf Lewis Carroll, einen Sehr-Großen, hinzuweisen; und sein bedeutendstes Stück, ‹Sylvie & Bruno›. / – – / Sie sind nicht im mindesten überzeugt worden ? – Durchaus möglich. (Vielleicht sogar meine Schuld.) –

Also dann : »Hüh-Hott !«. –

STANLEY ELLIN

6. Oktober 1916, New York

DIE 10 KAMMERN DES BLAUBART

I

Und als sie erst aus dem Wasser heraufgestiegen waren, auf Ranken, auf Füßen, da begannen sich auch am Grunde des Luftozeans lange Wälder zu bilden und meilengroße Wiesen – die Fische nannten sich hier ‹Vögel› – manche zeigten frech das Sägegebiß, und verbargen dafür die Organe der Fortpflanzung; die Blumen trieben's umgekehrt, steckten die Freßwerkzeuge in die steife schlüpfrige Erde, und hielten, ja reckten ihre Genitalien, bunt & duftend, nicht zu übersehen noch zu überriechen, unter alle äugenden Nasen. Überall rupfte und knusperte es, und leise sägte ein Meer von Grillen.

Da sie – sie konnten wohl nicht dafür – so angelegt waren, daß Eines nur existieren konnte, wenn es das Andere auffraß, mußten Überfall & Totschlag ihre Hauptbeschäftigung sein, und Lust- & Mordgedanken ein wichtiger Bestandteil ihrer Mentalität.

Als man dann anfing, mit Kunststoffen zu arbeiten – Wespen etwa, die heute noch scharmante hängende Kuppeln aus Zellulose montieren; (Termiten auch, ja); aber sie Alle hoffnungslos gehandicapt durch eine zu geringe Lebensdauer von 4 Wochen – da kam Schick in die Sache. Besonders kluge Tiere, und die im Durchschnitt 10 bis 20 Tausend Tage alt werden, bildeten sich, in Selbst-Konkurrenz, kurios immer weiter; nunmehr, im Jahre Neunzehnhundert Strichundsechzig, sind ihre Wohnsiedelungen groß wie Inseln geworden; kein Krake ist mehr vor ihnen sicher, und kein Stern. Einzelne davon erfinden bereits, rührend tapfer, Wissenschaftchen & Künstlein, winzige nacaratfarbene Pünktchen in einem üblen grau-grünen Neutrum; die Meisten freilich müssen, (und man kann es ihnen, wie gesagt, nicht krumm nehmen), hauptsächlich auf frische, möglichst belegte, Semmeln erpicht sein – die knirschen noch genau so angenehm zwischen den Zähnen, (und wenn's falsche sind), wie weiland im Groß-Perm ! Sie zucken die weißen (oder gelb-braunen) Achseln; sie arbeiten; sie haben Lust- & Mordgedanken; und lassen sich von der Erde um die Sonne kutschieren.

Daß diese Wesen verhältnismäßig bald dahin gelangen mußten, nun auch sich selbst zu beschreiben, war jedem Denkenden von vornherein klar; und ich möchte ausdrücklich betonen, daß es dem homo sapiens – meinethalben auch ‹faber-ludens-lucifer› zur Ehre gereicht, wie er sich dieser jenun ‹Aufgabe› (man lügt, sobald man zu tippen anfängt !) entledigt hat : unsere Museen und Bibliotheken, Konzertsäle und Observatorien, Universitäten und Krankenhäuser, all diese immer-erstaunlichen Konzentrationen & Vermehrungen eines sonst nur in Spurenelementen vorhandenen (wieder ‹jenun› !) ‹Wahrengutenschönen›, können wir durchaus ‹vorzeigen›, in Konkurrenz mit einer ‹Schöpfung›, die sich derart abgeschmackte Witze geleistet hat, wie etwa die Organe der Liebeskraft gleichzeitig als ‹Harnröhren› anzulegen, und sie zusätzlich noch ausgerechnet am Popo zu befestigen ! (Ein, zugegeben, seit Sir Thomas Browne nicht mehr ganz neues Aperçu; das jedoch zwanglos zu den beiden, uns anscheinend einzig möglichen, Betrachtungs- und folglich Schilderungsweisen überleitet.)

Selbstverständlich leiden wir noch schwer an ‹Instinkten›; schleppen Urväterhausrat von Zirbeldrüsen und ‹Wurmfortsätzen› mit uns herum; periodisch überwältigen uns Hormone; uns, mühsam Wassertretende in einer See von nicht-euklidischen Gespenstrigkeiten – enfin : die Schweinerei um uns ist so groß, daß sie wohl Jedem peinlich ist. ‹Feinsinnige› Autoren nun entschließen sich, (d. h. sie können nicht anders, Gotthelfeihnenamen !), unangenehme Fakten auf gut palmströmsch zu ignorieren oder aber mit Ausdrücken wie ‹Brauchtum› oder ‹kultisch› zu schminken; heißen die Großstadt einen Platz, wo der Teufel Hof hält, deklamieren von der progressiven Reptilisation der ‹Verstandesmenschen›, und propagieren ihrerseits ein fantastisch-blaublümlerisches ‹einfach leben›. Die Anderen hingegen, gern (und es muß wohl eine gewisse Verachtung darin liegen) als ‹Techniker› bezeichnet, (und auch sie können nichts dafür : ihr Großhirn helfe ihnen, Amen !), schreiben nach der Devise ‹Beobachtet, wie auch Ihr beobachtet werdet›; halten jeglichen Romantiker für einen Trottel vom reinsten Wasser, und ein Profetenzürnen für echt Gold-Doublé, und den Vegetarier für einen Pflanzenfleischer. Und dementsprechend zwillingshaft-verschieden fällt eben auch die Darstellung aus, wenn einmal ein-und-dasselbe Thema von Vertretern beider Schulen abgehandelt wird.

2

Es ist große Mode – vielleicht sogar wieder schon ein wenig ‹passé› – Standard-Themen des Menschengeschlechtes neu zu variieren : ‹Ifigenie 1945›; Odysseus; ‹Romeo & Julia auf dem Dorfe›. Daß es solche rekurrierenden Situationen gibt, darf bei Zahlen der Größenordnung von einigen hundert Milliarden, die im Laufe der Zeit kribbelten & wibbelten, nicht befremden; au contraire : es ist weit wundersamer, daß überhaupt noch Neues passiert, bzw. Manchem einfällt. Und da hat uns nun eben in diesen Tagen ein Amerikaner einen neuen BLAUBART bescheert – jenen Mann, der 6 Frauen nacheinander verbrauchte, an der 7. jedoch scheiterte. Ursprünglich ein französischer Stoff, (»Kunststück« wird mancher Teutone ebenso mißbilligend wie neidisch murmeln), ob einem nun Perrault einfällt, oder – aber dazu muß man schon arg gelehrt sein – ‹Gilles de Retz›; und der rechte Kenner sagt still sein TIECK vor sich hin, und meint nicht nur das schöne Theaterstück, sondern gleichermaßen die ergänzende, leider schier unbekannte, Prosa der SIEBEN WEIBER : das nun ist die ‹romantische Lösung›; und das Urteil des Lesers, nachdem er die beiden Stücke zu sich genommen hat, kann, bezüglich Fakten & Inhalt, nur lauten ‹Willkürlich, grausam, skurril und mystisch›. Ich kann doch nicht, bloß um weibliche Neugierde zu bestrafen, 7 Frauen umbringen ! (Von ‹Ehefrauen› noch ganz zu schweigen).

Wie gleich und doch anders in dem, eben jetzt im Goverts-Verlag erschienenen Bande

Stanley Ellin : ‹SANFTER SCHRECKEN›
10 ruchlose Geschichten.

Und ob ich schon wünschen muß, dem Verlag wäre Besseres eingefallen, als ausgerechnet dieser Titel – ‹ruchlos›, wie neckisch; wer möchte das nicht sein : »Hasch mich; mir ist so ruchlos !« – das Buch ist, was bei uns im Jahre höchstens 2 Dutzend Bücher von sich sagen können, trotzdem gut. –

Aber zurück zum Thema : Wieso braucht 1 Mann 7 Frauen ?

Da fallen dem Nüchternen – und emotionell Orientierte sind ja, zumindest auf die Dauer, nicht ernst zu nehmen – eigentlich nur 2 Möglichkeiten ein : entweder muß das arme Luder sexuell besonders überdimensioniert gewesen sein (aber dann hätte er die Sieben wohl eher neben- nicht hintereinander benützt); oder aber er braucht Geld !

Und das ist es natürlich. Es gibt letzten Endes nur diese eine, die ‹Ellinsche Lösung› : erotisch wohlaffektioniert kann ‹Mann› ja höchstens 5 % seiner Zeit agieren; der Rest..... ja, was ist, wenn man sich schon erkühnen und 95 % so nennen will, der ‹Rest› ? Ist es die ewige Wippe von Arbeit plus Bequemlichkeit, von Hunger plus Langerweile ? Bei MISTER APPLEBY ist es ‹Der Laden›; eine, genau der einleitenden Definition gemäß errichtete ‹künstliche› und zwar ‹Geordnete Welt›; eine sauberere, korrektere, ja, in gewissem Sinne auch gerechtere Welt als die, die uns umgibt. Der Verkauf selbst der kleinsten ‹Antiquität› schmerzt ihn über die Maßen – nicht des ‹Wertes› wegen; es ist ja alles Kitsch; aber um der ‹leeren Stelle›, der ‹UN-Ordnung› willen! Wir erleben die Tragödie des, bereits sattsam häufigen, moralisch basislosen bzw. polyvalenten, mit Ordnungszwang gestraften, ‹wissenschaftlich angelegten› Gehirntiers. Dafür haben Ehefrauen wie billig kein Verständnis; wohl aber besitzen sie (leider meist kleinere) Privatvermögen, die sie in solch skurrilen Abgrund nicht zu werfen gedenken – tcha, und da müssen sie eben sterben. Nur an einem kann (und muß!) MISTER APPLEBY scheitern: an seiner Antipodin, der natürlich-liederlichen Miß Sturgis, und dem Rechtsanwalts-Bruder, der sie überwacht. (Daß Ellin hier, wo er nur 1 Rächer benötigt hätte, 3 ins Treffen führt, ist ein schnurriger Beleg dafür, wie sich die alten Fabeln, wenn man nicht ganz sehr aufpaßt, zuweilen revanchieren.) – Die, selbstverständlich unausgesprochene ‹Moral der Geschichte› wäre vermutlich nicht einmal die, daß ‹Eppel› endlich doch für seine Morde bestraft wird, (beziehungsweise, à la Dürrenmatt, für einen Mord, den er gar nicht beging); sondern, weit bedeutend-sachlicher, daß bei kontinuierlich vorgenommenen Morden eine größere Periode von 7 Fällen superponiert scheint, vor der jeder Mörder sich in Acht nehmen sollte. –

Ist es nötig, ausdrücklich auf den Tiefsinn der SPEZIALITÄT DES HAUSES aufmerksam zu machen?

‹Kannibalismus› scheint ein abgeschmacktes (obwohl noch ziemlich unverbrauchtes) literarisches Motiv; selbst wir, doch an Hungersnöten von 1945–48 geschult, akzeptieren es nur unter größten Vorbehalten – Edgar Poe's GORDON PYM, dieses herrlichste Stück, wird anscheinend nie recht populär deswegen. Hier, wo der Vitzliputzli ‹Sbirro› heißt, erscheint es endlich einmal, mit dem ihm gebührenden Tiefsinn tracktiert: es handelt sich ja mit nichten um einen Autor mit besonders schwarzfleckigem Gedächtnis, oder um eine, sei es noch so solide, ‹filosofische Obstruktion›; sondern in diesem schön-speziellen Falle tut es lediglich not, sich Theodor Storm's ‹Grabsteininschrift› vor Augen zu halten:

‹DAT IS DE DOOT, DE ALLENS FRITT!›.

Denn diese SPEZIALITÄT ist schlicht nur der ‹Abgesang› des Lebens. Man wird älter & fetter; man wird allein; ‹Frauen› interessieren nicht mehr (im ‹übertragenen Sinne›: sie werden bei Sbirro nicht geduldet, nicht ‹bedient›.) Das ‹Geschäft› muß freilich noch betrieben werden; denn Gut-Essen kostet Geld; also heißt es, asthmatisch, cash-as-cash-can, und, abends dann dafür, an den Gabelzinken, das hinreißend-triefende Bratenstück.

Eine-einzige pervers-wunde Stelle – der Romantiker würde ‹Höhere

Sehnsucht› sagen – findet sich noch : die Neugier (zur Hälfte Erkenntnisdrang nach dem Rezeptbuch, nach dem diese Welt gemacht ist), einmal die Küche besichtigen zu dürfen ! (Im, immer-übertragenen, herrlich-grotesken Sinne ‹Die Werkstatt des Schöpfers›). Aber Gott Sbirro, ganz katziges Grinsen und Weisheitszahn, lehnt dergleichen Ansinnen grundsätzlich ab; erst wenn man die (‹letzte› ?) Reise antritt, darf man es ganz kurz sehen : das Geheimnis einer Welt, deren lebende Wesen dadurch existieren, daß Eins das Andere auffrißt !

3

Es gibt kaum einen amerikanischen Schriftsteller, der nicht irgendwie an Poe scheitern müßte; ergo ist dies auch Ellin zweimal passiert – einmal im Tod am Weihnachtsabend, wo er das ‹House of Usher› verwässert hat; zum andernmal im Augenblick der Entscheidung, (wo das ‹Cask of Amontillado› herhalten mußte) – sei's drum; Undankbarkeit gegen Vorgänger ist beinahe die Bedingung jedes Fortschreitens in Literatur oder Wissenschaft. (Auch, falls dies Einen trösten können sollte – mich eigentlich nicht – : die Atombomben sind Uns-Allen bereits gebacken.) –

Denn ob auch die Gesellschaft in der Villa eine nur bedingt gültige Gleichung zwischen Repetition und Höllengefühl herzustellen versucht, das Huneker Gambit ist wieder ausgesprochen gut : ein präsumtiv-bedeutender Mann, von einer nörgeligen Nichtganz-Zanktippe frustriert, ‹befreit› sich durch die Flucht ins Schachspiel – und einmal mehr frappiert der Kontrast zwischen der schmierig-normalen und einer gefährlich künstlich-künstlerischen Welt; die jedoch einwandfrei die geistvollere, ‹gerechtere›, also vielleicht bessere ist.

Verräter / Börsenpfeil / Von allem das Beste – nun ja; auch hier nicht üble, aktuelle Themen : vom Jungen Mann, der den Versuchungen von Maßanzug & Rennyacht erliegt (durch Mord beschaffbar); vom Alten Mann, der den Geliebten seiner jungen Frau beseitigt (durch einen, sorgfältigst-sorgenfaltigen Mord; der Witz ist nur der, daß er unbewußt seinen eigenen Tod geplant hat !); oder die Schöne, die zwangsläufig ein Katalysator für ‹Schuld› aller Art wird – sie alle füllen ihre Stelle aus.

Aber die schönste von allen bleibt immer sie, die Hochleistungswerkzeuge GmbH; zumal uns, den Deutschen, den ‹Japanern des Westens›, ewig-nachdenklich zu studieren !

: wie da der ältlich-arbeitslose Mister Crabtree sich um die 1 offene Stelle bewirbt; er, der Archetyp des ‹Beamten & Angestellten›, ein Ehrenmann, der Skrupel hat, die Telefonnummer seiner Pension niederzuschreiben, weil der Apparat nicht ihm gehört – steht er doch nur, zum Gebrauch für alle Mieter, im Hausflur. Und das Wunder geschieht, er wird ‹eingestellt›; zu einer ödesten, statistischen Arbeit, die sich jedoch ihm, dem normal-sinnigen Gemüt, umgehend zu beleben anfängt : da bekommen die Firmen-Namen allmählich ‹Gesichter›; er mitfühlt und -leidet bei Personal- und Aktienveränderungen. Tcha; und dann erscheint eben eines Tages der ‹Chef›, Herr Spelvin, er, über alle Abteilungsleiter-Vorstellungen hinaus mächtig & reich. Mit dürren Worten gibt er Mister Crabtree die Anweisung zu einem solennen Mord : 1 Erpresser ist aus dem Fenster des einsamen Hochhaus-Kontors zu kippen.

Und – ganz abgesehen davon, daß vom kadavernen Gehorsam ‹Die Stellung› dependiert (aber kann man von dergleichen absehen ? Feiern wir nicht einen ‹20. Juli› ?) – tritt eine unheimlich-zweite Erwägung hinzu : Ist ein Mord, den ein (ja bekanntlich mit höherer Einsicht ausgerüsteter) Chef befiehlt – : ja, ist das noch 1 Mord ? (Und wem fielen hier nicht die ‹Hitler› der Weltgeschichte ein, ‹Menschen à la Eichmann›, auch all die Herren Generäle & Obristen, die Myriaden Gleich- und Andersdenkender ‹verheizten›, ‹wie das Gesetz es befahl› ?). Welche Finesse auch, daß Herrn Crabtree ganz offen gesagt wird, wie seine ‹Arbeit› völlig wertlos & irrelevant sei : sobald er seine mühsamen Tabellen abgeliefert hat, wandern sie auch schon synchron, nicht 1 Blickes gewürdigt, in den Papierkorb : »Nu wenn schonn ! Sie kriegen doch jeden Ersten Ihr Gehalt.«

Und Mister Crabtree akzeptiert auch das; ja, schlimmer noch, es leuchtet ihm ein : er stößt jenen, ihm gänzlich Unbekannten, aus dem Fenster; und taucht wiederum ein, verantwortungsfrei & pensionsberechtigt, baar jeglichen Geständniszwangs oder Strafbedürfnisses, in seine ‹Geordnete Welt›. –

4

Ich schätze den ‹Kriminalroman› als solchen nicht. Nicht seine alberne Voraussetzung, daß Morde geschähen, um aufgeklärt zu werden; nicht seine bescheiden-allwissenden ‹Regulatoren›, (und noch minder die liebenswürdig-halballwissenden, die ‹auch mal Fehler begehen› – wenn man für geniale Kombinationen auf Fußspur-Basis anfällig ist, sollte man gleich Karl May lesen, der macht das viel netter.) Und auch den neuerdings beliebt gewordenen Aufputz goutiere ich nicht, wo die Mörder vorher schwermütig über Rembrandt-Bilder dozieren, oder sich gegenseitig vergammelte Psychologica auftischen; (aber vielleicht bedeutet das ja ein Einlenken in die rechtere Bahn ?). In seiner bisher gängigen Gestalt jedenfalls ist mir der ‹Kriminalroman› eine lächerlich einseitige, und ergo zur Drittrangigkeit verurteilte Literaturform.

Was hier not tut, wäre die Einsicht, daß wir Alle Ungeheuerlein sind; beziehungsweise, weniger schockierend ausgedrückt : daß zumindest Gedankenspiele von Lust & Mord zum unveräußerlichen Bewußtseinsbestand auch des normalen Bürgers gehören. Das ‹Alltägliche› ist noch nicht halb so klar, wie man sich einzubilden pflegt; und das Außerordentliche eigentlich nur eine Erfindung der Journalisten, die der Dichter verschmähen sollte. Dergleichen Erkenntnis führte dann freilich in allerletzter Instanz ‹nur› zu einer Bereicherung des Großen Romans, zu seiner Weiterführung in Richtung Dostojewski (und darüber hinaus !).

In dieser, teils Rückwärts- teils spiralig Höher-Entwicklung könnte Stanley Ellin ein Markstein werden. Noch wissen wir zu wenig von ihm; noch sind seine Bücher – 2 Romane gibt es außerdem, wenn ich nicht irre – in Deutschland unbekannt. Falls es ihm gelingen sollte, (und in diesen 10 Geschichten zeigen sich unverächtliche Ansätze), zum Tiefsinn seiner Fabeln und der schlechthin vorbildlich knappen Konstruktion sich auch noch eine dichterische Sprache zu erarbeiten – ja, dann könnte es sein, daß wir binnen kurzem einen neuen, wiederum amerikanischen, Poe begrüßen dürfen. Zeit wäre es.

JAMES JONES

6. November 1921, Robinson/Illinois

VON DEUTSCHER ART UND KUNST

(James Jones und der Text der ‹Entwurzelten›).

»Es liegt in der deutschen Natur, alles Ausländische in seiner Art zu würdigen und sich fremder Eigentümlichkeit zu bequemen. Dieses und die große Fügsamkeit unserer Sprache macht denn die deutschen Übersetzungen durchaus treu und vollkommen.« –

(GOETHE *zu* ECKERMANN; *am 10. 1. 1825).*

I

Die alleräußerlichste, jedem Leser bei der Beurteilung von Übersetzungen aus dem Angelsächsischen anzuempfehlende Klugheitsregel, ist die Vergleichung des *Umfangs* des Originals mit dem betreffenden deutschen Buch.

Nun hat SOME CAME RUNNING 1266 Seiten à 44 Zeilen à 68 Buchstaben – wird also insgesamt rund 3,8 Millionen Buchstaben umfassen. Weiterhin ist jedem, nicht nur ‹Fachmann› sondern sogar Schüler, sattsam bekannt, daß die ‹Einsilbigkeit› des Englischen, und noch mehr des Amerikanischen, bei der Verwandlung ins Deutsche den Ansatz eines ‹Vergrößerungsfaktors› notwendig macht. Bei sehr sorgfältig gearbeiteten Übersetzungen dürfte er immer noch 1,1 betragen; (es gibt aber Bücher – ich besitze eine deutsche JANE EYRE – wo er 1,4 ist; da kann man auf Anhieb sagen, daß der Übersetzer ‹umschrieben› hat, also geschwatzt). (Dieser Faktor ist, versteht sich, bei jeder anderen Sprache natürlich verschieden : wenn ich im Burmesischen lese von der »Zeit, wo der jüngere Bruder dem älteren Bruder begegnet, ihn nicht erkennt, und ihn dennoch erkennt«, und dann erfahre, daß das unserer schlichten deutschen ‹Dämmerung› entspricht – ei, dann bin ich froh, daß ich, wie so Vieles andere, auch Burmesisch nicht verstehe).

Bringen wir aber nun diesen ‹Schmidt'schen Vergrößerungsfaktor› – ich nenne ihn so, weil ich bei der Kalkulation meines nächsten Übersetzerhonorars bereits damit zu arbeiten gedenke – beim vorliegenden Jones an; und es ergibt sich, daß eine getreue deutsche Übertragung wohl oder übel ihre 4,2 Millionen Buchstaben aufweisen müßte.

Das ist enorm ! Das sind, rein quantitativ, 15 Goethe'sche WERTHER; oder 2½ Stifter'sche NACHSOMMER; und der Verdacht einer reinen Prosa-Elefantiasis liegt ebenso nahe, wie der eines dicken holden Buches.

Aber stellen wir den entscheidenden Kalkül an, mit dem vorgeblichen Äquivalent dieser ENTWURZELTEN : 1044 mal 46 mal 70 ? – Keine Angst; es ist keine Hexerei; es ist die reine Geschwindigkeit : ergibt 3,3 Millionen. Und Sie könnten ergo, mit völliger Sicherheit, einen nicht unbedeutenden Betrag darauf wetten, daß man uns rund 900000 Buchstaben gestrichen hat – was übrigens einen nicht unstattlichen Band von etwa 400 Normalseiten ausmacht : *rund 20 % des Urtextes fehlen also !*

Einen ersten Beleg liefern die reinen Kapitel-Zahlen : das Original hat 76, die Übersetzung nur 74; die Nummern 36 und 73 sind ganz ausgefallen; der Streicher war nicht schüchtern.

Man könnte mir freilich zunächst, ganz allgemein, entgegenhalten, daß ein derart unsinnig umfangreiches Produkt durch energische Dehydrierung durchaus gewonnen haben könnte. Zugegeben; (obwohl es sich auch dann immer noch um eine *Veränderung* handelte !); man kann durch Zusammenstreichen bessern. Man kann aber auch *bösern*; ja, verfälschen ! (Ich erfinde 1 Beispiel : wenn es von einem Werk hieße ‹Ein echter Dichter hätte solchen Tinnef nie hingeschrieben› – und ein geschäftstüchtiger Buchhändler zitierte nur : *‹Ein echter Dichter›* !).

Um also nachzuweisen, daß mir nicht nur an einem bloßen, ebenso end- wie belanglosen, Silbenkrieg gelegen ist, sondern an einer ‹Grundsatzerklärung›, muß ich schon ein wenig ins Einzelne gehen : bei einem Buch, das voraussichtlich Millionenauflagen erleben dürfte – ob verdientermaßen, steht auf einem anderen Blatt – bei dem es sich also um eine meinungsbildende Großmacht handeln wird, ist es von überragender Wichtigkeit, zu wissen, ob die Ansichten des Verfassers, die Denkweisen seiner Helden, kurz, alle seine Intentionen, korrekt wiedergegeben sind.

Und also ist es vielleicht nicht ohne Interesse, zu erfahren : *welche 20%* uns in diesem Fall vorenthalten wurden !

2

»Er hatte seine ersten 3 Deutschen getötet, und fühlte sich so ergötzt, und machtvoll, und gottgleich !« : Potz NATO & Atomrüstung : das Uns ? !

In der deutschen Fassung fehlt die betreffende Druckseite 145 freilich (die Seitenzahlen sind im Folgenden die der amerikanischen Originalausgabe); fehlt, wie die nicht seltenen Anspielungen auf die Kriegsverbrechen der Nazis, auf die »Konzentrationslager; und in dem einen war ein grausiges Bild gewesen, wie nackte Frauen gezwungen werden, über ein Feld zu laufen, vor der Front deutscher Soldaten entlang« (814, 1113, und öfter). Es wird uns systematisch unterschlagen, wie – drücken wir es ganz vorsichtig aus – wie einige von Jones' Helden, trotz der sonderbar großen Freundschaft zwischen Adenauer & Eisenhower, über uns Deutsche denken : Oh peuple babillard, si tu savais agir ! (Oder wenigstens richtig zu wählen).

Gut und menschlich Jones' Einstellung zu Krieg und Kriegskrüppeln (11, 15) – unnötig zu sagen, daß sie ihm gestrichen wurden; sie hätten vielleicht auch manchen ‹Wehrwillen› beeinträchtigt.

»Dave haßte die Kommunisten, haßte sie bitterlich ..... ‹Wenn wir ihnen nur immer um 1 Atombombe vorausbleiben könnten !› ..... Wenn es nur eine Methode gäbe, um zu ermitteln, ob es sich bei ihnen tatsächlich um menschliche Wesen handelt. .....‹Kommunisten sind keine Menschen›, sagte Dave von der Theke her, ‹Ich hab' sie in Deutschland kennen gelernt.›« (295, 419, usw. – dies ‹usw.› spare ich mir in Zukunft). Eine Hoffnung bleibt den Amerikanern vielleicht noch (1264), daß sich Rußland und China mal anständig-gegenseitig in die Haare kriegen : »Das wär' schon !« (Jones hat sogar das noch perfidere und plattere »nice«). – Ich habe lange darüber nachgegrübelt, warum wohl dergleichen – bei uns doch ebenfalls weit verbreitete – Gedankengänge weggefallen sind : sind sie vielleicht doch um 1 Spur zu primitiv ausgefallen ?

Aber das ist noch nichts gegen das, was man in ‹Gottes eigenem Land› so über die Chinesen denkt; und Jones hat die ebenso hahnebüchenen wie instruktiven Waidsprüchlein nicht etwa nur *einer* Gestalt in den Quermund gelegt : ob Dave, ob Wally, sie denken Alle so ! : »Es war zum Erschrecken. Für Hunde mochte es allenfalls angebracht sein ..... oder chinesische Bauern; die waren ja noch im Tierzustand, und wußtens nicht besser.« (687). Oder wie uns das Eingreifen der Amerikaner in Korea unschwer faßlich erklärt wird : »Sie wollen uns das nehmen, was wir in der Heimat gelassen haben : diesen unseren Lebensstandard, von dem sie nicht mal in Träumen wissen !« (1263) – so räsonnieren Intellektuelle, Schriftsteller, bei Jones : wenn es nicht ein so lächerliches Schauspiel wäre, diese hirnlose Überheblichkeit der Yankees, heulen könnte man ! Die deutsche Ausgabe erspart uns allerdings humanerweise diese und ähnliche Tränen. –

Aus unserer speziellen bundesdeutschen ‹Seelenlage› heraus begreiflicher (wenn deswegen auch nicht entschuldbarer) ist die Kürzung aller Passagen, die sich gegen ‹Pietät› und Staatsreligion richten : »Haben Sie schon mal 'ne Hure gesehen, die geglaubt hätte, sie wäre eine ?..... Haben Sie schon mal 'ne Mutter gesehen, die sich nicht eingebildet hätte, sie wär' die Jungfrau Maria ?« (185).

»Tcha, das Bibellesen kam ja auch immer mehr außer Mode« (519); oder : »Merkwürdig, diese Church of Christ, Saved : sie wußte grundsätzlich mehr von dem, was in den Kneipen vor sich ging, als sonst ein Bürger der Stadt; es seien denn die beteiligten Bummler selbst« (387). Man hätte Jones wahrlich nicht dergleichen unerhebliche Einwände gegen das Christentum zu nehmen brauchen – er ist nichts weniger als Atheist; vielmehr ein ganz knieweicher Myste; und macht die transatlantische theosophische Mode groß mit; wer an Yoghi-Yogha Interesse hat, und Annie Bee's Aunt, kommt bei ihm voll auf seine Kosten.

Begräbnisse ? : »verlegen-verlogen kam sie sich vor und nackt und obszön – barbarisch war das Ganze !« (1063, 1067). Eltern ? : »Zwei Leute, die mit monumentaler Kaltblütigkeit, ohne das geringste Verantwortungsgefühl und gedankenlos« Brüder machen; und anderseits denkt Dave : »Gottseidank, wenigstens hatten sie nicht noch die Sorge für ein paar verdammte Kinderbälger. Ginnie hatte als Kind mal Tripper gehabt, und war infolgedessen unfruchtbar – also waren sie wenigstens *die* Sorge los, gottseidank !« (1205); so beschreibt Jones die Gefühle von Menschen, die sich einmal nicht verstellen – im Original.

‹Pietätslos› ? – wie Sie wollen; aber es steht nun mal so im Buch !

3

Und, ha !, jetzt kommt's dick; (und gleich beide Hände vor den Mund; und filistern geflispert) : *SEXUALITÄÄÄT ! !* Denn hier kann man einmal, tausende von Zeilen hindurch, die moralisch-lüsterne Verwirrung ‹auf bundesrepublikanischer Ebene› bewundern, und einen Kleinmeister ‹am Werk› :

5 Seiten lang (379–384) malt Jones – und es ist eines der, nicht zu häufigen, ‹niederländischen› Meisterstücke des Mammut-Bandes – die Umarmung des 70-jährigen halbbesoffenen Vic und der 65-jährigen Weibsreckin Jane im fremden parkenden Auto : ein ‹danse macabre›, schön vor lauter Häßlichkeit ! : *Das* gestrichen zu haben, möchte *ich* dereinst vor Apoll nicht verantworten müssen !

Oder Gwen French, die ‹Miss› des Buches, eine treffliche Charakterstudie (der man ohne weiteres großenteils persönliche Erfahrungen des Verfassers und viel Einfühlung und Arbeit vindizieren würde, auch wenn Jones es nicht ausdrücklich im – selbstverständlich gestrichenen – Kurz-

Vorwort erwähnt hätte) : die 35-jährige Jungfrau; steif, wie aus rosa Röhren erbaut, die schnappt sich verzweifelt die pornografische Bildersammlung ihres Lyriker-Vaters Bob, und geilt sich, 5 meisterliche Seiten lang (311–316), hilflos-wunderbar daran auf; vexiert sogar, zusammengebissenen Geschenkels, die Passanten damit, und epidiaskopiert ihr Leid in die Nachtstadt hinaus : *im Original ! : Die Verödung der Hintergründe, die Verarmung der Charaktere der deutschen Fassung ist himmelschreiend !*

Unglaublich, mit welch nichtswürdiger Sorgfalt der Streicher gestrichen hat ! Wie bezeichnend ist nicht das doowe talkige Gewäsche Ginnie Moorehead's (423 f.) : »Immer Sex; schon als ganz kleines Kind. Ganz winzig noch wäre sie gewesen, und hatte immer längere Gedankenspiele gepflegt : wie ein Wettbewerb veranstaltet wurde, und sie die dicksten Titten im ganzen Kreis hatte; und die Preisrichter schrien ‹Hoch !›, und alle Leute klatschten wie wild.« Denn Ginnie ist ein »pig« und soll als solches genau porträtiert werden. / Ein Mädchen faßt den Handgriff des Spielautomaten »wie ein phallisches Symbol« (447); die Betrachtungen über den »Brust-Fetischdienst« (448); die alte Muttel auf dem Klo (675) – alles heraus; alles entschärft; weil ‹nicht passiert sein kann, was nicht passiert sein darf›, was ? !

Mit diesen ENTWURZELTEN in der Hand kann man freilich nur hauchen : ‹Oh, diese tauig-keuschen Amerikaner !› – und dagegen unsere deutschen Autoren, die Schweine, gelt ja ? –

Denn wir sind ja bei einem fundamental-traurigen Abschnitt angelangt : der bedrückenden Verflachung aller Gestalten. Gedankenschwund; Kastrierung; systematische Zerstörung sämtlicher Feinheiten : zwischen der amerikanischen Fassung und der deutschen ist ein Unterschied, wie zwischen Braut und Brautbett !

Ob in den Kapiteln 29 respektive 45 das leitmotivisch bedeutende »his-her mind froze« immer wiederkehrt, sobald das getrennt lebende vergreiste Ehepaar aneinander denkt. / Ob der Polizist grundsätzlich-zwanzigmal »langsam & methodisch« sich regt, spricht, handelt. / Ob Edith Barclay erwägt, vor der endgültigen Abreise noch einmal mit dem Bruder des Geliebten ins Bett zu gehen : weil er ihm doch so ähnlich sieht ! / Ob Jones die Metafern für Verworrenheit und Komplexität grundsätzlich-bedeutend von Technoidem hernimmt : »wie wenn ein Mann steht, inmitten eines verwirrenden Irrgartens aus Eisenbahnschienen – die Züge schießen an ihm entlang-vorbei, erst aus dieser Richtung, dann aus jener, dann aus einer dritten; es pfeift vorbei, und perlend-blendende Lichter, und der Qualm nach verbrannter Kohle« (42) – den vergleichenden Leser überkommt, je länger desto mehr, das Gefühl, als seien hier Sortiermaschinen im schüdderumpenden Gange gewesen, die sämtliche Feinheiten ausgesiebt haben !

4

Und die bedeutendste Gestalt ist mit nichten, wie der (diesmal besonders irrelevant geratene) Waschzettel dekretiert, Dave Herschmidt – dieser ‹Schriftsteller› ist Jones arg unvollkommen, unüberzeugend geraten; von fleißigen Intellektuellen hat er wenig Ahnung – nein : die, mit Abstand, einprägsamste Figur ist Alabama-Dillert ! Und ist in der deutschen Ausgabe in einer Art & Weise kastriert worden, dekapitiert, platt geschlagen, auf gut irokesisch verstümmelt, daß selbst die spitzeste Zunge einen Augenblick lang um Ausdrücke der Entrüstung in Verlegenheit gerät ! Wie fährt er nicht im Original Auto (490 fff.); wie bezeichnend-beabsichtigt ist nicht die Einrichtung des gemeinsamen ‹Junggesellenheims› (759); oder das wichtigste : der Besuch von ‹Bamas' Farm› : 18 (in Worten : achtzehn) Seiten hintereinander wurden hier mit beneidenswert unbeteiligter Hand entrupft.

Wie abgesägt agiert nicht in der deutschen Fassung, der zweitbeste Mann, Frank : wo ist dessen meisterhaft ausgeführte ‹Entwicklung› vom ‹normalen› Geschäftsmann an, dem schlecht verheirateten; über den Mätressen-Hälter, den traurig Experimentierenden; bis ‹hinauf› zum Voyeur, zum »Peeping-Tom«, der durch Nighttown irrt, und an Schlafzimmerfenstern durchs Klaff gafft, um nur 1 nackte Frau zu sehen und auswendig zu lernen, Szenen wie im Tollkirsch-Traum : wo ist er ? Wie unzureichend die jetzigen klapperdürren deutschen Andeutungen ! (1142, 46, 50, 53 – undsoweiter)

Wie sorgfältig hat Jones nicht die Stadt Parkman aufgebaut : die Namen der Straßen; die, uns ungeläufige, Benennung der Wohnblocks nach verdienten Bürgern : ein bürgerliches Ziel, meine Herren, und einer der Angelpunkte in Franks Dasein !; das College und seine Geschichte; das große Fest anläßlich der Hundertjahrfeier des Verfassers des Oregon Trail. Und wie wird dem deutschen Leser nicht durch die Zusammenstreichung des ‹Lokals› die geistige Ansiedlung in dem Buche erschwert.

Sorgsam bevölkert ist sie, mit 100 Gestalten – von denen jetzt freilich nur, und meist aus Versehen, noch die Namen stehen geblieben sind : »Doc Cost« und »Doris Frederic« und »Judge Deacon«; selbst »Dawn« und »Wally« (mit seiner Messersammlung; das gibt es nur in Texas) : wie flach sind sie nunmehr Alle, die ursprünglich schön-sorgsam gebosselten

Hochreliefs. Wo in der reduzierten Platitüde erkennt man noch den sehr bemerkenswerten still-klug-reservierten ‹Sohn› und Waisenknaben »Walter« (1042–45, 54–55).

Selbst die dienenden Gestalten, zweiten und dritten Ranges besitzen im Original, nach guter uralter Angelsachsen-Tradition, seit Richardson her, beträchtliche Selbstständigkeit, jede hat ihren ‹Hintergrund› – *gehabt !*

Nicht uninteressant vielleicht noch, wie man Jones jeglicher Bildung beraubt hat : er erwähnt Stendhal und Tolstoj (304) : gestrichen. / El Greco & sein Toledo : »Wie mußte der Grieche diese Stadt gehaßt haben. Oder gefürchtet.« (3) : gestrichen. / Kritik an Remarque's Im Westen (651) : gestrichen. / Der immer wiederkehrende, wahrlich höchst nachdenkliche Vergleich mit den letzten Zeiten des Römischen Reiches, Gibbon, Attila : gestrichen. / Thomas Wolfe – ein Name, bei dem man viel denken kann; (übrigens nicht nur Gutes !) : gestrichen. / Villon und seine Katherine ? : gestrichen. / Anspielungen auf Christopher Marlowe, Nash, Green ? : gestrichen ! – Dabei sind die amerikanischen Schriftsteller gar nicht so hinreißend doof – oder, höflicher ausgedrückt, ‹Naturburschen› – die lernen sehr wohl etwas; und bringen es in ihren Büchern, an passender Stelle, auch genau so an, wie unsere. Das heißt, in der amerikanischen Fassung; bei uns scheint immer noch unerläßlich die Vorstellung grassieren zu müssen, vom Gemisch aus, bestenfalls, Cowboy & Rockefeller.

5

Die Übersetzung selbst scheint redliche Handwerksarbeit; vielleicht etwas unter Durchschnitt – ein Lächeln »like gall« ist etwas mehr, als bloß »bitter«; – »twice removed« nicht ‹verlobt›, wohl aber ‹2 Mal abgetrieben›; usw. – aber ihr hat meine Aufmerksamkeit nicht gegolten. Auch ist der Jones'sche Text selbst kein Meisterwerk; also spielt's weiter keine Rolle.

Wie denn Jones, meiner Ansicht nach, maßlos überschätzt wird : im Vergleich zu wirklich erstklassigen Leuten und ihren Werken, wie etwa dem Odysseus des James Joyce, ist Jones nur ein kleines Licht; der Wert seiner Stücke liegt allenfalls in Teilen des Materials; die Verarbeitung ist ziemlich dürftig.

Aber abgesehen von solch absoluter Wertung : das amerikanische Original ist unvergleichlich viel vollständiger und besser, zumindest himmelbreit verschieden, von dem, was man uns hier im Deutschen aufgetischt hat : *‹20% der besten und charakteristischsten Stellen wurden sorgfältig gestrichen›*, würde *ich* dem Impressum zusetzen, wenn's ‹meine› wäre.

(Beziehungsweise umgekehrt : welch einen Band würde nicht dieses ‹Herausgestrichene› ergeben !)

Ich hatte schon zuvor von der menschlichen Unvernunft sehr hohe Begriffe; aber auf die Kaltblütigkeit uns dergleichen zu servieren, war ich dennoch nicht gefaßt : ist der amerikanische Roman ein trotz allem schmackhaftes und sättigendes Gericht; so ist die vorliegende deutsche schwarz-rote Schüssel lediglich randvoll einer teichgroßen, bettelsuppenbreiten insipiden Tunke ! –

Es beginnt bei uns, in lieben Deutschlands Mitten, im Gegensatz zu Goethes pompöser Behauptung überall eine Textverwilderung einzureißen, zu der man, will man sein literarisches Gewissen auch nur einigermaßen intakt erhalten, nicht schweigen darf. Und da keinem beruflich anderweitig tätigen Leser zuzumuten ist, tausende von Seiten zwei-sprachig-mikrologisch miteinander zu konfrontieren, so ist es Aufgabe der Schriftsteller, ihr BIS HIERHER UND NICHT WEITER ! zu rufen.

Und da kenne ich eben jetzt 2 verschiedene Bücher : 1 nicht schlechtes amerikanisches, namens SOME CAME RUNNING. Und ein reduziertes deutsches Gemächt; es heißt DIE ENTWURZELTEN.

ANHANG

JULES VERNE

8. Februar 1828, Nantes – 24. März 1905, Amiens

Dichter & ihre Gesellen :

JULES VERNE

I

(Erst etwas ‹Vorlauf›, zum Zunge lösen; (nicht zum ‹Mut machen› : Mut vorm Schreibtisch hab' ich immer gehabt)). –

Undankbarkeit gegen Vorgänger ist zwar etwas schönes, und wohl 1 der Bedingungen alles Fortschreitens in Wissenschaften & Künsten – die Freimachung der eigenen schöpferischen Individualität scheint selten anders erfolgen zu können, als durch eine Twen-Periode energischer Ablehnung jedweden Urväterhausrats. Ich finde das auch ganz in der Ordnung : kein netteres Schauspiel, als so ein knospender Künftiger, der just seine Persönlichkeit zusammenstellt; einerseits, briareusig argusselnd, Alles an sich zieht, was ihm an Kenntnissen & Benutzbarkeiten nur irgend anregend & gemäß ist; andrerseits Jedem, der das Unglück hatte *vor* ihm da zu sein, Lakünen & Unzulänglichkeiten nicht nur nachsagt, nein, nach*weist* – geht es imgrunde doch lediglich darum, sich selbst in jenen Zustand schöpferischer Arroganz zu versetzen, ohne den nichts Namhaftes gelingen *kann*. Und da man noch nichts Positives vorzuzeigen hat, wird die Überzeugung, daß schlechterdings *kein* Thema bisher unverbesserlich erledigt, die Welt, ob Kleindetail ob Sigma-Summe, vielmehr noch ganz neu & frisch & eigentlich unbeschrieben seien – worauf man dann ja sofort anfangen kann, die Angelegenheit mal in die Hand zu nehmen, wie ? – subjektiv am schnellsten dadurch herbeiführt, daß man es ‹feststellt› :

Schiller, ‹Nadowessiers Totenlied› ? : eine Episode aus Carver's ‹Reisen›, in vierfüßelnde Trochäen gebracht, pff ! Edgar Poe, ‹Das Haus Usher› ? : ist eigentlich von unserm kleinen-deutschen Clauren, ausgerechnet Dem ! Und was gar ein Lessing ‹benützt› hat, so ist das ein schier unangenehm weit- & breites Feld. Erst in späteren Jahren lernt man die feinen Diebsunterschiede einsehen, (beziehungsweise selbst machen); wie es hier überaus delikate Nüancen gibt, ‹mausen stibitzen naschen expropriieren›, bis zum nackten ‹klauen›; und so wird man auch in der Literatur distinguieren müssen zwischen ‹bloß zufälliger Ähnlichkeit, Entlehnung, Umbildung, Benützung›. Und wenn an dem einen Ende der Skala das blanke wortwörtliche ‹Plagiat› steht; so an dem andern das – für mein Gefühl kaum minder peinliche – ‹unbewußt Abgeschriebene›. Das gibt es, zumal bei unklaren Köpfen, durchaus; (und welcher ‹echte Dichter› wäre das, nach populärer Vorstellung, nicht ?); Die sind dann immer furchtbar erstaunt, wenn man ihnen beiläufig mitteilt, dies & jenes fände sich, und zwar verdammt wörtlich, bereits bei, sagen wir, LENAU – und ein Stündchen später teilen sie Einem, versonnen lächelnd, mit : wie in ihrem Elternhaus, ja, doch, LENAU gestanden habe : ein dicker roter holder Band. – Immerhin wird das Entscheidende sein, ob man's *besser* machte; und ein HERDER, der seinerzeit die ‹Kraftquellen› LESSING'S (und wenn's GOLDONI war) noch deutlicher plätschern hörte als wir, wird schließlich nicht umsonst geurteilt haben : »Solange deutsch geschrieben ist, hat, dünkt mich, Niemand wie LESSING deutsch geschrieben.« –

Als zweites Hierhergehöriges, wird bei jedem Künstler der Zeitpunkt eintreten, wo sein Privatleben – oder, wie ich es neulich einen Eisenbahnschaffner bezeichnen hörte, die ‹Intimsphäre›; und sein Kollege nickte nur kalt – hoffnungslos zu schrumpfen anhebt; geschieht uns recht; behelligen doch auch wir unerbittlich die Leute mit unsern Schnurrpfeifereien : wer würde schon mit der Lupe über einem Stadtplan von Dublin grübeln, wäre nicht JAMES JOYCE; und ‹Oberplan› gäb' es ja gar nicht ohne STIFTER. Speziell ich laboriere notorisch an einem – Manche sagen ‹störenden›; mir verhilft's zu amüsanten Genauigkeiten – ‹historischen Sinn› : wie gern hätte *ich* mich seinerzeit nicht auch mal mit FOUQUÉ unterhalten ! Ihn unerbittlich ‹umgefragt› : wo überall im Oeuvre die änigmatische Gestalt MASSENBACH'S erscheine, abgesehen vom ‹Alethes von Lindenstein›, einem der repräsentativen Stücke unserer Romantik, (und so unbekannt, daß man sich als Deutscher eigentlich immer furchtbar schämen muß, wenn man ihn nennt) : aber wie war dessen letztes Viertel ursprünglich ?; (er hat's nämlich vernichtet, und wir kennen nur noch eine ins Milde verzerrte Zweitformung). Oder ob er gewußt habe, wie POE die ‹Undine› rühmte, und sie instinktiv als FOUQUÉ'S Jugendliebe bezeichnet hat, jene junge Dame aus Minden : ? Mit ehrlichen Worten : *auch ich* hätte ihm ganze Serien dararartiger ‹Hosen runter›-Fragen mit nichten erspart; ihm im Gegenteil mit beträchtlicher Kaltblütigkeit dargetan, was man unter ‹Majestät der Geschichte›, zumal der der Literatur zu verstehen habe; und daß, Wer schon habituell ‹A› sage – also seine Persönlichkeit öffentlich & freiwillig in Bücher auflöse – sich bei ‹B›, das heißt den *irgendwann doch* einmal logisch einsetzenden Erkundigungen nach realen & sonstigen Grundlagen, nun eigentlich auch nicht mehr sonderlich zu zieren brauche. (Daß Er, der typische Priester-Dichter, versucht haben würde, mir mit einem koketten : »Von oben, lieber Herr; alles von oben !«, zu entwischen, sei en passant angemerkt.)

Tja; aber jetzt soll also *ich* mit dem Namen der ‹Jugendliebe› rausrükken.....

2

Ein erstes erfreulich Schützendes könnte, falls ich's darauf anlegte, die relative Einfältigkeit der Fragestellung abgeben – müßte das ja schon ein ziemlicher Simpel sein, der über 1 & *nur* 1 Leib- & Magen-Schriftsteller verfügte – tatsächlich; je näher man sich's bedenkt, desto mehr kommt's einer Versuchung zum Flunkern gleich – aber nein; wie ich früher schon einmal mich verpflichtet habe : die Wahrheit über fast-Alles ! (Ganz abgesehen davon, daß ich mich mitten in einem kompliziertesten Buche befinde; und kaum noch die Kraft aufbringen würde, nun auch noch in meiner Freizeit zu lügen.)

In Wirklichkeit wird es so sein, daß es bei jedem Autor ½ bis höchstens 1 Dutzend älterer Kollegen gibt, die ihn während seines Lebens – die meisten erscheinen übrigens schon während der Jugendjahre; im Alter kommt nur noch in großen Abständen der Ein- oder Andere dazu – Die ihn so beeinflussen, daß er ihnen dann, zur Zeit seiner eigenen Produktivität, Situationen Motive Wort-Wendungen, ja nun nicht brutal ‹stiehlt› – das würde der Feinheit & Verschränktheit des Vorgangs meist nicht entfernt gerecht – wohl aber, daß er ‹seinen Gesellen› erkennt; ein Wesen von parziell-ähnlicher Geistes- oder Seelenlage, dessen Themen & ‹Erfindungen› ihn deshalb faszinieren, weil sie beinah ‹von ihm sein› könnten. ‹Vater-Sohn› wäre ein viel zu plumper Vergleich für die subtile Relation; selbst wenn es etwas wie ‹Telegonie›, ‹Fernzeugung› über die Saecula hinweg, gäbe; (»das fehlte noch –« wird die Hörerin murmeln; aber, keine Furcht; ich bin auch im literarischen Sektor für Geburtenbeschränkung). ‹Lehrer-Schüler› trifft's auch nicht. WIELAND, wie immer der Feinere, hat anläßlich seiner bewundernswerten LUKIAN-Übersetzung von einem ganz neuen Aspekt der Seelenwanderungs-Hypothese gesprochen. / Aber zur Sache, der Herr Inculpant...

Mein erstes selbständiges Leseerlebnis – das zweifellos ‹Folgen› gehabt hat; von 1 Stelle, in 1 meiner Bücher, weiß ich's bestimmt – ist, mit 3 Jahren, ein starker Großoktavband gewesen, abgenütztes Dunkelrot, mit mattgelbem Linienzierrat & dito Schrift; ich weiß heute, daß es sich um das ‹Märchenbuch› der AMÉLIE GODIN gehandelt hat, das ab 1874 in mehreren Auflagen erschienen ist; leider habe ich seiner noch nicht wieder habhaft werden können. Bevor man ob der ‹3 Jahre› protestiert, sei erläutert, daß ich mit meiner um 3 Jahre älteren Schwester zusammen lesen gelernt, und es rascher begriffen haben soll als sie – sie war stets (& ist es vermutlich heute noch) ein temperamentfolles Augen-Mensch. Die vor allem ‹Leben !› wollte; (man hat da scheinbar ‹die Wahl›, ob man als ‹Lebens-Künstler› existieren möchte, oder aber als Kunst-Künstler; vor der Illusion, es lasse sich doch gewiß beides vereinbaren, wird gewarnt werden müssen). Jedenfalls bin ich nahezu ab ovo zum Bibliophagen (& zur Isolierung) prädestiniert worden; und habe, inmitten einer unliterarischen Familie, alles bedruckte Papier verschlungen, was in Reichweite gelangte.

(Der Nächste, für mich sehr Anregende, wird gleich noch ausführlich dargestellt werden; und, unbesorgt, ebenso effektvoll wie ehrlich – aber ich möchte doch noch, und sei's nur um michselbst zu ‹stimmen›, mir das absurde Bild wieder einmal vergegenwärtigen; ich tu's nicht übermäßig gern : diese immerhalbdunkle hamburger Zille-Küche; das 1 Fenster führt in eine Hinterhof-Schlucht, 4 mal 5 mal 50 Meter; neben diesem Fenster ein Bretterstuhl; auf ihm ein ‹Kinderstühlchen› (dies die Familienbezeichnung); auf diesem Bicêtre-Thron – ach nix ‹Größenwahn› : es war auf der Buchfläche einfach *heller* so in dem verwünschten Loch ! – etwas Vierjähriges, da sich auch mal ‹Ich› genannt hat; altklug & unterernährt & wohl überhaupt unangenehm anzuschauen. Aber ein Teller Pellkartoffeln mit Leinöl war 1918 ein fürstlich Mahl.)

Mit 12 Jahren ist dann Karl May gekommen; allerdings konzentrierte sich mein Interesse rasch auf die Spätwerke, die ja wirklich bedeutend sind; die mag ich heut noch. Mit 16 Arthur Schopenhauer, ein ausgesprochener *Mann*, dessen gewaltige Ehrlichkeit & bullige Wucht mich auf ewig für Nietzsche verdorben haben : *Der* changierte mir gleich beim ersten Anblättern etwas *zu* elegant. Dann hab' ich, mit 17–18, etwa gleichzeitig, Wieland und ETA Hoffmann kennen gelernt; darauf..... aber Halt !, bis hierher & nicht-weiter. Ich bin zwar ein gutherzig Närrchen; muß jedoch auch an Weib & Katz' denken; (das ‹laß sie betteln gehn, wenn sie hungrig sind !› hat mir eigentlich nie imponiert; ist halt ‹Grenadier›-Mentalität. Ich bin auch in dieser Hinsicht von der Alten Schule, und meine : wenn man sich schon eine Pussy hält, muß man sie auch standesgemäß ernähren können.)

3

Da soll jetzt also der erwähnte gelehrte Gnom hocken, ganz ‹in Sachen seines Vaters›; und auf den Knien ein Buch (aus der ‹Leihbibliothek Prenzlin›, Rumpffsweg) halten : broschiert, auf dem Umschlag ein Floß im Sturm, mit gesplittertem Maststumpf; daran sich 3 Männer klammern, die, mit Recht starren Augs, in den Hintergrund gaffen; allwo, wahrlich unangenehm zu erblicken, ein kohlschwarz-baggergroßes Maul an endlosem Hals-Stamm auftaucht. Der Titel

JULES VERNE
Die Reise zum Mittelpunkt der Erde. –

Ich habe anschließend natürlich alles Erreichbare von dem Manne gelesen – sicherlich auch wieder ein scurriles Spectaculum : wie ich mich da in die betreffende Kleinbibliothek verfügt; und, die Nase auf dem Ladentisch, in klingendem Schriftdeutsch meine erste Fachliteratur verlangt haben werde – dann ist zähelange jeder einzelne Nickelgroschen gespart, und anschließend mein erstes Buch gekauft worden : Titel wie eben gehört. Und nun kommt das Bizarrste : besagtes Buch liegt jetzt, wo ich dies schreibe, zwar nicht ‹neben mir›, das wär' mir doch zu feinsinnig; aber ich *könnt'es* jeden Augenblick hin legen; befindet es sich doch keine 2½ Meter von mir ! (Daß mir das ‹bizarr› wirkt, mag man einem ‹Flüchtling› verzeihen; jedenfalls ist seine Existenz wider alle Wahrscheinlichkeitsrechnung; ich schüttle aber auch jedesmal liebevoll den Kopf, wenn ich daran denke.) / Apropos ‹Kopf› : Wer meinen ‹Kosmas› kennt, wird jetzt vielleicht ahnen, *woher* in dem einleitenden Traum eines Jünglings von 540, im Hintergrund jenes Ur-Vieh, halb Plesio- halb Ichthyo- & zur dritten Hälfte Dino-Saurus hervor-bopt : Riou ! Im gleichen Buch ein 2. Traum des gleichen Jungen Mannes, von einem in-sich-hohlen Felsen-Weltall; einer oneiromantischen Somnambulanz wohin ? – also sagen wa : zum ‹Mittelpunkt der Erde›. *Diese* beiden Verlötungen sind *bewußt* hergestellt; handelt es sich bei meinem dortigen Thema doch um ‹Weltbilder›-allgemein; speziell das des ‹Indienfahrers›, also eigentlich das ‹Buch Henoch›, (ohne dessen Kenntnis Dante ebensowenig verständlich wird, wie das alte ‹Da führte ihn der Teufel auf einen hohen Berg› – ergänze ‹des Nordens›). Was nun die Namen in meinem ‹Kosmas› anbelangt, ist ein Teil historisch bedingt, lag ergo fest; ich habe aber die Gewohnheit mich zu fragen, wieso ich das Liebespärchen – bei dem ich theoretisch ja die beliebte ‹Freiheit des Willens› hatte – hier ausgerechnet so & nicht anders taufte ? Und da habe ich, nachträglich, eben feststellen müssen :

Lykophron	&	Agraule
Lidenbrock		Agsel (= Axel) + Graüben

Und da ist eben ‹Lidenbrock› der Held in VERNE's ‹Reise›; und ‹Axel plus Graüben› heißt das Liebespärchen – also wird' schon stimmen; (aber *das* ist mir, bei der Niederschrift, *unbewußt* passiert). –

Ich möchte erst einmal noch weiter ausholen, und bekennen, daß ich das Kaiserreich jenes Dritten Napoleon irgendwie ‹mag›. Aus mehr als 1 Grund; (und nicht *nur*, weil ich die ‹Deutschen Siege über Frankreich› immer bedauert habe : wieviel weiter könnten Wir heute sein, wenn damals, unterm Ersten Napoleon, die Einigung Europas erfolgt, und dieser Begriff, Europa-selbst, bis zum Ural hätte vorgeschoben werden können. Aber das sollen immer akademische, zu deutsch ‹unrealistische› Betrachtungen sein; bleiben wir lieber beim klein-Positiven.) Ich will es nur frisch gestehen – ich bin einmal, trotz AUGUSTINUS oder ROUSSEAU, (die ich Beide nicht mag), beim ‹bekennen›, sprich ‹Mich-kompromittieren› – daß ich, als Vollblut-Schrift-steller, es ist dies mein gutes Recht, ‹Musik› danach beurteile, ob sie

a) mich nicht stört; oder aber

b) mich sogar fördert.

(Jeder Komponist wird aufschreien, klar; das ist wiederum *sein* gutes Recht : versteht *er* doch unter ‹Literatur› das, was ihm ein leidlich-brauchbares Libretto liefert.) Und da stört mich eben *nicht* PUCCINI; (von mir aus insofern ‹korrekt›, weil er überwiegend eben ‹untermalte›, ‹lasierte›. Es kann sein, daß ich mich irre.) Und *fördern* tut mich ein Israeli – was übrigens auch bei andern Leuten & auf mehreren Gebieten der Fall ist : MARX, FREUD, CHRISTUS – meiner-hier heißt Juda Ben Eberscht, genannt JACQUES OFFENBACH; geboren zu Köln, gestorben zu Paris. Der erscheint mir hell & geistreich; und spöttisch & elegant: *dafür bin ich sehr !* (Und daran – ob ‹Stiefelmarsch› ob ‹Ballett der Mondgeister› – hängt auch eine Familien-Anekdote. Die Lieblingsmelodie meines Vaters war die ‹Barcarole› aus ‹LES CONTES DE HOFFMANN›; wenn die ‹NORAG›, der hamburger Sender jener Jahre ab 1924, sie brachte, wurde der Kopfhörer unweigerlich in 2 Teile geschraubt : an der einen Muschel saß, aufrecht-verzückt, er; an der andern Eins von uns Dreien; (der betreffende ‹Detektor-Apparat, 5 mal 9 mal 13 Zentimeter, ist zur Zeit als Briefmarkenkästchen bei uns bedienstet). Als nun mein Vater 1928 starb; und der Geistliche in Ohlsdorf sich nach seiner, ihm jetzt gleich, in der Kapelle, getragen aufzuspielenden Lieblingsmelodie erkundigte, verwies meine verwirrte Mutter ihn schluchzend auf eben diese Barcarole aus HOFMANNS ERZÄHLUNGEN – wenn uns späterhin ob des Todes des rauhen Ehrenmanns zuweilen Traueräh nliches überkommen wollte, hat uns die Erinnerung an das Gesicht jenes, sicher auch nicht übermäßig zu beneidenden Halb-Beamten, eigentlich stets zu beträchtlichem Troste gereicht. – Damit man auch diese lütte Epizykloide zum Thema gehörig erkennt, sei betont, daß OFFENBACH diverse Fabeln JULES VERNE's vertont hat; den ‹Docteur Ox›, oder die erwähnte ‹Reise zum Mond› – Wir gehören schon irgendwie zueinander.)

VERNE also ein fleißiger Mann von rund 60 Romanen, plus ein paar Bänden anderer Kleinigkeiten. Und sein eigentliches, noch nie so recht gewürdigtes literarisches Verdienst besteht darin, daß er als Erster (& bisher immer noch Umfassendster) den Groß-Nachweis geführt hat : wie die Errungenschaften des Technikers – man darf auch ‹Ingenieur› sagen, ‹Wissenschaftler›, ‹Forscher-allgemein› – nicht nur *nicht poesie-zerstörend* wirkten; sondern vielmehr unerhört neue-reiche Gebiete dem *Dichter eröffneten* ! (Hier wäre der Ansatzpunkt für eine abendfüllende Zungenschlägerei, so ein ‹Streitgespräch› (aber ‹Ohne Mich !›, bitte) : ob *jene* Gruppe von Dichtern, 95% aller Schreibenden sind's etwa, recht habe, Die, verdrehten Geäugs, vom ‹einfach leben› schwärmen, (zumeist am Steuer des eigenen ‹Taunus›; und wenn sie abends an der leuchtenden Riesenwaffel einer Fabrikfront vorbei‹gleiten›, murmeln sie unvermeidlich : »Also wie ein Feenpalast !«). Oder aber, ob jene paar Anderen vorzuziehen wären, die den nun einmal von der Menschheit eingeschlagenen Weg mit gehen, das heißt redlich mit ersaufen wollen.) JULES VERNE also hat eine erstaunliche Anzahl technischer Möglichkeiten, die sich schon damals deutlich genug abzeichneten, auf ihre poetische Verwendbarkeit abgetastet; wozu 1 der Voraussetzungen war, daß er die von den Blaublümlern krampfhaft festgehaltene, angeblich so ‹fundamentale› Differenz zwischen Kultur & Zivilisation, glatt abstritt. Seine These war & blieb's, daß im Zeitalter der Technik die Dichtung so wenig zur Schrumpfung verurteilt sei, daß im Gegenteil ihre Anlässe dadurch vervielfacht würden; und er versuchte den Beweis hierfür in seinen Büchern zu leisten – freilich auf die bekannte ‹gallische› Weise, die mich speziell bei ihm immer an helles, trockenes, eben ‹elektrisches› Licht erinnert hat.

So schritt er die ganze Enkyklopaideia, die ‹Inumfangslehre› der Naturwissenschaften ab – und es war dies damals bereits kein kurzer Weg mehr, Mesdames. Hat seine Helden zum Mond geschossen; ganz aktuell raketisch; (und noch klingt mir die Antwort im Ohr, die Michel Ardan dem hohnnasenden Streitgesprächler auf dessen argumentum ad hominem, »Wie wollen Sie denn wohl zurückkommen ? !«, erteilt – : »Ich werde nicht zurückkommen.«). / Die US-Amerikaner nannten ihr erstes Atom-U-Boot ‹Nautilus› ? Ja; das ist auch eine seiner schönsten Geschichten, die vom Kapitän ‹Nemo›; und gar nicht nur mit der Traumversunkenheit des Aquarienliebhabers zu lesen. / ‹Die Reise um die Welt in 80 Tagen› – da habe ich erst voriges Jahr die Aufführungen des Westens und des Ostens vergleichen können : die der DDR war besser; einfach & geistvoll die Kulisse; (und der ‹Seesturm› schlechthin unvergleichlich !). Der Trick am Ende, daß man ja 1 Tag eingespart habe, ist POE's ‹Die Woche mit den 3 Sonntagen› entnommen; denn POE wiederum ist für VERNE einer der großen Anreger gewesen – (was Wunders, daß auch ich eben 1000 Seiten POE übersetzt habe ?) – ja, er ist so weit gegangen, daß er zu POE's Roman vom ‹Gordon Pym› eine Fortsetzung geschrieben hat, die ‹Sphinxe de Glace›, die ‹Eis-Sphinx›. Auch seine Vorliebe für Ballonfahrten, oder die immer wieder erscheinenden ‹Geheimschriften› ist der Zurückführung auf POE fähig – hier wäre ein schönes Arbeitsfeld für mehrere cand.phil.

Ein halbes Dutzend seiner Bücher ist auch heute noch im Handel; allerdings weiß ich nicht anzugeben, ob vollständig, oder in den, bei uns leider übermäßig eingerissenen ‹Bearbeitungen›. / So kann man jederzeit die Geschichte vom ‹Michael Strogoff›, dem sprichwörtlich gewordenen ‹Kurier des Zaren› bekommen. VERNE's Wirkung auf Schriftsteller ist mindestens so groß gewesen, wie bei uns die von KARL MAY; und nicht etwa nur auf Frankreich beschränkt ! Bei GERHART HAUPTMANN leuchtet am Sonnenuntergangshimmel der ‹Grüne Strahl› auf. MAX BROD hat die ‹Reise zum Mond› das Lieblingsbuch seiner Kinderjahre genannt. (Selbst in ‹Finnegans Wake›, Seite 237, blitzt es auf : »round the world in forty mails«.) BERMANN in seinem ‹Urwaldschiff› läßt den Helden, den rührend Don-Quijotischen Doktor Schwarz aus Leitmeritz, an der Reeling also träumen : »Er sah sich *nicht* auf dem braven komfortablen Dampfer der ‹Booth Line›, Liverpool; sondern jung & keck auf der romantischen ‹Jangada› des JULES VERNE, mit Joan Dacosta, Yaquita & der Mulattin Lina – welche Erlebnisse seiner Kindheit mochten dies Buch für ihn so wichtig gemacht haben, so zentral, schicksalsgebend ?« *Was* trällert in CHARLES DICKENS' ‹Little Dorrit› gleich zu Anfang der boshafte Gefangene ? : »Wer geht vorbei den Weg so spät ? : Compagnon de la Marjolaine !« Wer weiß schon, daß es sich dabei um einen Vaudeville-Text von JULES VERNE handelt ? (vermutlich hat auch DICKENS keine Ahnung gehabt; aber just deswegen ist es ein doppelt netter Beleg : wie Wir-Alle doch zusammenhängen !).

Tiefsinnig ist das ‹Karpathenschloß›; wo ein Millionär, dem die geliebte Sängerin starb, sich allabendlich ihr Bild, vermittelst einer Art Prä-Tonfilm, zurückruft; halb Voyeurismus halb neuer Todtenkult. / Ein vom Stoff her besonders gewichtiges (und für uns peinliches) Buch sind die, unter dem Eindruck von 70–71 geschriebenen ‹500 Millionen der Begum› – an sich auch wieder auf POE zurückgehend : in Dessen ‹Park von Arnheim› erbt der Held ein ähnliches Riesenvermögen, 450 Millionen. Während bei POE aber vom Helden nur ein subjektiv-verbindliches ‹paradis artificiel› skizziert wird, hat VERNE hier 2 Vertreter der Menschheit bemüht : 1 humanen Franzosen, der von seinem Anteil ‹Ville France› anlegt; halb lockere Siedlung gesünderer Zukunft, halb Künstlerkolonie. Auf der andern Seite 1 Deutscher, Schultze geheißen, der ‹Stahlstadt› errichtet – und da nun ist *niemals so früh* das finstere Panorama einer Hitler-Landschaft, bis in präzise Einzelheiten hinein, gezeichnet worden; buchstäblich intuitiv; mit der Hellsichtigkeit des Hasses ! Alles ‹Gehabte› ist erschütternd vorhanden : der tauromorphe Diktator in seinem ‹Stierturm›; die wahnwitzige Aufrüstung, mit dem Rumfummeln an & Prahlen mit ‹Geheimen Waffen›; die uniformierten, ekel von sich begeisterten Arbeiterheere, unter halbem KZ-Verschluß; und die ‹SS›-Typen, ‹Arminius & Sigimer› – man kommt sich, als Deutscher, zum Speien blöd vor, wenn man erwägt, daß dergleichen ‹zur Warnung› seit 1875 vorhanden gewesen ist; sogar hunderttausendfach ins Deutsche übersetzt !

Aber rasch noch ein friedlicheres Bild : in den ‹Historien von Jean Marie Cabidoulin› hat VERNE etwas, dem Selbst-Schreibenden sehr merkwürdiges, gemacht : ein ganzes Schiff mit den Klassenkameraden seiner Schulzeit, namentlich aufgeführt, bemannt, und sich in ihrer Gesellschaft auf die Reise begeben – vielleicht nicht der schlechteste Kunstgriff eines Alternden, sich ein klein wenig zu ‹verjüngen› ? –

Aber inzwischen wäre ja wohl allmählich die Zeit für einen mittleren Knalleffekt gekommen :

4

Da habe ich also, vor nun rund 10 Jahren, ein Buch geschrieben – das eben, vor ein paar Monaten, als Fischer-Taschenbuch erschienen ist – ‹Die Gelehrtenrepublik›. Es besteht aus 2, jedoch sehr zusammengehörenden & immer wieder miteinander konfrontierten Hälften;

a) der Schilderung einer ‹reservation‹, allwo sich die ‹Folgen›, der, doch wohl nicht aufzuhaltenden Atomversuche herumtummeln : scharmante Zentauren; die schon etwas unangenehmeren ‹Fliegenden Masken›; und endlich lugubre ‹Never-Nevers›, die Riesenspinnen. Unter sie Alle gerät, ziemlich unversehens, ein armer Reporter; der an sich nur einen Permit für die ‹IRAS› hat, eben jene schwimmende Stahlinsel der (parodiert-klopstock'schen) ‹Gelehrtenrepublik›.

b) Die ihrerseits dampfert genüßlich in den Roßbreiten herum, als ‹*I*nternationale *R*epublik für *A*rtisten & *S*cientisten›; also eine Art rosigerhöhtem Pseudo-Worpswede; und auf Seite 116 des Originals heißt es.... : ».....wenigstens ungeniert die Bilder an den Wänden betrachten. / ..... / Hier ein Medaillon, aus dem mir ein Vollbärtiger erheitert zusah, ‹Jules Verne›, ähä. – Ei'ntlich nie gehört. – (Aber was Namhaftes mußte er schon erfunden haben; denn es stand was drunter, von ‹whose creative spirit›; ein MDCCC, (und dann noch der Schwanz der Zahlenreihe, genau so lang)... / ..... : (Vielleicht der Erfinder der Schreibmaschine ? ! 1800-so-&-so-viel könnte zeitlich stimmen !).« Hierzu, unten auf der Seite, die gravitätisch-narrende – und trotz ihrer Steifhosigkeit doch auch wieder idiotisch-weiterfördernde ‹Fußnote› des fingierten Übersetzers : »Natürlich der seinerzeit recht bekannte welsche Populärschriftsteller; nach dessen ‹Reise zum Mittelpunkt der Erde› unser großer deutscher Storm möglicherweise seine unvergleichliche ‹Regentrude› entwarf. Vergleiche mein Gymnasialprogramm, Bonn, 1966.«

Jaja; schon recht; ‹Bon›. Aber dies ist 1 der mehreren Hinweise, wo ich meine große Anregung für eben-diesen zweiten Teil meines Buches andeute; nämlich Jules Verne's

‹L'île à hélice›, (Lilli & Alice) : ‹Die Propellerinsel›. –

1894 war es, als er, mit schon erlahmender Kraft, dieses *mir* immermerkwürdige Stück zu Papier brachte – absolut genommen, ist es eines seiner schlechteren, hastigeren. (Ich möchte hier einmal die schöne Hartlebensche Parallel-Übersetzung empfohlen haben, die alle die, unter Verne's Aufsicht entstandenen, Illustrationen hat. Am deutschen Text ließen sich fraglos so manche Verbesserungen anbringen.) Nun war allerdings Verne, wie sich's zu seiner Zeit für einen besten Aufklärer gehörte, technischer *Optimist*; das heißt, es kam ihm so gut wie nie in den Sinn, daß ein Mensch den Andern schließlich auch mit einem Portable erschlagen könne. (Im tiefsten Grunde ist das 1 Punkt *für* Jules Verne, *für* einen Licht-Freund von Geist; *nicht gegen* ihn.) Überdem ist seine Schreibe, wie's den ‹Volksschriftsteller› leider gruselig ziert, plan & dünnflüssig, so daß ‹Tausend Worte Französisch› für seine Lektüre hinreichen – »Les mots ne me viennent plus« stottert ein Briefbekenntnis jener überarbeiteten Tage – jegliche Übersetzung, so einfältig sie uns auch scheinen mag, ist fast stets besser als das Original; (was besonders für die Übertragungen ins Englische gilt).

Und so ist denn bei ihm auch dieser herrliche Einfall hoffnungslos ins Platte reduziert worden : es sind eben nur 2 schwerreiche Kaufmanns-Familien, die die Propellerinsel in halbierter Konkurrenz auf Aktien erbaut haben. Ein luxuriöser Tummelplatz für Technoides, durchtänzelt von Süßen Nichtigkeiten ist hergerichtet; mit Schlauchanschlüssen für Havanna-Raucher, Fernsehtelefonen & Fahrgestühlen; die Mentalität ist die einer permanenten Welt- plus Bade-Reise; und am happigen Ende ‹kriegen sich› Söhnchen & Töchterchen der beiden, hochfinanziell beteiligten Zechenbarone, unerbittlich. Nu solln se.

Dennoch habe ich, außer dem Bilde der Großen Insel, diverse seiner Possen mir angeeignet; schon aus dankbar gerührter Knabenerinnerung : Seite 106 heißt mir mein Inselpräsident genau so ‹Calistus Munbar› wie bei VERNE, (das reziproke ‹BARNUM› kam mir noch rechter als ihm). Die technischen Daten (Seite 114) hab' ich ihm zu Ehren einfach, ohne nachzurechnen, abgeschrieben : das war ich meinem Vorbild, dem Meister der Genauigkeiten, schuldig !

Sonst allerdings kaum noch etwas. Wer sich die beiden Stücke nebeneinanderlegt, wird erkennen, daß ich – ob Szenerie; ob Ereignisse; ob Denkweisen der Personen & Persönchen; schweigen wir ganz vom ‹Styl› ! – ihm *Entscheidendes* nicht zu verdanken habe.

5

Aber das wäre, möchte man einwenden können, immerhin schon wieder 10 Jahre her – ach was, ich will mir auch ma das Gütchen tun, und ‹2 Lustra› schreiben – und wo denn das, zu einer wahren Liebe erforderliche, ‹on revient toujours› bliebe ? – Ich glaube, mir selbst hierauf die Antwort leisten zu können. –

Ganz abgesehen davon, daß ich noch 1 weiteres Buch VERNE's in petto habe; wo er, ähnlich wie in der ‹Propellerinsel›, einen glänzenden Grundeinfall dadurch verplemperte, daß er ein banales, ja läppisches Fabuliergeranke korbmachern drum-herum flocht : also das könnte *ich so viel* besser-bedeutender machen ! – man vergebe mir die kleine Prahlerei : mehrere Andere könnten's ebenfalls, ich weiß, es ist grade in diesen Fällen ganz peinlich leicht, und eigentlich ein rechter Einwand gegen VERNE – den Titel nenne ich diesmal selbstredend nicht; ich war wirklich bereits entsagungsvoll genug. –

Aber voriges Jahr zum Beispiel, hat mich ein guter Bekannter im Auto mit nach Tönning genommen – ich reise nicht mehr gern; nur wenn es unbedingt sein *muß*, also dienstlich – und so machte ich denn auch hier die morose Bedingung, daß wir am 15. Juni, gegen Abend, dort einzutreffen hätten. Das geschah. Am Morgen darauf sind wir dann langsam die Eider entlang, nach Osten zu, gebummelt..... *(leiser)* : »die sich in unzähligen Krümmungen dahinwindet : oft kommt man ganz nahe an den Punkt wieder zurück, wo man vorher war. Das Land ist flach aber üppig grün, und hat viele Weiden, auf denen sich Pferde, Kühe & Schafe zu Hunderten frei umhertummeln. Von Zeit zu Zeit erscheinen einzelne bewaldete Hügelchen – Fabriken, Landgüter, die Häuser mit ungeheurem Strohdache bedeckt; die niedrigen gelbgrauen Backsteinmauern durchbrochen durch Fenster mit grünem Rahmen. Kleine Flecken, die alle unter Bäumen wie versteckt liegen. / Von der Pracht der Vegetation dieser nordischen Lande, macht sich Derjenige, der sie nicht selbst gesehen hat, kaum eine richtige Vorstellung ! Der Kanal führt durch einen veritablen Park, eine Art ‹Saint Cloud›; aber mit 200 Fuß hohen Bäumen, vorzüglich Buchen. Oft erweitert sich die Eider zu ausgedehnten & ruhigen Wasserbecken, welche das Bild ihrer anmutigen Ufer unverändert widerspiegeln. Weiterhin zieht sich der Fluß zusammen, und windet sich in zahllosen Biegungen unter gigantischen Bäumen hin, deren Kronen sich über seinem Bette berühren & ein für die Sonnenstrahlen undurchdringliches Gewölbe bilden : die Yacht gleitet ruhig durch die geheimnisvollen Laubengänge, zwischen hölzernen Baken & geflochtenen Uferwänden hin, und die Fahrt scheint nach unbekannten Welten zu gehen ! Rings um das Schiff zittert & säuselt ein Blättermeer, und das Ufer verschwindet gänzlich unter dem dunkelglänzenden Grün.....«

Vielleicht haben meine Begleiter – das heißt, korrekt gesprochen war *ich* ja der Bey-Fahrer; eine Art ‹denkenden Ballastes› – gemeint, ich schwelgte in Reminiszenzen à la ‹Eidora Romani terminus Imperii› – (aber nein; das wäre ungerecht; sie wußten natürlich, daß ich ein ‹fruchtbringender Gesellschafter› bin & immer ‹meine Gründe› habe). Immerhin muß es erst einmal rätselhaft – also auch wiederum furchtbar spannend – gewirkt haben : wieso ich öfters, gerade an dieser 1 bestimmten, für unbeschnittene Augen gänzlich un-markanten Stelle zu halten gebeten; mich, den alten Leinpfad entlang, ans Ufer verfügt; und dann – während männiglich die Einsatzmöglichkeiten eines Bötchens mit Außenmotor überschlug, oder in den prachtvoll blau- & windigen Fluten plätscherte – mir's vorzustellen versucht habe :

wie der ‹Saint Michel III› damals, am 16. und 17. Juni 1881, hier laviert haben werde (war es doch tatsächlich nötig geworden, zu überlegen, ob man nicht Bugspriet samt Gallion abmontieren müsse). Denn Jules Verne's Dampfyacht war immerhin 33 Meter lang; und hatte, außer dem Kapitän Ollive & dessen Sohn, 1 Maschinisten, 2 Heizer, 1 Obersteuermann, 3 Matrosen, 1 Schiffsjungen & 1 Koch – alles Bretonen – an Bord; die 4 Passagiere ungerechnet.

Und mag man es für noch so pueril halten, dies ‹errötend seinen Spuren folgen› – (es ist selbstverständlich *mehr*; ist ein Sich-Identifizieren, ein ‹Sich-Durchlässig-Machen› für die Mentalität eines Anderen; (daß Jahreszeit, also Temperatur, Sonnenlauf, Stand der Herrn & Frauen Sternbilder, ebenfalls möglichst gleich sein sollten, mag immerhin Pedanterie heißen)) – ich habe jedenfalls mehrfach-ungescheut das betreffende Kleinoktavbändchen aus der Tasche gezogen, und's, im Stehen, nachgelesen :

: »Was aber beginnt man, während die Yacht durch das Wasser der Schleusenkammer gehoben oder gesenkt wird; je nachdem auf welcher Seite der Wasserscheide man sich befindet ? Nun, man lustwandelt auf den, sauber wie Parkwege unterhaltenen, Uferpfaden; man legt sich träumend in den dichten Schatten, der mit erquickender Kühlung labt. Freundliche Schenken, meist da errichtet wo der Weg einen Winkel bildet, laden mit ihren angestrichenen Holztischen zu einem Glase vortrefflichen, schäumenden Bieres ein : Alles ringsum ist voll fröhlichen Lebens, reinlichst & wirklich bezaubernd.«

Das würde – falls ich die Zeit dazu finden sollte; ich kann's jetzt noch nicht sagen – auch eine hübsche Geschichte werden. Schon ist einiges Archiv-, Akten-, Urkunden-Studium davorgeschaltet; obwohl die französische VERNE-Forschung praktisch noch nicht vorhanden ist : die einzige sich so nennende ‹Biografie› ist reine Windbeutelei, deren Hauptforce in unzähligen »Hélas !« & sonstigen Deklamationen besteht. (Die paar Bemerkungen ROLAND BARTHES' sind von professoraler doktrinärer Unzulänglichkeit; man merkt ihnen sofort an, daß sie von einem Mann zweiten Ranges stammen, der niemals imstande gewesen ist, auch nur 1 einzigen brauchbaren Roman zu bauen.)

Also dies Buch steht ernstlich mit auf dem Programm; ebenfalls lose angeregt durch JULES VERNE. –

Aber nun direkt *‹schreiben wie er› ?* :

: *Jamais !*

DAS LEPTOTHE=HERZ

Anmerkungen zu JULES VERNE's *‹Reise zum Mittelpunkt der Erde›; Diogenes Verlag, Zürich, 1971.*

I

Über die Bedeutung eines im Fleiße alternden Mannes, der auf sämtliche 64 Felder eines Schachbretts je 1 Roman hätte legen können, (auf manche sogar 2), wäre heut, nachdem mehrfach, und nie ganz ohne Erfolg, der Versuch seiner Wiedergewinnung gemacht worden ist, beinah schon Probehaltiges zu äußern. Hier, bei beschränktem Raum, genüge die Andeutung : wie er den Beweis geführt hat, daß Naturwissenschaften und Technik nicht nur nicht ‹ohne Poesie› seien; sondern sogar ideale Nährböden für gesichertere, schärfer beleuchtete Träumungen, als die früheren eisenbahnlosen, die gräßlichen Zeiten. Die Fantasien der Gelehrten – (sie selbst nennen's ‹Theorien›) – sind allzeit geschickt und keck gewesen, und unterscheiden sich von denen der Dichter nur durch die geringere Sprachkraft. Jedenfalls ward gerade in den Dezennien 1860–1900, wo die Technik die Zivilisation durchdrang, und alles Milieu in ‹Naturalismus› zu (ver)enden drohte, der Nachweis überwichtig, daß die Nüchternheit von Zahlen=Daten=Fakten (sichtbar in Gestalten von Schaltern=Hebeln=Motoren) um überhaupt verarbeitet, ertragen, werden zu können, den Heiligen Ehebund mit einer wahrhaft kolossalen Romantik nicht bloß erlaubte, sondern sogar forderte – und die erste der hier möglichen Sprößlingsscharen, lieferte eben JULES VERNE, mit seiner sensiblen Trockenheit und konstruktiven Süße – ‹eine Rose aus Stahl›, (wie G. de Bastard – Was'n Name auch wieder ! – ihn nannte).

Das haben nicht nur die Techniker anerkannt – indem sie das erste Atom=U=Boot ‹Nautilus› und Tebbutt den Kometen 1881 iii ‹Komet Verne› tauften; oder Lesseps (vom Suez=Kanal) nicht ruhte, bis er ihm das Kreuz der Ehrenlegion verschafft hatte; Roosevelt (‹Teddy›) schätzte die ‹500 Millionen› sehr – auch die Dichter haben ihn fast Alle gemocht. Seine eigenen Zeitgenossen zwar kannten ihn, schätzten ihn weniger – er war ob seines relativ geringen Wortschatzes leicht zu benaserümpfen; ‹die Liebe› eliminierte er 100%ig und allzubewußt, (worauf sie sich denn rächte, und sich in die KulissenBildungen seiner Werke einschlingelte); und gewisse Schemata verwendete er auch überflüssig häufig – etwa das vom grundgelehrten, aber eben etwas akadämischen Herrn; der dafür über den umfassend ‹praktischen›, witzig=pfiffigen, dabei treuwiegoldnen Dienertyp verfügt – am ‹dicksten› ist er noch mit Dumas=Père gewesen, mit dem zusammen er sogar mal ein Theaterstück geschrieben hat. Aber Gerhart Hauptmann erwähnt den ‹Grünen Strahl›, Proust's ‹Recherche› kennt ihn ebenso, wie Joyce im ‹Odysseus›; Sartre erwähnt ihn in seinen ‹Wörtern›; und ich schließlich bin zeitlich so gefallen, daß meine Kinderjahre noch in die letzte Verne=Flut vor dem 1. Weltkrieg hineinreichen; ich habe das halbe Jahrhundert seines ‹Einfrierens› überdauert; und erlebe nunmehr seine, sehr berechtigte Renaissance; (ich habe mich aber auch stets bei ihm bedankt; und werde das, gelegentlich, wiedrum tun). –

Kleinigkeiten aus seiner Bio. / Das beigegebene Porträt des 25=Jährigen, (von dem, die Züge hoffnungslos verschmierenden Bart befreit), zeigt die unerwartete Massivität, zumal der Kinnpartie : wenn man *das* sieht, wird eine Energie begreiflich, die, 40 Jahre lang, alle 6 Monate ein Buch an Hetzel abliefern konnte. (Ich empfehle nb, sich einmal ähnlich das Bild des jungen Raabe anzusehen : welch prachtvoller Kopf ! Und wenn man in dem Band umblättert, ebbes Ausgefranstes Aufgeweicht=Umrißloses – schade um *das* Gesicht!) / Er begann, wie schon angedeutet, mit einer ganzen Anzahl von Arbeiten für's Theater – Vaudevilles, (‹Musicals› würd man heute sagen) – leichtgewichtige Libretti; ⅓ verloren; ⅓ ungedruckt; alle ein paar Wochen lang aufgeführt & recensiert & wieder ab, id Versenkung. / Erst als er schon 35 Jahre alt war, fand er die Form, durch die er gerad in diesen Tagen wieder aufsteigt ‹vers l'immortalité et l'éternelle jeunesse›, (wie's auf seinem Grabstein steht) : 1863 erschien die erste der ‹wundersamen Reisen›, die ‹5 Wochen im Ballon›. Die hier gleich ganz nahe besprochene ‹Reise zum Mittelpunkt der Erde› war das zweite der Serie. / Er war verheiratet; (nachdem er lange Jahre dem Club ‹Onze=sans=Femmes› angehört hatte; über seinen 1. Sohn war er verstört & ernüchtert : der war ihm zu laut !). / Eine späte Große Liebe, ‹extra=terrestre & supra=humaine›, soll einer ‹Syrène› gegolten haben – übersetzen Wir : einer Sängerin; deren Denkmal das, in seiner rührenden Entschlüsselbarkeit ergreifende, Buch vom ‹Karpathenschloß› ist : der Bericht vom Alten Manne, der, in seiner technisch abgesicherten Einsamkeit, sich allabendlich Bild & Stimme der Geliebten zurückruft; (‹vermittelst Film & TonBand› würde heut jeder Teener, kopfschüttelnd=verständnisvoll einwerfen – schon recht; aber nicht 1892 selbstverständlich. Hier scheint, wieder einmal, durch ‹Die Familie› allerlei sekretiert & verschwunden=gemacht.) / Er war übrigens, in Gesellschaft, ‹mürrisch und verschlossen›; ob man ihm auch, ad Abendtafel, die hübschesten Puppen von Amiens oder Nantes zur Seite setzte – er, schwerer AltersDiabetiker, bei dem Augen & Gehör nachließen, vertrug weder Lob noch Tadel noch die bloße Erwähnung seiner Bücher : ‹Über öffentlich geträumte Träume reden ? Jamais !› / Deutschland hat er, spätestens von 70=71 an, gehaßt. (Umso einzigartiger dies ‹Centre de la Terre› hier; dessen Helden ja Norddeutsche sind.) / Einmal verübte ein Jugendlicher ein RevolverAttentat auf ihn, das ihn bis in die Grundfesten erschüttert hat – seine ganze ‹Einstellung zur Jugend› ward ‹eine andere› ! (Int'ressant, daß er, während der Zeit seiner Genesung, 800 ‹magische Quadrate› in Worten entwarf.) / Eins noch, (und typisch für sehr erfolgreiche UnterhaltungsAutoren), sei betont : er hat, sein ganzes Leben hindurch, immer wieder versucht in die ‹Literatur› vorzustoßen. Ein Dialog zwischen ‹Léonard de Vinci et la Joconde› wollte die geisterhaft unkörperliche Liebe philosofisch begründen & rechtfertigen, (ist also wohl zum ‹Sirenen›=Kreise zu rechnen). – Das zweite dieser Stücke läßt sich bis '64 zurückverfolgen; auf einen Artikel im ‹Musée›, id er bereits dem Wunsche Ausdruck lieh : es möchte Einer kommen, der Edgar Poe's ‹Gordon Pym› fortsetze. (Er scheint Poe nur id Baudelaire'schen Übersetzung gekannt zu haben; (wie denn seine linguistische Ausrüstung nichts weniger als umwerfend gewesen sein dürfte).). Immerhin erlaubte ihm seine Prädilektion für ‹les îles froides; les mers tristes›, nachzufühlen, daß Freund Poe zwar ein WortMagier ersten Ranges gewesen sei; gleichzeitig aber nicht ‹1 atom de foi› gehabt habe – was den Tatbestand schlicht trifft und eines der Unterscheidungsmerkmale darstellt, gegenüber einem Mann, der, und begeistert, eine vollstündige Audienz bei Papst Leo XIII. goutieren konnte, samt dessen eunuchoidem Lob : ‹er sei so brav hodenlos›; (und Keiner der Beiden sagte sich, daß ‹das ja dann irgendwo doch raus müsse !› Wir *sind* nun einmal, seit der Pflanzen= oder Einzeller= oder Schnecken=Stufe, in 2 Geschlechter zerspalten – meinthalben so sehr à la Plato=Aristophanes wie man will – also aus Epochen her, die weit=weit vor jeglichem ‹Christentumb› liegen – so daß man eigentlich nur noch den Kopf schütteln kann, über WortZeugs, das mit Adjektiven wie ‹religiös› oder gar ‹kultisch› arbeitet)). Jedenfalls hat Verne sich als genötigt empfunden, diese, (seiner Empfindung nach ‹eine Lücke› ausfüllende) Fortsetzung zu schreiben; und seine ‹Sphinx de Glâce› kenn' ich selbstredend auch.)

2

Nun speziell zur ‹Reise zum Mittelpunkt der Erde›. Einige der Lokalitäten hat er gekannt : das alte Hamburg, in dessen Königstraße Nr. 19 er seinen Helden, den Professor Lidenbrock, wohnen läßt, (wie oft hab' ich nicht als Kind davorgestanden – man kam ganz schnell vom Gänsemarkt dorthin; es konnte aber auch Große Bleichen, oder der Jungfernstieg sein – und mich gewundert, daß keine Tafel das Haus ziere !). Schleswig=Holstein hat er, mit seiner langen Yacht, dem ‹Saint Michel iii› besucht, die Eider von W nach O durchfahren, und in Kiel geankert; (ich bin die Eider mehrfach, aus bekanntin eigenproduktiven Gründen, entlang gepilgramt); wie Axel, der Neffe des Prof., habe ich in Kopenhagen auf dem Kongens Nytorv gestanden, und am Turm der ‹vår Frälsers Kirk› hochgesehen; bin auf der Terrasse v Schloß Helsingör gewandelt, am ganzen Leibe uniformiert, (‹tis bitter cold, and I am sick at heart›). An literarischen Vorlagen, die Verne benützt hat, kenne ich Figuier, ‹La Terre avant le Déluge› (Paris 1862; ob er unsern alten deutschen Quenstedt benützte, ist strittig); die S. 109 erwähnte Olsen'sche Karte von Island besaß ich einst ebenso, wie seine Hauptquellen für die Schilderung des Landesinneren, (von denen Kerguelen, den Verne notorisch gut kannte, oft vergessen wird).

Jetzt, da ich dies schreibe, liegen 5 Ausgaben des Buches rechts & links neben der Maschine : das französische Original des Verlages Hetzel, (die ‹Textvarianten› sind noch nicht gesammelt; es gibt aber welche, wenn auch nur ganz geringfügiger Art). Drei deutsche Ausgaben : die alte ‹Parallelübersetzung› des Verlags Hartleben, (‹Wien. Pest. Leipzig.›; deswegen zu erwähnen, weil eine ganze, scheinbar selbständige Serie, erschienen in ‹Leipzig, bei Adolph Schumann›, identisch damit ist; man hat sogar denselben Satz benützt), die vermutlich, wie die meisten der Reihe von einem ‹Dr. K. Lanz› steif übertragen sein dürfte. Dann die durchaus leidliche Übersetzung von Walter Heichen (Druck und Verlag von A. Weichert, Berlin; die mich seit über 50 Jahren begleitet). Und endlich nun die neueste Diogenes=Übertragung, von Wille und Klau. (Das fünfte ist die englische ‹Everyman›=Übersetzung, ‹20.000 Leagues under the Sea›.)

Die neue, dankenswert mit den alten französischen Illustrationen versehene Übersetzungsreihe – was die alte Hartleben'sche freilich auch hatte; und sogar im doppelt so großen Format, dem des Originals, womit verglichen die jetzigen doch arg ‹verkleinert› und undeutlich wirken – ist bereits ausgiebig gelobt worden : ‹nur aus Zürich könne der deutsche Verne kommen›; man habe ‹in jedem Betracht philologische Akribie walten lassen› (Werner Helwig); die Ausgabe sei ‹in jeder Beziehung sorgfältig›; und schließlich erweist man auch mir in Prospekten und Klappentexten die Ehre, frühere Veröffentlichungen eideshelferisch zu zitieren – bin ich es ja wohl allmählich dem Käuferpublikum, wie auch mir selbst, schuldig geworden, einmal 1 Band des bisher Vorgelegten zu untersuchen – es stehen schließlich mein Geschmack und meine Urteilsfähigkeit auf dem Spiel.

3

Also einfach den Seiten nach.

Da gehört zum Nebenpersonal die Haushälterin Martha (warum hat man eigentlich nicht das ‹Marthe› des Originals belassen ?; siehe ‹Schwerdtlein›), das ‹alte Mädchen› (S. 5) – franz. eine ‹vieille servante›, also wohl eher ‹bejahrte Dienerin›; die Übersetzer gebärden sich leider oft burschikos. (Auch den Namen der ‹ersten Liebhaberin›, Gräuben, hat man in ‹Grete› umgewandelt).

S. 8 : Der Geolog L. ist mit einfachsten Hilfsmitteln ‹ein sehr starker Mann›; entsprechender wäre ‹war nicht zu schlagen›, bzw. ‹vollbrachte der Mann Wunderdinge›. Er macht, sehr charakteristisch, nicht ‹Riesenschritte› (S. 10); wohl aber solche von ‹mathematisch genau 3 Fuß Länge›. Er ist, zwar nicht in seinen ‹Mußestunden› (14) wohl aber in seinen ‹moments perdus›, seinen ‹verlorneren Momenten› Bibliomane; beherrscht auch so manche Sprache : ‹Nicht nur, daß er die 2.000 Sprachen und die 4.000 Dialekte, die es auf der Erde gibt, fließend sprach, er verstand auch sehr viel davon› – abgesehen von dem merkwürdigen, hier gemachten Unterschiede, heißt es im Original selbstverständlich ‹die 2.000 Sprachen und 4.000 Idiome, die auf unserm Globen im Schwange sind, sprach er freilich *nicht* geläufig; aber er kannte doch ein gut Teil davon›; (so ist das ja auch wahrscheinlicher). Da sitzt er also jetzt, in seinem ‹alles andere als senkrechten› Hause (im französischen : ‹der aplomb seiner Linien ließ zu wünschen übrig›), in seinen ‹Plüschsessel› (14) geworfen, (korrekt : ‹ein mit Utrechter Sammet ausgeschlagener Fauteuil›), und klappt ‹die vergilbte Schwarte, aus der ein ebenfalls vergilbtes Buchzeichen heraushing› auf und zu : ‹Scharteke› wäre besser; und Verne hat ‹jaunâtre› und ‹décoloré›; da sein Wortschatz notorisch begrenzt war, hätte man ihm das ‹verblichen, farblos geworden› doch wahrlich lassen können. Und der Neffe antwortet ‹mit der Begeisterung, die er von mir erwartete› ? : nein; wohl aber mit ‹erzwungenem Enthusiasmus› – Kleinigkeiten, gewiß; aber grad auf diesen beiden Seiten 14=15 finden sich 8 davon; (und wer ‹Großigkeiten› will, der lese nur weiter !) Aus dem Buch fällt das Pergament, das Anlaß zu der ganzen Reise wird ‹mein Onkel stürzte sich darauf›... – mal abgesehen davon, daß es der ‹Oheim› ist, heißt es ‹il se précipita sur ce brimborion›, gleich ‹stürzte sich auf den Bettel› (‹Quark› wäre schon zu schlaksig). Marthe unterbricht mit : ‹Das Essen ist angerichtet› – zu französisch : ‹Die Suppe steht auf dem Tisch›. Dann entziffert man weiter die ‹merkwürdigen Wörter› (25) : warum nicht das ‹barock› des Originals beibehalten ?

Axel denkt, in einer Dechiffrierpause an Spaziergänge mit seinem

Gretchen; man käme da an der ‹alten Mühle› vorbei – daß die zusätzlich ‹goudronné› ist, also ‹schwarzgetheert›, wird weggelassen – aber schon ruft ihn d Prof, zur Ordnung; und hier S. 28 oben, ist zum ersten obwohl nicht zum letzten Mal, ein ganzer kleiner Absatz ausgefallen; nach Zeile 4 möge der Benützer sich ad Rand schreiben : ‹So weit war ich in meinem Traum, als mein Onkel auf den Tisch schlug, und mich barsch wieder zur Besinnung brachte›. (Wie kümmerlich im Dialog so übersetzt ist, belege 29 : ‹Na, na›, sagte der Professor; franz. ‹Hein !› fit le professeur gleich ‹Holla !› machte der Professor). / Und damit man mir nicht, hinsichtlich ‹Auslassungen› kleinliche ‹KorinthenKackerei› vorwerfe, will ich gleich das dickste Exempel hier erwähnen : S. 274, in der ebenso schönen, wie schlecht übersetzten Halluzination Axel's steht's : ‹Das Leptothe=Herz allein schlägt in dieser entvölkerten Welt› – damit die Besitzer selbst der rarst=schönsten Nachschlagewerke nicht in Verzweiflung verfallen, will ich's gleich erklären; im Original geht das so : ‹Mich dünkt, als glitten am verschwommnen Gestade die gewaltigen Säugetiere der ersten Zeiten vorüber, das *Leptothe*rium, das...› (*nun ist bei den Zürchern eine ganze Seite verschwunden* !; es geht, 33 Zeilen später, dann so weiter) : ‹...das ganze Leben der Erde vereinigt sich in meinem Gemüthe, und mein / *Herz schlägt allein*›. Man fragt sich : wird bei Diogenes denn keine Korrektur gelesen ? (In der gleichen Stelle noch mehrere Possen; ein fossiler Fisch wird gefangen, den ‹mein Onkel nicht erkennen› kann – es heißt natürlich ‹bestimmen›; und der GasNebel ist nicht bloß 14.000 mal größer als die Erde; sondern ‹vierzehnhundert=tausendmal›. Ich sprech's zwischendurch einfach 'mal aus : Alles ist so schnellfingrig=fantasielos geraten, die Unzulänglichkeit derart abscheulich, der Mangel an Einfühlungsvermögen so allumfassend, daß ich es mir für die Zukunft verbitten muß, mich auf Verlagsprospekten zum Appetitmachen anzuführen ! –

Weiter, S. 33 – (zur richtigen Begriffsbildung : ich ‹springe› ! Ich führe, von je 20 Zetteln, immer nur 1=2 vor.) – ein Mineralogen=Kollege hat ‹Geoden› geschickt : warum nicht das, so viel anschaulich schönere ‹Klappersteine› ? Axel's Pfeifenkopf zeigt eine ‹hingestreckte Najade› ? : sie ist ‹nonchalament étendue›, nachlässig=hingestreckt; und wird, im Bräunungsprozeß, allmählich zu ‹einer Negerin› : einer ‹negresse accomplie›; (um die Feinheit hervorzuheben, setze ich den englischen Ausdruck her ‹an accomplished negress›). / Nackte ‹Fehler› trifft man in peinlichem Überfluß; die ‹Schwäne« von 34=oben, sind ‹Störche›. Unschärfen ganzer Haufen : der ‹ähnliche Fall› von 42=Mitte, ist ein ‹Präzedenzfall›; (und die 6 Zeilen späteren Magenkrämpfe, ‹die für mich kleinen Vielfraß nicht gerade lustig waren›, heißen ehrlicher ‹die für einen Jüngling, von angemessen gefräßigem Naturell, nicht eben ein Labsal waren›... : ? – : ‹Dasselbe ?› : es ist eben *nicht*=dasselbe ! / S. 45 : der Professor ‹stürzte sich auf das Blatt Papier› ?; oh nein : ‹Wirren Blicks fiel er über das Blatt Papier her, und las, mit erregter Stimme...›. / S. 49 : ‹Glaubst Du, daß es so viel Verwegene gibt ?› – im Französischen steht : ‹daß die Zahl dieser Tollkühnen so groß sein würde ?› Aber der Prof. schickt ihn, überlegen, an das ‹zweite Fach des großen Bücherschranks› – ‹de la grande bibliotheque› : there is a difference. Man besieht sich die Island=Karte : ? : – und das dort ist der Sneffels ? : ‹Lui=même.› was nicht ‹Ja, der› wiederzugeben ist; sondern mit ‹Eben derselbe.› / S. 60 : ‹Ich eilte auf sie zu›; im Original : ‹Mit 10 Schritten war ich neben ihr.› / S. 63 : im Hause packt man schon; Axel erblickt : ‹eine Schar Dienstmänner, die alle möglichen Dinge *auf die Straße trugen*›; zu deutsch : ‹auf der Hausflur absetzten›. / S. 67 die kleine Gräuben ist so ruhig, als handle es sich nur um ‹eine Fahrt› nach Lübeck oder Helgoland – im Original ‹une promenade›, also ‹eine Spazierfahrt, einen Ausflug›. / Jegliche Seite 4 bis 5 Beanstandungen. / 73 : ‹mein Onkel hatte in seiner Hast übersehen› – das wäre witzlos; und es lautet denn auch im Original sarkastischer : er ‹hatte, in seiner überstürzten Eile, die Anschlußzeiten so genau berechnet› daß man natürlich alle Anschlüsse verpaßt. / 74 : der Prof. hätte dem Zug am liebsten ‹Beine gemacht› ?; ‹poussait le wagon avec ses pieds› : ich weiß wohl noch, wie unsre Eltern, während endloser Personenzugfahrten um 1920, uns Kinder damit beschäftigten, daß Wir ‹schieben helfen› sollten ! / 75 : ‹da der Prof. viele Sprachen beherrschte› : ‹in seiner Eigenschaft als Polyglott›; (umso richtiger, als im Stromboli=Finale, noch ein (letztes) Mal darauf zurückgekommen wird). / 76 : der kopenhagener Islandfahrer läßt sich, für die Überfahrt auf seinem ‹Kahn› – (in zürcher Anführungsstrichen) – gut bezahlen; französisch lediglich ‹sur son bâtiment›. / S. 77 : das ‹rote Dach›, unter dem die ‹Fregatten schlafen› frappiert den modernen Leser. / 78 : ‹Er befahl mir...›; : ‹ich erhielt Ordre, meine Schritte dorthin zu lenken›. / Man besteigt den schmalen=hohen KirchThurm : ‹Monte !› ruft der Professor : ‹Hinauf !›, (nicht ‹weiter› wie Diogenes will !) Und nicht ‹Ich schlug die Augen auf›; wohl aber ‹Je dus ouvrir les yeux› : ‹Ich mußte die Augen öffnen›. / Endlich embarkiert man sich : ‹Du wirst uns be*stimmt* zu*stimmen*› : franz. : ‹tu nous approuverais sans doute› : ‹Du wirst uns zweifellos Beifall zollen›.

4

Wo anfangen, wo enden ? Ich führe nur noch ein paar der empfindlicheren Possen auf. / S. 85 : die ‹von den Südwestwinden zerklüftete Küste› ? : nein; sie ist ‹wildzerklüftet und von den SW Winden berannt›. Noch ehe mein Onkel ‹an Deck ging› ? : nein; er geht ‹von Bord› / S. 88 es ‹interessiert mich wenig› ? : ‹cela m'interesse médiocrement›; dh ‹nur mittelmäßig›. / Typisch das Verfahren des Verlages auf S. 92 unten, dies in 2 Zeilen zusammenzuquetschen : ‹Als ich in das Haus des Herrn Fridrickson zurückkam, fand ich meinen Onkel dort bereits vor.› – abgesehen davon, daß VERNE den Mann ‹Fridriksson› schreibt, fehlen sowohl das ‹après une bonne Promenade› – ‹nach einem ausgiebigen Spaziergang›; wie auch daß er den Onkel ‹schon in Gesellschaft unsres Wirtes› dort vorfindet – weil man damit auf die andre Seite gekommen wäre, hat man anderthalb Zeilen einfach weggeputzt. / S. 95 Der Onkel gehört (angeblich) ‹schon Hunderten von Wiss. Gesellsch.› an – franz. ‹une centaine› also ‹rund hundert› – und er nimmt Herrn F.'s Antrag ‹zu dessen Befriedigung... gern› an ? : nein; ‹huldvoll› nimmt er an, und F. ist darob ‹tief gerührt›. / S. 105 : ‹ein Thermometer vom jungen Boissonas› in Genf – sagen wir ‹B. junior›; es war ein berühmter Instrumentenmacher. / S. 154 das ‹Scheitern vor dem Ziel› ist natürlich ein ‹échouer au port›, also ‹im Hafen›. / S. 155 der Schatten des Scartaris zeichnet sich wie ‹eine spitze Gräte ab, und begann sich mit dem leuchtenden Gestein langsam zu drehen› ? : nein; allenfalls wohl ‹Grat› aber ‹Spitze› wäre noch besser; da die Sonne den Schatten wirft, ist statt ‹Gestein› ‹Gestirn› zu lesen. Und der Professor ruft erleichtert=begeistert : ‹Au centre du Globe !› also ‹Auf zum Mittelpunkt der Erde !›. Bei Diogenes freilich bemerkt er dämisch : ‹Da geht es zum MdE.› / S. 156 ‹bis jetzt war die Ermüdung schlimmer als die Schwierigkeiten› – ‹Strapazen› wäre besser. / S. 176 ist wieder ein Satz ausgefallen; hinter Zeile 11 ist einzusetzen ‹Bergauf ?› machte mein Oheim achselzuckend›. / S. 201, wo man im Innern d Erde Wasserrauschen vernimmt, ist das ‹Gebirgsbach› besonders bildstörend; im Original steht auch ‹torrent› dh ‹reißendes Wasser›. / S. 203 ‹Nichts ist gefährlicher› – wenn man wenigstens noch geschrieben hätte ‹war› gefährlicher; die korrekteste Übersetzung müßte lauten ‹nichts konnte ja riskanter sein›. / Besagtes Wasser ist auch heiß, und man ‹verbrannte› sich die Hände – sagn Wa ‹verbrühte›. / S. 218 Der Erdradius beträgt an dieser Stelle 1600 Meilen, und ‹davon haben wir *zwölfhundert* zurückgelegt ?› – wollen's kurz machen; es sind ‹douze›, ‹ein Dutzend›. / S. 247 ein Beispiel für das schnell=schlottrige Verfahren der Übersetzer : ‹Zuerst sah ich nichts. Ich kniff meine lichtentwöhnten Augen zu. Als ich sie wieder aufschlug, war ich mehr erschrocken als verwundert.› Dabei heißt es : ‹Meine des Lichts entwöhnten Augen schlossen sich jäh. Als ich sie wieder zu öffnen vermochte, war ich noch immer mehr bestürzt, als erstaunt›. / S. 254 ‹Es sind nur Pilze.› sagte er. Im Original : ‹Ce n'est qu'une forêt de champignons› : ‹Das ist nichts als ein Wald von Champignons›. Aber ‹eine tödliche Kälte ging von diesen Ungetümen aus›; im Original ‹voûtes charnues› : ‹Eine tödliche Kälte kam von diesen fleischigen Wölbungen hernieder.› / S. 256 Lepidodendren sieht man dort ‹mit zylindrischen geteilten Stengeln und langen rauhhaarigen Blättern› – korrekt : ‹mit dichotom verzweigten Stämmen, die in langen Blättern endigten, und von rauhem Haar strotzten wie ungeheuerliche Fettpflanzen› : dies verwünschte DrüberhinGehusche ! / S. 258 er setzt sich auf einen Felsvorsprung, unter dem die Wellen ‹venaient se briser avec fracas› – soll angeblich heißen ‹glucksten› ! Ein ‹sich tosend brachen› wäre angemessener. Und er fragt sich auch : ‹Würden wir je das andere Ufer kennen können ?› – mal abgesehen von dem klanglich schwer erträglichen ‹kennen=können› muß es auch heißen ‹zu Gesicht bekommen ?› / Einschiffung : ‹ein aus zwei zusammengebundenen *Stäben* hergestellter Mast› – es sind ‹Stangen›. Gegen Mittag trieben riesige Algen auf den Wellen : ‹ich wußte, wie gefährlich diese Pflanzen werden können›. Original : ‹Je connais la puissance végétative de ces plantes› : ‹ich kannte die vegetative Kraft dieser Pflanzen› / S. 276 ‹ich habe geträumt› – bei mir steht ‹ich habe eine momentane Halluzination gehabt› / 277 ‹Die Geschwindigkeit ist nicht zu klein, aber das Meer ist zu groß› – beide Male muß ein ‹*mir*› hinzugefügt werden, um den Sinn herauszuholen ! / 280 betrachtet er bestürzt die ‹Hacke› (mit der man eine Lotung im Meer vorgenommen hat) – es ist ein ‹barre de fer› ein Stück Eisen. Etwas später wird es sogar zur ‹angeknabberten Spitzhacke› : ‹demi rongé› mit ‹angeknabbert› wiederzugeben ! / 286 ‹daß unser Floß zigmal fast kentert› – das ist Schuljungen-Deutsch; im Original sind's ‹*zwan*=zig Mal›. ‹Man hört ein schrilles Pfeifen› – bei VERNE : ‹Zischen von fabelhaft durchdringender Schärfe läßt sich hören.› : diese Schludrigkeit ! / S. 296f. zieht ein Gewitter auf; und d Wolken sehen aus wie ‹dicke Wattebäusche› – wie ‹BaumwollBallen› ! ‹Nous aurons de l'orage› bemerkt denn auch Axel : ‹Wir bekommen ein Gewitter› – vielleicht wäre ‹Es wird Sturm setzen› vorzuziehen. ‹Allgemeines Schweigen. Auch der Wind schweigt.› – im Original ‹Silence général. Le vent se tait.› gleich : ‹Der Wind ist abgeflaut.› Die Haare sträuben sich, ‹wie wenn man sich einem Elektrogerät nähert› – es ist natürlich eine ‹ElektrisierMaschine›. (Wie heißt es in der Reklame ? doch nicht etwa, daß unsre Jugend sich an dergleichen naturwissenschaftlich bilden solle ?). Axel macht den Vorschlag, den Mast zu ‹fällen› – jeder Seemann hätte zumindest ‹kappen› gesagt; aber es heißt auch nur ‹abatton› also ‹umlegen, niederlegen›. ‹Das Floß wird emporgehoben und schwankt nach allen Seiten› : wie das Tempo verfehlt ist ! ‹Das Floß hebt sich; es hüpft förmlich !› ‹Mein Onkel ist der Länge nach hingefallen› ? nein : ‹umgeschleudert›. ‹Das Floß jagt mit einer Schnelligkeit dahin, die ich nicht schätzen kann› – im Original ‹die ich nicht zu schätzen vermag; aber noch immer nicht so reißend schnell, wie die Wassertropfen, die es verdrängt, und die in ihrer Geschwindigkeit schnurgerade Linien bilden.› : wieder 3 Zeilen gespart ! Aber anhalten will Niemand : ‹Nej›, sagt Hans, ‹sanft den Kopf schüttelnd.› Natürlich nicht sanft; sondern ‹doucement›, in diesem Falle ‹gemächlich›. Die Unbeholfenheit nimmt kein Ende ! : ‹Hans ist wie immer› ? : nein : ‹Hans nur ist der alte›. ‹Wir sollten unser Segel einholen› ? nein : ‹Das Segel muß herunter !› ‹Wir sind starr vor Schrecken› ? – nein : ‹zu Eis erstarrt›. Der Kugelblitz auf dem Floß ist so groß wie eine ‹Kanonenkugel› ? nein: wie eine ‹bombe de dix pouce› wie eine ‹zehnzöllige Bombe›. Die Blitze ‹wüten› ? : sie ‹züngeln durcheinander›. / ‹Wohin geht es nur ?› – hier hat das französische das unendlich viel stärkere : ‹Ou allons-nous ? Ou allons-nous› ? : ‹Wo fahren wir hin ? Wo fahren wir hin ?› / S. 309, Zeile 10 vu fehlt wieder eine Zeile : ‹Diese Heiterkeit war etwas arg !› –

5

Ich will nun ein Ende machen; aber Niemand wird hoffentlich daran zweifeln, daß ich noch 10 weitere Seiten mit Ausstellungen zu füllen vermöchte – schiebe ich also die hunderte von verbleibenden Zetteln einfach in mein Diogenes=Exemplar hinein; wo sie ruhen mögen, bis sich ein Int'ressent dafür finden wird.

Ein Resümee muß jedenfalls lauten : zumindest dieser eine Band der mit solcher Lautstärke ausposaunten VERNE=Ausgabe – gerühmt von allen möglichen Leuten, (die sich anscheinend auch darin einig sind, nie eine andere Übersetzung, geschweige denn das französische Original in die Hand genommen zu haben) – ist ein kläglicher Rückschritt gegenüber den älteren deutschen Übertragungen, zumal der von Walter Heichen. Nicht nur, daß der Ton des Originals total verfehlt, und durch pueriles Geschnodder ersetzt worden ist : die reinen Fehler, richtiger schon ‹Böcke›, treten in solchen Hunderter=Rudeln auf, daß der Ausdruck ‹Stümperei› eine nicht mehr zu verantwortende Beschönigung darstellt.

Es steht nur zu hoffen, daß sich bald Jemand finden werde, der auch die andern, bisher vorgelegten Bände einmal genauer durchmusterte und uns über ihre Wertrelation dann des näheren unterrichtete.

ERSTVERÖFFENTLICHUNGEN

TOM ALL ALONE'S:
unter dem Titel *Bericht vom Nichtmörder. Charles Dickens* in Süddeutscher Rundfunk, 1. Programm, 1. Juli 1960, 22 h 30–23 h 40, Erstdruck unter dem Titel *Tom all alone's / Bericht vom Nicht-Mörder* in *Der Triton mit dem Sonnenschirm.* Karlsruhe: Stahlberg 1969, S. 100–152

ANGRIA & GONDAL:
Süddeutscher Rundfunk, 1. Programm, 1. Juli 1960, 22 h 30–23 h 40, Erstdruck in *Der Triton mit dem Sonnenschirm.* Karlsruhe: Stahlberg 1969, S. 6–49

DREI SCHWESTERN.:
Erstveröffentlichung

»DER TITEL ALLER TITEL!«:
unter dem Titel *Der Mann, der Wilkie Collins war* in Norddeutscher Rundfunk, 3. Programm, 18. April 1966, 21 h 05–22 h 05, Erstdruck unter dem Titel *»Der Titel aller Titel!«* in *Der Triton mit dem Sonnenschirm.* Karlsruhe: Stahlberg 1969, S. 154–192

ENTER CONTE FOSCO:
unter dem Titel *Wilkie Collins ist mitnichten tot* in ‹Die Welt› vom 14. Oktober 1965

SYLVIE & BRUNO:
in *Trommler beim Zaren.* Karlsruhe: Stahlberg 1966, S. 253–282

DIE 10 KAMMERN DES BLAUBART:
in ‹Die Andere Zeitung› vom 11. Januar 1962

VON DEUTSCHER ART UND KUNST:
in ‹Die Andere Zeitung› vom 25. November 1959

DICHTER & IHRE GESELLEN: JULES VERNE
unter dem Titel *Warum ich nicht wie Jules Verne schreibe* in Hessischer Rundfunk, 1. Programm, 7. November 1965, 10 h 05–10 h 35, Erstdruck unter dem Titel *Dichter & ihre Gesellen: Jules Verne* in *Trommler beim Zaren.* Karlsruhe: Stahlberg 1966, S. 321–340

DAS LEPTOTHE=HERZ:
in *Das Leptothe=Herz.* Zürich: Haffmans 1987, S. 190–212

Arno Schmidt

DAS ESSAYISTISCHE WERK ZUR ANGELSÄCHSISCHEN LITERATUR IN 3 BÄNDEN

SÄMTLICHE NACHTPROGRAMME UND AUFSÄTZE

BAND III

EINE EDITION DER
ARNO SCHMIDT STIFTUNG
IM HAFFMANS VERLAG

ARNO SCHMIDT

James JOYCE — Stanislaus JOYCE

EDITORISCHE NOTIZ

Diese Lese-Ausgabe bietet gewissermaßen Arno Schmidts private Geschichte der englischen, irischen und amerikanischen Literatur; sie bringt sämtliche Nachtprogramme und Aufsätze in chronologischer Folge nach den Lebensdaten der traktierten Autoren. Aufgrund der besonderen Bedeutung, die Jules Verne für Arno Schmidt besaß, wurden die beiden Arbeiten über den französischen Autor als Anhang im zweiten Band mit aufgenommen. Da die Arbeiten über und um James Joyce die gewichtigsten und umfangreichsten sind, wurde ihnen ein eigener Band gewidmet. Die Texte erscheinen – soweit bereits in Buchform vorliegend – als vollständiger, vereinheitlichter Neusatz nach den Ausgaben letzter Hand, beziehungsweise nach der ‹Bargfelder Ausgabe›; alle Erstveröffentlichungen folgen Druckvorlagen aus dem Archiv der Arno Schmidt Stiftung. Eindeutige Druck- und Tippfehler wurden korrigiert. Nachweise der Erstveröffentlichungen am Schluß des Bandes.

KORREKTOREN WAREN
ERNST BOMMER, RUDI SCHWEIKERT UND TILO ECKARDT

UMSCHLAG, GESTALTUNG UND PRODUKTION:
URS JAKOB, CLAUDIA KOCHER, HAFFMANS VERLAG AG, ZÜRICH
SATZ: CLAUSEN & BOSSE, LECK
HERSTELLUNG: EBNER ULM
ISBN 3 251 80075 2

Inhalt

JAMES JOYCE

2. Februar 1882, Dublin – 13. Januar 1941, Zürich

NIEMANDES BETULICHKEIT.

Eine Betrachtung zur deutschen Übersetzung von Ellmanns Joyce=Biografie.

I

Drei Stufen sind, was Lebensbeschreibungen berühmter Männer angeht, zu unterscheiden – (und eine vierte, ideale, die aber nie erreicht wird) :

Am Anfang kann zweierlei stehen; entweder entschließt sich der Arme – es ist nur zu oft eine Geldfrage für den alt=Veralteten ! – eine mild=verlogene Selbstbio zu verzapfen : FOUQUÉ salbadert, gerührt & verblasen; Karl MAY lügt, wer hätte es anders erwartet, auch hier wieder; und GOETHE schneid't brav auf, wie er schon als Büblein=klein die Literatur ringsum so treffend beurteilt habe, (dabei ist ja nichts ergetzlicher, als die altersfreche Unfehlbarkeit mit seinen feurigen Jünglingsbriefen zu konfrontieren, wo er fast immer das Gegenteil gesagt hat). Es gibt hier noch eine andere gleichwertige ‹Lösung› : kluge Witwen halten vita=ähnliches gleichsam auf Vorrat, und brechen, nach dem Exitus ihres Groß=Autors, damit unverzuglich aus dem Hinterhalt hervor, (was natürlich seufzend=verzeihlich ist : Ach, wir Armen !); mit anderen Worten, Gebilde à la Caroline Herder entstehen, oder, sei's drum, Alma Mahler.

Das ‹oder› dieser ersten Stufe heißt ‹autorisierte Biografie› – und prompt hält sich der Kenner den Bauch vor Lachen ! Denn ihm ist das scharmante Wörtlein ‹autorisiert› ja mit nichten identisch mit ‹höchster Verläßlichkeit›; im Gegenteil weiß er, daß es, wenn je dann jetzt & hier, edelweißig idolwärts geht. Ist doch ‹autorisiert› letztlich nur ein anderer Ausdruck dafür, daß der betreffende dichterische Großherr selbst jenem, wahrlich nicht zu beneidenden, Erstbiografen über dessen Schulter hinweg dessen Feder die Richtung angewiesen hat; woraus sich sofort weiterhin ergibt, daß hier die beiden Hauptfehlerquellen lauten werden :

a) Vertuschen & Beatifizieren, alles auf dem Goldgrund meisterlicher Selbst=Verehrung; und

b) falls der Autor ein Schelm sein sollte – und welcher Autor wäre das nicht ? – ist großmaßstäblich die Möglichkeit einzukalkulieren, daß er dem Interviewer so recht con amore die Hucke vollgelogen haben könnte.

Enfin : es handelt sich gerade hierbei um gar keine erste Sammlung verläßlicher Fakten, sondern um ACTA SANCTORUM; das heißt eyn schön new Paradeisgärtleyn aufgebundener Bären. Im Falle JOYCE entspricht dieser Stufe der GORMAN; ein Gemächt, an dem Einem nur die Zeit leid tun kann, die Hennecke auf die Übersetzung verwendet hat. –

So 20, 30 Jahre nach des Autors Tod wird dann, falls das Werk noch bedeutend lebt, gern die zweite Stufe betreten : es kommt Einer, brav vertraut mit dem Oeuvre, (sehr erfreulich, wenn das nicht zu umfangreich ist !); der Fleiß & Gelehrtenscharfsinn besitzt, (obwohl ausdrücklich betont werden muß, daß es, auch für solche Arbeiten schon, gewisse höhere Grade dieser schätzbaren Eigenschaft gibt; um zum Beispiel kompliziert gebaute, umfangreiche Stücke so recht richtig zu verstehen, müßte man eigentlich selbst schon ähnliche Gebilde hergestellt haben !). Geld genug muß dieser Eine zur Verfügung haben, um herumreisen und Einblick in die, meist weit zerstreute und noch ungedruckte Korrespondenz nehmen zu können, (soweit er sie vorgelegt bekommt; Verwandte halten gern unnötig viel für ‹allzu intim› oder gar ‹peinlich› !); der überlebende Bekannte verhört und deren ‹Zeugnisse› auswertet, (hoffentlich weiß er immer, welches davon schwerer wiegt, und warum !); der die Leidenstationen des Bebiografierten bereist, (wünschen wir, in seinem & unserem Interesse, daß noch möglichst viele Straßennamen, Ladenschilder, auch Gärten & Häuser jener Zeit existieren !).

Dieser ‹zweite Biograf› – meist unnötig im Urkundenharnisch einherknisternd; ‹unnötig› deshalb, weil die Materialien unvermeidlich noch, bzw. schon wieder, lückenhaft sind – ist bereits unschätzbar; seine handicaps habe ich, ganz vorsichtig, in Klammern beigegeben, (ist doch die ‹Klammer› letzten Endes nichts als eine stilisierte Hohlhand, hinter der man Halb=Geheimes oder Medisantes flüstert). Dieser schon=ehrwürdigen und nimmermehr herauszubrechenden Stufe entspricht etwa Lockharts SCOTT; und eben der vorliegende JOYCE Ellmanns.

(Um bis zur dritten Stufe zu gelangen, werden meist 100 Jahre erfordert. Es müssen, äußerlichste Voraussetzung, die 50 Jubeljahre des Copyright verstrichen sein; damit den ‹die Rechte› besitzenden, fast immer die Forschung borniert blockierenden Herren Verlegern endlich die Werke aus der Hand genommen werden können. Auch muß der HErr Weib & Kinder des Dichters zu sich genommen haben – es klingt frivol, ich weiß es; aber man verzeihe mir, selbst einem Biografen, der bei einem 1777 (!) geborenen FOUQUÉ vor 1927 (!) an eine Bio nicht hätte denken können, weil damals noch 1 Sohn lebte ! Mit anderen Worten : solange ‹Rücksichten› etwelcher Art zu nehmen sind, ist eine wirklich unbefangene, leidlich objektive Beschreibung & Beurteilung von Autor & Werk nicht möglich. Haym's HERDER mag das Exempel dieser dritten Gattung sein. / Die, nur der Systematik halber aufgeführte, viert=ideale Stufe ist bisher nie erreicht worden, Carlyle's CROMWELL zum Trotz. Nach mehreren saecula schrumpft, ja erlischt halt unweigerlich das Interesse auch an dem größten Mann, dem größten Buch; und ob ich nun lese ‹An einem heiteren Nachmittag zu Beginn des Spanischen Erbfolgekrieges ...› oder ‹Unter den Merowingern ...› ist, auch für den gebildeteren Menschen unserer Tage, praktisch ein=und=dasselbe – und, wenn man resolut sein will, *mit Recht !*; mag man's noch so wahnitas=mäßig beseufzen.)

2

Natürlich ist auch Ellmann noch – genau gemäß den vorausgeschickten Betrachtungen – weitgehend ‹das Maul verkörbt›. Der gute Leser hatte ihn ja schon seit Sommer 59 im amerikanischen Original der ‹University Press, Oxford› in der Hand, und kann mühelos den Finger auf Dutzende von Stellen legen, wo das Material lückenhaft ist – sei's, daß Ellmann bewußt damit zurückgehalten haben wird, entweder aus juristischen Bedenklichkeiten, oder weil er Kollegen nicht zuvorkommen wollte, (etwa jenem Professor Healy, der zur Zeit die Tagebücher des Stanislaus JOYCE zur Herausgabe vorbereitet); oder eben, weil er etwas ganz schlicht nicht wußte. Immer aber bleibt sein Werk ernstzunehmen, und, neben das Gestümpere GORMANS gehalten, ein wahres Ergon Hephaistou !

Schon wird sichtbar das üblich=unheimliche Großporträt eines typischen ‹Gehirntiers› ! Das ‹Weitertrinken› des maßlos überbeanspruchten Literaten, (»for the wonderful midnight=thirst was upon him«, sei es nun ‹Urin der Erzherzogin› oder sonst ein Tantalus=Anti=Toxin), des in seinen frühen Jahren zu schlecht bezahlten, der dann, wie billig, auch späterhin nicht mehr zu ‹wirtschaften› gewußt hat. Schon wird begreiflicher, wie es zu jenen fürchterlich=hinreißenden Witzen kommen konnte, in denen ein Genius die Kulturen des Abendlandes abwechselnd probiert & veralbert, von Rom bis Salt Lake City, von Jerusalem bis Mekka=Mokka – wie hieß doch jener nicht unverständige Sachse, der die »geniale Buffonerie die supremste Form der Geistigkeit« genannt hat ? Schon ist in Umrissen erkennbar die Vulpia Nora, die menschlich bedauernswerte Nicht=Gefährtin, (obwohl eine sogenannte ‹intellektuelle Kameradin› JOYCE fraglos noch mehr auf die Nerven gefallen wäre !). Schon schreitet langsam hervor aus dem Hintergrund der steinernste der Gäste, jener Bruder STA-

NISLAUS, dessen Rolle immer bedeutend=nachdenklicher wird, der ‹Maurice› des STEPHEN HERO, der »my learned friend, the Professor« des WAKE.

Trotzdem ist es, wie dargetan, für ein wirklich gutes ‹Vollbild› noch zu früh; und ein ‹Germanist› kann sich nun einmal keine Vorstellung von der Mentalität des Künstlers machen : Ellmann hält grotesk viel vom ‹autos epha› ! Man muß wohl selbst aufdringlichen Fragern ‹Enten› aller Art vorgesetzt haben; und auch hier war JOYCE ein ausgesprochener Könner, der gleichsam berufsmäßig und pausenlos probierte, was sich den Fakten für Nasen drehen & Schwänzchen anhängen lassen. Die COLUM's haben es festgehalten, wie er ihnen einreden wollte, daß sein Enkel deshalb ‹Stephen› getauft sei, weil auch Freud's Enkel so hieße. Welch rührend=biedere Fehlleistung Ellmanns, wenn er James', dem Bruder gegenüber getane Äußerung, daß es nach dem Traumbuch des WAKE ‹ein Erwachen geben› – richtiger ‹setzen› ! – würde, ganz ehrbar als einen Hinweis auf kommende Pläne deutet, anstatt den blanken Hohn zu erkennen, wider einen ‹Feind› dessen Urteile à la ‹Gehirnerweichung› und ‹Tanzender Derwisch› sorgfältig notiert und ins Buch eingearbeitet wurden ! Auch in solchen Wippchen war JOYCE eben groß; und eine Berufung auf seine eigene Aussage ist mißlich.

Selbstverständlich gibt er der Kritik auch ‹kleine Handhaben› genug. Wenn er etwa S. 467 behauptet, »he then did add an episode *not* in Homer, the ‹WANDERING ROCKS›«, dann sollte man von einem College=Professor, zumal von einem, der die ODYSSEE zwangsläufig als ‹Hilfswissenschaft› studiert haben muß, dergleichen Tinnef nicht erwarten : im xii. Gesang erscheinen ab Vers 59 sehr wohl ‹Plankten› ! Ich hatte endlich Aufklärung erwartet, woher die allerfrüheste ODE AN PARNELL gestohlen sei; denn das »quaint perched airie usw.« findet sich ja schon genau so in JEROME's THREE MEN, wo es aber unverkennbar eine Parodie auf irgendein pausbackiges Deklamatorenstück ist – ein Deutscher kann den betreffenden ‹Vormann› schwerlich wissen; aber die Herren Angelsachsen dürften getrost mal nachsehen ! Ellmann erwähnt den ersten, nicht erhaltenen, Novellenband der SILHOUETTEN; jedoch nicht, daß die Anregung dazu aus einem alten Sammelband von DICKENS=COLLINS kommt, dem ‹Picking up evening shadows›. Auf das übelste Manko aber, das Einem das Buch so recht verleiden kann, – nämlich das über alle Maßen erbärmliche Register ! – komme ich weiter unten noch zu sprechen.

Trotz allem : so oft auch Ellmann von Einfühlung, Verständnis, Kenntnissen und Beweisen verlassen ist – was aber, ich wiederhole es zum dritten Mal, (nun ist es wahr !), zur Zeit noch gar nicht anders sein *kann* ! – wer JOYCE ernstlich kennen lernen will, muß das Buch im Regal haben; es ist, zumal für einen Amerikaner, ein respektables Stück Arbeit.

3

Heute nun, in unsern Tagen, ist im Rhein=Verlag die deutsche Übersetzung erschienen – ein ‹Schweizer Erzeugnis› also; aber, bitte, zunächst jedweden leckermäuligen Gedanken an ‹mildernde Umstände› wie ‹Uhren=Käse=Neskaffee=Chocolat Tobler› zurückdrängen : Objektivität, und falle sie noch so schwer, ist gerade hier Pflicht ! Und da wird es zur einfachen Schuldigkeit gegenüber jenem Leserkreis, der nicht (oder doch nicht ausreichend) Englisch versteht, zu untersuchen, inwieweit der 50=Unzen=Band zu empfehlen sei.

Da ist, rein äußerlich, das *Format* eindrucksvoll; das *Papier* süperb; die *Bebilderung* reichlich – obwohl hier vielleicht eine erste leise Kritik am Platze wäre : warum nicht 2 sentimentale Porträtfotos weniger; und dafür aber endlich einmal 2 Stadtpläne (*mit* Straßenregister; bitt'schön !) vom Dublin von 1904, und dem Triest der Jahre um 1910 ? Oder, falls man sich hier auf's ‹zu teuer› berufen sollte : warum gab man dann nicht entscheidendere Stücke ? Etwa das älteste entscheidende Urbild der ALP, die Maske der ‹ANNA LIFFEY› vom alten Zollhaus von 1790; wie ihre 12 Schwestern dort eine ‹Riverine› – das Wort, mit dem FINNEGANS WAKE beginnt ? Aber das zu beanstanden, was ein Buch *nicht* enthält, wird meist ‹das kleinere Kunststück› sein.

Unangenehmer ist es schon, wenn das Vorwort angibt, daß im folgenden der ungekürzte Text gebracht werde; ja, sogar Berichtigungen & Ergänzungen über das Original hinaus verspricht – nämlich deswegen, weil nun eine unangenehm breite Hintertür offen gehalten ist : wenn ich mich jetzt über eine Abweichung vom Original moquire, ist das ja vielleicht grade 'ne ‹Berichtigung› ? ! Ich habe nun zwar selbstverständlich keine Zeit gehabt, Wort für Wort zu vergleichen – dafür werd'ich nicht bezahlt – dennoch ist *mir* die Vollständigkeit *nicht* über jeden Zweifel erhaben.

Ich schlage nur die letzte Seite, 708, auf; und finde dort : »Nora J. starb am 10. April 1951 an Urämie« Punkt. Im US=Original geht es weiter : ‹. . . . . verursacht durch die Behandlung ihres Gelenkrheumatismus mit Cortison.› Ich kann mich noch des damaligen Cortison=Rummels entsinnen, das ‹die Lahmen wieder gehn machte›; freilich fiel eben so Mancher davon nach 4 Wochen tot um. Tcha, ist das nun eine ‹Berichtigung›; oder aber bloß 'ne keusche Rücksichtnahme auf irgendeinen Zürcher Doktor ? S. 490 Mitte (gleich 517 englisch) soll JOYCE geschrieben haben : »Ich bin das Fleisch, das stets bejaht«; im Original steht ‹. . . *der* Fleisch, *der* . . .› (Daß sich, Seite 579, die beiden JOYCE=Paare Juli 1927 in Salzburg getroffen haben, ist sicher ein Druckfehler; (allein umgebenden Daten nach müßte es *28* lauten).

Die Übersetzung selbst scheint leidlich redliche Handwerkerarbeit; d. h. meist unnötig hölzern, und an Possen fehlt es natürlich gar nicht : wenn ich auf Seite 245 lesen muß, wie JOYCE Yeats einen »*bemühenden* Idioten« genannt haben soll, da sehe ich doch lieber nach, und finde denn auch ‹a tiresome idiot›, (also einen *langweiligen*). Seite 305 ist der, im WAKE figurierende also wichtige ‹Zobel› zu Feh »*geworden*«, was ja für das ‹degenerated› des Originals 'n büschen schwach ist; die ‹*tresses*› von Frau Schmitz dürften weniger »Locken« als vielmehr ‹Flechten› gewesen sein; wenn JOYCE sich, S. 277, in den »schwarzen Teich Dublins« stürzt, hätte man das ‹pool› nicht nur einfacher, sondern in jeder Beziehung besser, durch ‹Pfuhl› wiedergegeben; und wenn der damals=kleine Giorgio kindlich=ernsthaft zu Onkel Stanislaus sagte ‹Keep that in your head !› dann ist das jetzige deutsche »Denke daran !« farblos. – Aber da auch Ellmanns Original keinerlei Prosakunstwerk ist, könnte man über dergleichen immer noch achselzuckend hinweglesen.

Hochbedenklich wird es, wenn man sich den ‹Übersetzungen› der zahlreich eingestreuten Gedichte, Verse, Limericks, Zitate zuwendet; (leider können sich Übersetzer hier immer auf Hennecke berufen, der in seinem GORMAN die anfallende ‹gebundene Rede› auch schlicht unübersetzt ließ – dabei braucht man wahrlich kein überkühner Weigand zu sein, um das bissel Geversel leidlich anständig ins Deutsche umzuformen : ein großer & schwieriger Lyriker, wie meinethalben Däubler, war JOYCE nicht !

Wie gartenlaubig die Tafel gegenüber S. 673, (*so* schlimm *kann* er eigentlich gar nicht gewesen sein, wie ?); wie erfreulich auch das handgeschriebene Gedicht vom ECCE PUER, das in seiner ‹Einsilbigkeit› ergriffen=ergreifende – und wie erbärmlich daneben das faksimulierende Getue dieser sogenannten Übersetzung !

JOYCE :

Of the dark past
a boy is born.
With joy & grief
my heart is torn.

RHEIN=VERLAG :

Aus dunkler Vergangenheit
ist ein Knabe geboren.

Vor Freude und Kummer
ist mein Herz zerrissen.

Auf Deutsch etwa :

Ein Knab geborn
aus Nacht & Wust.
Mir bricht das Herz
vor Gram & Lust.

Aber es wäre allzu wohlfeil, auf so viel kielkröpfiger Dürftigkeit des längeren zu verweilen – wer mehr Beispiele braucht, findet sie überall dort, wo im Original Verse erscheinen – nicht umsonst jedenfalls schrieb JOYCE im WAKE von ‹cans of Swiss condensed bilk›, und da hilft eben auch die hinreißendste Verpackung nichts.

4

Eine weitere, noch gußeisernere Belastung besteht darin, daß uns auch diesmal wieder die GOYERT'schen Übersetzungen als eine Art deutschen textus receptus aufgeschwatzt werden – tcha und da geht's sofort auf der allerersten Textseite los, wo das JOYCE'sche Familienwappen also beschrieben wird : »Höhnend fliegt ein Adler im Silberfeld«. Im Original des ODYSSEUS (ich bin jetzt auch stur !) steht freilich ‹An eagle gules volant in a field of argent displayed›, ‹ein roter Adler, aufrecht, mit ausgebreiteten Flügeln, auf silbernem Grund› – also gänzlich ‹Mark Brandenburg› : ‹Steige hoch, Du roter Adler !›.

Wiederum erscheint für DUBLINERS »Dublin«; (und die eine Geschichte daraus heißt immer noch »Ein schwerer Unglücksfall«, gleichviel ob ‹A painful Case› nun ‹Ein schmerzlicher Fall› bedeutet oder nicht). Das ‹Porträt des Künstlers als junger Mann› figuriert munter weiter als abgesägtes »Jugendbildnis«; und auf S. 354 läuft doch tatsächlich wieder dieselbe »dicke Wäscherin« drin rum, die, wer hätte es anders erwartet, im Original seit 50 Jahren eine ‹sizeable hospital=nurse›, eine ‹stattliche Krankenschwester› ist : Nachbar, Euer Fläschchen !

Es geht auch anders ! (Doch so geht es auch ?).

Wann wird man sich endlich im Rhein=Verlag zu der Einsicht (schweigen wir ganz vom öffentlichen Eingeständnis) durchringen, daß es absurd ist, im Vorwort darüber zu wimmern, wie »im deutschen Sprachbereich das Verständnis für J.J. nicht zu oft über ein paar seichte

Verallgemeinerungen & literarische Schlagwörter hinaus gediehen sei« – wenn man mit der andern Hand eben dies Verständnis dadurch maßlos erschwert, ja manchmal schier unmöglich macht, indem man heute noch Übersetzungen in Kurs setzt & anpreist, die allenfalls vor 40 Jahren als ‹erste Näherungen› passieren mochten; heute jedoch in Beziehung nicht nur auf Rhythmus & Vokalharmonie, sondern selbst auf simpelste Richtigkeit in einem Grade mangelhaft wirken, wie es sogar in unserm, um die ‹Form› leider notorisch wenig bekümmerten Deutschland selten ist. Man kann nicht erfolgreich für ein Großkunstwerk werben, wenn es etwa in der NAUSIKAA heißt ‹stuck ... better detach› (= ‹Klebt ... Lieber ablösen›), und man dafür den reinen Unsinn »Stich ... besser abschneiden« serviert; oder ein leitmotivisches ‹bronze by gold they wisper› (was sich doch wirklich so leicht=identisch mit ‹Bronze bei Gold, sie wispern› wiedergeben ließe !) ‹taktlos› durch ein »Bronze neben Gold wispern sie« tot=rädert. Sehr wohl ist JOYCE bei uns viel zu wenig gekannt & geachtet, (zur traurigen Hitlerzeit vor allem deswegen, weil seine größte Gestalt, Leopold Blum, Jude ist) : aber dafür nun ein *Publikum* verantwortlich machen zu wollen, ist eine unglaubliche Perfidie ! Soll das einmal als Kuriosum in die Geschichte der Weltliteratur eingehen, wie man schweizerseits den Genuß des ODYSSEUS, des größten Sprachkunstwerkes zumindest der ersten Jahrhundert=Hälfte, zwei vollen Generationen Deutscher einfach blockiert hat ? Die ‹Rechte› auf einen Schriftsteller sind etwas sehr erfreuliches; können aber – es gibt gerade zur Zeit mehrere solcher Fälle – sehr leicht auch zum Bumerang werden.

5

Als Letztes zu dem, was für Einen, der das Buch wirklich zu benützen und nicht nur zwischen Schlaf & Wachen zur Halbkenntnis zu nehmen gedenkt, vielleicht noch empfindlicher ist, als all die andern, ebenso unnötigen Selbst=Deklassierungen durch Knittelverse à la Nürnberger Trichter und Goyert=Zitate.

Es ist gar keine Buchstäbelei, wenn man feststellet, daß umfangreiche Werke dieser Sorte stehen & fallen mit ihrem Register; und eine gute=alte Faustregel lautet : daß ein mit Namen Zahlen Daten herrlich vollgepfropftes Stück dann hinreichend aufgeschlossen ist, wenn es für je 20 seiner Druckseiten, 1 doppelspaltige Seite Register beibringt. Ergo müßte nun, da der deutsche Dickband 708 Seiten umfaßt, ein gutes Register rund 35 Seiten haben – wieviel hat es ? : nicht ganz 13 ! Und folglich darf man, ohne sich zu versündigen, sofort voraussagen, daß der Benützer aus dem Ächzen & leisen Fluchen nicht herauskommen werde. (Daß das US=Original ebenfalls ein über alle Maßen erbärmliches Register aufweist, kann nur Den verwundern, der Ellmann nicht kennt : das ist die gröblichste Schwäche aller Bücher, vor denen sein Name steht, daß sie in dieser Beziehung undiskutabel elend sind. GORMAN hat natürlich gar keins; das ist eben ‹ein Werk aus einem Guß›.) Anstatt also wenigstens hier das Primat des Abendlandes noch einmal darzutun, hat man anscheinend auch bei uns wieder die, zu solcher Mönchsarbeit allerdings erforderlichen 3 Monate gescheut, und das Ergebnis ist denn das beschriebene ‹immédiatement au dessous de rien›.

Richard WAGNER ? – er erscheint schon im Register; aber wieviel Stellen, an denen er oder seine Werke erwähnt werden, mögen fehlen ? ! Ich habe mir, im Blättern nur, (‹Ich nahm es so im Wandern mit›), die Ss. 246 und 273 zusätzlich notiert, (und 240 kommt noch Bayreuth). Wo ist jener über=wichtig Große, CARROLL=DODGESON ? Wo SWEDENBORG (z. B. 340) ? Soll man sich totsuchen nach Ortschaften ? Wie oft kommen sie nicht alle vor, die man für's WAKE benötigt, GALWAY (254, 257 – ‹und öfter› erspare ich mir zukünftig); SHANNON (256); New York, Wien, Venedig, Athen, Florenz, und wenn's ‹Timbuktu› ist; (oder Jerusalem, für Den, der's mag) ?

Wohl ist das Anlegen eines Registers eine ausgesprochene ‹Zumutung›, ei nou !; aber bei Veröffentlichungen dieser Art nicht zu umgehen; nicht pro humana imbecillitate, sondern ganz schlicht als eine Höflichkeit dem Benützer, eine Verpflichtung der Wissenschaft gegenüber. Und wer sie nicht erfüllt, und sich trotzdem mit vollen, ja anklagenden, Backen der Öffentlichkeit stellt, darf sich anschließend dann aber nicht beklagen, wenn man ihm, ebenso öffentlich, bescheinigt, daß er ein kümmerliches Buch geliefert habe – und es wäre so leicht gewesen, ein vorbildliches zu liefern !

Mag TIME MAGAZINE immer geschrieben haben : »Diese Bio wird man so lange lesen, wie man JAMES JOYCE lesen wird !« – dann ist, halten wir das fest, damit das englische Original gemeint gewesen, (das auch ich in Zukunft weiterhin benützen werde).

(Zu einer bibliofilen Rarität, dies sei gern festgehalten, wird der ‹sizeable› 56=Mark=Band freilich dadurch, daß er weder Vor= noch Nachwort von Muschg aufweist. – Vale.)

DAS BUCH JEDERMANN

JAMES JOYCE zum 25. Todestage.

Sprecher

2 Männerstimmen

A.: Berichterstatter; ältlich

B.: Bedenken & Fragen; fördernd eben durch seine Widerstände. Jünger.

A.: Rauh draußen, was ?

B. (etwas bibbernd): Man kann es so ausdrücken. – Und von der Tagesplackerei derart ‹geschlaucht›, daß ich mich capabel fühle, für Japan ‹Nippon› zu sagen; wenn mir nicht gar nur noch ‹fernöstliches Inselreich› einfällt. Das Schlimmste war das ‹Geräusch auf der Straße›. – *(unerfreut):* Und hier wieder dies Windgewinsel am Fensterklaff – : in der Miete mit inbegriffen, ja ?

A.: ‹OHROPAX› war doch schon zu HOMER's Zeiten keine Schande. – *(zitierend):* »Aber ich selbst nahm itzo die mächtige Scheibe des Wachses; / schnitt mit dem Erze sie klein, und drückt' in nervigen Händen /..... / drauf, in der Reih' umgehend, verklebt' ich die Ohren der Freunde.«

B. (angeregt): Ach, das trifft sich glänzend ! Sie haben zwar grad einen Andern, JOYCE, da liegen. Aber Sie wissen : *ich* bin sehr für KAFKA; und hab' da heut Mittag, zwischen 2 Gängen, Dessen ‹Schweigen der Sirenen› nachgelesen... m=Moment... *(er liest vor):* »Beweis dessen, daß auch unzulängliche, ja kindische Mittel, zur Rettung dienen können. / : Um sich vor den Sirenen zu bewahren, stopfte sich ODYSSEUS Wachs in die Ohren, und ließ sich am Mast festschmieden. /... / In unschuldiger Freude über sein Mittelchen fuhr er den Sirenen entgegen«; undsoweiter –

A. (wohlwollend & wissend hineinbrummend):... m=hm...

B. (besorgt fortfahrend): ...und dann wird ein ganzes Perlenschnürlein feiner – zum Teil auch bloß preziöser – Betrachtungen an solchen Tatbestand geknüpft : dabei *stimmt* das doch Alles gar nicht ! Odysseus' Trick war ja eben, daß *er* sich die Ohren *nicht* verstopfte ! – *(kopfschüttelnd=niedergeschlagen):* Nachdem mich diese Erkenntnis durchzuckt hatte, schmeckte mir die gebratene Leber nicht mehr. Und im Augenblick wirkt mir das Stückchen eigentlich nur noch etwas dümmlich. Und etwas hämisch.

A. (trocken): Sie wären im Recht, wenn KAFKA dergleichen *bewußt* getrieben hätte. In Wirklichkeit wird's doch so gewesen sein, daß er halt ‹ein Dichter› war; das heißt, zur überwältigenden Mehrheit jener Autoren gehörte, die beim Schreiben nur ganz wenig denken; ja, mehr noch : die im *tiefsten* Grunde das *Denken hassen.*

B. (ablehnend): Kann man das so schroff ausdrücken?

A.: Verlassen Sie sich nur frisch darauf. Zumal Ihr KAFKA ja dadurch weitgehend entlastet wird : drückt die exemplarische Fehlleistung doch unübertrefflich seine ebenso gepflegte wie basislose Abneigung gegen den neugierig=tapferen ‹Intellektuellen› aus. – *(darauf hinzeigend):* Genau *des* Mannes, den JOYCE=hier sich zum größten seiner Helden erkieste.

B.: Es ist mir bekannt, daß Sie Rationalist sind; wenn nicht gar ‹Aufklärer› : ein Verirrter aus dem 18. Jahrhundert. – *(reuig):* Hätt'ich Ihnen doch bloß nichts davon erzählt.

A. (gelassen): Es ist wahr, ich bin ein Weltbürger; und mein Herz gehört dem Kopf. Gehört, was Bücherschreiben angeht, *jener Schule* – weh', es sind der Mitglieder so wenige – die, Mosaikarbeitern gleich, jahrlang=geduldig 1 Farbstiftchen neben das andere setzen; bis dann, am Ende, das schönste dauerhafteste Groß=Gemälde fertig ist : *mein Herz gehört* JAMES JOYCE !

B. (kühl): Einem immerhin auch schon wieder 25 Jahre..... *(er unterbricht sich; dann, erleuchtet):* Ach ! Etwa gar in diesen Tagen ?

A. (gedankenvoll): Tja. – Und da war ich eben, als Sie eintraten, just dabei, ein bißchen an seine 2 großen Bücher zu denken : den ‹ODYSSEUS›; den ‹FINNEGAN› –

B.: Alles andere eliminieren Sie ?

A.: Schlicht : ja.

B (dennoch fragend=herzählend): Die Gedichte der ‹KAMMERMUSIK› ?....

A.: In welchem Titel sich ein schalkisches ‹Schlafkammer plus Geheimes Örtchen› mit=verbirgt. Aber nochmals : Nein. Das sind, wie auch die späteren ‹PÖME FENNICHSTÜCK›, seidenbunte Sächelchen – apart changierend; zugegeben – die aber zur selben Zeit 100 Andere auch geliefert haben. Einige Dutzend Leute sogar besser.

B. (begierig): Zum Beispiel ? !

A. (überdrüssig): 'chgott. – Also in England mein'thalben HOPKINS, bei uns RILKE, DÄUBLER. Die ich aber Alle=Drei nicht übermäßig schätze.

B.: Nu immerhin. – Weiter : ‹JUGENDBILDNIS› ?

A. (zuckend): Hffff ! Müssen *auch Sie* mit der abgesägten 1=Wort=Überschrift ankommen ? Man sollte doch meinen, daß wenn ein Autor seinem Buch, für immer, einen solch dreifach=tiefgestaffelten Titel mitgibt :

‹A PORTRAIT. / : OF THE ARTIST. / : AS A YOUNG MAN.›

– also erstens ‹Ein Porträt›. / Dann ‹des Künstlers› : wohlgemerkt *nicht des Dichters*; er hat *nicht* geschrieben ‹of the *poet*› ! / Und endlich ‹als junger Mann› – dann wäre das zu respektieren. – *(leiser):* Zumal es für die Genesis des Namens bedeutsam sein könnte, daß es andernorts heißt : »I like very much *a portrait of a young noble,* by SANCHEZ COELLO.«

B. (vorsichtig abwehrend): Lassen Wir, bitte, all=das im Moment noch beiseite. – Mich int'ressiert weit mehr : *Sie* mögen das Buch *nicht* ?

A. (nüchtern): Nein. Weil es, zum beträchtlichen Teil, ein retrograder Ausflug in eben jenes erwähnte Falsche=Feinsinnige war, der JOYCE mißraten *mußte* : die frühe Fassung, desselben Themas, der ‹HEROS STEPHEN›, däucht *mir* weit reicher; resoluter...

B. (ihm ins Wort fallend): ...sagen Sie doch gleich ‹skeptischer, realistischer, NICOLAI'itischer›; dann hätten Wir's präziser. – *(hastig):* Bitte nicht antworten : ich bin überzeugt davon, daß Sie von NICOLAI besseres wissen als ich – *(boshaft):* Das *Gegen*teil würde mich verwundern – *(wieder normal; fordernd):* ‹DUBLINERS› ?

A.: Ebenfalls nichts einzig=Artiges. Zwar nicht übel – obschon es um die davorgeschalteten, verlorengegangenen ‹SILHOUETTEN› *noch* mehr schade sein dürfte. Aber wie man, auch hier wieder, im Deutschen, den Titel mit ‹DUBLIN› wiedergeben gemocht hat – mir ist's schleierhaft.

B. (aufmerksam): Sie meinen : ein Unterschied wie etwa zwischen ‹Hamburg› – das wäre ein ausgesprochener ‹Bildband› – und ‹Hamburg*ern*› : sprich Anekdoten & ‹Sittenbilder›; von Hummel=Hummel & Klein=Erna bis ILSE FRAPAN, und sonstigen ‹Monologen einer Fledermaus› ?

A.: Recte. / Auch das einzige Schauspiel, die ‹AUSGESTOSSENEN›, ist lediglich parziell int'ressant; nämlich autobiografisch. / Dann gibt es noch ‹Kritische Schriften›. & 1 Briefband. / Ja; man hat bereits begonnen, ‹Notizbücher› zu veröffentlichen. Wie denn die anglo=amerikanische JOYCE=Philologie auf bestem Holzwege begriffen ist, sämtliche Lachhaftigkeiten unserer ähnlich=hypertrophierten deutschen GOETHE=Forschung getreulich nachzubilden.

B. (behutsam warnend): Das wird man aber *gar* nicht gerne hören. – Oder meinen Sie damit nur – : Man verlöre sich drüben bereits jetzt in Minutien & Adiaphora. Und vernachlässigte darüber Wichtigeres ?

A. (bestätigend): Genau das. / Lassen Sie mich erst noch erwähnen, daß Dem, der durchaus von den Nebenarbeiten Kenntnis nehmen möchte, jederzeit der ‹ESSENTIAL JAMES JOYCE›, Verlag CAPE, London, für ein paar hundert Pfennige im Handel erhältlich ist.

B. (drängender): Also gut. Soll das=Alles ‹erledigt› sein – obschon *ich* hinsichtlich des ‹PORTRAIT› dissentiere – Aber was müßte, & immer *Ihrer* Ansicht nach, denn überhaupt geschehen ? ‹Lesen & Genießen› ? : *das* hieße, forsooth, phil gefordert, Sir !

A. (mit Ernst): 1=mal : das Studieren & Kommentieren der beiden Großen Bücher : sind sie doch, aus der reichsten=turbulentesten Alltäglichkeit, zwischen 1900 & 1940 heraus... *(bedeutende Pause):... FÜR DIE EWIGKEIT* geschrieben.

B.: Moment ! – / Habe *ich* nicht, beim Durchblättern des ‹DIETRICH› von CAMPBELL=ROBINSON, den immer=noch=gültigen ‹FINNEGAN›=Kommentatoren, schier den *gegen*teiligen Eindruck empfangen ? Daß nämlich, zumindest *dieses* Buch, religiös=fundiert sei ? Also in praxi ‹zeitlos, allgemeingültig, à la das allein veraltet=nie› ?

A.: Das dürfte ein Irrtum sein. Wenn überhaupt Jemand, dann wußte JOYCE es : wie ‹Der Mythos› nichts anderes sey, als die verarmte, gerupfte Reichealltäglichkeit ! Neinein : was not täte, wäre Dreierlei an Hand=Festem : *einmal* die unermüdliche Betrachtung & Untersuchung des ODYSSEUS ! Die des FINNEGAN...... –

B. (neugierig): ... ja und *Drittens ? !*

A. (den Atem einsaugend; dann, vorsichtig): ... drittens ? – : So lange JOYCE uns noch leidlich=nahe ist, die intensivste Beschäftigung mit der Schlüsselgestalt=aller=Schlüsselgestalten, mit dem Bruder, mit

STANISLAUS JOYCE

(Gong)

B.: Ich füge mich Ihrer Dreiteilung. Aber darf ich gleich zum ODYSSEUS 1 ganz deutsch=blöde Frage stellen ? – *(nach anscheinend schweigend erfolgter Zustimmung): Wá=rümm* mußte das Polytropon=Äquivalent, Leopold Blum, ausgerechnet *Jude* sein ? Ist das nicht – ob damals zur Zeit des an=, ob heute des ab=schwellenden Nationalsozialismus – bei uns eines der größten Verbreitungshindernisse ?

A. (leicht spöttisch): Das wär' auch so ein Argument : wenn das *Buch des Jahrhunderts* sich nach *dem* richten sollte, was, global betrachtet, in einem, auf dem zerklüfteten Nordwestkap Asiens gelegenen, 3 % der Erdbevölkerung ausmachenden Kleinstaat, mal 20 Jahre Mode war.

B. (ablehnend): Hört sich natürlich reizend=kosmopolitisch an. Aber bleibt es nicht dennoch ein rechter Menschheits=Jammer, daß die dem

Englischen verwandteste größere Kultursprache, eines solchen Buches *deshalb* solange entraten müsse ?

A. (bedächtig): Abstrahieren Sie sich lieber *die* Regel daraus : daß, in Fragen der Kunst & verwandter Gebiete, durchaus auch eine ganze Nation Unrecht haben könne, gegenüber 1, nun wirklich ‹*Einzigen*›. In einer Welt, deren Osthalbkugel sich nach einem Juden nennt : MARX; und deren Westen sich nach einem Juden nennt : JESUS; und deren Wissenschaftler sich nach FREUD nennen oder EINSTEIN, *ebenfalls Juden* ! – wirkt es da nicht irgendwie kurios, es einem Buch ankreiden zu wollen, daß sein Held ‹Jude› sei ?

B. (kopfschüttelnd): Sie deklamieren; und der Tatbestand bleibt : Ich habe *doch* recht. Ein weiterer=besserer Grund gegen solche Heldenwahl : ist das ein kluger Autor, der schildert, was er selbst nicht ist & kennt ?

A. (nickend): Das ist allerdings 1 der etwas wunden Stellen; denn JOYCE war weder Jude, noch ein besonderer Kenner jüdischer Antiquitäten; ja, er konnte nicht einmal Hebräisch.

B.: Das wäre aber doch, zumindest ein *theoretischer* Einwand von hoher Dignität. Mit der *praktischen* Konsequenz, daß Blum nur ziemlich nominell ein Israeli sein & imgrunde mehr *irische* Mentalität haben werde. Bleibt meine Frage also verstärkt bestehen : *warum* mußte der Held ausgerechnet Jude sein ?

A.: Abgesehen von verführerischen Parallelen wie ‹Wanderer Odysseus gleich Juif errant›, war damals gerade BÉRARD's Buch erschienen, in dem, wieder einmal, des breiten darauf verwiesen wurde, daß die Grundlage der ‹Odyssee› phönizisch – also rundheraus : *semitisch !* – sein müsse : irgendein antiker ‹NAUTICAL ALMANAC› aus Tyrus & Sidon.

B.: Und die ‹Odyssee› demnach ihrerzeit hochaktuell ? Ja, von einem raffiniert=marktbeobachtenden Autor als ein das Tagesinteresse ausmünzender bestseller angelegt ? Etwa dem heutigen fröhlich=zukunftsromantischen Fabulieren von ‹Sternenflügen› aufgrund der Astronautik vergleichbar ? Nu bong; sei's drum. – Warum übrigens Ihr ‹wieder einmal› ?

A.: Weil die Einsicht ein wirklich ehrwürdiges Alter aufweist. Zu Zeiten des 30=jährigen Krieges hat einer der frühen=großen französischen Orientalisten, SAMUEL BOCHART, das Gleiche, nicht nur angedeutet=hingeworfen, sondern ebenfalls schon philologisch begründet. Und das poetisch anregende Ergebnis ist denn auch bereits 100 Jahre *vor* JOYCE, in mindestens 2, dem Welt=Schrifttum zuzurechnenden Formungen, in Literatur umgesetzt worden.

B. (erstaunt=erfreut): Und die heißen ?

A. (ausweichend): Ein andermal – vielleicht. Darf ich Ihnen lieber noch, Sie scheinen darauf versessen, das ein= oder andre Bedenken *gegen* JOYCE's ‹ODYSSEUS› an die Hand geben?

B. (fest): Ich bitte darum. Schelten Sie mich getrost einen Ästheten : ich schätze *dennoch* ein Buch nicht, dessen Held, wenn ich seiner zuerst ansichtig werde, sich umständlich zu einem Klo=Besuch anschickt.

A. (kopfwiegend): Das einfachste wäre, Sie mit einem Verweis auf SIR JOHN HARINGTON's Tractat ‹Ulysses upon Ajax› abzuspeisen – aber das Büchlein von 1596 scheint so unbekannt selbst in England, daß, meines Wissens, noch kein JOYCE=Kommentator das Pfündlein machte. Es handelt sich um eine – zum Teil unleugbar witzige & geistreiche – koprophile Ferkelei; die, zusammen mit einem Pendant, ‹The Metamorphosis of Ajax›, schon SHAKESPEARE viel Spaß gemacht hat. Der Trick ist bewirkt durch die fonetische Ähnlichkeit mit ‹a jakes› : ein WC; und der Titel also zu lesen ‹Ulysses upon a jakes›. Da dies Argument jedoch im Augenblick noch zum Verpuffen bestimmt sein wird, lassen Sie uns Ihren bekümmerten Einwurf anders angehen... Wenn dem Künstler überhaupt etwas ‹aufgegeben› sein sollte – fragen Sie nicht gleich wieder ‹Von Wem ?› – dann wird das doch wohl *die Abbildung der Welt* sein : ? – *(da B. einverstanden scheint):* Gut. Da nun, den besten Quellen nach, des Menschen Leben 70 Jahre währet – ergibt 25.000 Tage – und da weiterhin, wir sind nun einmal so gebaut, sich Jeder jeden dieser Tage ein paarmal an den von Ihnen genanten Ort...

B. (mürrisch unterbrechend; er sieht, worauf A. hinauswill):... macht 100.000; ‹Weiß schon, Dummes Zeug› !

A. (ernsthaft). Mit der Methode des Bösen Wetter von Zollern schaffen Sie die trüb=einfältige Frage der schlechtgehenden Uhr nicht aus der Welt : ob denn sie=selbst daran schuld sei ? Oder vielleicht gar der Uhr=Macher ? – *(leiser vor sich hin; aber nicht=uneindringlich):* »After a momentary silence spake / some vessel, of a more ungainly make : / ‹They sneer at me, for leaning all awry – / what ? : did the hand then of the POtter shake ?›«.

B. (geschickt weiter zitierend): »Whereat someone of the loquacious lot – / I think a Sufi pipkin – waxing hot – / : ‹All this of POT and POTTER ! Tell me, then : / who *is* the POTTER, pray ? And who the POT ?›« ! – *(kühl):* Genug gezweifelt. – Was verdrießt *Sie* an ihrem geliebten ODYSSEUS, bitte ?

A. (nachdenklich): Mich hat an diesem groß=verwickelten Kunstgebilde immer verdrossen, daß es ein solches Werk des *Übergangs* sein muß. Das scheint eben die Skylla plus Charybdis bei *allen* Büchern, deren Niederschrift viele Jahre zu dauern hat : daß der Verfasser sich=selbst währenddessen wandelt; und, was schwerer wiegt, seine Schreibtechnik & Darstellungskunst nicht minder. – *(achzelzuckend):* 1 unsrer mehreren biologischen Handicaps.

B.: Freut mich, daß Sie mal die ‹Gränzen der Menschheit› betonen.

A.: Aber deswegen nicht minder, daß sie »mit festen markigen Knochen auf der wohlgegründeten dauernden Erde« zu stehen habe. – Jedenfalls dünken mir die ‹Brüche› im ‹ODYSSEUS› folgende : die, erfreulicherweise nur kurze Einleitung, ist unverkennbar noch ganz im Stil jenes, von den JOYCE=fans grotesk überschätzten ‹PORTRAIT›; das heißt : halb überanstrengter IBSEN; halb GÖRRES' ‹Christliche Mystik›; und zur dritten Hälfte unangenehmster D'ANNUNZIO : ‹IL FUOCO›. – *(sachlich):* Vermutlich wird es sich sogar um echte Reste aus seiner schriftstellerischen Lehr= & Gesellen=Zeit handeln; um nachgesickertes Material, das JOYCE weit organischer in 1 Band mit dem ‹PORTRAIT› hätte zusammendrucken lassen sollen; anstatt es hier mühsam davorkünsteln & uns als ‹Telemachie› aufschwatzen zu wollen.

B. (bereitwillig): Das ist auch mir immer gezwungen erschienen, daß er eine, ursprünglich doch *einwandfrei anders* angelegte, *ja ausgeführte* Gestalt – DÄDALUS, den selbst=großen, sehr künstlichen Labyrinth=Erbauer : und es *gibt* doch eigentlich keinen schöneren Vergleich für einen literarischen Super=Architekten ! – *(nüchtern=abfällig):* – daß er *Den* hier so einfach zu einem ‹Telemach› vorschuht – *‹degradiert›*, müßte man eigentlich sagen.

A.: Sicher; es stört. Ich beginne auch meist erst ab Seite 48 meines Exemplars zu lesen, wo Blum=Odysseus seinen 1 Dubliner Tag startet : daß er ‹*Eccles* Street› wohnt, ist selbstredend ein Wortspiel mit ‹Achilles›. – Von da an jedoch, bis hin zum allein=seligmachenden Ende des so=fraulichen »yes I said yes I will YES –«, ist eigentlich Alles bedeutend geraten. – *(halblaut):* abgesehen von einem nächsten, diesmal aber sehr aparten ‹Bruch›.

B. (nervös): Sie meinen jetzt vermutlich die Serie der HOMER=Parallelen, beziehungsweise Parodien im Styl LUKIAN's : wo der ‹Hades› zum Dubliner Friedhof Glasnevin wird. / ‹Äolus & seine Höhle der Windigkeit› zur modernen Zeitungsredaktion. / Die ‹Rinder des Helios› – die kursierende deutsche Übersetzung hat dafür immer ‹Die Ochsen der Sonne›; wie wenn Voss nie gelebt hätte – wo ‹Fleisch› kriecht & schreit & sich zu Lebendigem neu=zusammenfügt, wird zur Kantine eines Entbindungsheims, wo Jungärzte saufen & zoten...

A. (mahnend einfallend): ...und wie hier der ‹Entwicklung des Embryo›, die Ausfaltung der Englischen Sprache, von BEOWULF bis MEREDITH, gleichgesetzt wurde, ist ja wohl bewunderungswürdig gemacht. –

(seinerseits die Aufzählung aufnehmend): ‹Nausikaa› ? : die grazios=hinkende Gerty Mac Dowell, samt ihren Freundinnen, die Alle so viel ‹Wäsche› zeigen, am Strand von Sandymount. / Wie der ‹Cyclop› zum modernen Chauvinisten & Kugelstößer wird, und der Pfahl mit der glimmenden Spitze Blum's Cigarre. / Oder die ‹Insel der Kirke›, wo Männer habituell in Schweine verwandelt werden, zum Etablissement von Frau Cohen, zum Dubliner Bordell...

B. (unterbrechend): ...obschon mir, gerade hier, *neue* Skrupel gekommen sind.

A.: Hoffentlich nicht wieder vom Standpunkt Victorianischer Töchter ?

B.: Och=nein. Wenn ich auch gern gestehe, es in der Weltbürgerlichkeit noch nicht weit genug gebracht zu haben, um nun in Damengesellschaft die Vorzüge dieses oder jenes Freudenhauses freimütig erörtern zu mögen...

*A. (bremsend): Halt*halthalt ! Jetzt biegen Sie aber, so ganz unauffällig=perfide, in eine generalstaatsanwaltlich=unredliche Verleumdungstechnik ein, für welche die normale Lesepraxis überhaupt keinen Anhaltspunkt bietet : *wohl* ist jedwedes Buch ‹öffentlich zu haben›; studiert genossen entziffert aber, wird es doch immer nur unterhalb der eigenen Nase, im intimsten Zwie=Zwitt=Gespräch zwischen Leser=&=Autor. Und da ist eine *so hochdichterische*, das, uns platterdings unvermeidliche, ‹inter urinas et faeces› *verklärende* Formung, ebenso ‹werkgerecht› wie witzig=abstandnehmend...

B. (schuldbewußt=hochfahrend): Mein' ich ja alles gar nicht. – Ich frage lediglich : ob die Versuchung=Verführung des im Irrgarten des Meeres & der Liebe herumtaumelnden Cavaliers durch Weibliches, nicht ebensogut an anderer Stelle hätte ansetzen können ? Dem alten HOMER war eine ennuyante Dreifach=Formung künstlerisch noch nicht übel zu nehmen; aber hätte JOYCE, speziell bei dieser Episode, nicht theoretisch die Wahl gehabt zwischen a) Kalypso, b) Kirke, c) Sirenen ?

A.: Sicher. Ich will Ihnen sogar zugeben, daß *ich* mir zu diesem – hm, darf ‹ein Mann› hier ‹Spezialthema› sagen ? – die SIRENEN erkoren hätte. Was sich da machen läßt, hat, zum Beispiel, POE's ‹Ligeia› angedeutet. Ja, soll ich *noch* weiter gehen... ?

B. (begierig): Tun Sie's ! Wozu sind Wir schließlich hier versammelt, wenn nicht um ‹weit› zu gehen ?

A.: Schön. – Also immer unbeschadet, daß JOYCE war, ist & sein wird, »th'applause ! delight ! the wonder of our stage !«...

B. (hineinmurmelnd): ... BEN JONSON; nun, es stand zu erwarten.

A. (fortfahrend): ... mir hätt'es besser zu einem intellektuellen Helden gestimmt, das Bild : wie er sich diesen kammermusigen Wassergeistern so erzgeschickt *nicht*=ergibt. Und das, wo doch, wie schon CICERO es für sich sehr nett gesteht...

B. (wie zuvor): ... auch so ein Asphaltliterat...

A. (fortfahrend): ... die *höchste* Verlockungsprämie der, bestimmt schon auch so äußerst appetitlichen jungen Damen, bekanntlich in dem Versprechen der *Allwissenheit* bestand.

B. (sorglich): Das war schließlich auch der Trick des Slang im Paradies. – Aber werden Wir nicht zu akademisch; lassen Wir die bloßen Möglichkeiten beiseite; halten Wir Uns an das Geleistete. Beruhigen Sie mich lieber noch etwas weiter : mit dem ODYSSEUS ist also die Literatur mit nichten ‹endgültig abgeschlossen› – wie mir neulich ein *ganz* Wilder beteuern wollte – er hat seine technischen Fehler; weist Lücken auf & dünne Stellen; und ist überhaupt kein Vollgemälde der Welt ?

A.: Die Ausführung könnte sogar unbillig=kanalisiert gescholten werden. Bedenken Sie : gleich *zwei* intellektuelle Helden; und Beide imgrunde nur ‹*halbe* Portionen›; hat doch auch JOYCE selbst sich lebenslänglich – schon sein Bruder bescheinigt's ihm – in fast allen Fällen, notorisch mit oberflächlichen Informationen zufrieden gegeben; Hauptsache, sie regten ihn poetisch an.

B. (sachlich): Was bei einem Schriftsteller aber auch genügt. Also der Kreis seiner Helden ist nicht sonderlich umfangreich; Punkt. – Weiter; zweitens ?

A.: Zweitens ist der ‹Ort› eine kleinere Großstadt. Und hier wiederum ausgesiebt 1 Dutzend Lokalitäten, die JOYCE vorzüglich bekannt waren.

B. (einwendend): Verehrer haben aber doch behauptet : wenn heut ein Erdbeben Dublin flach legte, dann könnte man es, Hauptsache der ‹ODYSSEUS› bliebe erhalten, da'nach wieder aufbauen ?

A. (etwas unwillig): Sie haben ein seltenes Talent, einen Menschen, der 2 der witzigsten & schönsten Bücher der Welt von Herzen *loben* möchte, zum *Tadeln* anzuhalten. / – Also *nein* : die Schauplätze sind *bedenklich stereotyp* ! Die ‹Lästrygonen› ? : Blum beim Lunch im Restaurant. / Das ‹Sirenenkapitel› ? : Blum, bei fern=nahem Gesang, im Restaurant. / Der ‹Cyclop› ? : Blum im Restaurant. / ‹Rinder des Helios› ? : praktisch auch wieder die Atmosfäre eines Restaurants. / ‹Kirke› ? : Restaurant mit übertriebener Damenbedienung. / ‹Eumäus› ? : Ort : *ein Restaurant ! !*

B. (konsterniert): Das wäre ja eine *schreckliche* Reihenbildung ! – *(verdachtsvoll):* Sagen Sie : mögen Sie JOYCE *tatsächlich ?*

A.: Bei ihm wird selbst eine solche Unart eine Freude; so nett führt er das Thema con variazioni durch. Immerhin dürfen Sie ihm, (unter anderem), einen überdimensionalen ‹Kaffeehaus=Komplex› vorwerfen. – Komm'ich gleich zum ‹drittens›, ja ? Die ‹Einheit der Zeit› ist eben nur 1 längster Sommertag; jener ‹Blooms=day›, der mit Recht durch ihn berühmt gewordene 16. Juni 1904. Und jeglichem JOYCE=Adepten, der sich gleichzeitig die Fähigkeit bewahrt hat, objektiv zu bleiben – was, bei der unvermeidlichen Bezirzung durch einen solchen Großgenius *schwerer* ist, als es sich hier, ohrein=ohraus, anhört – werden jetzt hoffentlich all die *unerwähnten Beleuchtungen* einfallen : JOYCE *schätzte ergo schilderte*, weder Vor=März noch Herbstlaub noch Winter. Neinein : was ‹Vermeidungen› angeht, können Sie bei ihm so viele feststellen, wie Sie Zeit darauf verwenden. Sie sehen, Sie dürfen beruhigt sein : *es ist noch nichts ‹erledigt›*.

B.: Sehr erfreulich. – Also schön; den ‹ODYSSEUS› mag man stellenweise noch goutieren; zumal wenn man sich vorher kurz einen Kommentar ansieht, sei's GILBERT sei's BUDGEN...

A. (berichtigend): ... die, nicht direkt überwältigenden Kommentare...

B.: Inwiefern ?

A.: Weil der Eine ein professorales Gemüt war; der das, nicht selten Dubiose, was er zu sagen hat, mit steifer Oberlippe & beneidenswertem Selbstbewußtsein, in einem Stil wie die ‹TIMES› vorbringt – ein ausgesprochener ‹Menschen=*Typ*›; und überdem noch der einem JOYCE so ziemlich wesensfremdeste : ein ‹Beamter›, der ‹aufständische› Burmesen zum Tode verurteilen mochte. / Der Andere ein ‹bildender Künstler›; und, obschon ergo in der Seelenlage ähnlicher, so doch eben wieder betrüblich *unzuständig für Literatur.* / Vor allem aber sind sie Beide JOYCE – der förmlich Profession davon machte, den Leuten Bären aufzubinden – in einem Maße *‹aufgesessen›*, daß man immerfort kichern muß; den Rekord in dieser Beziehung hält GORMAN, der erste Biograf. – *(sinnend):* Woran es JOYCE zeitlebens gemangelt hat, war der ‹ebenbürtige Kontrahent› : er mußte ihn sich selbst erfinden...

B. (vorsichtig): Immer vorausgesetzt, er hätte sich einem Solchen ‹gestellt› – was künstlerisch, soll heißen produktiv, womöglich falsch gewesen sein könnte. – Wie wär's mit FREUD in Wien ?

A.: Ein Duell, nicht auszusinnen ! : *das* hätte *Beiden* die letzten = höchsten Einsichten erbringen können. Das hat Beiden gefehlt – *(erwachend):* – nun, es ist nicht mehr nachzuholen. – Immerhin sei Dem, der noch gar nichts von JOYCE weiß, irgendein Kommentar – *ich* empfehle lieber TINDALL; oder LITZ, für Fortgeschrittene – zum Durch=Blättern vor der Lektüre des englischen Textes empfohlen.

B.: Nicht des deutschen ? Damit machten Sie aber den Leserkreis, den ohnehin eingeschränkten, hóff=núngs=lós schrumpfen.

A. (bedauernd, aber achselzuckend): Für die im Handel befindlichen deutschen Übersetzungen, selbst der frühen Stücke, gilt, in noch höherem Grade, das Gleiche wie für die Kommentare : zu *ihrer* Zeit, das heißt vor 40 Jahren, als erste, *ganz=grobe Näherungen*, vermittelst deren man überhaupt einmal erfuhr, worum es sich ungefähr handele, *passabel* – wirken sie *heute, unerträglich plump, ja falsch !* Es wäre hohe Zeit zu neuen, asymptotischeren Anschmiegungsversuchen.

B. (behutsam berichtigend): Immer vorausgesetzt, so difficile Texte *ließen* sich, leidlich unverletzt, in eine andere Sprache übertragen. Womit Wir übrigens, so ganz zwanglos, bei Ihrem *zweiten* Liebling angelangt sind : . . .

(Gong)

A. (abwehrend): es wäre ja schon einem *Menschen*, geschweige denn einem Literaten un=anständig, wenn er *nur* 2 Lieblingsbücher vorweisen könnte – ich erfreue mich immerhin einiger Dutzend : zu denen ‹FINNEGANS WAKE› freilich gehört.

B.: Und eben *das* ist für 99 % von Denen, die es je eingesehen haben, *absolut unbegreiflich*. Habe ich doch selbst, mit diesen meinen eigenen Händen, das Buch mehrfach, an verschiedenen Stellen aufgeschlagen – und es *jé=dés=mál*, nach einigen Stunden, mit dem bekannten Mühlradgefühl im Haupte – tja eben nicht ‹ehrerbietig beiseitegelegt›; sondern, daß ich's nur gestehe, mit erheblicher Entrüstung dorthin in's Regal zurück=geboxt, wo ich ungelehrter Normalmensch für absehbare Zeit nicht mehr hinzulangen gedenke. – *(resolut):* Ich bin doch nich' meschugge ! –

A. (geduldig=amüsiert): Irre ich mich, wenn ich, trotz des brio, argwöhne, daß Ihrem bescheid'nen ‹Normalmenschen› so *ganz* wohl doch nie dabei war ? Würden Sie sich noch 1 Mal, für eine arme Viertelstunde, überwinden, und meinem Erklärungsversuch zuhören ?

B. (seufzend): Ich muß wohl; habe ich doch, implicite, auch Sie für=ä – ‹voreingenommen› deklariert.

A.: Sagt man da bei=Ihnen=zulande ‹meschugge› ? Most interesting. / – Aber wie wollen Wir vorgehen ? : erst die theoretischen Grundlagen; dann ein praktisches Beispiel aus dem Buch ?

B. (siegesgewiß): Nichts da ! *Erst* eine, mich überzeugende Entzifferung. Sollte ich danach einsehen, daß etwelche ‹Theorie› unerläßlich sei – *(halblaut):* beziehungsweise überhaupt eine da ist – *(A. hüstelt warnend):*

dann werd' ich reuig selbst darum bitten. – *(drohend):* Ich schlag jetzt also auf : und zwar wo der Finger hinfällt... *(kleine Pause; er schlägt auf):* !

A. (murmelnd): 434 unten... trifft sich sogar günstig...

B.: Das hab' ich nicht gewollt.

A. (belustigt): Durchaus glaubhaft. / Aber Ihre Wahl war insofern glücklich, als es sich um eine, besonders in sich geschlossene, Halbseiteneinlage handelt. Machen Wir's doch so : Sie lesen, satzweise, den englischen Text; ich kommentiere.

B.: Fang'ich also ganz unten an. – »Not before Gravesend is commuted«. Ich, mit meinem Abitur=Englisch, sehe : ‹Gravesend›, Städtchen unweit London; und ein ‹commuter› ist Einer, der täglich mit der Eisenbahn hin=&=her pendelt; ergänze ‹zur Arbeitsstelle›.

A. (nickend): Ein *erster* Sinn. / Um einen weiteren zu gewinnen, müssen Sie's in ‹grave's end› zerlegen : ‹Das Ende des Grabes›; dem zugute kommt, daß Gravesend schon im ‹Doomesday=Book› erscheint, was sich ja auch als ‹Buch vom Jüngsten Gericht› lesen läßt, wie sich FINNEGANS WAKE mehrmals selbst nennt. Und da klingt eben gleichzeitig ein ‹Immerwiedergeborenwerden› an – wenn Sie rasch mal 2 Zeilen höher gucken, erkennen Sie das »martimorphysed« : gleich ‹Metamorphose› plus ‹Märtyrer=Physis›; es steckt *noch* mehr darin, aber lassen Wir das jetzt. Der zweite Sinn ergo der : eines unermüdlichen Hin=&=Hergependels zwischen Geburt und Grab : denn FINNEGAN ist das Buch der viel=hundert Verwandlungen, Kostümierungen, von 4 Berufs=Revenants : des Helden; des Anti=Heros; des All=Dämchens; und der Chöre.

B. (aufmerksam): Ahá. Also alles doppelsinnig zu lesen ?

A.: Das tut's nicht ganz. / Beim nächsten=dritten, handelt es sich um einen ziemlich lugubren Sinn; den Wir vorsichtshalber halb=Slangenglisch verschlüsseln wollen : der seriöse Nebenbuhler – er ist ‹grave› – hat nämlich grad die Dame auf dem Schoß. ‹The Grave's *End*› ist also das, was es ist; um ‹*Pendel*=Verkehr› handelt sich's eben auch; und ‹committed› mischt sich genau so ungebeten mit ein, wie ‹gravy›.

B.: Das sind ja aber ganz *verwünschte* Einfälle ! – Erst mal noch weiter : »But now reappears Autist Algy, the pulcherman and would=do performer, oleas Mr Smuth...

A. (einfallend): ß=tópp. *Sie* lesen das : *wie* ?

B. (achselzuckend): ‹Aber nunmehr wieder=erscheint› – tja, wer »Autist Algy« sein soll ? – der »pulcher=man« : wenn ich auch noch mein bißchen Latein zu Hülfe rufe, ist das ein ‹Schöner Mann›... ?

A. (bestätigend): Sagen Wir: irgendein Bel=Ami=Typ. Bitte weiter : es *geht* doch schon.

B. (voller Widerstände): ... der »would=do performer« : Einer der gern etwas leisten *möchte.* »oleas« scheint ‹alias›. Und wer »Mister Smuth« sei, weiß ich wieder nicht.

A.: Das »reappear« spielt natürlich einmal mehr die ‹Wiederauferstehung› der Helden an. ‹Auto=Algie› ist autokrank, autosüchtig – das ‹wieso› kommt gleich. »the pulcherman« ist synchron als *‹sepulture›* zu lesen...

B.: Wied'rum ‹Grab› : ein ‹Nekromant› ?

A.: Scharmant ! Der Beträffende ist – man kann's kaum deutlicher sagen – ein ‹Voodoo=performer› : ein Hexenmeister & Zaubersprüchler. Und zwar ein »oleas«, ein *‹Anrüchiger›*...

B. (hineinmurmelnd): ... achso : ‹non olet›...

A. (fortfahrend): Und »Mister Smuth« ist einmal, vom Deutschen her, ‹Schmutz›. Und außerdem kommt jetzt eine, für *JOYCE*'s Verhältnisse *äußerst beträchtliche Feier* eines seiner literarischen Zeitgenossen, der ihm viel Spaß gemacht haben muß – *(leiser):* mir übrigens auch – *(wieder normal):* THORNE SMITH.

B. (nach stutzendster Kleinpause): Hab'ich dergleichen doch mein Tage nicht vernommen –

A.: Das besagt weniger, als der ‹Normalmensch› meint. Kann *ich* mich doch *sehr* wohl – ich bin noch vor dem Ersten Weltkrieg geboren – an die lustig=sprudelnden Filme erinnern, mit Roland Young & Constance Bennet; und vor allem noch an die, in Deutschland leider gänzlich verlorengegangenen *Bücher* von THORNE SMITH : an ‹TOPPER›; ‹THE NIGHT=LIFE OF THE GODS›; ‹THE BISHOP'S JAEGERS›; ‹TURN=ABOUT› ‹SKIN & BONES› ‹RAIN IN THE DOORWAY› – ach, ich hör'auf : Sie *kennen* das Alles nicht.

B.: Das scheint mir aber nicht nur *mein*, zugegeben besonders hoffnungsloser Fall; vielmehr hab'ich eben festgestellt, daß auch Ihre Spezial=Nachschlagewerke hier, der ‹CENSUS› oder ‹ATHERTON› *nichts* davon wissen.

A.: Kommen Sie, bitte, weiter : am Ende sollen Sie selber entscheiden...

B. (kritisch): Da müßte aber noch Diverses von Ihrem beliebten Herrn SMITH hörbar werden – ich hab' mir die Titel ziemlich genau gemerkt. – *(Weiter lesend):* – »stated by the vice crusaders to be well known to all the dallytaunties in and near the ciudad of Buellas Arias« – *(sich unterbrechend):* achso : »vice« ist nun nicht mehr nur ‹Vize› sondern auch ‹Laster›. Und man kennt ihn gut; alle – *(wie den Klang nach=schmeckend):* »dallytaunties=dallytaunties« : die Tändelnd=Versuchenden; ebenso wie die ‹Dilettantinnen› ?

A. (erfreut lobend): Wunderbar! Nur weiter=weiter...

B.: Wenn Sie mich *so* rühmen, gerat'ich, bescheidener Normalmensch, gleich wieder in's Stocken: »Buellas Arias« – *(ratend):* Buenos Aires?

A.: Plus ‹Schönes Arioso›. Und, vor allem, ‹puellas arrears›: ‹Mädchen=Popos›: samt ‹bella suora› gleich ‹Schwägerin›.

B. (schockiert): Nombre de Dios! – Ich les' nur schnell weiter: »taking you to the playguehouse, to see the *Smirching of Venus*« – *(erleuchtet):* ach jetzt erscheint die Land*plage ‹Kino›*; wo man die ‹Schmierige Venus› zu sehen kriegt: das schmitzt vermutlich SMITH' Buch vom ‹Nachtleben der Götter› an?

A.: Neben dem ‹Merchant of Venice›; gewiß. Und was jetzt folgt, ist reines Zitat aus SMITH, dieses »asking with whispered offers in a very low bearded voice« aus dem ‹NIGHT=LIFE›; das anschließende »won't you be an artist's moral and pose in your nudies« verweist auf den ‹Bischof mit der Jäger=Unterhose›, – auch er ‹grave & bulky›.

B. (erschüttert): Oh jetzt verkehrt sich aber so ziemlich Alles: Wie schreibt denn Der die Namen der ‹Alten Meister›?!: Hogarth...

A.: Wird zu ‹hug=arse›...

B.: Botticelli? ...

A.: ‹Bottom=silly›...

B.: Tintoretto? ...

A.: Titteretto: ‹teats erect›...

B. (erschöpft): Hören Wir auf: es ist mir etwas *zu* reich gearbeitet, das köstliche Stück.

A. (unerbittlich): Nein; 5 Zeilen mehr müssen Sie noch überstehen: *das* sind Sie mir, als Satisfaktion, schuldig: also bitte? ...

B. (ächzend): »And the phyllisophies of Bussup Bulkeley –«

A.: Das ist einmal der athletische Bischof bei SMITH; andrerseits der ‹draufküssende athletische Rival, der die Phyllis studiert›.

B.: »O, the frecklessness of the giddies nouveautays!« –

A. (ungerührt): Wimmern Sie nur nicht so. – »frecklessness« ist gleichzeitig ‹Ruchlosigkeit›, aber auch ‹reizend besommersproßt›. Und die »giddies nouveautays› sind sowohl ‹Neuigkeiten bei denen Einem schwindeln könnte›; als auch ‹goddesses' nudities›: die ‹Nacktheit der Göttinnen›: einmal mehr das Rückblenden auf ‹NIGHT=LIFE OF THE GUTS›.

B. (konsterniert): Jetzt sprechen Sie's noch zusätzlich wie ‹guts› aus?: Oh, wo bin ich=Armer hingeraten?!

A. (ernsthaft): Lediglich in die Gegend, wo die Worte lagern, mein Lieber. – Noch 3 Zeilen Geduld...

B. (liest): »There's many the icepolled globetopper is haunted by the hottest spot under his equator, like Ramrod, the meaty hunter, always jaeger for a thrust«. – *(erschöpft):* Ich verstehe *nichts* mehr...

A.: Sehen Sie sich doch hier, die Büchertitel von THORNE SMITH an : ‹TOPPER› erkennen Sie auf der Stelle ?

B.: Ja; in »globetopper« : Warum ‹globe› ?

A.: Weil Jener ein dicker=alternder Mann war : das »icepolled« deckt beides; vom ‹globe› her den Globus, mit seinen ‹eisigen Polen›; vom Menschenbild her der ‹Poller› – plattdeutsch gleich ‹Kopf›, und zwar einer von der rauhreifigen Sorte. Der aber unterhalb des Äquators immer noch eine hitzige Stelle hat : »ram plus rod« : ich brauche wohl nicht mehr zu sagen.

B.: Es fällt Einem aber doch auch ‹Nimrod› dabei ein, der »meaty hunter, always jaeger for a thrust« ?

A.: Sehr richtig : ein ‹Fleisch=Jaeger› – worin erneut ‹THE BISHOP'S JAEGERS› erscheint; und ‹Hunter› heißt der Held im ‹NIGHT=LIFE› – daß er stets ‹eager for a *thrust*› sein muß, ist wohl Männer=Art.

B. (ergeben beschließend): »The back beautiful, the undraped divine«.

A. (vertraulich): Sie müssen noch wissen...

B. (flehentlich): ... muß ich ? !

A. (erfreut): Wer Geister beschwört, darf Der sich noch wundern, wenn sie kommen ? – Also der ‹Bischof mit der Jäger=Wäsche› schildert die Erlebnisse von 5 Bürgern, die unversehens auf das Gelände eines ‹Vereins für Nackt=Kultur› verschlagen werden : und da hat eben Josephine Duval, die Heldin, einen *so* hübschen Rücken; und das »undraped divine« dürfen Sie, je nach Stimmung, entweder mit dazu nehmen, à la ‹göttlich ausgezogen›. Und, auf den Herrn Bischof angewendet, ist es, zur selben Zeit, auch der ‹entkleidete Geistliche›. – *(bedeutsam):* Ich möchte betonen : daß ich *noch nicht sämtliche* Sinne detailliert habe.

B.: Auch *das* noch ? !

(Gong)

B. (tiefatmend): Ja; jetzt sehe ich selbst die Notwendigkeit für ein bißchen fundamental=einführendes Theoretisieren : die so befremdliche, ja abschreckende Schreibe des FINNEGAN, ist also *kein* ‹Höherer Blödsinn›; sondern erlaubt *durchaus* eine Entzifferung. Sogar *mehrere* – hm – *(er verstummt betroffen).*

A.: Werden Wir uns *da*rüber klar : *wie* sind, im menschlichen Gehirn, die *Worte* gespeichert ? – *(da B. zu stutzen scheint):* Ganz konkret : was fällt einem Engländer – es geht Uns schließlich um JOYCE – bei der Lautfolge, sagen Wir, *‹wäil›*, ein ?

B. (reserviert): Nu ‹Schleier›. – Auch ein poetisches ‹Tälchen› : »Füllest wieder Busch & Thal«. – *(probierend):* ‹vale, veil – : wail ?› : das wäre ‹klagen›. Und, in dissoluterer Stimmung, möchte ich von hier aus, wohl gar auf ‹Walfisch›, und den Prinzen von ‹Wales› geraten können. – Sind Sie zufrieden ?

A.: Naja. Es gibt natürlich noch mehr – vau=a=i=ell, ‹vail›; das in ‹available› steckt – aber es genügt : das Alles fällt Ihnen also ein, Sie mögen wollen oder nicht. Und sind doch recht divergente Dinge; die weder mit ‹Homonym› noch dem Begriff der filologischen ‹Wurzel› zu erfassen wären – man kann nämlich auch sowohl über's Schriftbild, als über die metaphorische Bedeutung, solche – ja, erfinden Wir Uns am besten einen neuen Fachausdruck für unsern heutigen Abend...

B. (unterbricht): ... fiel mir doch eben tatsächlich ein ‹*häuti*ger Abend› ein : Malaparte, ‹Die Haut›.

A.: Legen Wir das einmal, aus Höflichkeit & um der Kürze willen, der Sprache zur Last. Wie also nennen Wir diese, so Vieles bündelnden linguistischen Grundgewebsgebilde ? Was böte sich da an ? – *(tut erleuchtet):* ‹Etymologie› : die Lehre vom Echten : taufen Wir die polyvalenten Gesellen einfach einmal *‹Etym›* – einverstanden ?

B.: Vorausgesetzt, daß kein neuer Trick damit verbunden sei.

A. (schmunzelnd): Das wäre an sich sehr möglich. Aber Wir sind uns also darüber einig : daß einem Deutschen bei ‹lauf›, sowohl der Vorderfuß eines Rehes einfallen dürfe; als auch das graziose Bahnumkreisen von Damen bei 4=Mal=Hundert=Meter=Staffel; das steiff=folgenreiche Gewehrröhrchen ebenso, wie das ‹laufen› etwelchen Wasser=Hähnchens ?

B.: ‹Lauf, Jäger, lauf› – *mir* ist eben sogar noch Joseph Lauff dazwischen geraten : so'n ältlicher Romancier.

A. (zeitgenössisch=belastet): ‹Pittje Pittjewitt›, gelt ? – Aber Sie haben von selbst den Beleg geliefert, wie jedwedes Wort, das Wir äußern, mehrfach ‹überdeterminiert› ist; Drehscheiben=, Weichen=Charakter hat; sodaß die Verzweigungen unserer Gedankenfolgen, die oftmals putzig wirkenden, allein schon unter diesem Aspekt betrachtet, gar nicht so willkürhaft=absurd sind.

B. (zögernd): Dieser Theorie nach, würde jeder Mensch gleichsam *2 Sprachen* in sich beherbergen : die eine bestehend aus ‹Worten›; die andre aus=ä Wort=*Keimen*, eben Ihren ‹Etyms›. Woraus sich jetzt sofort ein Erstes ergäbe; nämlich, daß die *Zahl* der Etyms weit geringer sein müsse.

A. (bestätigend): Sehr richtig : die *Worte* sind zahlreicher, auch ernsthaft=‹korrekter›; die Etyms dafür vielseitiger, witzig=begattungslustig. Sie können es sich, vielleicht noch anschaulicher, nach ‹Stockwerken› vorstellen : ganz ‹oben›, das Bewußtsein, bedient sich der *Worte*; besteht auch, womöglich im halben Gefühl seiner mühsam ausbalancierten, prekären Verletzlichkeit, auf stricter Orthografie à la DUDEN. Der Persönlichkeitsanteil da*runter* – zur Hälfte durchaus bewußtseins*fähig*; zur Hälfte im Unbewußten wuchernd – *‹spricht Etyms›*.

B. (besorgt): Und da beide Sprachen schwerlich voneinander zu trennen sind, wird, sobald die eine etwas äußert, die andere mitschwingen...

A.: Korrekter : dem Ohr des Geübten wird's stets, bei Allem, wie eine *‹zweite Stimme›* mit=hineinsingen – vom Fonetischen her perfid=passend; vom bürgerlich=beabsichtigten ‹Sinn› her, oftmals peinlich divergierend. Das liegt *da*ran, daß die wohltemperierte Wort=Sprache *oberhalb* der Zensur=Schwelle erklingt – Sie dürfen, etwa in den Wendungen der FREUD'schen Schule, dafür auch sagen : ‹rezensiert & genehmigt vom Über=Ich›; oder, ganz populär, ‹das Gewissen hat eingegriffen› – die Etym=Sprache jedoch respondiert, von *unterhalb* derselben erwähnten Barriere her, einiges von dem, was der Sänger, zumindest vorüberhuschend=mal, *wirklich denkt*.

B. (vergrübelt): Sprächen die Etyms also die wirkliche Wahrheit...

A.: Mais non. Sie begnügen sich, als Humoristen, meist mit mahnenden *auch*=Möglichkeiten; sind die, von Zwergenwitzen übersprudelnden Vertreter des ‹homo sum›, die auf die langweilig=schwitzende ‹Tat› meist verzichten. Immerhin regeln sie gewisse, vom Standpunkt der Motilität aus betrachtet ‹folgenärmere› Kleinigkeiten; wie etwa die Träume; die ‹Fehlleistungen›; auch ‹Assoziationen›=undsoweiter.

B.: Was ja nicht wenig wäre. Immerhin hätten Sie damit Ihren Etyms die Lust zur Direkt=Aktion abgesprochen... *(wie erwachend):* Aber wovon *reden* Wir eigentlich ? ! Wollt'ich doch nur 1 kräftig Wörtlein über'n FINNEGAN...

A.: Genau : denn dies Webermeisterstück ist eben *nicht in Worten geschrieben; sondern in Etyms.*

B. (verdutzt): Das wäre ! – Moment. Ich schlag, zum zweiten Mal, beliebig auf : Seite 308. Da erblick'ich, am linken Rande, betont=kursiv gedruckt, als Accompagnement zum Tic=Tac des Uhrenschlagens, zum Pendel=Hin=&=Her, ein Perlenschnürlein von Tiefsinns=Worten...

A. (betonend einfallend): ... ‹Worten›; bien sûr...

B. (fortfahrend): ... so recht die Wonne der Feinsinnigen; der dem ‹mystischen Lesemodell› Zugetanen : »Pantocracy« gleich ‹Allherrschaftlichkeit›...

A. (bremsend): Mir vertraulichen meine Etyms an, daß »pants« auch ‹Schlüpfer› & »crazy« ‹verrückt› sei; das Ganze ergo auf ‹Hosentollheit› hinauslaufe.

B. (schockiert): ‹Über die Kunst, in der Poesie zu sinken›; tz. – »Bimutualism«, klopft die hintergründelnde Ur ? …

A. (höflich): ‹Begegenseitigung› lautet die ‹Antwort der Tiefe›.

B. (ungehalten): »Stabimobilism«, gleich ‹Ruhendregsam› !

A. (nüchtern): ‹Steh=Beweglichkeit› : Sie *kennen* das, gelt ? Allenfalls darf Ihnen noch die ‹Geisteshaltung permanenter Mobilmachung› einfallen.

B.: Haben Sie denn *gar* nichts aseptischeres ? – Fi donc !

A.: ‹Den Unschuldig=Entgegnenden zu zerschmettern : das ist so Tyrannenart, sich in Verlegenheiten Luft zu machen› : hab *ich* die Stelle gewählt ?

B.: Na also direkt *‹gewählt›* hab'ich sie ja wohl auch nicht. – Und *so* geht demnach das ganze Buch ? Aber jetzt fang ich an zu begreifen, wieso man sich, was mir bisher unfaßbar gewesen war, immer noch über den bloßen *Inhalt* eines Buches streiten kann.

A.: Dabei liegt der Fall imgroßen ganz einfach : ein leichtes, süß=wucherndes Geranke von ‹Oberstimmen›; mit unermüdlichen Anspielungen auf alle möglichen mythologischen=historischen=literarischen Erz=Hahnreihe & Gewürgt=Verkannte …

B. (einfallend): Also *nicht* kreuzwortpussylig=wirr; sondern durchaus auf 1 Thema ausgerichtet ? – *(sich erinnernd):* Achso : *mir* fiel ja vorhin bei ‹laufen› *auch* der LAUFF ein …

A.: Durch Alles hindurch jedoch klingt, ja *dröhnt* der eigentliche ‹Grundbaß›. Es handelt sich beim FINNEGAN um die Traum=Serien *einer Nacht*; die, eines eifernd=süchtigen, latent=paranoischen Alkoholikers, der allerorten Andeutungen auf seine Situation erblickt; überall spöttelnde ‹Stimmen› vernimmt. Und der Hauptgestalten sind *nur Viere* : Er=selbst; der alternd=verfallende, nur noch im Schreiben Rüstige; »all mouth=speech nix finger=force«, & ständig »a fox in his stomach«, wo sich der Slang=Sinn des ‹betrunken› zum lateinischen ‹vox› addiert; der ‹Bauchredner› folglich : und gleich wieder sowohl Einer der ‹vom Bauch› redet, als auch ein ‹Zweistimmengeschöpf›.

B. (mißmutig): Natürlich : *genau* wie von Ihrer Theorie gefordert.

A. (weiter herzählend): Dann ‹Die Frau› : eine rothaarige, schwatzhafte, nimmer=unlüsterne Puppe. / Der korrekt=hauswirtliche, dazu sportlich=stramme, ergo erfolgreiche, Nebenbuhler=Bruder. / Und endlich, als Viertes, eine Art Sammelpersönlichkeit, die ‹Maggies›; bald

Mädchenringelreihen; bald in 1 dienstbotenähnliche Schwester zusammenrinnend.

B. (aufmerksam): Ahá : da müßten also, als Sagenfigurinen, episodisch etwa König Marke auftauchen ?

A.: Gut. Und schon liegen ja die Rollen des kleinen Ensembles fest : die Heldin wird zur Isolde; der Rivale zum Tristan – was im Englischen gleich wieder Anschmitzungen via ‹trist› & ‹ram› ermöglicht – die Maggies tun sich zur Brangäne zusammen.

B.: Eigentlich recht einleuchtend. Sind das sämtliche Akteurs?

A.: Nein; auch Nebengestalten, oft monströse Mischwesen, erscheinen. / ‹4 alte Männer› – und ‹Alles=was=4=ist› wird selbstredend anklingen gemacht : da heißen sie etwa die »four waves of Ireland«, das waren irische Chronisten; als die 4 Vierteljahre treten sie auf; ja als die 4 Evangelisten.

B. (etwas nervös): Das wären jedoch ‹*Ober*stimmen›, ja ? Was sind sie in der *unteren* Wirklichkeit ?

A.: JOYCE hat – wie er denn Profession davon machte, auf solche Weise seine literarischen Schulden zu begleichen – unter ihnen *die* 4 Psychologen & Sexualforscher, präziser *Traum*=Spezialisten, begriffen, denen Er & sein Buch das meiste an theoretischen Anregungen verdankte : SIGMUND FREUD, JUNG, HAVELOCK ELLIS – die endlosen ‹ALICE›=Anspielungen gelten gleichermaßen ihm, wie LEWIS CARROLL – und endlich wahrscheinlich noch SANTE DE SANCTIS. Besteht doch, so um Seite 500 herum, 1 der Verkleidungen des Themas darin : wie die 4 Hauptpersonen, auf gut psychoanalytisch von jenen ‹4 Alten› vernommen werden; man fragt, in der bekannten Weise, scheinbar wohlwollend=harmlos nach Kleinigkeiten, ‹Natur=Erscheinungen›; und die Patienten erwidern unbefangen in der Etym=Sprache die allkobigsten Dinge.

B. (sinnend): Zählen Sie doch mal ein paar hübsche Verwandlungen her.

A.: Wo anfangen, wo enden ? / Da hocken etwa die Maggies, als 2 klatschende Wäscherinnen, zu beiden Seiten des Flüßchens Liffey; und entziffern & erzählen sich, *aufgrund der Flecken in den Wäschestücken*, die ganze delikat=unappetitliche Affäre. / Die Helden werden zu Schiffen; die sich etwa selbzwitt im Hafen wiegen & die Planken aneinander reiben. / Oder der Held sitzt in der Kneipe; zusammen mit den – auch immer wiederkehrenden – ‹12 Männern›, deren Hauptaufgabe die Symbolisierung der Monate ist...

B. (unterbrechend): ... was in diesem Zusammenhang=hier bedeutete : der Held frequentiere die Tavernen ‹all the year round› ?

A. (fortfahrend): Ja. – Alle sprechen & schwatzen durcheinander, von nichts als dem erwähnten ‹Thema Nummer 1›. Und wenn das Radio unterbricht, dann weiß *das auch* nichts anderes : ob ‹Wetterbericht›; ob Musical vom ‹Krim=Krieg› – Krieg oder ‹Creek› im Krimmer; ob die Direktreportage vom ‹Großen Rennen zu Baldoyle›...

B. (ahnend): Achsó ? : während der Held sich festkneipt, wird anderswo ‹geritten› – *(ablehnend):* ist doch platt; ja, vulgär.

A.: Aber mit unerhörter Meisterschaft orgelt die Grund=Sprache. Und Sie können unbesorgt sein : sobald der Toback zu stark, die bunte Tarndecke *zu* dünn werden will, pocht warnend ein Zweig ans nächtliche Fenster des Schwer=Träumenden : »Tip !«, macht's ‹Gewissen›=haft.

B. (nachdenklich): Dies Auseinanderklaffen also, der honorigen Oberstimmen, und des Lobgesangs mit Vorbehalten auf Venus Vulvavagina, ist der Grund dafür, daß beide Entzifferer=Schulen einander andauernd die culus=salsten Etymer nachweisen – *(erwachend):* mein gut !; ich rede *selbst* schon so !

A. (erheitert): Nehmen Wir doch mal 1, ganz konkrete, Episode. – Da wäre, gleich=vorne, das, was die Feinen den ‹Riesen im Wassergrab› nennen. Und es *ist* selbstverständlich, *in Worten gelesen*, die all=keltische Sage vom Giganten FINN MAC COUL : wie Der, bezwecks Kühlung, und um den Heldendurst zu stillen, sich in's Bett des River Shannon legte, & den Strom seine Gurgel hinunterlaufen ließ; derweil von wohleingerichteten Ausruh=Schlössern & neuen Helden=Zügen träumend.

B. (horchend): Ja. So sagen's, obwohl mit gesetzteren Ausdrückungen, CAMPBELL=ROBINSON auch.

A.: Wie erfreulich für mich. Die Etyms, leider, schwatzen allerorten etwas sehr=Anderes aus : wie nämlich der ‹Held› von einer Sauftour nach Hause gerät. Der Bruder ihm die Tür öffnet – diese ‹Türöffnungen› kehren auch immer wieder. Wie er, oben=dann, von den Weibern ob seiner ‹Fahne› verhöhnt; vom Bruder=Feind verdroschen; und von Allen=zusammen endlich, bezwecks Nüchtern=Machens, unter den Wasserhahn gesteckt wird ! Dort schnappt das ‹Wreck of the Hesperus›...

B. (unterbrechend): Warum nennt er sich *so* ?

A.: Weil es, in dem betreffenden Gedicht vom LONGFELLOW, heißt, von Einem, der dito ‹ertrunken› im Wasser treibt, »with his fixed and glassy eye«. – Also zurück : der Held bekommt so zwar seinen ‹Brand› gelöscht; hat aber doch auch nach Luft zu ringen; und bezeichnet sich ab da gern als »garrotted person«, als ‹gewürgte Persönlichkeit›. »Jugurtha !« röchelt es später erinnernd – wenn Sie's englisch Etym=spalten, wird das ‹you gárrotter !›. Jener afrikanische König sprach ja auch von einem ‹eisigen Bade›, allwo SULLA ihn *erwürgen* ließ; und »Sully« wird sogleich 1 der Decknamen des Würgers…

B. (angespannt): Mir fiel eben ‹sullen›, ‹mürrisch› ein…

A. (fortfahrend): Sehen Sie, wie die Etyms Sie schon plagen ? ! : Sehr wohl; man kann auch ‹morose› dafür sagen; und das *da*=neben liegende ‹Maurice›, gleich Moritz, ist *genau der Name des Bruder=Antagonisten*, schon im frühen ‹STEPHEN HERO›. Darf ich noch nachtragen, daß in »garrotter« auch ‹carrot› steckt; ein Epitheton der ‹rothaarigen Maid› : ‹Rote Rüeben› heißt's in NESTROY's ‹Talisman›.

B. (interessiert): Ach; Sie meinen, es könnte sich um JAMES JOYCE's *wirklichen Bruder* handeln ?

A. (bescheiden, aber würdig): Ich meine es nicht : ich *weiß* es.

(Gong)

A. (gelassen fortfahrend): Darf ich sagen, was not täte ? – Also als Fundamentalstes : Auge Ohr & Zunge zu üben.

B.: Wodurch ?

A.: Durch systematische Lektüre. Nämlich der *echten Vorgänger* in dieser bezaubernden Technik des ‹double dealing›; Die die mühsam angelernte, sperrig=holzige Verleimung zwischen Aussprache & Rechtschreibung heilsam aufweichen. – Da bietet sich, ebenso ‹gut› wie ‹leicht erreichbar›, SMOLLET an : die Briefe der Kammerjungfer Winifred Jenkins im ‹HUMPHREY CLINKER›. / STERNE's ‹Tristram Shandy› : ein noch gar nicht an=, geschweige denn *aus*=studiertes Buch ! / Auch LEWIS CARROLL; obschon weniger Dessen looking=glass ‹ALICE›, als vielmehr das, in Deutschland praktisch noch ungekannte, ‹SYLVIE & BRUNO›. / Und dann noch – womit es denn freilich sein Bewenden haben wird – die 1 der Großen Reisen der Menschheit : die Expedition von LEWIS & CLARKE, über & durch das ‹Felsengebirge›, bis hin zur Küste des Pazifick : *ausgerechnet dieser Bericht*, ist eine der nützlichsten Vor=Schulungen zum FINNEGAN.

B. (ablehnend): Ich dissentiere von vornherein : eine solche Belesenheit in Ausgefallenstem ist irgendwie *frevelhaft !*

A.: Ein edel Wort. Und so recht angetan, einen Ehrenmann bis ins Mark zu treffen. Nur leider, daß es sich dabei womöglich auch um einen Defekt im Leser handeln könnte : STANLEY darf man wissen; und NANSEN nicht minder ? Dabei sind LEWIS & CLARKE *viel* reicher=spannender; und überdem handelt es sich um das Lieblingsbuch des, immer noch größten=amerikanischen Dichters, EDGAR ALLAN POE, der es nicht nur einhalbdutzendmal erwähnt; sondern es auch zur Basis eines seiner umfangreichsten Stücke, des bei uns wenig=gekannten ‹JULIUS RODMAN› gemacht hat.

B. (unangenehmst berührt): Ich weiß nich' – ich kann sowas immer gar nicht hören.

A. (ruhig): Warum eigentlich ? Ist die Gefahr, daß JOYCE's Bücher Uns davonlaufen könnten, nicht viel schwerwiegender ?

B. (verdrossen): Sie meinen – etwa an den zuvor erwähnten THORNE SMITH anknüpfend – ‹ODYSSEUS› & ‹FINNEGAN› würden, den heftigsten Bemühungen der jüngeren Generation zum Trotz, immer *schwerer* verständlich ? Da hätten Wir ja gleich 1 weitere bedenklichste Konsequenz Ihrer gerühmten Reichenalltäglichkeit : daß sie so hoffnungslos generations=, wenn nicht gar dekaden=gebunden ist : parieren Sie mir *den* !

A. (galant): Ihr Einwand *ist* nicht zu widerlegen. Trifft er doch Unsre Welt=selbst : die ja *auch* – ob Geräte Schlager Kostüme Verkehrsmittel; ja Städte Teiche & Wälder – ihr Gesicht von Gen= zu Gen= zu Generation ändert.

B. (ihn abfangend; ehrlich): ... und *ich* hätte also Unsinn gepläppt : weil ich vom *Ab*bild verlangte, was das *Urbild=selbst* nicht leistet. – : Ich kapituliere.

A. (entgegenkommend): Bemühen Wir uns lieber vereint darum, die beiden großen Bücher möglichst umfassend zu verstehen – es gäbe durchaus Wege & Hülfsmittel hierzu. / 1 der ganz=simplen – und also anscheinend noch kaum benützten – ist das unschätzbare Slang=Lexicon des ERIC PARTRIDGE – Der übrigens seinerseits JOYCE so gut wie gar nicht ausgewertet hat : es ist *fürchterlich*, wie das Alles so aneinander vorbeilebt & =arbeitet.

B. (verdachtsvoll): Vermittelst des saftig=bildkräftigen Slang, erkennt man wohl Ihre kleinen Lieblinge, die Etyms, leichter, eh ?

A. (unerschütterlich): Eine möglichst umfangreiche ‹Polyglotte› wird nützlich – ‹im Handel› ist nur der 6=Sprachen=KÜRSCHNER erhältlich; und er ‹far from good›. / Dazu die billigen Paperbacks des ODYSSEUS & FINNEGAN ...

B. (miesepetrig unterbrechend): ... und dann kann der Genuß losgehen ... ?

A.: Noch nicht ganz. – JOYCE's Werk ist, weit über's übliche Maß hinaus, *autobiografisch=gebunden. Die ganze Familie* wandelt spaziert tanzt & schwankt auf den Seiten herum : der Vater, der, bezwecks erhöhten Whisky=Konsums sein Gebiß versetzt. Die bis zur Brutalität brav=

&=fromme Mutter. Die Maggie=Schwestern, EVA & EILEEN. Mitten=drinn Er=selbst, »Dave the dance Kerl«, jehovial=frech & gewitterfürchtig. – *(hinterhältig):* Und nun möcht'ich 1, ganz unschuldige Frage, an Sie gerichtet haben – : *WEN*, von solcher Familie, würden Sie, a priori, als Den, zum Verständnis von JOYCE Wichtigsten bezeichnen ?

B.: Ohne Jemanden davon zu kennen ? Nu *Den*, Der das meiste überliefert hätte. Wenn möglich, ein begabter *Bruder* – kann doch einen Mann, foll nur ‹1 Mann› verstehen – und, unter solchen hypothetischen ‹Brüdern› – Den ihm im Alter nächsten...

A. (feurig unterbrechend): ... und *genau dieser ideale Fall* – es handelt sich um ein schön=kleineres Wunder der Welt=Literatur ! – war vorhanden : schon liegen 2, *gar nicht zu überschätzende* Erinnerungsbücher von STANISLAUS JOYCE vor; ‹MEINES BRUDERS HÜTER›; und das ‹DUBLINER TAGEBUCH›.

B. (erkundigend): War er ebenfalls, offiziell, Schriftsteller ? Oder bloß so'n privater ‹Tagebüchler› ?

A.: Der, nur um anderthalb Jahre jüngere STANISLAUS – »stainusless« schallt's haßvoll aus FINNEGAN – ist Lehrer in Triest gewesen; Übersetzer Herausgeber Schriftsteller; von Dem uns rare Glücksfälle umfangreiche Tagebuch=Fragmente aufbewahrt haben. / Das erwähnte ‹DUBLINER TAGEBUCH› ist ein wahres *Kleinod* : schon ‹an sich› reinlichste ‹Literatur›, wird es zu einem Angelpunkt der JOYCE=Forschung werden; ob schon die ‹Anmerkungen›, *selbst der deutschen Ausgabe*, vervielfacht werden müßten, um die unglaubliche Verzahnung mit JAMES' Werken darzutun – *Der die Tagebücher des Bruders zu lesen & aufs Unwahrscheinlichste auszuweiden pflegte.* – *(heimlich):* Auch war die Ballade von ‹FINNEGANS WAKE› das Leiblied eben dieses Bruders : Der, wie selbst ELLMANN andeutet, in Triest 1 Auge auf Frau NORA geworfen hatte.

B. (konsterniert): Wollen Sie damit andeuten, daß im FINNEGAN die reinlichste Gehässigkeit am Werke wäre ? ! Die vor keinem Calembourg zurück=schreckende, wenn es gälte, einen Gegner zu diffamieren ?

A.: Tja; ‹Humor› ist weit fürchterlicher, als die allerprämierteste lyrische Schwermut. Diese empfindlichste Lücke der JOYCE=Forschung...

B. (abweisend): ‹Lücken› ? *Ich* erblicke ein, gesellschaftlich schier unerlaubtes, Maß von Beschäftigung mit Einem fast noch Lebenden ! – Was verlangten Sie denn ?

A.: Es gibt notorisch noch umfangreiche ‹Triester Tagebücher› des STANISLAUS JOYCE; gehütet, sprich blockiert, von Witwe & Sohn : sollte man nicht in solchen, extrem=wichtigen Fällen, etwelche Amnestiegesetze erlassen, die förmlich dazu *ermunterten* – ist doch JOYCE in keinem Sinne ein Privatbesitz mehr; wohl aber ein *Eigentum der Menschheit!* – nun rasch, ehe die Große Dämm'rung kommt, aber auch schon *Alles* herauszusagen, was zu seinem Verständnis irgend noch beitragen könnte? –

B. (nach einer bedeutenden Pause): – Fragen Sie mich in 25 Jahren wieder...

(Gong)

ULYSSES IN DEUTSCHLAND

Zum 75. Geburtstage von James Joyce.

»Enkel, schütze sein Werk gegen die Leerheit, die Fühllosigkeit, die spitzfindige Denkungsart Deiner Zeitgenossen!«
(Klopstock, ‹Gelehrtenrepublik›).

Dieses Werk hat zwei Gipfel.

Der eine wolkenumhüllt, vergletschert, äußerst schwer ersteigbar, zumal für Anderssprachige : das ist ‹Finnegans Wake›. Da kommen höchstens ein paar Briten hin, seafaring men; und denen glaubt man kaum, daß sich dort ein solches arktisches Vulkanmonstrum befindet.

Der zweite Gipfel in der Kette der Joyce'schen Werke ist der ‹Ulysses› : an seinen Hängen, in seinen Steilwänden, kann man alle Linien unterscheiden, jedes Glimmerplättchen blitzen sehen. Weit ist die Aussicht vom Gipfel; zukunftweisend; denn hier hat Joyce eine neue Prosaform entwikkelt, eine der möglichen neuen Arten, die Welt konform abzubilden. Und mehr : er hat gleichzeitig ein ganz großes Musterbeispiel gegeben, nicht auszulesen bis ans Ende des Angelsächsischen.

So genau ist jedes Wort austariert, nach Betonung und Färbung der Vokale gewählt; so präzise jede Zeile durch Satzzeichen instrumentiert; so groß der Wortschatz, so genau die Bezeichnung durch Substantive, daß man, nach einigem Einlesen ins Original, unschwer zu folgen und zu bewundern vermag.

Aber viele Deutsche beherrschen nicht Englisch; oder zumindest doch nicht so gut, daß die Mühsal nicht den Genuß überwöge : für solche besitzen wir seit dreißig Jahren die Übersetzung Georg Goyerts.

Die weithin gerühmte : unzählige Klappentexte preisen sie; Kritiker waren entzückt; nahezu jeder deutsche Leser benützt sie. Auch wir wollen sie zum Jubiläum aufschlagen.

– – – – – – –

Ein Gesicht wird beschrieben : »Seine parabolischen Augen«. Das wären Mätzchen; Kultur des entlegenen Adjektivs. Im Original allerdings steht »his parboiled eyes«; d. h. »Augen wie gekocht«; und das ist ja nicht schlecht. – Freilich, wenn man als Übersetzer zu einem englischen Wort a und c zugibt; dafür e und d streicht; und den Rest noch hurtig umstellt :

da kann man weit kommen ! Das ist die Technik, mit der man aus ‹Gustav› ‹Gasthof› macht.

»Blaue Augen Schöner« redet man sich bei Goyerts an – da kann man nur sagen Akrobat schööön : denn im Englischen steht eine sachliche »blue eyed beauty«, gleich »Blauäugige Schönheit« ! –

Was hielte man – ich erfinde rasch den umgekehrten Fall – von einem aus dem Deutschen ins Englische übersetzten Buch, in dem man läse »edge from royal mountain«; und beim Nachschlagen im Original dann fände »Kant aus Königsberg« ?

Denn da brennt es einmal irgendwo in der Joyce'schen Nachtstadt, und Blum taxiert die Richtung : »Beggar's Bush« murmelt er – und »Kerlsbutike« übersetzt Goyert dienstfertig : dabei ist's ein Stadtteil von Dublin !

Ich stelle die These auf : der uns augenblicklich von den Schweizern servierte deutsche ‹Ulysses› wirkt großenteils wie eine Parodie auf das Original !

Und hier der Kurzbeweis :

– – – – – – –

Wir vergleichen als erstes den Wortschatz von Joyce mit dem von Goyert. Ich schlage eine beliebige Stelle auf : Joyce weiß, wie wir Alle seit Homers Schiffskatalog, um die Wonnen der überwältigenden Aufzählung. Irland, wie quillt es über von ländlicher Fruchtbarkeit, willig dem Häuptling O'Connell Fitzsimon dargebracht !

Und die schwerschwankenden Wagen bringen »the foison of the fields«, den »Überschwang der Felder« – bei Goyert, enttäuschend karg, »die Ernte«. / Einzeln wird sie hergezählt : »flaskets of cauliflowers« – »Kisten« übersetzt Goyert; vielleicht meint er, daß es lange genug »Weidenkörbe« geheißen habe. / »Punnets of mushrooms« – »Mengen« bei Goyert; und noch farbloser gings nicht; denn »punnets« sind scharmante kleine »Spankörbchen«. / »Sieves of gooseberries« ? – »Siebe mit Johannisbeeren« wird dekretiert : dabei sind »sieves« hutförmig geflochtene Basttaschen; ganz abgesehen davon, daß es sich um Stachelbeeren handelt ! / Und so geht die Stelle fort. Jedenfalls in 9 Joyce'schen Zeilen schlecht gerechnet 15 Goyertsche Irrtümer – wie heißt es doch im Lessing'schen ‹Faust› ? : »Unter 7 Teufeln nur 6 Lügner ? Ich muß Euch näher kennen lernen !«. (Und auch die Antwort paßt : »Das sollst Du !«).

– – – – – – –

Nehmen wir ein einziges Adjektiv ‹rot›; wie variiert Joyce nicht damit; es gibt ja so viele und bestechende Varianten gerade dieser tonischen Farbe.

Und wie oft setzt Goyert nicht immer wieder nur sein stereotypes Rot, Bums, Rot, Bums, Rot !

»Damasc roses« – sie sind »rot«. »Scarlet« : an 20 Stellen wird's zu »rot«. Eine Mütze hat »Magenta tassels«; und was für ein linguistischer Trompetenstoß ist nicht solch romanisches Silbengeschmeide im deutschen wie im englischen Text ! – bei Goyert sind sie natürlich »rot«, die Bommeln. Claret; ruddy birth; purple sock=suspender; carmin floral design; flushed face; rutilant; das fuchsige rufous – bei Goyert ist alles abgesägt »rot«.

– – – – – – –

Denn es ist eine der peinlichen Eigenheiten unseres Übersetzers, daß er anstelle des farbigen, anschaulichen Einzeldinges meist den blassen Oberbegriff setzt.

Etwa wenn er für »tusks« nur »Zähne« weiß. Gewiß, es sind welche; aber eine ganz bestimmte Sorte von Zähnen; im vorliegenden Fall »Hauer«. / »Virago« wird ein »Frauenzimmer«; anstatt des speziellen »Mannweib«. / »Noggin of hemlock« heißt Goyert »Gifttrank« also gleich ein doppeltes Beispiel der gerügten Entmannung des Joyce'schen »Schierlingsbechers« (wobei sich ja zwanglos der Name ‹Sokrates› einstellt !). / »From a corner the morning hours run out«; jungmädchenhaft=ungestüm, wie Morgenstunden nun einmal sind, kommen sie »gerannt« – bei Goyert »kommen« sie nur : alle Feinheiten sind platt gewalzt ! / Geldstücke rutschen über die Theke, »disc by disc« – »eins nach dem andern« lautet die jetzige Platitüde : dabei ist's doch so viel anschaulicher, dies »Scheibchen nach Scheibchen« !

– – – – – – –

Ein Zwischenspiel : die Druckfehler allein wären ein Kapitel für sich. Die sorgfältigen englischen Ausgaben haben, hinten eingebunden und gewissenhaft auf dem laufenden erhalten, ein Verzeichnis aller bisher entdeckten Druckfehler – das hat der deutsch vorliegende Stoß Papier natürlich nicht nötig.

Die Folge davon ist, daß eine Frau nun in der Handtasche »elf Herzmuskeln« trägt – anstatt der entsprechenden Muschelsorte. / Aus Platons Dialog vom ‹Phädon› wird die Racine'sche ‹Phädra› – was zum Verständnis der betreffenden Anspielung ja auch wieder beiträgt ! / »South America« wird zu »Südafrika«. / »Names given her« zu »Namen, die man ihm« gibt. / Drei Joyce'sche Absätze werden in einen Goyertschen zusammengezogen. Wenn im Original verschiedene Personen sprechen, kann es bei Goyert durchaus nur eine sein : wirkt natürlich frappierend ! Bei Aufzählung einer Namensreihe setzt Goyert gern noch ein Komma zwischen Vor= und Zunamen, aus reiner Gebelaune : da ist es dann gleich wieder Einer mehr !

Aber das ist ja alles nichts gegen die Rudel von Fehlern; nicht Böcke, sondern ein ganzer Parc aux Cerfs von Sechzehnendern.

Eine Verkäuferin, die den feinen Herrn becircen will, führt ihm zu diesem Zweck ihren Körper vor, »bending archly« – und Goyert transponiert »sie beugte sich bogenförmig« : dabei »bückt sie sich durchtrieben« (damit er ihr in den Blusenausschnitt gucken kann !). / »The neversetting constellation of Cassiopeia« – »das sich niemals setzende Sternbild« : ist denn kein Stuhl da für meine Hulda ? Homer freilich kannte schon den Begriff der Zirkumpolarsterne ! / »Er ruckte in das hintere Büro, und trennte den Windschlitz« : unsinnig möchte man bei solchen Tollhäuslerwendungen werden ! Dergleichen schändliche Witze sind schuld daran, daß es bei uns noch so oft heißt, Joyce wäre unverständlich : Joyce ist goldklar; unverständlich nur Herr Goyert ! Denn es ist an sich so einfach : »He walked jerkily into the office behind« – das ist Goyerts »er ruckte« – und weiter (der Betreffende will nämlich den Schlüssel aus der Gesäßtasche holen) »parting the vent of his jacket« »wobei er die Jackettflügel auseinander schlug« – dies das Geheimnis des »Windschlitzes«.

Eine Sache für sich sind die Eigennamen; also Worte, hinter denen jeweils ganze Bündel von Fakten und Reminiszenzen stehen.

Viel wird über Shakespeare diskutiert; und da soll der ein Stück geschrieben haben, »Perikles, Prinz von Tyra« – bei mir und allen ehrlichen Leuten heißt die Stadt immer noch Tyrus ! / Ehrerbietig wird der große Barde, nach Robert Greens bekanntem geistreichen Wortspiel, der größte »shakescene«, der »Bühnenerschütterer« genannt – und auch das verdeutscht uns Goyert, in wohl unübertrefflicher Banalität, mit »der größte Kulissenschieber« : das muß man sich einmal vorstellen ! ! / Ein irischer Nationalist schwärmt von der »Diamantloge« : was soll sich der Leser darunter vorstellen ? Im Original steht »the lodge of Diamond«; und falls Herr Goyert sich – wie es bei solcher Aufgabe nur angemessen gewesen wäre – mit irischer Geschichte befaßt hätte, wüßte er, daß es der Name eines kleinen irischen Weilers ist, bei dem 1795 ein Gefecht stattfand. Und dann ist auf einmal alles klar; nun wird aus Goyerts nichtsnutziger »Diamantloge« einfach »die Loge von Diamond«. (Ob er einen Stadtplan von Dublin – also das, womit sich ein normaler Übersetzer als erstes versehen hätte – bei der Hand gehabt hat ? Warum wohl geriet ihm die »Leinster Street« jedesmal – also nicht nur einmal ! – grundsätzlich zur

»Leicester Street« ? »Beggar's Bush« hab' ich ja schon erwähnt.) / »The harlots cry from street to street / shall weave old Irelands winding=sheet« – da fiel Goyert dieses ein : »Von Straß' zu Straß' der Hure Schrei / wird weben Englands Leichentuch« – hätte er doch wenigstens »der Hure Fluch« gesagt, als zwanglosen Reim auf »Tuch«. Und »Englands Leichentuch« ? : Jaja; wenn nur nicht England und Irland zweierlei wären ! / Ein Schlager die Stelle, wo Blum sich beklagt, daß seine Frau nicht ortografisch schreiben könnte; und er gibt ein Beispiel : »Alias (a mendacious person mentioned in Sacred Scripture)« – nämlich der ständig im Buch genannte Profet »Elias (verlogene Persönlichkeit, erwähnt in der Heiligen Schrift)«. Und man höre, was Goyert daraus macht : »Alias (Ali das Aas, ein Räuberhauptmann)« ! / »Rip van Winkle« tritt auf – und das muß man Goyert überlassen, er hat ihn mit nichten durch »Reiß von der Ecke« übersetzt; nein, das nicht ! – aber der hat geschlafen, »twenty years in Sleepy Hollow«; und Jeder, der Washington Irving gelesen hat, freut sich der eleganten Anspielung, der Kombination, die Joyce mit den Titeln der beiden bekanntesten Geschichten von Geoffrey Crayon, Esquire, vorgenommen hat. Goyert hätte also nie und nimmer mit seinem elenden »Schlaftal« ankommen dürfen; sondern, wie er den ersten Eigennamen nicht übersetzt hat, ebenso mußte auch der zweite unverändert stehen bleiben ! / Wo Eigennamen vorkommen, kann man 1 gegen 1 wetten, daß Goyert sie verballhornt hat !

– – – – – – –

Aber dem Kenner wären ja alle bisher gerügten groben Fehler fast noch nicht so empfindlich, wie im Feinbau die unendlichen Verstöße gegen Vokalharmonie und Rhythmus.

»Pigeons roocoocooed« – daraus macht Goyert »wo Tauben giiiirrrrten«. Mit anderen Worten : er verwandelt eigenmächtig die von Joyce korrekt vorgenommene Lautmalerei auf ‹uuu› (und man sollte doch meinen, daß Jeder, der Tauben nur einmal gehört hat, dann ihr ‹Du Schtruhkupp, Dudu› wüßte !) in sein glashart klirrendes »iiiirrrr«. Und wie leicht wäre gerade dies gewesen, jedem Deutschen geradezu märchenhaft geläufig, dies »wo Tauben ruckedieguh machten« ! –

Am deutlichsten erweist sich das Vermögen eines Übersetzers bei Gedichtzeilen. Ich schlage, at random, Seite 638 meines Originals auf; und erfahre dort, daß Blum als junger Mensch einer Zeitung ein Gelegenheitsgedicht einreichte – Jeder will sich ja schließlich mal gedruckt sehen. Dessen Schlußstrofe hieß (und man beachte genau den Tanz der Anapäste; einer Versart, die bei uns rar ist – vom Grafen Platen, der schließlich alles probiert hat, abgesehen – bestenfalls ist noch ‹Unterlaß / leises Flehn / süßes Kosen› im Umlauf) im Original also :

»An ambition to squint / at my verses in print / makes me hope that for these you'll find room. / If you so condescend / then, please, place at the end / the name of yours truly L. Bloom.«

Sechs Zeilen also; von denen die erste und zweite, die vierte und fünfte, je zwei Versfüße aufweisen; die dritte und sechste dagegen drei haben, wie es einem Parömiakos wohl ansteht. Das Reimschema ist aab / ccb. – Was wird nun aus diesem wohl durchkonstruierten Stück unter der Feder Herrn Goyerts; wie zerstümmelt er das artige Gebilde auf gut irokesisch ? :

»Diese Verse schrieb ich nieder. / An dem Ende meiner Lieder / säh ich wirklich gerne nun / meinen Namen Leo Bloom.«

Also nicht nur, daß Goyert aus sechs englischen Zeilen vier deutsche macht (umgekehrt wäre es ja, bei der von jedem Übersetzer gefürchteten ‹Einsilbigkeit› der Angelsachsen, wesentlich verständlicher gewesen); er verändert auch den wiegenden Galopp des Taktes in den Schüdderump seiner Trochäen !

Und wenn es noch so übermenschlich schwer gewesen wäre, das Stückchen in einigermaßen entsprechendes Deutsch zu bringen ! Aber selbst mir, der ich doch wahrlich nicht den Anspruch eines ‹vom Verfasser autorisierten Übersetzers› erhebe, fiel innerhalb von 2 Minuten dieses ein :

»Ach wie schön wär es nicht, / wenn man dieses Gedicht / eines Ab drucks für würdig befände ! / Überzeugt Sie der Reim, / bitte, rükken Sie's ein, / und den Namen L. Blum an das Ende.«

Das ginge doch allenfalls noch an; man sähe wenigstens den guten Willen. Was aber ist das jetzige Gestammle ? ? – : Allerdings ! Einverstanden ! –

– – – – – – – –

Eine oberflächliche, einwöchige Durchsicht ergab beiläufig 500 solcher Schnitzer, wie ich hier kaum 30 aufgeführt habe; eine sorgfältige Kritik aller Abgeschmacktheiten, aller Verworrenheiten und Mißverständnisse würde, bei vorsichtiger Extrapolation (die in der Mathematik freilich verpönt ist, who should know but I) etwa dreitausend solcher Schäkereien ermitteln können – ich bin mir ja nichts weniger als sicher, daß ich mit meinen 500 nun schon die haarsträubendsten Fehler gefunden hätte; da mögen noch ganz andere Kleinode ungehoben im Boden schlummern ! Und dann wären erst noch die jetzt nur passablen Stellen durch wahrhaft gute, identische, zu ersetzen.

Resümee : Was uns im Augenblick als ‹Ulysses des James Joyce› vorgesetzt wird, ist – ich weiß, was ich sage, »ich kenn' es wohl; so klingt das ganze Buch; ich habe manche Zeit damit verloren« –

genial übersetzt ? : ein Bruchteil.

handwerklich brauchbar (als Vorarbeit für den – hoffentlich – kommenden Besseren) : die Hälfte.

der Rest ? : eine Satire auf das grandiose Original !

Wir Deutschen wissen noch nicht, was der ‹Ulysses› ist !

– – – – – – – –

Dieses war an der Zeit.

Seit nunmehr 30 Jahren kursiert, in lieben Deutschlands Mitten, und als hoch=genuin propagiert, die verballhornte Übersetzung eines Buches, das zu den ewigen Besitztümern der Menschheit zu zählen ist. Nicht genug, daß man vor der Mißgeburt bisher nicht gewarnt hat : angepriesen hat man sie sogar; und tut es wohl heute noch munter.

Niemand lebt auf der Welt, der sich einer tieferen Ehrerbietung vor dem dichterischen Genius rühmen könnte als ich; hierin lasse ich Keinem den Vorrang : ich weiß zu verehren, wo es angebracht ist !

Deshalb wurde es meine Pflicht, auf diese, unserer Literatur unwürdige Lücke, hinzuweisen. Und damit auf den wahren James Joyce.

Variante für die FAZ :

. . . . . wohl heute noch munter.

Dabei geht es Jedem, der die Mönchsarbeit eines Textvergleichs auf sich nimmt, unfehlbar wie Stephen Dädalus im Buch, als er sich den lädierten Daumen stößt : »He winces«; d. h. zuckt zusammen vor Schmerz – wofür zur Zeit freilich steht : »Er grinst«.

Was man natürlich auch tun kann, am besten abwechselnd : zucken und grinsen !

NOCH EINMAL: ULYSSES IN DEUTSCHLAND

In der Wochenendausgabe vom 26. Oktober haben wir eine Kritik von Arno Schmidt an der Übersetzung des Joyceschen »Ulysses« von Dr. Georg Goyert veröffentlicht. Diese Kritik ist nicht ohne Widerspruch des Angegriffenen geblieben. Wir bringen nachstehend die Antwort des Übersetzers Dr. Goyert. Im Anschluß an die Erwiderung geben wir noch einmal unserem Mitarbeiter Arno Schmidt das Wort.*

Die Redaktion

DER KRITIKER ERWIDERT

Es ist eine Binsenwahrheit, daß man bis in subtilste Feinheiten hinein nur seine eigene Muttersprache kennt; in jeder anderen, später hinzugelernten, kann man sich einen beschränkten Wortschatz erwerben, eine gewisse Gewandtheit des Ausdrucks – von einer vollkommenen Beherrschung der Fremdsprache ist schwerlich die Rede. Ein ausländischer Autor wird nie der kompetenteste Richter eines deutschen Buches sein; selbst wenn es sich um die Übersetzung eines seiner eigenen Werke handelt. So zuständig also Joyce fürs Englische war – da konnte er nicht irren, wenn er von Dublin her ex cathedra sprach! – so wenig kommt sein Placet zu der vorliegenden deutschen Übersetzung einer Sanktionierung jedes Buchstabens gleich. Daß Joyce außerdem die Übersetzung nicht Wort für Wort verglichen und verstanden haben *kann*, geht einwandfrei aus zahlreichen Stellen hervor, wie z. B. aus der von mir gerügten, wo Dr. Goyert den Namen des Dubliner Stadtteils »Beggar's Bush« mit »Kerlsbutike« übersetzte. Wenn also Dr. Goyert, bzw. der Verlag, keinen Buchstaben mehr zu ändern gesonnen ist, so ist eine solche eigene Unfehlbarkeitserklärung unverständlich; zumal es den Herren andererseits sowenig Ernst damit ist, daß Dr. Goyert, nur um die Zeile zu retten, wo er »old Ireland« irrtümlich mit »England« übersetzte, lieber »augenscheinlich *einen Fehler im englischen Text*« annimmt – was ja, in simples Deutsch gebracht, nichts anderes heißt als: eher kann noch der englische Originaltext irren, als die Übersetzung! Kommentar überflüssig.

* Die Anwort des Übersetzers Dr. Goyert kann in den Nachweisen nachgelesen werden. A. d. V.

Die beigebrachten Lobesstimmen belegen letztlich nur die Unzerstörbarkeit der Joyceschen Dichtung, die auch eine unzulängliche, zudem durch überflüssig viele Druckfehler entstellte Übersetzung überstanden hat. Der Arbeit eines sorgfältigen Textvergleichs können sich jene Kritiker schwerlich unterzogen, bzw. müssen sich bestenfalls auf die Kontrolle einzelner Sätze beschränkt haben. Ich halte jede Diskussion für müßig, in einem Falle, wo, wenn man sich rechts die deutsche, links die englische Ausgabe auf den Tisch legt, jeder Primaner mit dem kleinen Langenscheidt in der Hand nachzuweisen vermag, daß »gooseberries« *nicht*, wie zur Zeit behauptet wird, »Johannisbeeren« sind ! Auch kann ich es nicht dahin bringen, die »Widerlegung« darin einzusehen, wenn ich ein Dutzend englische Worte anführe, bei denen die Übertragung durch ein einfaches »rot« höchst unzulänglich ist; und Dr. Goyert zur Verteidigung anführt, daß man aber doch, »im Ulysses blätternd«, an *anderen Stellen* »scharlach«, usw. fände.

Binnen kurzem werde ich jedenfalls durch Rundfunksendungen und Druck so viel weiteres Material in dieser Hinsicht vorlegen, so viele Hunderte zumindest von mir beanstandeter Stellen, daß jeder im Besitz eines englischen Wörterbuches befindliche Leser-Hörer nach eigenhändiger Überprüfung selbst entscheiden mag. Ich bin der Überzeugung, daß jede derartige Auseinandersetzung letzten Endes dem einen erstrebenswerten Ziel näherführen muß : dem Publikum endlich, spätestens 1991 nach Erlöschen des Copyrights, einen gesicherten deutschen Joyce zu bescheren. Einen, der schon auf dem Schutzumschlag nicht eine Straße in New York zeigt; sondern eine von Dublin.

Arno Schmidt

DER BOGEN DES ODYSSEUS

Notwendige Berichtigung der Behauptung, daß ein Deutscher ihn neulich gespannt hätte.

Sprecher:

A.: Kräftig; energisch; gleichermaßen der Satire wie des Zorns fähig. – Englisch unerläßlich.

B.: Jünger; naiver; Urbild des zaghaft die deutsche Ausgabe handhabenden Lesers. – Englisch erwünscht.

(Ein Gongschlag, feierlich hallend. Kleine Pause. Dann ruft eine große Stimme, machtvoll, mit winzigem Echoraum dahinter,
Stimme = A.): Enkel !
Schütze sein Werk gegen die Leerheit, die Fühllosigkeit, die spitzfindige Denkungsart Deiner Zeitgenossen !
(Gongschlag wie oben. Kleine Pause.)

– – – – –

B. (zögernd): – Ja – und er ist also *wirklich* ein großer Dichter ?

A. (bedeutsam): Glauben Sie mir ! Oder nein : *überzeugen* Sie sich selbst : *lesen* Sie ! Dann werden auch Sie zu der Einsicht gelangen, daß die Natur in jedem Sprachraum und Jahrhundert bestenfalls drei solcher Männer hervorbringt wie

James Joyce.

B. (unentschlossen): Gewiß. Manches – einzelnes – wirkt großartig, aber ..... *(rafft sich auf):* so vieles ist doch auch unklar, unverständlich. Und dann ..... *(verschämt):* er hat doch nie den Nobelpreis erhalten !

A. (ungehalten): Gehen Sie mir mit diesem Stigma des imponierenden Mittelmaßes ! Manche *verdienten* die 150.000 Mark zu bekommen; und andere *kriegen* sie. Hat ihn bei uns Alfred Döblin erhalten ? Theodor Däubler ? Rilke ? Bert Brecht ? – Merken Sie sich : wer schwer, beziehungsweise gar nicht, zu übersetzen ist, *kann* von anderen Nationen nur unvollkommen gewürdigt werden, und sei er noch so bedeutend ! Daher die absurde Tatsache, daß von 50 bisher verteilten literarischen Nobelpreisen die *nördlichen* Leute – Schweden, Dänen, Norweger, Isländer – die an sich nur Ein=Zweihundertstel der Erdbevölkerung ausmachen, prozentual also den ersten Preis in 150 Jahren erhalten dürften, bis jetzt schon ein rundes Bäckerdutzend, 12 Stück, davongetragen haben : *deren* sprachliche Feinheiten versteht man in Stockholm ! Zum Ausgleich dafür noch *nicht ein Russe*, auch Maxim Gorki nicht ! Wie beschämend wär's für uns andere Nationen – wenn's nicht so lächerlich wäre ! –

Aber zurück : eben diese Gründe – weltanschauliche Empfindlichkeit, und angebliche Unverständlichkeit – waren auch im Falle James Joyce schuld. –

Sagen wir so: sein Werk hat *zwei* Gipfel. Der eine, wolkenumhüllt; vergletschert; äußerst schwer ersteigbar, zumal für Anderssprachige. Auch – und ich möchte das ausdrücklich betonen; ich bin kein *blinder* Bewunderer ! – sackgäßlerisch; oder, wenn Sie's vornehmer wollen, ‹esoterisch›. Ohne literarische Fortsetzbarkeit. Das Selbstgemurmel eines Riesen in der Dämmerung : das ist ‹Finnegans Wake› ! Ein nebliges Felsmassiv um einen arktischen Vulkanschlot, Hekla, Jan Mayen, Kljutschewskoi : da kommen höchstens ein paar Engländer, seafaring men, hin; und auch denen glaubt man kaum, daß sich dort ein solches Monstrum befindet. – Der zweite Gipfel in der Kette der Joyce'schen Werke – Sie sehen, wie man eine Metapher ausspinnen kann – ist eben unser ‹Odysseus› hier .....

B. (vorsichtig einschaltend): ‹Ulysses› .....

A. (abwehrend): Warum eigentlich ? Bei uns zulande sind wir doch, seit Voß zumindest, an den griechischen Namen, und *nur* an ihn, gewöhnt. Aber es sei. –

Der ‹Ulysses› also ist *klar* : an seinen Hängen, in seinen Steilwänden, kann man jede Linie unterscheiden, jedes Edelweiß erkennen, alle Glimmerplättchen blitzen sehen : weit ist die Aussicht vom Gipfel : *zukunftweisend.* Denn er hat hier eine neue Prosaform entwickelt; *eine* der möglichen Arten, die Welt konform abzubilden. Und mehr : er hat gleichzeitig ein ganz großes Musterbeispiel gegeben !

B. (einmal schwer aufatmend): Na, ich weiß doch nicht ..... *(lebhaft=verdrießlich):* Wenn ich so den Joyce aufschlage; und lese, daß man sich dort anredet : »Blaue Augen Schöner, laß mich mal in Deiner Hand lesen« *(er wiederholt verständnislos und abgehackt):* Blaue. Augen. Schöner. : drei verschiedene Worte, und sämtlich groß geschrieben ! ..... *(hastig sich erinnernd):* Oder wenn er ein Gesicht beschreibt : »Seine *parabolischen* Augen« – dann setzt's bei mir aus. Was soll das, diese Kultivierung des entlegenen Adjektivs ? »Parabolische Augen« ? : darunter kann ich mir nichts mehr vorstellen; derlei überschlage ich und zucke die Achseln; sowas haben bei uns schließlich die Nachexpressionisten dritten Ranges serviert ! ..... Manche Bildungen sind doch völlig rätselhaft ! Von Einem heißt es, seine Brust sei voller »Piepplätze« gewesen. Jawohl : *(scharf): Piep=plätze !* Aus welcher Gehirnwindung Joyce das wohl hervorgezaubert hat ! Derartige *Mätzchen* – denn mehr ist es nicht ! – verärgern doch nur den Leser; und, nehmen Sie mir's nicht übel : *mit Recht* !

A. (erleuchtet): Achsooooo ? ! : Sie benützen die *deutsche Übersetzung* ? !

B. (befremdet): Ja natürlich. Die berühmte, vom Verfasser selbst autorisierte, Goyert'sche Übertragung ! Wenn man als Deutscher solchen Glücksfall *nicht* benützen wollte . . . .

A. (ironisch unterbrechend): Einen Augenblick ! Sie nannten mir da eben drei *(betont):* »unverständliche Stellen«, ja ? –

»Seine *parabolischen* Augen« ? : da steht im Urtext »his *parboiled* eyes«; also »Augen wie *gekocht*« ! – Freilich : wenn man zu einem englischen Wort ein ‹a› und ein ‹c› *zugibt*; dafür ein ‹e› und ein ‹d› *streicht*; und den Rest noch hurtig *umstellt* – da kann man freilich weit kommen ! Das ist die Technik, mit der man aus Gustav Gasthof macht.

»Blaue Augen Schöner« ? – Da kann man nur sagen »Akrobat schööön«; denn bei Joyce steht schlicht »Blue eyed beauty«; also »Blauäugige Schönheit«.

Und was schließlich Ihr »Piep=plätze« anbelangt, so hat Joyce lediglich »covered with all kinds of breastplates« : »mit allen möglichen Medaillen behangen«.

B. (entgeistert): Ja aber wieso hat Goyert denn da nicht . . . . .

A. (ironisch): Ja, warum hat'er nich ? – *(sehr ernsthaft):* Das allerdings : wenn durch irgendeine Katastrofe, Sintflut oder Atombombe oder beides kombiniert, alle Bücher untergingen, die deutschsprachigen ausgenommen : was für ein Bild, welche Karikatur, würde der Nachwelt nicht von James Joyce überliefert werden !

B. (schüchtern mahnend): Sie sind bitter. *Sehr* hart.

A. (kopfschüttelnd=schwermütig): Sie haben keinen Begriff davon, wie unsagbar traurig eben dieser Fall liegt. – *(Scharf):* Oder was hielten Sie – ich erfinde einmal den umgekehrten Fall – von einem aus dem Deutschen übersetzten, englischen Buch, in dem Sie läsen »edge from royal mountain« – und beim Nachschlagen im Original dann fänden : »Kant aus Königsberg« ? ! – *(laut und heftig):* Ich spreche im Folgenden von Georg Goyert, dem deutschen Übersetzer des James Joyce ! !

(Wiederum der für dieses Stück zuständige Gong. Kleine Pause).

– – – – –

A. (ruhig): Das ist uns ausgiebig bezeugt von Freunden des großen James Joyce : wie er mit allen Ständen und Berufen verkehrte; die Fachsprachen der Handwerker begierig verfolgte; sich in Hotelzimmer einschloß, und dem Geflüster im Nebenzimmer lauschte – nicht aus der Bordellfantasie des Filisters heraus, der gierig an den Sätteln von Damenfahrrädern schnuppert – sondern um seinen Wortschatz zu erweitern; um die Umgangssprache aller Situationen fonetisch genau abbilden zu können. Er hielt das Ohr an den Mund des Eismeerfahrers und des irischen Ackermannes; an das Instrument des Musikers, wie an die tosende Maschinerie der Schnellpresse : alle Dinge vom 16. Juni 1904 sollten Stimme gewinnen durch James Joyce ! –

Also wäre die *erste* Forderung an einen Übersetzer, daß er seine Wortschätze, die deutschen und englischen, gleichermaßen erweiterte : er hat es *noch* schwerer als Joyce selbst fast : denn er muß *zwei* Sprachen, und auf's unerhörteste, besitzen ! Und eine ganze Reihe spezieller Hilfsmittel müßte er um sich versammeln :

Joyce kommt aus Irland – und *wie* schlagen seine Sinn=Feiner nicht an den Schild ! : der Übersetzer müßte also über irische Geschichte und Kultur nachgelesen haben. Gälisch ist mehrfach darin : zumindest müßte ein keltisches Wörterbuch neben Einem liegen.

Das Buch spielt in *Dublin* : ich muß einen Stadtplan, möglichst von 1904, besitzen (es ist viel umgetauft worden seitdem; ein moderner tut's nicht ganz. – Und ein zweiter, von Gibraltar, schadete auch nichts !).

Zahllose Intimitäten der angelsächsischen Welt kommen zur Sprache : eine ‹Encyclopaedia Britannica› ist unerläßlich.

Die Zeitungen jenes einen Tages erscheinen immerzu, samt ihren Neuigkeiten, ihren Annoncen, ihrem Feuilleton : wie manches würde sich aufklären, wenn man sie kennte ! Englisch=deutsche Wörterbücher natürlich – aber wiederum möglichst aus jenen Jahren : in späteren Auflagen werden nämlich laufend viele efemere Bildungen gestrichen.

B. (ungeduldig): Ja, aber das sind doch Binsenwahrheiten, was Sie da herzählen ! – Aber selbst wenn diese Forderungen zu streng wären : *kann* denn ein Übersetzer – ‹kann› im brutalsten, fysischen, finanziellen, Sinne – wer kann denn so viel Zeit und Arbeitskraft an die Übersetzung eines fremdsprachigen Buches wenden ?

A.: Halthalthalt ! – Zunächst handelt es sich hier um kein simples ‹fremdsprachiges Buch›, sondern um eine *säkulare Erscheinung* : wie oft ist nicht Shakespeare übersetzt worden; und Joyce ist ein Geist der gleichen Größenordnung ! – *(bitter):* Das eine allerdings muß ich Ihnen zugeben : leider wird in den meisten heutigen Fällen – ich kann das beurteilen; ich habe selbst ein Dutzend englischer Romane übersetzt – die Schuld beim Verleger liegen. Kongenial übersetzen könnt' man schon : aber wer bezahlt's ? ! – *(resolut):* Damit geraten wir in ein weites Feld; beschränken wir uns auf die vorliegenden Fakten :

Der Rhein=Verlag in Zürich übertrug die Übersetzung des ‹Ulysses› an Herrn Dr. phil. Georg Goyert; auch ‹Goyert zur Hüde› genannt; einem Mann, der im Kürschner eine ganze Spalte mit seinen Übersetzungen füllt. Aus vielen Sprachen : Englisch, Französisch, Flämisch, Italienisch, Holländisch. Schon das scheint mir verdächtig : man kann, bestenfalls, neben seiner Muttersprache noch *eine* andere leidlich korrekt beherrschen. Weitere kann man höchstens noch lesen oder plaudern : das kann ich auch ! Aber aus einem halben Dutzend Fremdsprachen zu *übersetzen* ? ? – : *ich* würd's *nicht* wagen !

Aber davon zunächst abgesehen; wir wollen großzügig verfahren; fair play; *mag* Goyert ein Sprachgenie sein : darüber werden wir uns am Schluß noch verständigen. *Mag* er – ich weiß es nicht ! – unzureichend bezahlt worden sein; und hat folglich hastig arbeiten müssen – *dennoch : so geht es nicht* !

Wer ein solches Buch unter der Hand hat, und schon nach den ersten zehn Seiten nicht *ganz* vorsichtig wird; wer bei *James Joyce* versagt – für den weiß ich keine Entschuldigung !

(Gongschlag).

– – – – –

A. (langsam; nachdrücklich, die These wird aufgestellt). Es gibt keine Entschuldigung für Georg Goyert. Es gibt keine Entschuldigung für den Rhein=Verlag, Zürich !

(lebhafter): Und ich werde mit nichten *Feinheiten* besprechen. Weder Minutien, noch Adiaphora. Nicht die zahllosen Verstöße, die Todsünden, gegen Rhythmus und Vokalharmonie. Ich stelle lediglich dies fest – *und beweise es* ! – :

Der uns augenblicklich von den Schwyzern servierte deutsche ‹Ulysses› ist großenteils eine Satire auf das Original ! !

B. (warnend): Wissen Sie, was Sie zu behaupten im Begriff stehen ?

A.: Hören Sie – dann *urteilen* Sie !

(Gongschlag).

– – – – –

A.: Wir vergleichen als Erstes den *Wortschatz* von James Joyce mit dem von Georg Goyert. Ich schlage eine – wirklich beliebige – Stelle auf : Joyce weiß, wie wir Alle seit Homers Schiffskatalog, um die Wonnen der überwältigenden Aufzählung. Irland, das Land, das anstatt der sonst üblichen Raubtiere, Löwen und Adler und anderes heroisches Zeug, eine *Harfe* im Wappen führt : Irland, wie quillt es über von ländlicher Fruchtbarkeit, willig dem Häuptling O'Connell Fitzsimon dargebracht !

(hymnisch=wuchernd): thither the extremely large wains bring the *foison of the fields* .....

B.: bei Goyert »die *Ernte*« .....

A.: Und es ist doch so viel *mehr* : der Überfluß, die Überfülle, der *Überschwang der Felder.* / Und nun wird es einzeln hergezählt : *flaskets* of cauliflowers .....

B.: »*Kisten*« sagt Goyert .....

A.: Vielleicht meinte er, daß es nun wirklich lange genug *Weidenkörbe* geheißen habe, und macht zur Abwechslung einmal Kisten daraus. / *floats* of spinach .....

B: »*Wagen* voller Spinat« .....

A.: Es sind aber *floats* ganz spezielle kleine *Plattenwägelchen.* / *Spherical* potatoes .....

B: »*Runde* Kartoffeln« hat Goyert .....

A.: Und es sind *kuglige* ! Es ist ja wohl noch ein Unterschied zwischen einem flachen Kreis, und einer weltrunden Sfäre – ungefähr dem zwischen Goyert und Joyce entsprechend. / *Trays* of onions .....

B: »*Haufen* von Zwiebeln« heißt es augenblicklich deutsch .....

A.: Dabei sind's Tabletts, Tragbretter, beziehungsweise, ländlich=angemessener ‹*Mulden*›. / *Punnets* of mushrooms .....

B.: »*Mengen* von Pilzen« .....

A.: *Noch* flacher und farbloser ging's wohl nicht ! Denn *punnets* sind scharmante kleine *Spankörbchen* ! / *Sieves* of *gooseberries* .....

B.: »*Siebe* mit *Johannisbeeren*« dekretiert Doktor Allwissend .....

A.: Und wiederum sind *sieves* hutförmige geflochtene Basttaschen, wie sie aus Kunststoff auch bei uns eben wieder einmal Mode sind. Ganz abgesehen noch davon : daß *goose*berries gar keine *Johannis*beeren sind, sondern *Stachel*beeren ! / *Strikes* of tomatoes werden rangeschleppt .....

B.: »*Scheffel* von Tomaten« .....

A.: Aber *Scheffel* heißt auf Englisch bekanntlich *bushel*, während *a strike zwei* Scheffel sind ! Also genau das, was man in Deutschland mit einem gleichermaßen antiquierten Ausdruck *einen Himten* alten Maaßes nannte ! / *Drums* of figs .....

B.: »*Fässer* mit Feigen« .....

A.: Und – Sie vermuten es allmählich wohl selbst schon – *drums* sind hier *keine Fässer*; wohl aber simple *Spanschachteln.* / *Kale* ist nicht nur »Kohl«; sondern eine ganz bestimmte Sorte, nämlich *Grün=* oder allenfalls, provinziell bedingt, *Wirsing=*Kohl. / *fat* vetches .....

B.: »*Fette* Gemüseerbsen« .....

A.: Was hier natürlich mit *dralle* zu übersetzen gewesen wäre. / *Pom-*

mellated apples sind auch nicht, wie Goyert behauptet, *»scheckige«* Äpfel – das bezöge sich auf die *Färbung* : sondern *warzige* – eine Frage der *Oberflächenbeschaffenheit*. –

In 9 Joyce'schen Zeilen also, schlecht gerechnet, 15 Goyert'sche Fehler : Herz, was willst Du mehr ? ! – Und *wie* hätte man an allen solchen Stellen die große Orgel spielen können ! –

Weiter. Sie sollen mich ja nicht der Einseitigkeit bezichtigen können; oder daß ich hätte mühsam zu suchen brauchen : wählen wir einmal ein einziges Adjektiv aus : *Rot* ! Wie variiert nicht Joyce damit ! Es gibt ja so viele und bestechende Arten gerade dieser tonisch wirkenden Farbe – *(niedergeschlagen):* und *wie* oft setzt Goyert nicht immer wieder nur das eine stereotype »Rot«, Bums, Rot, Bums, Rot :

damasc roses werden erwähnt : sie sind *»rot«*. Scarlet : an 20 Stellen wird's zu *»rot«*. Pink ? : *»rot«* ! Eine Mütze hat *Magenta* tassels – und *was* für ein linguistischer Trompetenstoß ist nicht dieses Magenta im deutschen wie im englischen Text ! : sie sind natürlich *»rot«*, die Bommeln. *Claret; ruddy* birth; *purple* sock=suspender; *carmin* floral design; *flushed* face; *rutilant*; das fuchsige *rufous* – bei Goyert ist alles abgesägt *»rot«* !

B.: Das ist mir aber unverständlich : scarlet zum Beispiel wäre doch so leicht zu übersetzen.

A.: Es ist eben eine der peinlich=befremdlichen Eigentümlichkeiten unseres Übersetzers, daß er anstelle des farbigen, anschaulichen *Einzeldinges* stets den blassen *Oberbegriff* setzt.

B.: Womit Sie sagen wollen ..... ?

A.: Nun, zum Beispiel, wenn er für *tusks »Zähne«* schreibt. Gewiß; es sind welche. Aber eine ganz bestimmte *Sorte* von Zähnen, nämlich in diesem Fall *Hauer* – sonst hätte Joyce ja wohl *teeth* vorgeschrieben !

Oder wenn Goyert für *calligraphed* statement, also *Schön*schrift lediglich *Hand*schrift verwendet ! Hierin zeigt sich bei jedem Schriftsteller die sprachliche Phimose am deutlichsten. – Ich gebe Ihnen eine Handvoll Beispiele :

Virago wird bei Goyert ein *»Frauenzimmer«*, anstatt des speziellen *Mannweib* ! *Noggin of hemlock* heißt ihm *»Gifttrank«* – also gleich ein doppeltes Beispiel der gerügten Entmannung des *»Schierlingsbechers«*, wobei sich ja sogleich der Name Sokrates einstellt !

Cockney accent wird zu *»dialektischer* Färbung« : ja, es handelt sich aber doch um einen ganz speziellen, nämlich den *Londoner* Dialekt ! Immer dieses zu *wenig*, dieses *viel* zu wenig, bei Goyert !

A quart of milk wird zu dem uns unverständlichen *»Ein Viertel«* : und *ein Liter* hätte 's doch so mühelos getan !

A *covey* of gulls daraus macht er die nichtssagenden »*vielen*« Möven, anstatt des richtigen *Schwarms*.

Barber's itch, denkt Blum, als er sich Einen das Kinn am Kragen scheuern sieht : »*Vom Rasieren*« steht bei Goyert – dabei ist's klipp und klar eine *Bartflechte* !

Bei Goyert »*steckt*« sich Einer Brot und Schokolade in die Tasche : Joyce hat das wesentlich energischere *cramming*, also *stopfte* Jener doch ! There *is* a difference !

B.: Das wird ja aber zum Teil dadurch direkt falsch.

A.: Wer leugnet's ? ! –

Resurgent sun soll angeblich die »*wiederaufgehende* Sonne« bedeuten : es ist aber die *auferstehende*; was ja um einige Grade mythologisch=tiefsinniger ist !

A *roar* of welcome gleich »*lauter* Empfang« : aber roar ist lauter als laut ! *Brüllen* vor Lachen müßte man ob solcher eunuchoiden Übersetzerpraktik !

Cook's son, goodbye : »*Handwerkersohn*, lebe wohl !« – Man kann sich nur an den Kopf fassen : Joyce hat doch genau die *Berufs*gruppe angegeben ! Gleichviel ob *Koch* oder *Köchin* !

Wohin klemmt man sich den Spazierstock ? : Unter den *oxter*. Also den Goyert'schen Arm ? Mit nichten ! : In die *Achselhöhle* muß es heißen !

From a corner the morning hours *run* out : jungmädchenhaft=ungestüm, wie Morgenstunden nun einmal sind, kommen sie *gerannt* – bei Goyert »*kommen*« sie nur. Alle Feinheiten sind platt gewalzt !

In ferial tone he addressed : *In feierlichem Ton redete er an*. Da hat Goyert nur »er *sagt*«. Es ist herzbrechend !

Ivy*tod* ist nicht »*Efeu*«, sondern Efeu*büschel*. Wie auch quicken*shoots* nicht »*Ebereschen*« sondern Ebereschen*sprößlinge* sind !

Geldstücke rutschen über die Theke, *disc by disc* : *»eins nach dem andern«* geht die jetzige Platitüde. Dabei heißt es, so viel anschaulicher, *Scheibchen nach Scheibchen*.

She *fades* from his side beschreibt Joyce eine großartig=traumhafte Art des Platzmachens, sie *verblaßt* an seiner Seite : das ist doch ausgezeichnet ! Goyert hat dafür das ganz irreführend=schnelle »sie *verschwindet*«.

A *scrawled* chalk legend will er uns als einen »*in* Kreide *geschriebenen Text*« aufbinden : dabei ist es bestenfalls eine *mit* Kreide *gekritzelte Inschrift* ! Von vier Worten nur drei falsch !

B.: Erinnert so an den Lessing'schen Faust : »Unter sieben Teufeln nur sechs Lügner ? Ich muß Euch näher kennen lernen !«

A. (schmunzelnd auf das Zitat eingehend): »Das wirst Du !« Und nicht nur einst, sondern gleich. –

In der zweiten Zeile des ganzen Buches schon bringt Mulligan *a bowl of lather*, also *eine Schale Schaum.* Goyert hat natürlich »ein *Rasierbecken*«. Gewiß, der Betreffende *will* sich den Bart putzen : aber wie stark und bildhaft drückt sich Joyce aus; wie steif und armselig Goyert !

Durch die Untiefen – in jedem Sinne – der Hurengasse geht Blum, und he plodges through their *sump* : wiederum ein Beleg für Joyce's Wortspürerei ! Goyert hat nun zwar »*Sumpf*«; aber Sumpf heißt im normalen Englisch ja swamp, bog, fen, flat undsoweiter; während *sump* ein *bergmännischer* Fachausdruck ist, für die *Sumpfstrecke* eines Schachtes, in der sich alle fragwürdigen Abwässer sammeln – wie hier, im Dirnenviertel, alle Wort= und Gefühlsabwässer : das ist bewußt von Joyce so gemacht !

Our sun=system, *plunging* towards Hercules : »Das sich dem Herkules *zuneigt*« hat Goyert : weiß er denn nicht, was man unter ‹Apex› versteht ? Daß unsere Sonne einschließlich sämtlicher Planetenkrümel mit 30 Kilometern in der Sekunde in jene ungefähre Richtung *vorstößt* ? !

B.: Oh weh. – Naja; also das sind derbe Mängel, unklarheitenbefördernd, zugegeben. Aber ließe sich nicht Einiges davon allenfalls als Druckfehler deklarieren ?

A.: Druckfehler ? Dank für dieses Stichwort ! –

Die sorgfältigen *englischen* Ausgaben haben, hinten eingebunden, ein Blatt mit allen bisher entdeckten Druckfehlern – bei einem derart bis in die einzelnen Buchstaben und Satzzeichen ausgewogenen Werk nicht mehr als angemessen. Das hat der deutsch vorliegende Stoß Papier natürlich *nicht* nötig !

Die Folge davon ist, daß eine Frau in der Handtasche »elf *Herzmuskeln*« trägt – anstatt der ähnlich lautenden *Muschel*sorte !

»*Be*sucht nettes Tippfräulein« heißt es einladend : dabei steht im Original lediglich das Inserat *ge*sucht !

Aus Platons Dialog vom Phä*don* wird so mühelos die Racine'sche Phä*dra*, was zur Deutlichkeit auch das seinige beiträgt !

South *America* wird zu »Süd*afrika*«. Names given *her* : Namen die man »*ihm*« gibt.

Drei Joyce'sche Absätze werden in *einen* Goyert'schen zusammengezogen. Wenn im Original *verschiedene* Personen sprechen, kann es bei Goyert durchaus nur *eine* sein : Cave ! Bei Aufzählung einer Namensreihe setzt Goyert gern ein Komma zwischen Vor= und Zunamen : da ist es dann gleich noch Einer mehr ! Aus eigenen Mitteln setzt er wohl auch einen Satz kursiv – was dann besonders verwirrend wirkt !

Aus unserem deutschen Astronomen *B*ode wird »*R*ode«. Und der Sirius ist bei Goyert nicht neun*hundert*mal so groß wie die Erde, sondern nur *neun*mal. –

Aber das wäre ja alles noch leidlich entschuldbar; das ließe sich leicht, vermittelst eines ins Buch eingelegten Blattes wieder gut machen – wir sind ja schließlich Alle Menschen; und Übersetzen ist, beim heiligen Schemel Gottes, keine leichte Arbeit !

B. (triumphierend): Das haben sie aber jetzt von Goyert entlehnt ! Also hat er *das doch* richtig und gut übertragen !

A.: Schön wär's schon !

Im Original steht *by the law Harry* – was Goyert also für den »heiligen Schemel Gottes« gehalten hat. Nun heißt es aber sehr richtig, daß man SEINEN Namen nicht unnützlich führen solle. Und da will ich doch richtig stellen, daß *(breit, schottisch, gesprochen): law* natürlich eine Verballhornung von *Lord* ist; und *Harry* eine der volkstümlicheren Bezeichnungen des *Satan* – also des ungefähren Gegenteils von Goyerts *»Gott«* ! Und von einem *»Heiligen Schemel«* steht gleich gar kein Wort da ! –

Wie denn Goyert überhaupt freisamlichst mit dem Text schaltet ! Er läßt aus; er ergänzt; je nach Bedarf : wenn Pater Conmee, zu faul, seinen Brief selbst in den Kasten zu stecken, sich einen kleinen Jungen heranschmeichelt : Brunny Lynham ? : That was a very nice name to have ! Dann macht Goyert daraus : »Ja, das wäre wirklich ein schöner Name; *so möchte er auch wohl heißen !*« : Dieses Letzte ist aus reiner großzügiger Gebelaune dazuerfunden !

Dafür läßt er aber dann, als eine Art Ersatz, manche Sätze auch ganz weg. It skills not; also *Tut nichts zur Sache*, oder *Na, egal*, entfällt bei ihm. Frau Marion liest eine Postkarte ihrer Tochter, und teilt Blum davon zwischendurch mit She got the things, she said : *Die Sachen hat Sie bekommen, sagte sie*. Davon weiß Goyert kein Wort !

B.: Schön. – Oder vielmehr : *nicht* schön ! – Was Sie bisher beanstandet haben, zumal wenn es mehr sein sollte, ist natürlich böse genug; aber es berührt, bei aller hineingetragenen Verschwommenheit, doch den Kern des Buches noch nicht. Ich meine : *direkt grob falsch* ist doch nichts in der Übersetzung ?

A. (mitleidig): Nichts falsch ? ! – *(heftig):* Wollen Sie mit Hunderten von Fehlern, saftigsten, zugedeckt werden ? Ich will Ihnen eine ganz kurze Blütenlese geben; sobald Sie's satt haben, dürfen Sie ‹Genug !› schreien, ja ? – Bitte :

He *winces* heißt es von Stephen Dedalus; er hat sich nämlich den

Daumen lädiert, und *zuckt* verständlicherweise vor Schmerz : »er *grinst*« hat Goyert; also das gerade Gegenteil !

Ein Hündlein rennt *liver and white* : »flink und weiß« steht's an seiner Stelle. Dabei ist es eine ganz geläufige Redensart für *braun=weiß gefleckt* !

Eine Blumenverkäuferin, die den feinen Herrn becircen will, führt ihm zu diesem Zweck ihren Körper vor, *bending archly* – und Goyert transponiert flink »sie beugte sich *bogenförmig*« .....

B.: Und es müßte in Wahrheit heißen ? .....

A.: Damit er ihr in den Blusenausschnitt gucken kann ? : Sie bückte sich *durchtrieben* ! / The *neversetting* constellation of Cassiopeia : »Das sich niemals *setzende* Sternbild« ! : Ist denn kein Stuhl da, für meine Hulda ? ! – Ob wohl Herrn Goyert der Begriff der Zirkumpolarsterne, der *nie=untergehenden* bekannt ist ? Homer wußte es schon !

Einmal hat Blum getan, was nicht schön von ihm war; und da heißt es ‹danach› : *Stuck. Better detach.* Was Goyert überträgt mit »Stich ..... Besser abschneiden.« – Nun ist Keuschheit ja unbedingt etwas Schönes; und zumal im hohen Alter rührend – obwohl es da wesentlich leichter fällt – aber über den vorliegenden Fall hätte Herrn Goyert jeder Straßenjunge aufklären können. Es heißt nämlich : *Klebt.* Besser *ablösen.* – Gleich »*Stich*« und »*abschneiden*« ? : Das wäre doch allzuhart !

Meiner ist in der Fußballmannschaft *fullback* ! droht Eine mit dem Großen Bruder : »*Stürmer*« ruft Goyert trotzig. Jaja : wenn nur nicht Stürmer eines, und *Verteidiger* ein anderes wäre !

Miete wird gezahlt *to the secretary of state for war.* Und aus diesem knappen *Kriegsminister* macht Goyert – und noch falsch dazu ! – seinen Bandwurm »an das staatliche Sekretariat des Kriegsministeriums« !

Bracelets of *dull bells* tragen die Nachmittagsstunden, die schläfrigen; und »*angedeutete Glocken*« weiß Goyert ! Dabei sind es, genau zum müden Sinne passend *gedämpfte Schellen* !

Blum versucht, sich über die Wirkung der Musik verstandesmäßig klar zu werden, und zwar vermittelst des schon von Schopenhauer verwendeten Räsonnements, daß sie ein Mittel darstelle, komplizierte Zahlenverhältnisse anschaulich wahrzunehmen. *Numbers it is,* bestätigt sich also Blum : »*Nummern, das stimmt*« fühlt Goyert nach. Es heißt aber : *Zahlenverhältnisse machen's* ! – Solche schändlichen Witze sind schuld daran, daß es in Deutschland immer heißt, der ‹Ulysses› sei unverständlich ! *Joyce* ist gold*klar* : *unverständlich* ist nur Herr *Goyert* !

Zoe, eine der Nutten, fächelt sich angeblich mit dem »*Kaminvorsatz*« : muß das 'ne Schwerathletin gewesen sein ! – Bei Joyce ist es freilich nur der *Feuerfächer,* der Blasebalgersatz des *grate=fan.* !

Zweimal kommt der *Union Jack* vor : der ist bei Goyert jedesmal *weiblich* – hat er's etwa für eine Unions=Jacke gehalten ? Er wäre nicht der Erste damit; ich hab's schon einmal, bei einem Cooper=Übersetzer, gefunden ! Viermal kreischt es papageien : *Pretty petticoats; pretty petticoats* – viermal setzt Goyert dafür »*Rote Röcke*« ! Und wie fein und rhythmisch genau entsprechend hätte es sich nicht angehört : *Nette Petticoats, nette Petticoats ? !*

»Er *ruckte* in das hintere Büro, und *trennte den Windschlitz*« : *unsinnig* möchte man bei solchen Tollhäuslerwendungen werden ! Denn es ist so einfach : He *walked jerkily* into the office behind : das ist Goyerts »er *ruckte*«. Und weiter – der Betreffende will nämlich die Schlüssel aus der Gesäßtasche seiner Hose holen – *parting the vent of his jacket* : *indem er die Jackettflügel auseinanderschlug* : das ist das Geheimnis von Goyerts »*er trennte den Windschlitz*« – man stellt sich sonstwas darunter vor !

Beim Ruminieren über die Elendsquartiere murmelt Blum unter anderem : *first place murderer makes for*; und nichts ist ja einleuchtender, als daß solch Gängeviertel *die erste Zuflucht eines Mörders* nach der Tat sein wird, klar. Bei Goyert steht das Rätsel : »*Mörder geht gerade drauf los*« – man kann nur den Kopf schütteln !

B. (entrüstet): Ja aber das zerstört doch gänzlich den Sinn ! Sollen wir denn den Text wie ein Silbenrätsel raten müssen ? !

A. (boshaft): Waren Sie nicht selbst Derjenige, der zu Beginn über ‹Dunkelheit› klagte ? Hören Sie doch diese englische Stelle :

Yes, Mr. Bloom said. Das *sagt* Blum also; und anschließend – sein Gegenüber unterbricht ihn nämlich beim Liebesbriefschreiben ! – *denkt* er indigniert weiter : *Town traveller. Nothing doing, I expect.* Also : Stadtreisender. *Nischt zu tun, anscheinend.*

Goyert dagegen setzt auch das wiederum in Anführungsstriche, wodurch es zur weiteren direkten Rede Blums wird – und da kriegt er natürlich keinen Sinn mehr heraus; ein Fehler zieht den andern nach sich : »*Vermutlich wird's nichts*« verbiegt er das »*Nischt zu tun, anscheinend*« !

Einmal stehen auf der Theke *stacks of empties* : *Röhren ineinandergesteckter leerer Gläser.* – Goyert hat dafür »*Flaschenhaufen*« !

Lenehan sitzt da, *nobbling his beer* : er *nuckelt an seinem Bier* – 'ne australische Wendung, nebenbei bemerkt. Woraus Goyert mit leichter Hand dieses verfertigt : »*Er trinkt einen fremden Schoppen aus*« !

Ein Hausierer did a *roaring trade* : »machte ein *Beulen*geschäft«. Wie wär's mit *Bomben* ? *Our native Doric* ist mit nichten »Unsere *dorische Ausdrucksweise*«; sondern unser *einheimisches Platt*, unsere *einheimische Kernsprache !*

B.: Aufhören ! Mir langt's !

A. (unerbittlich): Nichts da ! Sie müssen sich erst ganz klar darüber werden, daß man Joyce heute noch nicht in Deutsch lesen kann : die schönsten Sachen kommen doch erst noch ! –

Da tritt ein alter Seebär auf, und spinnt sein rauhes Garn : I seen icebergs plenty, *growlers* ! : Hab viele Eisberge gesehen..... *(befremdet fortfahrend) : »tolle Heuldinger«* ! – Hätte Goyert sich doch nur *einmal* die Mühe genommen, und ein Buch über die Antarktis gelesen; da hätte er gleich gefunden, was *growlers* sind : nämlich eine Art scharfkantiger *Eisschollen*, die sich grollend aneinander reiben ! Also selbst wenn wir Deutsche, wir Binnenländer, kein Spezialwort für nun ganz genau diese eine Art Treibeis besitzen : er hätte immer noch *Eisschollen* sagen müssen; aber niemals sein *(wegwerfend): »tolle Heuldinger«* ! –

Ein besonderes Kapitel sind bei Goyert die *Eigennamen*, hinter denen also jeweils ganze *Bündel* von Fakten und Reminiszenzen stehen. Da nehmen wir teil an einer umfangreichen Diskussion über *Shakespeare*; und es wird zwangsläufig viel zitiert : *King Lear*.....

B.: Goyert übersetzt die Titel der Stücke also *nicht* ?

A. (fortfahrend): ...... Gleich darauf erscheint allerdings ein »Perikles, Prinz von Tyra«.....

B. (einfallend): Er übersetzt die Titel also doch ? ! – Aber – Moment mal ! – : Tyr*a* ? Muß das nicht Tyr*us* heißen ? Tyrus und Sidon ?

A. (verbindlich): Gewiß; bei uns andern Leuten ja ! – Dann kommt der »Wald von *Arden*« .....

B.: Goyert übersetzt also *nicht* ? – Aber er hätte doch wirklich den uns geläufigen *Ardennerwald* hier setzen können; auch dabei bliebe ja die Anspielung auf Shakespeares Mutter erhalten.

A.: Ja, das meinen *Sie*. – Der Turm des Anfangs erinnert so an »*Elsinore*« – was bei uns doch wahrlich *Helsingör* heißt ! Und, immer weiter in Beziehung auf Shakespeare, wird *Fay* Elizabeth erwähnt : die »*Hexe*« Elisabeth wie Goyert es entsetzlich verdeutscht, ohne sich Spensers *Fairy* Queen zu entsinnen !

B. (verwirrt): Er übersetzt also *doch* wieder ? Aber, »beim heiligen Schemel Gottes«, *wie* ! ! !

A.: Plötzlich wird Shakespeare, nach Robert Green's bekanntem geistreichen Wortspiel, der größte *shakescene*, der *Bühnenerschütterer* genannt : und auch das überträgt uns Goyert, in unnachahmlicher Plattheit, ja Blasfemie, mit : »der größte *Kulissenschieber« ! !*

B. (erschüttert): Ts ts ts : das muß man sich einmal vorstellen ! »*Kulissenschieber*« ! !

A. (heiter): Sobald Eigennamen vorkommen, dürfen Sie 2 gegen 1 wetten, daß es bei Goyert irgendwie schief geht!

Da brennt es irgendwo in der Nachtstadt; und Blum taxiert die Richtung : *Beggar's Bush* murmelt er vor sich hin. – »*Kerlsbutike*« übersetzt Goyert! Dabei ist *Beggar's Bush* eine *Gegend von Dublin*, wo es zum Beispiel eine große Beggar's Bush=*Kaserne* gibt!

B.: Mein Gott! : Sollte er etwa nicht einmal einen Stadtplan von Dublin gehabt haben?

A.: Lassen Sie uns nicht ungerecht sein : ich weiß es nicht! – Gewiß : immer wieder setzt er für *Leinster* Street sein verfluchtes »*Leicester* street«. Die *Beaver*street übersetzt er zur Abwechslung wieder einmal. Aus *Phibsborough* macht er *Pits*borough. *Cockburn*, die Ortsbezeichnung, wird bei ihm »*Hahnenbrand*«.

Tostoff, ein ruinierter *Pole* : daraus macht Goyert einen »ruinierten *Pol*«; also Nord= oder Süd=Pol : was meinen Sie, was das den Leser verwirrt?!

B.: Dieses Letzte könnte ja allenfalls noch ein Druckfehler sein.

A. (hämisch): Jaja : ungefähr in der Art, wie Lessing dem Pastor Lange empfahl, seine ganze Horazübersetzung für einen Druckfehler zu erklären! –

Die Dose flog bis ins *County Longford*! : »beinahe *bis auf den Mond*« hat Goyert : ja immer nur das Lokalkolorit verwischen, was?!

Magic of *Mahound* wird uns als »*morgenländischer Zauber*« interpretiert : wahrlich man kann des Zaubers des Herrn Goyert müde werden! Denn es ist ein ganz *spezieller* »*Morgenländer*«; ein so besonderer und berühmter, daß er einen eigenen Namen bekommen hat; und dieser Name lautet schlichtweg : *Mohammed*!! Oder, noch genauer in seiner altertümlichen Form : *Machmud*! –

Occam, invincible doctor : und mitleidslos übersetzt Goyert »der *unbesiegbare Gelehrte*«. Dabei ist ja wohl wirklich ausreichend bekannt, daß die Scholastiker sich gern verbindliche Beinamen zulegten, wie eben hier der *doctor invincibilis*!

Was für Finessen dabei herauskommen, sehen Sie, wenn ein Ire schwärmt »von der *Diamantloge*« in Armagh. Was soll sich der Leser darunter vorstellen? Er schüttelt am besten mit dem Kopf und geht weiter im Wirrtext. Im Original aber steht *the lodge of Diamond*; und wenn Herr Goyert sich nur ein ganz klein bißchen mit irischer Geschichte befaßt hätte, müßte er wissen, daß dieses *Diamond* der Name eines irischen Weilers ist, bei dem im Jahre 1795 ein Gefecht zwischen Orangemen und ihren Gegnern stattfand – und nun ist auf einmal alles klar! *Nun* wird aus Goyerts nichtsnutziger »*Diamantloge*« ganz einfach *die Loge von Diamond* !

B. (unmutig): Das ist allerdings unangenehm. Das müßte ein ‹autorisierter Übersetzer› doch gewußt haben !

A.: Gott bewahre Ihnen Ihre Unschuld ! Sie haben wohl immer gemeint, ein Übersetzer müßte viel von der Sprache verstehen, aus der er übersetzt ? Oder gar deren Literatur ein wenig kennen ? :

John Eglinton, *my jo*, John wird ein Gesprächspartner traurig=spöttisch apostrofiert; und Goyert nennt den »John Eglinton, *mein Engel*, John«. Abgesehen davon, daß er wieder einmal den Rhythmus völlig ramponiert hat, scheint er nicht das Schullesebuchgedicht vom Robert Burns gekannt zu haben, John Anderson, my jo, John; und noch weniger die Übersetzung, die ein allbekannter deutscher Dichter, ich meine Theodor Storm, davon geliefert hat : John Anderson, *mein Lieb*, John !

Oder wenn es von einem Säufer heißt : too much *John Barleycorn* – dann vermutet unser Übersetzer »zu viel *Whisky*«. Und es ist doch *wiederum* nur eine Anspielung auf das all= – nur Herrn Goyert un= – bekannte Gedicht des gleichen Robert Burns. Und das besingt die *Gerste*; sowie den Gersten*saft*, und ergo das *Bier* : *nix* Whisky !

B.: Das wird ja immer übler. Sind Sie noch nicht am Ende ?

A.: Nicht ich ! Höchstens die uns zugemessene Zeit. –

In einer ganzen Serie kalendarischer Bestimmungen für 1904 gibt Joyce auch diese : *Roman indication 2.* – Die ‹2›, also das wichtigste, läßt Goyert erst einmal weg; und den Rest übersetzt er dann mit »*Römische Indikation*« : das müßte, wollte man das Fremdwort stehen lassen, zunächst einmal *Indiktion* heißen; und dann – jeder Kalender gibt sie ja an, die *Römer=Zinszahl*; die eben im vorliegenden Fall gleich 2 ist !

Thursday's child has far to go, wird der alte Kinderreim zitiert : »... wird es *weit bringen*« hat Goyert. Dabei ist es nur die wehmütige Voraussage : der wird im Leben mal *weit wandern müssen* !

Primrose=vested ist viel mehr, als Goyerts »gelbgrün« : hier war unbedingt die Beziehung zur Partei des Lord Disraeli beizubehalten, mit ihrem Primrose=day, und dergleichen !

Seite 503 : The harlot's cry from street to street / shall weave Old Ireland's winding=sheet : »Von Straß' zu Straß' der Hure Schrei / wird weben Englands Leichentuch« – oh wäre Goyert doch eingefallen : der Hure *Fluch* : da hätten wir doch zwanglos den Reim auf »Tuch« gehabt ! – Und »*Englands* Leichentuch« ? ? ! ! : Jaja, wenn nur nicht Old *Ireland* dastünde, Hahaha ! –

Im Hintergrund erscheint die Landschaft des *Lake of Kinnereth* – gewiß, so steht es auch im englischen Original; und wahrscheinlich hat es Goyert sogleich im Ohr geklungen : Killarney und Innishfree : I will arise and go now – ich bin überzeugt, er hat es für eine irische Spezialität gehalten. Obgleich ihm das Asia minor, zwei Zeilen davor, hätte zu denken geben sollen. Und wenn Kinnereth auch nicht im kleinen Langenscheidt steht : vielleicht steht's ja im großen ? Und wenn nicht dort, dann vielleicht im 4. Buch Moses : denn wo lebt der Deutsche – Herrn Goyert immer ausgenommen – der für das geheimnisvolle Unwesen nicht schlichtweg geschrieben hätte : *der See Genezareth* ?

Instinktiv verstehen manche die Tiersprache : *Solomon* did : »Wie *Salomon*« behauptet Goyert; nun kann man ja Ernst von Salomon loben, wenn man mag; aber Goyert ist meines Wissens der Erste, der in seiner Verehrung so weit geht, zu behaupten, daß Jener auch die Sprache der Tiere verstünde !

Aber auch abgesehen vom *König Salomo* kann Goyert die *Bibel* nur flüchtig studiert haben; ansonsten hätte er ja den Stier von *Basan* – wo er natürlich, à la Kinnereth, das »*Bashan*« der King=James=Bible stehen läßt. Ebenso wie den kleinen Profeten »*Malachi*«, der bei uns und Luther gewöhnlich Maleachi heißt; wie auch die »Ebene *Shinar*« – also *Sinai*. Ein Schlager dieser Art ist die Stelle, wo Blum sich beklagt, daß seine Frau nicht orthografisch schreiben könne; und er gibt ein Beispiel : *Alias, (a mendacious person mentioned in sacred Scripture*; nämlich der ständig im Buch genannte Profet *Elias (eine verlogene Persönlichkeit, erwähnt in der Heiligen Schrift*. Und man höre, was Goyert daraus macht : »Alias *(Ali das Aas, ein Räuberhauptmann)*.« ! ! – Was, in Elias' Namen, *sollen* solche verwünschten Possen ? ! Es ist völlig rätselhaft, was bei solchen Anlässen in Goyerts Kopf vorgegangen sein mag ! Wie hat er *Elias* und *sacred Scripture* übersetzt ? : mit »*Aas*« und »*Räuberhauptmann*« ? Wäre ich's nur gewesen, gegen mich hätte man längst ein Verfahren wegen Gotteslästerung eingeleitet !

B. (tief in Gedanken): Es ist aber tatsächlich ein Problem : denn etwas muß er sich doch dabei gedacht haben ! .... *(vermurmelnd):* Ob er etwa ..... Hm hm hm ....

A.: Darüber können Sie später noch nachdenken; im Bett heut Abend. –

The unfortunate *Yahoos* übersetzt Goyert mit »*Viehkerle*« : Oh Swift, mein Swift ! ! *Rip van Winkle* tritt auf – und *das* müssen wir Herrn Goyert lassen : er hat ihn mit *nichten* in *Reiß von der Ecke* übersetzt; nein, give the devil his due ! – aber der hat geschlafen, twenty years in *Sleepy Hollow*; und Jeder, der Washington Irving gelesen hat, freut sich der geschickten Anspielung, der Kombination, die Joyce mit den Titeln der beiden bekanntesten Geschichten von Geoffrey Crayon, Esquire, vorgenommen hat. Goyert hätte also nie und nimmer mit seinem elenden »*Schlaftal*« ankommen dürfen; sondern, wie er den ersten Namen nicht übersetzt hat, mußte auch der zweite unverändert stehen bleiben!

The *fat boy in* Pickwick wird zu »der *Dicke in* Pickwick« : also selbst bei diesem, in Deutschland vielleicht geläufigsten Werk der angelsächsischen Literatur, fehlt einmal das *boy*. Und zweitens : wie kann man sagen »*in* Pickwick« – als ob sich's um einen Ort handelte – anstatt *in den Pickwickiern* ! –

Kein Sauerbruch könnte die Knochenbrüche reparieren!

B. (pustend): Also das wäre ja schon übergenug, um ein Übersetzer=Renommee zu ruinieren.

A.: Ist es *meine* Schuld ? !

Kann *ich* etwas dafür, wenn Joyce ein exaktes Zahlenverhältnis angibt, für die, die ‹rechts tragen› : *one in a million* – und Goyert verwischt's zu »*kommt ganz selten vor*« ?

Bin *ich* schuld, wenn sich einer grundsätzlich im Tanzschritt bewegt, Courant, Rigaudon, Cinqueapace – und Goyert es immer nur simplifiziert zu »*er tanzt*« ?

Wer versteht es denn nicht, dieses *her ankles are linked by a slender fetterchain* ? Ich, oder Herr Goyert, der es übersetzt mit : »*Ihre Enkel umketten dünne Ketten*« ? Er hat also nicht begriffen, daß die, ins Orientalische transformierte Molly hier à la Salambo geschildert wird : *ihre Fußknöchel verbindet ein feines Keuschheitskettchen !*

Wild goose chase this ! murrt Blum unwillig, auf der Suche nach Stephen : in diesem Fall ist die wörtliche Übersetzung ins Deutsche – »*Jagd auf Wildgänse*« – ganz und gar irreführend! Es ist eine redensartliche Wendung, zur Kennzeichnung eines bodenlosen Unternehmens; einer sinnlosen Verfolgung : *Von Pontius zu Pilatus rennt man* : das ist's!

B.: Was mag dann erst im Einzelnen, in den feinen Zügen, versehen sein?

A.: Worauf Sie sich verlassen können! Dem Kenner sind die bisher gerügten groben Fehler ja fast noch nicht so empfindlich, wie im Feinbau die unendlichen Verstöße gegen Rhythmus und Vokalharmonie!

Pigeons *roocoocooed (das ‹u› dehnen und besonders hervorheben !)* Daraus macht Goyert : »Wo Tauben *giiiirrrrten*« ! Mit anderen Worten : er verwandelt also die von Joyce korrekt vorgenommene Lautmalerei auf ‹uuu› – und Jeder, sollte man meinen, der Tauben nur *einmal* gehört hätte, wüßte dann ihr ‹Du Schtruhkupp, Du Du› ! – das verwandelt Goyert also in sein glashart klirrendes »*iiiirrrr*«. – Und wie leicht wäre es gewesen, zu schreiben : Wo Tauben *ruckedieguh* machten – jedem Deutschen geradezu ‹*märchenhaft*› geläufig !

Und ich kann – und will ! – Ihnen das grausamste nicht ersparen : woran, meinen Sie wohl, daß man die Qualität eines Übersetzers am leichtesten und zugleich unfehlbarsten erkennte ?

B. (zögernd): Je nun – – einmal an den Böcken, die er schießt .....

A. (einfallend): in unserem Fall also ein ganzer Parc=aux=Cerfs von Sechzehnendern .....

B.: Oder nein : eben vielleicht an dem, was Sie vorhin nannten ! Sagen wir : an Gedichtzeilen !

A.: Sehr richtig !

Ein *Fehler* könnte immer einmal unterlaufen – wohlgemerkt : *einer* pro Seitendutzend; nicht chiliadenweise wie hier ! – aber wen nicht bei entscheidenden Stellen der *Takt* mitnimmt, daß seine Füße – *Vers*füße, um im Bilde zu bleiben – anfangen zu tanzen : der ließe besser die Hand vom Buche. –

Wollen wir also abschließend die Übertragung der von Joyce zahlreich eingestreuten Gedichte und Schlagerzeilen prüfen. Ad libitum : wir nehmen die Stücke wie sie kommen. Und wappnen Sie sich mit mehrfachem Erz um den Busen : Sie werden Ihren Gleichmut brauchen !

B.: Ich bin zwar für heute Abend über Staunen und Entrüstung hinaus; will mich aber doch vorsichtshalber fester hinsetzen – : so !

A.: Auf Seite 423 des Originals tanzen 2 Nigger den ‹*Cakewalk*› – und ich erinnere mich noch gut aus meiner Kinderzeit, wie ein Verwandter, auflachend, mir den Groteskanz vormachte : There was no hair on the top of his head, / on the place, where his hair used to grow; / and he had no teeth for to eat the hot cake, / so he had to let the hot cake go ! – *(kleine amüsierte Pause):*

Und also steppen die beiden Schwarzen auch bei Joyce, vital und temperamentvoll, heran :

(mit scharfer Betonung des Rhythmus; den Hauptakzent jedesmal auf der letzten Silbe jeder Zeile):

There's *some*one in the *house* with Diná !
There's *some*one in the *house*, I knów !
There's *some*one in the *house* with Diná !
Playing *on* the *old* banjó !

Also heute, im Zeitalter des ‹Rock'n Roll› durchaus reizvoll mitzujazzen. – Wie aber trampelt es bei Goyert einher ? :

(möglichst albern jambisch; plump nach Verdienst):

In D*i*nas H*aus* ist Jemand dr*i*n,
ich we*iß* es ganz gen*au*.

In D*i*nas H*au*s ist Jemand dr*i*n,
und sp*ie*lt auf dem B*a*njo.

A. (fortfahrend): Es wäre ja *zu* billig, wollte man auf so viel Ärmlichkeit noch lange herumharfen; also lassen wir jeden Kommentar; aber : wie wär's hiermit als Ersatz ? :

(Genau im Tempo des englischen Textes einhersteppend):

Dort im H*au*s ist Jemand dr*i*n bei Din*á* !
Dort im H*au*s ist Jemand dr*i*n, oh*ó* !
Dort im H*au*s ist Jemand dr*i*n bei Din*á*;
und er sp*ie*lt auf d*e*m Banj*ó* !

B.: Ja, das ist allerdings ..... gegenüber dem andren Geholpere .....

A. (unterbrechend): Und bitte, denken Sie ja nicht, ich wäre irgend böswillig – oh nein : nur traurig ! – oder verführe sonst unredlich ! Ich schlage at random ein neues Gedicht auf; Seite 638 des Originals. –

Bloom – den man nebenbei getrost bei uns ‹Blum›, mit ‹u›, schreiben sollte – hat als ehrgeiziger junger Mensch einer Zeitung ein Gelegenheitsgedicht eingereicht : Jeder will sich ja schließlich mal gedruckt sehen. Dessen Schlußstrofe hieß – und man beachte genau den Tanz der Anapäste; einer Versart, die bei uns in Deutschland rar ist, vom Grafen Platen, der schließlich alles probiert hat, abgesehen; bestenfalls ist geläufig ‹Der Mai ist gekommen› oder ‹Unter*laß* / leises Fl*e*hn / süßes Kosen›; die in England jedoch zum eisernen Bestand jedes Dichters gehört – mir fällt eben Campbells putzige ‹Pons asinorum› ein, oder Byron an vielen Stellen. So also geht der englische Originaltext :

(Wiederum scharf den Takt hervorhebend):

An amb*i*tion / to squ*i*nt /
at my v*e*rses / in pr*i*nt /
makes me h*o*pe / that for th*e*se / you'll f*i*nd room. /
If you s*o* / condesc*e*nd /
then, please, pl*a*ce / at the *e*nd /
the n*a*me / of yours tr*u*- / ly *L.* Bloom /

A. (fortfahrend): Also 6 Zeilen; von denen die erste und die zweite, die vierte und die fünfte, je *zwei* Versfüße aufweisen. Die dritte und die sechste dagegen je *drei* haben, wie es einem Parömiakos wohl ansteht. Das Reimschema ist aab / ccb.

Was wird nun aus diesem gut durchkonstruierten Stück unter der Feder Herrn Goyerts ? Wie zerstümmelt er das artige Gebilde ? – :

(plump):

D*ie*se V*e*rse schr*ie*b ich n*ie*der.
*A*n dem *E*nde m*ei*ner L*ie*der

s*ä*h' ich w*i*rklich g*e*rne n*u*n
m*ei*nen N*a*men : L*e*o Bl*oo*m.

A. (beißend): Also nicht nur, daß Goyert aus *sechs* englischen Zeilen *vier* deutsche macht – umgekehrt wäre es ja, bei der bekannten Einsilbigkeit der englischen Sprache, wesentlich verständlicher gewesen ! Nein : er verändert auch den Galopp, den kurzen Canter, des Taktes, in den Schüdderump seiner Trochäen ! Noch weiter geht es wahrlich nicht !

Und wenn es noch so übermenschlich schwer gewesen *wäre*, das Stückchen in einigermaßen entsprechendes Deutsch zu bringen ! Aber selbst mir, der ich doch weißgott nicht den Anspruch eines ‹autorisierten› Meisterübersetzers erhebe, fiel innerhalb von zwei Minuten dieses ein – bitte, vergleichen Sie noch einmal :

(Halblaute, rasche, stark akzentuierte Wiederholung des englischen Textes):

An ambition to squint
at my verses in print
makes me hope that for these you'll find room.
If you so condescend
then, please, place at the end
the name of yours truly : L. Bloom.

Und so würde es *ungefähr* Deutsch heißen können :

Ach wie sch*ö*n / wär es n*i*cht, /
Wenn man d*ie*- / ses Ged*i*cht /
eines Ab- / drucks für w*ü*r- / dig bef*ä*nde. /
Überz*eu*gt / Sie der R*ei*m, /
bitte, r*ü*k- / ken Sie's *ei*n, /
und den N*a*- / men L. Bl*u*m / an das *E*nde.

Das ginge allenfalls schon an; man sähe zumindest den guten Willen. Was aber ist das jetzige Gestammle ? ?

(Fragende Pause. Dann, entschieden): Allerdings ! Einverstanden !

– – – – –

B.: Sie haben mich – wenn es erlaubt ist, das Kleine mit dem Großen zu vergleichen – durch eine Art Inferno geführt. – Aber halt : zuvor noch *diese* Frage :

Sind dies nun, auf literarische Ehre und Gewissen, *sämtliche* Fehler, die Sie bei einer *genauen* Vergleichung der Texte aufgetrieben haben ?

A.: Wo denken Sie hin ? Ich bin schließlich meine Arbeitskraft noch ernsteren Dingen schuldig, als schlechten Übersetzern jedes Wort nachzurechnen ! Nein : eine *flüchtige*, einwöchige Durchsicht ergab beiläufig *fünfhundert* solcher Schnitzer, wie ich Ihnen 150 aufgeführt habe. Eine sorgfältige Kritik aller Abgeschmacktheiten, aller Verworrenheiten und Mißverständnisse, würde, meiner jetzigen Schätzung nach, etwa zweitausend solcher Schäkereien ermitteln können – ich bin mir ja nichts weniger als sicher, daß ich nun schon die *haarsträubendsten* Fehler gefunden hätte : da mögen noch ganz andere Kleinode ungehoben im Boden schlummern ! Und dann wären auch noch die jetzt nur passablen Stellen durch wahrhaft gute, identische zu ersetzen – was durchaus möglich wäre !

B.: Was also ist Ihr abschließendes Urteil über diese zur Zeit kursierende, weithingerühmte Übertragung ?

A.: Was im Augenblick unseren Landsleuten als ‹Ulysses› des James Joyce vorgesetzt wird, – ich weiß, was ich sage : »ich kenn' es wohl, so klingt das ganze Buch; ich habe manche Zeit damit verloren« – der jetzige ‹Ulysses› also ist

genial übersetzt ? : *Nirgends* !

Handwerklich brauchbar, als Vorarbeit für den kommenden Besseren ? : *die Hälfte* !

Die restliche Hälfte ? : *eine Parodie auf das Original !* –

Passagen, die im Deutschen völlig widersinnig klingen, werden einfach und klar, wenn man den Urtext zur Hand nimmt : *Wir Deutschen wissen noch nicht, was der ‹Ulysses› ist* !

B.: Was müßte denn überhaupt, Ihrer Ansicht nach, geschehen ? Soll man sich einfach, unter Übergehung dieser ‹autorisierten deutschen Übersetzung›, das englische Original beschaffen ?

A.: Was not täte, wäre eine doppelspaltig-zweisprachige Ausgabe; links den englischen, rechts einen deutschen Text – allerdings nicht den Goyert'schen; da wäre eine simple Interlinearversion noch angebrachter ! Also eine revidierte, oder, besser noch, eine *ganz neue* Übertragung. Denn den derzeitigen Augiasstall auszuräumen wird sich wohl so schnell und leicht Niemand bereit finden : es ist mehr als *ein* literarischer Ruf bei solchem Treiben zu verlieren !

Dann *Fußnoten* dazu; um die zahlreichen Wortspiele, Assonanzen, auch die Irlandia, zu erläutern – da müßte ein Kenner gälischer Sprache, Sitte und Geschichte als Sachberater mit hinzugezogen werden !

Endlich, am Ende des Buches, ein sorgfältiges *Namensregister*. Sowie ein guter, leicht herausklappbarer *Stadtplan* des Dublin von 1904.

B. (einwendend): Das würde aber eine teure Angelegenheit !

A.: Wer leugnet's ? – Freilich kommt's im Augenblick billiger, an die Bodley Head Press, London, 28 Little Russel Street, zu schreiben, und sich den englischen Text zu besorgen. – Aber man wird, bei einem

Manne von der dichterischen Qualität des James Joyce, ja wohl noch seine Ideale haben dürfen! *(wegwerfend):* Zu denen Goyerts Übersetzung allerdings *nicht* gehört!

(Gongschlag. Kleine Pause).

– – – – –

A. (gewichtig): Dieses war an der Zeit!

Seit nunmehr dreißig Jahren kursiert, in lieben Deutschlands Mitten, und als hoch=genuin propagiert, die verballhornte Übersetzung eines Buches, das zu den ewigen Besitztümern der Menschheit zu zählen ist. Nicht genug, daß man vor der Mißgeburt *nicht gewarnt* hat: *angepriesen* hat man sie sogar, und tut es munter *noch*!

Niemand lebt auf der Welt, der sich einer tieferen Ehrerbietung vor dem dichterischen Genius rühmen könnte, als ich: hierin lasse ich keinem den Vorrang; ich weiß zu verehren, wo es angebracht ist! Deshalb wurde es meine Pflicht, auf diese, unserer Literatur unwürdige Lücke hinzuweisen. – *Und damit auf den wahren James Joyce*! –

(Gong. Hallend. Kleine Pause. Dann sagt wiederum die Stimme, machtvoll, mit winzigem Echoraum dahinter, das Zitat aus Klopstocks ‹Gelehrtenrepublik›):

Stimme (= A., verändert): Enkel! / Schütze sein Werk gegen die Leerheit, die Fühllosigkeit, die spitzfindige Denkungsart Deiner Zeitgenossen!

DAS GEHEIMNIS VON FINNEGANS WAKE

Sprecher:

A.: Der Berichterstatter

B.: Einwände und fördernde Fragen

C.: wie B. / Aber Frauenstimme, zur Suggestion des ‹Isolden=Elements›.

Bemerkung: Alle Drei müssen leidlich Englisch aussprechen können.

B. *(halblaut, in flottem, stark rhythmisiertem Rezitativ):*

Tim Finnegan war aus Walker Street,
ein muntrer alter Knabe, schon grau;
wenn er sprach, war sein Irisch voll Gemüt,
und sein weltliches Los Zuträger am Bau. –

Auch hat Tim den Whisky nie gehaßt
– doch vielleicht war's angeboren schon ? –
: zu erleichtern sich des Tagwerks Last,
nahm 1 Schlückchen er jeden Morgen davon.

A., B. und C. zusammen, wie oben:

Whack=Hallo ! – Nun tanzt mit dem Partner.
Hoch das Bein, und aus dem Weg !
Stimmt's nicht, was ich Euch gesagt hab' ?
Hier gibt's Spaß bei Finnegans Wake !

(Gong)

A.: Vier Bände müßten heut eigentlich auf dem Tisch stehen : Finnegans Wake selbst. / Dann der Skeleton Key von Campbell & Robinson. / Die Joyce=Biografie von Ellmann. / Und endlich von Stanislaus Joyce : Meines Bruders Hüter.

B.: Genügte die erste, ‹autorisierte›, Biografie von Gorman nicht auch ?

A.: Nein. Es wird sich schon allmählich herumsprechen, wie dieser Halb=Roman zustande kam. Und mag Max Bense die Mischung aus Wiener Feuilletonstil und cäsarischer Selbst=Selbst=Selbst=Verherrlichung immer ‹eine schöne Biografie› nennen : wollen *Wir* hier festhalten, *daß Gorman's Zeugnis völlig irrelevant ist.* Ein paar nette Anekdötchen, ein paar clevere Betrachtungen, und immer ‹lögenhaft to vertellen› : ein Buch von ausgezeichneter Unbrauchbarkeit !

B.: Der jüngst erschienene Ellmann jedoch ?

A.: Ist unvergleichlich sauberere Arbeit : vollständiger, härter, also wahrer. Zwar immer noch zu zurückhaltend; noch zu sehr Hagiografie; auch voll zahlreicher kleiner Fehler und Unzulänglichkeiten – und das Register ist die übliche US=Amerikanische Schlamperei : eins vom *doppelten* Umfang würde das Werk befriedigend aufschließen. Dennoch verhält sich Ellmann's Buch zu dem, aller filologischen Elemente baaren Geplätschere Gorman's, wie Dörpfeld's Berichte von den Ausgrabungen auf Kreta, zum Gefable vom Minotaurus.

C.: Könnten wir als Erstes nicht, und sei es noch so gedrängt, die gesamte Produktion von James Joyce herzählen, und beurteilen ?

A.: Ich teile sie mir immer, ‹zum Merken›, in 2 Gruppen : die guten=realistischen; und die geringeren=mystischen.

B.: Begriffspaare, die nicht unbedingt zusammen gehören müssen.

A.: Gewiß nicht. – Aber darf ich meine Gründe in speziell=diesem Fall angeben ? Da ist zum Beispiel der, leider nur zur Hälfte erhaltene, Stephen Hero; und dessen spätere Fassung, das Porträt : dieses überflüssig gerühmte Porträt ist, meines Erachtens, eine ausgesprochene Verengerung, Vereinfachung, Verarmung, gegenüber jenem 1. Entwurf : eine *gröbliche Verfeinerung !*

C.: Müßte nachgeprüft werden. – Und Dublin ?

A.: Tun Sie mir 1 Gefallen, und sagen Sie, bitte, : Dubli*ner.* Es ist ja wohl ein Unterschied, ob ich ein Buch schreibe über ‹Berlin›, oder die ‹Berli=*närr*›; die Franzosen haben dafür, ganz korrekt, Gens de Dublin. – Da würde ich urteilen : ein Gemisch; das Meiste davon recht ordentlich. –

Aber lassen Sie mich doch das, weit bedeutendere, Buchpaar anführen : *der Odysseus ist Joyce*'s *eigentlicher Paß in die Unsterblichkeit !* Was davor liegt, sind ziemlich mittelmäßige Sächelchen, die 100 andere Zeitgenossen ebensogut konnten; und die eben nur deshalb noch so interessieren, weil Besseres, ja Bes*tes*, folgte. Vermittelst des Odysseus werden alle kommenden Säkula in den Beginn unseres 20. Jahrhunderts hineinschauen können, wie durch eine Glasscheibe : er ist das erste umfassende ‹Handbuch für Städtebewohner›; die erste komplette Darstellung des

Vollblut=Pflastertreters : Turbulenz ist unser Schicksal, und wird es immer mehr werden. Denn der Weg, den wir zu gehen haben, heißt : ‹kompliziert leben› .....

B. (kurz die ‹andere Ansicht› einwerfend): ..... ‹einfach leben› ? .....

A. (ablehnend): Eine wehmütig=unrealistische Formel, über die man schon im späten Rom gelächelt haben dürfte : dieser verführerisch=bodenlosen Illusion einer ‹stabilen Welt› nie unterlegen zu sein, *ist* ja eben 1 der ganz auszeichnenden Züge an JAMES JOYCE.

Wie karg & plump – nicht nur ‹inhaltlich›, sondern auch ‹formal› – ist nicht der HOMER'ische ODYSSEUS, im Vergleich mit dem JOYCE'schen ! Ich meine immer : 1 solches Buch genügte, um die Überlegenheit der modernen Schriftsteller über ‹die Alten› zu beweisen. Was speziell *mich* an diesem größten Wortkunstwerk unseres ersten Halb=Jahrhunderts immer erfreut hat, ist, daß es so schön beweist, wie alle anderen ‹Dichtungs=Arten› – Lyrik=Drama=Epos – meilenweit zurückbleiben, im Vergleich mit guter Prosa.

C.: Worüber man sich natürlich endlos streiten könnte. – Für Sie also ist JOYCE ..... ?

A. (bestätigend): ..... der Meister des ODYSSEUS.

(Gong)

B.: Aus dem Vorangegangenen darf ich demnach entnehmen : daß Sie FINNEGANS WAKE für einen Rückschritt halten ?

A.: Ich antworte noch nicht. – / Nehmen Sie erst einmal den SKELETON KEY zur Hand : ohne ihn kommt ja – zunächst noch – Niemand, zumal kein Deutscher, aus. Dieser Himmels=Schlüssel also .....

B. (aufmerksam): ..... wieso ‹Himmel=Schlüssel› ?

A.. Weil ich mir erlauben werde, sogleich einen ‹Höllen=Schlüssel› zu liefern : und der wird *größere* Teile des Buches aufschließen ! –

Aber erst noch zurück zu der unverächtlichen Arbeit von CAMPBELL & ROBINSON : hier erscheinen etwa 40 % von FINNEGANS WAKE nach Kräften in Einfach=Englisch umgeschrieben; von 1,4 Millionen Buchstaben sind rund 600.000 ‹erklärt›.

C.: Warum sprechen Sie's in Anführungsstrichen ?

A.: Weil die Erklärung lediglich vom mystisch=geschichtsfilosofischen Standpunkt aus erfolgt ist. / Da soll das Buch – wie alle diese ‹Heiligen Schriften› es beanspruchen – zu der Zeit spielen, wo es gelesen wird. / Die ‹4 weisen alten Männer› etwa sollen die 4 Evangelisten bedeuten, MAMALUJO; gleichzeitig aber auch 4 alte irische Chronisten, und übertragen die 4 Provinzen Irlands. Ebenso können's sein die 4 Himmelsrichtungen. Freilich auch, wie JOYCE nachdenklich hinzufügte : »die 4 Ingredienzien eines Salates« – seitdem ich weiß, daß dort gegebenenfalls auch *dergleichen* ‹Ergebnisse› zu gewärtigen stehen, bin ich recht reserviert geworden, gegenüber der Gnosis des SKELETON KEY; und glaube nicht mehr, daß ‹der Ort die Welt; der Held der JEDERMANN› ist.

B.: FINNEGANS WAKE *ist* aber doch einwandfrei nach VICO's Zyklentheorie gebaut; und *besitzt* unleugbar zahlreiche mythische Elemente. – 1 Grundsatzfrage : begegnen Sie der Mystik nicht mit vorsätzlicher Nüchternheit ?

A.: Die rufe ich nur zu Hülfe, wo mir mit *vorsätzlicher Originalität* begegnet wird.

Freilich gestehe ich gern, daß ich nicht mehr – beziehungsweise noch=nicht=wieder – Kind genug bin, um Sätze als Belehrung oder gar ‹Lösung der Welträtsel› zu empfinden, wie etwa : ‹daß die 1 die 2 umarme; mit ihr die 3, 4, 5 zeuge; und wenn die 6 & 7 nicht wär, die 8 & 9 wär nimmermehr›. Ganz abgesehen davon, daß ich versuchen werde, diese ganze CAMPBELL=ROBINSON'sche Hermeneutik *als sekundär nachzuweisen*; als spätere, beziehungsweise zunächst unbeabsichtigte, ‹Veredelung› eines ursprünglich recht vulgären ‹Wildlings›.

Aber rasch noch den SKELETON KEY ein wenig angeleuchtet : die jungen Leute haben auch gar zu flüchtig gearbeitet; und der Lücken und Mißverständnisse sind viele. / Da wird, zum Beispiel, auf Seite 193 behauptet, daß nur 1 Mal ein Zitat aus dem älteren ODYSSEUS übernommen worden sei – dabei lassen sich, bei aufmerksamer Lektüre, gerade hier mehrfach Verbindungen nachweisen : ‹Poulaphouca› und ‹Nyam=Nyam› . . . . .

C. (einschaltend): . . . . . das Geräusch der Küsse; aus der KIRKE=Episode . . . . .

A. (fortfahrend): . . . . . ‹our island, home and duty !›; der Bettel=Ruf des blessierten Matrosen aus dem ODYSSEUS, leicht variiert, erscheint ebenso wie ‹Someone in the house with Dina›. –

Dann die, schier rührende, Kritiklosigkeit der beiden Verfasser gegenüber dem gezierten Sprachenbabel. »Deutsch war ihm zweite Muttersprache« heißt es da; oder »Mit Griechisch, Sanskrit, Gaelisch und Russisch war er vertraut wie ein Gelehrter« : »Finnisch, Arabisch, Malaisch, Persisch und Hindustani treten reichlich auf« – *(ungehalten):* Jaja. Bis sich die Herren schließlich & endlich auf insgesamt 17 Sprachen hinaufgeeinigt haben : in Wahrheit verstand JOYCE natürlich einen feuchten Staub von den meisten davon; wie es auch nur recht & billig ist. Als einziger

Kurz=Beleg sei jetzt nur auf – die Uns ja besonders interessierende – »zweite Muttersprache« DEUTSCH hingewiesen .....

B. (mahnend): Vorsicht ! : Hat er nicht aus dem Deutschen ins Englische übersetzt ? Gerhart Hauptmann ?

A.: Schon recht. Aber ein ‹Übersetzer› ist eines; und eine ‹Muttersprache› ein anderes. Wollen wir ein Stück aus dem Brief verlesen, den er – ELLMANN will es wissen – »in seinem formvollendetsten Deutsch« an den Oberbürgermeister von Zürich schrieb .....

C. (befremdet): »Die Verbindung zwischen mir und Ihrer gastfreundlichen Stadt deh*nen* (!) sich über eine Reihe von fast 40 Jahren aus; und in diesen peinlichen Zeiten fühle ich mich sehr geehrt, *daß meine Gegenwart hier zum großen Teil ich an der persönlichen Bürgschaft Zürichs erstem Bürger schulde.*«

A.: Gehen wir über das – sagen wir : ‹geläufige Radebrechen› – zur Sache über. Höchstens *das* Eine noch : wie mißlich es wäre, sich für eine deutsche Übersetzung von JOYCE's Werken auf dessen ‹autos epha› zu berufen. –

Zur Verherrlichung des ‹Pan=Aroma aller Sprachfloren› wissen C & R also mehr als genug zu sagen – darf ich hier einmal rasch diverse *Einwände* aufzählen ? Und, bitte, glauben Sie mir : wenn ich jetzt, hier, im Augenblick, nur immer je 1 oder 2 Exempel gebe : *ich könnte jederzeit einige Dutzend gleichwertige dahinterstellen.*

Ich vermag also *keine* stilistische Feinheit in den vielen ‹Schüttel=Worten› zu erkennen; wo aus ‹*n*ice *l*ittle› ein »*l*ice *n*ittle« wird; aus ‹*m*ixed *b*iscuits› »*b*ixed *m*iscuits«; aus ‹re*v*o*l*ver› »ro*l*ve*v*er«.

Oder wenn JOYCE aus Richard Wagner & seiner Mathilde Wesendonk einen »wagoner« herstellt mit seiner »mudheeldy wheesindonk«, also »Dreckferse Wiesendung«. ‹Zarathustra› muß ein »Nullenwerfer« sein, ein »Zero=Thruster«; Mendelssohn ein »Mumblesome«; Einstein »Winestain«; Schubert=Franzl ein »Schuh=Barde« – : also dergleiche platte Witzchen à la ‹Gustav & Gasthof› verzeiht man allenfalls einem SAPHIR. Ich jedenfalls weigere mich, Kindereien wie das Saltomortalisieren von ‹remember› auf »rebmemer« als Tiefsinn zu feiern.

B.: Und das kommt *tatsächlich* Alles in FINNEGANS WAKE vor ?

A.: Wenn Sie wollen, zeige ich Ihnen nachher die Stellen. – Warum wundern Sie sich ? PADRAIC COLUM hat es doch ausdrücklich festgehalten :

C.: Ich tippte für JOYCE manchmal Seiten von FINNEGANS WAKE ab. Von Zeit zu Zeit verlangte er von mir, ich solle ihm 1 Wort vorschlagen, *das noch dunkler sei, als das, was ohnehin schon dastand.*

A.: Wohlgemerkt, dies zum Prinzip erhoben : ‹Von 2 möglichen Ausdrücken ist grundsätzlich der unverständlichere vorzuziehen›. Freute JOYCE sich doch manchmal darüber : wie die Professoren sich jahrhundertelang über den Sinn mancher Stelle streiten würden. – Mit anderen, nüchternen Worten : *ein absichtliches Turlupinieren des Lesers*; nicht durch eine sich organisch ergebende Verschlüsselung, sondern durch *Krampf* !

Darf ich darauf hinweisen, *wie viel vom Scharlatan* JOYCE hatte ? ! Wie er, der angeblich so ‹Scheue› und ‹Feinfühlige›, den folgenden Kientopp fertig bekam .....

C. (verblüfft): Gestern Abend, am 3. Juni 1930, wurde in der Pariser Oper der WILHELM TELL aufgeführt, mit dem Tenor SULLIVAN in einer der Hauptrollen. Mitten in der Aufführung wurde das Publikum plötzlich Zeuge einer dramatischen Szene, die an spannendem Interesse die Vorgänge auf der Bühne weit übertraf : Schweigen befiel das Haus, als in einer der Logen 1 Mann sich plötzlich vorbeugte – Viele erkannten in ihm JAMES JOYCE, den irischen Romancier und Lyriker – der sich effektvoll die große=dunkle Brille von den Augen riß, und ausrief : ‹Dank Dir, mein GOtt, für dieses Wunder : nach 20 Jahren sehe ich das Licht wieder !›.

A. (nüchtern): Unnötig zu sagen, daß die befremdliche Komödie sorgfältig vorbereitet, ‹gestellt›, war : JOYCE schreckte vor *platterdings nichts* zurück ! Vor keinem Mätzchen.

B.: Warum zerren Sie dergleichen kleine Schwächen ans Tageslicht ?

A.: Um Sie ‹schonend vorzubereiten›; auf was Sie alles bei JOYCE gefaßt sein müssen : zumal was FINNEGANS WAKE angeht. Was halten Sie hiervon ..... ?

C.: 1 oder 2 Mal diktierte er auch SAMUEL BECKETT kleine Teile ..... Mitten in solcher Arbeit klopfte es einmal – was BECKETT überhörte – an die Tür; JOYCE sagte ‹Herein›; und BECKETT schrieb es mit. Als dann, beim späteren Vorlesen, JOYCE fragte : ‹Was soll das HEREIN an dieser Stelle hier ?›; und BECKETT antwortete : ‹Je nun; Sie haben's mir so angesagt.›; da überlegte JOYCE 1 Augenblick – und entschied dann : ‹Lassen Sie's stehen›.

A.: Das bezeichnete er als – wie es denn ja leider Worte für Alles gibt – ‹den Zufall zum Mitarbeiter machen›. –

Man wird mich hoffentlich nicht im Verdacht haben, die bestialische Vernageltheit eines Urteils zu teilen, wie etwa das des DDR=Lexikons, wo es wörtlich heißt .....

B. (patzig): JAMES JOYCE ? – Englischer Lyriker und Erzähler; beschreibt mystifizierend Regungen und Verirrungen des Unterbewußtseins : *typischer Vertreter der bürgerlichen Verfallsideologie !*

A.: Aber wenn schon COLUM, als gebürtiger Ire, sich betroffen fragte : ‹Was ist möglich, beziehungsweise *was ist noch unmöglich* bei solchen ‹Zusammenhängen› ? ! › – dann kann ich ihm nur Recht geben. Man kann es natürlich auch vornehm ausdrücken, und sagen : daß die ‹subjektive Komponente›, die ‹Unbestimmtheits=Relation› in FINNEGANS WAKE arg groß wäre. Lassen Sie mich, als schlichtes Vorergebnis, festhalten : wohl möchten die JOYCE=Fans uns gerne glauben machen, daß während der Arbeit an FINNEGANS WAKE seine Meisterschaft ins Unbegreifliche wuchs : in Wirklichkeit ist ziemlich viel DADA darin.

B. (ungeduldig): Schön; Sie haben also Mätzchen & Gags darin aufgetrieben. Die hatte JOYCE ja bei LEWIS CARROLL gelernt, und dessen prächtigen, zwar langsam, aber immer weiter ‹nach vorn› kommenden Stücken ALICE IN WONDERLAND & THROUGH THE LOOKING GLASS.

A.: Womit Sie mir gleich ein trefflichstes Beispiel gegen die pompös=elenden Register der ELLMANN, GILBERT, undsoweiter geliefert haben : wie oft kommt bei Denen nicht im Text CARROLL vor – und im Register suchen Sie ihn vergebens ! Das ist, wo es sich nachweisbar um eine Hauptquelle von JOYCE's ‹Kraft› handelt, *unverantwortlich.*

Natürlich hat JOYCE sich mächtig von ihm anregen lassen. Und zwar nicht nur von dessen ‹portmanteau=words› – zitiert=variiert er doch ein paarmal allein den herrlichen schwermütig=absurden Gesang ‹soup of the evening : beautiful soup !› – sondern noch weit=weit mehr von der Technik einer ‹Transformation› à la LOOKING GLASS : aus der ‹Cheshire=Cat› wird, verspiegelt, der ‹JABBERWOCKY›. Wobei es freilich CARROLL's Vorzug bleibt, daß er weiß, wie es sich um – und sei es noch so entzückenden – ‹Höheren Blödsinn› handelt, mit dem 1 unnachahmlich=geistreiches Spiel getrieben wird. Während JOYCE den aller=abscheulichsten Ernst damit macht.

C.: Könnten Sie aber nicht auch – der Wahrheit die Ehre – erwähnen : daß sich oft die hinreißendsten Schönheiten im WAKE finden ?

A. (trübe): Gern; aber es sind ihrer wenig genug. An Beginn und Ende größerer Abschnitte hat JOYCE meist 1 ‹Epifanie› gestellt; die eben dadurch besonders zur Wirkung kommt, weil man sich zuvor durch 20 Seiten *abstrusester Verdrehungen=nach=Rezept, nicht geniale Neubildungen !,* hat hindurcharbeiten müssen. Da atmet man denn freilich erlöst auf, bei einem Satz wie

»and still moves a light along the river«.

Aber diese ‹schönen Stellen› hätte man auch auf 20 armen Druckseiten unterbringen können. Im allgemeinen überwiegt, zu 95% – *und aus Gründen; Sie werden es noch erfahren !* – der gezwungenste Stelzengang.

C.: Urteilen Sie nicht allzu einseitig vom Verstand=Verständnis aus ? Hat JOYCE=selbst sein Buch nicht mehrfach als ‹Musik› verteidigt ? – *(betroffener):* Andererseits hat er natürlich auch behauptet, daß er über jede einzelne Zeile von FINNEGANS WAKE Rechenschaft abzulegen vermöchte. – Hm.

A. (hinterhältig): Glaub's gern. Und die schöne Kunst ist *nicht gänzlich* mit ihm zu Grabe gegangen. –

Aber – Sie zwingen mich zu einem weiteren Klein=Exkurs – was ‹Musik› anbelangt, so habe ich immer bedauert, daß LESSING seinem LAOKOON nicht auch noch 1 kräftig Wörtlein ‹Über die Grenzen von Literatur & Musik› angefügt hat – vielleicht hätte sich dabei ergeben : wie es typisch für Zeiten des bedeutenden Verfalls & Übergangs ist, wenn die Dichtung sich übermäßig der musikalischen Krücke bedient. Und umgekehrt natürlich : siehe DITTERSDORF, oder KLEE's Bildertitel. Und daß es vielleicht nicht nur 1 Zeichen künstlerischer und persönlicher *Unsicherheit* sein könnte; sondern sogar zum Merkmal des Großen Schreibers gehören : daß er von Musik *nicht* allzuviel verstehe.

B.: Also das ist auch wieder so eine Behauptung !

A.: Und was nun speziell JOYCE's gerühmt ‹feines Ohr› anbetrifft, darf ich mich wohl darauf beschränken, den Schluß der prächtigen Szene von den WÄSCHERINNEN AN DER FURT, aus eben unserem WAKE, zu zitieren ? Erst einmal das englische Original .....

C. (entsprechend dämmerig): Tellmetale of stem or stone. Beside the rivering waters of, hitherandthithering waters of. Night.

A. (eindringlich): Das *‹stimmt›*. Das fließt dämmrich=dummf=gewäschich=verwaschen=babalong. – Und nun dagegen das nadelspitze Gallisch .....

C. (entsprechend): Contemoiconte soit tronc ou pierre. Tant riviérantes ondes de, couretcourantes ondes de. Nuit.

A. (unwillig): ‹Quiekquiek›. : Also *ich* empfinde das als eine ‹Umwertung aller Werte›, und nichts weniger als ‹kongenial›. –

Aber wollen wir einmal das große LALULÁ .....

B. (hineinmurmelnd): ..... MORGENSTERN .....

A. (bestätigend): ..... Sie können auch noch RUDOLF BLÜMNER's ANGO=LAINA anführen. Aber ich will einmal ganz die, zu 95 % verunglückte, ‹Form› beiseite lassen : nicht ‹zukunftweisender Weg›, sondern *Sackgasse* : dem Selbst=Schreibenden 1 Warnschild, wie er's *nicht* machen darf ! Kamen doch selbst=JOYCE zuweilen die Zweifel, wenn er auf=schrieb : »Vielleicht hat Ezra Pound ja recht : aber zurück *kann* ich nicht mehr !«. Erlauben Sie mir also, das Wortgeknorple mit einem schlichten

IGNORABIMUS zu übergehen : ich nehme dafür, zum *Inhalt*, den ‹Höllenschlüssel› zur Hand.

(Gong)

A.: Darf ich Sie, einleitend, an 1 ganze Klasse von sehr merkwürdigen Büchern erinnern ? – Meist sind es Künstler allerersten Ranges, die sich der betreffenden Form & Technik bedienen; obwohl es, in nahezu *allen* Fällen, zauberlehrlings=mäßig, dahin kommt, daß die Herren viel weiter geführt werden, oft ganz=wo=anders=hin, und im Kreise herum.

C. (bittend): Bitte, gleich Namen & Titel nennen; Man weiß doch wo & wie. –

A.: Zum Beispiel : DANTE, GÖTTLICHE KOMÖDIE / SWIFT, GULLIVER / KLOPSTOCK, GELEHRTENREPUBLIK / WILLIAM BLAKE / MORITZ, HARTKNOPF / NIETZSCHE, ZARATHUSTRA / MAY, SILBERLÖWE .....

B. (murrend): Na; ‹Künstler allerersten Ranges› und dann MAY ? – Ich erkenne, bis jetzt, 2 Gemeinsamkeiten lediglich darin : daß die Genannten=Alle *sehr viel von sich hielten; und Utopien erzeugt* haben.

A.: Sehr schön. Darf ich darauf gleich weiter bauen :

Die höchsten Grade der Megalomanie in Groß=Genien tendieren zur Selbst=Mythologisierung. Es ist ja bekannt genug, wie – zumal bei dem, fast unvermeidlich vorhandenen, Vorliegen leichter geistiger Störungen – wie da umfangreiche Partieen des eigenen Lebens verdrängt & verkapselt werden; wie selbst=nicht=gebilligte Verhalten aus dem Bewußtsein weg=ignoriert werden; um dann, nach langen Jahren, und immer völlig eitel=verfälscht, wieder ‹hoch zu kommen›. Dies 1 der Gründe übrigens : warum Dichter 1. Ranges nie wirklich gute Selbstbiografieen liefern konnen.

C.: 1 Augenblick bitte. – Mir fiel eben ein : wie die von Ihnen hergezählten Paradigmata eigentlich sämtlich auch ‹Racheakte› sind – gehe ich damit in Ihren Gedankengang ein ?

A.: Sogar auf's Schönste. – Die eigene Gestalt wird mit – je nun; in heiterer Stimmung sagt man ‹putziger›, in mürrischer ‹schamloser› – Selbstverherrlichung geschildert. Um sie herum krümmen und winden sich in den respektiven Höllentöpfen die ‹Gegner› – nicht selten übrigens recht ehrenwerte Männer. Die Kulisse bilden grundsätzlich ‹neue Ufer›, ganz, oft prachtvoll erfundene, Kontinente und Landschaften, ‹abgespaltete Binnenreiche›. Eine ganze eigene ‹niedere Mythologie› wird ersonnen .....

B. (einfallend): ..... dies ‹niedere› wie gemeint ?

A.: Insofern die ‹höhere›, uranische, viel zu abstrakt ist, viel zu unanschaulich=uninteressant. / Und dann geht er eben los, *Der Große Haßgesang.*

C. (aufmerksam): Darf ich mir's, ganz flink, am Beispiel DANTE klar machen ? . . .

: Aha ! Die hoch=mythische ‹Kulisse›. / Alles, was er an Toten oder Zeitgenossen nicht leiden mochte, steckt in irgendeinem, genial=widerlich beschriebenen, ‹Höllenring›. / Und dazu die aberwitzig=schnarrende Überheblichkeit. : Allein der *Gesichtsausdruck* dieser bekannten Büste ! Wie maliziös=verkniffen da die Nase dem brutal vorgeschobenen Kinn begegnet : das hat mich schon immer geärgert.

B.: Nicht so hastig. – Wieso BLAKE ?

A.: Wir würden nie fertig, wenn wir . . . . . oder doch : BLAKE nehmen wir noch mit; weil JOYCE ihn zeitlebens hoch verehrt, über ihn Vorträge gehalten, und einen Mann gegen den Vorwurf der Geistesgestörtheit verteidigt hat, der es fertig brachte, mitten in London auf der Straße stehen zu bleiben, und vor dem – seinen Begleitern wie billig unsichtbaren – Apostel Paulus tief den Hut zu ziehen.

B.: Ich weiß von ihm nur, daß er den ‹Geist eines Flohs› porträtiert hat; und daß eines seiner Stücke beginnt : »Heute dinierten die Profeten Jesaias und Hesekiel mit mir . . .« – da hab'ich zurückgeblättert, und mich seitdem an die SONGS OF INNOCENCE gehalten. Aber wieso war *auch er* rachsüchtig ?

A.: Ein Tommy, ein englischer Soldat namens SCHOFIELD, hatte ihm einmal einen Prozeß angehängt; und der Arme geistert seitdem für immer durch BLAKE's angeblich so hoch=mystische Gesänge. Gerade an BLAKE läßt sich ja unvergleichlich dartun, wie der Autismus der betreffenden Klasse *so groß* geworden ist – beziehungsweise ihr Interesse an Mitteilung *so klein* – andererseits möchten sie natürlich überschnappen vor Wut, wenn die Welt vor ihrem Großen Haßgesang nicht sofort anbetend auf die Knie fällt ! – so groß, wie gesagt, ist der Autismus, daß sich eine Lektüre kaum noch lohnt. Natürlich entsteht im Leser ständig der allerunangenehmste Zwiespalt : an manchen Stellen blitzt die unnachahmliche Kunst des alten Könners durch – und dann wieder viele wüsteste Seiten lang das subjektiv=schändlichste Gekeife. Denn von ‹visionärer Hast› ist gar nicht die Rede : die, meist umfangreichen, Werke sind mit der *sorgfältigsten Gemeinheit* gearbeitet; und die Urteile – richtiger ‹Behauptungen› – über die ‹Gegner› werden mit jener entzückenden ‹Offenheit› abgegeben, die der Flegelei so ähnlich sieht, wie 1 Wassertropfen dem anderen.

B.: Geraten wir aber da nicht doch ebenfalls in Rigorismus und Verallgemeinerung? Genügt nicht die Feststellung: ‹Romane à clef übler Sorte›? – Freilich, bei NIETZSCHE stimmt sogar leider Ihre verwünschte ‹leichte geistige Störung›. Bei SWIFT desgleichen. – Aber – also wohlgemerkt: nichts liegt mir ferner, als den, mir sämtlich ziemlich antipathischen Herren den Lorbeerkranz noch tiefer in die Stirn zu drücken; aber sollte man über dergleichen unerfreuliche Endstadien nicht ‹ladylike› hinweggehen?

C.: Da widerspreche ich ausnahmsweise. – Natürlich haben wir ‹an sich› *kein* Recht, das Privatleben eines großen Mannes – oder auch 1 großen Frau! – zu beanstanden: *es sei denn,* der Dichter habe sein Leben absichtlich derart mit einem Hauptwerke verquickt, daß ohne die Kenntnis des einen ein Verständnis oder Genuß des anderen einfach nicht möglich wäre: dann hat er es ja wohl selbst so gewollt. – Ansonsten bliebe es immer künstlerisch belanglos, ob 1 Dichter säuft, wie ETA Hoffmann .....

B. (mürrisch einfallend): ..... oder JAMES JOYCE. Aber, darf ich mich erkundigen: wollen Sie etwa auch *bei ihm* von ‹leichten geistigen Störungen› sprechen?

A. (achselzuckend): Das brauche nicht *ich* erst zu tun: schon der berühmte Psychologe JUNG sagte dem ODYSSEUS ‹schizophrene Modellzüge› nach. CURRAN sprach von ‹Paranoia›. Die COLUM's von ‹fixen Ideen› und ‹Verfolgungswahn›.

C. (tapfer): In meinen Augen wäre dann aber etwas am ‹Wahnsinn› dieses Mannes, das mir anziehender ist, als die Vernünftigkeit Anderer.

A.: Mich können Sie damit schwerlich treffen wollen; mich, der ich eben den ODYSSEUS als das ‹Buch des Halbjahrhunderts› bezeichnet habe. / Dennoch muß – gar nicht aus ‹Klatschsucht›, sondern um ganz klar zu wissen, wessen man sich von JOYCE eventuell zu gewärtigen hat – einiges aufgezählt werden: JOYCE war nämlich nichts weniger, als 1 ‹freier Geist›; blieb vielmehr zeitlebens von der erstaunlichsten Primitivität; war voll des kuriosesten Aberglaubens. H. G. WELLS, der überhaupt mehrmals recht ordentlich über ihn geurteilt hat, meinte nachdenklich auch das: ‹daß JOYCE der Nachwelt das merkwürdigste Exempel einer katholischen Erziehung überliefern› werde. Von eben=dieser Erziehung her blieb ihm, bis an sein Ende, eine Süchtigkeit nach Weltanschauung, daß man zuweilen jegliche Geduld mit ihm verlieren kann.

B.: Das wären zum Beispiel, Herr Rationalissimus?

A.: Gehen wir über Kleinigkeiten weg, wie etwa: daß er gegen sein Augenübel einen Ring aus dreierlei Metall am Finger trug; auf Astrologie schwor; daß auf keinen Fall 13 an der Festtafel sitzen durften. Wenn auf der Straße 1 Hausierer ihm ein ‹Horoskop› andrehte, studierte er es gläubig –

und wenn er dabei entdeckte, daß es für *1 weibliche Person* bestimmt war, störte ihn das auch nicht.

B. (ablehnend): Kleine Schwächen; nichts weiter.

A.: Bedenklicher wurde es schon in späteren Jahren, als er von ‹Weissagungen› der eigenen Tochter, der bedauernswerten, geistesgestörten, faselte – insofern ‹bedenklich›, als sich prompt=sympathisch parallele Züge auch an ihm zu entwickeln begannen. Und wenn ich da Berichte höre, wie : daß er sich in öffentliche Bedürfnisanstalten führen ließ; die Begleiter Wache stehen machte; dann 30 Sekunden lang, die Hände vors Gesicht geschlagen, in ein schrill=gellendes Geheul ausbrach, daß den Lauschenden das Blut in den Adern stocken wollte – also dann war schon Einiges stirnrunzelnd=Unerquickliche beisammen. Zumindest *diese* vorsichtige Formulierung dürfte zu rechtfertigen sein : mit zunehmendem Alter entwickelten sich bei JAMES JOYCE ausgesprochen paranoische Züge : Autismus; sowie Größen= und Verfolgungswahn.

C.: Also meinethalben; aber wollen wir doch bitte unser eigentliches Thema, nämlich FINNEGANS WAKE, nicht aus den Augen ..... *(sie bricht betroffen ab).*

A. (gefällig): Ja *eben=eben.* / Den ‹Schlüsselcharakter› des – immer=interessanten – Buches zu belegen, nur ein halbes Dutzend Stellen von 100. – Schon auf Seite 13 heißt es das erste Mal: »Hst ! Vorsicht ! Echoland !«. / Seite 93 : »Fragt den Dichter nach dem Schlüssel«; denn FINNEGANS WAKE ist eben nur »the strangest dream, that was ever *half* dreamt« : *nur zur Hälfte »Traum«* ! / Ein »war in words« ist es vielmehr, ein »Wortkrieg«; und »nach 1.000 Jahren wirst Du, oh Mookse, noch beträchtlich sparsamer dreinblicken« wird dem ‹Gegner› zugerufen. Aber auch, weit hämischer : »The law does not aloud you to shout ! I plant my penstock in your postern, chinarpot !«. Zu Deutsch : »Vom juristischen Standpunkt aus kannst Du überhaupt nichts machen ! : *Ich werd Dir meinen Federhalter schon in den Hintern pflanzen, wertes Chineslein !«.*

C. (erschüttert): Um Gott – : er meint Jemand=Bestimmtes ? !

A.: Ja, meinen Sie denn, ich hätte umsonst so ausgiebig ‹Hohe Literatur mit Beispielen› getrieben ? / : »In 2 Welten haben wir gelebt,« erklärt JOYCE : »in einem Labyrinth von Semi=Gleichheiten & Alter=Egos & Pseudo=Selbsten« – kann er es noch deutlicher sagen, als auf Seite 536 : »I have bared my whole past« : »Meine ganze Vergangenheit habe ich bloßgelegt.« / Aber wenn er auch, des Sieges & seiner dichten Tarnung gewiß, herausfordernd sein »Solve it !« rief – : ‹*Dem Manne* kann geholfen werden !›. Zumal er es selbst gewissermaßen erlaubt hat : »Der König ist tot : lang lebe die Entschlüsselung !«

B.: Ganz deutlich jetzt : Sie halten FINNEGANS WAKE also *nicht* für profetisch=magisch=mythisch angelegt; *nicht* für das hinreißend=dunkle, kosmisch=dreimal=heilige Buch vom JEDERMANN ?

A.: Mögen CAMPBELL & ROBINSON in ihrem SKELETON KEY immer die *eine Hälfte* des Traums nachgeträumt haben – *ich* will Ihnen im Folgenden ein *zweites, gleich umfangreiches, ebenfalls in sich widerspruchsfreies Lesemodell* skizzieren. Will den, möglichst energischen, Kurz=Nachweis führen, daß es sich bei dem berühmten WAKE um nichts weiter handelt, als eines der *infamsten Pasquille der Weltliteratur*; so 17=jährig=krankhaft, daß es nur noch medizinisch erklärbar ist : *von der 2. Seite an bis zur vorletzten* SCHLEIM *&* GALLE *! – (kleine Pause).*

B. (beherrscht): Wollen Sie bitte, in möglichst wenig Sätzen, ganz kondensiert, dies=Ihr ‹neues Lesemodell› vorführen : Was wäre, Ihrer Ansicht nach, der Inhalt des 600=Seiten=Buches ?

A.: Es ist keine ganz saubere Arbeit, ‹to dig the dust enclosed here›; und Sie werden sich zuweilen die Nase zuhalten. – *(sachlich=langsam; die einzelnen Bestimmungen nachdrücklich gegeneinander abgesetzt):*

> FINNEGANS WAKE, / zu 90 % in Triest lokalisiert, / spielt hauptsächlich in den ersten Januartagen des Jahres 1909, / als JAMES JOYCE von einer seiner damaligen Irland=Reisen nach Hause kam. / Er meinte – auf Grund gewisser Umstände des nächtlichen Empfangs – verhängnisvoll unterstützt durch 1, später vom Dienstmädchen aus dem Müll mit Apfelsinenschalen als wohl versehentlich weggeworfenes, übrigens weder signiertes noch datiertes Dokument – ein Verständnis zwischen seinem Bruder STANISLAUS und seiner VULPIUS=Gefährtin NORA zu entdecken. / Hinzu trat, daß STANISLAUS ihn, den genialen Bummler & Säufer, mit Brachialgewalt zu regelmäßiger schriftstellerischer Arbeit anzuhalten versucht hat : er hat ihn buchstäblich, und nicht nur 1 Mal, verdroschen ! / JAMES' Groll hierüber; sowie die Beschimpfungen durch STANISLAUS, Frau NORA, und die beiden Schwestern, / vor allem jedoch die Ausmalung etwaiger, wohl=ersonnener Liebesszenen zwischen dem Bruder und der Gefährtin, / füllen, karussellhaft immer=wiederkehrend, den Hauptteil des Buches.
>
> Die restlichen 10 % sind die Schilderung eines Wiedersehens der beiden Brüder, / jeder begleitet von seiner Gattin, / in Salzburg, im Hochsommer 1928.
>
> Und während JAMES sich selbst als Heiligen – mit einigen liebenswürdigen Schwächen – dafür aber mit ganz ungewöhnlich langer & harter Märtyrerzeit porträtiert hat, / richtet sich die volle Wut

seiner Natur, die ganze Genialität seiner Niedertracht, gegen ihn, der langsam in den Vordergrund des literarischen Interesses zu schreiten beginnt : *gegen* KAIN, *gegen* STANISLAUS, *seines Bruder's Hüter !*

B. (erst nur auf den letzten Satz eingehend): Wollen Sie behaupten, daß es sich im vorliegenden Fall um 1, bisher verkanntes, literarisches *Doppelgestirn* handelt ? à la *‹*DIE GEBRÜDER JOYCE*› ?* – Dazu werden Sie mich nicht so leicht überreden.

A.: Gern übernehme ich Ihren astronomischen Vergleich : lange schon nahm man am SIRIUS, der Groß=Sonne, Ortsveränderungen wahr; wie er, aus noch unsichtbarem Grunde, schwankte & kreiste. Bis man endlich entdeckte, daß er einen ‹Begleiter› habe; weit lichtschwächer, gewiß : aber dafür von einer ‹Dichte›, einer ‹Masse›, die das 25=tausend=fache der Sonne beträgt. – Gleichermaßen hatte auch JAMES JOYCE, der blendende Star, seinen, erst heute allmählich bekannter werdenden, ihn zeitlebens necessitierenden reckenhaften Begleiter. / 20 Jahre lang haben nunmehr die ‹Feinsinnigen› ihre Chance gehabt; haben nach Kräften, und nicht ungeschickt, ge=Vico=t und ge=Carroll=t, ge=Lévy=Brüller=t und ge=Blake=t : da ist es wahrlich an der Zeit, daß *auch der Verstand* einmal sich zu FINNEGANS WAKE äußere.

(Gong)

B.: Sie werden sich also jetzt bemühen, zu beweisen, wie die – übrigens ja auch CAMPBELL=ROBINSON geläufige ‹Brüder=Schlacht› nichts sei, als die allerpersönlichste, mit raffinierter Gehässigkeit ausgemalte, Stänkerei zwischen JAMES & STANISLAUS. Daß die ISOLDE des Textes, samt all ihren Tarn=Namen & Spiegelungen, Frau NORA BARNACLE darstelle. Die MAGGIES die vervielfältigten ‹richtigen Schwestern› der JOYCE's seien. Undsoweiter. / Lassen sich, um damit zu beginnen, etwa die *Namen der Beteiligten* nachweisen; zumindest überzeugend entschlüsseln ?

A.: Fangen wir gleich mit JAMES an – mit »Shem the pen=man«, der sich auch »Maistre Sheames de la Plume« nennt; und, um ja nicht verwechselt zu werden, *seine sämtlichen Werke herzählt.* Da hat er etwa geschrieben, Seite 93, ‹GAS FROM A BURNER›. Auch ein »unartistisches Porträt von sich selbst« .....

C. (halblaut): ..... also das PORTRAIT OF THE ARTIST .....

A. (fortfahrend): ..... auch eine »chambermade music« : die Gedichte der KAMMERMUSIK. Und, vor allem eben, ein »usylessly unreadable Blue Book of Eccles«, dessen einzelne Episoden er, auf Seite 229,

3. Absatz von oben, unverwechselbar aufführt. – Sind Sie damit einverstanden – was übrigens CAMPBELL=ROBINSON auch wissen – daß jener »Thursdays Son« JAMES JOYCE ist?

C.: Warum ‹Donnerstags=Sohn›?

A.: Weil er, »always Jim in the jam«, an einem Donnerstag geboren war; sehr einfach. / »Das Wort ist mein Weib« sagt der alte »Mixer & Wortmaler« von sich; »ganz Ohr« ist er auch; und besitzt eine »Zunge, von Natur aus=kraus«. / Auch kleinste Züge stimmen zum Bilde des »blinden Schweins«: das schüttere Bärtchen, »18 Haare auf der Spott=Lippe«; die ewige Geldverlegenheit & Pumperei: ist er doch, unter anderem, auch der »Norwegische Kapitän«, der fliegend=Holländermäßige Überall=und=Nirgends und Schuldenmacher; und STANISLAUS der »Ships=Husband«, der unermüdlich zahlen soll, und hinter Jenem herjagt. / Nicht unwitzig beschreibt er seine, den Damen des Hauses so widerliche Alkohol=‹Fahne›, der Herr »Schott« .....

B.: Wieso gab er sich den Decknamen eines Schotten?

A.: Weil er ja auch als »Esel«, als »ass« auftritt.

B.: Da bin ich so klug wie zuvor.

A.: Dabei ist *das* noch *einfach*!: Nichts als die Nomenklatur des DON QUIJOTE. – Sprechen Sie's einmal französisch aus .....

B. (gehorsam näselnd): ..... Don: Quichotte .....

A.: Dann haben Sie ‹vorne› den ‹donkey› – also den Esel; und hinten den »Schott«.

B. (einwendend): Dann müßte, Ihrer Theorie nach, Bruder STANISLAUS aber als ‹Sancho Pansa› erscheinen.

A.: Und Sie brauchen auch nur die Seite 234 aufzuschlagen, um ihn unter dieser Bezeichnung dort anzutreffen.

C. (sinnend): Frau NORA müßte demnach die ‹Dulcinea› sein .....

A.: Ja; die ‹Dulz=Flöte›; sie macht ja auch sattsam ihr ‹Piccolo=piccolo=Tsin=Tsin=Tsin›. / Aber wieder zurück zu JAMES: wenn er sich auch zuweilen ein bißchen ironisiert – im allgemeinen feiert er sich doch mit erstaunlicher Meisterschaft, der »tree=man=angel«, der »Baum=Mann=Engel«: »Uns füttert sein Forst, kleidet sein Holz, seine Rinde ‹burqued› uns« – was das heißt, weiß ich nicht – »seine Blätter sind unser Lesestoff« – Sie müssen die Stellen der Seiten 504 und 5 selbst nachlesen; sie sind ausgesprochen »schön«. / Enfin: sind Sie einverstanden damit, daß all diese »WELLINGTON / NICK / GRASSHOPPER / GRIPES / CADDY / JERRY / HYACINTH O'DONNELL / CASEOUS / DOLPH / DAS WEISSE PFERD / DER UNSTERBLICHE WEIZEN«, undwiesiealleheißen, niemand anders sind, denn JAMES JOYCE?

B. (unverbindlich): Erst einmal weiter.

C.: Ich würde gern Frau NORA ‹bewiesen› haben.

A.: Tut es Ihnen da Genüge, wenn JAMES, Seite 423, von sich sagt, er sei »*barnacled* up to the eyes« ? Sie hieß ja mit Familiennamen BARNACLE, die »limpet=lady«. / Oft erscheint sie als ‹Wolkenmädchen›, als »Nuvoletta; mit ihrem schwachen Spiegelbildchen, der Nuvo=Luccia« : das ist natürlich die *Tochter, LUCIA JOYCE.* / Eine »junge Bar=Dame« wird sie, die ehemalige Kellnerin genannt; und ihr eine »Zobel=Stola« versprochen – das sieht man aus ELLMANN; auf diese, sehr=schnurrige Einzelheit, komme ich, als wichtigen Beweis, noch zurück; es handelt sich übrigens um JAMES' Panazee für allen weiblichen Kummer : 1 Stück Pelzwerk. / Abgesehen von der endlosen ‹Isolde›=Symbolik, ist »Prank=Queen« einer von Frau NORA's Decknamen; also »Königin der Possen & Streiche«. / Immer wieder heißt sie »Pipette« – vielleicht, weil ihr zweiter Vorname ‹JOSEPHINE› war, und die süddeutsche Kurzform für ‹Joseph› ja ‹Pepi› ist. / Ein ganz untrügliches Kennzeichen ist weiterhin ihr, 30=fach gerühmtes, *Haar* .....

C. (halblaut hinein): .....hatte JAMES nicht das ‹blond› des GORMAN'schen Textes eigenhändig in ein *»rousse=auburne«* korrigiert ? In »rot, beziehungsweise kastanienfarben« ?

A.: Und ergo lesen wir immer wieder von der »auburn maid«; dem »brazen lock'd damsel« mit den »hummerfarbenen Locken«; dem »Rot=Gewirre« und den »Kupferlocken« der »Ginger=Jane«. Beziehungsweise, in ernsterer Stimmung, vom »frechen Teufel, vom rot=behaarten«; der keines der Bücher des Gatten las, sondern zeitlebens nur Groschenhefte : die Fabel von dem ‹wundersamen Eheglück› der beiden ‹Inséparables›, wie GORMAN & GILBERT sie uns servieren möchten, verträgt, wie fast immer in solchen Fällen, keine nähere Beleuchtung. / Ach : *unsinnig* möchte man bei dem Gedanken werden, was für ‹Erinnerungen› Frau NORA uns nicht hätte hinterlassen können : Nein ! : *müssen* ! !

B. (nachdenklich): Am meisten Sorgfalt müßte JOYCE, nach Ihrer Theorie, ja auf den Bruder, auf STANISLAUS, gewendet haben.

A.: Wenn Sie STANISLAUS englisch aussprechen, wird er zum »stainusless«, zum Herrn »Fleckenlos«– und auf Seite 237 finden Sie ihn denn auch unverwechselbar so bezeichnet. Das weiß übrigens auch ELLMANN, der die betreffende Stelle seinem STANISLAUS=Kapitel als Motto vorgesetzt hat. 463 ist es zu »stainedglass« abgewandelt; in der Fußnote 277 in ein »stainidsglass«. Ins Lateinische hat er ihn übersetzt, als IMMACULATUS; er erscheint als »Bruder Jonathan« ebenso, wie als »morose MAURICE« .....

C. (aufmerksam): Ach : heißt er ‹MAURICE› nicht im STEPHEN HERO ? – Ja; also ich würde sagen, es genügt; er ‹kommt vor›.

B.: Ist er aber auch wirklich der endlos=aufgeklärte, konstablerhaft=prügelnde SHAUN / KEVIN / CHUFF / JONES / BURRUS / TAFF / YAWN / JAUN ?

A.: Nicht nur dies, sondern vor allem eben der KAIN, der den Bruder Abel schlägt. Die AMEISE, die emsige sparsame, mit der der lustig=geniale GRASHÜPFER konfrontiert wird. Der STEIN, der dem BAUM entgegengesetzt ist, wie der unbewegliche RAUM der wandelsamen ZEIT. / Denn : »2 Söhne wurden zu 1 Stunde geboren ... sie gaben sich selbst die Namen CADDY und PRIMAS : PRIMAS wurde ein Schupo, und drillte alle anständigen Leute. Caddy verschwand ins Weinhaus, und schrieb eine Farce.«

Aber JAMES schreckt auch vor den plattesten ‹Tiefschlägen›, ja ‹Sau=Hieben›, nicht zurück. »Mein gelehrter Freund, *Brotfressor* JONES« muß er da heißen, der »Große Schulmeister« – meingott, er *war* nun mal geachteter & angesehener Universitätslehrer !

C. (bekümmert): Das ist aber tatsächlich abgeschmackt – *(kopfschüttelnd wiederholend):* ‹Brotfressor› ? ?

A.: »Promptboxer« heißt er; »geborener Barbar«; »blonder Lügner«; »Briefträger« »liebeskranker Briefchen« – dies ‹aus Gründen›, wie Sie jetzt wissen – »Türke« schallt es 100 Mal .....

B.: ‹Türke› ?

A.: Ja; da begegnen wir schon einer, für den Leser nicht mehr ganz leicht durchschaubaren, Methode der Verschlüsselung. / STANISLAUS war, obgleich der ‹jüngere Bruder›, so doch der körperlich weit kräftigere; und wenn Sie anstatt ‹Türke› das, uns ja auch geläufige, ‹Muselmann› setzen; dies dann englisch aussprechen : ‹Mussulman› – und sich endlich erinnern, daß wiederum dieses, schluderig prononciert, auch als ‹muscle=man›, als ‹Muskelmann› weggeht : dann wissen Sie, wieso STANISLAUS ein ‹Türke› sein muß. / Weil er, – vielleicht um größer zu wirken; ich weiß es nicht – gern *hohe Hüte* trug, wird ‹der HUT› ihm andauernd aufgemutzt : ich habe mir 40 solcher Stellen notiert; dann wurde mir's zu albern, es mögen also 100 sein. / Natürlich heißt er der »Humpty=Dumpty«, frei nach CARROLL. / Aber auch scheinbar entfernt liegende Symbole werden mit ihm in Verbindung gebracht : BAUMEISTER=BÜRGERMEISTER / BUTLER / DER CHINESE / ‹DONNERWETTER› – STANISLAUS muß fleißig Deutsch getrieben haben; und wird ‹folglich› laufend angeschmitzt als LUXEMBURGER / RIESENGEBORNER / BRANDENBURGER / ERSATZ=LOTHRINGER / TEUFELSDRECK, und wie die herrlichen Einfälle alle lauten. / Sein Räuspern & Spucken wird ihm ebenso vorgehalten, wie das *Tee*=Trinken – darauf komme ich noch zurück – oder die Zahl 111 : »Arithmosophie« nannte JAMES diese spezielle Verrücktheit .....

B. (mahnend): ..... suaviter in modo .....

A.: Von »Brief« geht es über »Post« zu »Mail« – von da natürlich hurtig zu »black=mail« also »Erpresser«. / Unverkennbar heißt der MOOKSE .....

C.: Was soll *das* bedeuten ? ...

A.: Ursprünglich das Plagiat an der CARROLL'schen Fabel von der Mock=Turtle & dem GRIFFON. – Und ‹ADRIAN› – wieder ein Synonym für STANISLAUS : war er doch der ‹Mann von der Adria›, aus Triest – erzählt ja eben diese Fabel vom Fuchs und den Trauben. / Immer wieder erscheinen übrigens auch diese Anspielungen auf den »Trestrine von Terrefin« also den »Triestiner vom Ende der Welt«. / Da STANISLAUS sich, wie es einem Menschen geziemt, auch mit Astronomie befaßte, und vermutlich sogar sich 1 winziges Fernröhrchen zu kaufen gewagt hatte – : man denke doch : das Geld nicht JAMES zu geben ! – muß er also, tausendfältig verzerrt, der »Sterngaffer« sein, der »Immensipater«, 50 unzählige Male .....

B. (murmelnd): ..... Deswegen heißt die Assel ‹Tausendfuß›, weil die Menschen zu faul sind, bis 24 zu zählen .....

A.: Auch – und ich erwähne das ausdrücklich, um einmal die Genialität, richtiger die nichtsnutzige Erfindsamkeit von Bruder JAMES zu charakterisieren : 1 ‹Weidenkorb›.

B & C. (gleichzeitig fragend): Ein *‹Weidenkorb›* ? ?

A.: Tcha; ein »kish«.

B.: Wodurch mir nichts klarer wird.

A.: STANISLAUS schwamm, wusch sich, badete sich, gern – im vollen Gegensatz zu seinem, typisch=dreckigen, Bruder. / Und nun gehen Sie, bitte, mit : er war also 1 ‹Badender›, ein »basker«. / Aber, von JAMES aus gesehen, ein ‹*böser* Badender›; ein ‹wicked basker› ! / Nun tauschen Sie die letzten Konsonanten dieser beiden Worte gegeneinander aus : dann wird aus ‹wicke*d* baske*r*› ein ‹wicke*r* baske*t*›, ein ‹Weidenkorb› / : der aber heißt auf Irisch : »kish« ! : Quod erat demonstrandum / Und ergo – ein echt=FINNEGAN'sches ‹ergo› – irrt Bruder STANISLAUS auch als ‹Weidenkorb› durch den Großen Haßgesang.

B.: Das wäre aber doch *so* verschraubt & unsinnig, daß ich Sie in diesem Fall doch um den ‹locus palmarius› ersuchen möchte.

A.: Schlagen Sie die Seite 308 auf. – / : Da sehen Sie, unten im freien Raum der Buchseite, die alberne Schuljungen=Zeichnung. Und daneben das entsprechende Gekritzel : »Kish steht für Anti=Christ; und hiermit mach'ich ihm ne lange Nase !«

B.: Halthalt ! : CAMPBELL=ROBINSON erklären das doch als »Profil des MAKRO=PROSOPOS, wie dem der ‹Heilige Atem› durch die Nase entweicht, und aller Schöpfung eben=Leben einhaucht.« – Natürlich hätte ich ‹Odem› sagen müssen.

A.: Jaja. – Soll ich Ihnen aus der Großen Gegenschrift zu FINNEGANS WAKE belegen, wieso das Gekritzel unten auf den freien Raum der Seite hinkommt ? – : Bitte ! –

C. (zuerst befremdet; dann immer einsichtig=angeregter): Ich lenkte JAMES' Aufmerksamkeit auf Beispiele in TURGENJEW'S TAGEBUCH EINES ÜBERFLÜSSIGEN. Wenn jener Überflüssige bei Freunden vorsprach, konnte er beobachten, wie sie ihm angeregt entgegenkamen, weil sie Jemand=Andern erwarteten; und dann, ihre Enttäuschung verbergend, mit gezwungenem Lächeln sagten : ‹Ah; na, wie geht's denn, Tschulkaturin ?›. Ich sagte, daß der putzige russische Name garantiert unserm englischen Higginbotham entsprechen müsse. Der Schluß jenes TAGEBUCHES, wo *unten auf dem freien Raum der letzten Seite das Gesicht des Mannes hingezeichnet ist, zusammen mit dem planlosen Gekritzel von Jemand, der nach dem Tode des unseligen Tschulkaturin das* TAGEBUCH *gefunden und gelesen hat, schien mir ein Meisterstück an Darstellung unserer Nichtigkeit & Vergänglichkeit. – : JIM's Interesse wurde geweckt; er sagte, er wolle es noch einmal lesen.*

B.: Wer berichtet das ? : *Was* nennen Sie ‹die Große Gegenschrift zu FINNEGANS WAKE› ?

A. (harmlos=hinterhältig): Ich spreche von MEINES BRUDERS HÜTER; vom Erinnerungsbuch des STANISLAUS JOYCE.

B. (betroffen): Das kann allerdings heiter werden : ‹Hier gibt's Spaß bei FINNEGANS WAKE› !

A.: Darf ich noch daran erinnern, daß JAMES den Bruder ‹literarisch zu verwerten pflegte› ? / Der MAURICE des STEPHEN HERO. / Auch in den DUBLINER'n, im SCHMERZLICHEN FALL, muß er als DUFFY mitspielen.

B.: ‹Muß› ? Ist das nicht eher ‹eine Ehre› ?

A.: Schwerlich; wenn Sie bedenken, daß die Gestalt ursprünglich *PISSER* DUFFY hieß – schon hier offenbarte sich ein erstes Mal die schnöde Behandlung des bisher kaum=Gewürdigten. – / Darf ich aber ganz rasch noch den ‹Namens=Beweis› zu Ende bringen ? : auf Seite 210 erscheinen namentlich »my sorellis« .....

C. (halblaut): ..... »meine Schwestern« .....

A.: ..... die JAMES nach Triest geholt hatte, EVA & EILEEN. / WIL-

LIAM ARCHER, der schottische Theaterkritiker, wird ebenso erwähnt, wie GORMAN, MISS MAC CORMACK, oder CLONGOWES WOOD COLLEGE. / Eine ‹Studie in Gemeinheit› für sich, ist die Art, wie er die Frau des Bruders, NELLY LICHTENSTEIGER, aufführt – darauf komme ich noch.

B.: Sie erwähnten vorhin ‹den Brief› – der ja im SKELETON KEY als Sinnbild für ‹Historische Dokumente überhaupt› angesehen wird. Wie steht es damit ?

A.: Achja, natürlich : »das Dokument Nummer 1«, wie es auf Seite 482 genannt wird. / Da muß also, wie gesagt, 1 Dienstmädchen – HENNE wird sie beständig genannt : weil sie das betreffende Blatt Papier gewissermaßen aus dem Müll *gescharrt* hatte : *und* in diesem Müll lagen Apfelsinenschalen, die STANISLAUS notorisch gerne aß : BEWEIS ! .....

C.: Halt. Wieso gleich ‹Beweis› ?

A.: Naja, also für JAMES, den Mann mit dem ‹Hahnrei=Komplex›, war es Beweises genug.

B.: ‹Hahnrei=Komplex› ?

A.: Aber sicher. – / Die meisten=besten seiner Stücke kreisen einwandfrei um dieses Problem. / Denken Sie an die TOTEN der DUBLINER. / Die AUSGESTOSSENEN. / Vor allem den ODYSSEUS ! / *Und* eben auch, wie Sie sehen, FINNEGANS WAKE ! : »Wir saugten dieselbe Brust«, heißt es von den ‹Brüdern› : »we winked on the same wench« : »Wir zwinkerten derselben Puppe zu« ! –

Der betreffende ‹Brief› wies, wie ebenfalls schon erwähnt, weder Datum noch Unterschrift auf. Aber die genaue Untersuchung durch JAMES – auf den Seiten 104 bis 25 ist sie ausgewalzt – ergab, daß er *Tee=Flecke* hatte; und STANISLAUS trank gern Tee : BEWEIS !

C. (ablehnend): 'ss doch kein Beweis ! In einem Haushalt, wo vermutlich *Alle* Tee tranken ?

A.: Gegen's Licht gehalten, wies er Einstiche einer *Gabel* auf – : sogleich wird, durchs ganze Buch hindurch, von der ‹Gabel des Herrn Professor› gesprochen. Ganz zu geschweigen von den sinnreichsten Wortspielen mit »tea=stained« – was also mit »Tee=Gestanist« zu übersetzen wäre. Und hämisch=verbindlichen Erkundigungen à la : »Ich nehme an, Du bewahrst Deine Briefpost immer in Deiner Orangerie auf, ja ?«

B.: Wie weit war JAMES' Verdacht begründet ?

A.: Das wird, falls überhaupt, erst eine spätere Zeit entscheiden können, der die Urkunden vollständiger vorliegen. / *Ganz unangemessen* scheint er nicht gewesen zu sein; ELLMANN, der Vorsichtige, sagt in 1 Zeile, daß ‹STANISLAUS nicht unempfindlich gegen die Reize der Schwägerin› war – zur Zeit, bei dem bedauerlichen Mangel an *unverarbeitetem*

Material, ist nichts zu klären. / Es *scheint* weiterhin, als hätte JAMES sich unverzüglich 1 Nachschlüssel, einen »Owen Kay«, zum Postkasten anfertigen lassen, um den Briefwechsel der Beiden zu verfolgen. Sei dabei auf Wendungen gestoßen, wie .... *(sich unterbrechend):* ..... halt=nein; das kommt noch ausführlich.

B.: Naja. – Falls das aber wirklich so gewesen sein *sollte*, daß STANISLAUS der Schwägerin, in Abwesenheit des Bruders, Süß=Briefchen schrieb; das wäre doch aber auch – *(herausfordernd):* – ja, sagen Sie selbst : *was* gewesen ?

A.: Sie meinen : ‹1 Gemeinheit› ? – / Wollen wir bitte hier, in unserer Kürze und dieser Hinsicht, keinerlei ‹Stab=Brechen› üben. Wenn Sie sich JAMES' – freilich ererbte, also immer entschuldbare – Charakterdefekte vergegenwärtigen : Leichtsinn & Trägheit; gepaart mit Verschwendungs= und Großmanns=Sucht .....

C. (behutsam): ..... *und einzigartigem Genie.* – : Warum sind Sie so= hart ?

A.: Weil ich, wenn mir 1 Konflikt aufgedrungen wird, zunächst einmal *grundsätzlich die Partei des Schwächeren* ergreife ! – / *Leider* lassen sich JAMES' menschliche Defekte nur allzuleicht beweisen ! : Einmal schenkte ihm 1 reiche Gönnerin eine Summe, die, nach heutiger Kaufkraft, etwa 200.000 Mark ausmachte ! – *(feierlich wiederholend):* ‹Zwei=Hundert=Tausend› ! – : Mit einem *Minimum von Verstand* hätte JAMES – der die Leiden & Erniedrigungen der Armut=des=Dichters kannte : der hätte wissen müssen, daß 1 Hundert=Markschein getrocknete & gepreßte Freiheit ist : und wie des ewige ‹Pumpen› den Charakter, wenn er nicht von Geburt aus ‹schlecht› ist, unweigerlich ‹verdirbt› – wie JAMES JOYCE mit solcher Summe zeitlebens hätte sorglos existieren & arbeiten können !

B.: Was tat er damit ?

A. (schwer durchatmend): Die Bekannten haben Einiges festgehalten. / : etwa wie Herr JOYCE in LES TRIANONS die Nacht durchsoff. Im Morgengrauen dann *sämtliche Kellner ‹antreten› ließ* – nur Einer des Dutzends hatte ihn bedient ! – und dann Jedem der sich tief verneigenden Reihe, rund 150 Mark in die Hand drückte ! : »Er schmiß mit dem Gelde rum, wie ein besoffener Matrose !« sagt die, schwer ernüchterte, Spenderin= selbst. / Aber auf der anderen Seite dann Szenen wie *die*, die Frau NORA nie vergessen konnte : daß sie von ihrer Tochter, LUCIA, *in der Armen=Abteilung der Klinik entbunden werden mußte* ! Praktisch »auf der Straße«, wie sie später finster 1 Freundin anvertraut hat. – Als sie die Klinik verließ, gab man ihr, ‹um GOttes=Willen›, noch 1 Almosen von 20 Kronen mit auf den

Weg ! / Und daneben gehalten dann die sentimentalen Drückeberger=Briefe, die JAMES ihr, auf ihre verzweifelten Bitten um etwas Geld, aus England schrieb ! : eine der widerlichsten Lektüren, die ich kenne – und ich kenne ihrer viel ! / *Theoretisch* hat er es zwar gewußt, daß es sich gehört »pennis in the slut's machine«; *praktisch* anscheinend nicht. – *(abwehrend):* Nein; übersetzen Sie's lieber nicht. Es ist allzu=pfiffig ausgeheckt.

C.: Tcha. Wenn das *so* war ? – Dann *könnte* Frau NORA natürlich zuweilen den sauberen, nüchternen, fleißigen – *und dabei gleichfalls sehr intelligenten !* – STANISLAUS sich allerdings manchmal, nachdenklich, angesehen haben : *ich*, als Frau, könnte es ihr *nicht ganz* verdenken. – / Aber könnten wir – zumindest zunächst=noch – alle ‹moralischen Wertungen› unterlassen; und uns weiter um den Nachweis bemühen, daß FINNEGANS WAKE nichts weiter ist, als eine ungeheure Schrott=Ablage für JAMES' Ressentiments ?

B.: Ja; denn was Sie bisher beigebracht haben, ist zwar ‹bedenklich›; letzten Endes sind es jedoch nichts weiter als ‹Indizien›, die bekanntlich, auch als ‹Summe› nicht ‹beweisend genug› sind. – Könnten Sie Ihre These nicht einmal *an ganzen Abschnitten* demonstrieren, die durch Ihren Schlüssel schlagartig einen neuen Sinn bekämen ?

A.: Nun; im Kleinen könnten Sie die Seiten 152–59 nachlesen .....

B. (der flink nachgesehen hat): ... also die Fabel von MOOKSE & GRIPSE ?

A.: Die wird nunmehr zu einer normalen Triestiner Abendunterhaltung der beiden Brüder, wo sie ihre Diametral=verschiedenen Lebens= und Weltanschauungen gegeneinander setzen. / Ab Seite 157 versucht dann Frau NORA die ihr langweilige Debatte zu beenden – vergebens; unbeachtet seufzt sie »I see. They are menner.« Dann bricht, sehr schön poetisch die Nacht herein. Und alle Dreie gehen schlafen. –

Oder nehmen Sie die Seiten 48–74 – ‹HCE's Verhör und Einsperrung› wollen die Verfasser des SKELETON KEY deuten. / In Wahrheit kommt JAMES, stockbesoffen=wie=üblich, nach Hause. Bruder MAURICE fährt hastig in die Schuhe und öffnet ihm. Man zankt sich. Der Streit wird heftiger. Handgreiflichkeiten drohen : STANISLAUS schickt sich an, den Bruder wieder einmal zu vermöbeln ! – Da flüchtet sich der in eine andere Stube; verschließt die Tür hinter sich. Und STANISLAUS steht nun zweieinhalb Stunden vor dieser verschlossenen Tür; und flucht JAMES durchs Schlüsselloch zu .....

C. (ablesend): .....»through the house=kings key=hole .....«

B. (barsch): Bitte, wenn irgend möglich Deutsch; und wenn's ne Stegreif=Übersetzung ist.

C. (fortfahrend): flucht »durch des Haus=Königs Schlüsselloch ..... daß er ihm den Kopf schon aufmachen würde, wie man eine Nuß knackt. / Dann öffnete er erst recht die Kornschleusen seiner Artillerie, und fuhr fort, in einem bösen Tempo gegen ihn zu wettern, von 11 Uhr 30 vor= bis 2 Uhr nachmittags, ohne die geringste Frühstückspause einzulegen. / : Komm raus, Du Betteljude, raus zur Exekution !«

A.: Und – 1 ganz typische JOYCE=Reaktion – während der arme STANISLAUS draußen schimpft, setzt JAMES sich in der Ecke des Wohnzimmers zurecht, »der Mustergeist, ein paradigmatisches Ohr, aufnahmefähig wie das jenes Dionysius; *und schrieb eine lange Liste mit* – jetzt zum Teil leider verlorengegangen – all der schmähenden Titel, mit denen er bedacht wurde. Als da waren ...« / Und nun folgen 111 gesammelte Schimpfworte; wie etwa »Irlands achtes Weltwunder, was ? ! / Blau schon vorm Frühstück ! / Krachmacher ! / Denkt wohl, er wär der Herzog von Argyle ! / Arschmann ! / Der mir das Gehalt abnimmt ! / Der die kleinen Kaufleute ruiniert ! / Scharlatan ! / Miststück ! / Der Polizei übergeben ! / Dich werd' ich dressieren, Du ! / Wasch Dich ma lieber jeden Morgen anständig in der Toilette !« – undsoweiterundsoweiter.

B.: Nein; ich verlange jetzt die Analyse mindestens einer kompletten längeren Episode.

A.: Haben Sie immer noch den Eindruck, ich wäre mangelhaft vorbereitet ? : *Wählen* Sie sich eine ! Ich habe das ganze Buch in meinem Sinne aufgeschlüsselt, ich habe Materials genug, um 1 Erläuterungsband vom gleichen Umfange wie den SKELETON KEY liefern zu können: von *meinem* Lesemodell.

B. (verbissen): Wähle ich also – ich will's Ihnen nicht überschwer machen – wähle ich die 2. Episode des 3. Buches, ‹JAUN BEFORE ST. BRIDE› wie CAMPBELL-ROBINSON sie betitelt haben; die Seiten 429–73 von FINNEGANS WAKE.

A. (wie rasch nachsehend): 429 ..... ? – Ah ja. –

Der Aufbau, spielend leicht durchschaubar, ist schlicht folgender :

Ort: Triest; eine Mietswohnung.

Zeit: Januar 1909; erst Abend, dann Nacht.

Personen: STANISLAUS, seines Bruders Hauses Hüter. / Dazu Frau NORA, gleich SISS=SISSIBIS=IZZY=ISOLDE. / Zwischendurch die beiden Schwestern EVA & EILEEN. / Später dann der von seiner Irlandfahrt zurückkehrende JAMES – er hatte dort das Kino einführen wollen, und NORA ‹Zobel=Pelze› versprochen; war auch, es stimmt recht genau, 40 Tage & 40 Nächte abwesend gewesen, von Ende Oktober 1908 ab.

Handlung: Die Komik beruht in diesem Abschnitt darauf, daß STA-

NISLAUS einerseits den beiden Schwestern Ermahnungen über keusche Lebensführung zuteil werden läßt; die sich jedoch, da er andererseits dabei ist, Frau NORA zu verführen, ihm im Munde unwillkürlich zu sententiösen Zweideutigkeiten verkehren. – Man muß hier genau den Wechsel beachten : *wen* er jedesmal apostrofiert.

C.: Nun bitte den Nachweis für alle diese Behauptungen. –

A. (behaglich): Also man schreibt »holy januarius«. / JAMES ist abwesend – es wird nachher von seinem »return« gesprochen. / »JAUNTY JAUN«, STANISLAUS also, sitzt, ganz Masthahn im Korbe, am häuslichen Heerd, »the graven image of his squarer self«.

B.: Wollen wir doch möglichst deutsch zitieren.

A.: Versuchen wir's wenigstens. – / Also da sitzt STANISLAUS, das »ernst=eingegrabene Bildnis seines stämmigeren Selbst«; er, der »großmäulige Postschreiber«; der »butter=blonde Friedenswärtel«; und »weit & breit, so groß wie er leibhaftig war, war er berüchtigt für seine humane Behandlung jeglicher Art von mißbrauchter Fußbekleidung.« – Das war nämlich auch so etwas, JAMES=unbegreifliches, wie Jemand seine Kleider reinigen & bürsten könne ! –

So also sitzt dort der »Poliziste Sigurdson«, der »Bär, der Bulle, der König der Bullen, der Knappe Sir Humpty=Dumptys« und »murmelt absurd in seinem teutonischen Ge=Dialeckte«. Er trägt »einen Hut mit verstärkter Kappe«, wer sollte es anders erwarten; schält an Orangen herum; umspielt von den »Schaltjahrmädchen«, die »ihm gefühlig den vollen=fetten Wanst klopfen«; denn er wirkt »wie ein junges Bürschlein von 16; obwohl sie an seiner Mannheit herum=herausfühlen, daß er der hinreißendste lady=killer ist«, dieser JAUN, der eben dabei ist, »das reinste aller Wesen zu werden, die je Mann & Mensch genannt wurden.« Einerseits also visiert er durch sein »Eroskop« schwer »Schwester Izzy«= NORA an; andererseits ermahnt er sonor die Schwestern .....

B. (murmelnd): Tz – es scheint zu stimmen .....

A. (schlau): »Laßt nie auch die allerversprechendste Hand sich Freiheiten herausnehmen, mit Euren ein=magdlichen Heiligtumen«; »Gebt ja alle gestohlenen Küsse gleich zurück !«. / »Liebe ?« – nun ja; aber »schwestern=brüderlich; nur durch die natürlich=üblichen Kanäle, die zuvor entsprechend zu desinfizieren sind; und überhaupt nur in Gesellschaft eines husband=in=law« – also eines ‹Schwieger=Gatten› – »oder eines andern ehrbaren Verwandten von entgegengesetztem Geschlecht.« / »Woach !«, unterbricht er sich, »kann ich doch nie den Mund auftun, ohne daß ich nicht Futter hineinschieben müßte !« – denn STANISLAUS, als Sportsmann, und kräftig gebaut, aß gern & viel; worauf Bruder JAMES, mit dem alkohol=verdorbenen Magen, *ihm* natürlich endlos sein »Fressen« vorwirft.

B.: Auf welcher Seite sind Sie jetzt, bei Ihrem ‹digest› ? – Sie haben übrigens Einiges durcheinander gewürfelt; aber ich weiß wohl, warum : aus ‹rein technischen Gründen›; ich seh' die Notwendigkeit ein.

A.: Auf Seite 439. – / Also gehen die guten Lehren weiter : »Wenn man Euch kitzelt, sagt nichts, oder nickt lediglich.«

B.: 1 feiner Ratschlag : das ist doch der reine Hohn !

A.: Aber das ganze Buch ist nichts anderes ! – / Und STANISLAUS wendet sich an die Schwägerin : »Sissy=dear«, flüstert er jetzt : »nur einen Rumtreiber hast Du am Hals, der von ‹Zobel=Stolen› schwadroniert.« / »Laß Dich doch scheiden« empfiehlt er ihr : »divorce into me !« / Ihn=den Gewissen, mach ich fertig : »Von Stund an ist er ein Gezeichneter. Ich werd' ihm sein Außenseiter=Gesicht schon einhauen ! Ich werd' dem schwanken Rohr schon sein Schreibrohr steif machen ! Hol mich Dieser & Jener, wenn ich den vom Bruder=Gehüteten nicht dem ersten=besten Polizei=Bobby übergebe, der mir übern Weg läuft. ..... Vielleicht nehm ich auch *das* in mein Programm auf, daß ich ihm, dem vollkommenen Fremden, eins versetze und dann die Straße mit ihm fege. Ich muß mich nur beherrschen, daß ich Dir, Liebling, um Deinetwillen, Deinen Scharlich nicht plattschlage; und ihn, *vor* der ihm zugemessenen Spanne Zeit, in die ewige Heimat spediere ! / Der Bube mit seinem Zahnbürsten=Bärtchen ! Der alle Wochen ne neue Wohnung mietet, und die Möbel auf Pump dazu ..... Gottlob hab'ich das entsprechende Paar Arme am Leibe ! .....«

C. (unterbrechend): Das würde *ich* aber noch keine direkten ‹Zärtlichkeiten› nennen.

A. (prompt einschmeichelnd): »Du aber füllst in meinem Herzen, diesem unverdorbenen Sitz reiner Zuneigungen, eine mächtige Ecke aus ! : Ich begehre Dich ! / Krönen wir unsere Vereinigung doch durch die Adoption der Kinderlinge. / Was meinst Du denn damit : ich wär' kein hiesiger Staatsbürger ? Und wie magst Du denken, ich wär' ein böser Heide ! / Ich weiß mir ja nichts Besseres, als hier zu weilen, wo ich bin; bei meinem Gemäß bräunlichen Tee's, Pipette. / Anschließend verfolge ich durch mein aufgerichtetes Teleskop den Mond, wie der da so in Westen dahinkollert. / Oder, wenn mir meine eigene Gesellschaft die liebste ist, dann sitz'ich da, bei Orangen & Bier; auf die Chaiselongue zurückgelehnt; meine Pfeife im Gesicht, die Nüstern vom wohltuenden Latakia gekitzelt. / Erst werd'ich alle notwendigen Examina ablegen, mine shatz; und dann cash=cash=und=cash=again ! Wie werd'ich Dich verwöhnen, Du :

in den luxuriösest möblierten Zimmerfluchten, in sybaritischen Kämmerchen, mit elektrischen Ottomanen, meine Gizzygazzy : 1 Töff=Töff für Dich, Missi=Missi für mich : oder wie wär's mit Johannisburg ? Denk an die Diamanten dort !« –

Aber plötzlich, »rascher denn Merkur in seiner Bahn, fährt er wiederum= herum, und blitzt die Schwestern aus seinen Sternen=Ritzen an, schwärzlichen Donnergesichts« – tcha; und dann geht es eben wieder weiter im Kreise »ring=a=ring=a=rosy«, endlos, krankhaft.

C.: Das erschöpft aber doch noch nicht den *ganzen* Inhalt von III, 2. Ich sehe da .....

A. (einfallend): Ganz Recht. Ab Seite 457, unten, plätschert, Penelope=gleich, Frau NORA. / : »Ich weiß ja, Benjamin=Brüderchen; aber hör, ich will meine Wünsche nur wispern ..... natürlich ist mir bekannt, wie hochgebildet Du bist; und so bedachtsam in Deiner ganzen Art ..... wie lieb von Dir, daß Du Dir meine Strumpfgröße gemerkt hattest ! ..... Du liebster Bursch=meiner=Träume; und wo ein gewisser Old Somebody sich gerade nicht in der Nähe hier rumtreibt .... / : achja, Pet, wir waren *zu* glücklich, 40 Tage & 40 Nächte lang. / Paß Dir nur immer auf, daß Du Dich niemals erkältest; hoffentlich hör' ich bald wieder von Dir. / Und, selbstverständlich, liebstes Professorchen, ich begreife durchaus Alles : natürlich werd'ich andere Namen verwenden : ach, mein süßes Schweinchen, wird ER wütend sein ! ..... Heliotrop hab'ich schon immer so gerne gerochen .....« in dieser bekannten Art schwätzt sie noch dahin, bis Seite 462.

B. (mürrisch): Da jedoch tritt, inmitten der Seite, ein »Dave the Dancekerl« auf – also nun wohl JAMES JOYCE selbst, der ja berühmt für seinen »Spinnen=Tanz« war, den er im Suff auf der Straße zu exekutieren pflegte.

A.: Oh, im Kämmerlein ebenfalls. – Aber sehen Sie, Sie haben schon gelernt. – / Jawohl; auf einmal unterbricht sich STANISLAUS, und ruft : »Aber sachte=jetzt ! *Kann* denn das sein ? : der Troubadour ? ! / Ist Triest, Österreich, denn tatsächlich *so* klein ? – Ogott ich wittre den Knoblauch=Mief ! Kruzifix, hier kommt doch tatsächlich unser beliebter Dave, zählebig wie eine Katze, vom alten Lande wieder zurück !«

C.: Das wäre aber doch 1 der putzigsten Stellen im Vergleich mit dem SKELETON KEY, der hier, allen Ernstes, anmerkt : »Viele Anklänge finden sich hier an die Leidenstationen Christi ..... und der Knoblauch ist ja 1 Symbol der Unsterblichkeit«. – *(erschüttert):* Meingott, wenn *Sie Recht* hätten : wie unsagbar lächerlich, wie erbärmlich komisch wäre das !

A.: Der Rest der Episode besteht aus, zunächst, einigen Urteilen von

STANISLAUS über JAMES' Person und Werk. – / »Alt sieht er aus, mit seinen tiefliegenden Augen; und doll=dünn ebenfalls. Aber dann wieder dieses Ziegenbärtchen und der schuftige Blick !« / Und von den Büchern des Bruders : »Ganze Seiten aus meinem Tagebuch hat der Kerl geklaut ! Gewiß hat er auch selbst neue=gute Einfälle, und kann zuweilen ein kurioser Kauz sein, garantiert. Aber was er im Augenblick schreibt, sind nur unselige Wortspielereien.«

Dann verabschiedet er, weinerlich wütend, das von Triest abreisende Paar JAMES & NORA : »Gut ! Schön ! Eure Wohnung ist nicht mehr groß genug für mich=mit. Also auf Nimmerwiedersehen, Ihr Sis=Kinder : der Feind verschwindet endgültig. Fik yew ! Für mich ist der Fall erledigt.«

B.: Und, wie ich im Buch sehe, hat die albern=widerliche Clownerie immer noch kein Ende !

A.: Es schließt sich noch an : die spöttische Verabschiedung von STANISLAUS durch JAMES. / »Mit diesen Worten verschwand unser Großer Unverstandener aus dem Gesichtskreis; und mit einem einhelligen ungekünstelten Schrei des Bedauerns verabschiedeten sich die Mägdlein von ihm, dem Gerechten, ihrem Liebling. / JAUN spuckte noch einmal ausgiebig, und stieß ins Nasenhorn. Dann stolperte er davon, indem er über seine Schwestern das Zeichen des Südlichen Kreuzes beschrieb. Ein letzter schwerer Liebesseufzer blies ihm den Hut in die Höhe. ..... : Wo immer Du nun auch weilen magst, ländlicher HAUN, exportfähig=stämmiger Bursche : möge Dein Haar immer blonder und spärlicher werden ! Schone Deine Stimme ! Nähre Deinen Geist entsprechend ! O warest Du uns doch erspart geblieben, HAUNEEN=Junge : Pfennigweiser, Lampenputzer, Postfritze ! Du unser Musterheiliger, wie ich ihn selten unter alleinstehenden Männern antraf. / Zugegeben : unser Leben wird ärmer sein, ohne Dich – weil uns ein Vakuum mangeln wird ! / Lauf Du nur weiter Deine 9 Meilen täglich, wackrer, fußkranker HAUN ! Fortschrittle rüstig ! Halt aus ! : *Sieg' doch, Du Teufel Du ! ! !«*

B. (schlicht): Bitte, aufhören; es ist genug. – / Eines würde mich noch interessieren : Sie sagten, daß 10 % des Buches ein späteres Wiedersehen der Brüder in Salzburg zum Thema hätten : hat JAMES *dann* wenigstens gerechter geurteilt ?

A.: Abgesehen von mehreren kürzeren, weit im Wort=Warr zerstreuten, Anspielungen auf die nach=Triestiner Jahre – die umfangreichsten stehen noch auf Seite 29, unten; 76ff. die gehässige Ausmalung von STANISLAUS' ‹Prachtwohnung› als Professor – abgesehen also von ‹Andeutungen› dieser Art, ist die Hauptstelle Seite 566 bis 609 zu finden. –

Im Hochsommer 1928 nämlich, so recht in den ‹Hundstagen›, trafen sich im Hotel MIRABELL zu Salzburg die 2 Ehepaare : JAMES & NORA; und STANISLAUS, der Jungverheiratete, mit Frau NELLY – und sofort geht's wieder los; sofort setzt sich die ‹Höllenmaschine› wieder in den zischendsten Gang; sofort geifert & kreischt der sinnloseste Haß : Eiei, wer tommt denn da ?! – *(in gehässigem puerilem Singsang):* »Nelly nettle, and her lad of mettle !«

C.: Also etwa »Nelly, die nette=Nessel, und ihr Kraftbursche«, ja ?

A.: Schon an anderen Stellen wurde auf Frau Nelly angespielt : Seite 34 heißt es »Fik up for fleshy Nelly«. / 151 wird von der »voracity of fairy Nelly's vacuum« gesprochen – Sie begreifen & entschuldigen, daß ich diesmal *nicht* übersetze. / Noch ein halbes Dutzend Anspielungen habe ich in meinen Listen ..... halt; vielleicht noch die hier, von Seite 291 : »Staneybatter .....

B.: Moment; lassen Sie mich ma. – : »Staney«, das ist der abgekürzte »Stannie«=STANISLAUS, und gleichzeitig der »Fleckige«, ja ? Und »batter« weist sowohl auf den »Schläger« hin, wie auch auf »Butter«=Freßlust.

A.: Scharmant, wie Sie das Wutgestottere durchschauen lernten ! – Natürlich. / Also »Staneybatter ..... foundling Nelliza the second ..... in their delightful Sexsexhome, Somehow=at=Sea.«

B.: Also »Schläger Butter=Stannie ..... wie er Nelly die Zweite hätschelt ..... in ihrem entzückenden Sex=Sex=Heim in Irgendwo=am=Meer.«

A.: Sehr wohl. Aber zurück zu der umfangreichen ‹Salzburger Affäre›. / Frau NELLY war beträchtlich *jünger*, als ihr 43=jähriger Gatte – gleich muß es heißen : »ein Töchterlein, wie nur immer eines die Dame spielte, und ihren Vater heiratete.« / Frau NELLY wirkte klein & zierlich im Vergleich zu ihrem breitschultrigen Manne – ‹ergo› geht's los : »arme kleine tarta=Nelle !« : »Er Gigant, und sie das Elfchen.«

C.: Das ist aber noch nicht allzu=gehässig ausgedrückt.

A.: Sprechen wir uns wieder, wenn ich die 40 Seiten im Auszug erledigt haben werde – ich darf doch ? –

Da beginnt es also, unten auf Seite 566, mit dem scheinheilig erstaunten Ausruf : »Glanz des Himmels ! Welche Vision ! ..... Diese Felsklippen um uns ? Diese Bergwände ? ..... / Und wer mag *das* denn sein, dieser Mitry=Man ?« – *(halblaut erläuternd):* also sowohl ein ‹Mächtiger›, als auch ein Literatur=‹Papst› mit einer hohen ‹Mitra› : dem unvermeidlichen ‹Hut›; der darf ja nicht fehlen. – : »An den Füßen trägt er die doppelten Socken; denn er muß ja warm & sicher schlafen können. Man sieht, er ist noch wesentlich stattlicher geworden, als früher; man könnte sagen : er trüge eine ganze Literatur unter dem Rockschoß; unser ölig=Aktiver, unser netherworld=bosomfoe .....«

B.: ..... unser »irdischer Busen=Feind«; m=hm.

A.: »Und wer mag wohl das Körperchen an seiner Seite sein ? So voulzie=valsshie – so füllig walzt sie – mit ihrem Gatten, dem All=Balsamigen, stolz wie ne Pfau=Henne, und das volle Mündchen, küßlich=küßlich. ..... / Und er, der Engel=Sitter, der stets=Solvente, gegen den nicht der kleinste Verdacht im Umlauf ist, mit seinem winzig daherrauschenden Pussel=Frauchen : sie kommen nämlich grade von ihrer diamantenen Hochzeitsreise zurück; ER, jeder Zoll ein Gigant, sie ganz Elfchen.« – *(halblaut):* es war nämlich die Hochzeitsreise des jungen Paares; allerdings nicht die ‹diamantene›. Aber weiter. Gleich läßt er wieder STANISLAUS die gußeisernsten Maximen von sich geben : »Respektiert mir Alles Uniformierte. Schiebt die Bezahlung von Rechnungen nicht hinaus. Wer nicht arbeitet, soll auch nicht essen. Begeht keine Wunder. Verlaßt Euch auf den Lunch.«

B.: Nicht unwitzig, diese beiden letzten Paränesen.

C. (unwillig): Mag sein. Im Grunde aber doch Infantilismen : aus MEINES BRUDERS HÜTER hatte ich doch ein wesentlich anderes Bild von STANISLAUS gewonnen.

A. (hämisch fort=übersetzend): »Mögen ihre Lebensregeln ihnen beistehen, und ihren Fall beschleunigen ! Denn sie sahen sich, und paarten sich, und stiegen ins Bett, und bockten. Und schlugen sich herum mit verzankten Verwandten. Und lernten nicht einmal die Lektion der ersten Stunde. Und es gelang ihnen, zu sparen, und das Nest der Feinde zu polstern, und das eigene zu beschmutzen .....«

B.: Wie das ? Ich hätte doch gewettet, es käme : ‹sie polsterten das *eigene* Nest, und beschmutzten das *fremde*› ? Wieso umgekehrt ?

A.: JAMES meint damit : daß STANISLAUS den ‹Feinden› – das heißt : JAMES' feindlichen Rezensenten & Reportern – Material an die Hand gab, an dem *die verdienten.* Und über das ‹eigene Nest› – nämlich das Elternhaus in Dublin – hat er ja stets sehr offenherzig berichtet; siehe sein Buch. Aber lassen Sie mich immer noch ein bißchen epitomieren; vielleicht verstehen Sie dann eher STANISLAUS' entgeisterten Ausruf : »SHEM, you are mad !« –

»Sie ließen die Habenichtse im Stich. Und ließen lassend, und schufteten schuftig, Farao & die Fee. Er, der dicke, total ‹verkörperte› Weingärtner, der er ist, und früher schon war, 9 Gastwirte in einem; laßt ihn nur in seinem hydro=komischen Etablissement, und seine paßgang=watschelnde Guck=Partnerin daneben, die Sklavin des Rings, der die Hand müde macht. .....«

C.: Ah; *deswegen* hat Herr JAMES seine Heirat also um 27 Jahre immer wieder verschoben ?

A.: »Der ER=Mann in All=Umarmung mit der Omni=Frau : leid ist mir, sagen zu müssen, daß ich's mit ansah ! / Je nun, : it stays in the book of that which is !«

B.: »Es steht auch das im Buch von den Dingen, die da sind« – also in FINNEGANS WAKE, mit andern Worten. – Puh; es kann Einen allmählich frösteln.

A.: Wollen Sie nicht noch weiter hören ? Nicht, wie er STANISLAUS, idiotisch=professoral, die Gegend erklären läßt ? Unerschöpflich, wie ein Auto der Städtischen Müllabfuhr sich auskippt, entleert JAMES sich von Lästerungen des Bruders : »hochhüftiger Berserker«; »leary=leary, 20 tons nearly« – also »20=tonniger Belaurer« ungefähr. / Oder die einzigartig obszöne=Szene ab Seite 583 ! Man muß sich dazu JAMES vorstellen, das Ohr an die Wand des Nebenzimmers im Hotel gedrückt, wo Bruder & Schwägerin gerade – sagen wir ‹sind› – das meiste müssen Sie sich diesmal selbst mentaliter übersetzen; Sie wissen ja : »Wenn wir unsere Damen erst so erschrecken, daß sie um ihre 5 Sinne kommen, werden sie unvernünftig genug sein, uns aufzuhängen.«

B. (mürrisch): ‹Zettel›. – Los !

A. (geschmeidig): »Bigrob dignagging his lylyputtana !« – jedes Wort 1 Gemeinheit : Sie wissen, was ‹puttana› bedeutet. / Und nun werden im Folgenden Geräte & Begriffe & termini technici des *Kricketspiels* zu den sinnreichst=gröblichsten Schweinereien verwendet : Alles stellt sich JAMES als *phallisches Symbol* dar ! : »She had to spofforth .....«

C. (zögernd): ‹to spofforth› ? Das finde ich in keinem Dictionary. – Oh pardon, wir *wollten* ja nicht übersetzen.

A.: Zumindest 1 Bedeutung zu geben, läßt sich noch verantworten – STANISLAUS hat auch das erklärt : ‹Spofforth› war einer der bekanntesten Kricketmeister der 1890=er Jahre; ebenso wie der, 1 Seite später erwähnte ‹Trumper› – was man bei CAMPBELL=ROBINSON natürlich nicht erfährt. Jedenfalls ist die Szene ausgesprochen Gargantuanisch. Und man möchte JAMES mehr als einmal seine eigenen Worte zurufen : »Andre sind Ihrer=selbst genau so müde, wie Du=Deiner ! Lerne Jeglicher, sich selbst zu ennuyieren.« / Dann das Aufstehen beider Paare – auf der einen Seite die Pariser Familie; auf der anderen hauptsächlich wiederum ER, der »vollkommene Bürgermeister; ein Großer unter den Aller=Größten, was er uns privatim mitteilte, aus eigenem parfümiertem Mund, denn er pflegte ihn regelmäßig zu waschen.«

C. (mitleidig=entrüstet): Weiß er denn *gar* nichts weiter am Bruder zu bemängeln, als daß der sich die Zähne putzt ?

A. (unbarmherzig fortfahrend): Er, der Verhaßte, »mit dem öligen gnadenreichen Lächeln um die eierigen Schinkenlippen. Königlich wie die Post, und so fett wie ein Brummbaß : schön ! SHAUN ! SHAUN, der Poseur ! 1 Penny für Deine Gedanken, Du ! ..... Und, ts, wahrlich, dieses himmlische Odeur ! Oh Butter Butter : unsere tägliche Post bring uns heute !«

B. (finster): Hören Sie bitte auf. – Falls Sie die Bestätigung brauchen : Jawohl; Sie haben mich wieder einmal erfolgreich um 1 Ideal gebracht. Haben mich – leider – überzeugt, daß FINNEGANS WAKE zumindest *auch so* gelesen werden *kann*; – *(leiser):* vielleicht sogar primär so gelesen werden *muß*.

A.: Sie sind also einverstanden, daß ich – mit einer der letzten Seiten des Buches, mit 620 – unseren GANG DURCH DEN, na, sagen wir höflich SAND, beende : »Viel dreckige Wäsche, sie öffentlich zu waschen, ist nicht mehr da ..... so sei das BUCH DER TIEFE hiermit geschlossen.« / Darf ich aber noch darauf, es ist nicht unwichtig, hinweisen ? : wie *raffiniert* es von JAMES war, all den Unrat sprachlich dergestalt zu tarnen, daß er gleichzeitig *juristisch unangreifbar* wurde : aus dem Gewölle von Vokalen plus Konsonanten, dem schwarzgalligen Ge=Hin=und=Here stotternder Gehässigkeiten vermochte 1939 ja kaum Jemand schlau zu werden.

C.: Auch *diese* niedrige Pfiffigkeit noch ? ! Und das nennt er dann ‹Buch der Tiefe› – Ja also, mir langt's dito. – Aber nun hätte ich doch noch *Eines* gern geklärt .....

(Gong)

B.: Richtig. – Sie sprachen mehrfach von der ‹Großen Gegenschrift›; und meinten, wie ich inzwischen ausreichend gemerkt habe, MEINES BRUDERS HÜTER damit. Sie wollen also noch 1 Schritt weiter gehen; und behaupten, STANISLAUS habe sehr wohl gewußt, was FINNEGANS WAKE sei. Und nun *seinerseits*, als Selbstschutz, entsprechende Maßregeln ergriffen.

A.: ‹Auf Anhieb›, gleich nach 1922, erkannte er wohl noch nicht, daß FINNEGANS WAKE das Buch *über ihn* war. Die ersten Vorabdrucke von Teilstücken las er kopfschüttelnd ‹an›; und lehnte sie dann, vor allem aus formal=stilistischen Gründen, als »literarische Derwischtänze« ab. Ein erstes Mal dürfte er nachdenklich geworden sein, als man sich eben in Salzburg sah, 1928, wie erwähnt – bei ELLMANN steht zwar der Druckfehler 1927; die Berichtigung ergibt sich jedoch aus dem Text von selbst – als STANISLAUS ihn erneut tadelte, daß Jener da ein völlig unverständliches ‹Nachtbuch› verzapfe; da sah ihn JAMES aus trüben=bösen Augen an, und erwiderte, daß »there would be a sequel : a re=awakening«.

C. (brav): Daß also »eine Fortsetzung folgen würde. Ein Buch, das wieder im Wach=Bewußtsein spiele.«

A.: Sie sind zu gutmütig. – *Ich*, das Höllenschlüsselchen fest in der Hand, verdeutsche mir den *reinen Hohn* lieber so : Unbesorgt, mein gelehrter Freund : »*Das Erwachen wird schon folgen !*«. ELLMANN macht hierzu die ehrerbietige Fußnote : »Einer der ganz raren Hinweise auf JOYCE's spätere literarische Pläne.« – eine Formulierung, aus der mir hervorzugehen scheint, daß selbst er – doch wohl *der* JOYCE*=Kenner* unserer Zeit ! – nicht klar erkannt hat, was FINNEGANS WAKE im Grunde ist. Dabei hätte er doch nur Seiten, wie etwa 483 aufzuschlagen brauchen, um es dort abzulesen : »Der Inhalt ist STANISLAUS; aber die Hand, die es niederschrieb, gehört JAMES !«. Denn selbst »wildgewordene Primaten konnten doch ihn nicht vom Schreiben abhalten !«. Und neuerlich : »Du wirst es schnüffeln, oh Du wirst es schon herausschnüffeln, ohne von mir vorgewarnt zu sein : *es ist unser letzter Kampf, Megantis; Furcht wird Dich befallen !*«

B.: Könnten wir denn nicht *wenigstens 1 ‹höheren Aspekt›* hinein=sehen ? Eine ‹ewige Polarität›, dargestellt durch ‹2 Brüder› ? – *(hastig):* Ich weiß, ich weiß; das ist CAMPBELL=ROBINSON : aber *kann* man es denn nicht *auch so* sehen ?

A.: ‹Kann›, ja. Mit Gewalt, ja. Sagte ich nicht schon mehrfach, daß jene Beiden das eine, ‹himmlische› Lesemodell wacker genug geliefert haben ? Nur schade, daß der ‹gerechten› Stellen in dieser Beziehung so betrüblich wenige sind; so dürftig und so gering an Zahl, daß man ‹Absicht› merkt, und ‹verstimmt ist›. : *das* Mäntelchen ist mir doch *gar* zu fadenscheinig geraten ! / Wenn Sie I *wirklichen* ‹Brüder=Roman› lesen wollen – einen, in dem der, tatsächlich vorhandene, Gegensatz *wirklich* all=bedeutend und umfangreich geformt und ‹ausgetragen› ist : dann empfehle ich Ihnen unseren *JEAN PAUL* ! In dessen FLEGELJAHREN nämlich werden tatsächlich *beide* großen Denkweisen, und redlich=herrlich, gewürdigt.

Bei JOYCE ist ‹die Aufklärung› der *STEIN*, also unfruchtbar & ruhend, kräftig & kalt; der mystisch=flutende Dichter=Held dagegen gesanghaft & schweifendes Gefühl. / Bei JEAN PAUL erscheint – in bedeutendster Umkehrung ! – das Dichter=Gefühl als das still=idyllisch=seßhafte; und der *Verstand* vielmehr als unruhig=bodenlos=schweifend. / Und ich möchte ganz klar meine Ansicht zu Protokoll geben : daß auch bezüglich Tiefsinn & Darstellung diese FLEGELJAHRE dem gruselig=kreiselnden, stotternden Gekeife von FINNEGANS WAKE *meilenweit überlegen* sind ! –

C.: Wir können aber jetzt nicht noch sämtliche Brüder=Romane der Weltliteratur durchgehen – mir fällt schon STEVENSONS's MASTER VON

BALLANTRAE ein; nur rasch weiter ! – : also hat STANISLAUS allmählich gemerkt, daß WAKE *speziell gegen ihn* gerichtet war ?

A.: Sie haben sich, wie ich sehe, die Situation *immer* noch nicht ausreichend klar gemacht – müssen wir also den Mist nochmals umschaufeln – je nun : das Buch, das wir behandeln tut ja *auch* nichts anderes. / Behalten Sie doch ganz fest im Auge, daß in Wahrheit der eigentliche Leidtragende, der notorisch Gemißbrauchte, STANISLAUS gewesen sein dürfte – die intimsten Bekannten der 10 Triestiner Jahre, FRANCINI=BRUNI, haben es freiwillig bescheinigt. / Als JAMES, nach seinem Theatercoup des ‹Durchgehens› mit Frau NORA dann ratlos in Pola & Triest herumsaß – verzweifelt; mittellos; ohne intelligente Zuhörer; ganz Bohémien ohne Boje – da fiel ihm das *einzige Mittel* ein, *die Rettung,* daß ‹die Kirche› gebaut, das Werk geschaffen werden konnte .....

B. (finster): ..... ich versteh' schon : es mußte *‹der Fels›* herbei.

A.: Ja. – In seiner unläugbar vorhandenen, ausweglosen Lage fiel JAMES mit seiner egoistischen Spielernatur *der Mann* ein, der *Alles, mit einem Schlage,* zu bringen vermochte : STANISLAUS ! – / Der war *klug; belesen* – er hatte ja fast *genau die gleiche* Lektur ! – bot *intelligenteste* Unterhaltung; und sein ‹Tagebuch› war eine kleine Fundgrube für den, weit flüchtigeren, JAMES. / Und *verläßlich war er und ordentlich und von eisernem Fleiß :* hier winkte JAMES ein ‹festes Einkommen›, und sei es noch so klein. / Und STANISLAUS war gewohnt, den überlegenen Genius des Großen Bruders *anzuerkennen,* und sich *unterzuordnen.*

C. (berichtigend): Murrend unterzuordnen. – Kam er gern ?

A.: Nein. – / Wenn der Bruder fleißig schriftstellerisch tätig gewesen wäre – : STANISLAUS hätte sich *totgearbeitet* für ihn ! Aber so ahnte er, was ihm an der Adria blühen würde – es muß ein Haushalt dort in Triest gewesen sein, wie bei STRINDBERG's – oder DOSTOJEWSKI's, meinetwegen. – / JAMES also konnte nunmehr sorg= und rücksichtslos flanieren und saufen. STANISLAUS, immer wieder neu sich zwingend, stumm ‹Im Schatten des Großherrn› zu leben, hatte sein bißchen Gehalt *noch vor'm Tor der Berlitz School* an JAMES auszuhändigen ! Aber das tat er nur eine zeitlang; dann, als er sah, daß der Bruder verantwortungslos & brutal genug war, es in wenigen Abenden durchzubringen, teilte er es lieber Frau NORA und den Kindern zu. / Aber JAMES erschien natürlich dennoch, lächelnd, unberührbar=liebenswürdig, die Havanna im Mund, ebenfalls weiter bei ihm, und borgte. Wenn STANISLAUS ihm nichts mehr gab – meist wohl : geben *konnte* – wurde der kleine Georgio vorgeschickt : JAMES wußte, daß STANISLAUS an dem Jungen hing; und ergo mußte der über Hunger klagen, bis der Onkel gab. Oder Schwester EILEEN erschien und bettelte um Geld ‹für 1 neue Bluse› – und ging anschließend hin, und gab das Geld JAMES ! : es war eine reine Finte des Pumpgenies gewesen.

B. (verbissen): Lustspielszenen.

A.: Soso. : Wenn man's *hört vielleicht;* wenn man's *erlebt*, vermutlich *weniger*. – / Und STANISLAUS' Kleidung wurde dabei langsam fadenscheinig. »Der vergangene Sommer war die Hölle für mich« notiert er einmal düster ins treue Tagebuch. Oder, in einem Brief nach Hause : »James hat mich in den vergangenen 5 Jahren nicht sonderlich viel Persönliches gefragt, als : ‹Wieviel Geld hast Du für mich ?›.« *So stadtbekannt* waren die Umstände, daß STANISLAUS einmal dem Schuldirektor Artifoni einen Revers ausstellen mußte : seinem Bruder auf keinen Fall mehr Geld zu geben ! / Das Verhältnis der Brüder muß sehr bald durch eine *unglaubliche Härte* gekennzeichnet gewesen sein : wenn STANISLAUS angespannt mitdachte, debattierte, intelligent=brauchbare Vorschläge beisteuerte – dann konnte JAMES die Stirn haben, und zu ihm sagen : »Du, bitte, dreh' ma Dein Gesicht etwas zur Seite, es langweilt mich.«

C. (mitleidig): Oh, das ist böse, das ist brutal – ts : wer nur die Seinen immer so höflich behandelte, wie Fremde. – Also wieder einmal 1 sehr großer Künstler, und, was sich unangenehm gut damit verträgt : 1 sehr kleiner Mensch. / Und Sie meinen also, die Schilderung der ‹Brüder=Schlacht› in FINNEGANS WAKE sei gar nicht sonderlich gelungen; von ‹typisch›, ‹allgemein=verbindlich›, ‹bedeutend=menschlich›, noch ganz zu schweigen ?

A.: Ich sehe auf der einen Seite nur die Selbst=Heiligsprechung eines doch *sehr* dubiosen Subjektes. Gepaart mit dem zähnefletschenden Haß des Mystikers gegen den konsequent=Andersdenkenden, wie er diese Sorte von ‹Weisen› ja immer ausgezeichnet hat. JOYCE war ein Mensch, dem die erforderliche ‹Weite des Blicks› grundsätzlich durch sein eigenes Bild verstellt war; und von ‹Objektivität› ist im WAKE überhaupt keine Rede. Ich bin wahrlich der Letzte, der etwas gegen die *intelligente* Erledigung eines Gegners hätte, und weiß selbst das wohlgefällige Einherwandeln auf den Pfaden gelehrter Injurie zu goutieren; aber wenn Einer *nur* pöbelt – dann macht er sich's doch etwas zu einfach : »Verräter=Sklave ! / Bullen=Baby ! / Taubstummer Briefträger ! / Monster=Mann ! / Persona erecta ... in seinem himmlischen Sonnen=Hut ... und Tränen, wie Maschinen sie weinen ! .....«

B.: Zugegeben; es ist geistlos.

A.: JAMES hat eben den Rationalismus stets viel zu eng beurteilt. Der *ist* nun einmal eine der großen Denkweisen der Menschheit; und bedeutet *gar* nicht jenes absurde Gemisch aus Spießbürgertum & Dünkelhaftigkeit, aus Halbbildung & Gefühllosigkeit, als welches interessierte Kreise, gerade heute wieder, ihn gern hinstellen : ehe man über ‹die Aufklärung› zu Gericht sitzt, sollte man sich immer erst einmal schnell vergegenwärtigen, daß ein Mann wie LESSING in ihrer vordersten Front steht.

B.: Ich sehe : auch *Sie* verstehen es, zu deklamieren.

A.: Ich deklamieren ? ! Wenn nur der Mystiker JAMES JOYCE *viertels so sachlich* verführe. – Oh, da muß ich Ihnen doch gleich noch einmal, zur Rektifizierung Ihrer Voreingenommenheiten, die Ballade vom PERCE O'REILLY, vom ‹Ohren=Zerreißer›, ab Seite 44, zergliedern : macht sich der angeblich=so=musische Mensch die Erledigung des Anti=Poden *nicht* zu leicht ? ..... *(er übersetzt spöttisch):* »Ha'm Se schon ma von einem gewissen HUMPTYDUMPTY gehört ? ..... Zu einer Zeit war er König in unserem Schloß ..... Va=Va=Vater« ..... *(rasch erläuternd):* STANISLAUS muß nämlich, in seiner verzweifelten ohnmächtigen Rage, zuweilen ins Stottern geraten sein : 50 Mal macht JAMES es ihm nach ! – Also : »Va=Va=Vater war er aller Einfälle, uns zu piesacken : empfängnisverhütende Mittel wollte er uns einreden, und 7 nüchterne Tage die Woche; der hübsche blonde Milchmann, der Gärtner, der Schwergewichtler & Heide, der um 1 gewisses Mädchen herumbuhlte : rot werden sollte er vor Scham, der nicht=Filosof, sondern Strohkopf, der rangehen und sich auf=sie=draufschieben wollte, dieser Anonymus aus Ochsmanns=Stadt, dieser Kumpan des Teufels.« / Aber einst wird kommen der Tag, wo wir »free trade« haben, »freies Spiel«; und dann werden »weder seiner Majestät Infanterie noch Kavallerie seinen Wanst wieder zusammensetzen können : *For there is no true spell / in Connacht or hell / that's able, to raise a Cain !«*

B.: »Wirkt kein Zauber so schnell / ob in Connaught ob Höll', / daß er wiederbeleb' unsern Kain.«

(Gong)

A. (liebevoll): Nur *eine* Kleinigkeit hatte Herr JAMES außer gehässiger Acht gelassen : daß *Einer* da war, der schlechthin *Alles* wußte; der »Augen=, Ohren=, Nasen= und Kehl=Zeuge«, wie es so wütend im WAKE heißt. Denn JAMES hat eben STANISLAUS zeitlebens geradezu *lächerlich unterschätzt.* Hat vollständig übersehen, *wie intelligent* Jener war; und vor allem ausgerüstet mit jener unschätzbaren eisernen Beharrlichkeit, die die Stärke des Schwächeren ausmacht, und letztlich das Genie fast zu ersetzen vermag. / Zwar ertrug STANISLAUS das kuriose Schicksal, sich bei lebendigem Leibe, und zwar aufs Gehässigste, öffentlich glossiert & kommentiert zu sehen, mit ganz erstaunlicher Würde. ‹Mit der eigenen Leiche zu gehen› lehnte er allerdings ab : als JAMES, in wüstem Hohn, er=selbst weit pueriler denn der geschmähte Bruder, ihm 1 Exemplar des fertigen Werkes offerierte, da lehnte STANISLAUS die verruchte Gabe mit einer Handbewegung ab : *dazu* war er nun doch nicht Trottel genug !

B.: Immerhin sah er also doch langsam die Notwendigkeit ein, sich zu wehren – : Der Mann beansprucht ja nicht nur hohes, sondern sogar *allerhöchstes* literarisches Interesse !

A.: Wenn Sie das nur einsehen. – / Und es ist uns Heutigen recht amüsant, zu verfolgen, wie die Brüder, in späterer Zeit – so in den 30=er Jahren – sich gegenseitig mit ‹Enthüllungen› gedroht haben müssen. Wenn, immer frei nach FINNEGANS WAKE jetzt, JAMES zischte : »Was wiegt schwerer, Du : eine Feder, oder ein Zaunpfahl ? !«. Dann schallte es wohl von STANISLAUS zurück : »*Du* kennst *mich*, bong; aber *ich kenn' Dich auch,* und alle Deine Windbeuteleien !«. / Und wieder JAMES, zitternd vor Wut : »Klar : Du könntest jegliche Pi=Pa=Passage genau so fein schreiben, ich wette, wie jener bewußte verlauste Ohrwurm auch; was Mick ? !«. Worauf STANISLAUS : »Eines schönen Tages, mein Lieber, wenn der Geist so recht über mir ist, und wenn ich mir auch mit der eigenen Zunge den Hals abschneiden sollte, ich steh' Dir nicht dafür, daß ich nicht Feder & Tinte zur Hand nehme, und ein verdienstvolles Werk abfasse, das der Welt & Dir die Augen öffnen soll !« / Und JAMES glaubte ihm nicht; sondern höhnte : »Na, FRANK SHAUN : wie würde denn wohl die Auto=Biografie aussehen, die Deine quallige Rauch=Gestalt zustande brächte ? .....Jaja : wenn Standing Stones *reden* könnte.«

B (finster): Also schön; wir wissen es heute : Er *konnte* reden. : Sind wir endlich bei MEINES BRUDERS HÜTER ?

A.: Ja. Wie es schon im WAKE – dort allerdings im umgekehrten Sinne gemeint – lautete : »Der Gehetzte wird zum Verfolger; der Jäger zum Fuchs.« : 17 Jahre nach JAMES' Tode legte STANISLAUS den ersten Teil seiner Erinnerungen vor .....

C. (berichtigend): .....seine *Witwe* erlaubte die Veröffentlichung des Fragments.

A.: Ja, leider ist es Fragment geblieben. – Immerhin sieht der Eingeweihte auf den ersten Blick, daß es sich, ich wiederhole es noch einmal, hier um die bedeutende Gegenschrift zum Großen Haßgesang des weltberühmten Bruders handeln sollte : vom bloßen *Titel* an .....

B.: Kommt der *wörtlich* im WAKE vor ?

A.: Mehrfach selbstverständlich – es ist ja ein Buch der sinnlosesten Wiederholung. / »Been ike his kindergardien ?« heißt es Seite 483 : »Soll ich meines Bruders Hüter sein ?« Ähnlich verballhornt auf 305 : »my bloaters kipper« : etwa 5 Mal ist der Titel ‹verbürgt›. Und die ‹Kain=und=Abel›=Symbolik kommt, schlecht gerechnet, *30 Mal* vor; vom »Kain, dem Kannibalen« an, bis zum »fackeltragenden Super=Affen« – denn STANISLAUS pflegte dem total besoffenen Bruder mit der Lampe die Stiegen empor zu leuchten. Dank des Hauses Habsburg !

C. (ergriffen): Meingott, ist das *billig* : »fackeltragender Super=Affe« ? ?

A.: Ein weiterer Beweis ist die *Anlage des Buches,* der bloße Aufbau von MEINES BRUDERS HÜTER : JAMES hatte sich, im Gegensatz zum ‹steinernen› Bruder, rund 1 Hundert Mal als ‹BAUM› im WAKE gefeiert – bong : beschrieb STANISLAUS also das Leben des gehaßliebten Bruders in Ausdrücken der *Entwicklung eines Baumes* : ERDREICH / KEIM / VORFRÜHLING / AUSSCHLAGEN / ERSTE BLÜTE. – Allerdings hatte er, es ist bekannt, auch vor : die spätesten Früchtchen jenes Baumes als ausgesprochen ‹*faulfleckig*› zu bezeichnen.

B.: Schon recht. – Können Sie aber mit noch etwas Mehr belegen, daß MEINES BRUDERS HÜTER ausdrücklich geschrieben wurde, um, sich verteidigend, FINNEGANS WAKE zu ‹erklären› ? Um Stellen zu erhellen, die sonst *Niemand* durchschaut hätte ? Um einem mörderischen Angriff gegenüber die ‹edle Kunst der Selbstverteidigung› zu betätigen ?

A.: Ich erwähnte schon die Kricket=Schweinigelei : Wer wüßte wohl noch etwas von TRUMPER & SPOFFORTH ? / Dann die TURGENJEW=Kritzelei; Sie erinnern sich : ohne STANISLAUS wäre die Stelle unverständlich=preisgegeben den bodenlosesten, feinsinnigsten ‹Deutungen› à la CAMPBELL=ROBINSON ! / Man muß natürlich beide Bücher ‹am Schnürchen› haben, um alle Feinheiten zu entdecken & zu begreifen : »Thou art passing hence, my brother«, »Oh, twine me a bower«, die mehrfach auftretende »Sally of the alley« : all diese verschollenen Schlager finden ihre Erklärung im HÜTER.

C.: Ach; wird *deswegen* vielleicht im WAKE so oft ‹Pidgin=Englisch› gesprochen, weil STANISLAUS der ‹CHINESE› im Familienkreise getauft worden war ?

A.: Darf ich, gerade hierbei, auf Zweierlei hinweisen ? – Einmal, daß der Name vom zungenflinken JAMES herrührte. / Und weiterhin : wie unsagbar=*traurig* der Anlaß war : der kleine Junge, der sich hinter seinem bißchen unbeweglichen Gesichtsfleisch zur Wehr versteckt, wenn der besoffene Vater stundenlang auf ihn ein=lallte : *ich* würde sagen : *Hut=ab vor dem armselig=Eisernen !*

B.: Und *ich* würde sagen : weisen Sie *noch mehr* nach ! Ich bin gern bereit, mit Ihnen Anteil zu nehmen; aber erst muß ich Gewißheit haben :

inwiefern werden intimst=pikanteste Details des WAKE erst durch den HÜTER verständlich ?

A.: Schlagen Sie etwa die Seite 420 des WAKE auf – da wissen CAMPBELL=ROBINSON nur »der Brief ist weit gewandert; seine Adressen sind nicht zu ermitteln.« : In Wahrheit handelt es sich um nichts, als die Dubliner Anschriften der Familie JOYCE ! / Die, von JAMES unermüdlich mit sich herumgeschleppten ‹Familienporträts› erscheinen in beiden Büchern. / »Oh my back=my=back=my=back !« kreischt Missis Conway, hüben wie drüben, papageien. / Durch »Dublin's fair city« geht man in beiden Büchern. / »l.s.d.« heißt *nicht* »Pfund=Schilling=Pence«, sondern ‹Laus semper Deus›. / Auf Seite 231 des WAKE wird ein Verslein eingeschaltet : »My cot, alas, the dear old shady home !« – und prompt weist der HÜTER nach, daß es sich um ein, ohne ihn unbekanntes, Jugendgedicht des Großen Bruders handele. / »Bruder Jonathan« findet seine bittere Erklärung ebenso wie »Conn the Shagraun«; oder die ewigen »bile=Galle«=Anspielungen. / STANISLAUS' Lieblingslied als Junge hieß – : FINNEGANS WAKE !

B.: Leider aber bricht das Buch vom HÜTER ab, ehe die – entscheidend beweisenden – Triestiner Jahre erreicht werden ?

A.: Hm. – Darf ich erst noch das Eine festhalten : daß sogar die englischen Ausgaben des HÜTERS – FABER & FABER einer= und VIKING andererseits – jetzt schon kleine Differenzen aufweisen ? ! Ich fürchte immer : Herr ELLMANN, der Herausgeber, hat mit leichter Hand geändert, gekürzt, *entschärft* ! / Immerhin sehen wir, von einem Meister der Selbst=Biografie entworfen, den ewigen Konflikt zwischen einem gesunden, ‹geborenen› guten *Heiden*, und einem sensiblen Ketzer .....

C. (aufmerksam einfallend): Ich verstehe – : Beide waren sie ‹Ungläubige›; aber STANISLAUS gewissermaßen ‹von Natur aus›; während JAMES zeitlebens nach ‹tieferen Bedeutungen› haschen mußte. / Ich denke da nur an seine, mir immer hilflos=schnurrige, ‹Einstellung zur Frau›, die ja typisch die des ‹Priesters› ist : er konnte sie entweder nur verächtlich=angewidert, oder aber faunisch=bloxbergsmäßig betrachten : entweder stumpfes Scheuerweib, oder aber gleich=Hure, tertium non datur – *(betroffen abbrechend):* ... was übrigens *auch*, ziemlich mit denselben Worten, schon im HÜTER zu lesen ist.

B.: Halt jetzt ! – Wir, nachtumgeben, werden zur Stunde *nicht* entscheiden, wer ‹Recht hat› : *Sie*; oder die CAMPBELL=ROBINSONS's. Darf ich erfahren : was, *Ihrer Ansicht nach,* FINNEGANS WAKE letztlich ‹wert ist› ?

A. (fest): FINNEGANS WAKE ? – : Dem *Leser* eine stotternde Zumutung. Zweifellos auch fürderhin gekauft, schick=wie=Blake. Und ebenso, nach verzweifelt kurzer Lektüre, ehrfürchtig geschont abgestellt in die Regale der Feinsinnigen.

B.: Dem *Fachmann* ?

A.: Der Nutzen für den Fachmann ? – : vielleicht die Einsicht, daß Freiheit & Richtigkeit der Sprache nicht durch *Vereinfachung* der Orthografie erreicht werden; sondern durch *Freigabe* der Rechtschreibung : *verfeinern* müßte man sie; nicht vergröbern, durch Duden'sche Gesetzestafeln.

C.: Ganz schnell : 1, 2 Beispiele : was Sie meinen ?

A.: Wenn, meinethalben, in einem Buch auf dem Küchenheerd Töpfe & Pfannen lecker *rumohren* : dann *muß* es mir erlaubt sein, dies mit einem ‹h› zu schreiben; Hinweis auf den Verfasser des GEISTES DER KOCHKUNST. / Oder, um in *2* Sprachen tiefsinnig zu tändeln : *das* muß jeder ‹gute Leser› merken & genehmigen, wenn ich den ‹Kalten Krieg› zwischen Ost & West als trennenden Strom auffasse, und ihn als ‹Calton Creek› dahinströmen lasse.

B.: Was täte, bezüglich FINNEGANS WAKE, Ihrer Ansicht nach not ?

A.: Nicht viel. – Was *allenfalls* geschehen sollte, wäre eine *Drei=Spalten=Ausgabe* : links der Original=Text; in der Mitte CAMPBELL=ROBINSON's Himmels=; rechts unser Höllen=Schlüssel, um den sich künftig emsig=müßige, vernichtend=fleißige Fach=Filologen weiter bemühen mögen. / Hilfsmittel sind unverkennbar die Triestiner Adreßbücher der Jahre 1904–14; auch alte Dubliner. Auch die betreffenden Stadtpläne. – *(abfällig):* Aber nicht BRANCUSI's Schmierakel, wie es leider ELLMANN sogar mitgibt : dergleichen abstrakte Frechheit hätte wahrlich einem Stadtplan von Triest Platz machen dürfen !

B.: Was wäre bezüglich des Duells WAKE : HÜTER künftig eventuell noch zu leisten ?

A.: Da kann ich nur das ewige Loblied singen des, sehr mit Unrecht oft geschmähten, ‹unverarbeiteten Materials› ! / Man sollte meinen, daß die Fachleute sich allmählich klar darüber sein müßten : wie grundsätzlich erst 70 bis 80 Jahre nach dem Tode eines Großen Mannes eine wahrhaft umfassende, ‹rücksichtslos=wahre›, Biografie möglich wird : die persönlichen und juristischen Rücksichten sind vorher viel zu verständlich=groß. Bezüglich JAMES JOYCE also kann die Losung zur Zeit nur lauten : ‹Material herbei› ! Und dieses dann, durch den Druck, zur Aufbewahrung für kommende Generationen gegeben. Und wenn's ‹verschlüsselt› wäre !

B.: Was im angelsächsischen Sprachraum, ‹aus Rücksichten›, zur Zeit noch nicht möglich ist : wäre es das vielleicht im Deutschen ? Wäre das nicht eine Art der ‹Verschlüsselung› ? Ich meine, ich kann doch das ‹gravierendste› Material in chinesischer Sprache veröffentlichen, ohne daß 1 Hahn danach kräht ! / Oder : wie wäre es mit der üblichen Bildung einer ‹JOYCE=Gesellschaft›, mit dem entsprechenden ‹Jahrbuch› als Sammelbecken ?

A.: Das ist richtig : hier wäre Gelegenheit zu einer, nicht nur ‹verlegerischen› sondern wahrhaft *kulturellen* Tat : *die Tagebücher des STANISLAUS JOYCE*, und unfrisiert, der Öffentlichkeit zugänglich zu machen, ehe die nächste Große Zeit sie endgültig verweht. / So viel wird, bezüglich JAMES JOYCE, veröffentlicht, und so Vielerlei : die COLUM's walzen ihr bißchen Bekanntschaft in 1 Band aus; GOGARTY=desgleichen; das kopfschüttelnd=merkwürdigste ist immer noch BYRNE's SILENT YEARS : allmählich entsteht eine ganze Literatur um den Großen Mann aus Dublin. Aber es wird noch viel Wasser den LIFFEY hinunter fließen, bis wir klar sehen werden : bezüglich des Mannes=selbst; und bezüglich des Werkes.

C. (Ladies first) & B. (zusammen): Ihr Resümee also ?

A.: Sie über=fragen mich. Gibt es doch, bei einmal vorgefaßten Meinungen, eine Art ‹Stillstandsgesetz›, das nur schwer zu durchbrechen ist. – Antworten; Erkenntnisse; Übersichten; ja : *letzter Genuß* – werden erst möglich sein, wenn Wir, die wir heut, zur Nacht, miteinander plauderten, lange tot sind. –

: »Da wird 1 weis'rer Mann auf diesem Stuhle sitzen,
und sprechen. –

Geht.«

(Gong)

DER TRITON MIT DEM SONNENSCHIRM

(Überlegungen zu einer Lesbarmachung von
FINNEGANS WAKE
von James Joyce.)

Sprecher:

A.:	der Berichterstatter	Männerstimmen
B.:	1. Frager; handfest=ablehnend	
C.:	2. Fragerin; schüchtern=gutwillig	Frauenstimme
D.:	Zitate	Männerstimme

(*Anmerkungen* : sämtliche Sprecher müssen Kenntnisse im Englischen haben. / Als Pausenzeichen wird die Vertonung der Ballade vom Percy O'Reille, FW, S. 44, vorgeschlagen; und zwar in ganz einfachen Tönen, flink auf dem Klavier getippt. / Im Text verwendete Abkürzungen : FW = FINNEGANS WAKE; manchmal nur als W = WAKE. – C&R = SKELETON KEY TO FW, BY CAMPBELL & ROBINSON.)

* * *

D.: Mir däuchte, da ich in Schlummer sank, irgendteils im Nichtland des Woesunsgefällt, (und es war, als DU & SIE war WIR), daß ich gegen Schlag Null Uhr etwas vernahm, wie das perlende Gelach' einer Füchsin, inmitten Mittnachtsgeläut, vom Glockenstuhl der altspitzen buntscheck'jen Kirche her, so schwächlich biederklöppelnd von Hausvatertreu; und der Nachtheit ungesehne Veilchenhaftigkeit wandelte alles Belebte ins Großbritannische, und machte Irische Gegenstände humanen Beobachtern nicht=wahrnehmbar; ausgenommen, es wär' denn ein zufällig glimmender Schein, der unten, auf dauniger Fläche alluvischen Fluß=und=Fließens sich undeutlich zeigte, oder auch wieder wie Wäschestücke, ruhend auf Rasengrund, gleich bei der Hand, in voller Erwartung. Und wie ich so schlafmützig in einem Traum dahinzokkelte, und döste daß ich trödelte, ei war mir da nicht, ein Tongebreit erschalle; und Alles was auf Erden kreucht und gleitet und fleucht in Atmosfären, und die tanzenden Zungen der Waldfeuer, und die Hummern tief im Grund, Alles schrie und echokäute : »Shaun ! Shaun ! Die Post zur Post !«, mit lauter Stimme, und O, je höher zur Höh', desto tiefer und leiser, so hab'-

ich's gehört ! Und schau, mir dünkte, etwas käme aus solchem Schallen, und Irgendwer rege sich mächtig im Dunkelall. Erst war's wie ein Klumpen; und dann ein Vielleicht. Da, sieh, wie ein Licht; und nun wie ein Witzblitz, nein, mehr wie ein Docht glimmt. Ja, was Lichtschwäche angeht, war die Ähnlichkeit täuschend, oh leck, es war seine Gürtel=Lampe ! Den wir träumten der Schatte, mimt jetzt Hellaug', der Laffe ! Gebenedeiter Augenblick, oh wie so romantisch, er schickt sich an, zu bleiben ! Ja, er, der so das Irrlicht vor mir schwenkte, den Handstock zur Hand, die aktive Seite der Prosa zugewandt, gekleidet einem Jarl gleich, in just korrektem Schnitt : ein klassischer Klassemantel, fröstle mich, Fries, von überlegenster Aufgerauhtheit, bravindigobraun, zum Trekken und Trampen, darüber ein irischer Grobschmiedskragen, mit Meerschweinborsten, freischwingend über die Schultern; und dicke geschweißte Hosen, ihm aufgehämmert, um der extremsten Öffentlichkeit und sämtlichen Klimen zu trotzen; eiserne Hacken zu sparsamen Sohlen; und ein wohlbevorratetes Vorsehungs=Jackett, wollig=wollendes mit sanftwallenden Lispelschößen daran, und mächtigen Knöpfen aus Siegelwachs, eine gute Portion größer als die Lochschlitze dafür, von 22=karätigem Krasnopopsky=Rot; und die undurchdringliche Jute=Weste; den volkstümlichen Hemdkragen, Größe sieben=und=firz=ich, mit der auffälligen Bohème=Krawatte; dann das damascierte Oberhemd, dessen er sich im Innern rühmte, ein bratrostiger Sternbanner=Zefir mit ausgesprochen gestärkter Talar=Doodle=Brust als Zugabe, und sein Motto für's ganze liebe Leben lang eingestickt, in Erbsen=, Reis= und Eidotter=Schrift : ‹R› für König, ‹M› für Pos(t), ‹RMD› nie baargeldlos. Dann die erfolgreichste aller je getragenen Schöpsenkeul=Bauschhosen, die man jemals (nein, diese vollendete Bügelfalte ! Wie absolut zum Küssen !) wie sie ihm über den Knöchel fiel, und die Schuhhacke umkoste, Von Allem Das Beste – nichts andres von (ach, möge der Schildkrot=Segen von Gott & Maria & Patricks Fleischpudding mitsamt Huschel=die=Braut ihn von oben bis unten besupptaumeln !) Jemand anders als (und mögen seine hunderttausend willkommdünstenden Briefe, verlegt und eilpost=gejagt, sich vervielfältigen, ja, wahrlich, und verviehlfalten !) von Shaun selbst !

Welch ein Bild der Primitivität !

Besäße ich die synoptischen Schlauköpfe der Herren Gregory und Lyons zusammen, vereint mit dem von Doktor Tarpey, und, ich wage den Ausdruck, den unseres allgemein verehrten Mister Mac Dougall; so jedoch, ich armer Esel ich, bin ich lediglich der vierte Teil Schlüsselklingelns. Dennoch däuchte mir, Shaun (mögen Heilige Botschafter=Engel ihn ununterbrochen rippstößeln, entlängst und über alle Schlangenwege seines zufälligen Jeweils !) Shaun in höchsteigner Person (und mögen sämtliche blauschwarz=rückwärtsgleitenden Sternbilder fortfahren, seine variable Zeittafel zu gestalten !) stünde vor mir. Und ich verpfände Euch mein großes landwirtschaftliches Ehrenwort, bei allen 160 ungeraden Ruten und Tannenzapfen dieses Nachtstyx : dieser junge Bursche sah tatsächlich danach aus !, dieser Bel=Ami von der Gecken=Allee, ein Trumpf=Aß, wenn je eines war ! Pep ? Nein, also täuschen wir uns nicht, man geht schwerlich zu weit, wenn man feststellt, daß er einfach großartig aussah; so höllisch smart, und weit wohler noch, als allgemein schon der Fall war. Nein, da gab's kein Verkennen bei dieser strahlenden Stirn ! Hier war Euch Einer, der nicht mit dem Guten Herzog Humphrey imbisselte; sondern der sich durch die Monate fraß, ohne auch nur 1 Anzeichen von Unsicherheit in sich; beziehungsweise, andersherum ausgedrückt, vierfach=Ale und kein Rest im Glas. Diese jehovialischen Augen=Blicke ! Dies schwerlastende Stirn=Runzeln ! Und diese Hahn=im=Korbschaft. Unendlich war er, überragend grandios; denn er hatte just keine üble Zeit hinter sich, 24 Stunden pro Moment eine substantielle Mahlzeit, in einem Bierhaus, zechfrei, (falls Sie den Namen wissen wollen : ‹Zum Bratrost Sankt Laurentii› oder ‹Zum Glücksrad› – Keulen bitte im Vorraum lassen; Selbstbedienung; Kinnstreicheln für eingemachte Wallnüsse nicht erforderlich; Faulenzern wird Kräuterwürze gratis verpaßt – also jenes Etablissement, das die einstige Königin von Bristol & Balrothery zweimal bewunderte; weil ihre Lügen=Tür direkt zur Anstands=Straße hinausging), wo er, angesichts schöner Augen, und während seine Herzbuben=Messer derb Schaden anrichteten, seine Stärke vermittelst Mahlzeiten ganzer Spaten voll reichsapfelmäßiger Nahrung auffrischte, im völlig richtigen Vorgefühl des kommenden Erntedankfestes dann; ergo konstituierte er ein dreiteiliges Mittagsmahl plus einer Kollation.

Zunächst ein Erst=Frühstück, ein Wohlbekommsuns, aus blutdürstigen Orangen; als nächstes einen guten Viertelliter Speck, mit frischgelegten Eiern dran; und 1 Sektor eines Reis=Plum=Puddings, aus erlesen=verschiedenen Zuckern gefertigt; und diverses kaltes gottverlassenes Steak, torffeuergebraten in fledermausiger Schwarznacht, überschwenglich zu schauen; Sondereinlagen natürlich unpräjudizierlich, die gleichsam spielerisch zu seinem Fundamental=Diner von einem halben oder auch ganzen Pfund Rumpsteak hinzukommen könnten; obwohl sich Mein Bestes Von Portarlingtons Fleischerei, mit einem derben Schnitt Erbsen=Reis nur selten anschloß, wie auch Corkshire à la mélange; und Schinken (ein wenig mehr noch, bitte !) Koteletts, und Klein=Einlagen vom silbernen Grill der Besitzerin dieser Rostbraterei, die auf dem Hügel haust; und gallige Gulasch=Tunke, und Pumpernickel zum Hineinwolfen; und eines Fräßers Perl=Zwiebel=Knebel (Marga=Ritter, Marga=Reiter, Margarasti=Kondeiter !); und nicht minder beim Zweiten Gang; und dann schließlich, nach seinem avalonischen Elf=Uhr=Imbiß bei Apfelroth's oder Kitzbraten's, ein unter'm Sattel mürbegerittenes Hausgans=Steak, und 1 Buddelchen von ihrem Fönix=Parker=Porter, bloß um seinem Adams=Knorpel den letzten Schliff zu geben; und gleich süße 'töffelchen und irisch noch dazu; und Mock=Turtle, damit die Schluck=Wege wieder pfiffig würden, und Supp' auf Supp', und er gleich die Zunge drumrum gewickelt, und Bolands Brühe unberechnet obendrein, allerdings zu seinem Bedauern ein Souper avec Ruhestörung, videlicet, ein Gelage, das sich folgerichtig mit noch einem Gang Eier an Schinken vertrug (und zwar ein'n gut durchwachsenen diesmal), mit breitesten Bohnen, Hoh, Stich, Hah, gib dem Caro=Knochen Pfeffer, daß er tipptopp heiß wird; und als es dann After=dem war, stürzte er ein letztes Endchen hinter, schnuck'lig gestopft, im Nachgang zu kaltgewordener Kalbslende, und mehr Kohl, und, in ihrem jungen unschuldigen Zustand, gewissermaßen unterröckig, einen Sternhaufen Erbsen als Letztes. . . . .

(Pausenzeichen)

B. (verkniffen): Dennoch ! – Da haben Sie uns also nun ein Schälchen vom ‹Pan=Aroma› unter die Nase gehalten, und erwarten sich vermutlich, daß wir den Duft begierig einsaugen ? War es nicht eher ein ziemlich verwachsenes Stückchen Aqua=Terrarium von Verben; kribbelnd & wibbelnd von substantivischen Ungeheuerlein, mit Sägegebissen von Vorsilben versehen, mit hinterhältigen Endsilben geschwänzt, ird=irdene Gutturale pseudo=tiefsinnig ausquakend ?

A. (ironisch=erfreut einfallend): Scharmant ! Sie werden ja direkt selbst zum Dichter an FW.

B. (nüchtern): Das war nicht die Absicht; ich wollte lediglich meine Bedenken, noch deutlicher : meine Abneigung, in edle Worte fassen. – Überdem handelt es sich ja gar nicht um FW; sondern um Ihre Übersetzung.

A. (ablehnend): Bitte nicht *den Ausdruck* verwenden; sagen Sie :

‹Der Versuch einer ersten Lesbarmachung für Deutsche;
wie *ich* ihn mir denke.›

ein Anderer stellt ihn sich ja vielleicht ganz anders vor. Ist FW doch bis jetzt nur wie eine ferne Insel, randvoller Wortgestrippe, die kaum noch ein menschlicher Fuß, und schon gar kein deutscher, betreten hat . . . . .

B. (ergänzend): ....., und ehe man auf sotaner Insel mit Behagen oder gar Genuß wird lustwandeln können, dürften wohl noch diverse VICO'sche ‹Ricorsi› vergehen. – *(erläuternd):* Sie hören, ich habe mich, auf Ihre verruchte Empfehlung=hin, sogar mit den Hilfsdisziplinen befaßt.

C. (schüchtern & eifrig): Ich auch.

B. (fortfahrend): ..... und möchte zusammenfassend urteilen : daß *ich* es künftig für das Kennzeichen eines gesunden Kopfes ansehen werde, wenn er sich mit FW nicht länger als 2 Tage beschäftigt hat. – *(entrüstet):* Verunstaltete Vokabeln, Herr ! Volapük=Qualster, auf gebleichten Hadern und Lumpen ! Und dann vor allem noch *628 Seiten* solcher Wort=Maische : als Kinder ha'm wa *gelacht* über SCHWITTERS' ‹unstrahlend ezen Kriesche quäke dreiz› !

C. (zögernd): Einzelne Stellen – einzelne *Sätze* eigentlich nur – schienen mir herrlich; aber man mußte sehr=sehr suchen. – *(betrübt):* Wie merkwürdig, daß die Sprache der höchsten Verfeinerung äußerlich so barbarisch dreinschaut.

B. (ablehnend): Verfeinerung ? Ich sah nichts als Hottentottenschnalzen & Irokesenröcheln eines Mannes, der vorher zu lange im HIPPEL gelesen hat. Ich bleibe dabei : seit DADA gab es keine solche Verwilderung mehr !

A.: Darf man zuvor nicht doch noch Einiges zu bedenken geben ? – Ist Ihnen der Name OKEN ein Begriff ?

B. (unwirsch): In Anbetracht dessen, was Sie mir neuerdings empfehlen, muß ich zurückgeben : ‹Erfreulicherweise nicht.›.

A.: Schade; es erschwert eine Verständigung wieder mehr. – Sie attackieren mich natürlich insofern mit Recht, als ich Sie unvorbereitet gewissermaßen ‹hineinstolpern› ließ. Obwohl das auch schon wieder unscharf formuliert ist; war der Zweck doch eher der, Ihnen eine – *(beschwichtigend):* ganz=ganz lütte – Lektion zu erteilen : mit allem urteilen über Moderne Kunst vorsichtig zu sein. Selbstverständlich handelt es sich bei 90 % der ‹abstrakten› Herren mit Existenzialistenbärten um irrgeführte Unreife, oder dreist stümpernde Frechlinge. Aber wenn ein Mann wie James JOYCE – dessen ODYSSEUS vermutlich dereinst das ‹Buch des Jahrhunderts› heißen wird; die derzeitige Große Richtung der westlichen Kultur bürgt wohl dafür, daß nur noch gehobener Durchschnitt entsteht – wenn ein solcher Mann also 17 Jahre, und seien es immer die Altersjahre der Abnahme gewesen, auf ein Buch verwendet : dann würde ich Ihnen dienstlich empfehlen, behutsam zu sein.

B. (mürrisch): Das geht wohl stark auf eine Vergötterung los ?

A.: Nichts weniger. Sie werden sehen, daß ich mehr & begründetere

Einwände weiß, als Sie. – Aber haben Sie, zum Beispiel, als ‹mildernden Umstand›, in Anschlag gebracht, daß etwa KLOPSTOCK eine ‹Neue Ortografie› einzuführen versucht hat; eine, wo man ‹Verehrer› vorn mit kleinem ‹f›, und in der Mitte ohne ‹h› schreibt ?

C. (erfreut): Ach. Ein solcher Kirchenvater unserer Literatur auch ? !

A. (nickend fortfahrend): Oder haben Sie einmal in einem GOETHE=Brief – ich besitze, wie es dem kleinen Privatmann geziemt, nur die STEIN'sche Auswahl; da steht es III, 266 – gelesen : großes ‹M›; ‹100›; zwei große ‹C› ?

C. (interessiert wiederholend): M. 100. CC. ?

A.: Sie müssen's, um zu erraten, *französisch* aussprechen : ‹aime sans cesse›.

C. (ergötzt): Ach; ‹Ewige Liebe› also ?

B. (sich einmischend): Moment mal. Also geraten wir jetzt ins Rätsel=Lösen ? Wollen Sie damit sagen, daß es sich bei FW um eine absichtliche Verschlüsselung, ‹Verscheusalung›, nach subjektivem arbitrium, handele ?

A.: Zum Teil; ja; obwohl gerade das sehr reale Gründe hatte. Außerdem handelt es sich zumindest immer um ein ‹Rätselraten im Höheren Ton› .....

B. (einfallend): ..... was bedeuten soll ?

A.: ..... was, an den meisten Stellen, bedeuten soll : daß Sie es ja vielleicht auch als eine schöne ‹Wissensprobe› ansehen könnten; um eine Herausforderung an Sie, wieweit Sie Ihre Kenntnisse, die Summe Ihrer Bildung, parat haben.

C. (gutwillig): Ach; das ist ein netter Gedanke. Wie Robinson Crusoe; dessen eigentlicher Sinn möglicherweise auch der ist : Hier bist Du jetzt; auf Dich & Deine Kenntnisse allein=gestellt; wie öde die Insel sein wird, hängt von *Dir* ab !

B. (ablehnend): Ich bin kein Freund von Rätseln .....

C. (nachdenklich dazwischen): ...... ich eigentlich ja .....

B. (ungehaltener fortfahrend): ...... und lege schon jetzt, im Namen der Menschheit, Verwahrung gegen den neuen Bewährungstest ein, den ich, unausgesprochen noch, aber köstlich unüberhörbar, immerfort mitschwingen höre : ‹Sage mir, wieviel Prozent Du von FW begreifst, und ich will Dir sagen, wer Du bist› ! Mir hat schon das *Eine* gereicht, daß JOYCE nicht interpungirt; beziehungsweise sogar *irreführende* Satzzeichen gibt. Warum hat er die Anführungsstriche bei ‹direkter Rede› weggelassen ?

A. (bedauernd): Ja; das erschwert die Orientierung in den Satzgeflechten sehr. Die Aversion gegen ‹Gänsefüßchen› war eine lebenslängliche

Spezial=Grille von ihm; in früheren Büchern noch leidlich ‹apart›, weil nicht allzu=störend; später wohl als absichtliche Ver=Unklarung begrüßt und beibehalten – die ‹Antwort der Tiefe› bedient sich leidenschaftlich solcher Schnurrpfeifereien.

B. (triumfierend): Das Wort hab'ich hören wollen : *‹absichtliche Irreführung›* ! Ein Schriftsteller also, den die Verständigung mit dem Leser nicht nur nicht mehr interessiert; sondern der ihr sogar bewußt Einhalt tut ? – *(entschlossen):* Jetzt nehm'ich's *überhaupt* nicht mehr in die Hand !

A. (beschwichtigend): Warten Sie wiederum lieber ab. Überschauen Sie doch höchstwahrscheinlich weder Absichten noch Ergebnisse. Vergessen Sie vor allem des großen Edgar Poe .....

B. (berichtigend): .....größeren ! .....

A. (gleichermaßen unbeugsam): ..... des großen Edgar Poe Regel nicht : daß kein Mensch eine Geheimschrift, in unserem Fall =sprache, zu erfinden vermöchte, die ein anderer Mensch nicht auch, zu guter Stunde, wiederum lösen könnte; und ich zitiere als Beleg Goethe ..... :

D.: »Ich hatte, um mich hier durch ein Gleichnis zu erklären, vor einiger Zeit Interesse genommen an Manuskripten des 15. Jahrhunderts, durchaus in Abbreviaturen verfaßt. Ob nun gleich eine solche Entzifferung niemalen mein Geschäft gewesen, so ging ich doch, aufgeregt, mit Leidenschaft an die Sache; und las zu meiner Verwunderung unbekannte Schriftzüge frisch weg, die mir lange hätten rätselhaft bleiben sollen. Aber diese Zufriedenheit dauerte nicht fort; denn als ich nach einiger Zeit das unterbrochene Geschäft wieder aufnahm, bemerkte ich erst, daß ich irrthümlich eine Arbeit auf dem gewöhnlichen Gang der Aufmerksamkeit zu vollenden strebte, die mit Geist & Liebe, mit Licht & Freiheit, begonnen war; und daß im Stillen nur darauf zu hoffen sey, wie jene glücklichen Eingebungen des Augenblicks sich wieder erneuern möchten.«

B. (ironisch): Was finde ich in meinem Goethe nicht ! – *(ernsthafter):* Sie wollen damit demnach sagen, daß man nicht nur ohne Widerstände, sondern sogar mit Schwung & Feuer an die Lektüre herangehen, und sie auch möglichst nicht unterbrechen müsse ? Daß man, um einen astronomischen terminus zu gebrauchen, sich erst ‹einsehen› müsse ? Der Kleine Fritz vermeint freilich, er brauche nur das entsprechend=große Fernrohr ans Auge zu setzen, und schon sähe er die ‹Brücke› im Mare Crisium; wo doch jeder Fachmann weiß, daß das diverse Lunationen voll leidenschaftlichen Hinschauens und fleißiger Gewöhnung erfordert.

A. (bestätigend): Genau so. Die Sprache des Wake ist zu erlernen – freilich noch leichter auch wieder zu *ver*=lernen. Darf ich, damit wir endlich dem unergiebigen Austausch von Bekundungen des Abscheus und der Würdigung entkommen, zusammenfassend sagen, daß es sich bei FW's *Sprache* um Mehrerlei handelt : einmal *mußte*, aus persönlichen und juristischen Gründen, ‹Unangreifbarkeit› statthaben. Zweitens wurde die Ortografie ‹freigegeben›; weil man dann entzückende Sprachspielerein anstellen kann : wie nett ist nicht ein »inn=genious«, ein ‹geistreich›, aber mit zwei ‹n› geschrieben; wodurch es flugs auch zum ‹Schenken=Genius›, zum HAFIS=mäßigen Trinker JAMES=JOYCE=selbst, wird.

C.: Oder auch, wie ich mir notierte, ein »idoll« – aber ein ‹Idol› mit zwei ‹l› am Ende, wird ja sofort zur gehätschelten ‹Puppe›. Was Idole wohl meist sind.

A.: Ja; es läßt sich virtuos ‹auf der Zunge fantasieren›; die Schreibmaschine wird zum ‹Flügel› .....

B. (bremsend): ...... und, wie immer bei großmaßstäblichem Gewitzele, unterläuft unvermeidlich viel Gezwungenes, viel ‹Höherer Blödsinn›. Wenn ich da lesen mußte, wie die alten ‹Thermopylen› als »their mobbilies« ‹verschlüsselt› waren; oder ‹Januar=Februar=März› als Herr »John Phibbs March« auftraten – dies übrigens eine ausgesprochene ‹Erleuchtung›, in Ihrem Sinne – ja, ich meine, derlei burschikose Poly=Glossen sind doch nur als ‹studentische Reste› zu werten, und fast zu häufig, um noch verzeihlich zu sein, in ‹Hoher Literatur› – *(bösartig=bedauernd):* Es muß bei mir wohl am Auge liegen, daß ich 22000 Zeilen von solchem Zeug als fade, in letzter Instanz also langweilig, empfinde.

A.: Ich bestätige Ihnen durchaus, daß die Albernheit eine der Klippen war, an der JOYCE begierig scheiterte. Aber darf ich erst noch weitere Vorschläge zur Güte machen ? Könnte es sich, drittens, nicht um einen Versuch handeln, gewissermaßen die alte ‹indogermanische Sprachgleichung› wiederherzustellen ? Eine Gesamtsprache zu basteln, eine ‹organische›, in der jeder Europäer verständliche Anklänge fände – eine Art ‹natürlichen Esperantos› ?

B. (hämisch): Achso. *Des*wegen hat er immer Finnisch und Burmesisch und ‹Ägyptische Totenbücheleien› ! Oder war er nur eben mal in Gebelaune ? Und weil das englische »space«, ‹Raum›, sich Deutsch als ‹Spaß› sprechen läßt, ergibt sich eine Monolingua mit neuer Logik, derzufolge ein Geometer, er mag wollen oder nicht, eine ‹spaßige Figur› ist ? – Dergleichen an den Haaren herbeigezwungenen Tinnef sollte ich als die berühmten ‹Obertöne› bewundern ? : *»Sham : You are mad !«*

A. (ergeben): Sie berühren natürlich ‹wunde Punkte›; und ich bescheinige Ihnen gern, daß einige Ihrer Pfeile scharf treffen. – Ich sehe, wir müssen noch wesentlich weiter ausholen; noch kann die eigentliche *Lesung* nicht beginnen .....

D. (das ‹noch nicht› zitierend aufnehmend):

Noch nicht nahm Herr Nichtswo von Allwelt / / einen Teil von sich selbst zum Gemahl; / / doch verurteilt Herr Nichtswo ein arm' Elternpaar / / lebenslänglich zu Krach, Zank und Qual. / / Noch nicht hat der Emper von Corpsica / / Arthur's englische Kunst verspürt; / / noch haben Sachsen und Jüten nicht / / auf dem Wortringwall Krieg geführt. / / Noch stob ihm kein Funke vom Schädel, / / weil der Schnaps=Nuttrich hext auf Ben Howth; / / noch schloß keine Dick=Angetraute / / für ihn ‹Frieden in Ehren› für's Haus. / / Dem Spaltfuß sein Sturz aus dem Himmel, / / Dem Gärtner=Trottel sein Fall; / / Eier=Kain jagt den Apfel=Abel; / / wo sie wollen, entsteht prompt ein Wall. / / Doch still schaut der Berg auf den Mal=Strom, / / ihm am Bahr=Fuß rast Bruder=Schlacht, / / und ‹Ihr› Rill=Strull liffeyt die Majestät, / / und der Schalkschor der Töchter lacht. / / Daß den Küsten von Taub=Thors=Eiland / / nie sein Dutzend Irr=Ohrwürmer fehl ! / / – Ein ‹Hirp=Hirp› der verpaßten Verständigung zirpt / / die Ballade vom Perce O'Reille !

(Pausenzeichen)

B.: Wieso ‹Hi*r*p› ? Ich habe immer gedacht, es hieße ‹Hi*pp*=Hi*pp*=Hurrah› ?

A.: Nicht, wenn ein »Grashopper« es ausbringt. – Wenn ein Deutscher sich zur Lektüre des – naja; sagen wir ‹englischen› – Originals von FW anschickt, muß er, abgesehen von mehreren kleinen, auf drei große Methoden der Verschlüsselung gefaßt sein; und einige unerläßliche Hilfsmittel bei der Hand haben – Sie haben bereits mehrfach, und kopfschüttelnd dazu, Seitenblicke auf die Titel einiger Bücher geworfen, die mir hier herum liegen ?

B. (befremdet): Tcha. – Der Talmud=Traktat SUKKOTH .....

C. (ebenso): Herbert, ‹TWELVE GREAT LIVERY=COMPANIES› .....

B.: Bryant : ‹A NEW SYSTEM OF ANCIENT MYTHOLOGY› .....

C.: Eine Karte der Nil=Quellen; mit Albert= und Victoria=Nyanza .....

B.: Einzelbände von Turgenjew, Tolstoj, d'Annunzio, Kipling, Traherne, Sir Thomas Browne .....

C.: Stadtplan & Adreßbuch von Dublin und Triest .....

B. (resolut): Undsoweiter undsoweiter. Aber ausgerechnet den schlechten KÜRSCHNER, ‹WELTSPRACHENLEXIKON› ?

A.: Ich weiß wohl; aber es ist immer die einzige, leicht erreichbare, Polyglotte, die im Fremdsprachlich=Deutschen Teil ein doch ab & zu hilfreiches Sprach=Stew darbietet. – Sie haben aber Beide die 3 all=wichtigen

Hilfsmittel nicht genannt. Vor allem den alten MURET=SANDERS, nicht genug zu rühmen dem Übersetzer. Als Sonderhinweis für den vorliegenden Fall : JOYCE spricht über alles gern in ‹Kreuzen und Kometen›.

B.: Sprich : ‹rare & ausgestorbene Worte› ?

A. (bestätigend): Was allerdings etwas dadurch erleichtert wird, weil er da meist – es kommt gleich – ein gewisses ‹System› befolgt.

C. (noch in Gedanken): Also muß man darauf gefaßt sein, daß er entlegene Bezeichnungen kultiviert; nicht ‹Portemonnaie› sagt, sondern ‹Geldkatze›; nicht ‹Alexander› sondern ‹Der Dulkarnain›; nicht ‹rot› sondern das seltene=vornehme ‹gules› ?

A.: Was direkt zum zweiten, ganz großen, Hülfsmittel hinführt : der 13. Auflage des ‹Buchs der Bücher›; also der ENCYCLOPAEDIA BRITANNICA von 1926.

B.: Und warum gerade diese ältliche Auflage ? BRITANNICA selbst leuchtet sofort ein : die Welt aus englischer Sicht.

A.: JOYCE ist 1882 geboren : sein Wissen, wie auch das, ihn ‹von Haus aus› stärkstens beeinflussende seiner Eltern, ist entscheidend das, *vor dem Ersten Weltkrieg* : Band 1 bis 28 der erwähnten Auflage sind 1911 erschienen. / Nun lebte er selbst noch geraume Zeit danach; wurde Zeitgenosse der ersten Radioapparate, des ‹Kientopps›, und affektiert, unter anderen, auch deren Wortschätze : infolgedessen kommen hier, fast völlig ausreichend, die 4 Supplementbände von 1926 ‹zum Zuge›. Ich habe die diversen, infrage kommenden Auflagen der BRITANNICA, wenn auch flüchtig, für diesen Spezialzweck durchgesehen : schon aus den nächsten beiden ist soviel an, um 1900 noch interessantem aber efemerem, Kleinstmaterial herausgestrichen, daß ich diese 13. Auflage doch als *die* JOYCE=BRITANNICA mir zu benützen vorgesetzt habe.

B.: Verlangen Sie, daß sich der Leser des alten ‹Mixers & Wortmalers›, um der Kobolz=Lettern willen, eine ganze Bibliothek anschaffen solle ?

A. (ausweichend): Sie haben mich das Letzte=Dritte noch nicht anführen lassen : den SKELETON KEY von CAMPBELL & ROBINSON – obwohl hier beträchtliche Vorsicht not tut. – *(heiter):* Und nun können wir anfangen zu lesen, »deep your ear on the movie=tone« : die Augen halb *zu*; die Ohren *ganz auf*; und dann sich zu 60 % von der Aussprache, zu 40 vom Schrift=*Bild* mitnehmen lassen. Am besten stellen Sie sich eine Sonata vor, geschrieben von & für Argus & Briareus.

B. (mürrisch): Bedanke mich. – Ich würde eher ‹Alkohol in kleinen Gaben› vorschlagen; für ein Buch, das mir unter ‹großen Gaben› konzipiert scheint.

A.: Am Anfang jeglicher Lektüre von FW steht also die Entschlüsselung der *einzelnen Worte.*

B.: Also hierzu gleich meine Frage : oben, auf der zweiten Seite, erscheint die Formel »oystrygods gaggin fishygods« – könnten Sie mir das, bitte, ausführlich erläutern ? Mir fiel lediglich ‹Austerngötter gegen Fischgötter› ein.

C. (schüchtern): Ich glaube noch gefunden zu haben : ‹Ostrogothen gegen Visigothen› ?

A.: Das ist schon recht tüchtig – wolltegott, es wäre nichts schwieriger! Sie müssen noch 2 weitere Bedeutungen mit hinein=lesen; einmal ‹Austria contra Vichy›, Erläuterung überflüssig. Und als letzten ‹Drall› : ‹Istriens Götter gegen Götter der Gesichte›, der ‹visions›. Darf ich noch speziell auf das »gaggin« hinweisen ? Es ist ja nicht nur unser ‹gegen›; sondern vor allem auch das englische ‹knebeln=mundtot machen›; vermutlich ein ganz bewußter Konnex zu dem immer wieder erscheinenden ‹Würger›, dem ‹Garroteur› – beziehungsweise dem ‹Jugurtha› der manchmal beneidenswert ahnungslosen C&R, die das ‹You=gárrotter !› nicht hörten. – *(beiläufig=bedeutsam):* Übrigens besagen sämtliche 4 Bedeutungen Ein=und=*Dasselbe.*

B. (bedenklich): Sie setzen eine mächtige Portion Interesse an Silben=Rätseln voraus; oder an ‹Schnitzeljagden›. Kann ich mir nicht aus den Abendwolken bessere Geschichten zusammenlesen ?

A.: Ich bin wirklich der Letzte, der behaupten möchte, *Ganz*=FW sei dergleichen; alfabetische Kalauer widerstehen auch mir. – Wenn Sie also das einzelne Wort einigermaßen verstanden haben, dann folgt als nächst=Zweites die Erkennung der Wortschatz=*Gruppen* .....

B. (AKÜ=erkundigend): Zett=Bee ?

A.: Zum Beispiel, wenn JOYCE, Seite 8, *Schlachten*=Namen zu Dutzenden in den Text einarbeitet – die Panne der ‹Thermopylen› war bereits aufgespießt; aber ‹panic=burn› für ‹Bannockburn› ist doch durchaus nicht witzlos. / Bei der Fabel von ‹Mookse and Gripes› muß man sich ein Verzeichnis der *Päpste* daneben legen. / Seite 309 der Wortschatz des frühen Radio. / 582 Kricket. / Eine gute Übung für den präsumtiven FW=Leser ist 229, wo er einige der Episoden seines eigenen ODYSSEUS aufführt.

B. (grimmig): Das stand auch bei C&R. Und einiges war ja leicht : »Mermaids Tavern« das Sirenenkapitel; »Nemo in Patria«, nu schön. – Aber ehe ich soweit ‹herunter› war, in ‹nichtsnutzigen Waden› Nausikaa zu erkennen, oder in »Ukalepe« – *(englisch aussprechen : ‹Juka=liep› !)* – die schöne Kalypso, habe ich doch stark mit den Augen zwinkern müssen. Und was »búlly famous« sein soll, weiß ich bis heute noch nicht ..... *(plötzlich erleuchtet):* oder etwa, ‹Bullen›; die ‹Rinder des Helios› ? Und sei's auch nur, weil unsere deutschen Übersetzer bisher immer ‹Die Ochsen der Sonne› dafür setzten.

C. (schüchtern): Ich glaube, es müßte der ‹Zyklop› sein – : »bully-fámous« : ‹Polyphemus›.

B. (erschüttert): Ook dat noch !

A.: JOYCE macht dergleichen mehrfach. Zum Beispiel – was C&R *nicht* haben – hat er auch die Kapitel des *WAKE selbst*, in ähnlicher Unmanier, auf Seite 602, vorgeführt. Oder 540 eine Handvoll Titel seines Lieblings IBSEN; darauf müssen Sie natürlich immer gefaßt sein, daß Ihnen in »quay sirs and galley liars« KAISER UND GALILÄER begegnen; und »dudder waggoners« sich von ‹dead› und ‹awaken› herleiten : WENN WIR TOTEN ERWACHEN.

B. (spitzig): Sie meinen : ‹Im Grabe umdrehen›. – *(beschwörend):* Aber geben Sie doch selbst zu ..... oder nein; ich schreib' was auf ... *(kleine Pause, während der er kritzelt; dann):* So. Entziffern Sie mir doch mal *das*. Sie besitzen ja so viel – wie spricht das Buch ? – »mirror=minded curiosity«.

A. (erstaunt=lateinisch murmelnd): ‹dii currendum serum› ..... ? – Hm ..... Also das erste Wort wohl von ‹Dii› : Götter.

C. (eifrig): Oder ‹dies›; der Tag ?

A.: Oder ‹dies›; ja. – ‹currendum› einwandfrei ‹laufen=hasten=eilen›. Vielleicht kämen aber auch ‹Kurrende=*Sänger*› mit ins Spiel ? – Und ‹serum› endlich : ‹Heil=Serum›.

C.: Oder, italienisch, ‹la sera›, der Abend.

A.: Oder la sera; ‹en una sera, cosí serena›. – *(laut):* Ja; also, da gibt es mehrere .....

C. (bittend): Dürfte *ich* eventuell ..... ? – ‹Dii currendum serum› : ‹Der Tag eilt dem Abend zu›.

B. (hüstelt lediglich).

C.: Oder eben auch : ‹Götter eilen mit Heilung herbei›. Oder aber, beide Lösungen ineinander gearbeitet : ‹Der Tagesgott eilt singend dem heilsamen Abend zu›. Übertragen : ‹Die Sonne geht unter› ! Und ‹tönt nach alter Weise›.

B. (hüstelt; wie gehabt).

A. (lobend): Sehr brav ! Typisch C&R übrigens, die auch nur immer, unveränderlich=rührend, auf die feinsinnigste Auslegung verfallen. – *Ich* jedoch, nicht nur durch das mokante Hüsteln unseres Freundes hier gewarnt, sondern auch auf eine ad=absurdum=Führung gefaßt, nehme mein Herz in beide Hände; und wähle die dritte, jute=fädige, Möglichkeit : *(mit Nachdruck): ‹Die Kuh rennt um'm See rum !›*

B. (anerkennend): Es ist natürlich ein uralter ‹Meidinger›, und Sie könnten's gewußt haben – aber ich bin beruhigt : *Sie* werden Unsinn als solchen erkennen, und ihn mir nicht als tiefsinnige Schönheit aufschwatzen wollen.

A.: Zuviel Ehre; warten Sie ab. – Wir waren also bis jetzt soweit gekommen, einzusehen, daß sehr häufig ganze Wort=*Familien* geschlossen auftreten; was die Entzifferung ja sehr erleichtert. Einmal ist die Sprache des Rennplatzes an der Reihe; Jägerausdrücke einer Fuchshetze; alle damaligen Revolver= und Pistolen=Modelle treten auf; weil JOYCE's Frau mit ihrem Mädchennamen ‹Barnacle› hieß, muß man auf ‹Muschelchen› achten; im ‹Wäscherinnen›=Kapitel sind's tausend Flüsse – manchmal schön & sinnreich; öfter ballhornt's vergewaltigend – immer Rhein mit dem Bug in die Zwickauer Mulde .....

B. (einfallend): Ich sagte es bereits : College=Witze. – Übrigens fiel mir auf, daß JOYCE anscheinend alles fließende Wasser als *weiblich* empfunden hat : auch wieder so eine Willkür !

C. (schüchtern einwendend): Die Elbe; *die* Wolga; *die* Donau ?

B. (klotzig): Vater Rhein; *der* Nil; Ol' *Man* River : damit kommen wir nicht weiter. – Ich möchte überhaupt gleich, was die vorgebliche ‹Namens=Fülle› von FW betrifft, meine Ansicht zu Protokoll geben : das Namenregister zu meinem Großen Andree ist genau so interessant, von ‹solider› noch ganz zu schweigen. Es handelt sich bei JOYCE, fürchte ich fast, um keinerlei *echtes Wissen*; sondern bestenfalls um Konversations=Lexikons=Belesenheit : ‹Husch=Husch, die Waldfee !›

A. (zögernd): Ich muß Ihnen leider schon wieder eine Art Quasi=Recht geben : jene Pseudo=Fülle, die Mancher in GLASHEEN'S ‹CENSUS› vielleicht bewundert, hat schon STANISLAUS JOYCE, in MEINES BRUDERS HÜTER recht treffend charakterisiert : »James besaß tatsächlich jene Art von Schlauheit, von der man sagt, daß sie das eigentliche Merkmal erfolgreicher Rechtsanwälte sei : nämlich die, sich, falls nötig, in kürzester Frist die vorübergehende Kenntnis eines Gebietes anzueignen, an dem sie im Grunde nicht das geringste persönliche Interesse haben.«

B.: Ich möchte noch wesentlich weiter gehen. Meines Erachtens hat sich der Schäker, zumal wenn es sich um naturwissenschaftliche=technische Einzelheiten handelte, lediglich 2 Handvoll Fachausdrücke zusammengesucht – nicht etwa, weil sie organisch zusammengehörten, oder er etwas von der Sache verstünde – sondern lediglich unter dem verfluchten Gesichtspunkt der ‹Verdrehbarkeit› quick herausgeklaubt; kompanieweise zusammengetrommelt; wo dann das peinliche Resultat eben der Eindruck ungerechtfertigter Gewaltsamkeit & Willkür wird : der polyhistorisch=volle Klang bei JOYCE ist ein *falscher Ton*, dem *ich* nicht erliege.

A.: Ich gebe zu – ich *muß* es zugeben – daß es sich an, nur allzuvielen, Stellen um einen unverarbeiteten Namensaufwand handelt. Es könnte ja sehr interessant, und für den Leser bereichernd, sein, wenn ich mir die Namen sämtlicher, sagen wir, Goldschmiedsgeräte vornähme; über das Gebiet ausgiebig nachläse; dann in Werkstätten ginge; dort oft & interessiert zusähe – und dann anschließend einen ‹Goldschmieds=Roman› schriebe. Aber von diesem Standpunkt aus betrachtet, ist es widerlich, wie *leer* FW im Grunde ist ! Wissens=arm, bei Vortäuschung des umfassendsten Wissens; manhattisch=imposant, wie ein leerer Silo. Das hat sein kluger Bruder ja ebenfalls festgehalten : wie JOYCE die Stirn besaß, einen berühmten Rennfahrer zu interviewen, und über Autorennen zu berichten, ohne die geringste Ahnung von dem Gegenstand zu besitzen – was damals, so um 1903, ja noch viel verwegener war, als heutzutage, wo ja jedes Kind bereits, zumindest mit den *Worten* ‹Differential› und ‹Kuppelung› aufwächst.

C. (einwendend): Aber er hat doch unleugbar mehrere Sprachen beherrscht; sehr viel von IBSEN gewußt; oder notorisch aus dem Deutschen GERHART HAUPTMANN übersetzt.

A.: Wir sprachen eben ausdrücklich von *Technik & Naturwissenschaft !* Was Geisteswissenschaften angeht, sei ihm jeglicher Ruhm unbestritten; obwohl ich betone, daß es sich auch hier etwas sehr oft um entlegene, dämmerige Winkel handeln möchte; so ‹Mystik› und ‹Irische Mythologie› und ‹Kabbala› – ein bestes Sinnbild seine Vorliebe für ‹Heraldik› : nichtsnutziger Tiefsinn; antiquarische ‹Fülle›; labyrinthische Verästelungs=Lüste; buntfigurigste Unfruchtbarkeit : JOYCE hätte den idealen ‹SIEBMACHER› abgegeben. Von ehrlicher, fleißiger Urkundenforschung über bedeutende Themen, wie bei unseren alten=großen LESSING oder HERDER, ist bei ihm nicht die Spur einer Rede.

B. (nüchtern ein Zwischen=Fazit versuchend): Also ein Oberflächen=Wirr=Warr ? Ein tollgewordener BROCKHAUS ? – *(in das anschließende, kleine Schweigen spricht):*

D.: Puh ! Wie unwisperbar=so ! –

Das Haus von O'Shea, beziehungsweise O'Schande, Quivapieno, bekannt als ‹Zum Spukenden Tintenfaß›, Nummer keine, Schwefelgäßchen, Asia in Zornland – denn es war mit Klopfgeistern verseucht – mit seinem Schriftsteller=Pseudonym SHUT in Sepia=Kratzern auf dem Türschild, und der Jalousie von schwarzem Segeltuch über seinem einen Fenster=Auge, in dem der seelen=vertragte Sohn der Schweigezelle sich auf Kosten der Steuerzahler durchs Leben tastete, mutlos der Tag, traurig die Nacht, unter jesuitischem Bellaut, und bitterem Umsichbeißen, inmitten kattunener Hydras aus Schwefel, mit Kopfnüssen von Voll=und=Firz=Ichen, jeglichen Tag Jedem im Weg, und immer ausschweifender in maßlosesten Schmähungen seiner selbst und der Andern ((dieses Haus)) war, es sei gehofft, das Schlimmste, selbst in unserer Westlichen Künstler=Welt, was reinen Mäusefarm=Dreck anbelangt. Ihr prahlt mit Euren Messingschlössern ? Mit Euren Klinker=Villen in Ballyfermont ? : Nix, Nix, und nachmals Nix ! Denn dies=hier war der tintsamste Tint=Gestank, total verstunken bis in den Wurzelstock. Verlass'n'S'ich drauf, Angel=Engel, die nachmittags dort in Büchern blätterten, waren der Ansicht, kein Edamer röche rarer. Mein Gott=Wort !

Der verworfene Fußboden des Fuchs=Baus, wie auch die gut schall=leitenden Wände desselben, schweigen wir ganz von Aufrechten und Betrügern, waren aufs persisch=persönlichste verschwenderisch=literatiert mit aufgeplatzten Liebesbriefchen, verräterischen Geschichten, schmierigsten Erwiderungen, dubiosesten Eierschalen, Metzger=Zureitern, Feuersteinen, Bohrern, schnaubenden Prahlhänsen, mandelförmigen Mandeln, schalenlosen Rosinen, alfabetischgeformten Wortschätzchen, biblischen Schlagseiten, Allvater=Dikta, zweideutigen Blicken, Ä=Hämms & Aha's, wenig ergiebigen Versuchen zu silbenloser Verständigung, Schuldscheinen, alten Hymnen, randvolle Zweideutigkeiten, beim Lichthalten Hingefallene, ausgediente Westen, Schwärme von Ornamenten, erborgtes Irisch, umdrehbare Jacketts, blaugehauene Augen, familiäres Geknarre, Hemden von Falschen, gottvergessene Amulett=Halsbänder, niegetragene Breeches, halsabschneiderische Krawatten, gefälschte Freimütige, beste Vorsätze, zugetragene Briefchen, messingne Reißzwecken, die Spitze nach oben, unapplizierte Prügel und Steine des Anstoßes, kurios=krumme Schreibfedern, schmerzlich=erschwerte Verdauungen, starkvergrößernde Weingläser, kompakte Gegenstände, nach Kelch=Zwerglein geworfen, einst=schicke Kalauer, Rührkartoffeln, Wort=Botschaften, unaussprechliche Allerlei=Auffangs=Papierchen, samige Ejakulationen, gottvergessene Limericks, Krokodilsthränen, verschüttete Tinte, lästerliche Expektorationen, altbackene Kastanien, Strumpfbänder von Schulmädchen, Milchmädchen, Wäscherinnen, Weibern von Ladenhütern, Lustigen Witwen, Ex=Nonnen, Vice=Äbtissinnen, Ersatz=Jungfrauen, Super=Huren, Schweige=Schwestern, Charley's Tanten, Großmüttern, Schwiegermüttern, Pflegemüttern, Patinnen; Haarlocken von rechts, links, und Zentrum, Popel=Würstchen, Zahnstocherergebnisse, Büchsen mit kondensiertem Schweizer=Bluff, vornehme Lotions, Küsse von den Antipoden, Geschenke von Taschendieben, geborgte Federn, entspannende Handgriffe, Versprechen von Prinzen an Prinzessinnen, Lachen von Weinen, nicht oxydierte Karbonnaden, wendbare Kragen, Teufels=Späße von Hüten, geknickte Oblaten, gelöste Schnürbänder, krumme Zwangsjacken, frische Schrecken vom Hades, Quecksilberkügelchen, undulierende Tripper, Glasaugen für ein Auge, Schimmerzähne für einen Zahn, Kriegsgestöhne, Spezial=Seufzer, Langleidendes von Langstehendem, Ah's und Oh's, Ouis, Si, Ja, Dsch, Nee, So=so, und Yes=ess, Yes=ess, Yess=ess; und man nehme hinzu, gesetzt den Fall, man hätte den Magen gesund für all den Bruch, Krampf, Verzerrung, Umkehrung, all dieser KAMMERMUSIK; dann hätte man, 1 Gran Guten Willens vorausgesetzt, eine leidliche Chance, tatsächlich den Anblick des Tanzenden Derwischs, ‹Tumult›, ein Sohn des Donners, selbst=exiliiert aufgrund seines Ego, die Nachtlang im Zittern zwischen weißem & rotem Schrecken, nichtstagdurchschauert auf Haut & Knochen von einem nicht=entrinnbar=erleuchtbaren Fantom – möge der Gestalter ihm gnädig sein ! – und immerfort schrieb er das Geheimnis seiner=selbst in Ausdrücken der Innenarchitektur.

(Pausenzeichen)

A. (behutsam): Sie sehen, es könnte vielleicht doch noch etwas mehr sein ? Nicht nur ‹nichtsnutzige Doppelbödigkeit›; sondern zumindest das ‹Zungenreden› eines sehr merkwürdigen ‹Kauzes› – die meisten Anderen sind ja nur Käuz*chänn*. Und vielleicht können wir, im Lauf unserer Unterhaltung, *noch* höher greifen ‹im Urteil›.

B. (mürrisch): Sie wählen aber auch prinzipiell ‹schöne Stellen› aus, ja ? – *(murmelnd):* Übrigens hab'*ich* das im ganzen Buch nicht gelesen : ‹Wenns Gschichtl nur nit derlogn iss›; POLE POPPENSPÄLER. – *(lauter):* Wäre zum bloßen ‹Entschlüsseln› noch Förderliches zu sagen ?

A.: Viel. Und einiges *muß* sogar noch gesagt werden. – Bisher haben wir lediglich von der Entzifferung einzelner Worte, oder Klein=Gruppen von Worten gesprochen; sehr oft aber muß man *absatzweise* vorgehen; und erst einmal den Sinn des betreffenden Paragrafen erraten haben, ehe man zu den einzelnen Worten übergehen kann.

C.: Wahrscheinlich gehört das, was ich fragen wollte, dahin. Ich hatte, immer wieder, den Eindruck, als hinge es oft nur an der *einen Erleuchtung* – und ich würde *eine ganze Seite* verstanden haben ! Zum Beispiel 142, die ‹Frage 7›, war eine solche Stelle.

B. (liest verdrossen ab):

Who are those component partners of our societate, the doorboy, the cleaner, the sojer, the crook, the squeezer, the lounger, the curman, the tourabout, the mussroomsniffer, the bleakablue tramp, the funpowtherplother, the christymansboxer, from their prés salés and Donnybrook prater and Roebuck's campos and the Ager Arountown and Crumglen's grassy but Kimmage's champ and Ashtown fields and Cabra fields and Finglas fields and Santry fields and the feels of Raheny and their fails and Baldoygle to them who are latecomers all the year's round by anticipation, are the porters of the passions in virtue of retroratiocination, and, contributing their conflingent controversies of differentiation, unify their voxes in a vote of vaticination, who crunch the crusts of comfort due to depredation, drain the mead for misery to incur intoxication, condone every evil by practical justification and condam any good to its own gratification, who are ruled, roped, duped and driven by those numen daimons, the feekeepers at their laws, nightly consternation, monthly miserecordation and omniannual recreation, doyles when they deliberate but sullivans when they are swordsed, Matey, Teddy, Simon, Jorn, Pedher, Andy, Barty, Philly, Jamesy Mor and Tom, Matt and Jakes Mac Carty ?

Answer : The Morphios !

C.: Bei C&R ist nichts zu erfahren; da steht nur das Verlegenheits=Sätzchen : »Was sind die 12 zusammengesetzten Teile unserer Gesellschaft ? Wer sind die 12 Guten Bürger ? – Antwort : Die Morphios ! Die Schläfer : Diejenigen, die noch den Traum des Lebens träumen; die noch nicht Erwachten. Undsoweiter.«

B. (stößt erst abfällig Nasenluft aus; und spricht dann): ‹Undsoweiter› ist ausgezeichnet.

A.: Ich will's – im bewußten Gegensatz zu Joyce und C&R – nicht überflüssig spannend machen : schreiben Sie am linken Rand eines Blattes Papier, von oben nach unten, die Zahlen 1 bis 12. Und dann gleich die Namen unserer *Monate* daneben. Es folgen 4 Gruppen von ‹Bestimmungen›. Die erste sind ‹Neue Namen› à la Germinal; nur waren die der alten Großen Revolution natürlich dreimal so sinnreich.

B.: Da käme als erster der »doorboy« – achso : der Januar, der gewissermaßen das Jahr ‹eröffnet› ? – Darf ich mal selber weiter ? . . . Als dritter ein »sojer« . . . . . ?

C. (einhelfend): »soldier« ?

B.: Ah, klar : März=Mars; der Kriegsgott. / April als »crook«, als wetterwendischer Gauner. – Der Mai als »squeezer« . . . ?

A.: ‹sich innig umarmen› : Wonnemonat !

B.: »curman« Juli ? Ah : »cur« gleich »dog« gleich ‹Hundstage›. September=Pilze; klar. Es scheint tatsächlich zu stimmen. – Halt ! : »funpowtherplother« ? Was'nn das ? !

A.: Das ‹gun powder plot›; das bekanntlich am 5. *November 1605* stattfand.

B.: Sie könn' mich gar nicht reizen, mit Ihrem ‹bekanntlich›. – Der Dezember also dann der »christmasboxer«, boxing=day; wo man sich ‹boxes›, Kartons, zu Weihnachten schenkt. – Gut. Ich würde sagen : überzeugend.

A.: Es folgt eine zweite Gruppe von Bestimmungen, bei denen es sich sämtlich um Lokalitäten – Parks, Wiesen, Felder, undsoweiter – *um Dublin herum* handelt.

B.: Und zwar warum ?

A.: Sie erfahren's gleich – zum Teil. Die 3. Gruppe sind die berüchtigten »ation«=Worte. Die 4. endlich .....

C. (einfallend): ..... eine Reihe von vertraulich=verkürzten Vornamen – ich habe keinerlei ‹System› erkennen können.

A.: Es sind – gelobt sei, was 12 hat ! – *die zwölf Apostel.* – Und nun, wenn Sie sich das Schema aufgeschrieben haben, können wir auch ‹die Probe› machen, indem wir versuchen, die Spalten ‹quer=rüber› zu lesen; dann müßte es nämlich, falls unsere Lösung die richtige ist, *auch* stimmen. Es könnte ja sein, daß JOYCE, bei seiner sündhaften Eulenspiegelitis, *‹gleitende Skalen›* verwendet hätte : daß also jede Gruppe gegenüber der vorangehenden um ‹x›=Monate verschoben wäre.

B. (schlicht): Freund; das wird zuviel für mich – Alles mit Maßen.

A. (beschwichtigend): Er hat es ja gar nicht getan. – Ich will, der lieben=notwendigen Kürze halber, hier nur 2 solcher ‹Quer=Lesungen› vornehmen. Einmal den Februar. Der hat als ‹Namen› den »cleaner«; den ‹Reiniger›, der die Luft reinigt, die Sprache siebt, die Gewebe kämmt. Ihm entspricht, bei den ‹Äckern um Dublin›, der ‹Donnybrook Fair›, der große Jahrmarkt aller Eitelkeiten, berühmt ob seines ‹Rabatzes›; nichts als WAKE=Karussells, sich überschlagende Wortschaukeln, und Spiegelgalerien. Das zugehörige »ation«=Wort lautet, »retro=ratiocination«, gleich ‹Kontra=Vernunftschluß›; gemäß JOYCE's Überzeugung, daß der Welt mit *Vernunft nicht* beizukommen sei .....

B. (murmelt hinein): ..... von den Fesseln der Vernunft frei werden wollen; und dabei in die Fesseln der *Un*=Vernunft geraten .....

A.: ..... außerdem natürlich die Koketterie, sich selbst ‹unvernünftig› zu schelten : damit sogleich entrüstet=schmeichelhaftester Widerspruch erfolgen könne .....

B. (wie oben): ..... ‹Die Selbstkritik hat was für sich› .....

A.: Und als Apostelname schließlich steht »Teddy« da – lesen wir's als ‹Daddy›, als ‹Väterchen› : genügt es, zu sagen, daß JAMES JOYCE *im Februar* geboren war ?

B.: Schön; das ist vertretbar. Zumindest hat man bereits jetzt ‹mehr in der Hand›, als bei C&R. Sie hatten aber noch, zur Sicherung des Ergebnisses, eine zweite ‹Querlesung› versprochen ?

A.: Ich wähle dazu, man wird es mir hoffentlich nicht verübeln, den Monat des ewigen Antipoden, den Dezember. – Da erscheint zunächst als ‹Neuer Name› der »christmas=boxer«; und *ich* gehe *nicht*, wie Sie vorhin, von ‹box› aus, sondern vom ‹Boxen› ! / Ihm entspricht das »ation«=Wort der »*re*=creation«, des Anti=Schöpfers, der die Schöpfung wieder rückgängig machen möchte. / Und als Apostel figuriert »John Mac Carty« : Johannes, das athletische ‹*Donner*kind›, der ‹Boanerges› des Neuen Testamentes.

B.: Stop ! : War dieses=Ihr – zugegeben, wohlklingendes ! – ‹Boanerges› JOYCE geläufig ?

A.: Auf Seite 22 können Sie's sehen.

C. (schüchtern): Sie haben die eine Bestimmung übersehen : bei den ‹Lokalitäten um Dublin› steht hier »Baldoygle« ?

A.: Also, wenn Sie durchaus darauf bestehen ..... das ist der große Rennplatz ‹Baldoyle›, der überhaupt ein gutes Dutzend Mal im WAKE erscheint. Abgesehen davon, daß ‹der Betreffende› früh kahl, englisch ‹bald›, wurde – weswegen er, und um größer zu wirken, gern einen hohen Hut trug; jene berüchtigte hundertfach=Kopfbedeckung ! – abgesehen also davon, ist das eigentliche ‹tertium› : das ‹Reiten› – vergleichen Sie damit Seite 314 f., wo, in wirklich grandioser Obszönität, ein solches ‹Baldoyle=Rennen› sich geschildert findet.

B.: Nu wenn schonn. Aber warum das Alles *im Dezember* ?

A.: Weil demnach jener, immerfort=antipodische Bruder, als im Dezember geboren vorgestellt gewesen sein muß – ein ‹Mittwochs=Sohn› übrigens noch, wie es an zusätzlich=anderer Stelle heißt.

B.: Schon interessanter. Nun, ich will mich noch ein paar Minuten lang bescheiden. – Also wäre Ihre wohlvertretene Ansicht, daß, wo immer im W 12 Bestimmungen aufeinander folgen, es sich um jene altvertrauten Monatsherren handele ?

A.: Ich will aus den reichlich vorhandenen Exempeln nur 312 f. anführen; wo die 12 großen Londoner Gilden, eben die ‹Livery Companies›, aufmarschieren.

C.: Und da stimmt es auch noch, ‹quer=rüber›.

A.: Urteilen Sie selbst : in James' Februar sind's die Lederhändler : also.

B.: Was heißt hier ‹also› ? Wieso bezeichnete JOYCE sich als ‹Lederhändler› ?

A.: Als »leather=seller«. Und davon zweigen sich ja, »upside down singing«, zwei andere Bedeutungen ab : ‹lather› gleich ‹Schaum›, und ‹letter› gleich ‹Buchstabe› – also zu Deutsch der ‹Schaum=Händler› und ‹Buchstaben=Verkäufer›.

B. (zweifelhaft): Naja; also ‹mit Gewalt›. – Immerhin ist der betreffende Absatz, Seite 142, von dem wir ausgingen, nun wohl ‹klar›.

C.: Und der ‹Gute Bruder› identifiziert sich doch überhaupt mit ‹der Zeit› – mir fielen immer die ‹Stundentänze› der KIRKE=Szene des ODYSSEUS dabei ein : da sind die ‹7 Regenbogen=Mädchen›, also die Wochentage, oder die 28 plus 1 ‹Schaltjahrmädchen› ‹seines Monats›, des Februars, ja ganz begreiflich. – Warum aber lassen Sie die, doch auch ständig auftretenden, ‹Großen Vier› weg ? – sind das denn nicht die 4 Vierteljahre ?

A.: Oh nein, nein; damit sind Sie bereits in einen anderen Symbolkreis hineingetappt.

B.: Was meinen Sie jetzt mit *der* neuen Finesse wieder ?

A.: Nur dieses : daß man sich von vornherein darüber klar sein muß, wie eine ganze Anzahl von immer=wiederkehrenden, in sich geschlossenen, Allusions=Illusions=Kreisen vorkommt. Am verständlichsten wird's immer durch praktische Beispiele. Da ist, einmal, der ‹Tristan=Kreis› : König Marke, Isolde, Brangäne, Tristan, der Ehebruch.

C.: Ja, sicher; das die ewige ‹Izzy=Sissibis=Gizzy› des Textes.

A.: Und zwar bis in schier undurchschaubare, hinterlistigste Verschlüsselungen hinein; etwa das ‹Isin=Glass› ist nicht nur diese ‹Izzy› oder ‹Hausenblase›; sondern um 1900 hieß ein sehr berühmtes Rennpferd so – womit die Überschneidung zum ‹Baldoyle=Kreis› sich einstellt. – Ein andrer großer Zirkel ist der *‹noachitische›* : Vater Noah, der den Wein erfand. Seine 3 Söhne – hier, im W, in 2 zusammengefaßt, in HAM, der die Blößen seines besoffenen Vaters entdeckt; im Gegensatz dazu SEM, der sie ehrerbietig verhüllt : darf ich erwähnen, daß unser ‹Sem› in der KING=JAMES=BIBLE ‹Shem› heißt ?

B.: Aha : »Shem, the Penman«.

A.: Weiter gehören hierher die ‹Arche›. Die ‹Rabe & Taube›=Symbolik; bei der man, versteht sich, aufpassen muß; der »illstarred punster« mit seiner »second=mouth language« treibt da aufs entzückendste sein Unwesen; Seite 129 lesen Sie : »what nevermore missed and colombo found«.

B. (verständnislos): Inwiefern ? Was hat das ... ? : Achso ! ‹Kolumbus=Columba› die ‹Taube› ? !

C. (schüchtern): Und POE : »quoth the raven ‹Nevermore› !«

A.: Trefflich ! – Weiterhin sind hierher einzuordnen die ‹40 Tage & Nächte›, die die Arche unterwegs war. Der permanente ‹Regenbogen›. Und endlich auch Stellen, wie der Kapitelbeginn auf Seite 309 : »It may be a concern of the Guinnesses«.

B.: Wieso hat die Brauerei ‹Guinness›, die freilich häufig angespielte, etwas mit Noah ..... achso: Wein=Alkohol, also auch Bier ?

A.: Trifft's nicht ganz. ‹Guinness=Konzern› ist C&R=Lesart; die andere lautet : »Sei es nun eine Angelegenheit der *Genesis* oder nicht ...«; denn Noah erscheint ja nun eben im 1. Buch Mose; und wie JOYCE mit den Titeln der einzelnen Bibel=Bücher sprachspielt, können Sie auf Seite 4 sehen. / Eine weitere Stichwort=Serie wäre etwa die von ‹John Peel aus Troutbeck› : »Do you ken John Peel with his coat so gray ?« .....

D.: Was, Du kennst John Peel, unsern Graurock, nicht ?
Ihn, der längst schon im Gang, wenn der Tag anbricht;
ihn, der fern & nah nur auf Jagd erpicht,
mit dem Hund und dem Horn wenn es morgnet ?
Denn sein Hornruf scheucht oft vom Bette mich auf,
und das Bellen der Meut', die er führt im Lauf;
John Peel's ‹Juh=Halloh !› weckte Tote wohl auf –
und den Fuchs, tief im Bau, wenn es morgnet.

C.: Daher also das ‹Horn›.

B.: Und die Fuchsjagden : ‹Reinecke ist schlau !›

A.: Und zu berichtigen wäre C&R's Ansicht, daß dieses John=Peel=Motiv erst ab 317 auftauche; es erscheint zum ersten Mal bereits auf Seite 5; dann 31, undsoweiter. Wollen wir aber, bitte, im Gedächtnis vermerken, daß Jener, diesmal John Peel Genannte böse Bruder, demnach ein Frühaufsteher war; James immerfort weckte; und schließlich sogar hetzte. / Ein anderer wäre der ‹Kleopatra=Kreis›, mit Cassius, Brutus, Antonius.

C.: Darf ich vielleicht in diesem Zusammenhang einiges fragen, das ich mir, obgleich es so oft auftauchte, nie erklären konnte – das »black and tan« ?

A.: Es führt zu weit : die Frau war »Redu Negru«; rot *und* ‹noar›. C&R fallen natürlich als Erstes die Irischen Unruhen der zwanziger Jahre ein, wo ‹black & tan› eines der Schlagworte war – *es ist eben beides möglich !*

B.: Ja; ‹fragen› ist wenig sinnreich : weil's so viel sein müßte. / Jedesmal, wenn man denkt : so, jetzt kommt der helfende Hinweis – dann macht's »Tip« ans Fenster. / Stock & Hut : wohl hat JOYCE die Stimmen der Völker nach dem ‹Hut› des verhaßten Bruders geplündert, ihn als

‹Turban, Kappe, Stirnband, Mitra, Helmwulst, Bandanna, Homburg, undsoweiter› angebracht; aber allein ‹Borsalino› kommt rund 10 Mal vor! Nur damit Sie nicht etwa noch die ‹wiederholungsfreie Fülle› preisen. ‹Kopenhagen›; ‹Peter der Große›; ‹Anastasja› naja. / Aber Eines möchte ich doch einmal jetzt aufgreifen : Ihren betonten Gegensatz zu C&R. Es ist doch da ein beständiges Widersprechen im Gange!

A.: Ja. – Wir sind nämlich nun, im Zuge der Vorarbeiten zur Entzifferung, *so*weit gekommen, daß das letzte Hilfsmittel zur Sprache kommen kann : bevor Sie an die Lektüre von FW gehen, tun Sie gut, das ein= oder andere Lesemodell zu wählen.

B.: Der Ausdruck fiel schon einmal; aber was bedeutet er? Hängt denn der Inhalt eines Buches von mir ab?

A.: Die Wendung vom ‹Lesemodell› soll besagen, daß Sie sich – je nach ‹Stimmung› – für eine ganz bestimmte Voraussetzung zu entscheiden haben. Es gibt doch eine ganze Menge solcher Bücher. Die ASTRÄA des Honoré d'Urfé können Sie als ganz einfachen schäferlichen Roman lesen, wenn Sie abends, am etats=mäßigen häuslichen Herd, georgica=haft, im Schoße der Familie, Ihrer Ruhe pflegen; Sie können ihn aber auch, unter Anleitung von Daniel HUET, als die recht präzise und eingehende Schilderung der Liebesgeschichten am Hofe des 4. Heinrich goutieren. Und wenn dem Verfasser daran gelegen hätte, wäre nichts leichter gewesen, als einige Tricks einzuarbeiten, und sein Olymp von Herren & Damen wäre auch noch als ‹Götter Griechenlands› reißend abgegangen.

C. (nachdenklich): Insofern hat das tolle Wort vom ‹Leser der den Inhalt bestimmt› vollkommene Berechtigung; zumal wenn man sich vorstellt, daß ein=und=derselbe Leser als Kind das ‹mythische›, als Jüngling das ‹schäferliche›, als Mann das ‹durchdringend=ehrliche›, als Greis vielleicht wieder das ‹mythische› sich erkiesen würde.

B.: Das heiß'ich mir einen Gummi=Text! Aber wenden wir's doch bitte auf FW an : welches ist nun das wirkliche Lesemodell? Oder resigniert man besser gleich, und setzt für ‹Wirklichkeit› den HERBART'schen ‹Objektiven Schein›?

A. (bedächtig): C&R haben eine ‹Entzerrung ins Mythische› bei ihren Bemühungen erhalten .....

B. (schnell einfallend): ..... und einer ‹Entzerrung› bedarf der kuriose Text auf jeden Fall : bestätigen Sie mir das bitte, zu meiner Beruhigung.

A.: Gern. Wenn Sie mir, Ihrerseits, die Möglichkeit einräumen, daß ein gut Teil dieser Zerrgestalt durch eben diese Absicht, mehrere Deutbarkeiten zu liefern, verursacht wurde. – Aber zurück : C&R haben die fundamentalste aller Voraussetzungen bei *jeder* JOYCE=Lektüre nicht gemacht : nämlich, daß *alle seine Bücher autobiografisch* sind. Am ausgeprägtesten der STEPHEN HERO; und eben unser FW hier : »Only a fadeograph of a yestern scene.« Weiterhin hätten die beiden hoffnungsvollen Mythologen sich beständig vor Augen halten sollen, daß JOYCE das ausgebildetste Feingefühl für *Witze* hatte, und zwar jene groteske Mark=Twain=Sorte, die ‹Paddy› und seine ‹Bulls› schon bei ETA HOFFMANN auszeichnet. Eine derbe, ‹niederländische› Mentalität; eine realistische, prachtvoll ergiebige Betrachtungsweise, die den antiken Odysseus mitsamt seiner heroisch=hahnenhaften Umwelt=Kulisse und der verblasenen Deus=ex=machina=Art zu motivieren, ‹herunter›=stimmt auf einen Leopold Bloom. In Wahrheit : den echten, vollen Menschen, in einer hinreißend fotografierten Umwelt wiederherstellt : die HOMER'ische ODYSSEE wirkt wie ein Paket Spielkarten neben der des JAMES JOYCE !

B. (nüchtern): Sie wollen sagen : man hätte als allerererstes, und nie ungerechtfertigt, sich sagen müssen, daß es sich auch bei FW wieder um Autobiografie plus Witze handeln werde ? Sie entschuldigen die banale Ausdrucksweise; aber die Natur hat mir das Organ für ‹Höhere Bedeutungen› versagt; ergo muß ich mich schon mit den ‹niederen› befassen.

A.: Ja. C&R schließen edel auf; ich begnüge mich mit einem ‹Dietrich›. C&R sehen überall Götter & Heroen; ich Menschen, bestenfalls He=Rosse. Wie es Seite 270 heißt : »Kleiner, der Du durchs Blattwerk linst : Du siehst unser schmerzliches Geheimnis.«

C.: Wobei ‹Blattwerk› ja auch die ‹Blätter› des Buches sein können. – *(bekümmert):* Es ist dann leider gar keine noble Arbeit mehr, den Sinn des einzelnen detekteimaßig aufzustobern : muß man dazu nicht JOYCE's Leben mit einer Neugier verfolgen, die an Klatschsucht grenzt ? –*(entschlossen):* Entscheidend wäre ja immer nur das Eine : welche Voraussetzung, welches ‹Lesemodell›, welche Arbeitshypothese, *die umfangreichsten Partien überzeugend aufschließen wird.*

A.: Gern einverstanden. Übrigens würde jede redliche ‹Lesbarmachung› das ‹andere Lesemodell› selbstverständlich ausreichend mit anführen. Die Einsicht würde sich ja beim Versuch der Eindeutschung ‹von selber› ergeben.

B.: Ich kann mir's nicht vorstellen. Und wenn ein Mann – und zwar ja doch wohl ein Mustergeist; wenn auch, meiner Ansicht nach, ein verschrobener, vielleicht sogar ein bißchen verrückter – 17 Jahre lang absichtlich gags & Possen hineingebosselt hat; dann möchte *ich* nicht Derjenige=Welcher sein !

A.: ‹Challengers Tief ist Kinds=Spiel dagegen› heißt es selbstbewußt im Buche. Aber sehr richtig : *ver*=schlüsseln ist um 500 %, und fast unanständig, leichter, als das Wieder=*Ent*schlüsseln ! Denn wohl ist 2 mal 2 gleich 4; und ‹ganz leicht & einfach›. Wenn aber der Entzifferer die ‹4› sieht; dann kann das ja 121 weniger 117 sein; oder 64 durch 16; oder Logarithmus 10.000; unendlich verwirrende Möglichkeiten präsentieren sich zunächst einmal.

B.: Ergibt sich denn aus der Entstehungsweise von FW nicht eine Art Anhalt, oder gar verläßlichen Fadens ?

A.: Leider gar nicht. Nämlich in dem Sinne, wie Sie es vermutlich meinen : daß zu Beginn ein sauberes Gerüst entworfen, und dann, im Verlauf jener unnütz=berühmten 17 Jahre, regelrecht und der Reihe nach ausgefüllt worden sei. Nein; sowohl die Druck=Geschichte als die der Niederschrift verbieten, an eine im voraus entworfene, detaillierte Gedankenordnung zu glauben – das ist alles so betrüblich *durcheinander* entstanden; vom ersten ‹Zettelkasten› des SCRIBBLEDEHOBBLE an, (dessen Wert nur darin besteht, wie man hier den Übergang von ODYSSEUS zu FW erblickt; und daß auch JOYCE, nach bester alter Schreiber=Sitte, aus Kleinst=Elementen montiert hat, aus, sorgfältig gesammelten, »fermented words«). Die Reihenfolge der ‹Kapitel› ist fast nie eingehalten; diese Kapitel selbst aus 3, 4 auch noch mehr, zu ganz verschiedenen Zeiten entstandenen Teilen zusammengekleistert – falls *doch* ein ‹Plan› vorhanden gewesen sein *sollte*, müßte dieser anders, und vermutlich recht allgemein gelautet haben.

B. (abweisend): Uff ! ‹Medizin› !

C.: Ich finde, es klingt viel=verheißend. Darf man Näheres . . . ?

A.: Erst noch eines der kleineren Geheimnisse: der Reigen, beziehungsweise ‹Cake=Walk›, seiner Gestalten ist mit *KERNER=Technik* gehandhabt. – *(ehe noch 1 Frage erfolgen kann, rasch):* Justinus Kerner; und zwar das Spiel vom ‹König Eginhard› aus den ähnlich=schönen REISESCHATTEN : dort sind auch die meisten der Gestalten aus mehreren zusammengesetzt; können sich trennen & vereinen, gravitätisch auseinander hervorgehen, und spöttlich wieder in sich zurückflüchten. Ähnlich ist auch in FW zuweilen solche ‹Emanationstechnik› gehandhabt; obgleich weit plumper und mit dem bekannten ‹tierischen Ernst› : die beiden Antipodischen Brüder – der lockere aber geniale Säufer=Dichter; und der mürrisch=robotende, dabei pedantisch=eingebildete Boxer & Verführer – können sich, zumindest ist es wohl beabsichtigt, ‹mischen›, und in die Gestalt des HCE zusammenfließen; oder meinethalben auch in die FINGALS. Aber das ist *so* dürftig gemacht; man kann die Einzelelemente immer *so* leicht unterscheiden; man weiß stets *so* peinlich genau, wem JOYCE's Sympathie gehörte, daß Alles im Karikaturistischen stecken bleibt. Ebenso versucht er, ALP, die All=Frau, aus der schönen rot=gehaarten Isolde, den Maggies und sonstigen ‹Stundentänzerinnen› zusammenzusetzen; obwohl er dann mit den ‹Sammeltypen› nichts anderes anzufangen weiß, als sie umgehend wieder die Züge der, ja auch weit mehr Bildkraft besitzenden und hergebenden, ‹Untergestalten› annehmen zu lassen.

C.: Ich hatte mir schon von Seite 565 notiert : ‹Nur Schattenspiel. Nichts als ein Jabberwock=Witz›. Hier ist doch, wie überhaupt an hunderten anderen Stellen, auf LEWIS CARROLL und seine Doppelformung der Episoden der ALICE angespielt ?

A.: Ein Mann, dem JOYCE ebenfalls viel für FW verdankt; ganz recht. – Und damit sind wir schon genau bei dem Letzten, sehr vieles, fast Alles, aufschließenden Geheimnis .....

B. & C. (gemeinsam=neugierig): ..... Und das hieße ?

A.: Das Geheimnis des *Inhalts* von FW heißt *‹Autobiografie›*. Das Geheimnis der *Schreibtechnik : ‹Mehrfach=Formung›*.

B. (zögernd): Sie meinen, JOYCE habe die einzelnen Episoden *stets mehrfach*, in jedesmal anderer Kostümierung, vorgeführt ?

A.: Und zwar, anscheinend, meist *dreimal* – vielleicht der ‹3 Bücher› wegen ? / Wir hatten bereits die skurrile Beschreibung der Wohnung eines Mannes, dem – er selbst längst jenseits von Wasser und Seife – Dreck & Unordnung anregendstes Lebenselement waren.

B. (mißtrauisch): Lassen Sie doch mal Ihre behaglichen Weiterungen : wo finden sich die beiden andern ‹Wohnungen› ?

A.: Eine auf 362. Und vor allem die ab 543 ist noch *sehr* gut ! Durch seine trübe=glitzernden Satyr-Augen hindurch, sehen wir, als wär'es bei uns im Zimmer, eine Umgebung, *im höchsten Maße fantastisch & poetisch durch Naturalismus* !

B.: Warten Sie; jetzt scheint mir der Zeitpunkt für einige meiner Fragen herbeigekommen. – Der ‹Fabel von Mookse & Gripes› entspräche demnach, als zweite Fassung, die von ‹Ameise und Grashüpfer›; schön – obwohl ich da keine geniale Variante erblicken kann; es ist ja so ziemlich dasselbe. Die 3. aber ?

A.: Ist die ‹Begegnung im Park›; wo ja ebenfalls nach der Zeit gefragt wird. Oder, deutlicher : ‹nach der Uhr›.

C.: Ist das nicht dasselbe ?

A.: Nicht ganz. Der böse, pünktlich=emsige – was ja auch im Deutschen von ‹Ameise› herkommt – Bruder, war nämlich nicht nur der ‹Hüter› à la ‹Kain›; nicht nur der »keeper«; sondern er wird auch zuweilen der »watch=keeper« genannt ...

B.: Ach; jetzt kann ich mir's schon denken : die beiden Brüder besaßen zusammen nur 1 Uhr ? Die hatte, wie billig, meist der Ordentliche bei sich; und der Faule hätte sie immer gern zum ‹Versilbern› gehabt ?

A.: Ja; es ist schon ein rücksichtsloser Vau=rien, der Herr Sham.

C.: Etwas, was mir gar nicht klar geworden ist : worum handelt sich's bei dem, doch wohl hoch=mythischen, ‹Wassergrab› ? Und wo wären hier die beiden anderen Fassungen ?

A.: Ja, das ist natürlich ein Punkt, wo die beiden Lesemodelle besonders pikant klaffen. / JOYCE, obwohl unleugbar ein ‹Süffel›, war ja weitgehend ‹unschuldig›. Stammte er doch einmal aus einer alten Potatoren=Familie, die sein Bruder, Stanislaus, ausführlich geschildert hat. Und außerdem schrieb er eben, unter anderem, den ODYSSEUS : das macht den gewaltigen Unterschied zum gewöhnlichen Quartals=Abstinenzler; und entschuldigt, zumindest bei der dankbaren Nachwelt, *Alles !* – Für die *Mitlebenden* freilich ist es zuweilen *schwer* tragbar.

B.: Glaub's gern : bedauernswert, wer um einen Solchen sein muß. Hat nicht übrigens auch jener erwähnte Bruder – dessen Buch mir *sehr* zugesagt hat ! – als zusätzlich erblich=belastende Züge geschildert, wie der ‹alte Joyce› rasend eifersüchtig war; oder eine Beleidigung, selbst eine nur vermeintliche, nie vergaß, sondern bis an sein Lebensende nachtrug, und, wenn möglich, immerfort ‹rächte› ? James JOYCE könnte ‹der ganze Vater› gewesen sein.

A.: Es wäre unrealistisch, zu verlangen, daß er nur die liebenswürdigen Eigenschaften geerbt haben sollte. – Jedenfalls ist auch das erwähnte ‹Wassergrab› herzschneidend lächerlich, und einfach zu erklären : der ‹waterproofe Monarch von All=Irland›, ‹Mundwerk ganz, nix Fingerkraft›, wie er sich selbst schön verhohnepiepelt, kommt wieder einmal betrunken nach Hause – und die verzweifelt=entrüsteten Familienmitglieder, ‹zu deren Überzahl sich sogleich die Kraft gesellte› – nämlich der Bruder – *stecken ihn unter den Wasserhahn.*

B.: Uraltes Mittel des Nüchtern=Machens : ‹Unter die Pumpe mit ihm !›

A.: Und zwar wird es sich dabei – wie in italienisch=einfachen Wohnungen um 1900 üblich – vermutlich um die große, emaillierte, mit Holz verkleidete Wasch= und Spül=Wanne unterm Küchen=Ausguß gehandelt haben; vielleicht aber auch um eine ähnliche Badewanne im Klo – ich kann's, aus Unkenntnis der Lokalität, nicht genau sagen.

C. (enttäuscht): Ach, da wäre *das* der ‹Teakholz=Sarg›, der gleichzeitig aus der ‹Eisenwarenhandlung Oetzmann & Neffe› stammt ?

A. (fortfahrend): Da liegt er also nun; mit angezogenen X=Beinen .....

B.: Oh weh : mit »lock« oder auch »knock=knees« ? ! Das wäre dann der verteufelte irisch=große See, der »Lough Neagh« ?

A. (bestätigend): 3 Minuten lang läßt man das Wasser laufen; und die Luft muß dem Helden, der ohnedies am Marterpfahl sich nicht bewährt hätte, recht knapp geworden sein; denn er bezeichnet sich seitdem öfters im Text, als die, von Kragengriff & Wassergurgeln schier erwürgte, ‹*garottierte* Person›. Wobei man sich erinnern muß, daß ‹Garroteur› ein beliebter Beruf im Apachen=Viertel von Paris war, oder wohl auch noch ist : an 2 Stellen stöhnt der Schläfer im ALP=Traum dieses ‹Garroteur›; einmal 403, als ‹Jugurtha› verkleidet, was man ja als »you gárrotter !« nachzuröcheln hat .....

C.: C&R haben aber durchaus ‹Jugurtha›; und machen noch eine Fußnote dazu : wer das gewesen ist.

A.: »Wer 't mag, däi mag 't«; *ich* nicht. – Und Seite 565 erscheint in der entsprechenden Doppelung ein »Gortigern«.

B.: Das wären aber ..... sprachen Sie nicht von mehreren Fassungen auch dieser ‹Wasserszene› ?

A.: Seite 310, unten, finden Sie die Fortführung der Beschreibung : wie der Held, allein gelassen, mit einem gut=hörbaren ‹Popp› *den Stopfen aus ‹Lough Neagh› zieht*; und sich – »ashhopperminded like no fella« – in das bekannte ‹nächste Restaurant› schleicht. Dies übrigens der Grund, warum, in der Mookse=Geschichte, *das Gefieder des Gripes noch so trieft !*

C.: Ich mag es nicht glauben – es wäre ja *so* desillusionierend !

A.: Sie meinen : es könnte womöglich ein besser=als=mystischer Sinn hinein kommen ? Tiefsinniger als Vico'sche Geschichtskonstruktionen und Sanskrit=Pimpeleien ? Ist die Tragödie des Gehirntiers so nicht ergreifender anzuschauen : *‹Heulendes Gelächter›* ? !

B. (resolut): Die nächste Fassung wollen wir !

A.: Die steht auf Seite 326; diesmal unter dem Bilde der Heiligen Taufe vorgeführt : ‹Und er steckte ihn *unter den Ausguß*; und mischte 1 Zeichen des Kreuzes mit ein : ich werd' Dich be=baptisieren, Ossian, sagte er .....›

B.: Traun : ‹Das Desperanto des List=Nulls›. – Eine andere Frage : können Sie beantworten, wieso JOYCE ausgerechnet auf den *Krim*=Krieg verfallen ist ?

A.: Wenn Sie die erwähnte ‹Regula=de=tri› immer im Auge behielten, wäre das gar so geheimnisvoll nicht. Gleich auf der 1. Seite des W können Sie lesen, daß eines der GroßThemen ein ‹Halbinsel=Krieg› sein solle : daher die ganze Napoleon=Wellington=Terminologie, und die Namen der Gefechte und Schlachten auf der spanischen Halbinsel zur Zeit der ‹Freiheitskriege› – Talavera, Ciudad Real, Salamanca, Garcia Hernandez .....

C.: Es hört sich aber auch sehr gut an.

B. (nüchtern): Sie schwelgen in Klängen. *Ich* sehe wieder den fingierten Material=Reichtum. – Übrigens stimmt das : jener Krieg hieß damals in England offiziell ‹The Peninsular War›. Daraus, daß ‹Napoleon› in »lip=oleum«, in ‹Öl=Lippe› verballhornt ist, schließe ich nunmehr : daß das wieder einmal der ‹Böse Bruder› sein soll; der ja, in einem Ihrer Zitate vernahmen wir es unverkennbar, gern gut & fett aß.

A.: Ganz recht : der ‹Emper von Corpsica›; der ‹Arthurs englische Kunst verspürt› – Wellington hieß ja Arthur mit Vornamen. – Aber JOYCE schreibt, mit geläufiger Tücke, noch gar nicht einmal ‹peninsular›, sondern »penisolate«; worin ja dann, außer der einfältig=ehrbaren ‹Halbinsel›, auch noch der ‹pen›=, der Schreibfedern=Krieg, und der mit dem – Pardon ! – ‹Penis› steckt.

B.: Ich erröte. – Aber sollte das wirklich der Grund sein, für den Krim=Krieg ? Der freilich auch auf einer Halbinsel stattfand. Was wäre Ihr dritter ?

A.: Der auf einer noch=anderen, immer wieder verdreht=vorgeführten, Halbinsel : Istrien; »and trieste ah trieste I ate my liver !« hat auch ELLMANN als Motto eines seiner Triest=Kapitel. – Sie haben aber mit jenem Krim=Krieg gleich einen neuen Dreifach=Höllenring angetippt : ‹Buckley› erschoß den ‹Russischen General› *nicht*; weil ihn ein bizarres, irisch=menschliches Rühren ergriff, als er Jenen näher kommen, die Generalshosen herunterziehen, und seine Notdurft verrichten sah : siehe die erste der Hintern=Beschreibungen.

B.: Was die zweite ?

A.: Deren Ergebnis sehen Sie sogar *gezeichnet*, auf Seite 293.

B.: Teufel=auch ! Hm Hm. – Und die dritte ?

A.: Ich möchte dazu ein ganz klein bißchen ins ‹Bedeutend=Allgemeine› ausholen – ‹auch mal› : warum sollte ich das immer C&R überlassen ? – Mmmm : es scheint eine unvermeidliche, vielleicht altersbedingte, Anschauungswandlung bezüglich erotischer Ansichten – also auch deren Schilderung – zu geben. Am Anfang steht der jugendliche, ganz reinliche aber völlig schief=verstiegene, Begeisterungsrausch : POE's »youthful poet=love«. Die nächste Stufe mag die des besten Heidentums sein : feste männliche Bejahung von Eros & Sexus. Es schließt sich an : die finster=magische; deren Ausdruck etwa die Kirke=Episode im ODYSSEUS sein mag. Endlich, im langsam impotent werdenden Alter, wandelt sich das Schlafzimmer ins pornografische Lachkabinett.

B.: So erscheint mir allmählich das ganze Buch : ein einziger großer Unterleibs=Witz.

A.: Seien Sie doch humaner : das Werk dehnt sich immer weiter; die Persönlich= und Leistungsfähigkeit schrumpfen; beide, verhängnisvoll divergierenden, Prozesse ergeben ein rapides ‹Unmenschlich=Werden› des Künstlers. – Daher die, in ‹ihrer Art› unvergleichlichen, ‹Rennen in Baldoyle›, hier im W. Daher schließlich auch die noch nicht genannte dritte grandiose Beschreibung vom Hintern des bös=gattenden Bruders als ‹Phönix Park› von Dublin : bester Rabelais'scher Stil. Sie müssen sich aber – ‹wenn=schonn=denn=schonn› – um in den vollen absurden ‹Genuß› der betreffenden Passagen, ab Seite 564, zu gelangen, einen guten Stadtplan daneben legen : da gibt es ‹hardiesses plafonnantes› und Maximen der Phallusophie, »the park is gracer than the hole« – ich übersetze nicht; »seek it head up«, »turning breakfarts into lost soupirs«.

C. (schüchtern): Könnten wir nicht ein etwas zivileres Kapitel . . . ? Die fortschreitende Abnahme der Humanität in JOYCE's Werk war mir schon immer das bedauerlichste.

A.: Dreimal ist geschildert, wie der hinterhältig=häusliche Shaun dem, in fernste blühende Reiche hineingetrunkenen ‹Bruder Intelligentius, absinth=gemütlich›, *die Tür aufmacht.* Zuerst auf Seite 30 : der ‹Gärtner› öffnet dem ‹König› den Schlagbaum.

B.: Die zweite kann *ich* hier, glaub'ich, angeben : ab 63, ja ?

A.: Gut. Die dritte dann ab 566, wo der ‹Bürgermeister› dem ‹König› die ‹Schlüssel der Stadt› entgegenträgt – herrlich und rührend die Doppelsinnigkeit : wie der Besoffene, Gedroschene, unter den Ausguß Gesteckte, Gehörnte, armselig-Tanzende : *wie der dennoch der heimliche König ist !*

B. (warnend): Halthalt ! Wir hatten uns ja wohl bereits geeinigt : der Henker habe einen solchen ‹Heimlichen König› als Hausgenossen !

C.: Wäre es möglich, eine dieser schönen ‹Tür=Öffnungen›, und sei es noch so angenähert, in Deutsch wiederzugeben ? . . . . .

D.: Fünftens : wie er, der Triton mit dem Sonnenschirm, im Brustton des Miß=Selbstgesprächs, zum ersten Mal die Behauptung jenes Elenden vernahm, der auf Gut=Irisch zu stottern anhub, der hätt=hätt=hätt oh Gloria 'n Schlag zuviel vom Hengist= & Horsa=Bräu gezischt, im ‹Blitz & Donner›, im ‹Hanswurst in der Hölle›, im ‹Orangenbaum›, im ‹Kastrierten›, in der ‹Sonne›, im ‹Heiligen Lamm›, und schließlich zuguterletzt, gehupft wie gesprungen, in ‹Rammsrunters Schifferstube›, seit dem ersten Morgen=Moment, wo er nur einen schwarzen Faden von einem weißen unterscheiden konnte, und die Maschine des Gesetzes bis Murray=

Morgen schloß, und er wär' doch bloß eben stinkvoll=erhitzt gegen den Thor=Stein=Pier angerannt, den er, mit dem Kuh=Hut oben drauf, irrtümlicherweise für ein'n Vieh=Pfahl=Pfeiler gehalten hätte, aber alles mit den reinlichst=friedfertigsten Absichten. Doch, traun, wie lähmlich humpelt das Getölpele seines damaligen Pseudo=Jokus von Erklärung, wie er, seiner eigenen Darstellung nach, durchaus ein Fortschrittsdiener sei, und lediglich am Versuchen wär', zusamm' mit Zosimus 'ne Buddel Stout aufzukriegen, indem er ums sterbenswillen sein magnum bonum (je kürzer die Keul', desto saurer der Wilde) gegen das blöde Tor hier gehämmert hätte, nach dem Hausknecht vom Schwan, Maurice Behan; und der auch hastvoll gleich rein in seine Schuhe, beim Schimmer einer Reißzwecke als einziger Beleuchtung, und runter kam er mit Hupf, Stapf & Stulpsprung, rein in die Stechbahn, wiether aus Schlafwüsten, in seinem Obi ohne Oberkleidung oder Kellnerhalsbinde, angelockt vom Mors der Karthaunen, die ihr delendam esse Carthago auf dem Ragnarök nach Dulyn spielten; sagte aus, er wär' 'berrascht wor'n 'm sichern Bett, wie er eben träumte, er hätte Schätzchen in Mormons=Hall, als ein vierter lauter Schnarch ihn aufweckte, aus seinem Gallenländchen, während seine drei Pansen im Mondlicht grasten, weil er dies Hämmern auf Handschmitz=Basis vernahm, das von dem Blinden Ferkel ausging, und etwas dergleichen (Uh Nach' ! Uh Nach' !) wär' ihm in der ganzen Geschichte der Mülleimer=Herberge noch nie. Solch Batterien=Gebabbel, allüber Tür und Pfosten, hat er immer gesagt, wär' nich' im geringsten dem Beelze=Bubbel 'ner Buddel voll Bock=Bier ähnlich gewesen, was ihn keinesfalls aus Schlummertiefen hochgescheucht haben würde; wohl aber hätt' es ihn weit mehr an schuldgefängliche Mars=Märsche erinnert, aus ausländischer Musikanten Ängstrümangs, die zu schwer geladen hätten, oder an den Ruinator der letzten drei Tage von Pump=&=Peji, wenn überhaupt an was. Und wie nach dem höchst meinungslosen Schlagwechsel solch mittagslosen Nocturnos die junge Königin dann ganz verzweifelt runter kam; und das alte Liffey=Potamus fing auch gleich prompt an, die weite Eb'ne voll zu planschen, so schlamm wie es nur kunnt; und verruinierte all die Verspunder=Schurze mitsamt den Zureiter=Wischhandtüchern; sodaß sie anschließend, beim Kerzenschein der Kerker=Königin, die ganze Nacht Wellen wuschen; gewäschig die Wellen wuschen der. Niedertracht.

B.: »The fender, and the bottle=at=the=gate – ja; so ist's fast schon verständlich. – Übrigens könnte das etwa der – naja, sein wa großzügich; sagn wa – ‹Übergang› sein, zum ‹Wäscherinnen=Kapitel› ?

A.: Sicher. Zu den Wäscherinnen; die sich eben, zuerst am Waschtrog, auf Grund der schmutzigen Wäschestücke die Skandalgeschichten der Brüder & Isoldens erzählen. Freilich wird der Waschtrog allmählich breiter; das Licht nebliger; das Wasser kälter und strömend – und ist schließlich der Fluß Liffey. – Dergleichen ‹Übergänge› in Anführungsstrichen, sind übrigens überall hineingestopft.

C.: Warum der abschätzige Ausdruck ?

A.: Weil es sich nicht um ‹echte Übergänge› handelt; sondern lediglich um die kurze 1=Zeilen=Erwähnung eines der, irgendwann später einmal kommenden, Kapitel.

B.: Ich bin immer noch bei der Probe : was waren denn das für komische Wirtshaus=Namen ? Er trank im ‹Kastrierten› ?

A.: Es sind wieder einmal mehr, wie so überflüssig oft, die 7 Wochentage : »the Glibt« ist der ‹Kastrierte›; und da ‹Saturn› es sowohl mit dem Vater tat, als es ihm, nach einigen Alten, späterhin selbst passierte, wird es sich wohl um den Sonnabend handeln. Der Sinn der ganzen Stelle ist der, daß er eben *täglich* ‹blau› war, ‹all the week round›.

B. (still): Danke. Mir genügt er wieder einmal, »the murdrous dialect«.

C.: Wieso haben Sie ‹Mullingar=Inn› mit ‹Mülleimer=Herberge› wiedergegeben ?

A.: Sie müssen *buchstabengenau* lesen; der Text hat »Mull in can Inn« – es dürfte Sie eigentlich, nach den Schilderungen jener Behausung, nicht mehr wunder nehmen.

B.: Sie setzen also den Wert von FW : *w o r e i n ? !*

A.: Das ist, zumal in diesem Frühstadium der Dinge, wo – Sie sahen es ja bereits – selbst die ‹Fachleute› sich gegenseitig immerfort noch die krassesten Irrtümer nachweisen, und über jedweder Veröffentlichung zum Thema als Motto stehen müßte : ‹Jeder der folgenden Sätze wird vermutlich falsch sein› – Ihre Frage also lehne ich ab. Wir sprechen überdies heute nicht von etwelchen Wertrelationen, sondern von den Voraussetzungen einer Lesbarmachung. Ich will es höchstens ganz kurz so fassen : der Wert von FW liegt *nicht* in irgendwelchen erträumten ‹metafüsischen Aufschlüssen›; und die Bedeutung für den Fachmann ist auch nur eine negative, ein ‹Warnungsschild› : ‹Bis hierher & nicht weiter› ! Was ‹bleibt› dürften die Einzel=Episoden sein, mit ihrem großartigen skurrilen Humor. Das Leben ist so fürchterlich, die Wirklichkeit so absurd, daß uns schließlich nur der 1 tapfere Grundsatz der Schuldlosen bleibt :

Das Erforschliche fleißig erforschen;
das Unerforschliche ruhig veralbern ! –

Und da sind ja denn Stellen wie der ‹Wetterbericht› von Seite 324, der gleichzeitig drohend verkündet, wie der Antipode sich naht, auf der Jagd nach dem entpumpt=versetzten Anzug, einfach unschätzbar.

B.: Ich kann nicht beistimmen; ich habe zu viel Infantilismen der Wut lesen müssen. Die laufend geübte Diffamierung & Lächerlichmachung des Gegners, zusammengehalten mit der eigenen, versoffen=hymnischen Selbst=Preisung – das ist doch keine ‹Objektivität› mehr ! Das macht doch jede ‹tiefere Bedeutung› von vornherein fragwürdig. – War eine der Begrenzungen des JAMES JOYCE etwa die, nicht einsehen zu können, daß ‹Haß› letzten Endes ‹Feindesliebe› ist ?

C. (murmelt sinnend): .....»foe purmanent; fum in his mow«.

A.: Tcha, leider. ‹Pausenlos Feind; Stump'n im Maul›. Im ‹olivgrünen› Gesicht übrigens; womit der STEPHEN HERO, Seite 64, zu vergleichen wäre.

B.: Es wird aber spät, fürchte ich – in gewissem Sinne, ‹leider›.....

D.: Horch, oh Außenwelt. Kleinstes plappert. Hinterwälder, seid wachsam. Baumschätzchen : zahle Jeder seine Zeche !

Doch wer kommt dort drüben; mit Scheiterfeuer auf der Polkappe ? – Er, der uns die Fisch=Speer=Fackel neu entzündet, der Mond. Bring Lulab=Zweige den Lehmhütten; und Frieden den Zelten unter Zedern, neuer Mond. Das Fest der Tabernakler steht bevor. Ladenschluß. Insifail. Timpel=Tempel zählt die Schelle. In Synagog' ein Sing=Gesang. Für All's im Endlos=Nebenan. Und die alte Hägse, der sie den Damen=Namen ‹Deck=Wenige› geben, psstet von ihrem Sack=Gäßchen her. Und rasch; 's ist Zeit, daß Kinder heimeln. Kück=Kinder, kommt zur Ruh. Komm heim zur Ruh, Du Kück=Kind=Du, wenn der Wild=Wer=Wolf umgeht. Ah, laß uns weg; und laß uns keck; laß uns am Fleck, wo das Buch=Klotz=Feuer brennt !

Sie dunkelt, (Ting, Tint'), unsere ganze Spaß=Phäno Tier=menale Welt. Der Marschenteich, beim Meilenstein, am Straßenrand, wird von der Flut besucht : Margit's Tümpel, im Bezirk Rotmarken, wird umschichtig in Augenschein genommen ! – Ave Maria, Bauch=Meere. Umringwallt wir von Finsternissen. Mensch und Tierwild frieren. Ein Wunsch überlagert sie, nichts zu tun, o'r irgendwas. Oder eben nur in die Heia. Zuu=gutt ! Brr, Tauber, Kohl' leg an; und, pff, heiß' mich Feurige ! Ha ! Wo ist sie, unsere höchlist ehren= und begrüßenswerte Gatten=Gründerin ? Der Törichte der Familie ist drinnen. Haha ! Hussa; wo ist er ? Zu Haus; zum Speien. Bei Nancy Hands. Tschi=Tschi ! Hund floh im Mais dahin. Was für'n Hunn' ? ! Isegrim unter Schlappohren. Fahr wohl ! Und Weizenkätzchen harren atemlos. Alle. Noch ist von Gill die Spur nicht zu erblicken; felsab, bergauf, talnieder, ein krauser Steig zum Schweifen.

Noch nicht durchs Sternland jene Silberschärpe. Welche Ära vorübert ? Lang gongt spät. Sag lang, mein Himmel.

Dort hellt's, guck an ! Selene, segl'oh ! Amen. Harch ? Nein. Nichts stört im Busch=Werk. Die schwanken Pfade der Wasserjungfern=Spinne stehn still im Röhricht. Und Ruhe faltet die Fluren ein. Stillst'n Dank. Adieu. In Tier=Zufluchten liegt's, umarmt, gemeinsamsachgemacht, gestillt und unverriegelt. Die Vögel auch, sie dommeln leis', sie zagen schweigend. ii. Hie 1 Laut ? – : Nie 1 Laut. War Abend vor 'ner Weil. Nun erste Nachtwachen=Fortsetzung.

Da Lord Leu die Augen geschlossen hält. Die Zeit des Zusammen=Lügens wird kommen; und die Verwilderungen des Nacht=Nichts; bis Hahnenkrat Auroras Morgenständchen bringt. ‹Panther=Monster›. ‹Send Schiebkarrenladungen am Morgen›. Da Lieb= & Löw=tum schlummern. Elephant sang Trumpf=Gesang, *Groß ist Eliphas Magistrodontos* ! ; und nach Fromms=Knie=Gebet für Behemot und Mammamut ruht er aus vom Stoß=Zahn=Werk. Salam=Salem ! Rhino=Horn ist zwar nicht so'n Dick=Bursch; aber ihm ist's gonz wurst. Kikki=Kuki ! Hopp=Hopp in's Bett. So sei es ! Nichts mehr von Teckelgestöber, Pfauengeschrille, Kamelgemümmel und Affengeschnacker.

(Pausenzeichen)

B.: Ich weiß, ich bin schrecklich nüchtern; aber, Erbarmung, was sind denn ‹Lulab=Zweige› ?

A.: Leopold Bloom schon war *Jude.* Und dahin gehört dann auch das große ‹Erntedankfest› der Juden, die sogenannten ‹Laubhütten› : SUKKOTH, das Fest der Tabernakler. Da trug man nämlich »lolave branches« . . . . .

C.: C&R haben ‹Olivenzweige› . . . . .

A.: Es ‹stimmt› auch das insofern, als ‹Olive› mit dabei war. ‹In Wirklichkeit› ist's aber der ‹Lulab›, den man in der Rechten hielt & schüttelte. In der Linken den ‹Etrog›, die Citrus=Frucht; wodurch sogleich ein neuer, hinterhältig=hübscher Zusammenhang zu der ewigen ‹Orange› des W hergestellt ist.

B.: C&R haben aber nur ‹das Fest der Tavernen=Besucher› sei nahe.

A.: JOYCE's »Tubbournigglers« kann *beides* heißen : einmal ‹Tabernacles›, wie der Engländer für ‹Laubhütten› sagt; und auch ‹Das Fest der Tavernen=Schwärmer›. Es handelt sich hier wieder um einen, der vorhin schon beanstandeten, Nicht=Übergänge; wo auf ein, erst 65 Seiten später beginnendes, Kapitel angespielt wird. Deswegen folgt hier noch das, einer dreifachen Deutung fähige, »for all in Ondslosby«.

C.: Sie hatten ‹In Synagog› ein Sing=Gesang. ... Für All' im ‹Endlos=Nebenan›.

A. (mißmutig): Jaja. Obwohl das die mich am wenigsten befriedigende Lösung ist, habe ich sie doch, gewissermaßen ‹um des Reimes willen›, vorziehen müssen. – Ein zweiter, sehr unverächtlicher, Sinn wäre ‹Für Alle in Onslow=Bay›; die finden Sie nämlich an der Ostküste Nordamerikas, auf rund 34 Grad Breite; und wenn Man, wie's auch gemeint ist, ‹onslaught› liest, und dann, auf dem betreffenden Atlasblatt, erblickt, wie diese Welt des ewigen ‹Angriffs› da so zwischen den Kaps ‹Fear› und ‹Lookout› liegt – dann ist das Symbolum des ‹Jammerthals› ja da.

B. (trocken): Ich dagegen – *wie* sagten Sie bei meiner um den See rennenden Kuh so schön ? – ich ‹nehme mein Herz in beide Hände›; und dekretiere einfach : ‹Für Alle im Anschluß bei› !

A.: Ganz recht; ‹als Anlage› : das ist wohl der ‹eigentliche Sinn›. Wenn man so lesen *will*.

B. (schnell): Womit wir vermutlich wieder bei jenem kuriosen Begriff vom ‹Lesemodell› landen würden – neinnein; genug jetzt. Wir haben ja alles mögliche nun vernommen : Entzifferung & Proben; Theorie & Praxis. Jetzt einmal ganz nackt die Gretchen=Frage : Wieviel Prozent des Originals von FW wären, *Ihrer* Ansicht nach, mit *Ihrer* Technik, ins Deutsche umsetzbar ?

A.: Bis jetzt – und ich bitte ausdrücklich, dies ‹*bis jetzt*› zu beachten; ich habe so wenig Zeit darauf verwenden können, daß FW nicht zu meinen ‹Fachgebieten› zu zählen ist ! – bis jetzt also vermeine ich, etwa 75% lesen und wiedergeben zu können. Weitere 15 würden sich, ich zweifle nicht daran, bei intensiver Beschäftigung noch ergeben. – Die restlichen 10% freilich..... ? *(Pause; dann):* Vergessen Sie nie, daß ein Mann wie Padraic Colum – genau so alt wie JOYCE; in Dublin geboren wie Jener; persönlich gut bekannt mit ihm, und auf FW eingearbeitet; außerdem selbst ein vielbändiger Schriftsteller – daß dieser Colum achselzuckend von FW bekannt hat : ‹Späterhin habe ich eingesehen, wie in jeglichem System, das ich darüber auch aufstellen würde, *eine Lücke offen zu bleiben hätte, für das Zufällige oder Willkürliche !*›

C.: Wäre es demnach vielleicht noch ‹zu früh› für eine solche ‹erste Näherung› ?

A. (ernsthaft): Einerseits *vielleicht* ja. Andererseits könnte es leicht ‹*zu spät*› werden ! Weil nämlich die große Masse der ‹zeitgebundenen› Anspielungen – seien es Margarine=Marken, Büstenhalter, Colts oder Schlager, wie das *mir* aus meinen Schülertagen her noch geläufige, C&R aber anscheinend schon *nicht* mehr bekannte ‹tinker, tailor, soldier and a sailor

– all waiting at the old barn=door›, das ja auch eines der Leitmotive bildet – dergleichen nämlich wird, mit jedem Jahr immer mühsamer, am Ende ganz, unverständlich. Neinnein; also für eine *erste Näherung in deutscher Sprache* wäre es hohe Zeit !

B.: Einmal von den, mir unbekannten, ‹Gründen› für eine solche Unterlassungssünde abgesehen : *wie lange* würde, Ihrer Ansicht nach, die Arbeit der Umsetzung in Anspruch nehmen ?

A.: Es wird sich vermutlich grausam anhören; aber Sie verkennen ja wohl selbst nicht mehr, daß hier eine Arbeit vorliegt, mit deren Mühsal verglichen die großen Übersetzerleistungen der Vergangenheit – Voß=Homer; Schlegel=Shakespeare; Tieck=Cervantes; Rückert=Hariri – doch immer entscheidend ‹einfacher› gewesen sind. Überdem wäre, wie ich eingesehen zu haben vermeine, eine der Voraussetzungen *die* :

daß man das, was 1 Mann verschlüsselte, von 1 – und nur 1 ! – *auch wieder ent=schlüsseln ließe !* –

Der Betreffende müßte nämlich sein Gehirn in dieselben Falten zu legen versuchen, wie der Meister selbst; und in solchem Falle verdürben viele Köche den Brei – vermutlich. – Eine andere Frage wäre natürlich, ob man nicht *zwei* »easy=free translations of the old fabulists parable« parallel veranstalten sollte : die eine im ‹höheren› C&R=Ton; die andere, die auf Seite 439f. nicht=nur eine Zeitungswerbung erblickt, in dem : »Perousse instead your *Weekly Standerd*, our verile organ, that is ethelred by all pressdom« – es ist nämlich eine gröbliche Zweideutigkeit.

B.: Nu komm'Se schonn raus damit : *wie lange ? !*

A. (achselzuckend): 3 bis 5 Jahre.

B. (pfeift als Antwort nur): ‹Wer soll das bezahlen ?›

C.: Aber Sie haben doch, zumindest für die gegebenen Proben, auch schon ein Manuskript herstellen müssen : wie würde denn die Buchseite einer solchen ersten=deutschen Näherung aussehen ?

A.: Eine Verdeutschung müßte nicht nur *seiten*=, sondern sogar *zeilen*=getreu erfolgen; das heißt hergestellt & gedruckt werden. Nicht bloß, weil nur das eine Nachprüfung, also eventuelle Berichtigung, erlaubte; sondern vor allem, weil dann sämtliche anderen, zumal die angelsächsischen, Vorarbeiten, mühelos benützt werden könnten : selbst die Seitenzahlen der bisherigen, wenn auch völlig ungenügenden, ‹Register› stimmten ja dann noch ! Am linken Rand also eingedruckt die Zeilenzählung von 1 bis 36.....

B. (kritisch): Dann würden aber doch die einzelnen Zeilen grundsätzlich verschieden lang ausfallen.

A.: Gewiß. : Was tut das ?

B.: Nichts für ungut. Ich meinte nur.

C.: In der breiten Mitte also der deutsche Text, »with his fox in a stomach«.....

A. (bestätigend): Rechts endlich ein sehr breiter Rand, wo die mit ‹Sternchen› versehenen Worte ihre Erklärung fänden; das ‹andere Lesemodell› – im Telegrammstil, aber ausreichend – angegeben wäre.....

B. (einfallend): Auf diesem ‹rechten Rand› – der mir unangenehm wichtig erscheint ! – würde man dann also einen stichworthaften aber möglichst materialreichen *Kommentar* antreffen ? Würde erfahren, warum der ‹böse Bruder› ‹111› genannt wird.....

C. (angeregt): Ja; warum eigentlich ?

A.: Wir verlieren uns ins ‹Onslow=bay=hafte› ! – na schön : ‹111› ja; aber fast immer als ‹Eins=Eins=Eins› herausgebellt, als »One=One=One !« Das ist JOYCE's Pseudo=Mystizismus, die Zahlenspielereien der Neuplatoniker & Kabbalisten, bei denen die ‹1› die ‹Zahl der Vernunft› war. Und da jener ‹Bruder› eben unter anderem auch das raumgewordene Symbol der Vernunft sein sollte, wurde ihm solche ‹Eins hoch Drei› aufgeheftet – daß der ‹Raum› mehr als 3 Dimensionen haben könne : dafür langt's bei allen Gläubigen anscheinend nicht. – In jener ‹Richtung› übrigens auch der ‹Grund› für die ‹Vierheit der Richter›, Mamalujo, und ihrer inquisitorischen Fragen : ‹4› war die ‹Zahl der Gerechtigkeit›.

B.: Würde dieser Ihr verlangter ‹rechter Rand› nicht schier ebenso breit werden müssen, wie der Mitteltext selbst ? Selbst wenn man eine kleinere Type verwendete ? Sie hätten ja, wie ich inzwischen erfuhr, grauslich Viel & Vielgefälteltes da unterzubringen – ich stelle mir Passagen vor, wo die ‹Lesemodelle› besonders auseinanderfallen. Etwa Seite 308. Oder die ab 611; wo C&R ein Streitgespräch zwischen St. Patrick und einem Druiden sehen; und Sie eine Morgenunterhaltung der Brüder über den Hotel=Frühstückstisch hinweg : hier ergäbe sich doch in jeder Zeile mehrfach Notizliches !

A.: Man könnte zwar einfach auf C&R selbst verweisen. – Was ich allerdings nur ganz ungern täte; denn das ist ja eben eines der abschreckendsten Hindernisse für den Leser, daß er sich eine ganze Bibliothek auf den Tisch stellen solle. Nein; also ich würde schon darauf bestehen, daß Alles in 1 Bande erscheint.

B.: Sehr richtig. Das habe auch ich stets als ausgesprochene Unverschämtheit empfunden, daß ich=mich als Leser dabei mit einigen Dutzend abstruser Bücher umstellen solle : dazu habe ich einfach keine Zeit !

A.: Es ist etwas heftig ausgedrückt – aber sei's drum; wenn wir das *‹Leser›* in Ihrem Satz betonen, haben Sie schon recht : der Leser muß

1 Buch in die Hand nehmen, und bequem, ‹im Sitzen›, durchgehen können. Es würde auch so noch Konzentration genug erfordern. Der *Fachmann* freilich kann, ja *muß* einmal, und sei es nur zu seiner eigenen Belehrung & Orientierung, FW *studiert* haben.

C.: Und nun der letzte Skrupel, und ein sehr gewichtiger : wird FW nicht immer & ewig eine solche reine ‹Fachmanns=Lektüre› bleiben ? Wird es *je* etwas ‹für Leser› werden ?

B. (kritisch): Ich weiß nicht. – Ich will es ganz vorsichtig formulieren; aber ich möchte doch dabei bleiben : *das englische Original ist für den deutschen Leser völlig undiskutabel !* – Der kann nur hoffen, daß eine vermittelnde, leidlich klare, menschlich=umschreibende und reichlich kommentierende Verdeutschung, ihm, früher oder später, einen Begriff davon gibt, was mit FW beabsichtigt war.

C.: Ja. Auch ich sehe ein, daß ich letzten Endes nichts davon verstanden habe. – *(schüchtern):* Ist es arg ketzerisch, wenn mir unwillkürlich die Bemerkung entkommt, daß jegliche *Um*=Schreibung, in eine andere Sprache, besser sein wird, als das Original=selbst ?

B. (brummig): Sehr gut –

A. (ernsthaft): Das käme, ich sagte es bereits, darauf an, *wen* Sie meinen : den ‹Leser›; oder den ‹Fachmann›. – Lassen Sie uns inzwischen wenigstens darauf hoffen, daß eine solche ‹erste Näherung› bald kommen möge.....

D.: .....Bis Baum von Baum, Baum neben Bäumen, Baum über Baum, sich wandelt in Stein zu Stein, Stein zwischen Steinen, Stein unterm Stein, auf ewig.

Oh HErr; erhör' die winz'je Bitt' von jedwed Diesigem, von diesen Deinen Unerleuchteten !

: Gewähr uns Schlaf; wenigstens nach 1 Stunde Wachliegen, oh HErr !

Daß sie sich nicht erkälten. Nichts von Scheiß=Mord schlaf=reden. Daß sie nicht wahnsinnig werden. Wieichesfürchte.

: HErr, überhäuf' uns selbst mit Miseren; unsere Kunstwerke aber umwind' mit Gelächter=Guirlanden ! .....

(Pausenzeichen)

ENDE

Schlußbemerkung :

Bei den Proben einer ‹Entzerrung ins Deutsche› handelt es sich um die Seiten

FW:	hier:
403 f.	113–116
175	121
182 f.	126–128
63 f.	141 f.
244 f.	144 f.
259	149

KALEIDOSKOPISCHE KOLLIDIER-ESKAPADEN

VERDERBEN!
(geoffenbart zu Mekka)
1. *Verderben über die Hände Abu Lahabs,
und Verderben über ihn!*
2. *Nicht soll ihm nützen sein Gut und sein Gewinn!*
3. *Brennen wird er im Feuer, dem lohenden,*
4. *(während sein Weib das Holz trägt,*
5. *mit einem Strick von Palmfasern um ihren Hals.)*

(SURE 111 des KORAN)

I

Als das »Schihr Hasch Schirihm«, das HOHE LIED SALOMOS, 2000 Jahre lang in der Bibel Alten Testamentes gestanden hatte, war man sich über seine Bedeutung absolut im Klaren: es war entweder die allegorische Feier der Vereinigung Kristi mit seiner Braut, der Kirche; oder aber Gottes mit der Welt; oder des Gläubigen mit einer-seiner Religion. 1778 dann kam allerdings ein feuriger Dreißiger, HERDER war sein Name, der das Stück schlankweg »Althebräische Liebeslieder« nannte, ebenso handfest-naiv wie schön, ebenso kulturgeschichtlich wichtig wie rhythmisch interessant; und der die kleine Sammlung ohne weiteres mit alten Volksliedern überhaupt konfrontierte. Es fehlte nur noch der exakte Nachweis, daß es sich tatsächlich um Hochzeitsbräuche & -gesänge handele, wie sie noch heute am Trautage und in der »Königswoche« danach, in Syrien geübt und gesungen werden; und den lieferte der Orientalist Wetzstein denn 1873 auch noch nach. Auf der einen Seite also die Mystiker, die im »Cantico dei Cantici« eine unerschöpfliche Fundgrube tiefsinnigster und verspieltester Deutungsmöglichkeiten erblickten; auf der andern die Realisten, die sich volkskundlich und menschlich-unbefangen an antiken erotischen Trällerliedchen ergetzten; (und auch das konnte wohl nicht ausbleiben, daß man sich gegenseitig entweder »roh & faunisch« schalt, beziehungsweise gleichmütig von »Verblasenheit und Unendlichkeitsfimmel« sprach.)

Das ist ein instruktives Beispiel hinsichtlich der Exegese eines der bedeutenden Bücher unseres Jahrhunderts, dem FINNEGANS WAKE des James Joyce. Freilich liegen die Dinge insofern fundamental anders, als beim Hohen Lied die Sprache so unschuldig & verständlich ist, daß schon eine beträchtliche Portion Voreingenommenheit, bzw. Vernageltheit dazu gehört, es derart energisch mißzuverstehen; während das WAKE absichtlich von Joyce verunklart worden ist : »Die Bibel des Kreuzworträtselsüchtigen« hat sein Bruder Stanislaus es genannt. Wer es zum ersten Male aufschlägt, (und es ist eben jetzt als billiges »paperback« für rund 8 Mark bei der VIKING-Presse leicht erreichbar), muß den Eindruck eines wüsten Mischmasch von Volapük-Qualstern bekommen, ein Agar-Agar-Brei, von überflüssigen Buchstaben kribbelnd & wibbelnd : um es für eine »Deutung« reif zu machen, muß es zuvor erst einmal entziffert werden !

Am fraglos »zuständigsten« hierfür sind die Angelsachsen; denn die Sprache ist imgrunde doch nichts, als ein oft kunstvoll, öfters mit nichtsnutziger Erfindsamkeit verballhorntes Englisch. Das hat man im dortigen Sprachraum denn auch 40 Jahre lang, mit immer zunehmender Betriebsamkeit getan – man bekommt als Deutscher den unabweisbaren Eindruck, daß hier ein ausgesprochener Parallelfall zur hypertrophiertesten »Goethe-Philologie« zu entstehen im Begriff ist – und was die einzelnen Worte bedeuten, ist zum großen Teil fast schon bekannt. Die von Joyce »benützten« Bücher hat ATHERTON in »The Books at the Wake« mit rühmenswertem Fleiß diskutiert; obwohl noch stark unzulänglich, z. B. hat er St. Joyce's »Meines Bruders Hüter« nicht ausgewertet, wo ihm denn freilich entgehen muß, daß S. 308 ihr Licht von TURGENJEW empfängt; auch weiß er so simple Dinge nicht, wie daß auf S. 602 des WAKE dessen Episoden selbst verschlüsselt erscheinen. GLASHEEN hat den ersten Versuch eines Index geliefert; leider nicht einmal eine Arbeit des bleichen Fleißes, vielmehr etwas überflüssig-dürftig-leichtfertig; vor allem in völliger Unkenntnis des Umstandes entworfen, daß eine Registrierung nach »Symbolworten« (»Baum; Stein; Butter; Pidgin-englisch; Gärtner; Hut; Heliotrop; Orange; Tee; III« – siehe Motto : der »Verfolgte Profet« flucht dem »ungläubigen Verwandten« ! – die Gruppe der »Phallen« Flöte; Stock; Pipette; die »he sayz« Stücke usw. usw.) nicht nur nicht hätte unterbleiben dürfen, sondern sogar mehr Aufschluß gebracht hätte. Eine »diagonale Um-Schreibung« von Sätzen und Abschnitten, die einen 40%igen Querschnitt des WAKE gibt, ist der, trotz einigen Veraltens immer noch nicht entbehrliche SKELETON KEY von CAMPBELL-ROBINSON – und damit dürfte die in Buchform erschienene Fachliteratur so ziemlich am Ende sein. Daß große Partien des Buches »komisch« – richtiger skurril – seien, hat man ebenso eingesehen; wie auch daß die, in gewissen feinsinnigen Kreisen entzückt bewunderte »Namenfülle« reines

Talmi und nur durch 1 der diversen »fixen Ideen« Joyce's zu erklären ist: er bildete sich nämlich ein, er könne durch die simple Nennung eines historischen oder Künstlernamens die Summe von dessen Leben bzw. Werk »magisch« ins WAKE überführen – mit dem Ergebnis, daß beim Leser zuweilen denn leider der Eindruck eines tollgewordenen »KNAUR« entsteht. Das bisherige Gesamtergebnis faßte im vergangenen Jahre 1960 der englische WAKE-Fachmann JAMES S. ATHERTON also zusammen:

»Selbst die zugrunde gelegte Fabel, das Fundament des Buches, ist bis jetzt nicht mit Sicherheit erkannt worden – ja, noch scheint sich nichts einer Lösung ähnliches abzuzeichnen.«

(Daß die US-Amerikaner solcher, offiziell als verzweifelt bezeichneten Forschungslage zum Trotz, längst & rüstig Hör- und Fernsehspiele darüber & daraus fabrizieren – frech & gottesfürchtig & verkitscht bis ins Herz hinein! – wird keinen Einsichtigen überraschen.)

Dennoch, trotz so vieler abschreckender Umstände, läuft eine Lektüre des WAKE mitnichten auf bloßen Zeitverderb, auf ein »picking up evening-shadows«, hinaus – (dies, nebenbei angemerkt, ein Geschichtchen von DICKENS, das Joyce, der überall groß war, auch im »Nehmen«, als Anregung zu seiner ersten Novellensammlung, den nicht erhaltenen »Silhouetten« gedient hat) – als anscheinend Erster hat es 1950 Professor THOMPSON freilich nur als leicht hingeworfene These, ausgesprochen: daß doch eigentlich sämtliche Bücher Joyce's in höchstem Maße autobiografisch seien...?:!!!

2

Bevor man sich aufmacht, und das vorliegende »Fadiagramm einer Gästern-Szene« resolut als »Selbstbiografie« zu lesen beginnt, sei ein kurzer literaturpsychologischer Exkurs gestattet; ist doch die Karte des Globus Intellectualis noch so unzureichend bekannt, daß beim bloßen längeren Hinschauen immer mehr »Weiße Flecke« zu entstehen scheinen.

Bei jener Klasse der »Gehirntiere«, die mit Worten arbeitet, gibt es eine, gar nicht einmal so sehr kleine Anzahl, die derart charakteristische Merkmale gemeinsam haben, daß man von einer »Gesetzmäßigkeit« reden, eine »Gattung« aufstellen kann; obschon auch Namen wie SWIFT; DIE BRONTËS; DODGSON-CARROLL; JEAN PAUL; POE ganz oder teilweise hierher gehören, will ich sie hier, der beliebten Kürze halber, nur an 3 besonders krassen Exemplaren definieren: an ETA HOFFMANN; KARL MAY und JAMES JOYCE. (Sobald man sich aus-moquirt hat, darf man weiter lesen.)

Alle Angehörigen dieser Gattung schaffen sich bereits sehr früh eine immer wieder im Werk auftauchende Dauer-Emanation von dem, was sie für den wertvollsten Teil ihrer Individualität halten – »Kapellmeister Kreisler«, »Old Shatterhand«, »Stephen Dädalus« – und sobald es ihnen »äußerlich schlecht geht«, verlagern sie dieses ihr immer wieder und ganz auffällig bevorzugtes Teil-Ich-Ideal in eine erdachte »Andere Welt«; präziser wohl: in für sie irgendwie gefahrvollen Situationen tendieren sie dahin, ihre Persönlichkeit bezwecks »Lebensrettung« zu zerlegen, sie gewissermaßen zur sicheren Aufbewahrung zu »verteilen«, und »Das Ganze« lediglich noch durch das (freilich sehr starke !) Band eines »Längeren Gedankenspiels« zusammen zu halten. Alle sind sie mystisch orientiert; wobei ihnen das feinste wie das gröbste gerade gut genug ist, ob Tischrücken, Yogha, Spiritismus, Horoskope oder Doppelgängerei. Sie neigen zu Wortwitzen; sie saufen und musizieren, (MAY hat auch seine Oper komponiert.)

Ist jedoch in der Jugend die absichtliche Zerlegung der Persönlichkeit oft lebensrettend, und die Energie noch groß genug, sie stets wieder zu vereinigen, so nimmt während des Älter-Werdens einerseits ja die Summe von Erinnerungen, Wissen, Erlebtem, kurz das an sich herangeraffte Bild- und Wortdetail immer mehr zu; die »Kraft«, und zwar in jeglicher Beziehung, immer mehr ab – 2 verhängnisvoll divergierende Prozesse ! Denn im Alter scheint nunmehr ihr Kismet zu sein, daß eine *ungewollte lebensgefährliche* Dis-Soziierung ihrer Persönlichkeiten vor sich geht; was sich literarisch in »Spätwerken« emaniert, die zu dem Kuriosesten aller Literatur gehören. Sie sind z. B. sämtlich hysterisch-autobiografisch; und zwar tritt der Autor grundsätzlich *mehrfach* in ihnen auf: im KATER MURR ist »Hoffmann« ja sowohl Kreisler, als Meister Abraham, als der Kater; in May's SILBERLÖWEN erscheint er als gewohnter Kara Ben Nemsi, als Ustad, und, wie Hans Wollschläger nachgewiesen hat, ist er der »Tifl« auch; was Wunders, wenn Joyce im WAKE gleich ein paar dutzendmal herumtanzt ? Es sind »gefährliche« Bücher, nämlich »Racheakte« gegenüber, ebenfalls vergrößerten und meist auch wieder »zerlegten«, Feinden aller Art, ob Vorgesetzte, Brüder, Frauen, (also wohl »Kritiker« allgemein); in gewissem Sinne auch gegen jene unselig-lästigste Mischung, das SICH-SELBST. Natürlich ist so ein Buch im Grunde der erschütternde Versuch, die rapide Auflösung der eigenen Persönlichkeit aufzuhalten; die Maschen-alle noch einmal zusammenzustricken in 1 Gewebe, in die sicht- und anfaßbare Einheit eines Buchklumpens.

Grundsätzlich wird zur Tarnung, (auch zur juristischen; man vergesse das nie), ein neues »Binnenreich« erfunden, mit eigener Historie & Mythologie; Schwärme von Ekelnamen läßt man gegen die verscheusalten »Feinde« aufsteigen; bis das Ganze schließlich einem großen Maskenball ähnelt – vom Leser aus gesehen, die Herausforderung zu einem der reizvollsten Duelle zwischen Verfasser & Entzifferer. Und die Lust am Haßäugeln mit dem Gegner hat kein Ende; fallen Einem doch immer wieder neue, zusätzliche Kalauer ein, mit denen man auch die leidlich ehrwürdigen Eigenschaften des Betreffenden anschmitzen könnte; noch während der Niederschrift ergibt sich laufend »Material«, und es wird hineingestopft, was nur immer angeht; eine Art der »Genesis«, aus der von selbst folgt, daß die *Mehrfach-Gestaltung* relativ weniger & einfacher Grundvorgänge hier zum Formprinzip erhoben sein wird; eine *»organisch geflickte«* Textur zeichnet sich ab.

Es ergibt sich weiterhin, daß der Inhalt gewissermaßen vom Willen des Lesers abhängt; insofern er sich, bevor er das Buch öffnet, für eines der in solchen Fällen möglichen 2 »Lesemodelle« zu entscheiden hat; (vgl. »Hohes Lied«). Und so ist denn auch für das WAKE bisher zweimal eine »Synopsis« geliefert worden, von CAMPBELL-ROBINSON und von ADALINE GLASHEEN; jedoch haben beide im großen & ganzen das gleiche »mystische« Modell skizziert; bei beiden bleibt dem Leser am Ende nichts als eine Mehlwolke unklarer Gefühlchen und, nach einem undurchschaubaren Nicht-System angeordneter, Mikro-Details.

Im Nachstehenden wird nun der Versuch gemacht werden, das konfuse Buch konsequent im realistisch-autobiografischen Sinne zu lesen; wobei recht nachdenklich ist, daß alle Begriffe eine Bewegungsrichtung zu ironischem Pessimismus hin nehmen – ich hoffe, daß mir, in Anbetracht der Wichtigkeit des Gegenstandes, eine gewisse gedrängte Ausführlichkeit zugute gehalten wird. Zumal wo hier, beim WAKE, die beiden Lesemodelle ganz besonders pikant klaffen : wo die Einen überm »Wassergrab des Riesen« sitzen und träumen können, stundenlang; da sieht der Andere schlicht einen Besoffenen, der, nach uraltem Rezept des Nüchtern-Machens, unter den Ausguß gehalten wird. (Und die »Folgen« sind schier endlos : wenn die Einen gleich wieder tausend fromme Dinge treiben, »Jugurtha« registrieren, und womöglich noch dazu schreiben müssen, wer das nun eigentlich war; dann liest der Andere das ganz einfältig als ein erstickt-keuchendes »you garrotter !« : »Du Würger !«; der weiß dann, warum das Gefieder des »Gripes«, larva detracta, noch so naß ist.)

An Abkürzungen sind im Folgenden verwendet : J = James; St = Stanislaus; N = Nora; M = die Schwestern; C&R steht stellvertretend für die ganze mystische Partei; die Zahlen am Rande sind die Seiten des WAKE. –

I. Buch *(Ss. 3–216)*

1. Kapitel (3–29) : Kurzherzählung von Personen & Themenkreisen (1. Fassung)

3–8

Allgemeine Vorstellung der demnächst handelnd Auftretenden, nach dem »Noch nicht« Verfahren (1. Fassung).

8–10

Museumsszene : wo »Kate«, die spätere Putzfrau und »Henne« (wohl M) als »Führerin«, die Trofäen von Wellington (J) und Napoleon (St) vorzeigt; aber auch sämtliche anderen Grundvorgänge werden angespielt. (1. Fassung des »Halbinselkrieges«. Eingearbeitet Schlachtennamen.)

13–14

Das Hauptthema, die »Bruderschlacht«; vierfach demonstriert an »Jahreszahlen« 1132 und 1132 durch 2 = 566.

16–18

Dialog zwischen »Jute und Mutt« (1. Fassung)

21–23

Anekdote vom Jarl van Hoother, seinen Kindern und der »Prank-Queen«, Grace O'Malley.

24–29

Die feiernden Nachbarn halten den auferstehungslustigen Finnegan (J) auf seiner Bahre fest; sie wollen Ruhe.

2. Kapitel (30–47) : Rencontres der Brüder; die »Ballade«.

30–31

Geschichte vom König (J) und dem Schlagbaumwächter (St) in alttestamentarischem Kostüm (1. Fassung der »Türöffnungen«).

35–37

Zusammenstoß der Brüder im Park (1. Fassung der Frage »nach der Uhr«).

39–47

Treacle Tom (dessen Name sich im Laufe der Episode in »Hosty« wandelt; beide J) nächtig, betrunken, im Puff; hegt Selbstmordgedanken; ist am nächsten Morgen jedoch wieder ungemein munter, und zieht, von diversen Saufkumpanen geleitet, durch Dublin, wo er sodann, auf einem Platz, (Schilderung der sich sammelnden Gaffer), die Ballade vom »Perce O'Reilly«, vom Ohrwurm St, improvisiert – leicht & sehr amüsant zu lesen. (Sinn : J's Widerwille gegen St datiert schon seit recht frühen Dubliner Tagen; wogegen das WAKE selbst zum größten Teil in Triest lokalisiert ist.)

3. Kapitel (48–74) : »Meinungsumfrage«; J's trunkene Heimkehr.

48–62

Sarkastische Abschilderung von »Irrlands Premier-Schrecken« St. / Dann Ansichten der einzelnen (immer verkleideten) Hauptpersonen, in Form einer Parodie moderner »Meinungsforschungen«. Auf den Ss. 49–61 in Klammern lapidare »Einwort-Kritiken«, wie St sie an die Ränder ihm vorgelegter Manuskripte J's zu schreiben pflegte.

63–64

Das »Liffey-Potamus« J kommt nächtens betrunken nach Hause; der »Hausknecht im Schwan«, Maurice Behan (= St) öffnet ihm (2. Fassung der »Türöffnungen«); Geschimpfe der Haushaltsmitglieder.

70–72

J schließt sich ein; St schimpft durchs Schlüsselloch; J schreibt eine Liste der Schmähungen mit; St endlich ab in die Berlitz-School, zum Stundengeben.

4. Kapitel (75–103): »Wassergrab«; neue Zusammenstöße; Entkommen J's.

76 f.

Finnegan J »aufersteht« und geht auf Sauftour; man steckt ihn unter die Ausguß-Wanne (1. Fassung des Nüchtern-Machens; von hier an bezeichnet J sich immer einmal wieder als »garrottierte Person«); während J im »Wassergrab« seinen Rausch ausdöst, tafeln die andern (1. Fassung der »Wohnungseinrichtung«).

79f.

Kate als Putzfrau; Erwähnung des »Briefes«.

81–84

Zusammenstoß der Brüder (2. Fassung).

84ff.

Aussagen gegen J; zumal eines »Augen-, Ohren-, Nasen- und Kehlzeugen« nämlich St's (1. Fassung des »Verhörs«).

96f.

J auf erneuter Kneiptour verfolgt; geschildert unter dem Bilde einer Fuchshetze (»John-Peel-Motiv«; daher J's Wohnung nun oft als »Fuchsbau« bezeichnet).

98ff.

Schilderung N's.

5. Kapitel (104–125) : Der »Brief«.

104–107

Die »Henne«, Putzfrau Kate (M), hat aus einem Müllhaufen mit vielen Orangenschalen ein Brieffragment hervorgescharrt; Wendungen dieses Briefes (bzw. hämische Insinuationen J's) als »Namen ALP's« getarnt.

107–125

Untersuchung & Diskussion, halb kriminalistisch, halb filologisch, von Papier, Schriftduktus, einzelnen Wendungen – Ergebnis : Teil eines Briefwechsels St : N. (»*Tee*-Flecke« als Unterschrift; »*Gabel*-Einstiche« eines gravitätischen »Professor-Bruders«; beides immer wieder als Symbolworte für St auftauchend).

6. Kapitel (126–168) : Personen & Themen, in 12 Fragen & Antworten vorgeführt.

126–139

1. Durch ständiges Mixen von Eigenschaften J's & St's Versuch, die »Idee des Mannes« überhaupt darzustellen; heiße er nun »Finnegan« oder »HCE«; (übrigens völlig mißlungen, da Sym- bzw. Anti-Pathie allzu deutlich.)

139

2. Ähnliche Abbildung einer »Allfrau«; was jedoch ebenso, trotz aller Neubenennungen à la ALP oder Isolde immer auf N hinausläuft.

139–140

3. Die »Wohnung« (neue Fassung).

140–141

4. Die »Stadt«.

141

5. Der »Hausknecht«.

141–142

6. Die Putzfrau sagt aus (1. Fassung).

142

7. Die 12 Monate treten auf (einer der »Stundentänze«).

142f.

8. Die »Maggies« (=M; die Schwestern), in Gestalt von 29 »Schaltjahrmädchen«; (der Februar J's Monat !).

143

9. Das WAKE selbst als »collideorscape« bezeichnet (vgl. Titel dieses Aufsatzes : Zusammenprall & Entkommen).

143–148

10. N's Gemauschele (im Stil der »Penelope« des ODYSSEUS) von ihren Geheimnissen mit St (1. Fassung).

148–168

11. J pumpt St wieder einmal an; St's Antwort imgrunde ein simples »Nein !«, jedoch dreifach variiert; nämlich, immer-professoral

a) auf Basis Levy-Brüller, (149–152),

b) als Fabel von »Mookse & Gripes«, (152–159), vorgeblich einer Schulklasse erzählt. Dies ein WAKE in nuce; (genau wie May's ZAUBERTEPPICH ein winziger SILBERLÖWE; Hoffmanns RITTER GLUCK ein kleiner MURR !) : eine Triestiner Abendunterhaltung der beiden Brüder, in Anwesenheit N's und der Tochter Lucia. (Wichtige Details : Gefieder des Gripes noch naß; erneute Frage nach »der Uhr«; »Schlafengehen« 1. Fassung).

c) als »Historisches Ereignis« (161–167) zwischen Caseous, Burrus, Antonius und Margarina, (u. a. Cäsar, Brutus, Oktavianus und Kleopatra; aber auch »Butter-Käse-Margarine«).

168

12. Shem = J, der Verflucht-Gesegnete.

7. Kapitel (169–195) : J's Selbstporträt.

169ff.

Selbstbeschreibung J's, körperlich & geistig, unter ironischem Immerwiedergebrauch des Wörtleins »low«.

172

Erneute Geldbitte (2. Fassung).

175

Drohend-triumfierendes Gedicht gegen St (2. Fassung der »Noch nicht !«-Formel von S. 3).

176ff.

Aufzählung von J's Büchern und Arbeitstechnik.

182–184

Herrlich groteske Schilderung seines »Künstlerhaushaltes«; kombiniert mit der Beschreibung, wie es in seinem Schädel aussehe (= 2. »Wohnungseinrichtung«; inspiriert durch POE's »HAUNTED PALACE«).

187–193

»Justius« St richtet filiströs über J ab.

193–195

»Mercius« J fertigt St gleichzeitig souverän und verständnislos ab.

8. Kapitel (196–216) : Die Wäscherinnen.

196ff.

Im Anschluß an die »Türöffnung« von Ss. 63–64 Getratsche der M am Waschfaß, über das hinweg sie die Brüder und die Schwägerin durchhecheln; und zwar aufgrund des obszön-witzigen Kurzgeschichten-Aperçus : wie auch heute noch jeden Tag, in einer »Wäscherei«, anhand der »dreckigen Wäsche« und ihrer dubiosesten Flecken, die ganze »Geheime Geschichte« der betreffenden Familie entwickelt werden könnte. – Hier dehnt sich das Waschfaß allmählich zum Flüßchen Liffey; die Dämmerung nimmt immer zu; sie spülen & »hängen auf«. Übrig bleiben 1 Baum (J) und 1 Stein (St). (Wortspiele mit hunderten von Flußnamen).

II. BUCH *(Ss. 219–399)*

1. Kapitel (219–259) : Die Helden, als abends spielende Kinder verkleidet.

219ff.

Shem-Glugg-Nick-Satan (J) rivalisiert mit Shaun-Chuff-Mick-Sankt Michael (St), und zwar, wie ublich, um das Ewig-Weibliche, die »Schwester« Izzy-Sissibis-Isolde (N), umgeben von den 28 »Maggies« (M).

225

3 Mal werden Rätsel aufgegeben (auch 233 und 250); jedesmal gelingt es St, J den Rang abzulaufen.

229

Die Episoden von Joyce's ODYSSEUS verschlüsselt.

237

Die »offenste« Form vom Namen des Feind-Bruders als »Stainusless«; wiederholt 247 als »Immaculatus«; (der abgekürzte Vorname St. lieferte wohl zwanglos die Basis für die ständige Verhöhnung als »Heiliger«).

247f.

Ringelreihen der Schaltjahrmädchen (M); neue Fassung des »Stundentanzes«.

258

Es dunkelt; die Kinder müssen ins Haus.

2. Kapitel (260–308) : »Schularbeiten«.

Vorbemerkung: Die beiden Brüder, J & St, bei ihrer, charakteristisch-verschiednen Bearbeitung des »Weltstoffs«; Klein-Izzy-Nora müßig daneben. – Viererlei Texte sind hier scharf auseinander zu halten; nämlich

a) die mittlere Hauptkolonne;

b) der »linke Rand«, der Ss. 260–87 dem nichtsnutzigen Dolph (J), dann von 293–308 dem steif-ehrbaren Kev (St) gehört;

c) der »rechte Rand« gehört umgekehrt zunächst St; dann, ab 293, J.

d) Die Fußnoten; abwechselnd bös- und gutartig, zuweilen sehr schön poetisch, scheinen nicht unbedingt »organisch« zum Text zu gehören; vielmehr auf eine Art Schubladen- bzw. Zettelkasten-Auskehrens zurückzuführen zu sein. (Das Ganze ist eine 2. Großfassung der, bereits erwähnten, »Abendlichen Streitgespräche in Anwesenheit Ns«). – Einzelheiten :

275

Erwähnung von »Scribbledehobble« (eines von Joyce's Notizbüchern, 1961 veröffentlicht).

279

Probe vom Briefstil Izzy-Noras.

287–292

Einmontiertes Prosa-Zwischenstück, wo zwar die Randbemerkungen, jedoch nicht die Fußnoten aussetzen.

293

Schematische Zeichnung eines weiblichen Popos mit Zubehör. – Der Sinn : Kev (St) befaßt sich vorgeblich mit einem mathematischen Problem; Dolph (J) hilft ihm beim Konstruieren : es ergibt sich, (unter großem Aufwand geometrischer Fachausdrücke), daß, wie wissenschaftlich St sich auch immer anstelle, es ihm imgrunde nur um N gehe ! (1. Fassung der »Hintern-Beschreibungen«).

303 f.

St schlägt den frech-fürwitzigen Bruder k.o. – J vergibt ihm erst einmal; denn er, »Maulwerk ganz, nix Fingerkraft« geht grundsätzlich den Weg des »geringsten Widerstandes«; beschließt jedoch heimlich, sich dereinst zu rächen.

306–308

In einer Reihe von »Aufsatzthemen« werden wieder einmal die Anekdotenkreise des WAKE rekapituliert.

308

Eine der ganz wichtigen Schlüssel-Seiten ! (»That was the prick of the spindle to me, that gave me the keys to dreamland«, 615). Die »Lesemodelle« ergeben signifikanteste Abweichungen. / Die Uhr schlägt 10 Mal vor sich hin; gleichzeitig ehrsam wie auch obszön anzuhören. Am Rande begleiten tiefsinnige Fremdworte, bei C&R kabbalistisch gedeutet; während der Realist weiß, was er sich z. B. bei »Stabi-Mobilism« = »Steh-Beweglichkeit« zu denken hat ! / Ein »Nachtbriefchen« (einer der kümmerlichen Nicht-Übergänge, aus denen sich dem Fachmann die erwähnte »geflickte Struktur« hinlänglich ergibt) verheißt allen Hauptbeteiligten zahllose »künftige Wiedergeburten«. / Am Fuße der Seite die Schuljungen-Kritzelei, mit der »Langen Nase« gegen St, (dessen einem Lieblingsbuch, Turgenjews »ÜBERFLÜSSIGEM« nachgebildet, um ihn zu ärgern.)

3. Kapitel (309–382) : Schenkenszene; Einlage vom »Krimkrieg«.

309 f.

Die Kneipe und ihre Kunden.

310f.

J zieht den Stopfen aus seinem »Wassergrab«, und entwischt in das bekannte »nächste Restaurant«.

310–322

Geschichte vom »Norwegischen Kapitän« = Fliegendem Holländer (J) und dem »Ship's Husband« St, der Jenen sucht-verfolgt; (weil J einen Anzug beim »Schneider« nicht bezahlt, vielleicht aber auch, wohl richtiger, St einen entpumpt hat). – Immer spielt ein Radio-Mund mit hinein.

324

»Nachrichten«; dann ein »Wetterbericht« als Allegorie auf St.

326–334

Schenkenklatsch : wie J unter den Ausguß gehalten wurde (à la »Ich taufe Dich«; 2. Fassung des »Wassergrabes«.)

334–355

Butt & Taff führen – mit Unterbrechungen & Einlagen – die groteske Geschichte auf, wie Buckley (J) den »Russischen General« (St) zunächst nicht (2. Fassung der »Hintern-Beschreibungen« !), bzw. dann doch erschoß; nachdem die Darsteller amalgamierend die Rollen getauscht haben. (2. Fassung des »Halbinsel-Kriegs«. Wortschatz des »Krimkrieges«, des ‹creek im Krimmer›.)

341–342

Als Einlage eine Reportage vom »Rennen in Baldoyle« (gröbliche Zweideutigkeit, wie St N ritt. – Ähnliche »Zugaben« auf Ss. 345f., 349f., 353.)

355–369

Die Kunden debattieren über die Geschichte von »Buckley«.

370

»Polizeistunde«; die Gäste brechen unter dissolutem Absingen einer erneuten Fassung der »Ballade vom Ohrwurm« (mit dem Refrain »like water parted from the say«) auf. Wirt J trinkt sämtliche Reste in den Gläsern aus, und sinkt dann, betrunken zu Boden; in seinem Gehirn beginnt eine Bilderflucht.

4. Kapitel (383–399) : Brautschiff mit Tristan & Isolde.

383 ff.

4 »Alte Männer« – impotente, halb-sabbernde SWIFT'sche »Struldbrugs«; hier Écouteurs – belauschen, durch das Medium des Hirns des trunkenen »Wirtes«, die hypothetische Umarmung von St & N; (J's »Hahnrei-Komplex«.)

398 f.

wie schon einleitend 383 hier eine weitere balladeske Fassung von J's Ressentiments gegen St.

III. BUCH *(Ss. 403–590)*

1. Kapitel (403–428) : St über J's »Lebenswandel« und Werk.

403 f.

J's ALP-Traum von St; satt-irische Beschreibung von dessen Kleidung & (heimlich beneidetem) Appetit.

407 ff.

St doziert den ihn umschmeichelnden M + N den Unterschied zwischen einem heilig-soliden Leben, wie er es führt, und dem des verantwortungslosen J; (neue Fassung des »Ringelreihens« der Stundentänzer.)

414–419

Fabel von der sorglich-sparsamen Ameise (St) und dem liederlichen Grashüpfer (J) – neue Fassung von »Mookse & Gripes«.

420

Der »Brief«. (Herzählung der alten Dubliner Adressen der Joyce-Familie).

421–428

J nimmt wütend vorweg, was – seiner immer-eingebildeten Ansicht nach – St wohl gegen ihn allgemein, und das WAKE im Besonderen dereinst vorbringen würde; (unverkennbar aus mündlichen Äußerungen St's und Briefstellen zusammengetragen; besonders beachtlich hier

424
der Vorwurf des Plagiats; (denn J hat notorisch Einiges von St entlehnt !),

425
St's Drohung, eine Gegenschrift (MEINES BRUDER'S HÜTER) zu verfassen.

427
Spöttische Verabschiedung St's durch J.

2. Kapitel (429–473) : J abwesend in Irland; St bei N&M.

429–457
Jaun (St), ganz satter Hahn im Korbe, macht N Avancen; untermischt mit sittlichen Ermahnungen an die M's, ihre Reinheit zu bewahren, (die sich ihm jedoch im Munde in sententiöse Zweideutigkeiten verkehren).

457–461
N antwortet ihrem »Professor-Brüderchen« im Penelope-Stil; (2. Fassung.)

462
Unterbrechung des Idylls durch den, J's Rückkehr anzeigenden, Gestank, ein Gemisch von Knoblauch & Fusel-Fahne. – St tut rasch einige abschiednehmende, angebracht-irenische Äußerungen.

471–473
Spöttische Verabschiedung St's durch J. (2. Fassung.)

3. Kapitel (474–554) : St wird verhört.

474 ff.
Yawns (St's) Verhör durch die 4 widerlich-Veralteten; (2. »Verhör«; gleichzeitig Parodie einer psychoanalytischen Kur-Stunde.)

492

Verhör N's; (= 3. Penelope-Schwätzen).

501 ff.

J selbst wird vorgenommen.

504 f.

J schildert sich selbst hymnisch als den »Tree-Man-Angel«, den »Weltenbaum«.

527

Erneut die Stimme N's.

535

St verteidigt sich stotternd; (»Stottern« hier, wie stets im WAKE als »tiefenpsychologisches« Anzeichen von »Schuld« aufzufassen !). J's rührende Klage. / Immer rascherer Wechsel der Verhörten.

543–545

Neuerliche Beschreibung von J's Behausung (3. Fassung der »Wohnungseinrichtungen«).

547–554

J zählt seinerseits her, was er alles für N getan habe.

4. Kapitel (555–590) : »Bett«-eleien.

555–558

Neuerliche Rekapitulation des gesamten Personals; jedesmal absatzweise beginnend mit der Formel »Nacht für Nacht«, (z. B. 555 die Brüder; 556 J; 556 Kate; 557f. die 12 Monde; 558 die Schaltjahrmädchen. – Der »Wachtmann« »Have-a-look See-queer-scenes« natürlich J-selbst.)

558

Umarmung von St & Frau in 4 »Stellungen«; (vermutlich im Hotelzimmer in Salzburg, 1928). –

559f.

1. Stellung; unterbrochen durch

562–563

einen Besuch im »Kinderzimmer«, wo Frank Kevin (St), Jerry (J), und die kleine N schlummern.

564f.

2. Stellung : St's Hintern als »Phönix Park« von Dublin; (3. Fassung der »Hintern-Beschreibungen«.)

565

Unterbrechung durch 1 Schrei aus dem Kinderzimmer : Jerry war's, wiederum im ALP-Traum vom »Würger« (diesmal als »Gortigern« = »garrotte gern« getarnt). Alle »Stundentänzer« stehen ums Bettchen her.

566–570

Empfang »Seiner Majestät« (J) durch den »Bürgermeister« (St), der ihm die Schlüssel der Stadt entgegenträgt (= 3. Fassung der »Türöffnungen«; bereits auf S. 535 vorbereitet.)

572–576

Erneute Vorführung von Personen & Themen in Gestalt der Geschichte von »Honuphrius« und seiner hochkriminellen Familie. Auch Aussage der Putzfrau, (2. Fassung.)

576–582

Beschreibung des Paares St & Frau.

582f.

3. Stellung SIE auf IHM; (hier, S. 583, Beischlaf umschrieben im Wortschatz des Kricketspiels. Weitere Verhöhnung St's.)

584

4. Stellung und Vollendung.

585

»Lebensregeln« St's, in der Form von »Verhaltens-Ratschlägen im Hotel« verkündet.

593 ff.

(Nur 1 Kapitel, das Ansetzen zum »Ricorso«, zur »Ewigen Wiederkunft«.) / Morgen & Glockengeläut. Aufstehen der beiden Paare im Hotel. Spaziergang und Besichtigungen.

602

Zeilen 20–27 die Titel der Episoden des WAKE!

604–606

Kevins (St's) Morgenbad.

609–610

Dialog zwischen Muta & Juva (= 2. Fassung von Jute & Mutt).

611–613

Gespräch zwischen dem »Erzdruiden von Irland« (J) und dem doktrinären Eindringling »Sankt Patrick« (St) – in Wahrheit eine Unterhaltung »unter Brüdern« am Frühstückstisch. (Einlage : 2. Fassung der Schilderung von J's Aussehen; diesmal durch St.)

615–619

Neue Fassung des »Briefes«.

619–628

Großer Schlußmonolog ALP's (N), die als Liffey ins Meer verströmt; (neuerliche »Penelope-Fassung«; genau entsprechend der Schlußszene des ODYSSEUS.)

4

Entscheidend über die Brauchbarkeit der beiden hier vorgetragenen Arbeitshypothesen, der »mystischen« und der »realistischen«, kann nur Eines sein : welche dieser Interpretationen den größeren Teil der Episoden des WAKE überzeugend aufschließen wird. (Eine »Koppelung« brächte keinen Fortschritt; da in diesem Falle die eine Ansicht die andere hoffnungslos blockiert !).

Eine »Übersetzung« im normalen Sinne des Begriffes ist nicht möglich; da wohl noch Rhythmus & Vokalharmonie, niemals aber die hoffnungslos auf englischer Orthografie & Aussprache aufgebauten Wortwitze unter genauer Erhaltung ihres Doppel- und Dreifachsinns in einer anderen Sprache wiederzugeben wären. Was jedoch sehr möglich wäre – und längst hätte geschehen sollen : bei derart »zeitgebundenen« Stücken wächst mit jeglichem Jahre die Gefahr, daß Anspielungen auf Schlager, Margarine- und Büstenhalter-Sorten, den Wortschatz des frühen Radio usw. usw., unverständlich werden ! – das wäre eine seiten- und zeilengetreue »Entzerrung ins Deutsche«; eine Lesbarmachung unter Zugrundelegung *eines* der erwähnten Lesemodelle. Einzig das nämlich ergäbe jene Vereinfachung, infolge deren im Inhalt die Perlen-Schnurre von Einzelgeschichten sichtbar würde; den reduzierten Worten könnte immerhin noch ein anderthalb-Sinn superponiert, und Takt & Klang des Stückes so gut wie unverletzt erhalten werden. Um den naheliegenden Vorwurf zu entkräften, das WAKE verhielte sich dann zu einem solchen deutschen Buch wie eine Opernpartitur zu einem, und sei es noch so guten, Klavierauszug – den man aber auch von & für Argus & Briareus herstellen könnte ! – wäre selbstverständlich erforderlich, einen sehr breiten »rechten Rand« einzurichten, der Platz sowohl für das »andere« Lesemodell, als auch einen möglichst materialreichen Kommentar böte, (alles im Telegrammstil, und in kleinerer Schrift). *Welchem* Lesemodell man den Ehrenplatz einräumte, wäre »Geschmacksache« des betreffenden, ob seiner unbezahlbaren Arbeit wahrlich nicht zu beneidenden, »Entzerrers«; das, zugegeben kuriose »Ideal« wäre vielleicht eine zweispaltige Ausgabe, die *beide* Ansichten, unabhängig von einander hergestellt, gleichwertig zu Wort kommen ließe – es wäre gar nicht unmöglich, daß auf diese Weise der eigentliche Grundton des Buches, »Das Heulende Gelächter des Gehirntiers«, am wieherndsten erschallte. –

(Kann fortgesetzt werden.)

STANISLAUS JOYCE

17. Dezember 1884, Dublin – 16. Juni 1955, Triest

DER MIMUS VON MIR, DIR & DEN MÄDIES

I

»Werde, der Du vorgibst zu sein!«
EIN MODERNER.

Die int'ressanteste Familie Großbritanniens? – Das ist nie das Regierende Haus, (»so ennuyant wie ein König«; SHAKESPEARE); und es sind nicht die HERSCHEL oder ROSS, so sehr man auch ob ihrer ins Gedankenspielen geraten kann; vielmehr wird man nur zwischen zweien zu schwanken haben. Noch führen die BRONTË's; doch kommt seit 1900 eine jüngere immer dichter auf: die JOYCE's von Dublin. Nichts wichtiger, nichts spannender ergo, als Tagebücher aus der doppelt unbeleuchteten Epoche früher Noch-Unberühmtheit plus intimer Häuslichkeit.

Nun ist es um ‹Tagebücher› insofern etwas mißliches, als es sich unverbrüchlich um tastende schriftstellerische Handübungen handelt, periodisch akkompagniert von halbbewußtem Kokettieren mit dem Gedanken an Veröffentlichung – das ist so natürlich, daß das Gegenteil unmenschlich wäre. Auch ist der Schade gering; vorausgesetzt, man erzieht sich beim Lesen dazu, die Mentalität des Verfassers laufend zu berücksichtigen, und nicht nur die großen Vorgänge in Bühnenmitte zu bewerten, sondern gleichermaßen die an den Rundumhorizont geschlüpften kleinen Mitteilungen. Die Weltliteratur birgt Reizendes dieser Gattung; von der windsigen MARGARET FLEMING (1803–11) an, bis hinauf zum ausbündigen SAMUEL PEPYS.

Hier nun erhalten wir das ‹Dubliner Tagebuch› des STANISLAUS JOYCE; von bleibender Bedeutung deshalb, weil er der fast gleichaltrige Bruder eines Mannes war, der uns das Buch unsres Jahrhunderts schrieb. Durch die überscharfe Lupe eben dieses Bruderauges lernen wir, je länger desto instruktiver, hineinlinsen in das Myzel eines einzigunartigen Lebens.

2

»Mein Geist lechzte nach Freiheit; ich sprengte die Fesseln; und werde, da ich einmal knechtisch erzogen bin, ewig hassen, was vornehm ist. Ich werde verwildern; ja, schon hass'ich die Bildung, der ich mein Denken verdanke !«

Gutzkow.

Das häufigste Wort im Buche ist »mißfällt«.

Ihm mißfällt Irland, die unbedeutende Insel im Atlantik, bevölkert von Pickelhäringen : »Ich möchte an meinem Vaterlande mit Wonne Rache nehmen, weil es mir den Charakter mitgab, den ich habe !« (52). Mag's dem ‹inneren SS-Mann›, dem potsdämlichen, in jedem Patrioten noch so anstößig klingen. / Ihm mißfällt die Religion krummstäblernder Denkverbote : »Das ist eines der typischen Kennzeichen des Katholizismus : bodenlose Behauptungen frech vortragen !« (70). Aber nicht minder mißfällt ihm die Philosophie – korrekter wohl : Lehrgebäude überhaupt – da es ihm, sehr richtig, mehr an der Zeit dünkt, noch ein paar Säkula Materialien zu sammeln. / Ihm mißfällt die Karikatur eines Haushaltes, die er um sich herum erblickt : verwahrloste Räume; an Gerätschaften nur solche, für die kein Pfandleiher mehr etwas gibt, und zwischen denen die Schwestern, hungernd & mit verrottenden Gebissen, eine galgenhumorig-verlorene Existenz betreiben, (ihre Steckbriefe Ss. 33–38). Am meisten geliebt hat Stanislaus seine Mutter; obschon er auch hier den Mund, ständig verzerrt vom Gebet, rügt. Und am meisten gehaßt hat er den rotnäsigen Moreskentänzer, bis zur Zungenwurzel voll Whiskey, den ebenso witzigen wie verantwortungslosen, durch den das Genie in die Familie kam : »Mein Vater ekelt mich an !« (42). Die Eruptionen sind herzschneidend. / Weiterhin mißfällt dem Steinernen Gast Einer sehr, Stanislaus Joyce sein Name, vor dessen Spiegelbild er sich immer wieder hinsetzen, und den massiven O'Connell-Schädel über ihn schütteln kann. Keine Selbstbewußtseinspflege hilft ihm; aus mürrischen Augen gibt ihm ein 19-jähriger vir quadratus jeden Blick zurück : »Einer der Hauptgründe, warum ich in meinem eigenen, speziellen Fall vor der Ehe zurückscheuen würde, ist der, daß ich fürchten müßte, meine Kinder könnten mir zu ähnlich geraten.« (157).

Tja, und dann gibt es eben noch das kurioseste der dortigen Verhältnisse; denn »es ist über alle Maßen entsetzlich, einen genialen älteren Bruder zu haben !«. Einerseits schon; andrerseits hatte er an James einen unschätzbaren ‹Schrittmacher›, und überdem ein Beobachtungsobjekt, wie in 1 Jahrhundert keine 5 auftauchen, und dessen bloße Beschreibung die Mit-Unsterblichkeit garantierte. In dieser Beziehung sind feinste Bemerkungen überall verstreut: »Jim gilt allgemein als äußerst freimütig in Bezug auf sich selbst; aber seine Schreibweise ist von der Art, daß man sehr wohl behaupten könnte, er beichte in fremden Zungen – eine leichtere Art zu beichten, als in der normalen Umgangssprache«. (122). Oder: »Trotz aller seiner Gaben, trotz all seines Genies, werden vermutlich nur Wenige ihn lieben; und wer auch immer sich auf einen Austausch von Freundlichkeiten mit ihm einläßt, wird höchstwahrscheinlich auf die Dauer den Kürzeren dabei ziehen«. (25). ‹Sunny Jim› seinerseits (der all dieses las!) wußte so gut, was er an solchem Bruder besaß, daß wir erst heute langsam erkennen lernen, *wie sehr* er ihn literarisch ausgewertet hat; sei es als direkte Vorlage für Gestalten in ‹Stephen Hero, Dubliner, Finnegans Wake›; sei es durch Übernahme seiner Einfälle. Wenn STANISLAUS üble Laune bei sich dadurch herbeigeführt erkennt, daß er (unbewußt) längere Zeit auf ungewohnte Weise aufgetreten ist, »I have been walking from the ball of my foot« (52); dann erscheint das prompt ebenso im allerersten Buch JAMES', dem ‹Hero› (S. 104: »I have been walking from the ball of my foot«), wie auch, dämonisch verballhornt, im letzten ‹Wake›, S. 317: »Soe syg he was walking from the bowl at his food«. Wake 40: ‹Shaun, Shaun, die Post zur Post!› ? – vgl. S. 91 dieses Tagebuches. Und S. 308 des ‹Wake›, mit ihrem merkwürdigen Schuljungen-Gemale, wird nunmehr schlagartig verständlich durch die S. 83f. dieses Tagebuches, und den Hinweis auf IWAN TURGENJEFF's ‹Überflüssigen›.

3

> *»Es ist die schlichte Wahrheit, daß wir Amerikaner, als Literaturvolk betrachtet, ein einziger großer aus der Form gelaufener Humbug sind!«*
>
> EDGAR POE.

Eine Behauptung, die auch diesmal von dem leider diplomatisch-ungetreuen USA-Original nicht widerlegt wird. Professor GEORGE HEALY aus (oh Ironie!) Ithaca hat nicht entfernt das geleistet, was einem geborenen Englischsprechenden obgelegen hätte; und zwar ist sein Versagen von zweierlei Art:

1. Der Apparat der Anmerkungen ist so kümmerlich, daß die hier unter die beweisenden Indizien zu rechnende Verzahnung zum Werk von JAMES JOYCE einer- und STANISLAUS' erstem Buch, ‹Meines

Bruders Hüter› (Suhrkamp, 1961) andererseits, nur ganz unzulänglich sichtbar wird. (In der deutschen Ausgabe hat man den Versuch gemacht, dem Leser etwas mehr zu Hülfe zu kommen.)

2. Das Buch weist unangenehmste Kastrierungen auf (kenntlich durch »...... .....«); und zwar sollen, laut Vorwort S. 12, einige Stellen »juristisch angreifbar«, andere sogar *»ohne Interesse«* sein : *also das zu beurteilen scheint mir* HEALY *nicht der Mann !*

Gerade in diesem Modellfall eines modernsten Gehirntiers, wo immerfort Verdacht & Wahrscheinlichkeit bestehen, daß STANISLAUS' Aperçus irgendwo-irgendwann in der geräumigen Seele des sehr großen JAMES wiederauftauchten, in heiliger Doppelzüngigkeit : da kann solch leichtfertiges Vertändeln von unersetzlichen Mitteilungen einer gewaltigen Ehrlichkeit durch nichts verteidigt werden. Wenn Herr HEALY von Stellen spricht, »that I thought simply dull« (sein eigener Brief !), dann dürfte das genau die im Motto definierte, aller filologischen Elemente baare Geisteshaltung sein. (Die deutsche Ausgabe konnte durch Rückfrage 10 Zeilen retten).

Am bedeutsamsten wird die Mitteilung von S. 12 werden, daß es auch ein ‹Triestiner Tagebuch› gebe, »das aber zur Zeit noch nicht öffentlich zugängig ist«. Hoffen wir, daß dieses, wahrscheinlich aufschlußreichste, Stück *bald* erscheinen, sein Herausgeber nicht nur über die Kenntnisse, sondern vor allem über den erforderlichen persönlichen Mut verfügen möge, seien auch STANISLAUS' Meinungen noch so basiliskenmäßig. Licht wird dann fallen, nicht nur auf 10 folgenreichste JOYCE-Jahre, (mindestens ebenso wichtig wie die dubliner); nicht nur auf das Verhältnis zur Brüderin Nora; nicht nur auf den »inn-genius« JAMES & den »steyne of law«; sondern vor allem auf 2 der größten Bücher unserer Zeit, den ‹Odysseus› und ‹Finnegans Wake›.

ERSTVERÖFFENTLICHUNGEN

NIEMANDES BETULICHKEIT:
unter dem Titel *Ein Buch und eine Meinung. Arno Schmidt äußert sich zur James-Joyce-Biographie von Richard Ellmann*, Süddeutscher Rundfunk, 1. Programm, 17. Mai 1962, 22h 45–23h 00, Erstdruck unter dem Titel *Niemandes Betulichkeit* in ‹Konkret›, August 1962

DAS BUCH JEDERMANN:
Deutschlandfunk, 13. Januar 1966, 22h 00–23h 00, Erstdruck in *Der Triton mit dem Sonnenschirm.* Karlsruhe: Stahlberg 1969, S. 254–291

ULYSSES IN DEUTSCHLAND:
in ‹Frankfurter Allgemeine Zeitung›, 26. Oktober 1957

NOCH EINMAL: ULYSSES IN DEUTSCHLAND:
in ‹Frankfurter Allgemeine Zeitung›, 6. Dezember 1957

Zum besseren Verständnis der Kontroverse um die Ulysses-Übersetzung hier nun die Antwort des Übersetzers Georg Goyert auf Arno Schmidts »Ulysses in Deutschland«, erschienen am 26. Oktober 1957 in der ‹Frankfurter Allgemeinen Zeitung›.

NOCH EINMAL: ULYSSES IN DEUTSCHLAND

Antwort des Übersetzers Georg Goyert

Dear Miss Weaver: I have not stopped working yet but I had better send you off some news... In addition to all this the German publisher arrived... I insisted on Goyert's being brought here... He (Goyert), Gilbert, I and Brody, the publisher, worked on the German text (of Ulysses) with the help of Sykes by correspondence... He has now gone back and the first half of the book has gone to press.

James Joyce an H. S. Weaver, 19. Oktober 1929.

Dear Dr. Goyert: ... I remember very well looking over the German Ulysses and that Joyce, too, read it carefully and was very pleased with your translation.

Stuart Gilbert, 7. 11. 1957.

Stuart Gilbert ist der rühmlichst bekannte Joyce-Kommentator.

Bei diesen Besprechungen wurde der ganze deutsche Text des Ulysses von Joyce geprüft und gutgeheißen und somit festgelegt. Weitere oder spätere Korrekturen hat er abgelehnt. Wenn der deutsche Text gewisse Änderungen gegenüber dem englischen Text aufweist, so stammen diese Änderungen vom Autor Joyce selbst, dem man das Recht einer Änderung seines Textes nicht gut absprechen kann. Joyce, der die deutsche Sprache vollkommen beherrschte, hatte eine unbändige Freude daran, neue Wortformulierungen, die im Deutschen möglich, im Englischen aber nicht möglich waren, zu erfinden und anzubringen. Wer also die deutsche Übersetzung kritisiert, hat mit Joyce zu tun. Joyce selbst äußerte sich dem Rhein-Verlag gegenüber dahin, daß er die deutsche Übersetzung an vielen Stellen besser fände als das englische Original.

Herr Arno Schmidt bemüht sich, in der deutschen Fassung des Ulysses Fehler aufzudekken. Diese Übersetzung ist als Menschenwerk nicht fehlerlos, da sie aber von James Joyce in dieser Form dem Verlag anvertraut wurde, hatte und hat der Rhein-Verlag keine Veranlassung und kein Recht, daran zu ändern. Zu der Zeit, als ich mich an die Übersetzung des Ulysses machte, galt das Werk auch für Engländer als unverständlich und völlig unübersetzbar. Meine Übersetzung, zu der ich auch heute stehe, half den vielen englischen und amerikanischen Kommentatoren des Ulysses, die Rätsel, die das Werk aufgab, in dreißigjähriger Arbeit zu lösen. Nun bemüht sich Herr Schmidt, einige Stellen des Ulysses nach seinem Geschmack zu übersetzen und die deutsche Ausgabe des Ulysses zu verunglimpfen. Ebenso hätte er die Luthersche Bibelübersetzung oder die Schlegel-Tiecksche Shakespeare-Übersetzung oder gar Vossens Homer als eine »Tollhäuslerarbeit« oder als einen »deutsch vorliegenden Stoß Papier« bezeichnen können, denn all diese Werke wurden von anderen Übersetzern wieder und wieder neu übertragen. (Was ist übrigens »ein deutsch vorliegender Stoß Papier« ?

Aber Herr Schmidt steht bei seinem Bemühen allein. Nicht nur Joyce, sondern auch alle (seitherigen. Die Redaktion) Kritiker der Übersetzung waren und sind anderer Meinung.

Sehen wir uns den Versuch des Herrn Schmidt näher an. Er schreibt: »Der uns augenblicklich von den Schweizern servierte deutsche Ulysses wirkt großenteils wie eine Parodie auf das Original.« Jeder, der das Buch mit dem Original vergleicht, wird feststellen müssen, daß das eine Erfindung und nicht der Wahrheit entsprechend ist. Diese Übersetzung ist nicht »augenblicklich serviert« worden, sondern seit dreißig Jahren geschätzter Besitz der deutschen Literatur. Ich bin kein Schweizer, doch wäre ich einer, so würde das am Wert oder Unwert meiner Arbeit nichts ändern. Ich weiß nicht, warum Herr Schmidt etwas, was seiner Meinung nach Schweizer Herkunft ist, höhnisch ablehnt. Dem Rhein-Verlag, der vor dreißig Jahren den Mut hatte, den Ulysses, der damals noch in vielen Ländern verboten war, deutsch herauszubringen, können die deutschen Leser nicht dankbar genug sein.

Herr Schmidt ereifert sich darüber, daß in meiner Übersetzung alles »abgesägt rot« ist. Im Ulysses blätternd, finde ich folgende Abwandlungen des »rot«: dunkelrot, scharlachrot, leuchtendrot, blutrot, weinrot, krebsrot, dunkelrosenrot, blumenrot, zinnoberrot, ziegelrot, karminrot, hennarot, kirschrot, rosa, rubinrot etc. etc. Für die »Zähne« gilt dasselbe: Zähne, Hauer, Fangzähne, Raffzähne.

»His parboiled eyes.« Dazu schreibt Herr Schmidt: »das heißt ‹Augen wie gekocht›, und das ist ja nicht schlecht.« Die richtige Übersetzung lautet »seine halbgar gekochten Augen«, und das wäre ein ebensolcher Unsinn wie Schmidts Verschlimmbesserung. »Parabolisch« ist eine Lautanlehnung an das englische Original, die Joyce besondere Freude gemacht hat. Herr Schmidt will, daß, wenn Geldstücke rollen, sie das »Scheibchen nach Scheibchen« tun sollen. Wer hat je etwas von Geldscheibchen gehört? Hätte ich das geschrieben, so hätte mich Herr Schmidt mit Recht angreifen können. Das englische »disc by disc« ist eine Lautmalerei, die im Deutschen nicht wiederzugeben ist. »Bending archly« übersetzt Herr Schmidt mit »bückt sich durchtrieben«. Ich glaube kaum, daß Herr Schmidt sich durchtrieben bücken kann. Außerdem bedeutet »archly« neben bogenförmig schelmisch und schalkhaft, aber niemals durchtrieben. Mag sein, daß hier schelmisch besser gewesen wäre, aber durchtrieben hat überhaupt keinen Sinn. »The never-setting constellation Cassiopeia« möchte Herr Schmidt mit Zirkumpolarstern übersetzen. Das wäre wirklich an den Haaren der Cassiopeia herbeigezogen. Das kleine Gedicht des elfjährigen Leopold Bloom habe ich im Ton eines Kindes übersetzt. Herr Schmidt aber übersetzt das Gedichtlein neu und macht daraus ein unwürdiges Sprachgewirr. – Er nennt meine Übersetzung von »parting the vent of his jacket« mit »trennte den Windschlitz« schändliche Witze und Tollhäuslerwendungen. »Vent« ist kurz Öffnung, aber auch After, und als Verb sich Luft machen und Luft auslassen. Das französische Wort vent ist auf deutsch Wind. All diese Entsprechungen kommen in meiner Übersetzung dieser Stelle der Äolus-Episode zu ihrem Recht. Das versteht aber Herr Schmidt nicht und »schlägt seine Jackettflügel auseinander« wie ein eleganter Herr, der sich vor seiner Dame aufs Taburett setzt. Herr Schmidt ist sehr stolz darauf zu wissen, daß in Diamond Lodge 1795 ein Gefecht stattfand. Das hat er in einer Mönchsarbeit von einer Woche herausgefunden. Aber seine Übersetzung »Loge von Diamond« löst das Geheimnis nicht.

Und: »The harlot's cry etc.... « Herr Schmidt hätte in der Nestor-Episode leicht finden können: ... shall weave old England's winding-sheet!« In der Circe-Szene steht dann »old Ireland's winding sheet«. Hier handelt es sich augenscheinlich um einen Druckfehler im englischen Text, denn The harlot's cry etc. ist und bleibt auf England bezogen! Hätte sich Herr Schmidt, als er bei der Lektüre der Circe-Szene Rip van Winkle begegnete, der entsprechenden Stelle in der Nausikaa-Episode erinnert, er hätte vielleicht seine Ausführungen über »Reiß vom Winkel« nicht geschrieben. Und *alias* nicht *Alias*, wie Herr Schmidt schreibt! Hätte Herr Schmidt die Stelle im Original genau gelesen, er würde nicht von Molly Blooms mangelhafter Orthographie sprechen, für die er Alias als Beispiel anführt! Ganz abgesehen davon, daß Elias und alias sehr verschieden ausgesprochen werden! Für diese Stelle mußte also ein Ersatz gefunden werden, der, wenn er Herrn Schmidt auch nicht gefällt, doch Sinn und Verstand hat.

(‹Frankfurter Allgemeine Zeitung› vom 6. Dezember 1957)

DER BOGEN DES ODYSSEUS:
in *Arno Schmidt: Gesammelte Werke* – Die Bargfelder Ausgabe II, 2.1., herausgegeben von der Arno Schmidt Stiftung Bargfeld / Zürich: Haffmans 1990, S. 7–30

DAS GEHEIMNIS VON FINNEGANS WAKE:
Süddeutscher Rundfunk, 1. Programm, 18. November 1960, 22 h 30–24 h 00, Erstdruck in ‹Die Zeit› vom 2. Dezember 1960

DER TRITON MIT DEM SONNENSCHIRM:
Süddeutscher Rundfunk, 1. Programm, 10. November 1961, 22 h 30–24 h 00, Erstdruck in *Der Triton mit dem Sonnenschirm.* Karlsruhe: Stahlberg 1969, S. 194–253

KALEIDOSKOPISCHE KOLLIDIER-ESKAPADEN:
in ‹konkret›, Nr. 20, Oktober 1961

DER MIMUS VON MIR, DIR & DEN MÄDIES:
unter dem Titel *Ein vir quadratus* in ‹Der Spiegel›, Nr. 23 vom 3. Juni 1964